JEAN LACOUTURE

UNE ADOLESCENCE DU SIÈCLE

Jacques Rivière et la *NRF*

ÉDITIONS DU SEUIL
*27, rue Jacob, Paris VIe*

ISBN 2-02-020575-0 (ÉD. BROCHÉE)
ISBN 2-02-023204-9 (ÉD. RELIÉE)

Ce livre n'aurait pu être écrit sans le bienveillant appui d'Alain Rivière, le fils de Jacques Rivière, et des éditions Gallimard — notamment de l'actuel directeur, Antoine Gallimard, petit-fils du fondateur, et de Jean-Pierre Dauphin, qui ont bien voulu me communiquer tous les documents sollicités, et consenti à surseoir, jusqu'à la sortie du présent ouvrage, la publication de la fondamentale correspondance entre Gaston Gallimard et Jacques Rivière.

Mon travail a bénéficié en outre de l'attention professionnelle de Pascal Mercier, historien de la *NRF,* de Claude Nanquette, professeur de lettres au lycée d'Orsay, et bien sûr de mes amis du Seuil, Paul Flamand, Claude Cherki, Jean-Claude Guillebaud. Et de Simonne, ma femme ! Si, en dépit de leurs soins à tous, des erreurs de fait ou de jugement subsistent, elles ne sont évidemment imputables qu'à moi.

J.L.

On pourra juger bizarre la diversité de présentation des nombreuses citations faites ici pour rendre justice aux innombrables écrivains mis en cause. Dans un souci d'élégance de la présentation, on s'est retenu de les présenter toutes dans une « justification » différente de l'ensemble des textes.

N'ont été mis en exergue que ceux qui nous ont paru révélateurs, excédant l'anecdote ou les péripéties pour contribuer à la définition des personnages principaux. Nous pardonnera-t-on ce que cette procédure comporte d'arbitraire ?

LIMINAIRE

Avant dissipation des brouillards matinaux

Quel temps, jamais, fut plus fiévreusement en quête de clarté que celui qu'on résume en ces quatre chiffres et trois syllabes : 1900 ?

Le XXe siècle n'est pas né dans des convulsions géantes annonciatrices de ses violences, élémentaires ou programmées. Il n'a pas surgi dans un paroxysme de fureurs, mais dans une pénombre peuplée de tâtonnements innombrables. Le maître mot, alors, n'est pas conflit, mais confusion. L'air est moins chargé de bourrasques que de brouillards.

Un monde agité ? Bien sûr, puisque vivant. Mais non par la tempête qui jette à la côte le vaisseau fantôme du Hollandais. Plutôt par la houle de la mer debussyste qui gronde dans la pénombre des grottes marines du royaume d'Allemonde. Ceux qui s'avancent en bégayant ne rêvent pas de mettre à leur poing une épée, mais une torche.

Où, comment se dessine la ligne d'horizon ? Quel phare, quel amer la signale ? Qui tient en main la boussole — princes ou créateurs, ou découvreurs ?

Les deux empires dominants, celui qui se déploie à partir de Londres et celui qui s'est constitué naguère à Berlin, ruminent à coup sûr de s'affronter, empire des mers contre empire des terres, mais ne savent comment et par où s'empoigner. Et l'empereur allemand, privé depuis dix ans, par sa faute, du génie de Bismarck, est assez peu lucide pour ne pas traiter à son avantage avec les Britanniques tant qu'ils sont empêtrés au Transvaal et que d'ultimes querelles coloniales les opposent à la France.

De même que son voisin austro-hongrois de Vienne, taraudé par les renaissantes affaires balkaniques, par la résistance que la Bohême oppose à la germanisation et par la décomposition de la famille régnante, l'empire tsariste se disloque sous l'effet du désastre japonais et des premiers assauts de la révolution. Quant aux États-Unis, nés d'un sursaut contre la colonisation, ils démasquent une volonté impériale en annexant Cuba.

La France, elle, n'en finit pas de traîner le boulet de l'affaire Dreyfus :

au pays de Montesquieu, les juges du second procès, celui de 1899, ont réussi à combiner l'absurde avec l'infâme en prétendant camoufler un déni de justice sous l'offre d'une grâce encore accusatrice. Que comprendre, et qui croire, alors que Valéry verse cinq francs (« non sans réflexion ») pour la collecte en vue d'élever un monument à la mémoire du commandant Henry, le faussaire calomniateur ? Reniements, aveuglements, balbutiements...

Le monde occidental (quel autre, alors ?) que secoue l'irruption de la puissance militaire japonaise, est en manque d'hommes d'État autant que de visées directrices et de principes organisateurs. Gladstone vient de mourir, après Bismarck, et Clemenceau, éclaboussé par le scandale de Panama, ronge toujours son frein. Ni Jaurès, ni Bernstein, ni les sociaux-démocrates russes ne semblent alors en mesure de faire prévaloir leurs vues — saines, ruineuses ? — à long terme.

Ce monde sans pilote ni projet politique ne souffre pas d'un moindre manque dans l'ordre intellectuel ou esthétique. Non que le temps soit infertile en talents, en génie même. Mais tel que l'imagine ou le montre le vieux Tolstoï dans *Résurrection* ou ce docteur Freud que signale alors *L'Interprétation des rêves*, Romain Rolland ou H. G. Wells, l'univers que vont survoler les premiers aéroplanes semble flotter dans un rêve vaguement prophétique où les mots, les formes, les sons et les couleurs se dissolvent en une rumeur confuse.

Nietzsche vient de mourir, jetant au monde, comme un défi, un silence plus ambigu que ses apostrophes. Péguy se lance à l'assaut, brandissant les *Cahiers de la quinzaine* — mais vers la justice, ou la nation ? Le *Tête d'or* de Claudel clame un orgueil géant, auquel la conversion du poète au catholicisme ne donne pas un sens plus évident que ne l'a fait celle de Huysmans. Stefan George, Strindberg, D'Annunzio, Maeterlinck, Ibsen et Wilde sont les témoins éclatants, sarcastiques ou désespérés d'un désarroi sans frontière. Barrès, que la jeunesse de la fin du siècle a investi d'un magistère flamboyant, agite cette torche en moulinets contradictoires, de l'anarchisme esthétisant à la croisade patriotique, au nom des seules valeurs de l'individu d'abord, ensuite de la tribu. Qui croire, qu'entendre en cette cacophonie, que voir en ce kaléidoscope ?

Beaucoup en France croient trouver leur voie dans celle que trace Charles Maurras, à coups de synthèses provocantes entre positivisme scientifique, totalitarisme politique, catholicisme athée, néo-classicisme littéraire et monarchisme réducteur des valeurs de la France à la seule tradition capétienne — le tout exsudant le mépris de l'autre et le repli sur le nationalisme querelleur dont le développement de la Ligue pangermaniste et des poussées impériales allemandes vers le Congo, le Levant et le Maroc entretiennent la virulence.

Désarroi, stratégie en saccades, mouvements ataviques dans les rapports des puissances — et, dans le débat intellectuel, montée confuse d'une angoisse qu'expriment dramaturges nordiques et romanciers russes, poètes flamands et musiciens germaniques –, temps d'anomie où, le romantisme mort, le symbolisme agonisant, le naturalisme essoufflé, le rationalisme réduit pour un temps au scientisme et à l'anticléricalisme, l'Europe semble coupée de ses sources méditerranéennes et des lumières du Sud que ne sauraient projeter ni l'extravagant D'Annunzio, ni le doctrinaire Maurras, ni le tragique Unamuno.

Rien de plus significatif de cette saison des brumes et de la dilution des formes que la pièce qu'écrit et fait jouer à dix-sept ans un lycéen qui s'appelle Jacques Copeau, *Brouillards du matin*, sinon le recueil de poèmes que publie alors Émile Verhaeren, *Les Forces tumultueuses*, où se rejoignent l'adolescent lucide et l'illustre poète. Sinon le style languide conféré par l'architecte Guimard aux stations de métro qui jaillissent alors de terre. Sinon encore la fabrication, coup sur coup, de deux langues internationales, le pankel et l'ido : réflexes caractéristiques de l'émiettement d'une culture européenne qui prétend retrouver, par des procédés artificiels, l'unité perdue et une vitalité en crise.

Quels signaux lancer dans ces vapeurs d'aube ou de crépuscule, d'enfantement inquiet sinon d'assoupissement ? La création d'un prix Nobel de littérature pourrait-elle contribuer à jeter quelques lueurs d'orientation ? Mais les gens de Stockholm jugent bon de distinguer d'abord Sully Prudhomme.

Le paysage culturel français s'éclaire il est vrai d'autres lumières. Bergson publie son *Introduction à la métaphysique* (mais cette pensée foisonnante n'est pas, par essence, ordonnatrice...), Henri Poincaré *La Science et l'Hypothèse*, Lavisse son *Histoire de France* ; si Proust n'est encore connu (si peu...) que par *Les Travaux et les Jours* et ses *Pastiches*, et Valéry par l'*Album de vers anciens*, Claudel a déjà donné *L'Arbre* et *Connaissance de l'Est*, Cézanne expose le *Château noir* et *Pelléas* va ouvrir, au théâtre lyrique, les voies d'un nouveau langage.

Mais comment trouver en tout cela un sens, une convergence traduisible, nourricière, porteuse d'inventions nouvelles ? Le paysage, dans sa fertilité, reste brouillé, inhospitalier. Retenons cette confidence faite vingt ans plus tard par un jeune homme fort doué, qui espère déjà se tailler, dans cet espace ombreux où il ne trouve que confusion, un royaume :

« ... En 1906 [...] l'avenir obscur, le mauvais goût de la veille, les fausses valeurs, les préjugés de l'opinion et de la critique, l'hostilité des vieilles maisons d'édition, le détachement irresponsable de ceux qui, par leur talent mais rien que par cela, étaient des maîtres, tout contribuait à rendre notre route incertaine. Baudelaire, Rimbaud, plus loin Barrès brillaient, isolés ; nous n'apercevions pas leur interdépendance, ni leurs liens avec les musiciens et les peintres ; nous comprenions difficilement. Chacun fournissait, pour y voir clair, un effort personnel qui ne profitait pas aux autres. [...] il fallait le hasard, ou des détours incréés pour arriver aux leçons de l'essentiel. »

C'est Paul Morand qui écrit cela en 1925, dans la *NRF*. Mais ce pourrait être un barrésien (d'alors) comme Mauriac, ou un épigone de Mallarmé comme Saint-John Perse, un franc-tireur comme Jouhandeau. N'oublions pas qu'en ces années-là Marcel Proust, donnant à un questionnaire trente réponses où beaucoup ont voulu voir son autoportrait de jeune homme, assurait que les deux auteurs contemporains qu'il préférait étaient Anatole France et Pierre Loti.

Effet de mode auquel est soumis, en dépit de son génie, un jeune homme à la mode. Nous en verrons d'autres égarés par de telles illusions d'optique, ou effets de proximité, qui feront allégeance ou révérence aux seigneurs de ce temps, en leurs nuages ou leur fausse lumière.

A Paris, un quatuor domine la scène littéraire : Paul Bourget, Pierre Loti, Anatole France et Maurice Barrès — non sans que l'auteur de la *Reine Pédauque* ne passe pour révolutionnaire aux yeux des bien-pensants en raison de ses interventions dans l'affaire Dreyfus et que celui de *L'Ennemi des lois* ne soit rangé, par les gens rassis, dans l'avant-garde qui sied à un « prince de la jeunesse ». Le domaine poétique est aux mains de Régnier, de Moréas, de Verhaeren. Et qui oserait disputer les sentences de Brunetière, de Lemaitre, de Faguet, de Souday ?

En musique, le wagnérisme s'est imposé. Mais Saint-Saëns va bientôt faire valoir que le pangermanisme y trouve une expression abusive. Les impressionnistes finissent par trouver leur public, Gauguin, Van Gogh et Cézanne ont cessé de faire rire les badauds. Mais que serait un salon de peinture sans Albert Besnard ? Comme une saison d'opéra sans Ambroise Thomas.

Le génie est partout — et d'autant mieux que la France, sortie de son confinement, accueille l'imagination anglaise, l'invention italienne, l'art allemand. Hardy est admiré, Nietzsche acclamé, Tolstoï et Dostoïevski, tant bien que mal traduits, sont alors portés aux nues. Mais D'Annunzio aura longtemps le pas sur Pirandello, Hauptmann sur Strindberg. La mode ne connaît pas de frontière.

Ce qui manque, c'est un système de poids et mesures dont les contrôleurs ne seraient ni les académies, ni les pouvoirs d'État, ni les trop puissants mécènes, ni les lois du marché...

*

En ce temps où tout est « post- » ou « pré- », où le lointain romantisme et le proche symbolisme n'ont encore été relayés ni par un impressionnisme qui ne saurait prétendre faire « école » ni par le cubisme ou le futurisme et bien sûr le surréalisme, alors que chacun pêche, picore ou tâtonne où il veut entre les ombres géantes de Dostoïevski, de Nietzsche, de Manet, de Wagner, il ne se trouve guère de cénacle, sinon autour de Moréas ou de la *Schola Cantorum*, de pléiade ou de revue qui tende à éclairer la scène en vue de dégager des perspectives pour d'autres entreprises que des exploits singuliers.

La Revue blanche meurt, avant même le symbolisme qui y avait déposé ses œufs ; ni *L'Ermitage*, ni *La Conque*, ni *L'Occident*, ni *La Grande Revue*, ni *Les Marges*, ni *Vers et Prose*, ni même le *Mercure de France* ne peuvent prétendre à être des tables d'orientation. Les vices et les faiblesses dénoncés par Morand y trouvent, sinon leur source, au moins leurs retombées.

Déconcertés par les volte-face de Barrès, bousculés par Péguy, incités par Bergson à donner cours à leur intuition, les jeunes gens de ce temps-là sont en quête, non de directives, mais de repères. Non de maîtres, mais de méthode. Ce dont s'avisent quelques hommes auxquels une maturité acquise après beaucoup d'errances fait clairement sentir les risques de l'anomie générale.

Le plus notoire d'entre eux est André Gide, dont *Paludes* et *Les Nourritures terrestres* ont manifesté la maîtrise inquiète et jubilante à la fois — et qui, avec *Prétextes*, a fait paraître le souci d'enrichir l'exercice vertigineux de la sincérité de la pratique d'une exigeante lucidité. Autour de lui, cinq écrivains dont le prestige est moindre, mais les ambitions convergentes. Nous les retrouverons *.

C'est de la confusion déjà dite, de la conscience douloureuse qu'ils en ont, de la décision prise de tenter d'y mettre fin, que va naître en 1909 la *Nouvelle Revue française*, où, en dépit de cette enseigne un tantinet cocardière, la société intellectuelle européenne va trouver pour quelques décennies un rituel, un annuaire, des références — à la fois Baedeker, bréviaire et pèse-lettres. Une « rose des vents », écrira Mauriac.

Qu'un groupe d'écrivains du début du XXe siècle ait songé à réinventer la Pléiade ou à faire écho aux tentatives des législateurs de l'*Art poétique* n'a rien de très surprenant au pays de Descartes. Ce qui étonne plutôt dans cette entreprise, c'est d'abord qu'elle ait connu un si prodigieux succès, et si durable ; c'est surtout que lancée et animée par des écrivains notoires et assurés, elle ait longtemps paru n'avoir pour objet que d'investir, de parer, d'armer ou de cuirasser un jeune homme encore inconnu — et qui retrouvera bientôt sa relative obscurité.

Ainsi, aux grands siècles du théâtre, tel dramaturge écrivait un chef-d'œuvre pour donner un rôle à Frédérick Lemaître ou à Rachel ; ainsi les tisserandes d'Anvers travaillaient à une robe corsetée pour le mariage de l'infante, les armuriers de Venise martelaient l'armure du jeune condottiere pour un proche combat, comme les brodeuses de Séville s'affairent

* Ce sont, autour de Gide, Jean Schlumberger, Jacques Copeau, Henri Ghéon, Marcel Drouin et André Ruyters (voir surtout le chapitre VI).

encore à faire étinceler l'étroit costume de lumières où paraîtra, dans le cercle d'or de la Maestranza, le jeune matador en instance d'« alternative ».

Ni l'image ni le mot ne sont venus par hasard. Dans cette étrange affaire, c'est bien de cela qu'il est question. Si différente que se veuille la *NRF* de l'*Encyclopédie*, c'est encore de lumières qu'elle est avide.

Dans les brumes qui pèsent sur l'aube fertile du siècle, quelques hommes vont prétendre allumer un fanal — que hissera, braquera, promènera sur l'incertain paysage un adolescent inconnu. Il s'appelle Jacques Rivière. Interrogé sur le point de savoir quels sont ses maîtres, il répondra bientôt à l'enquête : « Descartes, Racine, Marivaux, Ingres, Cézanne, ceux qui refusent l'ombre. »

PREMIÈRE PARTIE

Des enfants cannibales

I

Adieu à la colline

> « La colline vis-à-vis, à une demi-lieue au-delà de la Garonne, sur la rive droite, faite exprès pour plaire aux yeux. Elle vient se terminer au fleuve, au village de Lormont, à l'extrémité nord de cet admirable demi-cercle.
> [...]
> Cette admirable colline de Lormont se compose de mamelons successifs couronnés de maisons de campagne [...]. »
>
> Stendhal, *Voyage dans le Midi,* 1838[1].

Face à Bordeaux, le « port de la lune » allongé au bord du fleuve en forme de croissant, les hauteurs modestes qu'admirait si fort Stendhal sont, par les indigènes, nommées « coteaux » (qui songerait à les dire « modérés »?). Nul d'entre eux n'aurait l'audace de les traiter de « falaises » ou de « monts ». Ne disent-ils pas « la rivière » pour désigner le cours d'eau solennel qui défile sous leurs yeux? On n'est pas en Gascogne, mais en Aquitaine.

Sur ces collines dites de Benauge sont juchés quelques prudents villages — Carbon-Blanc, Lormont, Cenon, Floirac, Bouliac : vignes, bouquets d'arbres, guinguettes, résidences d'été. Au début du siècle, les Bordelais aux revenus confortables trouvaient sur ces escarpements modestes à portée de regard et de calèches un refuge contre le vacarme portuaire et la touffeur citadine.

C'est sur l'un de ces coteaux, celui de Cenon, que le docteur Rivière, professeur agrégé à la faculté de médecine, réunissait sa famille, l'été, dans le domaine de Dumune. Domaine? Ici, on dit plus volontiers « château », pour peu que trois ou quatre hectares de vigne, alentour, produisent, bon an mal an, quelques barriques de « bordeaux supérieur ». Au surplus, le domaine en question, belle bâtisse couronnée d'ardoise, précédée d'une terrasse à balustrade dominant les vignes qui dévalent vers Bordeaux, se donne un air seigneurial.

Argument décisif aux yeux de Maurice Rivière? Si sensible qu'il soit à de tels signes de la gloire, le professeur avait acquis Dumune, vers 1890, pour une raison plus grave : la sauvegarde de la santé de sa femme, atteinte de tuberculose. Éloignée plusieurs mois par an des sentines du vieux Bordeaux, Reine Rivière pourrait y recouvrer la santé — d'autant que Dumune voisinait sur la colline avec le domaine de Saint-Victor où s'était installée depuis un demi-siècle la famille de la jeune femme, les Fermaud. Espoir trompé : Reine Rivière devait mourir en mars 1897, dans la grande maison dominant la terrasse, laissant quatre enfants dont l'aîné s'appelait Jacques et venait d'avoir dix ans.

Notre histoire commence un peu plus de trois ans plus tard. Un millésime fatidique : 1900 (dernière année du siècle mort ? première de celui qui vient ? on en dispute dans les familles et les journaux *). Le 24 juillet, en tout cas, les Rivière et leurs voisins étaient convoqués par l'aîné des enfants, Jacques, élève de quatrième au lycée de Bordeaux, en vue de prendre part à un événement considérable : le lancement, par ses soins, du journal *L'Avenir*.

Jacques Rivière a fêté, quelques jours plus tôt, ses quatorze ans. C'est un garçon mince, mais plus robuste qu'il n'y paraît au premier regard, au teint mat, un peu ambré, de Méridional ; le regard est intense, on dirait même flambant, le front ample ; le bas du visage, un peu lourd, d'infant espagnol, fait saillir une lèvre inférieure gonflée comme par la volupté. Tout, vers le haut, irradie de spiritualité ; tout, vers le bas, marque l'attachement aux choses du monde. En voilà un qui ne s'est pas attaché de bonne heure à cacher son jeu.

C'est un adolescent (un enfant encore ?) aventureux, rieur et soudain jeté dans une mélancolie ombrageuse, un agité qui se plonge d'un coup dans des lectures anthropophages, éclatant parfois en extravagances de gestes ou de propos. En famille, tendre et impérieux. Au lycée, on le voit non seulement doué, mais appliqué. Voué en apparence aux triomphes universitaires.

Mais qu'est-ce donc que cet *Avenir* ? Son fondateur répond d'entrée de jeu : « Journal hebdomadaire, politique et littéraire » — tiré à cinq exemplaires, vendu vingt centimes (quatre sous), loué (à la journée) dix centimes. Les huit feuillets, format cahier d'écolier, sont tirés, précise le directeur, selon le procédé « chapirographique », ou à la gélatine **.

L'Avenir dispose de six collaborateurs. Jacques, le directeur ; son frère Pierre (douze ans) ; ses amis Raoul Laparra et Henri Boisson ; sa sœur Jeanne (dite ici « Juanita ») qui va sur ses dix ans, et un certain « Verne » qui n'ose pas se prénommer Jules et qui doit être le petit frère Marc, sept ans. Une note liminaire le prépose aux devinettes

* Bien que l'évidence s'impose : le XXe siècle commence en 1901.

** Qui consulte la collection conservée par Alain Rivière voit plutôt des exemplaires recopiés à la main — les écritures sont différentes.

comme Pierre aux « histoires drôles » et Juanita aux « faits divers ».

Jacques se présente ainsi au lecteur : « Le rédacteur en chef, c'est moi. Je ne suis pas encore bien connu, mais j'espère mériter de le devenir. » On pourra voir un peu plus que de l'enfantillage dans cette proclamation où perce un ton, et où éclate le mot « mériter » avant de devenir... Une vocation de chef ?

Le premier éditorial du fondateur décrit l'affrontement dans une bergerie entre deux béliers, l'un blanc, l'autre noir. Le bélier blanc, précise Jacques, c'est le journal local *Le Nouvelliste* (organe monarchiste et catholique). Le noir, c'est *La Petite Gironde* (qui passe pour radicale et laïque aux yeux des bien-pensants — dont les habitants de Dumune, fort sensibles à de telles questions, en ces temps de séparation de l'Église et de l'État). Et l'arbitre du combat, c'est « l'Avenir ». Qu'est-ce à dire ?

> L'Avenir, c'est le grand mot mystérieux laissant voir, par l'entrebâillement du présent, l'humanité heureuse, tous les hommes frères, un bonheur hélas trop souvent idéal. L'avenir, enfin, c'est ce qui va mieux que le présent...

Voilà qui dénote un sens évident de l'apologue, au service d'un humanisme de bon aloi. Peut-être jugea-t-on chez les Rivière que Jacques aurait dû trancher plus clairement entre bélier blanc et bélier noir — cet affreux... Et que cette « humanité » en mal de fraternité sentait un peu trop son Jaurès *.

Le directeur-fondateur ne s'en tenait pas à ces généralités socio-politiques. Chargé de la rubrique dramatique, il saluait en *L'Aiglon* (présenté au Grand Théâtre de Bordeaux) « un Hamlet moderne » (peste !) et en *Pêcheurs d'Islande* « le chef-d'œuvre de Loti » **.

Dans le n° 7, le voici mué en chroniqueur diplomatique, déplorant que, la Chine défaite par la coalition des puissances européennes lors de la guerre dite des « Boxers », la France n'ait pas saisi une part du gâteau à l'exemple de l'Angleterre ou de l'Allemagne. « Devra-t-elle se retirer les mains vides, comme à Fachoda ? Ce qui nous permet de vivre, ce sont nos colonies ! » (Nous voilà loin de Jaurès. Chez les Rivière, on dut respirer...)

Mais plus que la politique, la littérature et la philosophie inspirent le directeur de quatorze ans. On le verra louer Molière aux dépens de Hugo (« *Hernani* passera, mais pas toi ! »), soutenir que Socrate et Platon croyaient en un Dieu unique et non pas en « une ribambelle de divinités impudiques » et dénoncer « l'orgueil de ces sots [...] qui ne sont occupés que d'eux ». Vise-t-il ainsi l'auteur du *Culte du moi*, qui allait bientôt le fasciner ?

* Qui ne lancera que cinq ans plus tard le journal du même nom...

** Jaurès, Rostand et Loti seront bientôt trois des « têtes de Turc » de Rivière.

Dérisoires gammes d'un talent assez peu précoce, ou qui aura, si l'on peut dire, la précocité soudaine ? Il est encore tout englué de ce conformisme familial et scolaire auquel il s'arrachera d'un coup d'aile, deux ou trois ans plus tard. Les quarante numéros (en trois ans, de juillet 1900 à juillet 1903) de cet hebdomadaire à éclipses ne font guère pressentir le vigoureux épistolier qui se confrontera bientôt avec son camarade de lycée André Waltz et qui, surtout, ferraillera, à partir de 1904, avec Henri Fournier *.

Ce qu'on peut retenir pourtant de ces balbutiements encore enfantins, c'est que ce petit Bordelais tente déjà, au sein d'une famille rigide et conservatrice, d'y voir plus clair, d'être plus libre, et surtout d'y parvenir en groupe, en équipe. C'est aussi que Jacques Rivière ne cesse déjà d'alterner les regards portés sur la vie publique, les commentaires littéraires, l'affirmation de ses goûts musicaux. Que ceux-ci soient encore très conformistes importe peu. C'est l'intrépidité pluraliste dans l'engagement qui importe, et préfigure le directeur de la *NRF*.

Nous ne feuilletons là que des brouillons d'écolier, contre lesquels s'inscrira toute l'œuvre. Mais si infimes qu'ils soient, ce sont des brouillons de Jacques Rivière.

*

Les Rivière n'appartenaient pas à la frange opulente de la bourgeoisie bordelaise. Rien à voir avec les Chartrons et le grand commerce des vins, ni même avec les propriétaires médocains ou les maîtres de l'industrie locale. Dumune était une résidence éphémère, non un apanage.

Du côté paternel, le docteur Maurice Rivière, professeur d'obstétrique et gynécologie, était un bon exemple d'ascension sociale. Son père, Pierre, originaire de la petite ville charentaise de Jonzac, et fils, semble-t-il, d'un marchand de charbon, était employé des postes. Sa mère, Laetitia Trochon, venait d'un milieu analogue : l'un de ses frères, prénommé Léonidas, s'était, tout naturellement dira-t-on, engagé dans l'armée.

Affecté chez les zouaves, Léonidas Trochon avait réussi le tour de force de combattre à Solférino, en Crimée et au Mexique sans avoir reçu le moindre galon, pas même de caporal... Belle modestie. Mais la retraite venue, recueilli comme sa sœur Laetitia par le professeur Rivière à Bordeaux, l'oncle Léonidas avait au moins, dans sa giberne, de quoi éblouir ses petits-neveux Jacques, Pierre et Marc. Il ne s'en priva pas[2].

Plus prestigieuse, la lignée du côté maternel est, de ce fait, mieux étudiée. Les Fermaud venaient du Languedoc, plus précisément du gros bourg de Mauguio. L'un des aïeuls, installé à la fin du XVIIIe siècle à

* On donnera à Fournier son prénom d'origine pour tout ce qui précède l'adoption de son pseudonyme littéraire, Alain-Fournier, vers 1908.

Lyon, y avait d'abord fait fortune dans l'industrie de la soie. Mais la révolte des canuts avait ruiné Jean Fermaud. Sa femme, Aurélie Deberteix, une Bordelaise ayant du bien en Gironde, l'avait incité à s'y installer vers 1830. Et c'est à Cenon, au domaine de Saint-Victor, qu'était née la dernière de leurs filles, Marie, qui sous le sobriquet de « Toutou » jouera un rôle dans la suite de l'histoire.

Le fils aîné, Jean-Auguste, nanti d'un emploi dans une grande maison bordelaise, les conserveries Rödel, avait épousé Marie-Victoire Billot, fille de diplomate, qui lui avait donné six enfants, Reine, Jean, Victoire, Antoinette, Marcelle et Paul. Tous bons catholiques, conservateurs, adonnés à quelque art d'agrément — aquarelle ou piano —, passionnément attachés à « la famille ». Les photographies de ce petit monde semblent prises par un ethnographe en quête du cliché illustrant, dans une encyclopédie, le mot de « bourgeoisie » (de l'espèce bordelaise — ce qui est une redondance).

Comme son frère Jean, Reine Fermaud était une excellente dessinatrice. On a conservé d'elle de charmants paysages à la plume * qui dénotent une bonne technique et une vraie sensibilité. Un portrait d'elle, à vingt ans, la montre fine et brune, le regard mélancolique qui sied aux demoiselles nées du pinceau de Corot ou de la plume de Fromentin. L'air souffreteux ? Peut-être hésiterait-on à le suggérer si l'on ne connaissait ce qui advint.

La trentaine venue, Reine Fermaud avait épousé un médecin lancé dans les concours qui mènent aux grandes dignités, Maurice Rivière, de trois ans son cadet. Lui aussi catholique, et le démontrant dans l'exercice de son métier d'accoucheur, tenant par exemple que l'enfantement ne saurait aller sans douleur. Mais la rigueur conservatrice de ses principes (marqués par l'esprit du temps et du milieu) n'allait pas sans une attention très active portée aux problèmes sociaux : il fut l'initiateur de diverses organisations telles que le dispensaire des Chemins de fer du Midi qui font de lui un pionnier de la médecine sociale.

Nul n'a jamais mis en doute les vertus professionnelles et l'autorité scientifique de ce « grand mandarin » dont l'un des amis les plus proches, le docteur Saint-Philippe, appelé à lui rendre hommage au moment de sa retraite, évoquait ainsi le caractère : « ... On vous a parfois reproché d'être un peu raide, un peu rude, disons le mot, un peu cassant. C'est qu'au fond de vous bouillonnent comme des laves de volcan la foi, l'ardeur, l'enthousiasme, qui n'admettent ni les concessions ni les compromissions... » Des amabilités qui en disent long, quand on connaît la rhétorique universitaire et mieux encore celle qui a cours en milieu médical.

D'aucuns préférèrent, en l'occurrence, mettre l'accent sur les décou-

* Collection Alain Rivière.

vertes du professeur, inventeur du « signe de Rivière », ses efforts dans la lutte contre la fièvre puerpérale, ses études sur les grossesses gémellaires ou la *phlegmatia alba dolens*. D'autres rappelaient que dans la compétition pour la chaire d'obstétrique de la faculté de Bordeaux contre son collègue Georges Fieux, beau-frère de François Mauriac, il n'avait pas ménagé les coups...

Bref, un personnage rude et haut en couleur, complexe, contrasté, dont l'autorité ne s'exerçait pas, au sein de sa famille, avec plus de retenue qu'à l'hôpital ou à la faculté. Imbu des principes les plus conservateurs dans le domaine moral ou familial, peu enclin aux libéralités financières avec les siens — on le verra à propos des études et de la vie de son fils aîné —, c'est, plus encore qu'un personnage, un type social dont les romans de Bourget portent le dernier témoignage, le précurseur et le double de Brigitte Pian, la *Pharisienne* de Mauriac.

On ne saurait bien sûr le réduire au rôle qu'il joua avec son fils Jacques — qui fait penser à celui de l'Oscar Thibault de Roger Martin du Gard — rôle auquel il apporta d'ailleurs, on le verra, des correctifs. Mais considéré sous l'angle qui est naturellement le nôtre, celui de la vie et de l'œuvre de Jacques Rivière, il faut bien constater que l'exercice d'un certain pouvoir paternel, appuyé sur une certaine autorité professionnelle, conduit à de fâcheux débordements.

Rien ne permet d'écrire que le professeur Rivière ne fut pas le meilleur des maris. En faisant l'acquisition du beau domaine de Cenon, il agissait au mieux en vue de préserver la santé de sa femme. Et aucun écho n'est parvenu de désaccords entre eux, à propos notamment de l'éducation des enfants — que l'on envoya au lycée, assez curieusement, alors que ce type de familles pieuses préférait d'ordinaire confier sa progéniture (avant 1902 et les lois laïques de Waldeck Rousseau) aux établissements d'inspiration confessionnelle. Et nous verrons que Maurice Rivière regrettera amèrement, dix ans plus tard, d'avoir fait confiance aux mauvais maîtres de l'école sans Dieu...

Reine Rivière fut, de toute évidence, une éducatrice tendre et attentive. En témoigne par exemple une lettre d'un Jacques de sept ans, assortie d'un commentaire de sa mère, qui montre le soin mis à veiller sur l'éducation et les progrès de ce petit garçon visiblement doué. On citera d'abord le premier texte connu de Jacques Rivière, daté de Bordeaux, le 22 août 1893, une lettre adressée à ses tantes alors en pèlerinage à Lourdes :

> Mes chères tantes,
> Les malheurs de Toutou* continuent donc ! Je vais dessiner sa triste histoire comme maman a dessiné son voyage à Paris. Nous avons été

* L'une des deux destinataires, tante Marie (voir plus loin).

très sages à Cenon il y faisait très bon. Nous avons rentré du raisin, on m'a donné quatre sous. Maman était très contente de moi. Marc souffre beaucoup des dents et des feux de chaleur, il crie tout le temps. Je crois que les généraux portugais doivent être bien laids. Quelles horreurs que ça doit être ! *
[...] Amusez-vous bien, pensez à moi, je ne vous oublie pas. Je vous embrasse bien, les petites et les grandes.

Jacques.
(*orthographe rectifiée*)

Et voici la note ajoutée par Reine Rivière :

> Les soucis du ménage m'ont empêchée de surveiller la lettre de Jacques, l'orthographe est donc de lui et les corrections que j'y ai faites gâtent toute l'écriture : ce n'est pas réussi. Il est remarquablement sage : les autres le sont aussi avec des nerfs très émoustillés. [...] En route pour la montagne, heureuses mortelles ! ! Marie, je pense, n'a pas oublié le geste consacré à l'admiration.
> Bises à toutes.
>
> Reine

Reine Rivière mourut de la tuberculose le 9 mars 1897, à Dumune. Quelques mois auparavant, elle avait écrit à l'adresse de ses quatre enfants cette lettre déchirante :

> Mes bien-aimés enfants, je me sens si malade que j'ai quelquefois la pensée qu'il me faudra bientôt vous quitter ! Cette pensée est horriblement cruelle pour une pauvre mère et cependant, mes chers petits, j'accepte la volonté de Dieu. [...] Ah ! chers enfants, n'oubliez jamais que vous n'êtes sur la terre *que pour faire votre salut* ! [...] Gardez au fond du cœur la *volonté* de ne pas vous séparer de Dieu ; priez-Le aussi caché qu'Il semble être ; appelez-Le à votre secours aussi loin qu'Il semble s'être confiné. Pensez alors à mes avertissements. Je serai près de vous, je vous soutiendrai de mes prières mais je ne pourrai pas vous parler[3].

Dans *A la trace de Dieu*, Jacques Rivière évoque brièvement « la mort de maman, attendant de toutes ses dernières forces mon retour du lycée pour m'embrasser et que je sois aussi avec elle à cette dernière heure et qu'elle puisse se présenter à Dieu avec moi aussi dans la pensée, dans les yeux... »

Et quelques phrases d'une lettre à Alain-Fournier en disent assez long sur la profondeur de cette déchirure infligée au garçon de dix ans :

> ... Cette nuit, j'ai rêvé que ma mère était encore là. J'ai revu son visage fatigué, aminci en bas, avec un peu cette teinte horrible du moment de

* Pas d'explication à cette pique contre les militaires lusitaniens.

la mort, qui m'est restée dans les yeux. Mais elle vivait, je lui prenais les mains et elle mettait sa main sur mon cou incliné. Et je lui parlais de choses extrêmement simples, comme si jamais nous ne nous étions séparés. C'était ici, devant les fenêtres de la salle à manger. Elle avait une robe bleue [4].

Cinq ans après la mort de Reine, le docteur Rivière épousait Marie-Thérèse Prad, veuve d'un vieux et riche mari nommé Mermillod. Décision qui ne pouvait manquer de bouleverser son fils aîné. On en a un très fort témoignage, la lettre écrite à ses tantes de Cenon — il a alors seize ans — où se manifeste un caractère :

Le 25 septembre 1902

Chères Tantes,

Ce que je vais vous écrire s'adresse à tout le monde de Saint-Victor *. Mais je vous en supplie, ne laissez à aucun prix sortir la nouvelle du petit domaine.

Papa va se remarier. C'est aussi cruel pour moi de vous le dire que pour vous de l'apprendre. Il est épris depuis deux ans d'une veuve, Madame Mermillaud **, et il veut lui faire place à son foyer auprès de ses enfants. Vous devez comprendre que le devoir filial m'oblige à obéir et à me taire. Je serais criminel si je me révoltais.

Mais je peux vous jurer que je garderai au fond de mon cœur éternellement le souvenir de ma mère, vivant et ardent. Je sens que je lui dois ma vie et mon éducation et c'est toujours en elle que je porterai ma pensée. Je l'aime toujours comme si elle vivait à côté de moi et *Rien* ne peut me la faire oublier.

Peut-être ai-je pu paraître froid, ou indifférent à son souvenir. Mais il est dans mon caractère de ne laisser rien voir sur mon visage. J'aime à garder mes joies et mes douleurs au fond de moi-même. Je déteste d'en parler. Aussi je vous demande en grâce de ne pas me questionner à mon retour sur ces choses [5]...

Jacques ne reviendra jamais sur ce rejet initial, bien qu'il ait entretenu jusqu'en 1908 des relations correctes avec celle qu'il appellera toujours la « B.M. » (belle-mère). Venu du plus profond, ce rejet fut aggravé par diverses décisions prises par son père sous l'influence évidente de la « B.M. ». En 1900, par exemple, le professeur Rivière troqua l'appartement où avait vécu Reine et où Jacques était né, rue de la Devise, dans le vieux Bordeaux, pour une maison située 7, rue Hustin, au cœur d'un quartier plus proche de sa très bourgeoise clientèle, et où il voisinait avec deux de ses collègues les plus notoires, Demons et Chavannaz. C'est sans joie que, jusqu'à sa brouille avec son père, Jacques tiendra cette maison pour son logis bordelais.

* Le domaine de Cenon.

** *Sic.*

Mais le désaccord sentimental fut provoqué surtout par la vente de Dumune, le beau domaine marqué par le souvenir obsédant de la morte, et le transfert du lieu de vacances des enfants de Cenon à Segonzac, en Dordogne, propriété de la seconde épouse. Les enfants Rivière, surtout Jacques, ne devaient jamais pardonner cet « exil » à leur belle-mère, ni la dispersion (par sa faute ?) de souvenirs, tableaux, meubles ou bibelots attachés au souvenir de Reine *.

Quitter Dumune, c'était s'éloigner aussi de Saint-Victor, la propriété des Fermaud à laquelle leur enfance était si tendrement liée, et du « Médocain », la propriété toute voisine de l'« oncle Paul ». Dorénavant, toute heure passée à Saint-Victor sera considérée, par ceux de la rue Hustin et de Segonzac, comme un comportement d'opposition. Comment s'étonner qu'entre les deux branches de la famille les rapports n'eussent cessé de se tendre ? Il ne faudra jamais oublier comme une donnée pathétique de cette adolescence ces aigreurs et ces amertumes — qui allèrent jusqu'à la rupture avec le père à l'occasion du mariage de Jacques.

Nous verrons jusqu'à quel point les tensions s'aggraveront après 1908. Exemple, en attendant, des explosions de rage de Jacques contre la « B.M. », après que son père eut fait comprendre à « ceux de Cenon », au mois de mai 1909, que tout accueil fait à Fournier serait tenu pour un défi rue Hustin :

> ... Jamais je n'ai eu une haine comme celle qui m'étouffe en ce moment. Je vais écrire à ma belle-mère [...] pour lui détailler les motifs pour lesquels je la hais [et] à ses belles amies de Bordeaux [pour leur dire] que Mme Rivière est une misérable, une infâme grue [...]. Nous aurons des vengeances terribles. Je me vengerai toute ma vie de cette femme [...]. Je dis à ma B. mère : « Il y a pour mes frères une fréquentation dégradante : c'est la vôtre »[6]...

Ces humeurs violentes ** furent-elles entretenues systématiquement par la famille Fermaud, tenant le remariage de Maurice Rivière pour une trahison ? Rien ne le prouve. Le climat qui régnait à Saint-Victor ne portait pas à la guérilla, et ce que révèlent correspondances, portraits et documents incite à tenir ce petit monde pour doux et bienveillant. Il y a des gens que la fidélité au souvenir d'une morte peut rendre intolérants. Mais pas ceux-là, semble-t-il.

*

* La seconde Mme Rivière semblait s'être ingéniée à incarner la « Mme de Grand-Air » de *Bécassine* — que tous les enfants d'alors pratiquaient.

** Noter une fois pour toutes la violence d'expression qui marque souvent la correspondance de Jacques : on y retrouvera souvent le mot de « haine ». Pas la chose...

Jacques en famille ? Sa sœur Jeanne, « Juanita », dite aussi « Nanie », ou « la princesse Ursule », a publié dans la *NRF*, six ans après la mort de l'auteur d'*Aimée*, ce très vif et libre portrait :

> Petite fille, je n'avais guère connu qu'un grand frère, joueur et le plus autoritaire qui fût, avec des explosions soudaines. Il lui arrivait de lire cinq à six heures de suite. Subitement, il bondissait sur le rebord de la fenêtre, ou bien se jetait sur nous en poussant des cris sauvages [...]. A douze ans, il écrivit une pièce, *Les Noces sanglantes* * que nous dûmes représenter. Il avait tiré chacun de nos rôles à la gélatine **. J'ai oublié le sujet, qui mêlait une rivalité amoureuse à des vengeances politiques. Je me rappelle seulement qu'il me fallait être assassinée plusieurs fois.
>
> Il commençait au début de nos premiers repas de vacances quelque histoire de Peaux-Rouges qui se poursuivait quinze jours durant, de repas en repas et dont l'intérêt était si palpitant d'un bout à l'autre que j'en oubliais pourquoi j'étais à table. Il parlait sans cesse de Paris qu'il semblait connaître comme s'il y avait toujours vécu. Les noms des acteurs lui étaient familiers, les revues littéraires aussi, que nous traitions de « revues d'avant-garde », ce qui le faisait sourire avec quelque mépris [...]. Il *** avait fait construire une auto en bois qu'il lançait sur une pente rapide ; au bas de la pente était un virage. Tantôt Jacques prenait le virage à temps, et il allait plus loin verser dans le fossé. Tantôt il manquait le virage, et allait se buter au portail de la propriété. Il jouait à ce jeu dangereux [...] avec la même ardeur qu'il mettait à tout ce qu'il faisait[7].

Les deux frères de Jacques devaient jouer dans sa vie un rôle actif, et heureux. Pierre, de deux ans son cadet, était un garçon vigoureux, entreprenant, débordant de vitalité et de sens du comique ; il contribua beaucoup à entretenir chez Jacques le goût du réel, de la vie active, corporelle, des exercices physiques, surtout de la mécanique, exacerbant sa passion pour l'automobile et l'aviation : on les verra tous deux — accompagnés ou non d'Alain-Fournier — courant les meetings aériens où s'exhibent Védrines ou Pégoud, l'inventeur du *looping*, boucle verticale accomplie par l'avion sur lui-même ****... Pierre Rivière deviendra d'ailleurs ingénieur puis directeur chez l'un des grands constructeurs de l'époque, Voisin.

Quant à Marc, le cadet, qui devait être à la faculté de médecine de Bordeaux le troisième successeur de Maurice Rivière dans la chaire d'obstétrique et gynécologie, il fut le chéri, le favori de Jacques, dont il partageait la passion pour la musique, et bien des goûts littéraires. Nous retrouverons, au fil de la correspondance, des témoignages de cette tendre affection pour le « chériot », « mon Marcou », « mon bien-aimé ».

* Publiée par *L'Avenir*.
** Le procédé dit « chapirographe » (voir p. 16).
*** Le véritable fabricant était son frère Pierre.
**** Voir sur ces points le chapitre X.

Le cadet des Rivière était d'ailleurs le plus doux des hommes, le plus aimable, et sut se réconcilier, Jacques disparu, avec la « B.M. » — après avoir joué les intermédiaires quasi miraculeux entre Alain-Fournier et celle dont *Le Grand Meaulnes* fera, sous le nom d'Yvonne de Galais, un archétype de la féminité rêveuse.

*

Avant que le professeur n'achète la maison du 7, rue Hustin, en octobre 1900, les Rivière avaient occupé un bel appartement dans le vieux Bordeaux, le deuxième étage de l'hôtel de Sèze, 12, rue de la Devise. C'est là que Jacques était né. Ses souvenirs d'enfant restaient attachés, on le verra, pour des raisons très fortes, à ces pierres aux couleurs de perle et à ces venelles murmurantes.

La rue de la Devise est l'une des plus populeuses du vieux Bordeaux, toute proche de la rue de la Rousselle où vécut Montaigne, de la place du Parlement, institution que présida Montesquieu, et plus encore de la rue du Pas-Saint-Georges où s'élève la maison natale de François Mauriac. Quel que soit le millésime, un bon terroir...

Des années durant, le petit Rivière arpenta, cartable en bandoulière, ces rues sinueuses du quartier Saint-Pierre, grises et pavées de gris, si souvent luisantes de pluie, où l'auteur des *Essais* et celui de *De l'esprit des lois* avaient déambulé, à pied, à cheval ou en coche — et où, l'ignorant pendant près de vingt ans, il ne put manquer de croiser le cadet des Mauriac, de quelques mois son aîné.

Comment ne pas se reporter ici aux souvenirs, aux confidences plutôt de Jacques Rivière, publiés sous le titre « Les beaux jours » dans un numéro de la *NRF* de novembre 1910 ? Est-ce la similitude des lieux, de l'époque, des milieux ou des sensibilités ? On y trouve quelque chose du ton et de la musique de *Commencement d'une vie*, que Mauriac publiera beaucoup plus tard, en 1932 :

> Mon enfance s'est passée dans le vieux quartier maritime et commerçant de Bordeaux. Mes parents habitaient un hôtel du XVIIe siècle dont toutes les salles étaient hautes et vastes. La façade, au-dessus de chaque fenêtre, s'ornait de visages en saillie [...]. Je savais qu'un ruisseau canalisé * coulait sous notre rue [...].
> La maison n'avait que deux étages et nous occupions le deuxième. Au printemps, vers quatre heures, en rentrant du lycée, je m'installais à mon pupitre que je glissais entre les deux battants de ma fenêtre ouverte. [...] La maison d'en face, plus élevée que la nôtre, fermait mon horizon. Mais le ciel bleu au-dessus de moi peu à peu m'enlevait tout courage. La paix descendait dans mon cœur, y dissolvant tous mes

* Curieux que Jacques n'ait pas spécifié qu'il s'agissait de la Devèze, rivière souterraine qui donne son nom à la rue « de la Devise ».

> désirs. Je sentais confusément la proche présence du port, les grands quais arrondis selon le fleuve. [...] Une odeur de fumée aigre venait au bord de la croisée avec le vent silencieux. La rue sentait la cave et les barriques vides. De légers atomes de charbon se posaient sur mon devoir commencé. En bas les chocs sourds d'une imprimerie [...]. J'écoutais mon cœur tout désorganisé par le calme et le beau temps. Une quiétude horrible me corrompait.
> [...] De ces souvenirs de détresse toute mon enfance est peuplée. Quand il faisait beau, nous allions aux docks maritimes qui terminent la ville en aval. Longtemps nous suivions les quais, marchant entre les barriques et les wagons de marchandises, tout au bord du fleuve, dans l'odeur du goudron [...]. Sans doute, de loin en loin, on déchargeait un navire. Des hommes, sur une longue planche élastique, allaient et venaient régulièrement. La grue à vapeur grinçait sur son pivot. Mais l'activité de quelques groupes accentuait la désolation des intervalles déserts. Ville sans espoir dont souvent mes pas ont accompagné le détour ample et vain ! La Garonne s'agrandissait au pied des collines de Lormont. On ne la voyait pas continuer. Debout sur les dalles vides du quai, je regardais sa stagnante largeur sous le beau temps.

Ces souvenirs innombrables qui affluent à sa mémoire, pourquoi Jacques les dit-il « empoisonnés » ? Sont-ils trop pressants, oppressants ? Sont-ils autant d'appels à la langueur et à la nostalgie ?

> Nous passons l'été à la campagne, sur l'une des collines qui dominent Bordeaux, assez près pour entendre la ville sans la voir. Nous sommes dans la petite propriété de mon grand-père *. Il fait beau. Le vent souffle d'est. La matinée s'avance vers midi. Il y a des chants de coq dans la campagne ; mais je ne les entends que si je fais attention. Dans l'écartement d'un vallon je découvre la lande, le pays indéfini et solitaire qui se déploie sur l'autre rive de la Garonne. Blancheur mate des lointaines maisons sous le soleil. De brefs sifflets de chemin de fer montent de temps en temps parmi le calme. A peine prononcés, ils se dissipent, s'évaporent dans la plénitude du jour ; ils sont absorbés par le beau temps comme un nuage.
> [...] L'après-midi, le vent tourne au nord. Assis au bord de la vigne, je l'écoute arriver longuement derrière moi dans le jardin. Il saisit les arbres d'un trouble bleu et invisible. Il ruisselle au travers, il coule entraînant un peu les branches, noyant les feuilles dans un murmure. Voici, au-dessus de moi, son bruit immense, tranquille et limpide. Puis il s'en va, il agite encore quelques rameaux. Je l'entends s'arracher des arbres doucement, avec adieu, avec à-jamais.
> [...] Je sens se perdre en moi comme une eau ma vie désoccupée.
> Le vent rabat maintenant sur nous les bruits tristes des chantiers maritimes. Selon qu'un souffle favorise ou combat leur venue, se font plus ou moins retentissants les lents coups de marteau dans les coques métalliques. Un instant la brise apaisée m'en ravit presque l'écho. Mais bientôt elle ramène le rythme monotone qui scande la monotonie de la

* Saint-Victor, à Cenon.

journée. Un train roule soudain lourdement sur un pont de fer. Toute la ville laisse monter la détresse de sa morne animation. C'est Bordeaux, ville molle et atlantique...

Est-ce la torpeur humide qui pèse sur Bordeaux, cet assoupissement d'odalisque oubliée au bord de l'ample fleuve aux eaux lentes couleur de miel, est-ce la langueur de la ville où Baudelaire guetta le départ des derniers voiliers qui drape ainsi d'une mélancolie tenace la mémoire du jeune Rivière ? Ou sa condition d'orphelin — qui fut aussi celle de Mauriac, privé de père dès les premières années et débordant comme lui de morosité musicale ? Nous verrons que chez Jacques — comme, autrement, chez Mauriac — cette épreuve fut compensée par de multiples tendresses et des amitiés précoces.

Il faut y revenir : la vie familiale de Jacques Rivière fut marquée par le contraste éclatant entre les rapports qu'on a dits avec la branche paternelle (âpres, hachés d'incidents du fait du remariage du professeur d'abord, puis de l'union de son fils avec Isabelle Fournier) et les relations avec la branche maternelle, modèle de tendresse active, jubilante. Le « côté de la rue Hustin », tout en ombres. Le « côté de Saint-Victor », tout en lumières.

Au lendemain de la mort de sa femme, Maurice Rivière avait bien accueilli l'offre faite par sa belle-sœur Marcelle, de treize ans plus jeune que la disparue, de se charger, pour cinq ans*, de l'éducation des quatre enfants. Épouse de Marcel Feur, la jeune femme assuma ces responsabilités écrasantes avec une vaillance et une égalité d'humeur admirables. Les photos de famille nous montrent un large personnage tout en rondeurs et sourires, le meilleur antidote imaginable pour dissiper la mélancolie des orphelins. Les enfants Rivière qui l'appelaient, on ne sait trop pourquoi, « tante Michelle », lui vouaient une affection sans réserve, reportée sur son mari, peintre verrier, et sur leur fils André, auquel son embonpoint précoce vaudra d'être appelé par ses cousins « habillé de gras » (ou « Galéjade », ou « Galejas »).

Le climat de cette enfance si tôt assombrie par la mort de la mère et qui aurait pu l'être à jamais fut marqué au contraire par un enjouement dû à une accumulation de merveilles : les deux grand-tantes de Jacques, Émilie et Marie, auxquelles, à dater de son départ pour Paris en 1903, Jacques adressera la lettre hebdomadaire qu'il eût écrite (sur un autre ton, nous le verrons...) à sa mère, et dont la collection offre le reflet le plus fidèle de sa personnalité ; l'oncle Paul, le plus jeune frère de sa mère, dont la jovialité sonore donna constamment le ton à la vie familiale ; le domaine de Saint-Victor, propriété familiale des Fermaud, qui fut le

* Le délai qu'il s'était fixé pour se remarier ?

cadre délicieux de ces enfances — et enfin la musique, passion commune de tous.

Au centre de la foisonnante communauté se multipliait tante Marie, dite « Toutou » (ou « Totoba » dans les lettres de Jacques), née en 1839, restée célibataire comme sa sœur Émilie (aussi imposante qu'elle-même était minuscule). Professeur de piano devenue sourde à quarante ans, c'était de toute évidence un joyau de tendresse, d'indulgence et de simplicité ; elle portait à Jacques un amour et une admiration sans réserve, se laissant traiter par lui avec une désinvolture peu banale dans ce milieu et à cette époque. Les lettres de l'étudiant Rivière à ses tantes s'ouvrent par des « Vieilles », « Mes vieilles », « Tas de vieilles », « Pauvres vieilles », qui choqueraient, n'était la tendresse qui en déborde.

Le goût, la curiosité musicale qui possèdent la pianiste Marie-« Toutou », sa sœur Émilie, leur neveu Paul, dit « Paulus », fervent amateur d'opéra, contribueront beaucoup à orienter les propos de Jacques, élève de Lakanal, dont la correspondance donnera longtemps l'impression qu'il n'a quitté Bordeaux que pour servir de correspondant musical, dans la capitale, aux citoyens de Saint-Victor — quitte à les déconcerter de crescendo en crescendo, s'enthousiasmant de moins en moins pour Saint-Saëns et Massenet, de plus en plus pour Debussy, puis Moussorgsky, Ravel et Stravinsky...

Mais on ne saurait se passer ici de la description de sa famille par Jacques Rivière lui-même. C'est à la veille d'y recevoir son ami Fournier, à la fin de juillet 1907, qu'il communique sur la tribu de Saint-Victor ces « renseignements indispensables » à l'hôte :

> 1re génération. 1° Mon grand-père : 85 ans, ancien employé de commerce. L'homme le meilleur du monde mais qui souffre de sa vieillesse et de sa surdité (très grande). Il est parfois un peu chagrin et un peu abattu [...]. 2° Ma grand-mère : très intelligente, mais avec l'âge elle s'est aigrie un peu et éprouve du plaisir à contredire sans cesse (j'ai beaucoup d'elle et elle m'aime beaucoup). Je te signale qu'elle comprend toujours de travers [...]. 3° Ma tante Marie (qui est sourde aussi), ma tante Émilie, les sœurs de mon grand-père, les servantes volontaires de la maison, d'une bonté infinie, et qui ont pour moi une passion presque frénétique [...].
> J'y songe : ma tante Marie te parlera peut-être de Claudel, de Gide [...]. Je lui dis tout, parce qu'elle n'a même pas assez d'instruction pour s'étonner de tout cela. Elle lit Claudel sans y rien comprendre, avec une foi adorable. Tous les autres ne savent rien de ce que je lis ou fais [...]. Je te mènerai aussi *chez moi* * (tu sais tout) pour déjeuner. Là tu seras goûté, si tu causes et parais « comme il faut » (entre parenthèses, on ne comprend pas que tu m'aies hébergé *pour rien* pendant un mois **...). C'est qu'on est incapable d'un pareil désintéressement [...].

* Rue Hustin, dans la famille paternelle.
** A Paris, dans l'appartement de la grand-mère de Fournier.

> *Chez moi*, ne parle jamais ni d'auto, ni surtout de la famille de mon grand-père[8].

Si grand que fût le charme des Fermaud* et des Feur, les enfants Rivière l'eussent peut-être moins goûté s'il ne s'exerçait dans le cadre de Saint-Victor, sur la colline, où une maison à tourelle s'enchâssait entre une vigne de poupée, un orgueilleux chêne d'Amérique, quelques acacias, des lauriers et deux ou trois palmiers. Communiquant plus tard avec le jardin de « l'oncle Paul » — le domaine dit « le Médocain » — ce sera alors un champ de jeux idéal pour les enfants.

Mais il n'est si modeste domaine qu'un écrivain ne sache lui donner la dimension du rêve, de la poésie, de l'aventure. En 1912, sommé par son beau-frère Alain-Fournier et par André Gide de s'essayer au roman, Jacques Rivière écrivit un petit récit qu'il intitula joliment *Histoire de Noé Sarambuca, qui avait le sens de l'orientation*. Il pensait en faire l'ébauche, voire le prototype de ce « roman d'aventures » dont il se faisait, dans une série d'articles de la *NRF*, le prophète. Ambition déçue.

Le beau projet tourna court, borné à une rêveuse évocation du domaine où s'enfantèrent les songes du petit Noé, en qui il est permis de reconnaître le petit Jacques à Saint-Victor. On reviendra sur le thème du « sens de l'orientation », qui pourrait bien être la meilleure définition du futur directeur de la *NRF*. En attendant, ce bref extrait de l'*Histoire de Noé* semble bien suggérer ce que fut Saint-Victor dans l'imaginaire de Jacques :

> Si l'on vient de l'Est, c'est l'endroit où les collines de Benauge commencent à s'entr'ouvrir sur la vallée de la Garonne et, dans leur déchirure, Bordeaux laisse monter ses clochers et ses mâts [...].
> Si l'on vient de l'Est, c'est l'endroit où pour la première fois le vent sur les lèvres met un goût salé. Par-dessus les haies basses de ce pays morcelé, à travers les petits jardins comme des bouquets sombres, au-delà des vignes où laboure un grand cheval blanc dont on n'aperçoit que la croupe — comme d'une falaise (et l'église sur le bord est un phare), on découvre les Landes pareilles à une houle bleue semée d'écume, ou parfois saisies d'ondes immenses qui accourent en glissant du fond de l'horizon. C'est ici la rive de l'Ouest, la première plage du vieil Océan. Ce pays qui ne voit pas la mer est plein de son trouble [...]. Ouest, ma patrie, ma patrie confuse, dont le visage est de pluie[9]...

(Il serait bien intéressant de savoir ce que doit *Noé Sarambuca* aux récits de ses campagnes — au Mexique notamment — que faisait aux petits Rivière l'étonnant oncle Léonidas Trochon, l'éternel sans-grade, l'aven-

* Qui possédaient aussi une maison à Bordeaux, 43, rue du Cancera, à moins de cent mètres du 12, rue de la Devise.

ture faite homme, dont Pierre gardait un demi-siècle plus tard un souvenir ébloui... Jamais Jacques ne se réfère à lui dans aucune correspondance. Tout ce qui venait du rameau paternel était-il globalement corrompu dans son souvenir ?)

De Saint-Victor, nous avons une autre évocation plaisante, due à Isabelle Rivière qui — très longtemps exclue de la rue Hustin — y fit, en 1909, lors de son voyage de noces, une apparition enchantée :

> ... A gauche, dans les hautes branches, les vernis du Japon écartant leurs grappes blondes pour découvrir à la petite épouse un peu du front de la maison [...]. Une fenêtre en saillie dans le toit d'ardoises qui relève sur elle le bord de son capuchon, une tourelle grise sur un chapeau bleu pointu [...]. Ô grâce, ô douceur, voici l'enfance de mon ami, voici la joie de mon petit garçon [...]. Voici sa peine aussi, et l'image qu'il emportait dans son cœur, ces dimanches soir d'automne où il se cachait sous un banc à l'heure de partir, et quand on le découvrait enfin, boueux de terre et de larmes, on ne le décidait qu'avec un bouquet à revenir à la ville [10]...

*

Les amitiés ? Avant d'en venir à celle, mythique, qui allait tant faire pour l'épanouissement culturel, puis la notoriété de Jacques Rivière, il faut céder la parole au personnage qui fut, dès avant Fournier et Lacaze, le « premier ami », celui grâce auquel un esprit encore tout encoconné dans les traditions familiales, religieuses et scolaires se libère — au moins dans l'expression.

D'André Waltz, nous ne connaissons guère que son juvénile dialogue avec Jacques Rivière, rencontré très tôt, bien avant leur entrée commune au lycée de Bordeaux, et dont il porta témoignage dans le numéro d'hommage publié par la *NRF*[11] au lendemain de la mort de son ami. Voici Jacques à huit ans, saisi, grandeur nature, à l'occasion d'une fête enfantine au Grand Théâtre de Bordeaux :

> Après trente ans révolus, je vois encore avec une netteté parfaite une mince silhouette enfantine, un joli visage velouté qui me faisait vis-à-vis dans les quadrilles. Parmi cent autres enfants inconnus, celui-là seul m'attirait. Il avait huit ans comme moi. Gracieux et gauche, il esquissait des pas hésitants [...]. Ses yeux marquaient surtout un grand étonnement, une grande soif de voir et de comprendre. C'était Jacques Rivière [12].

Quatre ans plus tard, André Waltz retrouve ce garçon dont le regard « étonné » disait déjà la « grande soif de voir et de comprendre » : ils entrent ensemble en classe de 6ᵉ au lycée de Bordeaux (qui n'est pas encore placé sous le patronage de Montaigne). Il est de nouveau frappé par « cette fraîcheur de regard et de figure où rien ne s'était altéré ». Les deux garçons se lient d'une amitié si fougueuse que celle même que nouera Rivière avec Fournier, quelques années plus tard, ne pourra, de longtemps, la rejeter dans l'ombre.

Au lycée de Bordeaux, à partir de la seconde, Waltz et Rivière se partagent les premières places « plutôt qu'ils ne se les disputent », précise le premier. En juillet 1902, on voit Jacques premier en rhétorique et en composition française, partageant avec son camarade le prix d'excellence, et devancé par lui en version latine, en histoire et en géographie, enfin doté comme lui d'un modeste 7e accessit de récitation — tous deux ignorés enfin dans le classement relatif aux mathématiques. Également « insoucieux des succès scolaires », ils déçoivent en cela leurs professeurs qui les destinent néanmoins aux gloires du concours général.

André Waltz, évoquant le Rivière de seize ans, le définit par « un amour exaspéré de la vie [et la] critique aiguë de tout pédantisme », par son enjouement aussi, une ironie légère, volontiers tournée contre lui-même. Déjà, la musique s'est emparée de lui, le disputant au maniement des idées. En cet adolescent apparemment par un goût abusif de l'abstraction, le goût des choses de la vie, un surprenant sensualisme persiste et va se développer en passion pour l'action, la nature, la mécanique, les sports.

En rupture déjà ? Pas du tout. Jacques Rivière peut bien n'attacher que peu de prix aux parchemins et distinctions scolaires, il n'en est pas moins fort appliqué, rappelle son ami, et se plie aux règles d'une éducation très stricte. On le voit, selon Waltz, « fort respectueux des idées de ses maîtres, jusqu'à la classe de rhétorique inclusivement [...] acceptant encore sans critique tous les dogmes, littéraires et autres, qui lui avaient été enseignés », au point de s'indigner de voir son ami déclarer son admiration pour Maupassant. Un honnête homme (citer Sainte-Beuve) ne devait admirer que le XVIIe siècle, condescendre à louer en badinant le XVIIIe, et plaindre les amoureux du XIXe...

Aux côtés de son ami de lycée, Jacques Rivière n'amorce pas seulement une révision profonde de ses idées esthétiques et de ses goûts littéraires. Il vit à partir de 1902 ce qu'André Waltz appellera une « révolution intime » qui va l'éloigner pour longtemps du catholicisme très strict dans lequel il a été formé : « Crise de croissance d'environ trois années, morale, religieuse, esthétique tout à la fois, crise surtout du caractère. »

Tout au long de son année dite alors de rhétorique (1902-1903), à l'issue de laquelle on affrontait le baccalauréat, ce Rivière de seize ans se découvre agnostique. Est-ce au contact ou sous l'influence de son ami ? Waltz lui a fait lire Renan, auquel il voue un culte. Le directeur de *L'Avenir* a, semble-t-il, déjà rompu avec le catholicisme, écrivant à son correspondant qu'il « accomplit des rites » auxquels il « ne croit plus ».

D'où une impression de « mécontentement » envers lui-même, une sensation d'« hypocrisie perpétuelle » qui l'obsède. Doit-il s'en ouvrir au moins à son père ? Compte tenu du « mal » qu'il lui ferait, il préfère garder le silence, ajoutant à l'adresse de Waltz : « J'aspire de toute mon âme au moment où j'apparaîtrai à ceux que j'aime dans toute la force de ma vérité... »

Jacques vient d'avoir dix-sept ans quand, un peu plus tard (le 19 août 1903), il instruit son ami de son évolution :

> L'abandon de mes croyances religieuses n'entraînera pas, je l'espère, chez moi un anticléricalisme farouche [...]. Aujourd'hui que j'ai abandonné les catholiques, je pourrai plaider plus facilement leur cause. On est toujours plus à l'aise pour défendre ce à quoi on n'a aucun intérêt...

Très intéressants, ce souci d'équité, cette volonté de détachement, en ce temps de crise où le gouvernement d'Émile Combes, sénateur radical de la Charente (et ancien séminariste), réalise, de lois en décrets, la séparation de l'Église et de l'État, opération anathème aux milieux catholiques (d'alors...) et donc à la famille Rivière. Intéressant aussi le commentaire de la politique « combiste » dont Jacques assortit sa prise de position :

> En coûterait-il beaucoup de laisser le christianisme mourir de sa belle mort (elle est proche, tout le monde le sent) ? [...] Peu à peu les jeunes gens chrétiens perdent leur foi comme je l'ai perdue [...] Le christianisme, qui n'est plus qu'une ombre, a rendu trop de services à l'humanité pour que sa vieillesse mérite d'être écourtée. A-t-on jamais vu que tuer un vieux père, devenu inutile, soit du libéralisme ? [...] Peut-être me suis-je, en t'écrivant ceci, laissé influencer par mes souvenirs religieux [...] Il me semble, malgré tout, que je suis plus libéral que Combes[13].

A coup sûr... Entend-on là des échos du Renan si cher à son ami, du Barrès agnostique qu'il vient de découvrir ? Mais ce qui est plus significatif encore, plus neuf que cette remise en question du dogme, assez courante chez les garçons de cette génération, accompagnée d'attachement à l'institution catholique que prônait alors l'auteur de *L'Ennemi des lois*, c'est une inquiétude sociale, un appétit de justice, un anticonformisme vigilant, exprimés en formes diverses et imagés dans ses lettres au camarade de lycée qui appartient comme lui à la bourgeoisie aisée de cette cité rarement en proie aux fièvres révolutionnaires.

La tendresse avec laquelle il évoque la tradition religieuse, observe André Waltz, « fait place, lorsqu'il parle du conservatisme social, à une indignation violente ». Tout lui est bon pour mettre en cause le confort moral d'une société qui, forte de son « aisance satisfaite et bornée », proclame : « On ne fera pas mieux. Nous avons la vérité », et qui, plutôt que demander grâce pour les assassins qu'elle n'a pas su éduquer, les condamne à mort car « même si ce n'est pas juste de les tuer, c'est plus sûr ! ». Et d'ajouter : « Le mal a de si profondes racines que les opprimés eux-mêmes n'ont plus conscience de leur droit... »

Pour ce qui le concerne, Jacques assure qu'il éprouve le « désir inquiet de savoir que je n'écrase personne en marchant ». Ainsi, « toutes les transformations futures de ma pensée ont été accomplies en puissance. Et que m'importent maintenant les critiques, les rires et les insultes ? Quelle illusion est préférable à une connaissance [14] ? ».

Il écrit connaissance, non vérité, et moins encore certitude. Waltz indique que si les injustices sociales leur inspiraient à tous deux la même « colère sacrée », Jacques y mettait plus de nuance, ne se départissant jamais d'un esprit critique qui le préserva toujours de l'esprit de « croisade », de ce qu'il appelle le « mysticisme social ».

De cet équilibre, de ce contrôle de l'esprit critique, d'un très profond attachement aux forces et aux dons de la vie, Jacques Rivière devait donner de nouvelles preuves quand André Waltz, quelques mois plus tard, manqua sombrer dans une sorte de délire d'exaltation nihiliste et morbide où la « mystique sociale » le disputait, semble-t-il, à la mystique tout court. Jacques Rivière a, vers lui, ce cri : « Cette vie, que tu traites d'absurde farandole, n'a-t-elle pas raison, puisqu'elle est ? [...] Je t'en supplie, mon cher petit, désire la vie, désire-la dans sa plénitude et dans sa profondeur [15]. »

*

On bousculera quelque peu la chronologie, anticipant sur les premières saisons de la relation fameuse entre Rivière et Fournier afin de lui garder sa continuité, pour évoquer les rapports très fertiles noués par Jacques avec le singulier, le savoureux personnage que fut André Lacaze. Condisciple de François Mauriac au collège de Grand-Lebrun, resté l'ami (très critique, mais fidèle) de l'auteur du *Nœud de vipères*, prêtre, philosophe, organiste de la cathédrale Saint-André, Lacaze ne cessa de provoquer dans cette ville, pendant un demi-siècle, le salubre malaise * qu'entretient le « démon de la connaissance » — dont Mauriac a fait le titre de l'un de ses *Trois Récits*, ne dissimulant pas même les traits étranges de son modèle...

L'amitié triangulaire qui eût pu se nouer entre ces trois Bordelais — André, François et Jacques — ne prit jamais corps, le subtil Lacaze ayant toujours pris soin de dresser entre les deux écrivains un écran mal définissable dont on reparlera quand le temps sera venu d'évo-

* Dont bénéficia, entre beaucoup d'autres, l'auteur de ce livre.

quer la double et tardive reconnaissance entre Mauriac et Rivière.

La relation entre Jacques et le futur abbé débute à Bordeaux en octobre 1905. C'est un Jacques de dix-neuf ans, déjà correspondant d'Henri Fournier et resté celui d'André Waltz, venu préparer à Bordeaux la licence de philosophie après un séjour de deux ans à Paris, que rencontre Lacaze à la faculté des lettres du cours Pasteur, où enseignent des maîtres honorables.

Ce qui, d'emblée, étonne Lacaze chez Rivière, c'est une exceptionnelle dualité entre l'intériorité profonde et l'avidité de toutes choses, le souci de n'« amasser de trésors qu'au-dedans de lui-même » et la crainte, l'angoisse de son âme « de n'être jamais assez ravitaillée », la « frémissante avidité de tout voir, de tout entendre, de tout sentir », l'« extrême appétence de tout ». « La vie lui paraissait moins intéressante à vivre qu'à comprendre. » Ne se prêtant qu'avec regret, « avec paresse », à ses propres expériences, selon son ami, il intégrait, absorbait avidement celles des autres.

André Lacaze insiste fortement sur une particularité de l'esprit de Rivière — pour qui la sensation était une nourriture assimilable par l'intelligence. Et de raconter une promenade au cours de laquelle tous deux s'exaltaient sur cette formule de Spinoza, jugée profondément sensuelle : *fruitio, rei ipsius**. *Fruitio.* Des associations d'idées leur faisaient établir aussitôt des connexions troublantes. Toutes choses, jusqu'aux idées surtout, toutes choses leur paraissaient désirables comme des fruits chargés de saveurs, de sucs et de substance. « J'ai connu plus tard, ajoute Lacaze, ce que Rivière devait à Gide : le " fruit plein de saveur sur des lèvres pleines de désirs ". Cette phrase de Spinoza l'évoquait si bien ! Mais j'ai toujours pensé que Rivière avait trouvé Gide avant de le connaître[16]. »

Ce qui déconcerte encore son ami, chez le Jacques Rivière adolescent, c'est qu'il trouvât, aux idées, plutôt que de la justesse, de la saveur ; c'est qu'il parlât d'elles avec une sorte de gourmandise, comme s'il était « caressé dans sa chair » — percevant avec une évidente avidité « l'inexorable, l'irréductible singularité des choses ».

Étonné de ces noces entre l'intellectualisme et la sensualité, le penchant à la généralisation et la perception aiguë des différences, André Lacaze s'effrayait, chez son ami, d'un penchant à l'intolérance, qui lui faisait craindre, en honnête homme, de céder à un appétit trop naturel de certitude et d'affirmation.

> A vingt ans, il était remarquablement *partial et péremptoire*. [...] L'outrance de ses admirations m'effrayait presque. Toutes les fois qu'il me parlait de *Claudel*, on eût dit qu'il se mettait en *devoir d'égorger quelqu'un*. Il eût certes perpétré cette besogne sans violence, mais avec

* Je goûte la chose pour elle-même.

application, lenteur et volupté. Ses yeux brillaient d'un éclat cruel, ses lèvres frémissaient d'ardeur offensive. Il me faisait l'effet d'un bourreau de l'Inquisition, mais à qui on eût réservé les besognes de choix, les supplices savants. François Mauriac, à qui je parlais de ces dispositions menaçantes, prit d'abord peur, et refusa de se laisser présenter à cet apôtre sans pitié [17].

Quelque temps plus tard, lors d'un séjour commun à Paris, Rivière entraîne son ami au musée du Luxembourg. Lacaze tombe en arrêt devant *Parsifal et les Filles fleurs* de Rochegrosse. L'autre le regarde d'abord avec indulgence. Puis, n'y tenant plus : « Quand on vous parlera de ce tableau, vous direz que c'est une omelette aux fines herbes... » Et d'entraîner son ami vers les Monet, les Sisley et les Pissarro.

Mais le Jacques Rivière qui s'est fait le spadassin du claudelisme, l'exécuteur des hautes œuvres de l'impressionnisme, le hussard du debussysme, n'est déjà plus tout à fait cet adolescent qui, à dix-sept ans, nanti de son bachot et couvert des louanges de ses maîtres du lycée de Bordeaux, a convaincu son père de l'envoyer préparer le concours de l'École normale supérieure à Paris.

Poussé par quelque ambition universitaire ? Apparemment non. Nous recueillerons maintes preuves de son peu d'appétit pour ces honneurs et ces exercices. S'il est appelé à manifester des dons didactiques exceptionnels, ce n'est pas dans le cadre de l'institution universitaire, qui lui répugne et qui se vengera bien de ce dédain, l'excluant sans rémission : c'est comme conférencier qu'il sera un éducateur du goût, et beaucoup plus tard. Mais dans cette aventure, ce n'est pas l'école qui l'intéresse, c'est Paris.

N'est-ce pas aussi l'idée de fuir Bordeaux — comme, trois ans plus tard, François Mauriac ? Il s'est pris, on l'a vu, d'une vive animosité pour l'esprit bourgeois, l'esprit conservateur de sa ville natale — aussi bien du point de vue esthétique que social. Il tient les Bordelais, globalement, pour des snobs et des imbéciles, dont sa belle-mère, la « B.M. », est à ses yeux la quintessence. Il n'a pas encore rencontré les hommes comme Frizeau et Lhote qui le contraindront à nuancer ce jugement.

Plus curieux : il s'est mis à détester l'accent méridional (fort sensible à Bordeaux, fût-ce dans la bourgeoisie) qui selon lui égalise, banalise les mots, n'y distinguant pas ce qui est significatif de ce qui ne l'est pas. Une lettre à Fournier, en 1908, exprimera ce dégoût avec une étrange passion.

Mais ce qui domine, c'est la fascination qu'exerce sur lui la capitale, ses rues et ses stations de métro et d'autobus dont il récite les noms comme une litanie, les théâtres, les salles de concert, son attente de la grande cité bruissante d'appels, de notes, de cris, d'idées à dévorer, de sons et d'images à goûter, d'êtres mystérieux à rencontrer...

De femmes ? Peu de correspondances adolescentes sont plus rigoureusement chastes, plus exemptes de références à ce type de préoccupations. Pas de nom, de scène, d'allusion. Le *fruitio* de Spinoza est-il encombré de filles fleurs plus séduisantes que celles de Rochegrosse ? Bien sûr. Mais ce silence n'en est pas moins frappant, et un peu intrigant – nous verrons jusqu'à quel point, et à quelle date.

Bref, le brillant fils aîné du professeur Rivière, promis par ses maîtres à un avenir universitaire de nature à leur faire honneur, quitte à interrompre la publication de *L'Avenir*, ne semble pas avoir eu trop de peine à convaincre son père et une belle-mère qui le juge encombrant de lui donner les moyens (modestes) de préparer à Paris le concours de l'École normale supérieure.

Pourquoi choisirent-ils la « khagne * » du lycée Lakanal, de préférence à celle d'Henri-IV où était envoyé parallèlement André Waltz ? Les frais y étaient-ils moindres ? Dans cette périphérie lointaine, les tentations du parisianisme seraient-elles mieux contrôlées ? (Bien que le petit train de banlieue offrît des occasions de rencontre aux jeunes gens qui le recherchaient – nous le verrons...) Peut-être le docteur Rivière jugea-t-il que la santé de Jacques, fils d'une tuberculeuse, serait mieux préservée dans le grand parc de Bourg-la-Reine.

Le fait est que, tous les adieux faits aux tendres habitants de Saint-Victor, à « Toutou », à « Paulus », à tante Michelle, à Pierre et à « Nanie », au petit Marc et à « Galéjade », Jacques Rivière, ancien directeur de *L'Avenir*, futur directeur de la *NRF*, prit le 30 septembre 1903 le train pour Paris – un train qui d'abord se coule, de tunnel en tunnel, sous les collines de Lormont et de Cenon où il était passé de l'enfance à l'adolescence.

Adieu à la colline ? Il la reverra souvent.

* Bien que le dictionnaire autorise « cagne », on adopte l'orthographe la plus évocatrice d'un milieu et d'une mythologie.

II

Du côté de chez Meaulnes

La littérature française reste en quête d'une topographie, celle des lieux de rencontre privilégiés. On y rangerait la salle à manger de Mme Geoffrin, une loge de théâtre chez Balzac, le marché aux bestiaux de Maupassant, le salon des Guermantes, la sortie de la messe de onze heures dans Mauriac, une casemate de 1918 vue par Drieu ou un stade élu par Montherlant. Et il ne faudrait pas oublier la « khagne », cette classe préparatoire au concours de l'École normale supérieure où dans un grand lycée, de préférence parisien, Jallez se lie à Jerphanion, et pour la vie.

C'est en « khagne » en tout cas, celle du lycée Lakanal, dans la périphérie du sud de Paris, que Jacques Rivière fit la rencontre marquante de sa vie, celle de l'homme dont il devint l'ami le plus intime et le plus stimulant, le premier historien lucide, et dont la sœur, Isabelle Fournier, devint non seulement sa femme mais l'ordonnatrice posthume de son œuvre, l'inspiratrice d'une interprétation globale de son personnage et de ses ouvrages qui allait en faire, pour longtemps, un champ de bataille spirituel. Une rencontre qui l'aura ainsi marqué bien au-delà de la mort.

Les images d'Alain-Fournier * et de Jacques Rivière se sont, après trois quarts de siècle, légèrement disjointes dans l'esprit public, le nom du premier étant confondu dans la légende et l'histoire littéraire avec le titre du *Grand Meaulnes*, l'un des romans français du XXe siècle les mieux assurés d'un culte durable, quand celui de Rivière est en quelque sorte absorbé dans et par la constellation de *La Nouvelle Revue française* dont il fut, non pas l'un des six fondateurs, mais le stimulant secrétaire, et le directeur au temps de son plus grand rayonnement (1919-1925).

Mais ce couple de Gémeaux quelque peu fabuleux reste pourtant soudé, dans la sensibilité esthétique de trois générations, par un livre commun dont on ne saurait contester le pouvoir magique : une correspondance faite de 389 lettres échangées d'avril 1904 à juillet 1914, qui — rassemblées par Isabelle Rivière, publiées en quatre volumes entre 1926

* Né Henri Alban Fournier. On a indiqué (note de la page 18) qu'on s'efforcera de réserver l'usage de ce pseudonyme aux œuvres et à la carrière littéraires proprement dites.

et 1928, puis rééditées en deux volumes en 1948, en 1967 et 1991 par la maison Gallimard — reflètent, mieux que tout autre ouvrage, la germination de l'art et de la sensibilité modernes dans la conscience de deux jeunes contemporains de ces œuvres littéraires, musicales et plastiques qui ont ensemencé notre temps.

Mieux encore que « le parcours de lecture d'une époque », comme l'écrit Pierre de Gaulmyn, l'excellent préfacier de la dernière édition, c'est le reflet phosphorescent de tous les arts d'une décennie plus riche encore en créations musicales et picturales que littéraires *, vécue avec une inlassable ferveur. Ce qu'on a voulu appeler, par une double référence à la chronologie et à l'âge des héros, une adolescence du siècle.

*

D'abord, Lakanal.

Bien que le génie descriptif fût l'apanage d'Alain-Fournier plutôt que de Jacques Rivière, c'est à celui-ci que l'on empruntera l'évocation du cadre où naquit et s'épanouit d'abord cette amitié foisonnante. Dans un texte publié vingt ans après leur première rencontre — la magnifique préface que, devenu directeur de la *NRF*, il donna à la réédition des *Miracles* et des poèmes d'Alain-Fournier —, Rivière a ainsi dessiné le paysage :

> Le parc de Lakanal, qui fut celui de la duchesse du Maine et de la cour de Sceaux, est un endroit merveilleux ; il dévale lentement vers Bourg-la-Reine. La grande allée vient aboutir à une grille qui donne sur un chemin peu fréquenté ; un banc la termine, où, parmi toute cette banlieue, on peut avoir l'illusion d'une relative solitude. C'est sur ce banc que chaque jour, pendant l'heure de la récréation qui suivait le déjeuner, je venais m'asseoir avec Fournier [1].

Fort bien. Mais il ne faut pas croire que l'alliance passionnée entre Jacques Rivière et Henri Fournier prit la forme d'un coup de foudre, de cette illumination tendre qui « en une grande fête et compagnie de ville » jeta Montaigne aux bras de La Boétie, l'un et l'autre pourtant plus mûrs. L'affaire entre Henri-le-Berrichon et Jacques-le-Girondin prit du temps et des formes. On se huma, se choqua, se rebiffa, se chercha, on se battit avant de s'accointer. Avec d'autant plus de force…

Reprenons les choses par le début, qui instruit toujours. Le 1er octobre 1903, Jacques Rivière adresse à ses chères tantes de Cenon, quittées la veille, ce hâtif « mot de lettre » inaugural en style télégraphique :

* Proust surgit où la *Correspondance* s'arrête…

Bourg-la-Reine

Voyage excellent. Bien dormi : trois dans le compartiment. Lycée Lakanal merveilleux. Chambres vastes et commodes. Administration excellente. Je vous embrasse fort.

Jacques.

Quinze jours plus tard, les mêmes destinataires reçoivent notification, non d'une rencontre miraculeuse, ni d'un bonheur tout neuf, mais de la première place obtenue en version latine : quand on sait que l'aîné des Rivière ne se veut pas bûcheur lauréat et ne prend pas ce genre de succès pour une raison d'être, on en vient à penser qu'au cours de ces premières semaines sa vie n'est pas arrachée à la routine lycéenne par un coup de foudre sentimental.

Au cours des mois qui viennent, les seuls noms de « khagneux » qui paraissent dans ses lettres aux dames de Saint-Victor sont ceux des camarades dont il goûte la sociabilité joviale ou mélancolique : Guinle, Guéniffey, Chesneau, Guitard, par opposition aux « forts en thème », tenus à l'écart avec dédain. Resurgit aussi le nom d'André Waltz, l'ami bordelais qui, nous l'avons vu, prépare pour sa part le concours de l'École normale au lycée Henri-IV et qu'il retrouve presque tous les dimanches à l'angle de la rue Soufflot et du boulevard Saint-Michel : c'est lui qui reste l'ami privilégié, le correspondant élu.

Beaucoup plus que des études et des « parties » apparemment fort innocentes entre « khagneux » où il est plus souvent question de théières et de crêpes que de coups de gnole et de jupons, les sujets dont Jacques entretient dans ses lettres les « chères vieilles Toutou et Milie », c'est de la vie théâtrale et surtout musicale à Paris. Quelle fringale ! Quelle boulimie !

A lire les missives bouillonnantes de passion du lycéen bordelais expatrié à Bourg-la-Reine, à propos de tant de *Carmen* ou de *Dalila*, on pourrait croire à la correspondance d'un don Juan chasseur de proies dans le Paris de la Belle Époque. Mais non : ce n'est que de musique qu'il s'agit, ou de théâtre. Quand ce n'est pas de peinture. Jacques s'est jeté sur le Paris du temps de Sarah Bernhardt et de Messager comme un affamé : à croire que la « khagne » de Lakanal n'a été pour lui qu'un prétexte ou un alibi.

Ivresse, mais contrôlée. Les moyens mis à sa disposition par sa famille le contraignent à une économie qui peut l'enrager, mais lui permet tout de même, en huit ou neuf mois, d'assister à une quarantaine de spectacles lyriques, vingt et un concerts et une douzaine de représentations théâtrales, surtout à la Comédie-Française. Dressant, à la veille des grandes vacances de 1904, ce bilan, il en éprouve une sorte de fierté : Paris est là, qui s'offre. Et lui est là aussi, qui a soif de tout.

Ce régime frénétique affine à un rythme peu banal son jugement critique. Aux yeux et aux oreilles du provincial de dix-sept ans, à la fin de 1903, tout est merveille, et ses correspondants à Cenon, « Toutou » ou l'oncle « Paulus », ne sauraient s'étonner des louanges décernées au *Lakmé* de la salle Favart, « cet incomparable chef-d'œuvre [...] bien petit pourtant à côté de *Samson et Dalila* [...] la plus belle chose que l'esprit humain ait créée ». Voilà une copie que reverra l'élève Rivière, et sans trop attendre...

Ni l'opéra Garnier ni la salle Favart ne lui suffisent : aux concerts Colonne dont le chef Camille Chevillard lui semble sans rival, il redécouvre Berlioz, Schumann et Bach, et très vite Debussy, dont le *Prélude à l'après-midi d'un faune* reçoit, dès le 26 novembre 1903, cet éloge très militant :

> C'est de la musique toute moderne mais merveilleuse. Cela a une fluidité enchanteresse. Les hautes galeries, où sont les vrais musiciens, ont crié bis. Quelques-uns ont protesté. Alors je me suis mis de la partie et nous avons tellement crié bis qu'on a répété. J'étais épuisé d'avoir hurlé.

Au théâtre, les grands hommes du temps (en attendant Claudel et Ibsen) ne lui inspirent guère d'admiration : *L'Aiglon* a cessé d'apparaître à l'ancien directeur de *L'Avenir* comme un « Hamlet moderne » et son enthousiasme va surtout aux comédiens : Julia Bartet, Le Bargy, Antoine, et surtout, surtout, à Sarah Bernhardt, si mal servie qu'elle fût par le texte d'*Angelo tyran de Padoue*...

Lettre aux tantes, le 8 mars 1905 :

> ... Hier, Sarah Bernhardt. Oh ! l'admirable, l'admirable femme. J'avais été prévenu contre elle, on m'avait dit qu'elle baissait, qu'elle avait vieilli, qu'elle n'était pas intelligente. Mensonges ! Mensonges ! Elle n'a pas baissé, elle n'a pas vieilli, elle est merveilleusement intelligente. Naturellement *Angelo* est une œuvre déplorable, comme presque tous les drames de Victor Hugo. C'est même un des plus mauvais. Mais que cette Sarah est donc belle – et que je l'aime. C'est la seule tragédienne que nous ayons. J'irai la voir dans tout ce qu'elle jouera !

Au surplus, les « correspondants » parisiens auxquels l'a adressé sa famille, les Herdner par exemple, sont de bons mélomanes, qui font de la musique en groupe. Et que dire sur ce point des Laparra, famille bordelaise installée à Paris, dont le fils aîné, Raoul, compagnon de *L'Avenir,* venu de Bordeaux avec lui, est bientôt joué à l'Opéra (ce qui n'empêche pas Jacques de juger sa musique sans indulgence : déjà intraitable en matière d'esthétique...). En tout cas, l'air où il plane est saturé de musique, comme les destinataires de ses lettres à Cenon.

Son travail de préparation à l'École normale ? L'ivresse musicale et parisienne ne l'en détourne pas. Sa correspondance le montre attentif à ses devoirs, mais sans zèle excessif. Tel il était au lycée de Bordeaux, lauréat sans acharnement, brillant mais à condition de travailler « à sa main », tel on le retrouve, tel il se décrit à Bourg-la-Reine. Il ne saurait négliger la chance que lui offrent les siens, ni décevoir leur attente. Mais ce qu'il prépare ici, ce n'est pas une fin, c'est un moyen. Enseigner? D'abord connaître, comprendre, et goûter.

Non que ses maîtres fussent médiocres, ou bêtement directifs. Il ne juge ainsi ni celui qui leur enseigne la littérature, Francisque Vial, féru de symbolisme, ni le latiniste Bernès, ni leur maître en philosophie Camille Mélinand, ni le professeur d'histoire de l'art, fils de César Franck, musicien admiré alors entre tous et qui se trouve, de ce fait, auréolé d'un indéfinissable prestige.

Mais si notre Bordelais manifeste ses dons en latin comme en littérature, si Mélinand lui trouve une « tête philosophique », rien ne lui serait plus désagréable que d'être considéré comme une « bête à concours ». Et il le fera si bien voir, ou sentir, que l'institution se vengera... Dans une lettre à son ami André Waltz datée de Lakanal, il clame son dédain pour le système de gavage intellectuel et de bourrage de mémoires adolescentes qui fait alors la loi, dans cette « khagne » comme dans les autres :

> Il n'y a ici que dictionnaires et ennui. [...] Si la chair et l'esprit survivent à un tel régime, on est incassable à perpétuité [...]. Cependant je vois autour de moi des crânes obstinés, perdus entre des mains farouches, et qui ont l'air de trouver cela tout naturel. [...] Je me souviens que j'écrivais à mes parents : « presque tous mes camarades sont des idiots ! ».

Ne le croyons pas pour autant imbu de sa supériorité et, comme les jeunes imbéciles, avide de mépriser :

> J'étais bien pauvre alors, car j'ignorais combien le mépris est pitoyable, absurde et mesquin auprès de l'indulgence et de la compassion. Maintenant je les aime et je les plains, et je voudrais leur dire : « Vous voyez bien que vous perdez votre vie, que vous faites une besogne misérable, qu'il faut ouvrir les poumons bien grands pour respirer tout l'air que la nature a créé à votre usage » [...] Je pleure cette pauvre humanité stupide, acharnée, féroce, qui meurtrit ainsi pitoyablement toute sa vie. Y aura-t-il toujours une « jeunesse studieuse » qui viendra s'écraser contre une tâche insurmontable et immorale ?

Arrêtons-nous un instant à cette date : 1904. C'est celle de la dix-huitième année de Jacques Rivière. Le retrouvant après la guerre à Bordeaux, la trentaine venue, André Waltz fera observer au prestigieux directeur de la *NRF* que tout son « développement ultérieur » se trouvait en germe dans sa dix-huitième année, ce que Rivière, indique-t-il, lui

« accorda sans débat, en souriant[2] ». C'est au cours de ces mois, en effet, qu'il s'initie à Maeterlinck et à Barrès — passions d'époque, bientôt reniées, mais alors stimulantes —, qu'il « entre en Debussy » comme on fait en religion, que Cézanne * lui apparaît dans toute sa grandeur et que se noue son amitié avec Henri Fournier.

Il est vrai que cet âge est tout naturellement celui où, sauf précocité phénoménale à la Rimbaud ou pesanteur abusive de l'environnement, un esprit bien doué s'arrache aux balbutiements infantiles et, à travers les vagabondages du goût, conquiert sa conscience esthétique. Mais chez Rivière, la mue se complique du fait que l'esprit d'adolescence, combinaison d'enthousiasme et de rejets, d'immaturité sexuelle et de timidité devant la vie, survit en lui à l'ordonnancement bientôt magistral de son univers intellectuel, au modelage très conscient d'une esthétique multipolaire constamment réinventée.

Pour Rivière, l'année de ses dix-huit ans, du début de la conquête de la modernité esthétique, refoulant ou reportant la maîtrise pratique de la vie, ne cessera jamais. On le retrouvera dix ans, vingt ans plus tard, à la veille de sa mort, devenu l'arbitre de la vie intellectuelle, aussi boulimique, aussi avide de connaître, de comprendre, de risquer, d'être étonné, en quête de tout autant que de lui-même, découvrant le cubisme, le surréalisme, la psychanalyse ou « dada » comme il a fait du symbolisme ou de l'impressionnisme, posant son regard exigeant et fervent sur tout et sur tous — et toujours imbibé d'adolescence, d'une candeur souveraine.

On reviendra sur la plupart de ces découvertes, de ces déprises et de ces illuminations. Mais il faut en venir d'abord à celui qui fut, dix années durant, au centre, au cœur de cette chasse intellectuelle, nourrissant de ses intuitions buissonnières l'intelligence critique de Jacques Rivière.

*

Comme tout ce qui touche à l'auteur du *Grand Meaulnes*, sa rencontre avec Jacques Rivière, si simple et bien localisée en apparence, est auréolée d'une légende, d'autant plus surprenante qu'elle fut suscitée par le texte de référence, la préface écrite vingt ans plus tard, pour la réédition de *Miracles*, par le directeur de la *NRF*.

On ne se mêlera pas de contester la véracité de ce texte si beau, hommage d'amitié lucide s'il en fut. Mais une formule anecdotique de Jacques Rivière a conduit certains historiens des lettres à forcer la chronologie, le rythme d'épanouissement de cette amitié qui a pris la force d'un mythe. Citons d'abord le récit du préfacier :

* Mort deux ans plus tard.

> Notre amitié ne fut pas immédiate, ni ne se noua sans péripéties ; nos différences de caractère se firent jour avant nos ressemblances. Fournier, animé de l'esprit d'indépendance qu'il devait attribuer plus tard à Meaulnes, avait entrepris d'ébranler la vénérable et stupide institution de la Cagne *, c'est-à-dire l'organisation hiérarchique qui réglait les rapports des élèves de rhétorique supérieure et l'ensemble de rites et d'obligations humiliantes que les anciens imposaient aux « bizuths ». Il avait pris la tête d'une coterie de révoltés, avec laquelle je sympathisais secrètement, mais que ma timidité et mon désir d'éviter les distractions m'empêchèrent de rallier tout de suite.
> J'observai longtemps une neutralité rigoureuse dans la bataille qui opposait mes camarades. La figure de Fournier m'intéressait pourtant déjà vivement. Parmi ces jeunes gens, dont plusieurs étaient comme lui fils d'instituteurs, mais que leurs dispositions universitaires rendaient déjà légèrement compassés, il surgissait libre, joueur, ivre de jeunesse. Ce que l'atmosphère où nous étions plongés avait d'un peu pédant et artificiel, il le faisait par instants drôlement fuser au-dehors et nous restituait le caprice dont nous avions besoin pour respirer.
> Je le regardais combiner ses offensives contre le « Bureau », je lisais les pétitions révolutionnaires qu'il faisait circuler pendant l'étude. Je me sentais un peu scandalisé, un peu effrayé, fort séduit malgré tout par son personnage. Je ne pensais pourtant pas à me rapprocher de lui. C'est lui qui me fit le premier des avances, d'ailleurs mêlées de taquineries et de moqueries, qui me furent, je l'avoue, très insupportables. De toute évidence je l'agaçais un peu, si je l'attirais aussi ; ma nature appliquée, scrupuleuse, méticuleuse lui donnait des impatiences. Il me jouait des tours que je ne prenais pas toujours très bien. Que de fois, en rentrant de récréation, je trouvai mon pupitre bouleversé, mes livres en désordre : Fournier était passé par là. Je lui en voulais de tout mon cœur !
> Mais il tenait à moi et peu à peu la sincérité de son attachement m'apparut, me convainquit, apaisa mes résistances. C'est aussi qu'à côté de son indiscipline, tout un autre aspect de son caractère se révélait à moi, lentement, que je ne pouvais qu'aimer. Sous ses dehors indomptés, je le découvrais tendre, naïf, tout gorgé d'une douce sève rêveuse, infiniment plus mal armé encore que moi, ce qui n'était pas peu dire, devant la vie.

Bref, un début d'amitié qui fait penser aux amours de Béatrice et Bénédict, aux joutes des *Caprices de Marianne*, ou aux commencements des films de Capra, faits de « piques » entre Katharine Hepburn et Cary Grant. Survient, bien entendu, la cristallisation stendhalienne. Comment ? Quand ? Rivière a imposé aux lecteurs sa version, fort séduisante, liée selon lui à une brusque et commune découverte du meilleur de la poésie symboliste, et aussi à une complicité admirative, d'autant plus ardente que moquée par ceux de leurs camarades qu'ils détestent, les « forts-en-thème », les « bêtes-à-concours » :

* C'est l'orthographe dont use le plus souvent Rivière.

> Je date des environs de Noël 1903 la révélation qui nous en * fut faite en même temps à l'un et à l'autre. Pour nous remercier du compliment traditionnel que nous lui avions adressé avant le départ en vacances, notre excellent professeur, M. Francisque Vial [...] nous fit une lecture du *Tel qu'en songe* d'Henri de Régnier :
>
> J'ai cru voir ma Tristesse – dit-il – et je l'ai vue
> – Dit-il plus bas –
> Elle était nue,
> Assise dans la grotte la plus silencieuse
> De mes plus intérieures pensée...
> [...] En allant vers la ville où l'on chante aux terrasses
> Sous les arbres en fleurs comme des bouquets de fiancées..
> Les grands vents venus d'outre-mer
> Passent par la Ville, l'hiver,
> Comme des étrangers amers...
>
> Et ces deux vers enfin qui tombèrent en nous comme une lente pierre dans une eau troublée :
>
> Pauvre âme,
> Ombre de la tour morne aux murs d'obsidiane **.
>
> Je regardais Fournier sur son banc. Il écoutait profondément [...]. Nous échangeâmes des regards brillants d'émotion. A la fin de la classe, nous nous précipitâmes l'un vers l'autre [...]. Les forts en thème ricanaient. Nous, nous étions dans l'enchantement et bouleversés d'un enthousiasme si pareil que notre amitié en fut brusquement portée à son comble [3].

Il est clair que ce récit est *vrai*. Il n'est pas certain qu'il soit exact, que le soient en tout cas la date et le *tempo* proposés par Jacques Rivière. On peut certes imaginer que la querelle d'amoureux inconscients décrite par l'étudiant bordelais n'ait duré que quelques semaines et que, passées les escarmouches de l'automne, on en soit venu, l'hiver venu, à ce « comble d'amitié » : il n'est pas de récit d'aventures de vacances qui ne propose, entre Juliette et Pierrot, ou Jules et Jim, ce type de basculement...

Mais si prompt qu'ait pu être ce retournement d'origine poétique, il semble avoir été soumis à de plus lentes procédures. Qui se reporte à la correspondance avec les tantes déjà citée, où sont mentionnés « par ordre d'entrée en scène » les camarades de Jacques, le nom de « Fournier, un camarade » n'apparaît qu'en avril 1904, bien après ceux de Guinle, de Guéniffey ou de Waltz. Si bien que l'on est conduit à reporter au printemps, ou à la veille des vacances, la scène hivernale décrite par Jacques Rivière.

Sans importance ? Pas tout à fait, si l'on admet (et il faut l'admettre !)

* De la poésie symboliste.

** Cette roche volcanique est plus souvent nommée obsidienne, par Malraux notamment.

que la découverte de *Pelléas et Mélisande* fut, pour ces adolescents en quête d'eux-mêmes, un événement fondateur, une donnée fondamentale de leur commune conscience esthétique. D'où la satisfaction éprouvée par tel ou tel historien ou chroniqueur en évoquant l'audition commune, et émerveillée, de l'œuvre de Claude Debussy — certains jugeant bon d'associer à cette communion debussyste leur camarade de « khagne » Jules Romains (Louis Farigoule). Une date est même retenue, celle du 21 janvier 1904.

Il est vrai que c'est à cette date que Jacques Rivière exprime à l'usage de ses correspondantes bordelaises l'enchantement où l'a plongé sa première audition de *Pelléas et Mélisande* (créé en 1902). Que cette soirée se soit plutôt déroulée le 17 ou le 19 importe peu. Mais ce qui ressort de la correspondance du jeune homme de Bordeaux est qu'il y fut seul : il raconte à ses tantes comment il a échangé à l'improviste un ticket pour *Pelléas* contre un billet prévu pour un autre spectacle. Illumination solitaire qui fait de Jacques, en « khagne », une sorte de prophète, de pionnier du debussysme — accroissant son prestige et naturellement son attachement à « la » cause...

Ce menu décalage n'appauvrit en rien l'amitié entre les deux adolescents, faite de ces élans, de ces échanges, de ces plongées, de ces rattrapages : celui qui a d'abord « manqué » Rimbaud ou Matisse sera sauvé, éclairé, remis sur le chemin par l'autre, lequel aura, lui, négligé Rouault ou préféré, un temps, Rameau à Mozart...

Jacques Rivière eût-il découvert *Pelléas* accompagné, ç'aurait probablement été par Alexandre Guinle ou Raphaël Guéniffey, ses compagnons alors les plus fidèles : Henri Fournier est plutôt occupé, lui, à faire la cour à une certaine Yvonne, connue dans le train de Bourg-la-Reine à Paris, et c'est en compagnie de cette admiratrice fort douée qu'il goûte alors le théâtre et la musique. La première fois que Jacques signale aux chères tantes la compagnie, à ses côtés, de Fournier, c'est, le 25 avril 1904, pour une représentation de *Louise* — qui d'abord l'enchanta mieux que son compagnon...

C'est à la fin du printemps de 1904 que le nom de Fournier vient régulièrement sous la plume de Jacques, qu'il s'agisse de musique, de peinture, de théâtre ou des travaux de la « khagne ». Si rien ne permet de mettre en doute le rôle de révélateur attribué à Henri de Régnier et à Francisque Vial dans la prise de conscience des affinités entre les deux adolescents, il est clair que leur amitié ne fut « portée à son comble » que plusieurs mois après le début de la fatidique année 1904.

Voilà qui ne retire rien à l'éclat de la liaison, moins encore à sa fertilité. Une plus longue probation, une incubation plus lente et compliquée ne put qu'approfondir cette relation fameuse. On peut même préférer que l'intimité ne fût pas créée au temps de la première audition de *Pelléas*, que la révélation des amants d'Allemonde fût moins due à l'exaltation hasardeuse d'une soirée commune qu'à une sorte de don de l'un à l'autre, en l'occurrence de Jacques à Henri – à charge de revanches !

*

La correspondance publiée par Isabelle Rivière à partir de 1926, un an après la mort de son mari, douze ans après la disparition de son frère, s'ouvre par une lettre de Jacques non datée mais qui semble écrite en avril 1904. L'étudiant de Bordeaux, qui connaît donc Henri depuis plus de six mois, use d'un « mon cher ami » bien cérémonieux et peu compatible avec une « amitié portée à son comble » – qui fera place en juillet à « mon cher Henri », après la « cristallisation », et plus tard à « mon cher chéri ».

Comme il en va souvent dans ce type d'échanges entre lycéens ou étudiants, ce sont les grandes vacances qui donnent à la correspondance sa justification et sa vigueur. Et voilà nos deux épistoliers intrépides engagés dans un dialogue de dix années, nouant, en une commune spirale ascendante, leurs deux adolescences en quête de vie plénière, de l'art, du monde et d'eux-mêmes.

D'emblée se manifestent les deux caractères, ou les deux tempéraments antithétiques – primauté de l'intelligence chez l'un, chez l'autre de la sensibilité. Mais si vives, tranchées, provocantes même soient ces contradictions que l'on dirait inventées et distinguées par un romancier ou un dramaturge – Octave et Cælio, Antoine et Jacques Thibault –, la pratique de cet échange provoque parfois une sorte d'osmose. Spontanée ou contrainte, simulée ?

Nul mieux que François Mauriac n'a su dénoncer ce qu'a de trompeur ce type de rapports, et à quel point le mot même de correspondance suggère ou implique l'inconsciente et double imposture d'êtres en quête de convergence et aptes à la séduction réciproque, fût-ce par le culte systématique de l'antithèse... Jusqu'à quel point l'image émise ici et là est-elle codée, truquée, biaisée en vue de plaire, de « correspondre », de s'ajuster ? De se vaincre aussi ? Retenons ce trait dû à Fournier, dans une lettre de 1910 : « Si Jacques et moi nous nous battons, c'est que vainement nous essayons de nous réduire l'un à l'autre[4]. »

Il est vrai que de deux adolescents, on doit attendre, en un tel jeu, moins de perversité séductrice que d'un échange entre Mme Du Deffand et Voltaire, entre Gide et Valéry septuagénaires. Mais l'effet de capillarité est parfois repérable : quand, dans sa première lettre, Jacques Rivière se décrit en lutte pour défendre le pauvre, le débile Guéniffey, ou pour river son clou au fort-en-thème Danchin, on voit bien qu'il veut se faire valoir aux yeux du hardi, du querelleur, de l'intrépide Fournier, Robin des Bois de Lakanal... Et quand le jeune homme venu du Berri renchérit soudain d'admiration pour Maeterlinck sur son ami du Bordelais, on peut y voir un signe de connivence admirative plus que d'adhésion intellectuelle.

Moins de dix ans plus tard, Jacques Rivière publiera *De la sincérité envers soi-même* où s'exprime si fort une rare inaptitude au mensonge et autres stratégies sociales. Intrépide, ce sondage de soi-même, cette chasse à l'auto-imposture ne braque guère le projecteur sur la correspondance qui a tant fait pour la connaissance qu'on croit avoir de lui, et pour sa gloire.

Que chacun, y compris le plus honnête homme, ajuste son propos et son style à son interlocuteur, que nul ne paie tout à fait de la même monnaie son valet et le Commandeur, Zerline et Donna Anna, on en trouve la démonstration savoureuse en comparant les deux « correspondances » que mène de front le fils aîné du professeur Rivière avec ses vieilles tantes de Cenon d'une part, et d'autre part avec l'écolier miraculeux qu'il a croisé à Bourg-la-Reine.

Rien de plus significatif à cet égard que de suivre Jacques sur cette double trace. A force de vouloir « correspondre », nous le voyons ingénu avec les unes, ingénieux avec l'autre. Le candide mélomane qui écrit aux « chères vieilles » ne diffère pas seulement par le ton d'avec le Marco Polo littéraire qui défriche, hachette en main, le paysage culturel parisien, la forêt exténuée du symbolisme, les taillis de l'impressionnisme, le mont Claudel. La dissociation des plans et des tons, chez un homme aussi intensément en quête de construction, de clarté et de sincérité que Rivière, illustre assez bien le postulat de Mauriac : toute correspondance est une danse devant un miroir sans tain, un alignement donjuanesque (d'autres diraient jésuitique *) de soi sur l'autre.

Mais il faut voir aussi dans cette inflexion de l'être et du propos un hommage au réel, à la conscience des choses et des personnes. Le dialogue suppose une entente, une convention, le choix d'un lieu-dit, d'un ton, d'un thème. A la veille du tournoi, de la compétition, du match, on a fixé un cadre, des armes, des règles.

Comme l'amour courtois, la correspondance a son terrain, son langage et ses limites : avec « Toutou » de Cenon, Jacques peut bien tendrement bouffonner et s'ébattre, pour mieux, avec Fournier, croiser le fer des nobles armes, opposer Barrès à Laforgue et Cézanne à Monet. Ce qui compte, c'est que sur deux registres, sur deux plans si l'on veut et selon deux rythmes, il est bien en marche vers cette conscience claire de la révolution esthétique qui s'opère sous ses yeux, en ses yeux.

Plutôt que de s'attarder à un parallèle d'école entre le conceptuel et l'intuitif, entre Rivière dont la connaissance du monde passe par les idées qu'il s'en fait et Fournier qui le dévore en naturel — le cuit et le cru —, entre celui qui ambitionne d'abord de comprendre et celui qui s'accomplit

* « Faites-vous tout à tous », devise empruntée à saint Paul par Ignace de Loyola.

dans la sensation en vue de la création, on voudrait déceler, au-delà des « natures » et des tempéraments, ce qui distingue ou oppose réellement les deux interlocuteurs.

Si peu enclin que l'on soit à enfermer les individus dans le carcan d'une « classe sociale », il faut bien sûr tenir compte ici des origines des environnements, des milieux. Jacques est, irrémédiablement, un bourgeois. Henri est, invinciblement, un paysan (« J'ai détesté Paris d'une haine de paysan », confie-t-il à son ami[5]). Rat des villes et rat des champs. Celui-là est né au bord de l'eau et celui-ci au nœud le plus central du territoire français, le plus éloigné de tout rivage *.

Les choix que fera librement Jacques Rivière l'éloigneront de son milieu d'origine, et d'abord de son père. Il vivra loin de Bordeaux et de ses notables — bien que son séjour en 1906 dans sa ville natale lui ait donné l'occasion d'une rencontre fondatrice, celle de Gabriel Frizeau qui allait l'initier à Gauguin et à Redon, l'aboucher à Claudel, à Gide, à Jammes, à Léger, à Lhote. Une caverne d'Ali Baba d'où il s'enfuira les bras chargés de trésors.

Tout « libéré » qu'il se veuille de ses origines, Rivière y tient, comme tant d'autres. On connaît son attachement à la famille de sa mère, à la maison de Cenon, aux paysages d'Aquitaine — sinon à l'accent girondin ! On relèvera chez lui des poussées de conformisme, des réflexes de nanti, non face à la pauvreté qu'il endurera vaillamment, ni à diverses formes d'inconfort ou de souffrance que lui infligeront la vie militaire et la captivité en Allemagne, mais à la saleté, la laideur d'un objet, la vulgarité d'un mot ou la dérogation à telle ou telle convenance sociale. Sa femme Isabelle signale l'irritation que provoque chez lui, à l'occasion, l'absence d'une nappe ou de couverts à poisson... Résistance intime d'un système d'éducation : jusque dans certains camps de concentration nazis, on vit revendiquer des préséances et se ranimer des « relations » paroissiales...

Dans les dissonances que signale Rivière entre leurs deux rejets du système de Lakanal, on voit bien se manifester deux types de comportement social : celui-ci s'en tient à un refus intérieur, celui-là se révolte, tout bonnement. Ce que le bourgeois condamne *in petto*, le paysan le dénonce par le cri et le geste. Le désordre que met Henri dans les « affaires » de Jacques si « convenablement » rangées, les « tours » qu'il joue au jeune homme venu du Bordelais, voilà qui préfigure tensions et débats à venir. Mi-chouan, mi-jacobin, Fournier a tout pour scandaliser le Girondin né en l'hôtel de Sèze... Face au fils de l'« instit » berrichon, Rivière voudra oublier la toge et la chaire universitaire de son considérable père. Il n'y parviendra pas sans effort, fût-il entré dans sa famille et accueilli sans réserve, lui, chez ceux de La Chapelle-

* Ce pourquoi peut-être Fournier fit d'abord des études pour entrer dans la marine, à Brest.

d'Angillon — et sans nul doute heureux du côté de chez Meaulnes.

Ces quelques dissonances n'affleurent guère dans la correspondance — beaucoup moins en tout cas que les contradictions de natures, de caractères ou d'esthétique. Quand le ton monte entre les deux garçons, c'est pour des raisons qui ont trait à des oppositions de goût, de jugements esthétiques ou parfois éthiques — jamais à propos des origines de l'un ou de l'autre. Et rien qui relève de la « classe » ou de la fortune n'incite un jeune homme à préférer Jules Laforgue à Maurice Barrès, ou Francis Jammes à Paul Claudel.

Un décalage aurait pu se manifester, dû aux constitutions physiques et aux tempéraments des deux garçons. Le petit bourgeois bordelais, dont la mère est morte de tuberculose, est d'apparence fragile, excessivement longiligne, sujet aux angines. Le jeune paysan berrichon « fut toujours robuste et bien portant », au dire de son ami. Et si le fils du docteur est, du point de vue sexuel, réservé, timide, inhibé, celui de l'instituteur — beau, cambré, l'œil velouté, la moustache fine — se ferait volontiers coq de village, n'étaient les interdits familiaux et les exigences des études. On verra Fournier fort occupé à ces choses, au temps même où le fantôme de l'Inaccessible Demoiselle le hante cruellement.

La correspondance porte peu de traces de ces tourments du manque et de l'excès. Avant même d'être occupé d'Isabelle — à partir de 1907 —, Jacques n'aborde le sujet que pour des considérations assez vagues sur les femmes à propos de Mélisande ou de Clara d'Ellébeuse. Henri s'attarde quelque peu à évoquer sa mésaventure avec la « première Yvonne » (« Appelle-la Yves dans tes lettres ! », écrit-il à Jacques), qu'ils ont rencontrée tous deux dans le train de Bourg-la-Reine — mais inégalement traitée. Jacques a tenté de la convertir à Maeterlinck, s'étonnant de ses aptitudes (« pour une femme... »). Fournier, lui, l'a vaillamment entreprise : baisers, petits soupers, promesses... La restitution réciproque des correspondances sera l'occasion d'incidents romanesques. Il y est question d'« adieux déchirants » — de ceux auxquels on survit...

Sa robuste constitution portait le garçon de La Chapelle-d'Angillon aux exercices corporels. Il ne s'en priva pas. Se dissociant de son frêle ami ? Pas du tout. Jacques Rivière ne cessa de manifester le goût le plus vif pour les sports, et de toute nature, individuels ou d'équipe, naturels ou mécaniques. On reviendra sur tout cela *. Mais on aura observé que, dès la première lettre, celle d'avril 1904, Jacques signale à son camarade qu'« un grand match de tennis se déroulera à 1 heure entre Grousteau et Ferté [6] ». Et dans la lettre suivante, il relate un match de pelote basque. Ébats scolaires pour calmer la bête ou tromper le temps ? Mais non : six ans plus tard, les deux jeunes gens, nantis du statut d'écrivain, joueront au sein de la même équipe de rugby.

* Voir le chapitre X.

Rien pourtant qui ressemble moins à une opération de fascination mimétique que ce dialogue de dix ans. Avant d'en venir aux affrontements spécifiques qui émaillent les échanges, il faut bien marquer celui qui les sous-tend et leur donne cette vibration pathétique, cette tension qui les sauve de toute convention, de toute convergence molle. Fournier se soucie peu de juger ou de classer. Enclin lui aussi à l'admiration, et d'esprit pénétrant, il ne songe en fait qu'à son œuvre. Rivière est perpétuellement en quête de connaissance de l'autre, de compréhension, de clarté. Quand son ami se concentre dans la pénombre propice à la création, lui cherche, fût-ce aux dépens de lui-même, la cruelle lumière.

Que chacun ait plus ou moins consciemment borné ou repéré son royaume n'empêche pas les affrontements, les tentatives de conquête. Et parce que son esprit est plus fermement ordonné, sa force de travail plus constante, sa volonté plus en prise sur les choses et les gens, Jacques tend à exercer sur le « couple », dans le débat, une sorte de magistère régulateur, une autorité normative — dénonçant notamment le penchant de son ami « à la sensiblerie ». Ripostes et ruades d'Henri, qui se refuse à être « classé », « défini » :

> J'ai peur d'une théorie entre les choses et moi [...] J'ai peur de leur donner un sens [...] Tu dis me connaître, toi qui ne sais pas seulement combien de petites filles j'ai aimées, et la couleur de leur robe, et de quels amours chaque fois unique [...] toi qui jamais, jamais, ne connaîtras seulement un des paysages que j'ai vécus[7]...

Cette révolte, Rivière l'a bien cherchée. S'opposant, à nu, à cru, au spontanéisme concret, à l'ingéniosité sensorielle, à la passion du détail qui anime son ami, il s'est défini comme « quelqu'un qui sent la pensée [...] qui sent le général », non sans ajouter cette nuance : « Je pense comme un peintre voit : avec sensualité », et donnant pour preuve de sa « passion pour la généralité » le goût qu'il a de « classer, [de] mettre en ordre, [d']abstraire afin de me donner ces vues d'ensemble qui me sont les plus délicieuses ». Et sachant qu'il n'est pas un mot ici qui ne l'éloigne de son ami, il insiste : « Je n'ai presque pas le sens du concret, du particulier, du détail [...]. Mon cœur ne sert en somme qu'à me fabriquer des notions. Ma seule vraie joie est d'avoir un catalogue bien fait[8]... »

Vit-on jamais personne plus acharnée à se ruiner dans le cœur d'un être aimé — à le mettre à l'épreuve en tout cas ? Jacques Rivière ne joue pas. Il caricature. Il pourra même forcer la note jusqu'au cri, lançant à Fournier, en septembre 1909 : « Je veux te parler de ma haine pour toi [...] Je t'ai haï pour ce que tu n'accordais pas d'importance à la pensée pure [...] et pour ce que tu feignais de ne pas comprendre qu'on en accordât. » Et c'est écrit quelques semaines après son mariage avec Isabelle Fournier... Mais Jacques est trop inapte au mensonge pour s'en tenir à une seule face de la vérité. Et voici, à l'usage de l'ami, la contrepartie :

> ... Que reste-t-il de vivant en moi ? Mes désirs [...]. Je ne vis que par mes désirs. Mais ces désirs — tous mes efforts pour les alimenter, les exaspérer, les rendre douloureux, ne sont que rarement heureux. Car l'analyse perpétuelle, dont je me dévore l'âme, atteint de plus en plus souvent à la débiliter. Pour qu'un désir m'émeuve fortement, il faut qu'il vienne de mon inconscient, que je ne puisse l'expliquer et qu'il soit plus fort que moi. Alors je m'incline avec délices devant sa toute-puissance, je le regarde croître en moi comme un étranger surhumain [...]. Toutes mes tentatives ont été, vont et iront à réaliser enfin cette unité de tout mon moi autour d'un fort désir[9]...

Retombées de Barrès, qui le fascine encore ? Incubation de l'envoûtement gidien, qui déjà le guette ? Peut-être. Il avouera un peu plus loin à son ami une « plasticité [...] marque de mon intelligence [qui] m'empêchera toujours de penser de façon neuve [...]. Je m'assimile trop facilement toute chose pour pouvoir trouver quelque chose. C'est au fond ma grande angoisse... ».

Ainsi, sur l'aire de jeu, sont disposés les champions. L'un, tout centré sur lui-même, prêt à prendre son élan, impatient de faire son œuvre, nourrie de sensations singulières et impérieuses. L'autre, déployé, avide d'universel, un goût de toujours plus de possibles, de diversité, et plus encore de clarté, d'intelligence des choses et des êtres. L'un ardemment centripète, jusqu'à la rage. L'autre intensément centrifuge, jusqu'à la dilution. L'un, dur caillou campagnard. L'autre, ville ouverte.

Pour centré qu'il soit, Alain-Fournier sait voir. Ce conteur ruisselant d'une poésie fantastique fut d'abord un observateur pénétrant, un vrai reporter d'une verve savoureuse — dont témoignent maints passages de la correspondance : une lettre de Londres, par exemple, où le petit Berrichon passe l'été de 1905, employé à quelque traduction ; et le récit d'une « soirée littéraire » au Café Vachette, où la faune intellectuelle parisienne est moquée avec une férocité que n'auraient désavouée ni les Goncourt ni Jules Renard.

Sur les Anglaises, ces notations de juillet 1905, à la Morand :

> Les femmes [...] Je ne peux pas m'y faire. Leur mise trop confortable, trop courte, trop claire. J'ai été longtemps à me demander ce qui me déroutait le plus : je me suis aperçu qu'elles ne portaient pas de corset, alors tout ce qu'elles mettent a l'air mal attaché. Avec ça bicyclette, allures masculines et nez en l'air. [...] J'ai rapporté d'Angleterre, entre mille autres choses, le mépris des Français qui sont des petits hommes avec bouc et moustache et qui ne savent tenir ni leur langue ni leurs affaires[10]...

Ce Fournier-à-vif, croquiste et allègre, on le retrouvera quelques années plus tard, lorgnant les poètes professionnels de *Vers et Prose* autour de Moréas, faces blêmes, mèches pendantes, langues pâteuses, emphase et borborygmes, connivences lourdes d'arrière-pensées, une mélasse... Le-jeune-homme-qui-écrit-*Le-Grand-Meaulnes* y déploie une férocité réjouissante, assez peu conforme à sa légende de boy-scout rural...

*

De cette correspondance foisonnante où, jusque dans les morceaux de bravoure sur Barrès ou Laforgue, jusque dans les fanfaronnades, se manifeste avec une déchirante naïveté une soif de tout, et de tout juger, qui est le propre de l'adolescence, on se gardera de dégager un portrait de Jacques Rivière à vingt ans – compte tenu des retouches, parfois retorses, que son orgueil apporte à une spontanéité fondamentale.

Devant ce genre de littérature d'intimité, on est toujours tenté de s'interroger sur le point de savoir si les scripteurs ont conscience d'une possible publication. Jacques Rivière s'est reconnu très tôt une « valeur » (c'est lui qui parle) et Henri Fournier, une « vocation » (c'est lui qui crie). Le premier, qui s'était d'abord assigné pour tâche de fonder la « philosophie musicale » et s'est cru plus tard romancier, n'a jamais douté de son destin littéraire.

Dès lors que l'Université le rejette, quelle autre issue que d'écrire — dût Claudel le mettre en garde, avec sa modération habituelle, contre ce métier digne du « trottoir » ? Cette vocation d'écrivain, doublée de la certitude de s'adresser à un autre écrivain dont il avait discerné d'emblée les dons merveilleux, dut éveiller en lui l'idée de la publication éventuelle de ces échanges — surtout à partir des années (1907-1908) où, les revues acceptant leurs envois, ils ont conquis un statut littéraire.

Si sincère que l'on croie le fils du professeur Rivière, on est tenté de préciser la date où se cristallise peut-être cette croyance : le 5 juin 1907, il ajoute ce post-scriptum à une lettre écrite de Bordeaux à Henri : « Je n'ai aucune envie d'écrire, de quoi que ce soit faire pour me faire connaître[11]... » Qui croira, comment croire, cet honnête homme ? Son grand article sur Claudel erre alors de revue en revue et il sait bien que, sitôt publiées, ces pages établiront son nom... Si bien que dans ces échanges entre Henri et Jacques, on verra moins un matériau destiné à la publication que les merveilleuses esquisses d'œuvres projetées dont beaucoup ne seront jamais publiées — jamais écrites.

> Je me suis vu comme un composé de deux êtres radicalement ennemis, l'un rationaliste et idéologue, l'autre mystique et passionné et de leur

> conflit j'ai vu sortir toutes mes souffrances, toutes mes délicieuses souffrances. [...] Ma pensée et mon émotion se haïssent l'une l'autre [...]. Quand l'une d'elles fait à part son œuvre, l'autre s'irrite et se trouble. Ainsi perpétuellement je crois et je doute, je crois par un geste de mon cœur, je doute par une répulsion de mon intelligence. [...] Je me délecte à voir ma clairvoyance dissoudre ma passion [12]...

*

Le 1er juin 1905, jour de la fête de l'Ascension, alors que s'achève la deuxième année en « khagne » des garçons de Lakanal, Henri Fournier (il n'a pas dix-neuf ans), aperçoit, descendant lentement les marches de l'escalier de pierre du Grand Palais au bras d'une dame âgée, une jeune fille blonde d'une grande beauté, qui pose sur lui son regard bleu.

Il la suit le long du Cours-la-Reine, puis sur le bateau-mouche qui la dépose du côté du Pont-Neuf, et jusqu'aux abords de son domicile, sur le boulevard Saint-Germain. Il fait le guet devant la porte, croit la voir écarter le rideau pour le considérer. Dix jours plus tard, le 11 juin — cette fois, c'est la Pentecôte —, il la voit entrer à l'église Saint-Germain-des-Prés, l'aborde à la sortie de l'office, se heurte à un « Voyons, monsieur... » effarouché, finit par lier conversation : « Dites que vous me pardonnez... »

Ils marchent le long des quais de la Seine, vers les Invalides. Il lui confie qu'il écrit, lui dit son nom. Et vous ? Elle se nomme, non sans emphase : « Mademoiselle Yvonne de Quièvrecourt * », ajoutant qu'elle n'est « pas d'ici » et va quitter Paris. Et Henri se voit donner son congé, du ton le plus doux. En guise d'adieu, sur le pont des Invalides, il entend ces mots : « Nous sommes deux enfants **. Nous avons fait une folie... »

Folie ? Une heure d'entretien le long du fleuve, entrecoupé de plusieurs « A quoi bon ? » murmurés d'une voix mélancolique ? Dans les regards, peut-être dans les questions de la demoiselle, Henri a vu une promesse. Elle ne l'a pas rabroué quand il a loué sa beauté, quand il a exprimé le regret que son nom ne soit pas Mélisande...

En tout cas, elle s'est gardée de le prévenir qu'elle était fiancée, à Toulon, à un officier de marine nommé Brochet. Il l'a laissée s'éloigner, assuré de la retrouver tôt ou tard — envoûté, enchanté, hors de lui. Les

* Version rapportée par Isabelle Rivière. Ce « mademoiselle » est bizarre, un peu ridicule. Henri transposa-t-il d'emblée ? Le nom donné à l'héroïne de la première version du *Grand Meaulnes* avant Yvonne de Galais, est « Anne des Champs ».

** Une réminiscence de *Pelléas et Mélisande* ?

bribes de roman qu'il porte en lui, les voilà qui s'assemblent et prennent leur élan autour d'un personnage diaphane aux cheveux blonds et aux yeux bleus — si obsédant, si poignant de beauté que la création littéraire ne pourra l'en délivrer en l'absorbant. Lui qui, selon Rivière, proclame que l'art ne saurait se distinguer de la vie va désormais mener cette aventure, dans sa totalité, sur les deux plans.

Un mois plus tard, à Londres (où il n'a pas « fui la douce image », ayant choisi, bien avant la rencontre du Grand Palais, d'y passer un été studieux), il écrit un poème-confidence dédié à Francis Jammes — dont l'influence est avouée :

> ... Vous êtes venue sous une ombrelle blanche
> Inespérée d'être venue et d'être blonde
> de vous être soudain
> mise
> sur mon chemin,
> avec, dans vos cheveux, tous les étés du monde[13]...

Ce qui surprend, en cette histoire d'où naîtra un roman magique, ce ne sont ni les péripéties, ni l'émotion éprouvée, ni le poème écrit, c'est plutôt la surprenante discrétion dont l'entourera Fournier dans sa correspondance avec Rivière, au moins jusqu'en 1907, et les déplorations qui alors se multiplieront. De cet événement fondateur, et qui, l'ayant ébloui, le blessera au plus profond quand il apprendra deux ans plus tard que la passante s'est mariée, il ne parle que par allusions à son ami : lui envoyant le poème intitulé *A travers les étés*, il se contente de noter qu'il avait dit « d'Elle tout ce qu'il avait à dire » ; puis, dans une autre lettre : « Je ne pense plus qu'à la Seine, à l'avenue et à Toulon » — ce qui est bien elliptique.

Il est clair que Rivière en avait reçu la confidence orale de son ami dès le mois de juin et était ainsi en mesure de décrypter les énigmes. Dans une lettre du 20 septembre, d'ailleurs, Jacques, critiquant sans ménagement le poème d'Henri, se réfère à son « récit oral ». On n'en reste pas moins un peu surpris de la réserve où se cantonne, vis-à-vis de l'ami le plus cher, et sur ce sujet bouleversant, l'amoureux du Cours-la-Reine qui vivait une plume à la main et n'était pas timide en la matière. D'autant que Fournier est beaucoup plus explicite avec un autre condisciple auquel le liait une amitié moins ardente, René Bichet, ce « petit B. » qui est le destinataire d'une correspondance parallèle[14].

Si discret qu'Henri Fournier se soit montré avec lui, par écrit, à propos de l'apparition d'Yvonne de Quièvrecourt, si allusive que soit restée, sur ce point, la correspondance où leurs vies entières étaient censées bouillonner, Jacques Rivière sera attentif à mettre en lumière, dans la préface de *Miracles*, d'Alain-Fournier, ce qu'il appelle « l'aventure capitale de sa vie* [...] qui l'alimenta jusqu'au bout de ferveur, de tristesse et d'extase[15] ».

Ce n'est que par éclairs (ou brefs sanglots) que reparaîtra dans les lettres d'Henri, surtout à l'occasion des anniversaires du 1er juin, le fantôme blond, sous les sobriquets de « Taille-Mince » ou d'*Amy Slim*** — le séjour en Angleterre ayant porté ses fruits. Mais le livre se construisant, nous verrons se préciser, vers 1910, de lettre en lettre, la personne gracile qu'Augustin Meaulnes, l'ayant conquise, sacrifiera à sa passion de l'aventure. Et plus de sept ans après la rencontre des bords de Seine, Henri Fournier reprendra un jour, à Rochefort, pendant des heures, le dialogue si tôt interrompu — avec une Yvonne mariée, mère de deux enfants, et qui a lu ses premiers textes et aimera son livre***, alors qu'il est lui-même engagé dans une passion tumultueuse****. Nous verrons que, sublimée ou non, « l'histoire du Cours-la-Reine » jouera un rôle aussi dans la vie de Jacques Rivière.

*

Entre tant de questions que fait surgir la biographie de l'aîné des Rivière, l'une des plus déconcertantes est celle qui a trait à ses échecs universitaires. Si peu de cas que l'on fasse des procédures de promotion au sein de l'enseignement supérieur français, l'élimination du futur directeur de la *NRF* a de quoi étonner — beaucoup plus à coup sûr que celle de l'auteur du *Grand Meaulnes*. Que la fantaisie erratique et bucolique d'Henri Fournier, que son humeur rétive, cabrée contre l'institution, l'aient rendu impropre à ce type de carrière, on ne saurait s'en indigner tout à fait : l'Université n'a que faire des poètes et des conteurs magiques.

Mais Rivière ? Mais cet esprit si propre à s'emplir du génie des autres, à le comprendre, le mesurer, le disséquer, l'assimiler, si porté à l'admiration d'abord, à la communication ensuite, si agile au maniement des idées, à la « dissertation » que son maître Mélinand le désignait comme porteur d'une vocation — et qui pouvait mettre au service de sa préparation à l'École une formidable puissance de travail, le voilà qui, à la surprise générale, échoue en juillet 1905 au concours d'entrée à l'École normale — auquel Fournier n'était pas candidat.

* L'un des biographes de Fournier, Clément Borgal, soutient qu'à la rencontre avec Mlle de Quièvrecourt, Henri n'attacha d'abord « pas d'importance » — ne la recréant que plus tard, en fonction de son œuvre. Tout le contexte, et les deux êtres les plus proches de lui, Isabelle et Jacques, disent le contraire... Mais qui dira ici la part de l'obsession créatrice chez un romancier, de plus en plus amoureux de l'être qu'il réinvente, ou sublime ?

** Aimée svelte.

*** Après en avoir annoté et donc authentifié le manuscrit...

**** Voir chapitre VIII.

On ne saurait dire que le jeune homme ait été foudroyé par le coup. Lettre aux tantes de Cenon :

> Mes pauvres vieilles,
> Je vous charge d'annoncer à tout le monde que je suis collé. Vous réunirez toute la famille. Toutou montera sur une chaise et elle dira les paroles suivantes :
> « Citoyens,
> Je profite de cette réunion de famille pour vous annoncer une grande nouvelle : Jacques est collé. Je vous propose de lui envoyer une adresse de félicitations.
> Citoyens,
> Un ban en son honneur ! »
> Et alors Toutou criera :
> « Hip ! Hip ! Hurrah ! »

Mais sa vie va en être, pour quelque temps, bousculée. S'il n'a pas vu prolonger son temps de préparation à Lakanal — ses maîtres jugeant que son travail gagnerait à être poursuivi hors de leur férule, plus librement, son père commençant à s'inquiéter de l'envoûtement parisien —, il obtient une bourse d'études pour la licence en philosophie, qui lui fait obligation de les poursuivre dans sa ville natale. Ce retour forcé à Bordeaux ne lui cause guère de joie. Le 27 octobre 1905, il adresse à Henri une lettre qui est un chant d'amour pour Paris, « une jérémiade d'enfant plaintif » qui se dit même frustré du « pire de Paris », de « cette débauche distinguée à laquelle je n'ai pas goûté... ».

Cette séparation va pourtant s'avérer fructueuse, en redonnant élan à la chère correspondance avec Henri. Et surtout cet exil au pays natal va lui ouvrir, dans le champ esthétique, des perspectives inespérées, enrichissant brusquement, de relations humaines d'une étonnante richesse, sa culture passive de lecteur, de spectateur et d'auditeur.

Bien étrange détour : ce provincial enivré de Paris et fort dédaigneux du désert culturel qu'est alors (à ses yeux et au regard de bien d'autres) sa ville natale, c'est en revenant vers cette aridité molle qu'il va rencontrer la plupart des êtres qui — hormis Henri et Isabelle — seront les inspirateurs privilégiés de sa vie. Et d'abord l'intercesseur incomparable, Gabriel Frizeau, qui par des voies diverses lui fera connaître André Gide et Paul Claudel, André Lhote et Alexis Léger, et le mettra en contact direct avec les œuvres de Gauguin et de Redon. La seule rencontre décisive que lui marchandera Bordeaux sera celle de son exact contemporain Mauriac — ce qui est pousser le paradoxe assez loin...

Bref, le voici revenu aux rives de la Gironde, à la colline douce et aux ruelles grises où l'on va chapeauté de pluie. La nouvelle maison de son père, rue Hustin, est adossée au jardin public, agité de gosses courant après leurs cerceaux ou manœuvrant leurs voiliers miniatures sur le bassin circulaire proche de la statue de Rosa Bonheur, non loin de la place où se dresse celle de l'intendant de Tourny.

La vie s'y annonce simple et tranquille, avec un Malebranche gonflant sa veste trop lâche ; sous le bras, la partition de la sonate de Franck et, en tête, le brouillon de la prochaine lettre à Henri. Mais Paris, Paris, quelle absence !

En classe de philosophie du lycée du cours Victor-Hugo, Jacques a fait, on l'a vu, la rencontre d'André Lacaze qui, avant d'entrer au séminaire, mène tambour battant des études de philosophie, et va dans la vie précédé du nez de Cyrano, une étincelle de génie dans l'œil. Et du coup, voici Bordeaux moins désertique.

Mais nulle rencontre bordelaise ne comptera autant que celle de Gabriel Frizeau, viticulteur qui, nanti d'une belle aisance, s'était installé dans une vaste maison du centre de la ville, 17, rue Régis. Ami d'enfance de Francis Jammes, collectionneur de tableaux, mélomane, il en avait fait un étonnant foyer intellectuel, d'ailleurs ignoré de la plupart des Bordelais.

Dans le salon, où trônait l'immense composition de Gauguin *D'où venons-nous ? Que sommes-nous ? Où allons-nous ?* *, venaient s'asseoir non seulement Francis Jammes mais aussi Paul Claudel et André Gide, tour à tour séduits par l'enthousiaste bonhomie et la finesse de Frizeau, Odilon Redon dont il était le premier acheteur, un mystérieux jeune homme venu de Guadeloupe qui s'appelait Alexis Léger, les poètes André Lafon, l'ami de Mauriac, et Olivier Hourcade, Gustave Tronche, futur administrateur de la *NRF*, et, balançant entre peinture et sculpture, André Lhote, fils d'ouvriers que Gabriel Frizeau « bourgeois de naissance, anarchiste de cœur [16] » reçoit volontiers, nourrit souvent, habille à l'occasion, encourage toujours par des commandes.

Ce n'est qu'un an après son retour à Bordeaux que Jacques Rivière, instruit par le libraire Mollat de l'existence et des relations de Frizeau, lance un appel au mécène de la rue Régis. Entre-temps, il a choisi de « devancer l'appel » pour ne faire qu'un an de service militaire : incorporé à Tarbes en mai 1906, il est ramené à Bordeaux en juillet, puis affecté à Saint-Médard-en-Jalles, gros bourg voisin, jusqu'en avril 1907. Il y vient souvent en permission au cours de ces dix mois.

Bordeaux... Entre deux cours à l'université aux côtés d'André Lacaze — il obtient sa licence en philosophie en juillet 1906 — et deux concerts à la société Sainte-Cécile, Jacques se sent opprimé par « la bêtise universelle tout autour » dans cette ville où l'on ne peut « mettre la main sur un debussyste [17] ». Son camarade de faculté Renéteaud joue les sonates de Beethoven, mais ignore *Pelléas*.

Du coup, il a le temps de se plonger dans l'œuvre de Gide (*André*

* Maintenant au musée de Boston.

Walter, *Le Voyage d'Urien*), pris dans les filets de son « charme incompréhensible » (qu'il comprendra bientôt mieux que personne au monde, sans déchirer jamais les mailles), puis de tenter l'escalade de Claudel : et le voilà saisi, conquis, bouleversé par *L'Arbre*, *Tête d'or* et *Connaissance de l'Est*.

C'est alors que, dans cette cité philistine où il croit s'étioler — mais rédige tout de même le premier article publié sous sa signature, une « Vie musicale à Bordeaux » qu'accueille en avril 1906 *Le Mercure musical* —, il apprend que vit, écarté de presque tous, ce mystérieux Frizeau, « le seul juste de Sodome », qui ne se contente pas de lire et de faire lire Jammes, Gide et Claudel, mais est leur ami, les accueille chez lui, entretient avec eux une correspondance. Le 6 décembre 1906, il écrit au mécène de la rue Régis :

> Monsieur, je me permets de vous écrire sans être connu de vous [...] car je vous sais admirateur et ami de celui qui est ma plus haute, ma seule passion : Paul Claudel [18]...

La rencontre, aussitôt décidée, est ainsi racontée par Frizeau :

> ... Ce fut dans une librairie de la Galerie Bordelaise *. Il était coiffé d'un képi **. Sous le pauvre tissu dérougi, son fin visage apparaissait ému, enthousiaste devant les livres. Je crois bien que c'est moi qui lui mis entre les mains Jammes et Claudel *** qui le passionnèrent tout de suite [19]...

Écho de la première visite de Jacques chez Frizeau, dans une lettre du 22 décembre 1906 à Fournier :

> Dans le salon il y avait Frizeau et un jeune homme, Alexis Léger. Frizeau a 39 ans environ : il est marié et a des enfants, il a une figure rasée et aimable, il parle bien ; il n'est pas trop agaçant malgré des manies d'esthète [et] une certaine componction ecclésiastique qui le garde du ridicule [...]. Il m'a accueilli sans grandes phrases. Tout de suite on a parlé de Claudel [qui] est avant tout un chrétien [...] « un missionnaire », a-t-il dit [20]...

Frizeau, quant à lui, rend ainsi compte de l'entrevue à Claudel : « Attirés par l'amitié que l'on vous sait pour moi, voici que les jeunes gens me visitent, m'entourent [ainsi]... Un jeune homme qui se nomme Jacques Rivière. C'est le fils d'un médecin d'ici. Il fait actuellement son service après avoir obtenu sa licence de philosophie. Il a voulu me connaître quand il a appris que j'étais l'ami du " grand Claudel " [21]... »

* Mollat, où Mauriac situe la rencontre des héros d'*Un adolescent d'autrefois*.
** De son régiment.
*** Nous savons que Jacques les aimait déjà.

Nous retrouverons, au fil du récit, les retombées et les fruits de ces rencontres de la rue Régis autour de ce bonhomme Frizeau que Jacques qualifiera d'« oncle bienfaisant » — affrontement avec Claudel auquel il écrit dès février 1907 avec un emportement fou *, commerce « exquis » avec Gide, préludant à une amitié fertile et mouvementée **, révélation active de Léger, fréquentation un peu distraite de Jammes, approche de Redon. Mais celui avec lequel Frizeau aura servi le plus efficacement de médiateur, c'est peut-être André Lhote dont l'influence sur la vision du monde plastique de Jacques Rivière (qui forme la matière de près du tiers de son œuvre critique) fut déterminante.

Lhote était bordelais comme lui, mais fils d'ouvriers venus des bords de la Loire : si désembourgeoisé fût-il — ou se crût-il — Jacques Rivière n'aurait guère eu de chance de se lier avec ce prolétaire « d'une pauvreté effrayante » qui, faute d'avoir de quoi payer sa toile, peignait tant bien que mal sur des morceaux de carton, et qui, pour aller voir un peu de peinture à Paris, se faisait convoyeur de wagon à bestiaux...

C'est en tant que démarcheur au service d'un brocanteur nommé Maisonneuve que Lhote avait rencontré Frizeau, en quête de masques nègres. Et c'est chez le mécène qu'il avait rencontré l'étudiant en quête de Claudel. D'emblée, le petit peintre famélique éprouve pour le fils du professeur une « sympathie foudroyante », qu'il justifie ainsi dans un texte écrit au lendemain de la mort de son ami :

> Dès les premiers jours, [il fut] pour moi non seulement le plus sûr, le plus pur et le plus fidèle des amis mais encore un exemple et un réconfort [...]. Habitué à vivre replié sur moi-même, je trouvai enfin un garçon de mon âge qui me comprenait d'un seul coup, m'encourageait et fortifiait, par l'appui de sa culture, mes frustes méditations[22]...

Frustes ? Elles cessèrent vite de l'être, que ce fût ou non sous l'influence de Rivière, puis de Fournier qui s'associa bientôt à leurs échanges. A lire cette correspondance enfin publiée en 1986 ***, on est frappé par l'élégance, la précision, la richesse du vocabulaire de cet autodidacte qui ne détonne jamais, s'adressant à deux écrivains de talent formés par l'Université.

La relation Lhote-Rivière-Fournier ne se bornera pas à des échanges de lettres et de propos affectueux. Les deux écrivains multiplieront les démarches auprès des galeries, transporteront ses toiles, et deviendront des truchements entre les collectionneurs et le maître cubiste — jusqu'au jour où Jacques Rivière, devenu directeur de la *NRF*, fera de lui le critique « maison ». Sans parler du lit nuptial de son ami que Lhote

* Voir chapitre IV.
** Voir chapitre V.
*** *La Peinture, le Cœur et l'Esprit*, Bordeaux, William Blake et Cie, 2 vol., 1986.

voulut dessiner et sculpter, non sans anicroches, retards, pleurs et grincements de dents : l'objet n'étant pas prêt pour le jour de la cérémonie, Lhote, en désespoir de cause, écrivit à Jacques et Isabelle : « Posez votre sommier sur quatre livres, un Claudel, un Jammes, un Gide et un Suarès... »

Remarquables échanges, qui commencent par une sorte d'éreintement des premiers tableaux de Lhote par Rivière. Certes, d'entrée de jeu, celui-ci rappelle à son correspondant qu'il est « absolument incompétent » et « ne sait pas tenir un crayon entre ses doigts ». Mais ce qui suit permet de mesurer l'exigence, la fermeté d'âme de Jacques Rivière. Que n'en faut-il pas pour écrire à un ami, à un homme pauvre qui s'est confié à vous, qui attend tout de vous, une lettre exempte de cette commode pitié, de cette indulgence lâche qui inspire en général ce type de consultation :

> Je n'aime pas vos tableaux [...]. Vous avez trop voulu avant tout composer. Cela a tourné au détriment de vos qualités de peintre. On sent trop un arrangement des lignes, préconçu et appliqué de force au tableau [...].Il ne faut pas savoir à l'avance ce que sera la toile [...]. Il faut que le tableau se fasse tout seul [...]. Allons au foncier. Il n'y a pas à douter qu'il apparaisse plus lié et plus rythmique que toutes nos préconceptions[23]...

Fallait-il que Lhote aimât Rivière, eût confiance en lui, pour n'en être pas accablé... Il saura répondre deux mois plus tard, une fois surmontée la douleur infligée par ce coup : « Il est temps que je vous dise combien justes me paraissent vos griefs contre mes toiles des Indépendants qui ne m'intéressent que très peu maintenant[24]... »

Voilà d'honnêtes gens, non ? Dix-sept ans durant, le dialogue ira ainsi son cours, débordant bien souvent le cadre de la peinture, voire de l'art, dressant souvent l'un contre l'autre le peintre et l'écrivain, l'« ascétisme passionnel » de celui-là contre la disponibilité fervente de celui-ci. Exemple :

> LHOTE : Il faut une ou deux passions dangereuses, despotiques, amères et pleines d'ivresse pour motiver une existence. Autrement à quoi bon ?
>
> RIVIÈRE : Ce que je veux, c'est de ne pas choisir. Et sans doute la vie me force sans cesse à choisir. Et je choisis avec tout moi-même, avec violence, aveuglement et haine. Mais... je sais bien que tout le reste était *aussi préférable*[25]...

S'agissant de peinture, Lhote n'use que très rarement de l'argument d'autorité. Mais il lui arrivera de le faire, à propos de la « matité » des couleurs de Cézanne relevée par Rivière avec une admiration qu'il juge infondée, ou du « parti pris littéraire » de « certains critiques ». Son ami ne pouvait manquer de se sentir visé, et riposte : « Vais-je me donner l'air de ce que je ne sais pas ? Ne vaut-il pas mieux faire franchement de la critique de littérateur qui dit ce qu'il sent sans se rendre compte de pourquoi il le sent ? » (janvier 1910). De la sincérité envers soi-même et les autres...

Le ton entre eux peut se faire assez vif. André Lhote ayant cru pouvoir mettre en garde ses deux amis contre « ce cochon que nous avons en nous [...] qui vous a fait goûter Maurice Denis [...] ou certaines de mes œuvres », c'est Fournier qui proteste : « On n'est pas un cochon parce qu'on met dans une œuvre quelque chose de beau qui ne s'y trouve pas. On se trompe, voilà tout. On est mauvais critique[26]... »

Pas si mauvais, après tout : en février 1910, le peintre écrit à Rivière : « Quand je ferai votre portrait, je vous peindrai un microscope à la main ». Projet avorté. Quand Lhote prendra Rivière pour modèle, ce ne sera plus en solitaire — mais au côté d'Isabelle, sa femme.

*

A la fin d'avril 1907, le soldat de 1re classe Rivière obtient à Bordeaux une « permission libérable » qui marque la fin de l'épreuve militaire. Adieu au képi, au pantalon garance, aux longues marches de l'aube qui l'ont exténué, non sans exaltation. Dès le lendemain, il est à Paris où Fournier lui a retenu une chambre dans un hôtel situé à l'angle du boulevard Saint-Michel et du boulevard Saint-Germain, le Cluny Square : 1,50 franc la nuit, sans électricité, ni service...

Henri et Jacques ont décidé de passer leurs vacances ensemble, et le font : d'abord à Cenon où la famille maternelle de Jacques fait très bon accueil à l'étudiant du Berri, puis en Espagne, brièvement, et enfin à La Chapelle-d'Angillon, chez les Fournier. Depuis deux ans, les « lettres de Rivière » y sont lues avec tant de ferveur par Henri que son personnage — connu par quelques visites à l'appartement parisien des Fournier, rue Mazarine — s'y est imposé. On imagine l'effet produit par cette correspondance, et ces visites, sur la jeune sœur d'Henri. L'ami très admiré d'un frère adulé...

Isabelle Fournier a dix-huit ans. Son enfance a été torturée par une malformation des hanches qui a nécessité des opérations et un traitement douloureux, mais illuminée par la présence, l'imagination, la tendresse enjouée d'Henri. « De lui, j'ai tout appris », dira-t-elle. De brillantes études de fille d'instituteurs au lycée de Moulins l'ont mise en mesure de s'associer à l'œuvre, aux tentatives de son frère qui lui fait lire ses poèmes, ses récits et lui dédiera *Le Grand Meaulnes*. « J'ai travaillé pour t'égaler », lui écrira-t-elle.

C'est une jeune fille intelligente, exaltée, corsetée dans une éducation très stricte, d'inspiration catholique. De l'Église, elle s'est détachée depuis peu mais plutôt « pour faire comme Henri » que par exigence personnelle. Et elle n'aura de cesse qu'elle ne l'ait réintégrée, flanquée de ceux qu'elle aime.

Toute petite, mince, visage rond au nez bourbonien, yeux gris-bleu, regard intense, elle est très timide. En famille, on l'appelle « Chuchundra », du nom de la souris effarouchée du *Livre de la jungle*. Elle parle peu, alors. Mais ce « peu » est dit avec vivacité, et d'une voix très musicale. La première remarque que fait Jacques à Henri, au sujet d'Isabelle, c'est : « Quelle voix elle a, ta sœur ! » (pour ce fou de musique, n'est-ce pas l'essentiel ?).

Dans les lettres aux tantes de Cenon, infaillible baromètre des sentiments de Jacques, la première référence à la « sœur de Fournier » remonte au 8 mai 1907 : « Été avec Fournier, sa sœur et sa grand-mère, au fronton basque de Neuilly... » Deux jours plus tard, récidive, et pour une occurrence plus décisive encore qu'une manifestation sportive :

> Jamais je n'ai mieux entendu *Pelléas* et n'en ai mieux joui que jeudi. J'étais bien disposé, et il y avait deux ans que je désirais cette minute. Aussi, j'étais fou. Nous étions là toute une troupe de *Pelléastres*, Guinle, Fournier, Guéniffey, moi et aussi la sœur de Fournier. Nous avons fait relever le rideau sept fois à la fin.

Jacques ne se décide pas à « lâcher » le prénom de la demoiselle. Mais s'il est si « bien disposé » salle Favart, elle doit bien y être pour quelque chose, cette Chuchundra isolée au milieu de tous ces garçons, encore plus « mélisandistes », sans doute, que « pelléastres ». Et pour quelque chose encore dans cette joie qui illumine la lettre suivante datée de La Chapelle-d'Angillon, chez les Fournier :

> Jamais je n'ai été plus heureux que depuis que je suis ici. Calme, tranquillité admirable, pays délicieux et hôtes exquis. Je travaille très peu. Ce qui fera plaisir à Bonne Maman. Je me promène soit en bicyclette, soit à pied. Je cause avec Henri. Je n'en finis plus de ne rien faire...

Et la lettre que Jacques écrit le 24 septembre à Henri en rentrant à Cenon se conclut par un salut à la « señorita Isabelle », d'autant plus vif et gai qu'il tranche sur la fureur avec laquelle il évoque l'accueil qui lui a été réservé à son retour dans la famille de son père, où on lui reproche de fréquenter les petites gens de La Chapelle-d'Angillon et où l'on accuse « ceux de Cenon », ses tantes et ses grands-parents, de complicité avec les manants... D'où la sensation d'être, rue Hustin, « étranger, repoussé, exclu... ». Il s'irrite de tant de « sottise » et parle à Henri de la « haine folle » qui va le conduire à « rompre les derniers liens[27] ».

Le professeur Rivière n'est pas le duc de Guermantes. Mais ces dérapages de son fils « du côté de chez Meaulnes » lui font-ils pressentir quelque catastrophe sociale, qui ranimerait autour de lui, auprès de sa majestueuse épouse, les fantômes de tous ces facteurs ruraux, de ces soldats de fortune, de tous ces ancêtres Rivière qui hantent le grand mandarin de la rue Hustin ?

Le 12 octobre 1907, les choses se précisent. Isabelle Fournier a pris l'initiative d'écrire à Jacques. Certes, il ne s'agit pas, en apparence, de faire mûrir leur « affaire », si affaire il y a. Elle ne lui parle que d'Henri, de la peine qu'il éprouve à son tour de se trouver en uniforme, et « sous deux brigadiers ». Prétexte ? Compte tenu des conventions de l'époque et des principes éducatifs de Mme Fournier (qui est devenue « insupportable », selon son fils) la petite Chuchundra a « fait une folie » avec Jacques, comme la demoiselle du Cours-la-Reine avec Henri... Mais une folie qui aura, cette fois, des conséquences plus palpables.

Désormais, Jacques vient chercher Isabelle chaque soir à la sortie de son cours d'anglais à la Sorbonne. Le 25 décembre, à Henri qui lui fait miroiter dans une lettre la possibilité d'un départ en commun pour l'Inde, Jacques répond qu'il en a « trop de désir » mais qu'il « ne peut pas, simplement ». Sans autre explication. Simplement... Il n'est pas dit qu'Isabelle, déjà, le retient.

Dans *Le Bouquet de roses rouges* écrit vingt ans plus tard, Isabelle Rivière situe leur engagement commun à la fin de décembre 1907 (mais dans une notice autobiographique écrite en 1954, elle le place en 1908. Contradiction ? Il y eut deux engagements). A noter, dans la lettre où Jacques se récuse pour l'aventure indienne, un « je suis bien heureux » suivi d'un « je suis bien malheureux », voisinage qui est évidemment d'un amoureux. Si bien que l'innocente formule finale, « Bonjour à Isabelle », relève de la plus pure hypocrisie[28].

C'est en février 1908, en tout cas, que Jacques Rivière « demande la main » d'Isabelle à ses parents. Point d'écho de cet important événement dans la correspondance des deux amis qui, vivant alors tous deux à Paris, ont suspendu leur correspondance comme lors de la rencontre entre Henri et Yvonne de Quièvrecourt. De nouveau, un épisode majeur de leur vie est traité « de vive voix ». Quant à la famille bordelaise, elle est d'abord tenue hors de la confidence — ce qui ne laissera pas d'avoir, plus tard, quelque conséquence, nous le verrons.

S'agissant des relations entre Jacques et Henri, il faut attendre deux mois pour qu'en avril le premier traite des perspectives maritales sur un ton d'ailleurs assez peu conformiste :

> Il y a des gens épouvantables, comme Ch. Morice qui écrit à Lhote : « Si vous ne l'êtes pas, mariez-vous. C'est admirable [...] ». Le mariage comme antiseptique. J'avais la nausée de lire cette lettre [...]. Je me battrai en duel avec quelqu'un qui me dirait cela[29]...

C'est sur un autre ton qu'Isabelle écrit à son frère, le 12 juin : « Il faut que je te dise [...] à quel point c'est à toi que nous devons d'être réunis. D'abord c'est à toi que je dois d'être ce que je suis [...]. Sans toi je n'aurais rien su connaître et aimer de ce qu'il aime [...] lui serait resté très loin de moi. Et c'est enfin toi qui nous as menés l'un vers l'autre[30]... »

La lettre suivante d'Henri est adressée « à Jacques et à Isabelle » :

> ... C'est aux premiers frais jours de cette saison que, ouvrier de la destinée, je vous ai menés l'un près de l'autre. Il y avait au fond d'une misérable chambre une jeune petite fille vers laquelle [...] venait un jeune homme ébloui et désirant [...]. Cet après-midi, je veux parler de mon amour [...]. C'est par cette chaleur orageuse, apaisée déjà par de lourdes pluies, qu'une grande jeune fille est venue [...]. Ce fut un grand amour partagé et des paroles furent dites[31]...

Jacques qui, sans trop le dire, n'avait jamais tout à fait cru son ami empoigné sans réserve par « l'aventure du Cours-la-Reine », s'avoue saisi cette fois par ce cri :

> Il faut souvent nous parler de toi. Nous ne répondrons pas, mais tu sauras que nous avons compris [...]. De nous, on ne parle pas. Il ne faut pas croire que ce soit une paix [...]. Cela augmente sans cesse imperceptiblement. C'est cette augmentation qui est terrible à sentir et incompréhensible. Dès le début il semble que toute l'âme a été dévorée, puis sans cesse on se sent gagné davantage et plus profond, et cela ne s'arrête pas[32].

Considérons-le un instant, le Jacques amoureux de vingt et un ans, au bras de « la petite fille » qui, vingt-cinq ans plus tard, l'a revu ainsi :

> ... ce profil net, le nez d'une courbe pure, une grande belle bouche aux lèvres gourmandes, de petites oreilles d'enfant, la tête bien faite aux souples cheveux bien plantés, le front haut, cette peau de pêche, et surtout ces yeux de clarté, ces yeux limpides, ces yeux d'eau courante — le ruisseau des Chevris aux mille éclats de lumière, où venaient se baigner, en grands ronds tournoyants, les hirondelles. Aussi les mains, petites, fines, presque féminines, un peu maigres et tourmentées.
> [...] il était habillé n'importe comment : un costume déformé, un col bas — la mode était aux cols de dix centimètres — qui découvrait le mouvement incessant de sa pomme d'Adam, une cravate sans couleur, à la main un feutre mou d'étudiant russe. Il se tenait aussi n'importe comment, l'air encombré de son corps comme d'un manteau sur le bras par un soleil torride. A côté d'Henri si droit, si aisé, si naturellement élégant, il faisait figure de parent pauvre[33]...

Parent pauvre ? Ou orphelin ? L'annonce de son prochain mariage avec la fille d'un instituteur, impécunieux par définition, ne pouvait manquer d'irriter le professeur Rivière et sa seconde épouse. Recevoir rue Hustin ces paysans berrichons, instituteurs de la République, probablement franc-maçons, en tout cas libres-penseurs... Maurice Rivière avait évidemment oublié — ou bien y pensait-il trop ? — que son père, employé des Postes, eût été flatté de voir une fille d'instituteur entrer dans sa famille.

S'il retarda jusqu'à l'absurde d'annoncer à son père son prochain mariage, Jacques s'était décidé à en informer « ceux de Cenon », cinq semaines après avoir pris sa décision. Les lettres écrites à ce sujet aux « vieilles » de Saint-Victor forment un joli morceau de littérature romanesque de la Belle Époque.

C'est le 14 mars 1908 que le jeune homme fait part à « Toutou » et à sa sœur de « quelque chose qu'[il] hésite à [leur] dire depuis longtemps et qu'il ne peut plus cacher[34] ».

> Je suis fiancé avec Isabelle Fournier. Il y a longtemps que cela était entendu entre nous. C'est il y a à peu près quinze jours que je l'ai demandée à ses parents. Vous vous souvenez que lors de la déplorable histoire qu'on vous a faite au mois de septembre *, je m'étais indigné qu'on vous accusât aussi stupidement de complicité avec moi, mais que jamais je n'ai nié la vérité du fait lui-même. J'ai dit simplement que je ne songeais pas à me marier tout de suite : ce qui était la vérité. Maintenant tout ce qu'on en pourra penser m'est parfaitement indifférent. Je sais que je me brouillerai avec mon père. Et ça m'est égal. Je sais qu'il me déshéritera. Et ça m'est égal. Je suis prêt à quitter du jour au lendemain pour ne plus les revoir non seulement tous ceux qui par un mot ou une attitude quelconque marqueraient du dédain pour ma fiancée. Il ne faudrait même pas qu'on fît cela en ma présence, parce qu'alors je ne sais pas de quoi je serais capable.

Ainsi prévenues, les « chères vieilles » incitent le fiancé à informer son père aussitôt que possible : s'il venait à apprendre la nouvelle par d'autres voies... Et qu'il ne le fasse pas sur un ton provocant ! Voici Jacques franchement agacé. Sa lettre à ses prudentes alliées témoigne d'une humeur combative :

> ... Vous me faites un peu de peine en ayant l'air de croire qu'il faut que je fasse excuser à tout prix mon mariage. Encore une fois je n'ai à me faire excuser de personne. J'aimerais mieux mourir que de faire valoir telle ou telle raison pour faire accepter mon choix ; jamais je ne dirai par exemple à mon père qu'Isabelle gagnera sa vie, comme moi, parce que d'abord je voudrais éviter cela, ensuite parce que je ne veux pas avoir l'air de plaider les circonstances atténuantes. Je demanderai simplement à mon père s'il est prêt à accepter que j'épouse Isabelle. Il n'y a personne au monde que je respecte. Je méprise l'opinion de qui que ce soit. J'accepte d'avoir tous les torts. Si vous saviez combien tout

* « La rue Hustin » a protesté auprès de « Cenon » contre l'accueil fait à Fournier...

m'est égal excepté une chose ! Tout ce que je peux faire c'est de consulter mon père avec précaution et déférence. Mais encore une fois je n'ai rien à me faire pardonner.

Jacques a laissé passer les vacances de Pâques, et un bref séjour à Bordeaux où il a rencontré son père, sans se décider à lui parler. Le 28 avril, il prend la plume sur le ton qu'autorisent les relations entretenues avec son père depuis cinq ou six ans — celui de la déférence :

> Mon cher papa, [...] je n'ai pu te parler [...] d'une question très grave, dans laquelle je voudrais bien que tu m'approuves [...]. J'aime depuis bientôt un an la sœur de mon ami Fournier, et nous avons reconnu ensemble qu'il était impossible que nous soyons séparés. Cela est extrêmement sérieux et n'a rien à voir avec un coup de tête. Nous avons résolu de nous marier [...]. Je te supplie, mon cher papa, de me répondre le plus tôt possible, et favorablement ; je vais attendre ta lettre avec anxiété [...]. Je t'embrasse, ainsi que Mère, avec toute ma grande affection.
>
> Jacques.

A cette lettre si respectueuse des formes, nous ne savons pas ce que répondit littéralement Maurice Rivière. Mais ce qui permet d'en deviner la teneur, c'est le changement de ton de Jacques, qui le 7 mai, adresse à son père cette espèce de défi :

> Mon pauvre père,
> Si je t'avais écrit : J'aime une jeune fille qui a 500 000 francs de dot et une particule, aurais-tu mis en doute un seul instant « la sincérité de mon sentiment » et ses chances de durée ?
> J'ai demandé à ses parents celle qui m'est tout au monde et elle m'a été donnée. Je n'ai ni l'intention, ni l'envie de me rétracter jamais, parce que je sais ce que je fais.
> Je te demande une seconde fois si tu veux me donner ton consentement.
> Je t'embrasse bien fort.
>
> Jacques.

Bigre ! Et du coup, le professeur s'enferme dans le silence. Jacques se demande-t-il s'il est allé trop loin avec ses « 500 000 francs de dot » et sa « particule » ? Il revient à la charge, le 13 mai :

> Mon cher papa,
> Je vois que tu ne me réponds pas et j'ai peur que tu veuilles que tout soit fini entre nous.
> J'ai cédé à un mouvement de colère causé par la façon dont tu parlais indirectement de ma fiancée dans ta lettre. Je n'ai pas songé que tu ne la connaissais pas et que tu ne pouvais pas savoir qui elle était.
> Je ne voudrais pas que nous nous séparions ainsi brutalement pour un

> mot trop dur qui m'est échappé. Je ne te demande plus ton consentement [...]. Mais je te demande de ne pas me haïr et de ne pas me renier. J'ai senti combien il est cruel d'être détesté par son père [...]. Nous n'avons jamais pu nous comprendre en raison de la divergence irrémédiable de nos caractères et de nos esprits [...]. Ne te prive pas de ton fils dont tu seras peut-être fier plus tard...

Est-ce ce dernier argument qui déclenche la réaction du professeur Rivière — où s'exprime mieux ou plus qu'une « classe », qu'une époque, un système, une conception de la hiérarchie familiale et sociale :

> Ta lettre [...] m'avait profondément blessé [...]. Je n'aurais jamais cru qu'un fils pût traiter son père comme tu l'avais fait. [...] Ils sont bien coupables les éducateurs qui ont ainsi arraché de ton cœur le respect, la déférence dus malgré tout à celui qui le premier t'a reçu dans ses bras et couvert des premières caresses [...] qui a donné à ton intelligence son premier essor [...].
> Tu accuses « la divergence irrémédiable de nos caractères et de nos esprits ». J'en accuse, moi, les maîtres officiels qui ont développé en toi l'individualisme féroce qui est toute leur morale [...].
> Le mariage n'est pas seulement une question de sentiments, il scelle aussi une union de familles, et il est pour cela seul bien naturel qu'un père soit préoccupé non seulement de savoir si une jeune fille est dotée ou titrée, mais quelle est la famille dans laquelle veut entrer son enfant, famille qu'il peut avoir à recevoir chez lui, à présenter autour de lui. Il est malheureux que tu aies rencontré une famille [...] si pressée de te lier à [elle]. Cela seul m'oblige à la juger et ne peut me faire regretter ma résistance. Mais ne parlons plus de tout cela [...]. Mon pauvre cœur est ulcéré de tant d'ingratitude [...]. Mais je ne te haïrai pas, quelque mal que tu puisses me faire encore [...]. Jacques, pèse bien dorénavant tous tes actes, toutes tes paroles à mon égard...

Réplique du jeune homme, deux jours plus tard :

> Je n'ai jamais eu l'intention de quitter [la maison paternelle]. Mais j'en suis en quelque façon chassé. En effet je ne suis plus un, mais deux. Si je sais que celle qui est autant que moi-même, doit en être exclue, il m'est absolument impossible d'y revenir moi-même [...]. Crois-tu qu'il me soit bien facile d'oublier la façon indirecte dont tu l'as dédaignée tout de suite? [...] que tu considérais mon mariage comme un suicide... ? [...] Moi aussi, je sens les blessures qu'on me fait [...]. Je ne suis pas un « déséquilibré », comme j'ai eu si souvent le plaisir de m'entendre nommer, mais un jeune homme de quelque intelligence qui est décidé à faire son bonheur...

Maurice Rivière continuera à user, contre le mariage de son fils, de toutes les armes en son pouvoir, dépêchant un prêtre auprès de la grand-mère maternelle de Jacques, à laquelle est intimé l'ordre de ne plus recevoir le jeune homme à Cenon et n'y inviter « aucun membre de la famille Four... » (le docteur ne peut supporter d'écrire la fin de ce nom exécré). Cet homme de bien va jusqu'à signifier à la vieille dame qu'elle sera privée de la présence de ses autres petits-enfants si elle contrevient aux ordres du chef de famille ! Menaces qui resteront d'ailleurs sans effet...

Quelques années plus tard, au lendemain de la mort de Jacques, son ami André Lacaze écrira à Isabelle pour lui dire l'indignation qu'un tel comportement suscite en lui, prêtre fort indépendant de la hiérarchie :

> Votre beau-père est horrible. Il est dans la logique du système [...]. Et il n'y a pas un ecclésiastique pour lui dire le dégoût que mérite [son attitude]. Car leur christianisme est une force sociale, une armature, une sorte de soutien-gorge[35]...

Quand, quatre ans après la mort de Jacques, le professeur Maurice Rivière, appelé à la retraite, recevra l'hommage solennel de la faculté de médecine de Bordeaux, de son doyen et de ses pairs, il ne se trouvera pas un de ces notables de la science pour faire seulement une allusion à Jacques Rivière, dont la disparition avait été naguère l'occasion d'un hommage universel des écrivains de son temps ! Pas un de ces Bordelais...

Bordeaux n'avait-il pas été informé ? Paris était-il trop loin ? Cette élite était trop haute pour avoir seulement entendu l'écho du nom du directeur de la *NRF* ? Le professeur avait-il interdit à ses collègues d'évoquer le fils rebelle * ? Ou chacun de ces pères de famille redoutait-il la contagion de l'exemple ainsi donné ?

François Mauriac a écrit, sur un thème voisin, *Préséances*. Il manque à Jacques Rivière d'avoir écrit *Bienséances*.

Isabelle et Jacques se marièrent dans l'intimité à Saint-Germain-des-Prés le 24 août 1909. Pourquoi si longtemps après ces orages bordelais ? Parce que, entre-temps, Jacques avait décidé de passer le concours de l'agrégation de philosophie, qui devait lui assurer le poste d'enseignement nécessaire à la subsistance de son ménage. Non qu'il se reconnût une vocation ou même une aptitude particulière à l'enseignement. Mais il avait pu constater que les articles publiés ici ou là ** depuis 1906 n'étaient

* Mais on a vu qu'il s'était presque réconcilié avec lui – et on verra, au chapitre XI, que la guerre avait permis l'amorce d'un rapprochement. Maurice Rivière, informé en février 1925 de l'état grave de son fils, accourut à Paris la veille de sa mort – accueilli par la belle-fille rejetée. Trop tard associé aux efforts de ses collègues parisiens pour tenter de sauver Jacques. Au lendemain de la mort, il écrivit à sa femme des lettres émouvantes sur ce fils dont il se reprochait alors de n'avoir pas su mesurer la valeur. Le ton de ces regrets est évidemment sincère, bien que s'y mêlent des observations de ce genre : « et devant son lit de mort sont venus s'incliner des académiciens et des princesses... ».

A noter en outre qu'hormis la plaque apposée sur la maison natale de Jacques Rivière, Bordeaux n'a su donner son nom ni à la moindre voie, ni à la moindre institution – Mauriac n'ayant lui-même droit qu'à une ruelle de banlieue !

** Notamment dans *Occident*, *La Grande Revue*, etc. (voir plus loin, p. 93).

pas de nature à lui assurer une vie décente – et si peu que son père l'eût aidé depuis 1903, il savait qu'il n'avait plus rien à attendre de lui. Enfin Paul Claudel, avec lequel il avait noué une correspondance depuis 1907, lui avait en quelque sorte interdit de vivre de sa plume, voyant dans ce rapport entre un revenu et la chose écrite une sorte de prostitution *.

Jacques Rivière s'était donc remis à la préparation du concours de juillet 1909, retardant la date de son mariage afin d'être assuré de la « situation » qui ne pouvait manquer de lui être acquise – chacun le considérant comme l'inévitable lauréat du concours. Lui-même n'en doute pas plus que les autres. Cette fois, si peu enclin qu'il soit à ce type d'exercice, il a une motivation, un « désir ». Il est donc assuré du succès...

Le 31 juillet pourtant, Henri reçoit ce mot :

> Je suis collé. C'est inexplicable. Ou du moins je ne m'explique pas comment j'ai pu espérer être reçu.
> Tu comprends l'effondrement. J'ai eu une heure pendant laquelle j'ai frisé la folie. Je me jetais dans tous les sens et c'était fermé partout [...].
> Mais il faut absolument que nous nous mariions, comme si de rien n'était...

Et une semaine plus tard :

> Les causes de mon échec ? La cause première est profonde, c'est que l'Université continue à ne pas vouloir de moi. Elle a raison. Je ne suis pas fait pour elle. D'ailleurs, elle ne se trompe jamais dans ses élections [...]. Jules Romains passe 6e grâce à son imperturbable culot [36]...

Voyage de noces à Lacanau, petite station balnéaire de la côte girondine : Isabelle n'a jamais vu la mer...

Carte postale adressée à Henri :

> Nous sommes à Lacanau. Isabelle délire. Toute la mer bleue sous nos fenêtres. Hier Isabelle s'est flanquée par terre au moment où arrivait une vague. Elle a dit : « C'est le baptême de la mer » mais il a fallu la faire sécher au vent...

La réaction d'Henri au mariage de sa sœur et de son ami est d'une complexité inépuisable. Zones de lumière, zone d'ombre... Tendresse, frustration, fierté, jalousie, déploration (Yvonne de Quièvrecourt est mariée, elle vient d'être mère). Jacques l'accuse de se donner l'allure d'une « victime méconnue », de sombrer dans la « passivité », « comme si tu n'avais plus qu'à la répéter [ton enfance] en mémoire... ».

Henri saisit la balle au vol. Quoi de plus vrai, et de plus beau ? Et le

* Voir chapitre IV.

voici parti à camper le personnage qu'il raconte, affine, enrichit depuis quatre ou cinq ans :

> Meaulnes, le grand Meaulnes, le héros de mon livre, est un homme dont l'enfance fut trop belle mais il sait déjà que ce paradis ne peut plus être [...]. Il est dans le monde comme quelqu'un qui va s'en aller. C'est là le secret de sa cruauté[37].

En un sens, le mariage de Jacques libère l'instinct créateur d'Henri. Le sentiment d'exclusion qu'il en retire le rejette vers son récit, assuré qu'il est d'en faire, entre sa sœur, son beau-frère et lui, un lien renouvelé.

*

Voici enfin l'enfant Rivière entré en adolescence, qui n'est — chez lui surtout — qu'une enfance couturée de cicatrices. Il se meut sur deux plans, et selon deux *tempi* très différents — une formidable progression de la conscience esthétique, qui brûle les étapes, galope de décennie en décennie, conquiert le fort Rimbaud, le mont Claudel, le lac Debussy, la palmeraie Gide, inlassable dévoreur de pistes ; et le cahotant apprentissage d'un art de vivre, avide de ne pas choisir et contraint au choix, aspiré par le mariage, rejeté par l'Université, envoûté par l'« académie Frizeau », en guerre avec le pouvoir paternel, bientôt confronté à Claudel, libéré de Barrès, guetté par Gide...

Mais c'est moins entre les mondes de l'art et de la vie que nous le voyons contraint ou divisé. Moins même en fonction du révélateur Fournier, nonchalant sourcier de merveilles objectives. C'est en lui-même que se dessine la frontière, de front même, la ligne de combat entre l'esprit le plus rationaliste, le plus lucidement cartésien et abstracteur de quintessence — et l'ardente fidélité aux choses bien réelles, aux détails de la vie dans son flux le plus contraignant.

Mû par les idées ? Il déteste les systèmes. Amoureux des lignes nettes, bien tracées, discernables dans la lumière crue, sécante, il se meut dans le complexe, le multiple, le contradictoire. Cet être moral est un antimoraliste enragé. En quête perpétuelle de synthèse, il consacre le plus clair de son génie à l'analyse.

On ne dira pas que son apparente rigidité s'est construite contre le fluide, l'incessant, l'insaisissable miracle qu'est Fournier. Mais tout n'est pas faux dans cette antithèse. Et nul mieux que lui ne l'a relevée, dans deux passages de la correspondance à son beau-frère :

> 25 août 1907 : Sans doute, je suis systématique, philosophe et théorique. Mais combien dans la vie je le suis peu ! Combien je sais reconnaître le néant de tout cela ! Combien je suis peu celui qui a besoin de montrer à tout le monde qu'il pense ceci et cela, et qu'il

entend appliquer dûment ses principes [...]. Il y a des moments où, prenant « ma belle âme » dans un coin, je lui trouve cependant certaines qualités, entre autres une grande faculté de rire. Je ne sais pas rire fort, mais en moi, ah ! c'est à tout briser. Et ça brise tout[38].
10 octobre 1907 : [...] A m'opposer sans cesse à toi, j'ai fini par croire que j'étais très systématique [...] Qui vit plus librement, plus au hasard, d'une façon moins préconçue que moi ? Qui est moins attaché par des intentions, des projets, des soucis d'avenir ? Qui moins que moi a un système d'opinions, de vues, de parti pris[39] ?

*

Jacques Rivière, homme libre ? Oui, par rapport aux divers pouvoirs qui prétendent s'imposer — le paternel, l'universitaire, le politique. Mais cette liberté, il l'a engagée aux côtés d'Henri Fournier en un débat esthétique sans merci, avec une intolérance téméraire, une « outrance dans l'admiration » qui, on l'a vu, effrayait André Lacaze et fit de lui, en ces années-là, une manière de militant, sous le triple signe de Claude Debussy, de Claudel et de Cézanne — en attendant le rendez-vous de 1914 avec l'œuvre de Proust. Quel adolescent de ce temps-là eut une conscience plus claire de la fertilité de l'art moderne ?

III

Mélisande, Violaine et la Sainte-Victoire

Mieux encore qu'au miroir d'une époque fertile en tumultes indécis et en inventions contestées, la correspondance échangée pendant dix ans entre Jacques et Henri fait penser à ce « roman d'aventure » dont le jeune homme venu de Bordeaux se fera, au printemps 1913, le théoricien passionné dans *La Nouvelle Revue française*, comme pour « accompagner » la publication du *Grand Meaulnes* ou le *Barnabooth* de Valery Larbaud, sinon le *Swann* de Proust, qui offrent à ses propositions des illustrations inespérées — étant bien entendu que le mot d'« aventure » n'a rien à voir chez lui avec la houle du grand large ni les coups d'épée des mousquetaires et se rapporte plutôt aux mouvements imprévisibles de l'esprit et du cœur.

A ce roman par lettres illustrant une décennie qui aurait ignoré les frontières de l'espace, du temps et des disciplines — telle que Daniel de Foe eût été le commensal de Matisse et Ravel, le compagnon de Dostoïevski —, on aimerait donner pour titre *A la recherche du temps qui vient*. Référence proustienne que l'on ne fonde pas seulement sur la dévotion de Rivière à *Swann*, mais aussi sur des convergences profondes.

Bien que muette sur Proust *, nous le verrons, la correspondance des adolescents de Lakanal est, elle aussi, une épopée de la mémoire (en formation, plutôt qu'en sédimentation) et propose une histoire très consciente de la culture d'un temps où se formaient et s'affirmaient les maîtres qui allaient servir de modèles à Vinteuil, à Elstir, à Bergotte et à la Berma.

Certains chercheront — sans succès — à rapprocher nos deux adolescents des « khagneux » mirobolants de Jules Romains ; d'autres, mieux inspirés, penseront aux *Thibault*, dans une version où Henri-de-Sologne jouerait le rôle de Jacques le rebelle, où Jacques-de-Gironde assumerait les responsabilités d'Antoine le raisonnable — sous le

* Jacques lit *Swann* en janvier 1914 (voir chapitre IX).

regard d'un père à peine moins intraitable que l'Oscar de Martin du Gard.

Ce qui est clair, c'est que l'échange entre le « paysan » de Nançay et le « philosophe » de Cenon est tout imbibé d'un romanesque du réel, enraciné dans les faits, rencontres et débats — apparition de Mélisande salle Favart, enchantement soudain du Cours-la-Reine, avènement de Cézanne, incarnation foudroyante de Claudel, proscription d'Isabelle, dénuement de Lhote, surgissement des ballets russes, enchantement de Gide, amours théâtrales de l'auteur de *Miracles*, élection de l'adolescent Rivière parmi les docteurs de la *NRF*, prouesses aériennes, exaltation sportive (et jusqu'à la mort, par overdose de morphine, du malheureux « petit B »).

En fait d'aventure, ni Lafcadio, ni Saint-Loup, ni Barnabooth n'ont vu beaucoup mieux en ces temps de guerres exotiques et de découvertes psychologiques. Et s'il n'est pas de vrai roman qui ne s'inscrive dans quelques cadres propres à exalter les fantasmes, le parc de Sceaux, les routes de Sologne, les ombrages naïfs de Saint-Victor au bord de ce Mékong qu'est la Gironde à sa naissance, ne cessèrent d'offrir à l'« aventure » son content de magie visuelle.

La charge romanesque de cette correspondance décennale est d'autant plus forte qu'elle aura servi de matrice aux aventures d'Augustin Meaulnes. On ne dira pas qu'Henri ne fût pas devenu « Alain-Fournier » sans la réplique harcelante donnée par son ami. Peu d'œuvres sont à ce point « chair de la chair » d'un homme, de sa vie, de sa sensibilité propre, de ses rêves, que *Le Grand Meaulnes*. Mais si Jacques Rivière n'y prit qu'une part marginale, de témoin, de correcteur ou de réceptacle, le fait est que les personnages du roman hantent les pages de la correspondance d'une « Yvonne » à l'autre, de Jeanne à Valentine, d'Augustin à Henri sinon à Frantz, dans une cascade de transpositions plus ou moins allusives.

Dès le mois d'août 1905, Henri Fournier, dans l'éblouissement de la rencontre de juin, confie à son ami qu'il porte en lui depuis bientôt trois ans les éléments d'un roman dont la structure reste à trouver, sinon le modèle. Doit-il le placer dans le sillage de Dickens (mettant l'accent sur les personnages) ou du côté des Goncourt (privilégiant l'histoire) ou s'inspirer de Laforgue (glissant vers le poème) ?

Déjà plusieurs titres se pressent dans sa tête, *Les Gens du domaine*, *Le Pays sans nom*, *Le Jour des noces*... Meaulnes, ou le grand Meaulnes (d'abord prénommé Alfred), ne surgira, au moins comme titre, que cinq ans plus tard, en avril 1910. En attendant, le-roman-de-Fournier vivra ou flottera à travers la correspondance comme un tiers, un corps indécis et présent, espéré, recensé, récusé, refondu sous le regard critique de Jacques dont la réserve, ici, va bien au-delà d'une prétendue inappétence au romanesque, proclamée le 17 août 1905 (« sur ton grand projet [...]. Je n'aime pas le roman * [...] forme bâtarde [qui] me donne une impression de fabriqué [1]... »).

Le moment culminant de cette imbrication passionnée et consciente entre ces vies entrecroisées et le roman qui envahit et submerge l'une d'elles, se situe entre le 30 mars et le 4 avril 1910. Instruisant une fois de plus leur procès réciproque, Jacques et Henri font surgir entre eux ce héros en lequel Fournier incarne et sublime l'esprit d'enfance — dont la résurrection est à ses yeux l'objectif fondamental de toute création littéraire.

Jacques : « Tu as eu une enfance si belle, si lourde d'imagination et de paradis qu'en la quittant la maigreur de ta vie t'a découragé. Comme si déjà tu avais vécu ta vie ; comme si tu n'avais plus qu'à la répéter en mémoire, qu'à te la raconter interminablement [2]... »

La réponse d'Henri est saisissante. Dans une lettre adressée à la fois à sa sœur et à son ami, il reconnaît que ce que Jacques écrit là est « très vrai et très beau » — et, en guise de mise au point, faisant même l'économie du « c'est comme mon personnage », « embraie » directement sur Meaulnes, en guise de « je » :

> ... Le grand Meaulnes, le héros de mon livre est un homme dont l'enfance fut trop belle. Pendant toute son adolescence, il la traîne après lui. Par instants, il semble que tout ce paradis imaginaire qui fut le monde de son enfance va surgir au bout de ses aventures, ou se lever sur un de ses gestes. Ainsi, le matin d'hiver où, après trois jours d'absence inexplicable, il rentre à son cours comme un jeune dieu mystérieux et insolent. — Mais il sait déjà que ce paradis ne peut plus être. Il a renoncé au bonheur. Il est dans le monde comme quelqu'un qui va s'en aller. C'est là le secret de sa cruauté. Il découvre la trame et révèle la supercherie de tous les petits paradis qui s'offrent à lui. — Et le jour où le bonheur indéniable, inéluctable se dresse devant lui, et appuie contre le sien son visage humain, le grand Meaulnes s'enfuit non point par héroïsme mais par terreur, parce qu'il sait que la véritable joie n'est pas de ce monde.
>
> Je ne sais d'ailleurs pas encore si ce sera bien le grand Meaulnes le héros du livre — ou Seurel ? ou Anne des Champs ** ? ou moi qui raconte. Je ne sais pas non plus si les idées que je viens de dire sont bien celles du livre ; car ce livre est un roman d'aventures. Jacques veut que je m'exprime avec des idées. Mais pourquoi Jacques veut-il me réduire à lui ?
>
> Vous voyez que pour l'instant c'est l'histoire de l'homme-sur-la-tour, mais descendu sur terre. C'est « le pays sans nom », mais aussi le pays de tout le monde. Ce sera bien plus humainement beau ainsi [3].

* Voir chapitre XXII.

** Qu'il n'osera appeler Yvonne qu'après les « explications » de 1913 (voir chapitre VII).

Vit-on jamais immersion plus spontanée, vases plus simplement communicants entre l'œuvre et la vie qui — Fournier y revient souvent — ne sauraient être séparées ? Benjamin Constant se confond-il si hardiment dans ses lettres avec *Adolphe* ? Écrivant à George Sand, Flaubert ne se donne-t-il jamais la voix d'Emma Bovary ?

Le plus curieux est que Rivière lui-même, le rationnel, attentif à refuser la confusion des genres, entrera dans ce jeu trois mois plus tard, ripostant sur le mode qui est le sien... — pour évoquer ses *Beaux Jours* *, texte porteur d'un projet romanesque, et lu comme tel par Gide, mais resté à l'état de remémoration infantile, grave et mélodieuse, sans que jamais vienne le transfigurer l'imagination qui, des souvenirs d'un enfant d'Épineuil-le-Fleuriel, fit *Le Grand Meaulnes*.

La finalité romanesque de la correspondance n'est pas due seulement à l'irruption de ces thèmes et des problèmes que pose ce type de création littéraire. Chaque page est imbibée, imprégnée de tout ce qui fait l'essence du roman, l'imagination narrative transfigurant le réel et substituant son rythme et ses angles de vue à ceux que propose la vie même. Du défi lancé au « khagneux » Danchin tel qu'il est relaté dans la première lettre de 1904, aux combats pour *Le Sacre du printemps*, des mésaventures londoniennes d'Henri aux visites impromptues du dieu Claudel surgi de l'Orient extrême chaussé de bottes de mille lieues, nous sommes en pleine floraison romanesque, le « lu » renchérissant sur le « vécu », le « vécu » sur l'« entendu », le « vu » sur le « senti ». Points et contrepoints, modulations mélodiques sur le temps qui crée...

Un jour de 1913, irrité de la passion possessive et missionnaire de Jacques acharné à lui faire partager sa ferveur pour Rimbaud (comme il l'avait fait pour Claudel ou pour Gide), Henri explose : « Pourquoi ces délires littéraires ? Les livres ne sont que du papier ! » ** Du papier ? Certes non ! quand ces liasses de choses imprimées, ou ces morceaux de toile, ou ces pages de musique sont passés au crible du regard, de l'ardeur, de la voracité de Jacques, ranimés, exacerbés plus ou moins consciemment par son ami, il n'est pas de poème, de sonate ou de nature morte qui, ainsi « traité », ne devienne plus réel que la vie, assassin ou sœur de charité.

D'autant qu'ils ne cessent pas — quel signe plus fort de la véracité vivante d'un être ? — de se transformer : d'une lettre de 1905 à une autre de 1912, que n'a donc vécu, souffert, perdu le Barrès de Rivière, le Jammes de Fournier ? Par quelles épreuves, quelles traverses, quelles disgrâces n'est-il passé ? Et Rimbaud, voyou « répugnant » de 1906,

* Voir chapitre II.

** Il oublie d'ajouter : « Comme il est dit dans le *Tête d'or* de Claudel ! »

voyant merveilleux de 1914... métamorphoses plus poétiques que celles de Tom Jones, de Julien ou de Rubempré.

La dimension romanesque du dialogue entre nos deux adolescents émerveillés, on la trouve encore dans ce que leur aventure a de balzacien — bien que l'on y relève moins de références à l'auteur du *Cousin Pons* qu'à Dickens, à Stendhal et surtout à Dostoïevski.

Il est agaçant, choquant même de parler, à propos de ces deux provinciaux émerveillés, de Rastignac ou de Lousteau. Sinon par antiphrase. Mais considérons un instant la condition qui est, en octobre 1903, au moment de leur entrée à Lakanal, celle du Berrichon et du Girondin moins qu'obscurs, inhabiles à vivre, démunis, sans relations. Et retrouvons-les moins de dix ans plus tard, Parisiens mêlés à tout ce que la vie culturelle de leur temps compte de points d'eau, de phares ou de centres du pouvoir intellectuel.

Jacques a pu rudoyer les uns ou sommer les autres, faire le mariage le plus modeste et le plus propre à le couper des quelques atouts de pouvoir et de fortune que son ascendance lui offrait ; il a pu se consacrer à la littérature la plus austère, négliger les académies, afficher son jansénisme esthétique, se détourner de puissants mandarins comme Rouché, se dévouer à la carrière du famélique, de l'incommode André Lhote —, on le retrouve à vingt-cinq ans au cœur de la citadelle, partout sollicité de publier, traitant de pair et compagnon avec les maîtres du jour et surtout du lendemain — Gallimard, Gide, Claudel, les Mayrisch, bientôt Proust...

Et Henri, ce fol, ce paysan désinvolte, rétif aux règles de l'école, inconsolé de son amour perdu, se gaussant des poètes barbus spécialistes de la gloire, le voilà, à la veille de la guerre, courtisé et encensé, ne manquant que d'un souffle le prix Goncourt pour *Le Grand Meaulnes*, qui d'emblée a conquis le double public des raffinés et du populaire, devenu l'ami du maître prestigieux des *Cahiers de la quinzaine*, Charles Péguy, le commensal des grands notables que sont les Casimir-Perier, avant de partager la vie d'une des plus célèbres comédiennes de l'époque, Simone...

Jacques Rivière a fortement mis l'accent sur le souci qu'avait son ami d'une gloire d'autant plus attendue que sciemment guettée par la mort. Mais il ne s'agit pas seulement ici de gloire. Les mots de « carrière », de « réussite » peuvent dissoner à propos de ces adolescents intraitables, si péremptoires et sarcastiques, si spontanément alliés à tout ce qui dérange et exige.

Il faut bien convenir tout de même que s'ils n'ont pas crié « A nous trois Paris ! », si les Rivière végétaient encore, la notoriété venue, dans le modeste appartement de la rue Froidevaux, on les retrouve à la veille de la guerre, l'un dans la magnifique propriété normande des Gallimard (où naît l'intrigue d'*Aimée*), l'autre dans la non moins superbe résidence de Casimir-Perier à Cambo (où s'ébauche le second roman de Fournier,

Colombe Blanchet...), frôlant l'un et l'autre cette opulence qu'ils n'ont pas cherchée, qui ne les fascine qu'à demi, mais qui n'a jamais laissé tout à fait intact, ou très longtemps, aucun citoyen de la république des arts.

Comparée à celle des carriéristes fébriles de Balzac, galopant de salon en préfecture et de salles de rédaction en boudoirs, l'ascension de ces « justes » happés par la notoriété, s'y mouvant, effarouchés d'abord, dans un semi-refus, captés par des charmes irrésistibles — les soirées de Cuverville, chez les Gide, scintillent moins que les dîners chez les Nucingen, mais qui ne troquerait ceci contre cela ? —, semble d'un romanesque plus profond, plus intégré. Les « lions » balzaciens ou le *Bel Ami* de Maupassant sont voraces, et dévorent. Par nature. D'une bouchée l'autre. Ici, l'aventure du roman est faite de l'imperceptible, de la subtile entrée de ces « gens d'ailleurs » dans la citadelle...

Et pour que ne soit rien négligé des dimensions romanesques de la correspondance, on peut évoquer ces fictions dialoguées si en vogue au XVIIIe siècle, ces dialogues philosophiques dont Montesquieu reste le maître, et qui opposent en de riches antithèses caractères et principes, sentiments et idées. Comment ne pas penser ici à une « conversation de Platon et Alcibiade », ou mieux, l'un incarnant l'esprit et l'autre exprimant le cœur, l'un le beau, l'autre le juste, un « entretien de Kalos avec Agathos » ? Les oppositions sont si bien marquées, la progression si harmonieuse, les synthèses si heureuses — et les textes si soignés dans leur halètement passionné...

*

En deçà du roman multiple qu'elle porte en elle, la correspondance des deux étudiants de Lakanal jetés à travers les débats de leur temps doit être lue au premier degré, comme le déchiffrement lyrique des énigmes et mirages de l'art contemporain.

On pouvait à coup sûr porter un regard plus pénétrant, mieux informé, moins aventureux sur cette époque où meurt le symbolisme, où le cubisme naît contre l'impressionnisme, où la psychanalyse se fraie sa voie à travers les angoisses collectives, et où, malgré Nietzsche, un certain christianisme retrouve et manifeste sa vitalité et ses ambitions.

Mais la grille de lecture que s'inventent, pour leur seule délectation, ces deux adolescents refusés par l'université et ainsi voués à une certaine marginalité culturelle, s'avère d'une singulière pertinence. Ni école, ni système, ni référence automatique. S'ils ne considèrent pas sans mélancolie le crépuscule du symbolisme, ni Jacques ni Henri ne s'empressent de lui chercher une structure de remplacement. Quand une « chapelle » s'invente ou se proclame ou s'organise, ils expriment leur méfiance — ainsi pour les « intégralistes ».

Bien sûr, Rivière — seul — rejoindra en 1910 le groupe de la *NRF* :

mais c'est bien parce que les fondateurs, à commencer par Gide et Schlumberger, assurent que rien ne ressemblera moins à une secte que ce groupe de libres écrivains. Ce qui d'abord paraît vrai.

En attendant, les correspondants de La Chapelle-d'Angillon et de Saint-Victor passent tout ce qui s'écrit au crible de leur formidable appétit critique, moins soucieux de classer, de promouvoir ou de rejeter que de former leur goût, d'affiner leur jugement, d'élargir leur espace esthétique, d'inventer un rapport à la création. Avec un si enthousiaste ou rebelle emportement que Rivière pourra prétendre avoir « introduit dans la critique les mœurs de l'amour... ».

Que l'on prenne garde de réduire cette formule au dernier mot. L'amour, d'ailleurs, n'est pas fait que d'extases, mais aussi de distances, d'esquives et de ruptures. Amoureux, le lecteur Jacques Rivière l'est aussi spontanément et de façon tout aussi permanente que Stendhal avec les dames — et non moins conscient de ses échecs et de ses bévues. Et d'autant plus cinglant qu'il mesure ses erreurs de jugement, la vanité de ses amours...

Maeterlinck, Barrès, Anna de Noailles, Saint-Saëns, Maurice Denis, Gustave Charpentier seront d'autant plus cruellement bannis qu'il s'est jeté vers eux avec une ferveur plus ardente, n'entraînant pas toujours son ami « paysan » — plus circonspect à l'occasion, plus ménager de ses élans.

Premières cibles de ses « remises en ordre » : les symbolistes. A tel point qu'un critique aussi pénétrant que Ramon Fernandez, au surplus compagnon très proche du Jacques Rivière des dernières années (et qui avait pu faire le point avec lui sur ses diverses évolutions), écrit que l'enjeu de la correspondance avec Fournier « n'était rien de moins que la liquidation dramatique du symbolisme [4] ».

Nous savons à quel point Jacques et Henri avaient été envoûtés par cette aventure poétique. On n'a pas oublié le « court-circuit » positif provoqué entre les deux garçons de Lakanal par la lecture, en classe de « khagne », d'un des poèmes d'Henri de Régnier les plus représentatifs de l'esthétique symboliste. Rivière, écrivant vingt ans plus tard la préface de *Miracles*, commentait ainsi, en historien, cet enchantement adolescent qui n'allait pas survivre à la relecture de Rimbaud et de Baudelaire :

> Je ne sais s'il est possible de faire comprendre ce qu'a été le Symbolisme pour ceux qui l'ont *vécu*. Un climat spirituel, un lieu ravissant d'exil, ou de rapatriement plutôt, un paradis. Toutes ces images et ces allégories, qui pendent aujourd'hui, pour la plupart, flasques et défraîchies, elles nous parlaient, nous entouraient, nous assistaient, ineffablement. Les « terrasses », nous nous y promenions, les « vasques », nous y plongions nos mains et l'automne perpétuel de cette poésie venait jaunir délicieusement les frondaisons mêmes de notre pensée [5].

Passé le « vécu », ce fut l'adieu. Maeterlinck occupe encore l'esprit et le cœur de ces jeunes gens (de Jacques, surtout) du fait de *Pelléas* (bien que le dramaturge eût désavoué la merveilleuse transfiguration de son œuvre par Debussy !). Et Jammes, auquel Henri surtout était passionnément attaché, comme à Laforgue, évitera de sombrer corps et biens à leurs yeux, sauvé par l'intercession de Claudel.

La plus significative de ces opérations révisionnistes, de la part de Jacques Rivière, fut celle qu'il conduisit contre Barrès, non sans douleur, ni apparents retours, mais avec une intransigeance flegmatique dans la prise de distance qui fait penser à la manière des essayistes anglais quand ils emploient le mot *revisited*...

L'envoûtement datait de 1905. Le 7 septembre de cette année-là, Jacques écrit à Henri :

> Je suis en ce moment sous l'influence de Barrès qui est en train de me changer sur bien des points, et de m'ôter toute conviction trop assise. [...] Mais si je n'étais pas disposé par ma nature à subir cette influence, la subirais-je ?

Voilà un barrésien lucide, au moins sur lui-même, sinon sur Barrès. Il semble tirer des livres de l'auteur de *L'Ennemi des lois* une leçon de scepticisme. Et il fera bientôt de l'ensemble de son œuvre une « leçon d'ironie supérieure [...] aussi subtile et profonde que l'essence du feu... ». C'est à l'aune de cette « ironie » qu'il semble juger désormais tout ce qu'il aborde. « Barrès, écrit-il, m'a appris à départager ce qui choque mes seuls préjugés et ce qui offense réellement mes délicatesses, à " composer " ma " tenue morale " [...]. Il est venu au moment où j'avais besoin de lui... » Un peu trop joli, ce distingo entre « choque » et « offense », entre « préjugés » et « délicatesses » — si joli qu'il révèle à quel point Jacques-de-Bordeaux a besoin alors de celui ou de ceux qui lui permettront de se libérer de ce « besoin » de Barrès[6].

Il lui faudra des années pour se dégager de cette emprise ; l'ouragan Claudel jouera son rôle, et le passage de Gide. Mais, plus que tout, la mutation de Barrès lui-même, du questionnement ironique aux trompettes de la nation, du *Jardin de Bérénice* aux *Amitiés françaises*. « Je ne peux plus le suivre dans cette voie, écrit Jacques à Henri à la fin de 1905, car dans le nationalisme je découvre trop de sophismes. Peut-être, comme Barrès, me raccrocherai-je à des croyances. Puissé-je ne le faire jamais avec trop de sérieux [...]. Mes profondeurs resteront toujours désintéressées[7]. » Bonne façon de se distancier de Barrès. Le « désintéressement » sent déjà sa « disponibilité », dont il sera beaucoup question...

Dès la fin de 1906, Barrès est rejeté vers le passé. « Peut-être m'a-t-il enseigné la délicatesse. [...] Il m'a appris à cultiver mon intelligence sensible [objectera-t-on à Rivière qu'en ce sens Fournier était le meilleur partenaire ?]. C'est pour cela que nous avons parlé d'" idéologie passionnée ". [...] Pourtant, il y a quelque chose d'imperceptible, qui est brisé[8]... » Imperceptible ? Mais non, au moins pour nous, qui jugeons à l'aise, à l'abri de quelques décennies : c'est l'engagement, ou mieux, l'embrigadement que refuse Jacques Rivière, déjà gidien, et progressivement rebuté par la musique militaire de son ancien maître d'ironie.

Jacques parlera encore, à propos de *L'Amateur d'âmes*, de « chef-d'œuvre absolu ». Le temps va venir pourtant où il écrira : « Quand j'étais sous Barrès »... Sera-t-il alors passé « sous Claudel », ou entré dans les filets de Gide ? Il y a place, en son aventure, en sa longue chasse, pour de nombreuses ratures et captures, « imperceptibles » ou non.

Trois ans ont passé. Et voici ce qu'il avoue à Henri, le 15 mai 1908 : « J'ai relu un peu de Barrès [...] *Du sang*, le début de *L'Amateur d'âmes* [...] C'est grossier, comme tu le disais. C'est prestigieux et grossier, c'est fabriqué dans un parti pris d'affectation dilettantiste. On ne distingue pas d'abord, tant c'est affecté [...] Mais quand on a aperçu le truc, c'est fini. D'ailleurs, il y a des choses d'une littérature merveilleuse[9]... » Voilà ce qui s'appelle mettre les choses au net. Y compris le dernier trait, précédé d'un « d'ailleurs » très fort chez lui qui est peu disposé, on le sait, à saluer une « littérature » armée de tant de « trucs ».

Lors de l'élection de Maurice Barrès à l'Académie française (1906), Rivière notera, non sans une pointe de nostalgie : « Ce n'est plus mon maître. » Quant à la dernière mention du nom de l'auteur des *Déracinés* sous sa plume en septembre 1911, elle se réduit à ceci : « Je songe à mon éreintement de Barrès[10] ». Le cycle est clos — au point même que Jacques fera l'économie de cette exécution capitale. Mais si net soit le rejet, on peut retenir qu'avant Gide « l'Ennemi des lois » aura été, pour le vertueux lycéen de Bordeaux, un maître du désir. Ce qui n'est pas rien. Tombé au champ de la lucidité, Barrès a droit, dans l'enclos de ruines où se déploie l'histoire intellectuelle de l'adolescent, à un poteau indicateur.

*

« J'ai voulu que mes premiers mots imprimés fussent un hymne vers Debussy » : le 6 avril 1906, Jacques Rivière, ne pouvant réprimer la joie de se voir publié, présente ainsi à son ami l'article qui doit paraître dans *Le Mercure musical* quelques jours plus tard — son premier texte soumis au public (alors qu'il n'a pas vingt ans). Un hymne vers Debussy... C'est bien le seul trait par lequel ce petit article sur « La musique à Bordeaux » révèle ou démasque l'auteur encore balbutiant d'*Études*.

Alors qu'il commence à se déprendre de Barrès, qu'il n'a guère abordé Gide, qu'il retarde le moment d'affronter Claudel et ne connaît encore de Cézanne et Gauguin que des reproductions ou des gravures « grotesques », Jacques a vu surgir Claude Debussy comme un soleil au creux de l'aube, en enchanteur. On a cité déjà, adressé à ses tantes, un premier commentaire (daté de 1903) de *Prélude à l'après-midi d'un faune*, où s'avoue mieux qu'un éblouissement, un envoûtement émerveillé *. Ce jeune homme si féru de lignes claires et d'architecture aux angles nets s'est lancé, comme dans une embuscade, vers cette pénombre striée de soleils aquatiques.

Mais c'est l'audition de *Pelléas et Mélisande,* en janvier 1904, qui a subjugué — joug délicieux, libérateur — notre Bordelais en quête de délires définissables et d'exaltation bénéfique. Ce qui fait le prix de ce don total à Debussy — fût-il nuancé plus tard, à l'instar de ceux, de plus en plus critiques, qui l'enchaînent à Claudel et à Gide, voire à Proust —, c'est la distance qui, de prime abord, séparait le Girondin avide de lumière explicite et l'univers debussyste fait d'ombres et d'irisations baignant dans l'indicible. Entre l'amoureux de Descartes, de Racine et d'Ingres et ces tapisseries flamandes flottant dans les vapeurs marines se font des noces créatrices.

Si, plutôt que les échos de cette liaison qui émaillent ses échanges avec Fournier, on croit devoir citer largement ici la lettre du 21 janvier 1904 à « Toutou et Milie », c'est parce que s'y expriment en liberté le « génie d'admiration » de Rivière, un type d'enthousiasme très représentatif, et quelques-unes des raisons spécifiques qui l'ont attaché à Debussy :

> ... Voulez-vous savoir ce que j'ai fait ce dimanche de une heure et demie à cinq heures un quart. Oh ! Pelléas ! Oh ! Mélisande ! – Eh ! bien vous ne devinez pas ? J'ai été entendre *Pelléas et Mélisande* à l'Opéra-Comique. Vous ne savez pas ce que c'est, je parie ? Eh ! bien c'est un chef-d'œuvre. Jeudi, je vois sur le journal : « Dimanche, matinée extraordinaire : l'œuvre charmante et poétique de M. Debussy sera chantée par ses interprètes ordinaires. C'est une des dernières représentations » – J'avais mon billet pour *Le Dédale*. Je le vends à un camarade et, comme un autre type allait à Paris, le vendredi matin il me loue un parterre. C'était le dernier.
>
> Alors j'ai assisté à cette œuvre charmante, fluide, légère, poétique, passionnée, triste, ondoyante et infiniment désolée. C'est un drame d'un écrivain contemporain de beaucoup de talent, Maeterlinck, un drame très beau et très poétique, qui se passe en Norvège. Ajoutez à cela des décors comme on n'en voit qu'à l'Opéra-Comique, des châteaux, des bois, des fontaines, la mer, un lac, un souterrain, une tour, cent fois plus beau que *Lakmé*.
>
> Enfin une musique sans mélodie, faite de petites phrases d'orchestre, qui montent, disparaissent, se croisent, s'effacent, et se tiennent toutes ensemble sans qu'on sache comment. Il n'y a pas un air dans le chant. Les acteurs parlent (et le livre est en prose) [11]...

* Voir chapitre II.

La ferveur debussyste de Rivière ne se démentira pas. En 1906, quand il se voit contraint de reprendre la vie à Bordeaux, rien ne lui est plus pénible, écrit-il à Henri, de n'y pouvoir rencontrer un debussyste : il est vrai qu'il n'a pas encore franchi le seuil de la maison Frizeau. Mais passer des journées entières, des semaines, sans échanger, à propos de *Pelléas*, soupirs et extases, voire des pleurs ? Il confiera deux ans plus tard à son beau-frère que, se chantant (se murmurant ?) des scènes de *Pelléas*, son camarade Guinle et lui-même ne pouvaient retenir leurs larmes [12]...

Dans la correspondance, Mélisande et Pelléas reviennent avec une familiarité délicieuse, comme des amis rêvés-connus, des références vécues. Quand, pendant son séjour de l'été 1905 à Londres, Henri veut se souvenir mieux de son ami et de son pays à la fois, il écrit : « *Pelléas* symbolise pour moi en ce moment tout ce qu'il y a au monde de lointain, de français et d'ami [...]. A toi, un peu symbolisé par Pelléas [13]... » Et dix mois plus tard, à la fin d'une lettre du même Fournier, comme point d'orgue : « Pelléas... Pelléas... J'ai sous la main un vieux buvard à toi où c'est écrit 50 fois avec le nom des acteurs [14]... »

Mais la correspondance entre les deux « khagneux » rend mal compte de cette passion, si intensément partagée — bien que leur première audition de l'œuvre fût, on l'a vu, distincte — et si quotidiennement, qu'elle ne trouve guère l'occasion de s'exprimer par écrit. Les noms de Barrès, de Jammes ou de Laforgue reviennent plus souvent que celui de Debussy parce que l'accord sur celui-ci s'est fait, une fois pour toutes, pleinier au point que les retours sur le sujet sont des célébrations verbales, rituelles, comme certaines litanies ou formules religieuses entre dévots d'un même culte.

Plus savoureuses sont les mentions faites à *Pelléas,* soit dans les lettres aux tantes — qui, pour dociles qu'elles puissent être aux injonctions et impressions de Jacques, ne laissent pas de s'effaroucher de tant de dévotion mécréante —, soit en tant que références existentielles.

Exemples d'épîtres aux « vieilles » de Cenon :

> 6 avril 1905 : [...] *Savez-vous que j'ai révolutionné Paris*, moi, Jacques Rivière ? Il y a une quinzaine de jours, j'ai eu l'idée d'écrire à Carré, le directeur de l'Opéra-Comique, pour lui demander de reprendre *Pelléas*. J'ai fait signer quelques-uns de mes camarades. Et voilà qu'on joue *Pelléas*, qu'on reprend *Pelléas* ! Évidemment je ne me fais aucune illusion. Ce n'est pas nous qui avons accompli ce grand miracle. Mais peut-être avons-nous donné l'idée de cette reprise — ou tout au moins encouragé Carré dans ses intentions. Enfin on joue *Pelléas* ! Malheureusement, on ne le donne pas dimanche et alors il faut attendre jusqu'après Pâques. Cependant si on le joue le samedi soir de mon départ, j'irai entendre les deux premiers actes et je prendrai le train de dix heures trente-trois...
> 18 mai 1905 : *Pelléas...* Vous ne pouvez pas vous imaginer quelle volupté c'était de l'entendre pour la quatrième fois.

> Je n'en imagine pas de plus grande, sauf de l'entendre pour la cinquième fois. J'avais pris du café au déjeuner et j'avais l'esprit lucide et attentif : ce qui fait que j'ai pu suivre jusqu'au bout sans trop me fatiguer et en laissant échapper le moins de choses possible. J'étais au paradis. Je pleurais, je tremblais, je ne vivais plus.
> On a fait des ovations immenses à la fin de chaque acte. Et après le dernier nous avons fait relever six fois le rideau. Et c'était des cris, des piétinements d'enthousiasme indescriptible. Garden était toute ravie. On l'a acclamée pendant cinq minutes sans s'arrêter. Ce qui fait qu'on reprendra sûrement *Pelléas* l'an prochain. Dieu est bon !

Cette entrée en religion debussyste, qui fait penser à la wagnérienne de Baudelaire, est constamment revitalisée, dans le ton qui est le sien, par un Fournier dont la proximité au miracle diffus et allusif qui ruisselle de l'auteur de *Pelléas* est évidente. (On imagine le prolongement délicieux que Debussy eût pu donner à *Meaulnes*, à la fête, au mystérieux domaine proche des Sablonnières — combien plus riches en thèmes harmoniques que la solennelle fable symboliste de Maeterlinck !)

L'adolescent de La Chapelle-d'Angillon est si spontanément en phase avec le drame musical de Claude Debussy qu'à l'heure où il croit jouer sa vie, un certain matin de juin 1905, sur les bords de la Seine, il trouvera tout naturel de le mêler à l'aventure. A la demoiselle qui porte en ses cheveux tous les étés du monde, il a demandé son nom. Elle le lui donne. Alors il ne peut se retenir de lancer, au risque de la blesser :

> — Le nom que je vous donnais était plus beau...
> — Comment ? Quel nom ?
> Je n'ai pas répondu. Elle n'a pas compris. C'est Mélisande que je voulais dire [15].

Voilà un homme, on le sait, qui ne se soucie pas de séparer l'art d'avec la vie. Il est difficile d'aller plus loin sur cette voie ; lui qui se confond si spontanément avec Meaulnes attend bien sûr de la femme qui surgit dans sa vie qu'elle se pare du nom de l'héroïne absolue.

Jacques n'en fera pas de même avec Isabelle. Mais sa passion debussyste ira jusqu'à prendre la forme, inattendue chez lui, de la goujaterie. Il raconte qu'à la sortie d'une représentation de *Pelléas*, voyant sortir du théâtre la chanteuse Georgette Leblanc, la femme de Maeterlinck, « plâtrée, fardée [avec] la laideur pitoyable de l'actrice vieillie », il a murmuré en passant près d'elle : « C'est pas encore toi qui chantes Mélisande * [16]. » Oh !

La dévotion de l'écrivain Jacques Rivière ne devait évidemment pas se cantonner à quelques correspondances, insolences, chahuts et pétitions.

* Ce que Georgette Leblanc avait toujours rêvé de faire.

Elle s'exprima en divers articles et essais, dont le premier, on l'a vu, remonte à avril 1906.

Dès ses textes d'apprentissage, on le voit soucieux — au sujet de l'excellent essai de Louis Laloy * sur l'auteur de l'*Après-midi d'un faune*, comme à propos de la *Rhapsodie espagnole* de Ravel — de dégager Debussy des deux catégories dans lesquelles on voulait l'enfermer : le symbolisme et l'impressionnisme. Dans un article de 1911, on aura pourtant la surprise de lui voir poser la question de savoir si *Pelléas* n'est pas « le chef-d'œuvre du symbolisme ». Mais qu'importent ces classements ? Personne n'a mis plus de sagacité que Rivière à décrire le phénomène qui enchaîna les « pelléastres » à leur dieu, et à définir la « situation » de Claude Debussy :

> On ne sait pas assez ce que fut *Pelléas* pour la jeunesse qui l'accueillit à sa naissance, pour ceux qui avaient de seize à vingt ans quand il parut. Un monde merveilleux, un très cher paradis où nous nous échappions de nos difficultés. Toute la semaine, au lycée, nous l'attendions, nous parlions de lui. Avec quel amour et quel respect ! Il était la consolation de nos emprisonnements...

Et d'évoquer ces dimanches heureux où, en matinée, les évadés de Bourg-la-Reine retrouvaient le

> pays sonore où s'enfoncer, les trois dimensions mystérieuses de ce royaume ravissant. [...] *Pelléas* était pour nous une certaine forêt et une certaine région et une terrasse au bord d'une certaine mer. Nous nous y évadions, connaissant la porte secrète, et le monde ne nous était plus rien. Comprendra-t-on longtemps encore le pouvoir de *charme* que l'œuvre recèle ? Je ne voudrais pas être de ceux qui bientôt l'entendront avec seulement de l'admiration [17].

« Seulement de l'admiration » ? Rivière sait reconnaître et revendiquer ici les excès mêmes de sa passion : « Un fanatisme est toujours une chose trop grave pour qu'en puissent rendre compte les petites explications », devait-il écrire — non sans suggérer quelques « explications » que l'on se gardera de juger « petites » : « Claude Debussy est peut-être le seul de tous les musiciens qui ait eu le privilège de vivre à l'époque qu'il méritait. Il était attendu par elle, il est venu répondre à toutes ses questions [18]... »

Et ailleurs :

> ... la musique jusqu'à Debussy était linéaire ; elle se déroulait ; elle avait besoin de temps pour s'exprimer ; il fallait demander aux mesures suivantes le sens de celles que l'on écoutait. – Dans *Pelléas*, la musique est tout entière en chaque moment ; elle s'est subtilement tassée, toutes ses parties se sont rapprochées, sont venues doucement contre les

* Fort admiré par Gide.

> autres. Ainsi d'abord s'explique l'extraordinaire plaisance de l'harmonie[19]...

Tant de ferveur, et si pénétrante, ne retiendra pas Jacques Rivière d'émettre des réserves sur les œuvres du deuxième âge de Claude Debussy, celles qui viennent après *La Mer*. Il trouvera quelque mignardise à *Children's Corner*, et une touche de « sécheresse » dans la rigueur d'*Iberia*. Les délices de naguère seraient-elles par trop retenues, l'enchantement pourrait-il se contenter de l'« indication »? Voici le rigoureux, l'exact, le puritain Rivière en manque de volupté, voici le « fanatique » à court d'une certaine générosité sensuelle.

N'importe. Au cœur de son paysage esthétique Debussy palpitera longtemps sans autre rival que Cézanne et Proust. Ce que Rivière saluera, en fin de compte, chez l'auteur de *Pelléas*, c'est une plénitude qui est, selon lui, le propre du classicisme. Une esthétique qui ne refuse rien, ni pulsions, ni séductions, ni le poignant, ni l'excès, ni l'ombre — dès lors qu'est projetée sur ces mouvements, ces conflits, ces « aventures », la souveraine lumière de l'intelligence du vrai.

*

Passionnément attentif à l'art de son temps, Jacques Rivière n'a cru devoir rejeter, dans la grande ombre de Claude Debussy, ni Ravel, ni Fauré, ni Dukas, ni Florent Schmitt, et moins encore César Franck, auquel il resta fidèle quand la renommée cruelle en eut fait un bigot emphatique et poilu. Si son debussysme « fanatique » le pousse à enfermer Ravel dans l'impressionnisme d'où s'est évadé, selon lui, l'auteur de *La Mer*, s'il ressent chez Dukas une excessive « brusquerie », des « tressaillements trop abrupts », s'il arrive que le charme de Fauré l'ennuie, s'il juge la musique du Richard Strauss du début du siècle « vulgaire et prétentieuse » et celle du Manuel de Falla du *Tricorne* « trop servilement inspirée du folklore espagnol », on le retrouve en extase devant les grands Russes : Borodine, Rimski-Korsakov, surtout Moussorgski — et plus tard le Stravinski du *Sacre du printemps*.

Les saisons de ballets russes de 1906 à 1913 porteront à l'incandescence cette passion, qui culmina, pour des raisons multiples que l'on dira, avec « la nuit du *Sacre* ». Bouleversé par Nijinski, admirateur enthousiaste de Fokine et de Bakst, charmé par Karsavina, Jacques Rivière s'abandonne à ces enchantements avec une fougue adolescente — c'est-à-dire, comme toujours chez lui, alliant la spontanéité amoureuse à l'exigence de l'analyste. Mais c'est auparavant que s'est produit chez lui l'illumination : elle fut provoquée par *Boris Godounov*.

Le 27 mai 1908, tout tremblant d'émotion au sortir d'une représentation de *Boris*, il se jette sur son papier et écrit en hâte à Fournier qu'il a retrouvé dans Moussorgski « le germe évident de *Pelléas* », la même origine de chant grégorien, la « spontanéité inimaginable de la mélodie [...] presque toujours si pure qu'elle a le parfum de la neige[20]... ».

Dans un essai publié trois ans plus tard, Rivière mettra l'accent sur ce qui est l'essentiel, pour lui, dans le génie russe de Moussorgski et qu'il retrouvera, encore sublimé, chez Dostoïevski : la pitié. Aussi l'humilité « respirante, vivante, avec une chère figure timide et hardie [...] prompte comme ces mots sans calcul qu'arrache le besoin [...]. Si soudaine elle naît qu'elle semble surprise [...]. Elle est ingénue comme la misère[21]... »

En Moussorgski, comme en Dostoïevski, Rivière-le-classique, le très-français, s'élance vers des espaces où il croit respirer l'air d'un christianisme de la pitié, le seul qui ne lui paraisse pas abusif et dominateur. Au génie païen de Claude Debussy, il voit les grands Russes — en tout cas l'auteur de *Boris* — ajouter une spiritualité collective où il ne saurait soupçonner rien de mutilant. Et bien qu'il n'ait jamais fait grief à l'auteur du *Faune* de ne pas s'élancer vers certain horizon, il ne peut s'empêcher de voir ici « quelque chose de plus que dans Debussy ».

C'est une autre fièvre que lui donnera Stravinski, et c'est sur un autre ton qu'il parlera de lui après les représentations du *Sacre* dont Nijinski était encore le chorégraphe inspiré. A Rivière la parole. Il la prend sans détour :

> La grande nouveauté du *Sacre du printemps*, c'est le renoncement à la « sauce ». Voici une œuvre absolument pure. Aigre et dure, si vous voulez; mais dont aucun jus ne ternit l'éclat, dont aucune cuisine n'arrange ni ne salit les contours. Ce n'est pas une « œuvre d'art », avec tous les petits tripotages habituels [...]. L'œuvre est entière et brute, les morceaux en restent tout crus [...]. Tout ici est franc, intact, limpide et grossier. *Le Sacre du printemps* est le premier chef-d'œuvre que nous puissions opposer à ceux de l'impressionnisme[22].

*

Pas étonnant, dira-t-on, que Jacques Rivière ait manifesté tant de passion pour la musique. N'était-il pas né dans un milieu tout résonnant de notes, élevé par des tantes professeurs de piano et un oncle féru d'opéra dans une ville où, tout conservateur qu'en fût le goût, la musique occupait une place dominante de l'espace culturel ?

La peinture, les arts plastiques n'en allaient pas moins le fasciner. L'atavisme, là encore, n'était pas sans effet : la mère était une excellente paysagiste, son oncle Jean un dessinateur adroit. Et les relations humaines allaient jouer très vite pour lui un rôle dynamisant : rencontré dès la fin de 1906, André Lhote sera non seulement un ami très proche, mais un interlocuteur harcelant, un aiguillon inlassable. Les rencontres de Maurice Denis, de Bourdelle, de Redon, de Georges Rouault surtout, seront autant d'occasions d'approfondir et de réactualiser un attachement spontané.

Il ne faut donc pas s'étonner que, dans ces testaments culturels que sont *Études* et *Nouvelles Études*, la peinture occupe une place comparable à celles réservées à la littérature et à la musique. Lhote, Matisse, Cézanne, Rouault, Ingres sont parmi ses premiers inspirateurs (et le mot ici vient tout heureusement sous la plume : quelles lignes plus belles traça-t-il jamais qu'à propos d'Ingres ou de Gauguin ?).

C'est à « son » Cézanne pourtant que l'on voudrait s'arrêter pour signaler l'importance de l'apport de Rivière en ce domaine, en mettant l'accent sur le lumineux essai d'*Études*, si suggestives que soient les innombrables références au peintre d'Aix qui émaillent les correspondances avec Fournier et Lhote où les tribulations du vécu et les dissonances nées du quotidien ajoutent leur touche de passion.

Debussy, Claudel et Proust mis à part, Jacques Rivière n'a jamais adressé à un créateur contemporain un salut aussi fervent qu'au maître de la Sainte-Victoire, sans ménager les tributs d'admiration dus à Gauguin, à Van Gogh, à des contemporains comme Rouault, Redon et Matisse, comme Braque et Derain — reconnus d'emblée.

Cézanne, donc, donné moins comme architecte de la peinture moderne, superbe ordonnateur de plans, comme précurseur du cubisme, mais plutôt comme modèle du respect des choses, de la figure, comme dévot de la réalité, du regard exact. Ainsi Rivière traitera-t-il Proust, maître du réel, et par là classique. C'est un point sur lequel l'auteur d'*Études* est en désaccord avec son ami Lhote, qui revendique en Cézanne un patron, à l'instar de Gauguin. Rivière met l'accent sur la sainte, la « brûlante » modestie de l'homme d'Aix, chez lequel « la vie se retrouve, l'organisation est présente sans avoir été cherchée [...] à force de minutieuse déférence pour chaque détail... ».

A Paul Cézanne, Jacques Rivière ne marchande pas sa vénération. Il la clame sans détour, mais non sans critiques :

> Il n'est peut-être pas de plus grand peintre que Cézanne *. J'ai la faiblesse de regretter parfois qu'il n'ait été que peintre, que dans son œuvre l'homme n'intervienne jamais que comme serviteur des choses, qu'il ne fasse sentir sa présence que par sa dévotion et son souci de s'effacer...

Mais sitôt introduite cette réserve, l'auteur d'*Études* suggère bravement que cette « abdication » tend à réparer « l'impertinence de tous ceux qui s'établissent en intrus et s'exposent au milieu de leurs tableaux[23] ».

* « Le plus grand qui ait paru depuis Ingres », corrigera-t-il quatre ans plus tard.

Éloge du classicisme, qui non seulement chasse l'intrus, mais respecte le donné, équilibre les lignes et, aux couleurs, interdit d'éblouir pour imposer la matité. Curieux que la référence à Poussin ne vienne pas alors sous la plume de Rivière, parti en si bon chemin.

Sa dévotion cézanienne ne fait pas Rivière aveugle aux maîtres moins emblématiques à ses yeux que lui propose l'époque, à commencer par Gauguin. Nous l'avons vu ébloui, chez Gabriel Frizeau, par l'un des chefs-d'œuvre du peintre de *Noa-Noa,* qui est devenu l'autre référence suprême d'André Lhote et auquel il consacre en 1910 l'un de ses plus beaux articles, emporté par un mouvement d'enthousiasme contagieux : « Je le vois tel qu'il s'est peint, sa grande figure ironique sous le bonnet dont il s'est coiffé, celle d'un aventurier qui serait magicien... »

Dans l'esprit et les propos de l'auteur d'*Études,* Vincent Van Gogh est souvent associé, en une sorte de trilogie solaire, à Cézanne et à Gauguin. Mais on trouve Rivière plus réservé sur le compte des maîtres de l'impressionnisme proprement dit, qu'il réduit volontiers à une sorte de sensualisme un peu court. Dès l'abord Manet, le grand Manet, lui a paru plus ou moins suspect. Il admire bien sûr Monet, Sisley, Pissarro — mais comme à distance. Et que le père de Gaston Gallimard fût l'ami et collectionneur du peintre, ne l'incline pas à situer Renoir au premier rang. Quant à Degas, on ne le trouve mentionné par lui qu'au titre de sculpteur.

Son admiration pour Odilon Redon, on ne saurait y voir un trait de chauvinisme girondin. Dans le vieux maître des fleurs mélodieuses, il aime ce qui survit du symbolisme et mieux encore ce qui le transcende, le respect pour la simple beauté des pétales, les dons merveilleux du coloriste. Quant au personnage, il l'a rencontré chez Frizeau. (« Vous avez une chance extraordinaire, lui a glissé le maître de maison, car il est comme un vieux chat paresseux qui n'aime pas les nouvelles connaissances. »)

« Il a été tout à fait exquis », écrit-il à Henri, si « exquis » que Jacques juge son accent bordelais « pas déplaisant » — lui qui déteste ces sonorités. Le jeune homme l'a trouvé « très fin », comprenant bien les « jeunes », notamment Matisse — et concluant drôlement son propos : « A Paris, dans les expositions, c'est généralement la salle où l'on rit le plus qui est la meilleure[24]... »

Les « nabis », Rivière les tient en très inégale estime. Il a d'abord placé très haut Maurice Denis, l'une de ses premières « découvertes », qu'il sait ami de Gide et de Claudel, et très influent dans les milieux littéraires, à la revue *Occident* notamment. Mais dès 1908, il tourne en ridicule ses « vastes machines de la décadence italienne en carton-pâte » et le traite, dans une lettre aux tantes, de « brute sans talent * ». Bonnard ? Bon coloriste. Vuillard ? Il lui arrivera de le traiter de « faiseur ». En Roussel il aime le paysagiste.

Des contemporains, de ceux dont l'art s'épanouit en convergence exacte avec sa propre maturation, il suit et commente l'évolution avec une attention aussi passionnée que celle d'André Lhote — dont il reconnaît avec joie la maîtrise un peu rêche. De Matisse, qui « vient trop tôt après Cézanne », il loue l'intelligence « peut-être excessive » et les dons prodigieux de coloriste ; de Braque et de Derain, il salue l'audace et la rigueur — et ne connaît de Picasso que des décors de ballet, admirés. Van Dongen et Othon Friesz retiennent son attention. Mais c'est à Georges Rouault surtout qu'il accorde son admiration, collaborant en 1910 au catalogue de sa première grande exposition — bouleversé par cet « homme extraordinaire et férocement chrétien ».

L'enthousiasme qu'il témoigne à ses maîtres les plus chers n'induit pas Rivière en indulgence pour l'ensemble de la corporation — pas même son amitié fraternelle pour André Lhote. Quand il cesse d'admirer, notre Girondin, c'est le fouet qu'il prend en main — avec excès parfois. Ainsi à l'occasion de la présentation de diverses œuvres dites « cubistes » au Salon des indépendants de 1912. Le secrétaire de la *NRF* s'y rend, regarde et écrit :

> Il n'est rien dont on soit plus cruellement puni que d'avoir supposé de l'intelligence à un peintre **. Sitôt qu'on croit avoir fortifié sa position en expliquant le sens de sa recherche, il vous inflige un éclatant démenti et fait savoir à tout le monde que vous n'avez rien compris à son affaire. J'avais essayé de découvrir une intention à la tentative des cubistes : ils proclament dans ce Salon *** que ce n'est pas ça du tout, et qu'on n'arrivera pas à démontrer qu'ils fassent autre chose que des absurdités [...] il est sot de rire d'abord. Mais je leur ai fait assez confiance pour avoir gagné le droit de rire maintenant. Ce sont de pauvres gens[25].

Vexé, Jacques Rivière. Il est vexé. Il a déclenché, en un domaine où il croit avoir acquis quelque compétence, la magnifique machine de son intelligence critique, et le sujet auquel il l'a appliqué lui dit qu'il s'est trompé. Vrai ? Faux ? Peut-être devrait-il reconnaître que si fort qu'on l'aime, et si bien, la peinture ne s'« explique » pas...

Ce n'est pas qu'il soit fermé aux recherches esthétiques, Rivière : il l'a prouvé, il le démontrera encore, s'agissant de Dada, ou d'Antonin

* Il se heurtera plus tard à lui pour des raisons politiques (voir troisième partie, chapitre XVIII).

** André Lhote, comme La Fresnaye, se trouvera, dans le cours de l'article, acquitté par le bouillant promeneur.

*** C'est Fernand Léger surtout qui est visé.

Artaud, ou de la psychanalyse. Mais il ne peut supporter que l'absurde, ou l'inconscient, ou la révolte, ou le défi, échappe aux mécanismes de son intellect. Pauvres gens ? Qui donc s'est toujours gardé de confondre le non-conformisme avec l'usage de la liberté, la passion du neuf avec l'outrecuidance ?

*

« Un livre, ce n'est que du papier ! », a lancé l'auteur de *Meaulnes* à son ami possédé par quelque nouvelle passion de lecture. Autant lui dire à lui, Alain-Fournier, que la demoiselle du Cours-la-Reine ne fut jamais qu'un songe. Avec les livres, Jacques Rivière a vécu des passions plus totales, plus dévorantes que M. de Rancé, avant le cloître, avec les dames. Passions si fortes qu'elles n'allèrent pas chez lui non plus sans ruses, ou stratagèmes dignes des grands prédateurs amoureux.

Témoin cette lettre du 13 janvier 1906 : « Je regarde s'exaspérer en moi le désir de lire Claudel[26]. » Étonnante confidence, qu'on dirait d'un stratège (ou tacticien) de la volupté charnelle, habile à suspendre l'assaut, d'où le plaisir. Le voilà dans l'imminence – et prêt à l'irradiation. C'est alors que Fournier prend le relais, s'émerveillant d'une lecture partielle de *Tête d'or*. Jacques ne peut plus se tenir. Il donne la réplique, d'abord sur le ton de l'admiration simple, pourrait-on dire, au premier degré. Il se dit « soulevé », avec le même « gonflement de cœur » qu'à l'audition de la mort d'Isolde en concert. Mais l'explosion reste contenue. Et la voilà enfin, un jour (non précisé) de la fin de février 1906.

Huit mois plus tôt, raconte-t-il, il a lu dans *Le Mercure* un nom qu'il n'avait jamais entendu, celui de « cet extraordinaire Paul Claudel ». A partir de là, il est frappé, dans les catalogues du *Mercure*, par les références au poète (*L'Arbre*, *Connaissance de l'Est*) qui l'« irritent étrangement ».

En octobre, il aperçoit *L'Arbre* chez son libraire *. Dès les premières pages, il ressent « une impression [...] de vastitude incomparable ». Et le voici persuadé que « c'est plus grand que Dante », que « jamais peut-être on n'a jeté un coup d'œil plus essentiel sur les choses de la vie ». Le voici enfin, *L'Arbre* lu et relu, « exténué d'émotion[27] ».

Il est peu de dire que Jacques Rivière (ici en accord total avec Fournier) a été frappé par la foudre. Il ne se lasse pas de s'écrier, de s'exclamer, de se prosterner. « Coup de génie ! Claudel ne peut pas avoir de talent. Il n'a que du génie ou rien. Il ne peut être qu'un fou, ou Shakespeare ; je crois qu'il est Shakespeare[28]... »

Et un mois plus tard, on touche au délire. « Claudel est le plus grand esprit qui ait jamais été... », écrit Rivière, parce qu'il a exprimé, plus

* Voir plus haut, chapitre II.

fortement que quiconque, l'idée d'« adhésion à la force universelle », l'idée de la Vie, l'idée de *L'Arbre*, la grande acceptation de la totalité de l'Être. Et de commenter : « Cela détruit tout ce qu'on appelle vertu [...]. Ce ne sont pas des mains pures qu'on nous demandera de montrer à la fin du jour, mais des mains souillées de toutes les iniquités qu'exigeait notre intérieur destin [...]. Oh Dieu qui n'êtes que la satisfaction du soir devant l'œuvre accomplie [...]. C'est pourquoi vous m'accueillerez en votre saint néant[29]... »

Ce que Claudel aurait pensé de ces derniers mots, et même de l'ensemble du développement, on n'ose le suggérer. Mais la capture est opérée, qui du même coup fait s'éloigner Barrès. Et se manifeste une furieuse envie d'espaces lointains, de connaissance de l'Est. Jacques confie à Henri qu'il se propose de « faire un geste libre » en partant pour le Japon, où il saurait « élargir [sa] vision », « prendre de ces attitudes hardies dont nous avons tant besoin. Ce doit être merveilleux de se risquer tout entier ». Et le voici qui se prend pour un personnage claudélien : je rêve, écrit-il, d'« appréhender la vie [...] dans l'extension de mes bras[30]... ».

Et la fièvre, ou la bourrasque venue de Chine ne cesse, tout au long de ces mois de printemps et d'été 1906*, de le bousculer, de l'incendier. Il en « étouffe », de cet « effroyable génie » qui, dit-il, « fait son œuvre en moi et m'a tout entier révélé à moi-même [...] pénétré par le génie [...]. Toute chose va vers sa lumière et le mal en moi accomplit sa fonction [...]. C'est ici la plus haute pensée où l'homme se soit haussé[31] ».

Croit-il entendre que son ami Henri a « perdu un peu de sa foi en Claudel », le voilà stupéfait, amputé. Et cruel, d'un coup, comme le poète de *Tête d'or* : « Vas-tu t'éterniser avec ton petit Laforgue ? Je te blesse ; mais Claudel est si grand, si grand ! » Et c'est en son nom un appel tumultueux que Jacques Rivière lance à Henri Fournier : « Je me concentrais ; mais c'était pour décupler ma puissance. Je veux maintenant me prolonger, étendre les bras, étendre les bras [...] dirigeant ma force [...] et sans me disperser au hasard. »

Le jeune homme de Bordeaux chercha-t-il d'abord chez Claudel des leçons de christianisme, ou de nietzschéisme ? On peut recevoir *Tête d'or* de bien des façons. Claudel hurle plus férocement qu'il n'éclaire. Rivière est, comme Paul de Tarse, atterré. Mais dans quel état se relèvera-t-il ? Tout au long des mois qui viennent, la dépendance s'aggrave. « Je sens Claudel grandir en moi », ce Claudel qui enseigne à « adorer la vie », avec « les blessures qu'elle nous fait ». Et désormais, en ce Panthéon fourmillant qui s'édifie et se renouvelle en lui, la jeune fille Violaine a rejoint Mélisande.

Mais que signifie cette emprise, où le conduit-elle ? Il connaît que cette

* Il est alors militaire dans le Sud-Ouest.

poigne dans laquelle il se débat, que ce croc planté en lui, ce n'est pas seulement l'appel d'un certain désir, d'une certaine beauté, d'une aventure — qu'il y a chez Claudel une sommation spécifique. Que s'il est Dante, ou Shakespeare, ce n'est pas seulement du fait d'un projet et d'un achèvement esthétique, mais avec une finalité très précise, celle du confesseur, du convertisseur — du recruteur.

Dans cette surprenante liaison, le plus surprenant peut-être est que Rivière ait si longtemps ignoré — à l'en croire — que Claudel était vraiment catholique... Se joue-t-il de nous ? De lui-même ? Le 14 novembre 1906, après dix mois de fréquentation, de commerce claudélien intense et intime, il écrit encore à Henri : « Il me gêne malgré tout qu'Il * soit catholique. Je le craignais beaucoup, mais je n'en étais pas sûr[32]... »

Il lui faudra attendre six semaines encore pour qu'un entretien chez Gabriel Frizeau, claudélien d'autant plus irréfutable qu'il a été converti au catholicisme par les soins du poète, lui dessille les yeux. Claudel est avant tout un chrétien, précise son hôte, insistant : « C'est un missionnaire [...] toute son œuvre est une tentative de conversion... » De la façon dont il m'a parlé de Claudel, confie Jacques à Henri, « il a presque totalement modifié ma conception ». D'autant que Frizeau le presse de lire *Le Partage de midi*, « avec religion » (ce qui ne va pas de soi !).

Voici en tout cas Jacques Rivière averti. L'« effrayant génie » n'est pas seulement pétri de christianisme, il est une machine de guerre catholique, une bombarde, une énergie chrétienne. L'affronter, c'est se confronter au christianisme, et sous sa forme dogmatique, sinon scolastique. Pas moyen de tourner cela, pas moyen de faire comme si...

D'autres pourront tenter de ne voir en Claudel qu'un aérolithe baroque chu de quelque ciel médiéval, plus primitif que catholique. Rivière l'affrontera en connaissance de cause, prévenu, armé, prêt au sacrifice d'un combat où il va aventurer beaucoup de lui-même — avec, en main, une lettre d'accréditation singulière, le grand article « Paul Claudel, poète chrétien » publié par la revue *L'Occident* en octobre 1907. Mais déjà le corps à corps aura commencé...

...précédé de l'amorce d'une autre aventure intellectuelle. Si totalitaire que semble être cette « prise de pouvoir » par Claudel, elle ne l'est pas tant qu'elle ne puisse laisser le champ libre, chez le très désirant, très perméable, très multiple Rivière, à un investissement plus subtil.

Dès avant que le jeune homme de Bordeaux ait laissé « s'exaspérer en lui » le désir de lire Claudel, le nom de Gide avait surgi dans sa correspondance avec Fournier, le 4 août 1905 : « J'ai lu hier un peu du *Prométhée mal enchaîné* d'André Gide. Je confesse n'y avoir rien compris[33]... » (écrit à la fin d'une lettre d'où ne suinte pas la bêtise...).

L'intelligence vient aux garçons par des voies fort diverses : les dames,

* C'est lui qui met cette extraordinaire majuscule !

l'amitié, l'aventure, les livres... Cheminant sur cette piste-ci, celle de Jacques Rivière allait s'affiner assez vite pour qu'encore « empli de Barrès », et avant d'avoir, chez Gabriel Frizeau, entendu les préceptes « pour le bon usage de Gide », il rende ainsi compte à son ami de *La Tentative amoureuse* « pur chef-d'œuvre [...] d'une délicatesse indéfinissable, aperçus immenses sur les paysages de l'âme, ironie subtile, subtile... » (c'est dans le paragraphe suivant qu'apparaît pour la première fois sous sa plume le nom de Claudel, dont Jacques a « feuilleté » *L'Arbre*...).

Si fort que cet *Arbre* ait poussé en lui ses racines, Gide va croître à ses côtés, nullement étouffé, agile et vigoureux. Moins d'un an après avoir méconnu le *Prométhée*, c'est avec enthousiasme qu'il accueille *Les Nourritures terrestres*. A Fournier, le 7 août 1906 : « sensualité dévorante, palpitante. Tu l'adorerais. Je me disais : c'est ce que Fournier me conseillerait : m'attacher à tous mes désirs et les rassasier avec n'importe quoi de la nature [...] la baiser toute et sans relâche, goûter de chaque chose le goût, aimer[34]... ».

Voilà un claudélien bien amoureux de Gide...

Fournier n'avait pas résisté à l'appel de l'impétueux Rivière en faveur de Claudel. S'agissant de Gide, il va manifester sa prudence de fils de paysans attentifs aux caprices des saisons. « J'aime Gide [...] mais à une première lecture m'ont choqué certaine rhétorique et ce sensualisme si différent du mien [...]. Je retrouve avec ma répugnance ancienne ce besoin barrésien de s'apprêter devant la vie, de cultiver ses désirs, de préparer ses amours... » Ayant décoché ces flèches cruelles, Henri ne peut se retenir de conclure : « J'aime que Gide ait dit “ jette ce livre ”. »

Jacques Rivière est trop lucide dans ses extases pour ne pas reconnaître que son ami a visé juste, et démasqué ce qu'il y a d'artifice dans l'effusion des *Nourritures*. De longues semaines, il garde le silence à leur propos, se contentant d'allusions quasi amoureuses. Mais il n'y tient plus : au retour de grandes manœuvres épuisantes, et alors que le prophète Claudel semble le tenir courbé déjà sous son genou de prêcheur de croisade, voici l'hymne à l'homme des *Nourritures* que peut lire Fournier le 20 septembre 1906 :

> J'ai dit ou j'ai pensé que je ne voyais pas comment après Claudel je pourrais m'éprendre d'une vision plus haute et plus vaste. En effet il semble qu'arrivé à un sommet insupérable *, je doive pour alimenter mon adoration chercher un peu au-dessous. Je ne m'abaisse pas. Je reviens seulement sur des points que j'avais insuffisamment explorés. Nietzsche, la force – Gide, la sensualité.
> La sensualité, la volupté. Ce que je trouve d'admirable en Gide, c'est qu'il en est tellement éperdu, qu'il ne sait plus à chaque instant

* Hum...

> comment la dire. Ce qui t'a paru de la rhétorique a peut-être pour cause cette peur continuelle de ne pas assez bien exprimer sa passion. Il reprend, il épure sans cesse ses mots, il les apprête pour que leur excellence soit digne de son frisson. Sans doute, c'est du sensualisme, et il est différent du tien ; mais peut-être n'es-tu pas assez purement sensuel, assez capable de te pâmer pour de l'eau fraîche et de l'ombre, peut-être se mêle-t-il à tes plaisirs sensuels trop de souvenirs et d'évocations, peut-être ne sais-tu pas assez mordre la nature nue *.
> [...] Oui, il y a un apprêt, une attitude prise, mais cette attitude est de tout accueillir, d'étendre le plus possible les bras pour étreindre le plus possible. Et le geste de Ménalque n'est-il pas le même que celui de Violaine, se dépouillant de tout pour recueillir Dieu ? Seulement Dieu, pour Ménalque est innombrablement fragmenté. Pour Violaine, qui a su rassembler « les éléments dispersés de sa joie », il est une présence secrète unique et profonde, une possession immobile et intégrale.
> Mais nous, qui ne pouvons songer à communiquer si intimement avec Lui, quel plus beau moyen avons-nous de L'adorer, que de promener partout l'inquiétude de notre désir perpétuel. Amours éparpillés, conscience de Dieu.
> Voilà ce que j'avais à dire sur André Gide. Voilà pourquoi je l'aime[35].

Étant « sous Claudel », se ranger aux côtés de Gide ? Dût-on avoir trouvé en Nietzsche le trait d'union entre *Tête d'or* et Ménalque, voilà qui suppose de bien grandes réserves de ferveur. On sait qu'en Jacques elles sont inépuisables. Accueillant alors le jeune homme au képi qu'il a contribué à soumettre à Claudel, Gabriel Frizeau — qui lui-même balance entre le missionnaire et l'immoraliste, tout catholique qu'il soit récemment devenu — indique le point d'équilibre, plutôt le chemin de traverse où situer alors Rivière, qu'il décrit « enthousiaste de tout ce qui est beau », ne péchant que par « dispersion », par trop d'avidité de « chérir également les tendances diverses[36] ».

Voilà bien rappeler la hantise commune du monsieur de Cuverville et du jeune homme de Cenon — en quête d'une vie sans frontière, d'une plénitude sans rémission, entrave ni restriction, dût un tel projet contredire leur commun credo esthétique, déjà proclamé par l'auteur des *Nourritures* : « Le grand artiste est celui qu'exalte la gêne, à qui l'obstacle sert de tremplin. L'art naît de la contrainte, vit de lutte, meurt de liberté. » Rivière, devenu directeur de la *NRF*, en quête d'un nouveau classicisme, le reconnaîtra pour sien.

Cette riche contradiction entre le refus d'amputer son être de quelque composante que ce soit, et le souci de tailler son œuvre comme le jardinier fait de ses rosiers, entre l'extrême exubérance du vécu et l'extrême contrainte du créé sera l'un des thèmes obsédants du long, du fraternel dialogue entre le maître de *Prétexte* et l'auteur d'*Études*. Est-il utile de dire que l'on y reviendra ?

* Ce grief, fait par Jacques à Henri !

*

En un temps, dans un pays où le sentiment national était assez fort, et l'orgueil d'être français (blessé en 1870) assez envahissant pour qu'un groupe d'écrivains apparemment libres de préjugés et peu marqués par l'influence de Barrès se prépare à qualifier leur « nouvelle revue » de « française » *, ces deux adolescents revêtus tour à tour de l'uniforme ne sont pas obsédés par le nationalisme esthétique. Leur enthousiasme pour « tout ce qui est beau » ne connaît guère de frontière — en tout cas jusqu'en août 1914. On a vu Henri vanter les merveilles de Londres, exalter Turner ; il importe peu à Jacques que Maeterlinck soit belge, Ibsen norvégien ; et quand il cherche un dénominateur commun entre Claudel et Gide, c'est sans gêne que ce barrésien (d'alors) recourt à Nietzsche.

Ce n'est pourtant pas vers la littérature allemande que cet admirateur de Bach, de Beethoven et de Schumann part en quête de ce qu'il ne trouve pas en suffisance chez les écrivains — surtout les romanciers — français : la complexité psychologique (bien qu'il reconnaisse l'apport incomparable de Stendhal) et le libre mouvement de l'« aventure », le sens du récit où le merveilleux s'intègre tout naturellement au réel.

Les contributions décisives à la connaissance du cœur humain dans ses infinies contradictions, c'est, en attendant Proust (et Freud), chez Dostoïevski qu'il les trouve. Et cet art du libre récit chargé d'événements, ce sont les grands romanciers anglais qui les lui découvrent. Dickens ? Oui, bien que Fournier (anglophone) le goûte mieux que lui. Mais surtout Daniel De Foe, Fielding, Stevenson, Hardy, Kipling. Son anglophilie littéraire ira jusqu'à lui faire porter une très spéciale admiration à George Meredith, romancier dont bien peu de Français font autant de cas.

Mesurer ce que la ferveur de Jacques Rivière pour Dostoïevski doit à celle qu'il porte à Moussorgski et aux autres grands musiciens russes révélés par les saisons de ballets de 1907 ou 1908 est difficile. On a signalé déjà que, pour Rivière, la grandeur de l'auteur de *Boris Godounov* tient pour beaucoup à la pitié qui ruisselle de son œuvre. Comment séparer ici le romancier du musicien ? Mais de même qu'il avait su admirablement pointer ce que Debussy doit à Moussorgski, il mettra plus encore en lumière l'avance prise sur les écrivains occidentaux par l'auteur des *Karamazov* dans l'étude de l'âme en ses profondeurs — sans situer Proust dans le sillage du précurseur russe aussi nettement qu'il a marqué ce que *Pelléas* doit à *Boris*.

La « conquête » de Dostoïevski par les adolescents en quête de trésors

* Sur ce point, voir plus loin, chapitre VIII.

fut plus lente, et circonspecte, que celle de Claudel ou de Gide. C'est en août 1907, par la lecture des *Souvenirs de la maison des morts*, qu'elle s'amorce. Jacques juge le récit « poignant », traversé de « types admirables », et confie à son ami : « C'est beau. Il faut maintenant que je lise un roman de lui [37]. »

C'est à travers Gide, et plus précisément son grand article de 1908 sur Dostoïevski [38], que Rivière pénètre au royaume des *Possédés*. Curieusement, c'est moins cette fois aux côtés de Fournier — alors possédé lui-même par son propre roman et à tel point que le commerce avec une œuvre aussi foudroyante serait trop lourde de risques * et qui se dit trop démoralisé par *L'Adolescent* pour en achever la lecture — qu'en relation avec André Lhote. Le nom du grand romancier russe revient plus souvent dans ses échanges avec le peintre que dans ses lettres à son beau-frère.

Le premier vrai salut du peintre bordelais au romancier russe, c'est *L'Éternel Mari* qui le provoque. « Que c'est beau, écrit Lhote. C'est beaucoup plus beau et complexe que je ne me l'imaginais [...]. Je ne peux pas me débarrasser de l'obsession. Il n'y a qu'un seul moyen : en lire un autre [39]... »

A quoi Rivière riposte : « Vous ne vous doutez pas encore, même de loin, de ce que c'est. *L'Éternel Mari* ne prend l'immensité de sa valeur que par le reste [40]... » Un mois plus tard, évoquant un projet de série d'articles pour un journal, il confie à Lhote qu'il pense à une série de portraits de grandes figures — Beethoven, Nietzsche, Delacroix, Dostoïevski **... Et le 30 mars 1910, il salue cette fois-ci dans une lettre à Henri la « pitié terrible » de *L'Adolescent.*

A partir de 1912, c'est par le truchement de Jacques Copeau que Rivière approfondira son intimité avec Dostoïevski : son nouvel ami travaille depuis des années à une adaptation théâtrale des *Frères Karamazov*, et plus l'auteur d'*Études* se mêle à ce travail, à ces recherches, à ces répétitions, et plus profonde est son admiration pour l'inventeur d'Aliocha et de Grouchenka.

Admiration est d'ailleurs un mot trop abstrait, trop limité, pour signifier le lien établi entre le romancier russe et Rivière et — finalement — Fournier. Dans la marche cahotante, rétive, contrariée qu'ils ont entreprise dans le sens d'un retour au christianisme, l'auteur de *L'Idiot* a sa place. Quand Fournier voudra convaincre son ami de le rejoindre dans l'amitié avec Péguy, il lui lancera : « Il n'y a sans doute pas eu depuis Dostoïevski un homme qui soit aussi clairement " homme de Dieu "... » Ainsi le *staretz* Iossime et l'adolescent Aliocha joueront-ils, dans le

* Gide a d'ailleurs mis en garde Rivière lui-même contre la pratique trop fréquente d'un aussi terrible maître. Et Jacques écrira à Lhote : « D[ostoïevski] n'est pas seulement de ceux qui renseignent sur la façon de faire ce qu'on a à faire, mais surtout de ceux qui vous découragent de le faire » (*Correspondance Jacques Rivière-Alain-Fournier*, I, p. 203).

** Qu'il n'écrira jamais.

cheminement des deux jeunes gens « à la trace de Dieu » — et quel qu'ait été le point d'arrivée —, un rôle comparable à celui de Paul Claudel.

Tous les gidiens de ce temps communiaient en Dostoïevski, dont ne se détournaient pas les claudéliens. La ferveur de Jacques, russophile par la grâce de la musique et de la danse, ne saurait étonner. Mais comment vint-il aux Anglais ? Il y eut d'abord le rôle pionnier de Fournier, dont on a dit avec quelle aisance amusée il avait découvert et aimé le Londres de 1905, l'enchantement au contact de la National et de la Tate Gallery, la découverte de Dickens, de Quincey. Puis l'influence d'Isabelle qui se vouera plus tard avec Gide à des traductions de Conrad et de Meredith (non sans altérer ce faisant ses relations avec le grand homme).

Ainsi Jacques Rivière fut-il, en un temps où ce n'était guère de mode, un robuste lecteur (dans les traductions françaises) de Dickens et de Fielding, de Daniel De Foe et de Stevenson, de Thomas Hardy et de Kipling. Ses réserves à propos de l'auteur de *David Copperfield* sont fondées sur une « sensiblerie » qui lui aurait été moins détestable si Henri Fournier ne lui en avait paru infecté. Il admire en Kipling la « force » et l'ardeur à conter, et chez Hardy le simple et grandiose déploiement du récit. Mais c'est à Robert Louis Stevenson que va, naturellement, le plus chaleureux enthousiasme de l'auteur du « Roman d'aventure ».

Curieusement encore, ce n'est pas à Henri, c'est à André Lhote qu'il écrit en février 1910 : « De *L'Ile au trésor* de Stevenson, je dirai à haute voix que c'est un livre délicieux, et plus bas que c'est un livre admirable[41]. » Retenons le témoignage à voix basse, qui est naturellement le plus vrai. Deux ans plus tard, le grand essai sur le roman d'aventure publié dans la *NRF* sera, plus ou moins implicite, un hommage ému au merveilleux conteur écossais, à ses personnages, à cette façon inimitable qu'il a (que rêva d'imiter l'auteur de *Noë Sarambuca*) de faire naître, du moindre geste, un grand rêve d'action.

*

Dans l'article de la *NRF* qu'il consacre en janvier 1927 à la publication de la correspondance Rivière-Fournier, Ramón Fernandez met l'accent sur le caractère « représentatif » de ce dialogue où, « chacun étant comme la conscience désirée de l'autre », semble se manifester le souci de ne rien laisser échapper de la production culturelle de la décennie 1904-1914. L'ambition est manifeste de tout passer au crible, de « balayer » à coup de projecteurs alternés se croisant souvent, parfois s'aveuglant comme les phares de deux automobilistes, tout ce qui fut écrit, composé ou peint d'essentiel, de la mort de Gauguin (1903) à l'apparition de Proust, de *La Mer* aux *Caves du Vatican*.

En ce panorama-panthéon, si dense et mouvant, d'où se détache parfois, tombant avec fracas, un demi-dieu comme Barrès ou Maurice

Denis, n'apparaît qu'assez tard le considérable Péguy, dont les *Cahiers de la quinzaine* ne pouvaient passer inaperçus aux yeux de ces adolescents boulimiques, amateurs de courage, férus de poésie et hantés par un certain christianisme.

Il faut attendre le mois d'août 1910 pour que le personnage de Péguy surgisse dans une lettre de Fournier. C'est Rivière qui avait lu le premier (avec admiration) *Notre jeunesse*, le faisant aussitôt connaître à son ami. S'il est vrai que, dans la plupart des cas, chacun des deux jeunes gens se fait le champion du nouveau héros que parfois l'autre a « découvert », dans le cas de Péguy, la dynamique vient de Fournier. Complicité entre paysans des pays de Loire ? Entre lyriques rétifs à l'analyse, à l'ironie ? Antigidisme militant chez l'aîné, croissant chez le cadet ? Le fait est que Fournier se range fougueusement sous la bannière du héraut de Jeanne d'Arc.

D'une première conversation à propos de *Notre jeunesse*, Henri sort ému par les confidences de Péguy sur sa mère, la rempailleuse de chaises analphabète, sur ce qu'il appelle sa « vision », sur Marguerite Audoux qu'ils admirent en voisins. Notation de Fournier : « Je le crois orgueilleux, mais d'un orgueil sain[42]. » Il ne lui déplaît pas de confier à Jacques : « Péguy veut me revoir souvent. » Et il ne craint pas, quelques jours plus tard, de claironner son adhésion à l'auteur de *Notre jeunesse* en écrivant à son ami « Cet homme est un Rabelais des idées. Un professeur ivre d'intelligence[43]... »

Rivière réagit, classiquement, en ami dominateur menacé dans son hégémonie intellectuelle. Qu'Henri se laisse envoûter par des poètes comme Laforgue ou Jammes, passe encore. Mais qu'en ce domaine de l'intelligence où il règne, Jacques se voie supplanté dans l'esprit de son ami par ce « Rabelais » bigot et fanatique a pour lui quelque chose de blessant. La première contre-attaque est discrète : « J'ai lu la *Jeanne d'Arc*. C'est très beau. Il y a un vice. Mais c'est épatant[44]... » Hum... Alain-Fournier revient à la charge : « Je suis allé voir Péguy hier au soir. " Quand vous aurez sept machins comme votre *Miracle*, m'a-t-il dit *, je les publie ici " [...]. C'est grand, ça mon vieux [...]. Vos paysans sont si beaux[45]... »

Cette fois, Jacques Rivière est franchement agacé. Non par l'évidente estime que professe Péguy pour son ami, mais par le ton du patron des *Cahiers* :

« ... Langage de typographe supérieur. Quand il parle des bouquins [...] il en voit tout de suite la couverture : " Ah mon vieux, c'est plus beau qu'Audoux. " C'est comme ça qu'ils disent : " Vingt Audoux ! Amenez ! " Et puis tout de suite l'idée de publication. Je voudrais que tu reconnaisses que Péguy a des monstruosités aussi grosses que celles de

* *Le Miracle de la fermière.*

Claudel [...]. Affreusement étroit [...]. Il aura beau faire : jamais avec de l'espérance il n'obtiendra l'équivalent de la cruauté de Dostoïevski[46]... »

Nous sommes le 13 avril 1911. Le débat n'ira pas plus loin. Fournier ne « reconnaît » rien des « monstruosités » de Péguy ou des « gaffes » commises par son nouvel ami lors de sa campagne pour l'éventuelle attribution du prix Goncourt au *Grand Meaulnes* * — se contentant de citer les éloges que lui assène l'auteur de *Jeanne d'Arc* (« Vous irez loin, Fournier. Vous vous rappellerez que c'est moi qui vous l'ai dit ! », 16 septembre 1911). Jacques garde désormais le silence sur le « gaffeur » qu'il admire sans pouvoir l'aimer — et pour des raisons qui n'ont pas toutes à voir avec la jalousie intellectuelle.

Que le Péguy encore socialisant de *Notre jeunesse* y ait ou non contribué, comment deux adolescents de vingt ans, confrontés à l'avenir de l'art et à eux-mêmes, n'en viendraient-ils pas à s'interroger sur la vie publique, sur les relations sociales, sur les « batailles d'hommes » — à parler « politique » en un mot ? Ce n'est pas leur affaire, mais ils y viendront — en tout cas Jacques Rivière, que nous avons vu, dès le temps des balbutiements de *L'Avenir*, attentif à ces choses, et que l'universalité de sa soif condamne à ne faire l'économie de rien, pas même des passions que suscitent les rapports de classe et la vie de la cité.

Au lycée de Bordeaux, vers 1903, nous avons connu un jeune bourgeois irrité par l'injustice sociale, confiant à son ami André Waltz la gêne que lui causent les conditions de vie faites aux domestiques et aux prolétaires. Dans la correspondance avec les tantes de Cenon, on relève quelques éclats : signalant qu'une pièce de Maurice Donnay, *Les Oiseaux de passage*, est d'inspiration « anarchiste », il glisse « pas assez à mon goût ! ». Et aux mêmes, il rend compte d'une cérémonie au cours de laquelle un baryton a chanté *La Marseillaise* devant les trois couleurs déployées, avec ce seul commentaire : « C'était crevant ! » Pas très conformiste, à dix-huit ans, le fils de l'important docteur Rivière...

Ce n'est pas la « khagne » de Lakanal qui va le ramener au respect de l'ordre établi. S'il s'offusque d'abord de la guérilla qu'y organise Henri Fournier contre les traditions et les coutumes, il n'en est pas conduit pour autant à se raccrocher au conservatisme. Pas plus qu'à un quelconque militantisme « de gauche ». Que tel de ses camarades se déclare socialiste — le nommé Chotard par exemple — et il ne se défend pas d'ironiser sur son compte. Quel balourd ! C'est pourtant vers cet horizon-là qu'il se tourne, en maugréant.

En mai 1906, il se délivre de son inhibition pour écrire à Henri — qu'il sait beaucoup plus indifférent que lui à ce type de préoccupations : « Je crois que le socialisme existe [...] qu'il est la forme sociale de demain [...]. Qu'il existe, cela me suffit pour que je l'aime : je suis adéquat à ce qui est

* Voir plus loin, chapitre VII.

[...]. Sans doute il continue à m'irriter avec son horrible bagout, avec son mélo sentimental [...] Mais il m'exalte aussi ; je jouis profondément de sentir l'Arbre * qui pousse. Et c'est pourquoi la bénignité du 1er mai m'a un peu déçu, bien que je ne sois pas féroce. J'attendais une prise de position un peu violente[47]... »

Bigre ! Mais si Jacques-de-Bordeaux semble bien rêver à l'avènement du socialisme, il n'aime guère les socialistes, pas même le plus grand. En juin 1906, ce n'est pas lui, c'est Henri-le-Berrichon qui se gausse de Jaurès débattant avec Clemenceau de l'impôt sur le revenu : le député de Carmaux lui fait penser au tribun du peuple de *Tête d'or*, auquel Claudel prête l'éloquence la plus grossièrement boursouflée...

Rivière, en écho : « Tu as raison. Ces laïus Jaurès-Clemenceau sont grotesques [...]. Jaurès est malheureusement convaincu que le socialisme a besoin d'arguments [...]. Ce qu'on cherche à atteindre, ce n'est ni l'impôt sur le revenu ni la journée de huit heures (car pourquoi pas six ou quatre ?), pas même le partage des biens, c'est d'une façon générale un état nouveau. C'est la vie qui veut se coucher de l'autre côté... » (Ô le beau soixante-huitard que voilà !) « C'est pourquoi le peuple [...] a raison (comme toujours) de reconnaître en Jaurès son conducteur [...] qui ne voit pas devant soi, mais perçoit obscurément la secrète direction du troupeau[48]. »

Pas mal, pour un amateur. Mais notre révolutionnaire girondin eût été bien inspiré de ne pas poursuivre son développement. Car il va proférer quelques insanités (que l'on mettra sur le compte des erreurs de l'âge et — mais oui — de la pesée du milieu qu'il croit avoir rejeté) :

« Croit-on que jamais un Français se soit passionné pour l'innocence ou la culpabilité de M. Dreyfus ? Allons donc. La bêtise n'atteint pas ces degrés. Que nous foutait, à nous, que Dreyfus ait ou non trahi ? Il y avait d'un côté ceux qui aimaient le costume militaire, de l'autre ceux qui préféraient la robe de professeur... » Qui n'a pas lâché, à vingt ans, de telles sottises ? Jacques Rivière apprendra avant nous que des imbéciles comme Mallarmé et Bergson, comme Proust et Gide, ne se « foutaient » pas alors de savoir si le capitaine Dreyfus était innocent, et si justice, en ce cas, lui serait rendue. Mais à un âge encore plus tendre, Rimbaud avait souhaité voir ses concitoyens des Ardennes exterminés par les Prussiens...

C'est encore Fournier qui va ranimer la hargne contre Jaurès. En janvier 1907, revenant d'une séance à la Chambre où la gauche interpellait Clemenceau qui vient d'abattre sa poigne de « premier flic de France » sur les vignerons révoltés du Midi, Henri raille les socialistes, le « pauvre gâteux Vaillant et l'ivrogne Allemane [...]. Le reste, et même Jaurès... » Jacques saisit la balle au bond : « Jaurès ? Une concierge[49] ! » Tant pis pour lui (Rivière...)

* Référence évidente à Claudel — qui pourtant...

C'est quelques mois plus tard, en mars 1908, qu'il écrit à son jeune frère Marc la lettre qu'on a le plus de gêne à citer (et qu'il aurait peut-être eu le plus de tristesse à relire quinze ans plus tard) :

> As-tu lu le discours de Barrès à la Chambre contre Zola* ? Il est délicieux et terrible. On devrait l'afficher partout pour dégoûter le peuple de ce sagouin qui voulait se faire passer pour un écrivain. Je me propose d'aller les siffler quand on le transportera à l'Odéon [au Panthéon] [...]. Cela mettra un peu de déroute dans ce ridicule cortège et dans l'apothéose de ce vidangeur**. Et puis ça me fera passer une nuit au poste, je verrai ce que c'est. Je vois d'ici mon interrogatoire par le commissaire de police :
> « Pourquoi avez-vous sifflé ?
> – Pour rétablir ma respiration qu'empuantissait l'odeur de Zola ! »

Quelques semaines plus tard (une saison « pourrie », comme disent les paysans), c'est Henri Fournier qui aura droit aux pires remugles de la pensée politique de son ami. Rivière a reçu la visite de leur ancien camarade de « khagne », Para, militant de l'Action française qu'il a trouvé « épatant » parce qu'il lui a vanté la « vraie sensualité de la lutte pour elle-même », a fait l'éloge des « brutes, des apaches qui font la grosse besogne » et lui a annoncé qu'il allait le soir à une réunion socialiste : « Marc Sangnier*** doit parler. Nous tâcherons de l'égorger... »

Simple provocation de ce même Rivière qui, deux ans plus tôt exactement, regrettait que, le 1er mai 1906, les manifestations ouvrières n'aient pas été « un peu plus violentes » ? L'ennui, c'est qu'il insiste un peu plus loin :

> ... Je prends parti, par quelque chose d'inférieur à ma pensée claire, par toute mon enfance [...] avec mon enfance catholique et réactionnaire. J'aime toujours mieux l'Action française, dont aucune stupidité ne m'échappe, sois-en sûr, que la ligne radicale-socialiste pour laquelle j'ai une répugnance véritablement physique. Malgré tout, quand j'entends parler de radicaux et de socialistes, j'éprouve la même horreur un peu superstitieuse que j'avais, enfant, pour les dreyfusards[50]...

On a rarement évoqué plus clairement le rôle du « sur-moi » dans la sensibilité et la culture politique d'un jeune homme. On trouve les mêmes

* Zola est mort six ans plus tôt.

** Dans les familles bourgeoises de l'époque, on appelait un pot de chambre un « Zola ».

*** Fondateur du « Sillon », mouvement de la gauche chrétienne.

notations dans les confidences du François Mauriac de la même époque — mais moins lucidement marquées (bien que le titre de *L'Enfant chargé de chaînes* en dise assez long). Les deux Bordelais sauront prendre leurs distances avec leurs « enfances » pour choisir d'autres voies — et Rivière avant Mauriac, nous le verrons.

*

Allons, le tour d'horizon de nos épistoliers adolescents n'est pas mesquin. De Barrès à Jaurès, comme de Franck à Stravinski, comme des « nabis » aux cubistes, comme de Maeterlinck à *Ubu Roi* (« La pièce la plus intéressante présentée depuis un siècle », écrit Jacques à ses tantes), les jeunes gens de la « khagne » de 1903 ont, à travers leurs lunettes de papier, « vu du pays »...

Années d'apprentissage ? Mieux : d'aventures conquérantes. Jules Verne (qu'ils admiraient fort l'un et l'autre) n'avait pas jugé bon de quitter l'embouchure de la Loire pour raconter beaucoup plus que le monde de son temps. Entre la colline de Cenon, les frondaisons de Nançay, le parc de Bourg-la-Reine, la plage de Lacanau, quelques marches militaires entre Charente et Haute-Garonne, une escapade à Londres et bientôt d'aimables séjours en Normandie et au Pays basque, ces amoureux de Mélisande et de Violaine ont découvert des mondes illimités — ceux que l'art du XXe siècle est en train d'enfanter et qu'ils ont su, avant d'autres, déchiffrer.

IV

Face à Claudel : sommation pour sommation

« Jeune, il avait l'air d'un clou ; il a l'air maintenant d'un marteau-pilon [...]. Il me fait l'effet d'un cyclone figé... » Ainsi Paul Claudel fait-il irruption, malgré lui, le 1er décembre 1905 [1], dans le *Journal* de Gide. Le même, quelques jours plus tard, après une nouvelle rencontre, confiera à Henri Ghéon : « Claudel souffle sur moi une espèce de typhon religieux qui me secoue du faîte à la base, mais me fatigue plus qu'il ne me convainc... »

Si le « typhon Claudel » est capable de secouer son notoire contemporain André Gide « du faîte à la base », que ne peut-il sur un personnage plus jeune ou moins armé ? C'est à la même époque qu'avisant chez Francis Jammes le jeune Alexis Léger, familier des lieux, Claudel l'entraîne dans une pièce voisine et le soumet incontinent à un bombardement apologétique auquel le futur auteur d'*Éloges* n'échappe qu'en sanglotant, dénonçant sa brutalité, criant au poète des *Cinq Grandes Odes* qu'il admire immensément : « Vous êtes méchant, vous me faites mal. Allez-vous-en ! »

Tel est alors le cyclone apostolique venu d'Asie, sitôt qu'il débarque en France, « terre de mission » que Gide, son hôte, lui faisant part de ses inquiétudes religieuses, s'entend dire du ton le plus égal, comme une évidence : « Mais Gide, alors, pourquoi ne vous convertissez-vous pas [2] ? »

Cette apostrophe lancée « sans brutalité, sans sourire » à l'auteur des *Nourritures terrestres* par cet homme « au cou de taureau continué tout droit par la tête où l'on sent que la passion monte congestionner aussitôt le cerveau », on imagine la forme qu'elle pourra prendre à l'adresse d'un adolescent que nous avons vu brûlant pour son œuvre de cette passion qui peut revêtir chez Jacques Rivière la forme de l'exaltation désarmée. Quelle proie pour le convertisseur en forme de marteau-pilon que ce diacre au col de gazelle...

Mais tout offert qu'il soit déjà, Jacques Rivière n'est pas homme à faire prévaloir, sur l'œuvre, le charisme du personnage — à le faire précéder en tout cas. Au surplus, quand il aborde *L'Arbre*, au début de 1906, il n'y a aucune chance raisonnable qu'il puisse rencontrer ce poète-prophète qui exerce, à l'extrémité de la terre, une mystérieuse profession. Encore heureux de savoir qu'il existe, et sous ce nom, et qu'il poursuit, très loin, son œuvre — cette œuvre dont il lui faut d'abord analyser les composantes, évaluer la technique, pénétrer le sens.

Très vite, le jeune homme de Bordeaux se décide : pour mieux s'imprégner de Claudel, il va lui consacrer une étude systématique, un article de médiation. Folie ? Rivière peut être modeste : mais sur fond d'orgueil. Il a pris, au fil de sa correspondance avec Fournier, une conscience aiguë de son pouvoir d'entrer en intelligence avec les créateurs. Au surplus, cette œuvre qui se déploie depuis près de quinze ans n'a encore donné lieu à aucune critique sérieuse. Seul, en 1902, dans *Le Mercure de France,* Francis de Miomandre a pris soin de présenter avec admiration l'auteur de *La Jeune fille Violaine*, « apologie du sacrifice chrétien » (thèse qui paraît absurde — ou sommaire — à Jacques Rivière). Le poète lui semble accablé d'incompréhension, quand il n'est pas voué aux ricanements. Le plus intelligent de ses amis bordelais, le futur abbé Lacaze, ne discerne d'abord en Claudel que brumes et tumultes, puis raideur scolastique. Il est temps de proposer une grille de lecture aux lecteurs effarouchés par cette œuvre formidable. Quitte à en substituer une autre au cours du travail.

On l'a dit : le choc provoqué sur Jacques Rivière et Henri Fournier par la lecture de Claudel — surtout *Tête d'or, La Ville, La Jeune Fille Violaine, Connaissance de l'Est* —, au cours des premiers mois de 1906, fut en quelque sorte foudroyant, dussent-ils s'abuser d'abord sur le sens de cette œuvre dont le caractère chrétien, et même apologétique, ne leur apparaîtra qu'un peu plus tard. Il s'agit vraiment pour eux, pour Jacques surtout, d'une véritable *metanoia*, d'un changement de perception du monde. « Rarement, écrit Marcel Raymond, emprise d'une œuvre littéraire sur un esprit a été aussi totale[3]. »

Qu'a donc trouvé Rivière chez Claudel, qui transfigure à ce point sa « connaissance » (un mot très claudélien) du monde ? Un message spirituel, un « fléchage » vers le christianisme dont il est alors fort éloigné, plus éloigné que Fournier en tout cas ? Il ne semble pas. Le Claudel sur lequel l'étudiant puis (à partir de mai 1906) le soldat Rivière se jette comme sur une effrayante proie, ce n'est pas le missionnaire catholique, c'est le prophète de la vie totale, d'un vitalisme débordant, truculent, déferlant — celui de *Tête d'or*, celui de « l'acceptation sans limite de la vie ». Si Jacques Rivière se sent une « immensité de compréhension » pour cette œuvre-ouragan, c'est avec une connotation ou dans une perspective plus ou moins nietzschéenne.

Marcel Raymond observe avec sagacité[4] que si nous nous étonnons de ce qui peut paraître aujourd'hui un contresens, ou une naïveté, c'est que nous connaissons l'ensemble d'une œuvre éclairée par son achèvement, et mille gloses, dont celles de l'auteur. En 1906, le lecteur de *L'Arbre*, de *La Ville*, voire de *La Jeune Fille Violaine* peut percevoir bien sûr les signaux chrétiens qui clignotent dans ce déferlement de baroquisme médiéval. Mais il peut aussi les tenir pour une composante secondaire de ce puissant hymne à une vie conquérante totale, goulue, orgueilleuse de son intégralité.

Quand, à propos de *L'Arbre*, Rivière ose proclamer Claudel le plus grand esprit qui ait jamais été, c'est parce qu'il voit se manifester en lui une ambiguïté sans limite. La double attraction de la terre et du ciel — ambiguïté si audacieuse que le crime de Mara relève du même ordre que le sacrifice de Violaine.

Le Claudel que Jacques Rivière prend alors pour maître, c'est le prophète du total accomplissement de l'individu. Et le cri qu'il retient surtout de *Tête d'or*, de ce Simon Agnel par soi-même défini « homme de désir » — comme le Ménalque des *Nourritures* —, c'est au seuil de la mort cet appel furieux à la vie : « Je ne veux point mourir mais vivre ! Je ne mourrai point, je vivrai » (un vivre qui n'a rien à voir pour lui avec la vie éternelle...). Leçon qu'en tire Jacques Rivière : « Ma vie tout entière sera une adhésion à la force universelle. » L'Évangile, en tout cela ?

Ce Claudel-là, Jacques et Henri l'ont reçu comme un écho très sonore d'Eschyle et de Shakespeare, de Wagner et de Nietzsche à la fois. Comme le chant de l'homme total, criminel et martyr, Œdipe, Alberich et Iago, l'homme aux mains souillées par ses actes, des actes dictés par le destin. Chrétien, ce « professeur d'énergie » qui enseigne à « adorer la vie » ? En quoi, par quoi ?

Retenons cette confidence de Claudel lui-même : « Au moment où j'ai écrit *Tête d'or* (1889), je n'avais pas encore fait ma capitulation entre les mains de l'Église. Et *Tête d'or* représente un peu l'espèce de fureur avec laquelle je me défendais contre la foi[5]. » Plus tard, le poète plaidera la cause de Mara-la-noire, la criminelle, saluant en elle une « victoire sur Dieu ». Et c'est encore lui qui, dans *Le Repos du septième jour*, fait dire que « le mal est dans le monde comme un esclave qui fait monter l'eau ». Pour détecter en tout cela le message chrétien, il faudra mieux connaître (solliciter ?) les Pères de l'Église que ne le font Jacques et Henri.

Cette « espèce de fureur » contre la foi que confesse le Claudel de la maturité n'est-ce pas aussi celle qui anime alors les jeunes gens exaltés par *Connaissance de l'Est* ? Dans ce débat forcené, ne jouent-ils pas le premier Claudel contre le second ?

On ne peut affirmer que c'est seulement Frizeau, au cours de la visite à Bordeaux dont nous avons parlé, qui dessille les yeux de Jacques Rivière, enfiévré par l'article qu'il essaie, depuis près d'un an, de mener à bien. On ne saurait minimiser l'approfondissement de ses lectures, de Claudel et d'autres : c'est alors qu'il choisit de consacrer son premier et unique travail universitaire à Fénelon.

La première rédaction de son article achevée, il se débat dans les doutes, les incertitudes, envisageant même de renoncer à le publier (d'où l'intervention ardente de Fournier : « Ton admirable dissertation sur Claudel, ce serait un crime de l'abandonner[6] ! »). C'est alors qu'à la fin de 1906 il entend les « révélations » de Gabriel Frizeau sur le catholicisme militant de Claudel, son esprit « missionnaire » — ce qui, écrit-il aussitôt à Fournier, « modifie presque totalement ma conception ».

Metanoia dans la *metanoia*... Et le voici abattu, confessant à son ami un découragement, un sentiment de vide. Mais il n'abandonne pas. Ce bouleversement de la perspective claudélienne donne mieux qu'un nouveau sens, un nouvel élan à son étude. Si le nietzschéen est un chrétien (est devenu chrétien), pourquoi ne pas le pourchasser sur ce nouveau terrain, dans un éclairage renouvelé ?

D'autant que si un « autre Claudel » lui a été dévoilé, s'il est ainsi contraint à une révision radicale de ses recherches et de son point de mire, lui-même, Jacques Rivière, simultanément, est dérangé, déplacé, désaxé par une lecture parallèle : celle de Gide — qui lui a enseigné une autre forme ou une autre expression du désir. Comme la proie, le chasseur a aussi changé. Au moment même où lui est révélé que tout chez Claudel tend à proclamer Dieu, fût-ce par les *linhas tortas* *, les lignes courbes de la faute et du refus, *Les Nourritures terrestres* viennent l'inciter à ne pas chercher Dieu ailleurs que partout.

L'article commencé en mars 1906, rédigé souvent dans les casernements, au cours des manœuvres auxquelles est astreint le caporal Rivière, n'est achevé qu'à la fin d'août 1907, et non sans que les relations entre le poète et son exégète n'aient pris une autre forme et un autre ton — ceux de la pathétique correspondance dont il sera question plus loin. Rivière a donné à son étude le titre très explicite de *Paul Claudel, poète chrétien* — ce qui n'a pas contribué à dissiper la méfiance des directeurs de revue non plus que le caractère très didactique, quasi magistral de l'exposé.

C'est en trois livraisons — octobre, novembre et décembre 1907 — qu'il paraît enfin dans la revue *Occident,* suscitant chez Claudel une réaction mitigée. Nous verrons plus loin que s'il éprouve du « bonheur » à se sentir « aimé » et surtout « compris », le poète ne peut s'empêcher de faire savoir à Gabriel Frizeau que ce « travail admirable et instructif » ne va pas sans l'« effrayer » du fait de la « couleur mystagogique et vaguement hérétique » que confère son jeune disciple à ses idées[7]...

Est-ce la « prière » dont Rivière a fait la conclusion de son essai qui a dérangé Paul Claudel ? Ce n'est pas un texte de tout repos et, pour un zélote, on peut dire que le jeune homme ne s'exprime pas sur un ton très dévot :

* Expression utilisée par Claudel dans l'avertissement du *Soulier de satin*.

> Claudel est redoutable et cruel; il se jette sur nous avec la même impétuosité que son Dieu [...]. Il est plus dur que l'enfer [...]. Il veut forcer notre consentement intime [...]. Comme réponse à nos résistances, il assène sans cesse sa formidable vérité. Il est un missionnaire et un apôtre [8]...

Cette « pièce » s'achève par ce que Claudel, évoquant son expérience propre, appelait une « capitulation » et que Rivière qualifie lui-même d'« imperceptible lâcheté », une soumission au Dieu de Claudel, un hymne à la joie chrétienne exprimé par une citation de *La Jeune Fille Violaine* :

> ... L'action de grâces descelle la pierre de mon cœur!
> Que je vive ainsi! Que je grandisse ainsi, mélangé à mon Dieu, comme la vigne et l'Olivier [9].

Entre-temps, il est vrai, est intervenu un événement tout à fait neuf, dont les conséquences s'avéreront incalculables dans la vie de Jacques Rivière : le début de sa correspondance avec Paul Claudel.

*

Le 1er janvier 1907, quelques jours après son entretien révélateur avec Frizeau, Jacques a écrit à Henri, faisant référence au cruel face-à-face entre Paul Claudel et Alexis Léger (« Vous êtes méchant! ») : « Mon ami, songe à ce que peut être une heure de tête-à-tête avec Claudel [...] cherchant votre âme pour la brutaliser et l'arracher. J'ai peur. Et pourtant tout ceci va presque sûrement me décider à écrire à Claudel [10]... »

Quatre jours plus tard, le 5 janvier 1907, Henri Fournier, que Jacques vient de quitter après une permission, s'enferme dans « la chambre rouge ancienne » de La Chapelle-d'Angillon — et c'est une sorte de combat avec l'ange. Il décrit à Jacques « la fièvre et l'enivrement de la peur [...] sincère jusqu'aux larmes [...] tout ce que nous redoutions depuis longtemps [...], le réveil de toutes nos très vieilles peurs de conversion »; un débat qu'il résume ainsi : « Pourquoi nous ne serons pas catholiques? Parce que notre amour ne peut pas être abstrait [...]. Dieu n'est pas ailleurs que partout [11]. » Du bon usage de Gide contre Claudel...

Jacques, qui n'a vécu cette « nuit de feu » que par le truchement de son ami, choisit une autre voie. Le 23 janvier 1907, il se « décide pour la grande chose » et prend la plume pour écrire à l'« effroyable convertisseur ». Adressée « à Paul Claudel », alors consul à Tien Tsin, cette lettre dévoile un Rivière au bord de la folie, en pleine exaltation, tous freins lâchés — prévenant les coups de boutoir attendus, les sommations que vont déclencher ses propres sommations. Voici de larges fragments de ce texte écrit dans le « style éperdu » (Marcel Raymond) où se débride, aux heures de vertige, le génie de ce cartésien de Gironde en pantalon garance :

> Bordeaux, février 1907 *
>
> Depuis un an je vis en vous et par vous ; mon soutien, ma foi, ma perpétuelle préoccupation, c'est vous qui l'êtes. Je vous ai adoré comme Cebès Simon ; je me suis prosterné devant vous, j'ai cherché votre âme de mes mains suppliantes. Mais j'attends de vous une autre certitude, une autre réponse que celle donnée par *Tête d'or* [...].
> La réponse, mon jeune aîné, ô vous en qui je me suis confié, la certitude, la réponse, je la veux. Je veux que vous me brutalisiez, que vous me jetiez à terre, que vous m'injuriiez ; la réponse.
> Me voici : Vingt ans, comme tout le monde, sans bonheur ni malheur spécial ; mais une inquiétude, une inquiétude terrible, qui veille en moi dès ma vie, et me soulève sans cesse [...] en transports de volupté, en transports de désespoir, une inquiétude infatigable [12]...

Suit une évocation de diverses formes de son « désir » : Barrès, avec lequel il s'est « amusé » ; Gide qui lui a « enseigné » à « éperdument adorer toutes choses ». Et,

> C'est alors que vous êtes venu.
> Vous seul
> Vous avez été en moi la victoire et la visitation [...].
> Pendant un an vous vous êtes développé en moi, vous m'avez tout appris comme à un enfant [...]. Votre voix s'est insinuée dans tout mon être [...]. Je sais que Dieu vous assiste et que vous vivez en Dieu [...].
> Et c'est pourquoi je me suis résolu de vous demander *la paix* [...].
> Je vous dirai le plus horrible et tout mon mal : ce tressaut, ce sursaut, cette révolte, ce désir, cette inquiétude, ce mécontentement, ils me déchirent, mais je les adore [...]. C'est même ce qui m'arracha d'abord au catholicisme. Je n'ai pas voulu accepter ma nourriture. J'ai préféré ma douloureuse faim [...].
> Ce n'est qu'un petit geste de vous que je réclame, une inclinaison de tête et le mot : oui, dessiné de vos lèvres. Guérissez-moi, guéris-moi, mon frère, mon jeune aîné. Sois ma résurrection. Je suis là.

En conclusion de ce qu'il appelle « cette pauvre lettre déclamatoire et passionnée », Jacques lance à Claudel : « Recevez ma prière et mon cri. Je vais attendre dans l'anxiété et le désespoir, l'espoir de votre réponse... »

Dans quel état peut se retrouver celui qui a poussé une telle plainte, de supplicié, de noyé — telle qu'un mystique martyr n'aurait osé la proférer, telle que Thérèse d'Avila ou Pascal se seraient retenus de la hurler vers

* En fait, la lettre fut écrite le 23 janvier 1907.

leur Dieu ? Comme un qui s'est d'un coup immolé ou enchaîné devant la foule, ou déclaré à l'Inaccessible Dame ? Très vite, Jacques écrira à Henri : « Qui me délivrera de Claudel ? »

Et dans quel état aussi celui qui la reçoit, fût-il cadenassé en ses certitudes métalliques comme dans son armure un chevalier d'Azincourt ? On imagine l'homme au cou de taureau déchiffrant l'impérieuse supplication de cet éperdu. Claudel avait-il suivi le cours de Charcot sur l'hystérie, comme cela se faisait en ce temps-là ? Il n'était pas homme à situer là l'origine de l'exaltation de son interpellateur. Il se sentait en tout cas la carrure et le souffle pour faire face à ces dérèglements...

D'autant que le jeune homme de Bordeaux ne s'en tient pas là. Six, puis sept, puis huit semaines plus tard, sans attendre la réponse qui ne peut, pense-t-il, lui parvenir avant deux mois, il récidive, il insiste, il redouble de sommations et de défis, proclamant qu'il sera toujours empêché d'être chrétien du fait de la conscience aiguë qu'il a de la « réalité du néant » et de sa « complaisance en [son] désespoir [13] ».

Le 23 mars encore, assurant avoir trouvé la preuve de sa perdition dans une page de *Connaissance de l'Est* où est dénoncé « le silence de la créature retranchée dans son refus intégral, la quiétude incestueuse de l'âme assise sur sa différence essentielle », il s'accuse de tares — une sensualité et une avarice irrémédiables qui le détourneraient à jamais du salut, et implore une fois encore celui qu'il a choisi pour maître spirituel : « ... Ce départ que Gide n'a pas pu me décider à tenter vers les choses, décidez-m'y vers Dieu [...] mon frère, j'attends de vous ce que va être ma vie [14]. »

Ces folles salves tirées, Jacques est d'abord comme libéré (épuisé ?), n'attendant pas de réponse de Chine avant deux mois. Il écrit à Henri : « Que ferai-je maintenant si je n'ai pas la joie ? Je suis arrivé à quelque chose qui est une fin. Il me faut croire ou périr. Qui pourrait me délivrer de Claudel, m'arracher à Dieu [...]. Je ne pourrai me délivrer de Claudel que si j'arrive à voir plus grand [15] ! »

En attendant la réponse fatidique, Jacques reprend son article, dans l'éclairage nouveau créé par ses entretiens avec Frizeau, et aussi par sa téméraire initiative du 23 janvier. Comment proposer la description, dans un habit nietzschéen, de ce personnage non plus surhumain, mais quasi divin, auquel il a adressé une supplique adoratrice ? « Je ne finirai pas mon article, écrit-il à Henri. Il est stupide. Je le recommencerai en mai [...] et partant de cette idée : Claudel chrétien [16]. » C'est bien le moins.

C'est le 4 avril 1907, un mois en avance sur ses prévisions, que Rivière reçoit la réponse de Paul Claudel. Dans l'angoisse. A Henri : « Moment terrible [...]. Le facteur a passé cet après-midi avec une lettre recommandée de Tien Tsin : je n'étais pas là. Il doit la rapporter ce soir. Comment te dire le tumulte où je suis ? Anxiété, espoir, désir fou ; et mon cœur qui bat... »

Sa réponse, Claudel l'a écrite le 3 mars, avant les « retouches » apportées par Rivière à sa supplication « déclamatoire » du 23 janvier. Elle est simple, et comme on pouvait l'attendre du missionnaire décrit par Frizeau. Mais la rudesse du convertisseur n'est pas, d'abord, « effroyable ». Les « brutalités », les injures qui avaient souffleté Alexis Léger et qu'appelait Jacques en son égarement masochiste, l'homme de Tien Tsin les a (d'abord ?) retenues :

> Mon cher enfant,
> […] C'est entre nous une affaire d'homme à homme, et je me tourne simplement vers vous et je vous ouvre les bras et je vous dis : Oui, je le veux. Soyez mon frère, soyez avec moi ! Venez à Dieu qui vous appelle. Je le sais, c'est un moment de terrible angoisse, mais *il le faut*. C'est la question qui fait le thème d'un des derniers quatuors de Beethoven *Muss es sein ?* Et cette grande âme répond sur des notes altérées : *Es muss sein ! Es* muss *sein !** […] Dans la religion catholique, il y a tant de choses dures à croire, tant de choses humiliantes à pratiquer, un abaissement si impitoyable de nos petites idées et de nos petites personnes ! Mais ne craignez point, *il le faut* […]. Tous ces grands noms, tous ces poètes, ces écrivains, ces philosophes dont l'ombre a couvert notre jeunesse, vous en verrez tout à coup la mince figure grotesque […]. Vous êtes le délégué à la lumière de tous ces abîmés.
> […] Il y a un passage de votre lettre qui m'a fait rire. C'est celui où vous me dites que vous craignez de trouver dans la religion la fin de la recherche et de la lutte. Ah ! cher ami, le jour où vous aurez reçu Dieu en vous, vous aurez l'hôte qui ne vous laissera point de repos : « Je ne suis point venu apporter la paix, mais le glaive » […].
> […] Votre lettre […] je l'ai lue […] avec quel trouble, avec quel amer retour sur moi-même, avec quelle terreur presque de se sentir l'instrument par lequel Dieu a adressé à l'un des siens convocation […]. Je vous embrasse [17]…

Mais il y a le post-scriptum, dans le style d'un aumônier militaire de la Légion : « … il faut vous enfourner au confessionnal. Pauvre garçon ! C'est dur, mais enfin pas plus pour vous que pour les autres. Les camarades y ont passé. Pas de respect humain, Jacques Rivière ! »

Le même homme qui a offert au monde les superbes méditations de *Connaissance de l'Est*, qui a traduit les fureurs amoureuses d'Ysé et donné voix, en Simon Agnel, à l'un des plus violents défis lancés par l'homme à Dieu, c'est lui qui commande, dans un bougonnement de sous-off, cette manière de corvée de pluches. Au boulot, à la soupe, à confesse… Mieux eût valu à coup sûr le traitement imprécatoire subi par le futur Saint-John Perse…

Jacques Rivière n'en fut pas (ne s'en dit pas) choqué, préférant retenir,

* Cela *doit être*.

de cette missive à deux étages, la fraternelle générosité de l'exorde, plutôt que l'injonction finale du procureur de confessionnaux. Il écrit le 12 avril à Henri que Claudel l'a « merveilleusement deviné », ce pourquoi il est « troublé » et que « quelque chose certainement est intervenu [18] ». C'est le cas de paraphraser Pascal : tu ne me troublerais pas si je n'étais déjà troublé...

« Deviné », « troublé » ? Jacques Rivière s'est apparemment livré au grand recruteur, soumis à la poigne du Grand Inquisiteur. Mais il va se débattre, gigoter, ergoter, protester, objecter. Six mois durant, le jeune homme, en frémissant petit gidien amoureux de sa disponibilité, organise sa résistance sur tous les plans — philosophique, psychologique, esthétique, éthique — avant de refuser en fin de compte ce que Claudel a appelé si lourdement, si imprudemment, la « capitulation ». Mais ce ne sera pas sans qu'il se fût offert à l'humiliation, à la « discipline » de l'homme de Tien Tsin.

Lettre du 5 avril, écrite quelques heures après avoir reçu celle de Claudel :

> J'ai envie de vous crier « Laissez-moi, vous êtes trop cruel, vous me brisez, votre impitoyable douceur me déchire ! » Et pour la première fois, l'idée sérieusement m'est venue que je pourrais être chrétien. Car jusqu'ici je ne l'ai pas eue un instant ; j'ai joué avec vous [...]. Je me suis arrangé, attifé ! J'avais une secrète peur qu'en me révélant trop loin, trop différent de vous, vous ne me répondissiez pas * [...]. C'est un miracle qu'en vous adressant à celui que je vous donnais pour moi, vous ayez trouvé les mots qu'il fallait dire à ce que je suis moi [19].

Ce n'est pas une réponse, moins encore une formule, moins encore une « recette » (fût-elle sacrée, ou sacralisée) qu'attendait Jacques Rivière — mais un débat, une partie sublime à jouer avec celui qu'il tient pour le plus grand poète de son temps. Eût-il sommé de la même manière Cézanne ou Debussy ? Non, bien sûr. Dans ce défi lancé à un géant pour exister, se risquer, être reconnu, il entre quelque chose d'une inquiétude métaphysique, plus précisément religieuse. Mais surtout une attente esthétique. Claudel, donc. Mais le poète de *L'Arbre*, pas le Croisé...

Une nouvelle lettre le montre « jouant le jeu » — on veut dire celui de la sincérité — avec son « directeur » improvisé, évoquant sa famille chrétienne dont il est le premier membre « incrédule », rappelant ses études et ses échecs, relatant une assistance à la messe, avouant son désir de partir pour la Chine (et son renoncement), sollicitant des conseils de lecture...

La réponse de Claudel pèse une tonne :

* Le voilà bien, le type de « correspondance » dénoncé par Mauriac (voir chapitre II).

> ... Dieu est partout qui crée, qui maintient et qui contient. [...] Et sortons de la philosophie pour entrer dans une voie plus sûre et plus efficace [...] je veux dire la voie pratique...
> *Livres à lire* : avant tout Pascal qui est le véritable apôtre *ad exteros* pour nous autres Français... Angèle de Foligno, Rusbrock *[sic]*, Ste Thérèse, les vies de Saints, si mal écrites qu'elles soient [...]. Bossuet, Dante, Newman...
> *Pratique*. La liturgie et l'assiduité aux offices de l'Église vous en apprendront plus que les livres [...]. Celui qui prie tous les soirs et tous les matins avec attention [...] est *certain* de son salut. Si possible, allez à la messe tous les jours [...] portez un scapulaire, récitez le chapelet, faites le chemin de croix [...].
> Dès que vous serez converti, obéissez strictement à votre confesseur qui vous ordonnera sans doute de communier le plus souvent possible. Pratiquez les œuvres de charité active [...]. Entrez dans la Société de St Vincent de Paul [...]. Je comprends votre terreur à l'aspect de ce monde nouveau, car il n'y a pas à vous le dissimuler, il y a une grande renonciation à faire, qui est de la liberté de faire ou de penser ce qu'il vous plaît [20]...

Suivent des réponses d'un intérêt inégal à des objections de Rivière à propos de son attirance pour le Néant, de la décadence de l'Église, de son peu de considération pour les prêtres, de l'« orthodoxie » de l'œuvre claudélienne... Avec cette formule ravageuse : « Ne croyez pas que l'acceptation * chrétienne n'aille pas sans abêtissement ni mutilation [21]... » Le coup de grâce ?

Cette mitraille dévote jaillie de la bombarde claudélienne n'atteindra pas sa cible avant le 24 février. En l'attendant, Jacques Rivière, libéré à la fin d'avril 1907 du service militaire, aura passé quelques semaines à Paris aux côtés d'Henri Fournier, se sera gavé de musique et de peinture et aura dévoré avec enthousiasme *L'Immoraliste*.

Il aura surtout jeté les plans d'un livre « contre la Vérité », arguant que les vérités sont innombrables et toutes aussi délicieuses ** ; et c'est alors qu'il reçoit l'écrasante homélie de Claudel. Dans le désert militaire, lui eût-elle paru formidable ? Au cœur de la vie retrouvée, elle semble mal supportable.

Si fort qu'elle soit attachée à Claudel et à l'alliance entre Jacques et lui, Isabelle Rivière, écrivant vingt ans plus tard cette autobiographie qu'est *Le Bouquet de roses rouges*, avoue qu'ils ne reçurent pas du poète le « mot magique qu'ils attendaient ».

> Cette réponse [...] m'a frappé et bouleversé, écrit Jacques à Henri. Je sens maintenant que tout est fini, que jamais je ne serai chrétien, cela

* Il ne dit plus « capitulation », mais les deux mots qui suivent vont plus loin !

** Ce livre restera à l'état de brouillon. On en retrouve des fragments dans *De la sincérité envers soi-même*.

me brise oh ! me brise plus que je ne puis dire [...]. Quand je l'ai eu finie *[sic]*, j'étais cent fois plus désespéré qu'avant [...] Je suis incapable [...] avec mon ironie intérieure, de m'asservir à des disciplines si violentes [...]. Il *me* préfère mon âme, et je suis tant d'autres choses que mon âme. Alors s'il me sauve, que deviendrai-je, moi ? [...] Ah comme je comprends Léger, sortant fou de la chambre où Claudel s'était enfermé avec lui...

Non, il n'acceptera pas la « reddition ». Après quelques heures, il reprend la lettre à Fournier : « Je ne renoncerai rien. Je n'étoufferai aucun de mes désirs [...]. Je veux vivre [...] Le sujet de mon livre, ce sera *tout*, mes sensations, mes idées, mes passions, mes partialités [...]. Et quand j'aurai publié ce livre [...] je partirai pour toujours vers *Les Nourritures terrestres* [...]. Évidemment, nous sommes un peu loin de Claudel[22]... » Oh ! oui.

Victoire décisive de l'immoraliste sur le convertisseur ? Apparente. Fournier lui dit sa « satisfaction de [le] voir délivré de l'emprise ». Et à propos du projet de livre de son ami, il le somme de montrer, entre Gide et Claudel, son âme « déchaînée ». Mais Jacques n'en est pas là – et la chaîne qui l'attache à Claudel, qu'il a lui-même soudée, n'a pas fini de le retenir.

Le 4 juillet, il signifie bien à son mentor que « tout accord, tout accueil [sont] non seulement irréalisables aujourd'hui mais inimaginables dans l'avenir [...]. Mon essence est orgueil [...]. Dimanche dernier je me suis prosterné devant le Saint Sacrement. Mais si je plie le genou, je ne ploie pas mon âme [...]. *Tête d'or* si vous voulez. Et sa mort même ne me fait pas peur. Il a vécu [...]. Les blasphèmes [...] je les écris froidement, sans trembler, avec seulement l'épouvantable douleur de briser l'amitié qui déjà vous inclinait vers moi [...] Je suis tel et resterai tel. Je *me* rendrai tel qu'il m'a fait à Qui m'a conçu ! » La conclusion est roide : « Je ne suis pas dans les rets du Christ. Qu'aurait le Christ à faire de moi si ce n'est me damner ? Je suis libre et je ne mourrai que de solitude... » Défi qu'il nuance ainsi, le lendemain 5 juillet : « il faut secouer toute envie d'hypocrisie. Je ne peux pas, je ne peux pas être chrétien [...]. Je suis de ces pauvres gens qui préfèrent leur orgueil à leur salut... » Et qu'il corrige par cette abjuration finale : « Vraiment, ne lirai-je plus jamais de lettre venant de vous ? »

La réponse de Claudel ne manque pas de générosité. Il situe bien l'orgueil de Jacques (quoi de plus noble que de « se cabrer » ?) et mal cette attirance qu'il a éprouvée pour lui (« c'est donc Dieu qui vous adressait à moi »), attirance, fascination qui trouve évidemment sa source dans l'émotion esthétique. Il se peint lui-même avec une jolie férocité : « un pauvre bonhomme tout plein du tracas des affaires et de la vie de famille, jouissant médiocrement et bourgeoisement des biens de ce monde et de l'autre, menant une vie pleine de lâcheté, de torpeur et coupée de temps en temps des constatations les plus amères et les plus humiliantes[23]... »

Dès lors, le débat prend plus de sérénité, de bonhomie parfois. Rivière met en doute les fondements philosophiques du christianisme, lance Kant, Nietzsche et Bergson dans le débat, interroge son interlocuteur sur les chrétiens « modernistes » tels que Blondel ou Laberthonnière — à quoi le monsieur de Tien Tsin ne craint pas de répondre que, devant les dogmes chrétiens, les « découvertes » de l'évolution et « le fier équipage de la science moderne » se sont effondrés !

Peu à peu le poète-missionnaire s'impatiente de la tournure que prend, du fait de Rivière, l'échange, celle du débat intellectuel. Il s'agit bien, pour lui, de philosophie ! Fraternel sur le plan des rapports humains, scolastique, voire intégriste dès qu'il s'agit du catholicisme, bigot sans nuance à propos de la pratique religieuse — tel s'affirme ici le grand visionnaire de *Connaissance de l'Est*. Rivière a l'élégance de ne pas laisser percer son désarroi.

La publication dans *Occident*, en octobre 1907, de la première partie de *Paul Claudel, poète chrétien* modifie la nature de leurs relations — du coup un peu plus égalitaires. Le poète de *L'Arbre* avoue d'abord que le « grand article » de son jeune ami l'a profondément touché : « Pour quelqu'un si peu habitué que moi à la gloire, c'est un bonheur profond de se sentir aimé et surtout compris », s'agissant à la fois de « mon vers, mon drame et ma doctrine[24] ».

Quand il prend connaissance de la fin de l'étude de Rivière, en mars 1908, Claudel s'en dit « très fier et très content » — ne faisant qu'une objection majeure aux interprétations de son exégète à propos de la « substance de l'âme » qui, contrairement à ce qu'écrit Rivière, « diffère de Dieu ». En soutenant le contraire et lui attribuant la paternité de cette « quasi-hérésie », Jacques tomberait dans le panthéisme... Mais le poète s'enchante de voir l'adolescent bordelais divulguer l'« action séminale » exercée sur lui par Rimbaud[25].

A dater du printemps de 1908, moment où Jacques Rivière se relève du prosternement, ose donner au maître lointain du « cher grand ami », et lui annonce ses fiançailles avec Isabelle qui le rapprochent par diverses voies de l'ordre catholique, le rapport n'est plus celui du disciple extatique avec le gourou divinisé, mais de deux écrivains, l'un glorieux et épiscopal, l'autre aspirant à son intimité sans subir passivement son magistère.

Jacques a de belles révoltes :

> Cessant de vous énumérer [...] les raisons subjectives de mon incroyance, je voudrais vous demander pourquoi il *faut* être chrétien, pourquoi c'est une nécessité, selon vous, d'avoir un Dieu, une religion

> et un culte [...]. J'accorde que le catholicisme est la *seule* explication possible du chaos [...]. Mais pourquoi y aurait-il une explication, pourquoi la nature aurait-elle un sens [...] une intention [...]. Il me semble au contraire que (l'univers) est « l'automate éternel dansant indéfiniment la plus vaine, la plus gratuite des comédies, une bonne plaisanterie jouée par le néant » [...].
> Je pourrais et je voudrais montrer comment tous les grands systèmes ont été conçus par leur auteur d'une manière uniquement artistique. On pourrait dessiner la métaphysique de Platon, de Descartes, de Malebranche, de Spinoza. Et vous direz que c'est parce qu'on pourrait en montrer ainsi la Genèse, que leur doctrine est fausse. Mais pourquoi croirais-je que la métaphysique chrétienne a été fondée et édifiée autrement ? [...].
> Ne vous indignez pas trop de ce tissu d'impiétés. Songez qu'il ne me serait possible d'être d'accord avec vous sur l'adaptation de l'intelligence à sa fin, que si j'avais la foi. On n'a les fois spéciales que si l'on a la foi centrale et vitale. Ou tout l'un, ou tout l'autre[26]...

Pour le Grand Convertisseur, c'en est trop. Encore un, après Gide, après Léger, après Suarès, qui lui échappe ? Il le constate, non sans mélancolie, sur le ton de celui qui n'a pas su remplir sa mission — mais ne peut se retenir tout de même de jeter dans le débat des noms qui ne peuvent qu'humilier son jeune interlocuteur. On est en 1908, il y a bientôt deux ans qu'ils ferraillent aux portes du paradis :

> ... Si j'ai laissé votre dernière lettre sans réponse, c'est que l'utilité * de notre correspondance ne m'apparaissait plus. Si je vous écrivais, c'était dans l'espérance fraternelle de vous faire du bien et non pour m'engager dans de stériles controverses philosophiques pour lesquelles je n'ai ni goût, ni compétence [...]. Ne regrettez pas les confidences que vous m'avez faites et que je suis honoré d'avoir reçues. Aujourd'hui, vous me semblez aller du côté de Renan et de Gourmont plus que du mien...

(Ici, Claudel n'est pas généreux. Il sait que Rivière déteste Renan et méprise Gourmont, « ce misérable physiologiste ». Que n'a-t-il cité Gide ou même Barrès ?)

Ayant jeté l'anathème sur tous les « ricaneurs », de Voltaire à France, marqués du « signe des réprouvés » (« dès qu'un homme est possédé de la haine de Dieu, il ne peut plus s'empêcher de rire »), le monsieur de Tien Tsin adresse à son disciple rebelle un « adieu » qu'il accompagne d'« affectueusement ». Rupture ? Non. Dès le lendemain, il se reprend, atténue son rejet d'un remords, attribuant cette « exagération d'une partie des sentiments » qu'il éprouve à l'égard de Rivière à sa « tournure d'esprit cléricale » (à la bonne heure !), soupire : « Je fondais de grands

* Quel mot !

espoirs sur vous » et conclut : « Dieu saura se passer de moi pour cela et se débrouiller tout seul avec vous[27]... »

Jacques veut résister. Il ne veut pas être repoussé. A force de se cabrer comme le cheval, s'est-il laissé jeter à terre comme le cavalier ? Il proteste contre la lettre « cruelle » de son aîné, rappelle que, bien loin du dilettantisme, son scepticisme « passionné, aveugle, tendu », est sa « perpétuelle mésaventure », fait état de sa « clairvoyance désespérée », et ajoute : « Il y a des moments où je suis intimement persuadé que je redeviendrai chrétien. » Conclusion : « Laissez-moi donc ne pas me séparer de vous... » Réponse du poète : « Ne vous inquiétez pas de mes coups de boutoir. Si je vous malmène, c'est que je vous aime[28]... »

Entre ces deux-là, il y a donc autre chose que le désir éperdu de l'un d'être « reconnu » en berçant sa chère inquiétude, la voracité qui pousse l'autre à remplir de convertis sa gibecière. Il y a un chant commun, une certaine fureur d'être homme. Déçu de n'avoir pas su convaincre ni capter, Claudel reste ému par le jeune insurgé, et aussi par le regard pénétrant qu'il a, avant tous, jeté sur son œuvre. Déçu, lui, d'avoir été longtemps tenu pour une proie, Rivière reste touché des soins que lui a consacrés l'inspiré du *Partage de midi*.

On va donc poursuivre le dialogue, sans finalité précise, Claudel faisant confiance au long terme, Rivière tablant sur le perfectionnement esthétique que lui promettent de tels échanges. Il ose bientôt formuler une réserve sur la dernière œuvre de Paul Claudel, cet *Hymne du Saint-Sacrement* par quoi le poète inaugure sa collaboration à *La Nouvelle Revue française* * : « Je suis inquiet de ne plus me sentir aussi transporté qu'avant. Je me sens comme abandonné par cette splendeur [...] exclu [...] incapable d'en mériter l'émotion[29]... »

Enfin, quoi, le balancement psychologique et esthétique qui fait le fond de tant de relations entre écrivains qui s'estiment et ne réduisent pas leurs ambitions à des comptes d'éditeurs — avec, chez eux, un sourd grondement profond, le battement assourdi d'un tam-tam de la guerre religieuse, de la pression exercée par le convertisseur infatigable mais implacable. Survient l'automne 1909...

Le 1er octobre, au début de l'après-midi, il pleut à torrents sur Paris. Isabelle et Jacques Rivière, qui habitent alors chez les Fournier, 24, rue Dauphine **, observent qu'ils devraient relire *La Pluie* de Paul Claudel. A trois heures, on sonne à la porte. Récit de Jacques à André Lhote :

> J'ai été ouvrir la porte à un homme fort et droit [...] il avait un manteau en caoutchouc, tout ruisselant, de fortes bottines américaines, une casquette droite à visière cirée ***. Il a dit : « M. Jacques Rivière ? —

* Voir chapitre VII.

** Aujourd'hui, siège de la librairie « Couleur du temps ».

*** Décrite par d'autres comme « une casquette à trois ponts » (?)

C'est moi. – Je suis Monsieur Claudel. » J'ai poussé un long « Ah ! » terrifié et étranglé qu'Isabelle, de sa chambre, a pris pour de l'ennui poli, croyant que c'était quelque visiteur importun...

Le visiteur assis, Jacques Rivière s'entretient d'abord avec lui sur ses études et travaux universitaires puis — n'y tenant plus — va prévenir Isabelle qui coud derrière la porte. « Viens ! – Qui est-ce ? » A voix très basse : « C'est Claudel. » Elle a pâli, s'est levée, s'est mise à trembler comme une feuille. « Je l'ai amenée par la main. Je crois qu'elle n'a rien dit, ou presque rien. Claudel, en même temps très poli et très — comment dire — familier d'expression, a parlé beaucoup : de son horreur et de celle de Suarès pour l'École normale, [...] de la Chine qu'il exècre [...] des *Images à Robinson Crusoë* de Léger qu'il aime, de Gide. Il aime *La Porte étroite* (malgré le parfum protestant) et *Amyntas*. Des autres livres il a dit : " C'est trop fort pour moi ". [...] »

Alors vient un portrait, un « Claudel par Rivière » d'une force singulière :

> Que dire sur Claudel lui-même ? D'abord ceci : il est aussi terrible que ses livres. On le sent même au moment de sa causerie la plus animée tellement occupé après l'âme *[sic]*, tellement acharné après l'essentiel qu'on ne peut pas se sentir en repos. On comprend qu'il suffirait d'une parole pour qu'il se précipite sur vous. En même temps on est affreusement tenté de la dire cette parole, tellement on éprouve qu'elle le délivrerait en lui restituant toute sa puissance, tellement aussi on a besoin de se laisser meurtrir par lui *.
>
> Je me résumais cette impression, dont je ne prends claire conscience que maintenant, dans les mots : « roideur épouvantable ». C'est une force droite, qui ne se sent pas à l'aise dans la facilité, bien qu'elle y dépasse en grandeur toutes les habiletés. J'imagine que dès la question de religion abordée **, il doit être aussi pendant un instant « comme un boxeur qui rit ».
>
> Son aspect est celui d'« un gentilhomme chasseur » ***. On ne le voit bien qu'à la campagne avec du labour et des landes. Quand il marche [...] chacun de ses pas colle au sol et y prend élan à la fois ; on sent dans sa démarche un amour, un tact voluptueux de la terre, « l'énormité de la constatation ».
>
> Dans sa parole il y a d'étrange une certaine rapidité nerveuse, comme une impatience. Par moments il parle si vite qu'on ne comprend pas tout. Il a d'ailleurs un accent, très beau, qui achève son air paysan [...] « plébéien » en donnant au terme toute sa grandeur. Encore ceci : on voit qu'il déteste que la conversation s'attarde sur un sujet épuisé, que

* Le masochisme de la lettre du 23 juin 1907.

** Étrangement, elle ne le fut pas ce jour-là...

*** Jacques rapportera l'invention du trait à Henri Fournier.

du temps soit employé inutilement. Toujours la passion de l'essentiel. En sortant nous lui avons parlé de sa première *Ville**. Avec une ironie et un dédain inexprimables il a dit : « C'est une œuvre bien remarquable »[30].

Envoûtement à peine distancié... Saisissant mélange, ici, d'admiration stupéfaite et de terreur suggérée, pour le personnage où se mêlent (sans se combattre?) le gentilhomme et le plébéien, Pierre de Craon et Turelure (« Turelure, c'est moi ! », jettera un jour Claudel, comme l'autre, et avec plus de vraisemblance...). En Jacques rivalisent la fascination qu'il subit, la peur qu'il éprouve et le désir de cette peur. Et chacune de ses réactions, ou sensations, doublée ou triplée par la présence d'Isabelle, mal remise de son « tremblement », et d'Henri, qui les a rejoints, également abasourdi...

Ces deux heures de face-à-face semblent avoir ranimé en Jacques Rivière l'exaltation, la révérence quasi religieuse qui faisaient flamber ses lettres du début de 1907. Le surgissement du « gentilhomme chasseur » botté et presque casqué balaie pour un temps les déceptions de la correspondance, le harponne et le rive de nouveau pour un temps au prophète.

Mais il est dit que ces orageuses relations sont frappées du signe de la contradiction. Rivière n'est pas seulement le disciple cabré de Claudel. Il est lié à tout un monde esthétique qui peut bien reconnaître la grandeur de Claudel sans tolérer sa férule, et va s'inquiéter de la capture de Jacques par le missionnaire. Ainsi le destinataire de la lettre du 6 octobre, André Lhote, dont le hurlement de mise en garde est poignant : se référant à une « lettre de conversion » de Claudel à Frizeau que lui a montrée celui-ci, Lhote explose :

> ... Il n'y a pas de terme assez fort pour exprimer le féroce appétit d'âme de ce monstre [...]. Je suis dans un état de révolte considérable [...]. La lecture de votre lettre me plonge dans une grande crainte pour vous [...]. Je vous en supplie, ne le déchaînez pas contre vous [...]. Si vous ne l'évitez pas, il vous prendra tout entier, et son oppression vous écrasera de plus en plus [...]. Je vous en supplie, ne vous laissez pas tenter par ce besoin de la meurtrissure [...] !
>
> [...] Je sais la tentation d'humilité qui vous fait prendre à la gorge vous-même et traîner à l'église ou au milieu des cafards, de la vermine hypocrite des sacristies. Mais la puanteur de ces endroits est tellement effroyable qu'il faut être bien fort pour y résister. Et je vous dis cela, Jacques, parce que je sais combien vous aimez votre femme. Je sais qu'Henri pense comme moi** – sinon, qu'il me l'écrive[31]...

* Première version de la pièce, 1891.

** Dans sa réponse, Jacques écrira à Lhote qu'Henri a été « indigné » d'avoir été pris ainsi « pour complice ».

A ce cri de rage amicale, la riposte de Rivière est véhémente. Qu'importent les « cafards » et les « sacristains » quand il est question de l'éternité... S'il était possible pour lui de se convertir, hésiterait-il « à cause du Suisse » ? Et ceci, qui est fort : « Claudel a vu l'éternité face à face. Et c'est pour cela qu'il est un monstre [...]. Il a vu cette chose fantastique [...] Et vous voulez que, revenu parmi les hommes, il se tienne bien tranquille, avec son secret ? [...] Je n'ai pas encore vu le visage de l'éternité [...] mais si je savais où il faut aller pour le trouver [...] qu'est-ce qui pourrait m'arrêter ? S'il fallait vous tuer pour passer, je vous tuerais, mon ami... »

« Je vous tuerais... » Le « monstre » a-t-il ressaisi sa proie ? Il faut ici garder son sang-froid. Jacques Rivière réagit en fanatique à une lettre écrite, en partie, sur le ton de ce vieil anticléricalisme dont il a horreur. Il a détesté à coup sûr que Lhote s'arme contre lui de l'opinion (déformée ?) de Fournier. Il n'a pas goûté que son correspondant semblât le mettre en garde contre l'influence supposée dévote de sa femme.

Au surplus, Jacques est encore sous le coup du refus opposé par Gide à la publication par la *NRF* d'un texte de Fournier qu'il admire *. D'où une aigreur (passagère) contre l'auteur de *L'Immoraliste* qui, dirait-on lourdement, profite à Claudel (si tant est que, dans l'esprit de Jacques, il y ait antinomie entre les deux maîtres). Dialogue biaisé, en tout cas, en dépit de l'évidente sincérité des protagonistes.

Biaisé, mais avec de singulières interférences. Le peintre, qui le 28 octobre signe « Lhote-la-brute », tient à marquer qu'il a « grossi à dessein [ses] répugnances » et qu'il est beaucoup plus « proche de Rivière que lui-même se l'avoue à lui-même » ; Jacques convient le lendemain que les objections de son ami sont « graves », qu'il est « épouvantable » de songer que « peut-être Phidias n'est pas sauvé », mais qu'il faut admettre que « de profonds embellissements peuvent s'accomplir sous vêtement d'une croissante imbécillité » — et soudain lâche les mots décisifs : « J'aurais mauvaise grâce à vouloir convertir sans croire... » Décidément, le combat avec l'Ange — dût-il prendre le visage du « monstre » déguisé en gentilhomme plébéien — n'en est qu'aux prolégomènes. Il lui reste à revêtir les formes les plus inattendues.

Depuis le 24 août 1909, on le sait, Jacques Rivière est le mari d'Isabelle Fournier, la sœur de son plus cher ami. Ce couple, tout montre qu'il est uni et heureux — dût-il rester pendant deux ans sans enfant **. Mais les moyens de subsistance du ménage sont problématiques du fait de l'échec de Jacques au concours de l'agrégation de philosophie, à la veille de son mariage. De quoi vivre ? L'un et l'autre sont rompus aux sévérités d'une vie austère, et peu exigeants. Mais ils ne peuvent indéfiniment occuper

* Voir chapitre suivant.

** Leur fille Jacqueline est née le 23 août 1911.

une chambre de l'appartement des Fournier, rue Dauphine, puis rue Cassini, à partir du printemps 1910. Après tout, Jacques Rivière a du talent, il est écrivain. Son article sur Claudel a manifesté sa naissante maîtrise. Pourquoi ne pas « vivre de sa plume » ?

Depuis le mois d'octobre 1909, il donne des cours de lettres dans une institution confessionnelle proche des Tuileries, « Saint-Joseph » : il y a affaire à des jeunes gens qui, peu portés vers la philosophie et guère plus vers la littérature, lui mènent la vie dure. Rien de plus cruel que des adolescents face à un maître timide, et qu'ils sentent fragile : c'est un affrontement constant, d'où il sort chaque fois épuisé.

Ses échecs à l'agrégation, cette épreuve sur ce champ marginal et médiocre où il s'épuise : comment ne prendrait-il pas en haine le professorat ? Il s'en ouvre à Claudel, non seulement parce qu'il est devenu, de défis en sommations, son disciple, mais aussi parce que c'est le poète-diplomate qui l'a poussé vers cette « situation » dans l'enseignement confessionnel qui lui permet de végéter.

> Je ne me sens pas la force de me replonger dans le travail abrutissant de l'agrégation : je m'y diminuerais. Et je ne saurais pas être professeur. Aussi vais-je accepter, avec toutes ses horreurs, la misérable carrière d'écrire[32]...

La réplique de Claudel est bien digne du « marteau-pilon ». Rivière eût mis en doute la sainteté de l'apôtre des Gentils qu'il n'aurait pas provoqué réaction plus violente :

> ... Il n'y a pas de pire carrière que celle d'un écrivain qui veut vivre de sa plume [...]. Plutôt que la vie d'un Mauclair *, il vaut mieux être sabotier [...]. Il n'est pas honorable d'essayer de vivre de son âme et de la vendre au peuple : de là le mépris en partie légitime que l'on a toujours eu des acteurs et des artistes. Et vous êtes marié !
> [...] Tout vaut mieux que le trottoir ** ! [...] Il y a en vous les plus beaux dons, la réunion des plus belles qualités et tout cela est gâté par une envie morbide de vous sentir une victime et un déshérité ***. Il faut que votre *Saison en enfer* finisse ! Rappelez-vous la phrase qui la termine et que je me suis si souvent répétée : « Plus de pleurs **** : Tenir le pas gagné ! [...] Et le matin, armés d'une ardente patience, nous entrerons aux splendides villes[33] »...

* Critique conservateur, alors réputé.

** Ailleurs, Claudel rassemblera en un raccourci éloquent « l'écrivain, l'assassin et la fille de bordel ».

*** Jacques pourrait répondre que victime, il l'est de l'université ; et déshérité, par son père...

**** Le fervent de Rimbaud qu'est Claudel fait de fausses citations, confondant « pleurs » et cantiques, « matin » et aurore... « Point de cantiques » et « à l'aurore, armés, etc. ».

Et comme le « boxeur-qui-rit » auquel on l'a comparé, Claudel, quelques jours plus tard, redouble ses coups : « Du moment que vous voulez faire argent de votre plume, vous avez à vous préoccuper [...] des deux maîtres que vous vous donnerez : le patron et le client [...]. Si vous avez une veine énorme, vous entrerez dans un grand journal où vous serez considéré un peu moins que le rédacteur sportif... »

Comme toujours, Jacques Rivière réagira à la fois en homme libre et en épigone fasciné. L'homme libre riposte au *gourou* :

> Si je croyais avoir à choisir entre une vie régulière et « le trottoir », je ne voudrais pas hésiter [...]. Mais je peux gagner ma vie honnêtement [...] en écrivant. Il est plus facile à un critique de dire loyalement ce qu'il pense qu'à un poète de faire son œuvre avec pureté. Je ne pourrais être qu'un mauvais professeur ; mais je peux faire un bon écrivain [34]...

L'épigone esquisse quelques semaines plus tard un acquiescement : « ...Grâce à vous, je vais peut-être trouver à Paris une situation fixe. L'abbé Martin, spontanément, m'a offert de prendre l'année prochaine une des chaires de philosophie du collège Stanislas [...]. Il m'a demandé en échange de continuer ma préparation à l'agrégation [35]... » Concession majeure, qui ne va pas, chez Jacques, sans une subtile revanche, marquant les limites du pouvoir du convertisseur. Il ajoute à l'adresse de Claudel : « En attendant, mais cela n'est su que de Gide et moi, la *NRF* m'a offert, pour une collaboration régulière, une sorte de petit traitement qui me vient bien en aide [36]. »

Voici un professeur qui aura la latitude, ô Paul Claudel, de ne « faire le trottoir » que pour assurer ses fins de mois... Mais nul doute que la sage férule du proviseur du collège, l'abbé Martin, ami du poète de Violaine, et la qualité du corps professoral de Stanislas, sauront limiter ces débordements, sinon atténuer la séduction de Gide et de la *NRF*.

Le poète — entre-temps nommé consul à Prague, éloigné de cette Chine qu'il abomine pour les raisons qui la feront aimable à son ancien souffre-douleur Alexis Léger — se satisfait de ce partage. Il a apprécié justement les efforts faits par Rivière pour aider Gide à faire représenter *La Jeune Fille Violaine* que l'excellente actrice Marie Kalff souhaite interpréter.

Claudel se dit par ailleurs enchanté d'un article consacré par son jeune ami à son œuvre lyrique — lui confiant superbement que, chez lui, l'inspiration commence « par une espèce de grommellement intérieur » — et reçoit avec plaisir cet éloge de Jacques : « Jamais on n'a été plus monstrueusement poète que vous l'êtes. » C'est alors qu'il qualifie son exégète de « lecteur idéal », celui dont rêvent tous ceux qui écrivent... Et le voici engagé sur le terrain littéraire. Quelle brutalité encore, mais quelle lucidité, sur ce terrain !

Ainsi critique-t-il durement l'article consacré à Baudelaire par Jacques Rivière, article qu'il dit carrément ne pas aimer, soutenant que la clef de Baudelaire, il ne faut pas la chercher dans *Les Fleurs du mal*, mais dans *Mon cœur mis à nu*, voire dans les *Curiosités esthétiques*. Et il va jusqu'à faire observer à son jeune correspondant que le mot qu'il a cité de lui à propos du « style journalistique » de Baudelaire « a été bien mieux développé par Gide[37]... ». Voilà un trait que l'on n'eût pas attendu de lui.

Et c'est le même homme qui, au moment où Jacques lui annonce la prochaine naissance d'un enfant, conseille à son ami de faire l'emplette d'un ruban béni grâce auquel, assure-t-il, les femmes de sa famille « n'ont jamais eu d'accident ». Il va même jusqu'à lui donner l'adresse, celle du curé de Quintin (Côtes-du-Nord)...

Il est vrai que Jacques Rivière n'a pas vu malice à cette incitation et s'y est même plié. Mais pendant des années, jusqu'à la fin de 1913, ce sont les questions esthétiques qui feront la trame de la correspondance, devenue assez irrégulière, des deux écrivains. De superbes notations de Claudel sur cet « animal entier (pas un hongre) que fut Rimbaud à 17 ans » la ponctuent. Aussi des véhémentes protestations contre un article plus ou moins programmatique de la *NRF* en 1912 :

> Art d'abord, l'art pour l'art ! En sommes-nous là ? Après tant d'années de littérature oiseuse, va-t-il encore falloir combattre contre cette rosse étripée [...]. Nous voilà retombés dans les molles dissertations de 1885 [...]. Croyez-vous que Shakespeare ou Dostoïevski, ou Rubens, ou Titien ou Wagner, travaillaient *pour faire de l'art*. Non pas, mais n'importe comment, pour se débarrasser de leur faix, pour mettre dehors ce grand paquet de choses vivantes, *opus non factum* : et non pas pour colorier du dehors un froid dessin artificieux[38].

Odieux souvent, qu'il est savoureux, Claudel, s'agissant de littérature ! Aussi déconcertant, et non conformiste, et magistral technicien des mots, que lourdement clérical (il en convient d'ailleurs) dès qu'il s'agit de ce qui compte seulement pour lui, le salut de son âme et de celle de ses proches. Celle de Rivière, il fait semblant, à partir de 1910, d'en croire la rédemption impossible. Mais il continue de la guetter, de tendre autour d'elle ses filets.

Et Jacques est comme la truite au bout de la ligne, bondissant, agile, multiple, scintillant de refus généreux. « Il aspire à être vaincu, écrit Michel Suffran, mais n'accepte pas de l'être qu'à demi, de céder par lassitude, par politesse[39]. » S'il se laisse soumettre, ce sera par lui-même vainqueur. Choisissant une unité qui sera la synthèse très aventureuse de sa diversité indomptable.

Soudain, à la fin de 1912, alors qu'il poursuit sa carrière consulaire à Francfort et vient de publier sa *Cantate* qui a jeté son correspondant dans le ravissement, Paul Claudel croit le moment venu de pousser sa pointe.

L'année précédente, Rivière a publié *De la foi*. Le poète missionnaire y trouve une fâcheuse tendance à confondre celle-ci avec la « crédulité » et à y voir un renoncement de l'intelligence. Mais il salue aussi le bel effort de son ami en vue de sortir Dieu de la philosophie abstraite et de le mettre au nombre des « réalités immédiates ». Et l'on voit du coup l'« effroyable convertisseur » ranger Rivière aux côtés de Péguy, de Chesterton, de Patmore et de lui-même, « parmi ces écrivains dont le rôle est de refaire une imagination et une sensibilité catholiques... ». Et de préciser, avec l'étrange vulgarité qui n'est qu'à lui : « Vous avez fait bien du chemin. Et la dernière étape ne me paraît plus très longue. Nous verrons cela au prochain numéro[40]. »

Ce qui stupéfie alors, c'est qu'à cette poigne qui s'abat sur son épaule avec un humour de sergent recruteur, Jacques Rivière n'oppose aucun refus. A-t-il choisi de substituer à la belle escrime défensive de naguère une flegmatique sérénité ? Sa réponse ne fait aucune référence à l'offensive triomphaliste de son maître spirituel *.

Comment Claudel, fait comme il était, n'aurait-il pas vu en ce silence un début de consentement ? Il fonce : le 4 mai 1913, il envoie à Jacques l'adresse d'un prêtre, l'abbé Fontaine, curé de Clichy, précisant que c'est ce religieux qui a assisté Huysmans à ses derniers moments (s'il avait su avec quelle ironie, et dédain littéraire, Rivière et Fournier parlaient dans leur correspondance de la conversion de l'auteur de *Là-bas*...). Ayant ainsi « ferré » son correspondant catéchumène, Claudel manifeste une tardive lucidité en lui écrivant quelques jours plus tard : « Je crains de vous avoir trop présenté la religion comme un moyen de confort et de santé spirituels. » Fallait-il tant d'années à ce grand homme pour découvrir ce que crient toutes les lettres de son jeune ami : le refus de toute « capitulation », l'esprit de résistance et de pluralité, la fidélité à tous les possibles, la passion surtout de l'« aventure », spirituelle ou autre, par quoi, à la même époque, l'esthéticien Rivière s'efforce de définir le roman de l'avenir **...

Le grand combat du rétiaire et du myrmidon s'achève en apparence le jour de Noël 1913 : Jacques Rivière annonce à Paul Claudel qu'il a reçu ce jour-là la communion en compagnie de sa femme. Victoire du « monstre » convertisseur ? Étape d'un cheminement parallèle, inspiré par Isabelle et par celui qui est désormais devenu Alain-Fournier, l'auteur du *Grand Meaulnes* *** — bien que depuis le début de 1913, et quelques échanges à propos de Péguy et de Dostoïevski, il ne soit plus question entre les deux amis du christianisme qui était naguère un thème majeur de leurs échanges.

* Mais plusieurs lettres de Rivière à cette époque ont été perdues.
** Voir chapitre VIII.
*** Publié d'abord par la *NRF* pendant l'été de 1913.

C'est tout de même à l'incitation tonitruante de Paul Claudel que Jacques Rivière a renoué avec la pratique catholique. Il lui reste à décrire ses démarches « à la trace de Dieu » — ce qui est encore bien autre chose — manifestant qu'il n'a jamais capitulé mais sans cesse lutté et cherché, qu'il a maintenu, par les voies les plus complexes et sans s'interdire les découvertes les plus contradictoires (celle de Proust, notamment, en janvier 1914...), son goût irréductible pour la diversité des nourritures...

Claudel a gagné une bataille, que Rivière n'a pas perdue. Quant à la guerre...

V

Avec Gide, le dialogue innombrable

Qui ne serait tenté de voir en lui, dans l'esprit de Rivière, l'alternative, l'antidote, le contrepoison ? Claudel prétendra plus tard que Gide lui a « dérobé Rivière ». Mais c'est mal connaître son catéchumène indocile. Rien n'est plus éloigné de l'esprit de Jacques que de tenter de se libérer, de se guérir, de se « dessaouler » de l'un par l'autre — en l'occurrence d'opposer à Claudel l'incendiaire un Gide plus ou moins aquatique...

On a souvent cité à son propos la brillante formule de Mauriac : « Gide l'aide à se délivrer de Claudel et de Péguy ; Claudel et Péguy à se libérer de Gide ; Proust et Freud l'entraînent loin des trois autres ; et déjà [...] je discernais qu'il commençait à se déprendre de Proust[1]... » Pour une fois on mettra en doute la scintillante sagacité de l'auteur du *Bloc-notes* : ni « délivrer » ni « se déprendre » ne nous semblent refléter le « système assimilatif » de Jacques Rivière, ce merveilleux mécanisme qui enchaîne comme on fait au théâtre, absorbe, et fertilise Wagner par Debussy et Cézanne par Rouault. Si naufrage il y a, si Barrès sombre, ce n'est pas du fait de Claudel ou de Gide, c'est parce qu'il est inapte, en son esprit, à survivre.

Il est dans la nature de Jacques Rivière de marier ou mieux de tricoter les contraires. Non d'opérer des synthèses artificielles ou laborieuses, mais de prolonger, d'approfondir telle vérité par son contraire et d'aviver la flamme par la vague. Sa propre aventure avec Henri Fournier lui fait vivre intensément depuis cinq ans les vertus de la complémentarité antagoniste — quand, au plus fort de son duel avec l'auteur de *L'Arbre,* il se lie doucement à celui de *Paludes*. De déchirement, point. De dilemme, moins encore. Ni de déblaiement pour faire place nette.

Si Gide n'existait pas, alors il l'aurait inventé, suggère Auguste Anglès[2]. Non pour faire pièce à Claudel, ni pour se libérer d'un carcan fidéiste, ni pour desserrer l'étau. Seulement pour élargir ou vérifier son nouveau rapport avec le monde. Non l'un contre l'autre, en échange de l'autre. L'un et l'autre, l'un par et pour l'autre.

Dans une lettre adressée à André Gide au mois de mars 1909, trois mois après leur première rencontre, Jacques Rivière décrit très finement ce qu'on pourrait appeler son principe de respiration, qui consiste non pas à « se séparer », mais à « absorber », à ne quitter ceux qu'il a « subis » qu'en les prenant avec lui, se situant, face à chaque vérité nouvelle qu'il a pu traiter, d'abord en adversaire, comme un ami, si elle est plus authentique, ou précise-t-il « plus selon moi-même ». Ainsi, souligne-t-il, « je n'abandonne rien, parce que je [ne cesse de sentir] en moi-même toutes mes anciennes persuasions [...] la totalité de ces élargissements et englobements successifs ».

Comment être plus explicite ? Rivière n'« abandonne » rien. Prétendre qu'il empile, qu'il entasse en lui serait inélégant. Il vaut mieux dire qu'il noue entre eux les maillons d'une chaîne. Il englobe, élargit ou approfondit et, de toute contradiction, fait son miel. De sa tendre guerre avec Henri naît, comme un tissu sous la main de l'artisan, l'admirable correspondance, creuset de toute son œuvre. Dans la tension positive entre le pôle Claudel et le pôle Gide s'ordonne sa marche intrépide et contestée vers la connaissance de soi, sous le signe de l'aventure sans répit.

Autre type de contradiction. S'il est faux, mais séduisant, de faire de l'évolution créatrice de Rivière le produit d'un conflit entre la domination de Claudel et les charmes de Gide, il est non moins tentant de voir, dans ces entraînements consentis, la recherche d'un père, et dans le sens le plus précis du mot. Car c'est bien au cours de ces années 1907-1909 que le mariage de Jacques provoque sa rupture avec le professeur Rivière, et que germent et s'épanouissent les deux grandes influences amicales subies par l'adolescent.

Si celle qu'exerce Paul Claudel ne fait que trop penser, en fait de relations père-fils, à celles, orageuses, entre Abraham et Isaac, la seconde, toute tissée d'attentions réciproques, de tendresses tues ou exprimées et de travaux communs, conduit à poser la question. Mais la réponse est probablement non : l'eût-il confusément souhaité, un temps, André Gide ne saurait apparaître comme un père de substitution.

*

On a vu que les premières approches, par Jacques (et Henri), de l'œuvre de Gide – le *Prométhée,* la *Tentative amoureuse, Paludes* – ont précédé, de très peu, le grand abordage à Claudel. Cette complicité incertaine, puis charmée, se poursuit parallèlement au formidable compagnonnage avec l'auteur de *L'Arbre*, de façon naturelle, enfers délicieusement accessibles longeant les pieux escarpements où l'entraîne le prophète. Coexistence artificielle, provocante ?

Si différente soit la signification donnée au même vocable par l'un et par l'autre, il faut tout de même reconnaître que le maître mot de Simon

Agnel est le même que celui de Ménalque : le désir. Entre le Claudel des origines et le premier Gide, la contradiction n'est pas si radicale qu'elle puisse effaroucher l'innombrable Rivière.

Ne pas oublier non plus qu'un trait d'union très personnel favorisait les convergences : Gabriel Frizeau fut le commun introducteur de Jacques à Claudel et à Gide. Avec une ferveur inégale ? Certes. Mais nourrie et filtrée par lui, la double postulation trouvait ses fondements, à tout le moins provisoires.

Double médiateur, Frizeau a bien vécu et compris les deux élans de Jacques Rivière. S'il a mis plus de soin à entraîner le jeune militaire sur les hauteurs de *L'Arbre,* il fut tenté de situer son visiteur dans la mouvance de l'homme des *Nourritures.* « C'est une âme vénérante [écrit-il à Claudel en 1907]. [...] C'est un peu la nuance de Gide, toujours craintif de manquer une émotion, de se limiter... » Le mot « craintif » mis à part, l'indication est bonne (et observons que pour Claudel, à cette époque-là, l'étiquette « nuance de Gide » n'était pas dépréciative).

Avec sa lucidité coutumière, Jacques Rivière lui-même discernera ce par quoi, sans rien renier de son implication décisive dans l'univers de Claudel et ce qu'il commande ou implique, la nature de son esprit le fait plus proche de l'autre. Ainsi écrira-t-il à André Lhote, dont il sait parfaitement les réserves à l'encontre de l'auteur de *Paludes,* moins fortes pourtant que celles qu'il formule à propos de Claudel :

> Mon admirable Gide m'a dit quelque chose de profond : des gens comme Claudel sont des esprits monologues. Mais nous, nous sommes des esprits « dialogues ». Il y a en nous sans cesse quelque chose qui proteste, qui veut aussi, qui ajoute plutôt à chacune de nos affirmations. Et la vérité pour nous est toujours plusieurs, un total de simultanéités[3].

L'empire de l'œuvre de Gide sur Jacques Rivière, esprit plus structuré et rigoureux que le sien, se fût-elle maintenue si ne s'était nouée entre eux une relation humaine d'une saveur et d'une harmonie peu banales — compte tenu de brèves tensions sur lesquelles on reviendra, et d'une notation étrangement désobligeante relative à Rivière dans le *Journal*[4] (« il cherche toujours à se caresser en autrui... ») ? Ce qui est certain, c'est que l'amitié entre ces deux hommes que tant de choses séparaient, et d'abord une différence d'âge de dix-sept ans, eut longtemps quelque chose d'exemplaire et s'avéra d'une fertilité merveilleuse dans l'ordre des formes, des mots et des idées.

Nous savons qu'entre l'adolescent Rivière et l'écrivain qu'il chérissait le contact établi par Frizeau-le-Bordelais le fut d'abord au second degré : c'est en quête de Claudel que le jeune homme au képi rouge était venu frapper à la porte de l'ancien viticulteur, en qui il voyait l'ami et le

« converti » du poète, comme Francis Jammes. Entre tant de trésors, le Rivière de 1906 avait établi une hiérarchie, où Gide n'était pas situé au sommet. Ce qui, d'une certaine façon, facilitait les rapports. Connaître l'homme Claudel, il n'y pouvait alors prétendre, pour mille raisons — le redoutant plutôt... Mais Gide était à tous points de vue plus accessible. Jacques demande d'abord à son hôte de lui décrire l'homme. Et c'est un bien curieux portrait de Gide que Jacques adresse à Henri, après un entretien avec Frizeau :

> La première fois qu'il s'est présenté chez [lui], il a pris un air froid, esthète, très Wilde [...]. Frizeau agacé se permit d'être sincère et de le lui faire remarquer. Gide aussitôt tomba dans une simplicité * si exquise que Frizeau garde de lui un souvenir inoubliable et l'aime beaucoup. Il prétend que l'éducation protestante a laissé beaucoup de traces chez Gide, qu'au fond il est très puritain et il en cite comme preuve ce fait que Gide, lorsque Claudel lui a raconté le thème du *Partage de midi,* a été *scandalisé* [...]. Frizeau prétend que l'immoralisme et le nietzschéisme de Gide sont [...] une sorte de masque ; il l'affirme de mœurs très chastes.

Gabriel Frizeau lisait-il Gide (*Amyntas, El Hadj...*) de très près ? Après tout, nous sommes en 1906, et *Corydon* ** est encore à l'état de manuscrit inachevé. Ce qui est clair, c'est que la présentation qu'il fait de l'homme des *Nourritures* à son jeune visiteur ébloui ne tend nullement à opposer ses deux illustres amis, associés, dans un concert lyrique et plus ou moins naturiste, à Francis Jammes.

L'hôte de la rue Régis aime beaucoup mieux Gide que ses livres. Il voit de la « mauvaise foi » dans *Le Retour de l'enfant prodigue* (qu'admire Claudel, en revanche). Vantant le « charme » de Gide et sa « bienfaisance envers ses amis », il confie à Jammes que dans son œuvre « presque tout [lui] est hostile ». Il n'en aura pas moins annoncé Gide à Rivière avec tact et bonne grâce, après avoir fait se lier le jeune militaire avec André Lhote. Et c'est le jeune peintre qui sera l'ultime médiateur entre celui que Claudel a « scandalisé » et celui pour lequel il est un tyrannique guide spirituel.

Lhote, se privant de tout et voyageant à titre de convoyeur de bestiaux, avait réussi au début de novembre 1908 à gagner Paris où Suzanne Schlumberger, peintre elle-même et femme de l'écrivain, allait lui prêter son atelier : dans le « circuit » de Gide, on murmurait que le petit peintre famélique de Bordeaux était digne d'intérêt. Si bien que l'auteur de *Paludes* décida d'aller lui faire visite, et l'en avertit.

Au moment de recevoir un si grand personnage, Lhote, très intimidé,

* Étonnante formule.

** Si les deux ouvrages précités sont émaillés d'allusions à la pédérastie, celui-ci en est l'éloge.

supplia Jacques Rivière de l'« assister ». On imagine la réaction de Jacques, qui écrit aussitôt à ses tantes de Cenon : « Ça me ferait une fameuse émotion ! »

C'est le 15 décembre 1908, au milieu de la matinée, à l'heure fixée par lui-même, qu'André Gide, flanqué de Jean Schlumberger, fit son entrée dans l'atelier (qui n'est pas encore celui de Suzanne Schlumberger) où attendaient les jeunes gens. Le compte rendu rédigé par Jacques à l'intention de son ami Henri n'a pas la vigueur orageuse de celui qui fait écho à l'irruption de Claudel rue Dauphine. Mais il vaut d'être cité :

> Visite Gide-Schlumberger dépasse toute espérance [...]. Gide charmant, familier et causeur. Très « intéressé » sinon pris par la peinture de Lhote, faisant presque son affaire personnelle de l'introduction de Lhote auprès des marchands [...].
> En ce qui me concerne s'intéressant beaucoup à moi, me faisant dire ce que j'ai écrit, m'assurant qu'il allait lire mon article sur Claudel, m'offrant la collaboration à la *Nouvelle Revue Française,* qu'il vient de supprimer après le premier numéro et qu'il va refonder en la débarrassant de Monfort et consorts *, se disant inquiet du titre de mon article : *Introduction à une Métaphysique du Rêve* **, m'offrant d'aller chez lui porter quelques tableaux de Lhote qu'il prendrait en garde, si besoin était, et finalement, au moment de nous quitter, sur le Boulevard Montparnasse, me demandant ma carte, et me donnant la sienne. Je suis content.
> L'air beaucoup plus souple, insinuant et gamin que le grand André Gide timide et froid de chez Bernheim ***. Tête superbe, qui inquiète un peu d'abord et gêne. Lhote trouve des ressemblances avec Baudelaire.

Et d'enchaîner tout naturellement sur « l'autre », comme si la chose allait de soi, par complémentarité : « Claudel vient en juin. C'est formidable... »

Mais, par une navette de plus en plus naturelle, il retourne à Gide avec une sorte de voracité descriptive :

> Se débarrassant dès presque l'entrée de son pardessus, et une fois assis, se prenant le genou dans les mains, se renversant en arrière, allant toucher ****[...]. Respirant fort presque tout le temps (le seul malheur : me parlant du petit Franck ***** qui lui a été présenté, comme de quelqu'un – Tout de même, peut-être a-t-il vu l'insuffisance du bonhomme).

* Voir le chapitre suivant.
** Article qu'il achève après six mois de travail (voir chapitre suivant).
*** L'allusion indique que Jacques et Henri l'avaient croisé à une exposition de peinture.
**** Formule incompréhensible. Des mots oubliés ?
***** Jeune poète post-symboliste.

Si envoûté qu'il fût (ou parce qu'il l'est trop?), Jacques s'interdit pendant deux semaines de pousser son avantage. Le 10 janvier 1909, pourtant, il n'y tient plus et se décide à envoyer au grand homme son manuscrit sur la *Métaphysique du rêve,* non sans proposer, avec une adresse un peu courtisane, de faire suivre son article, en cas de publication, d'une phrase de la préface de *Paludes* *. Et il ne peut se retenir d'ajouter : « Peut-être oserai-je vous parler, quand je vous verrai, de certains démêlés que j'ai eus avec Ménalque et de la façon dont je les ai dénoués. » Ce qui était une claire invite à l'invitation.

Quatre jours plus tard, en effet, Rivière reçoit de Gide un mot assez bref à propos de son texte sur le rêve, où sont louées « des qualités exquises et déjà très sûres d'elles-mêmes, qui précisément me donnent un désir de vous connaître mieux ». Les « qualités exquises » de ce texte, le prestigieux lecteur de Rivière les voit un peu gâchées par un titre qu'il trouve rébarbatif : mais « métaphysique » ou pas, il estime l'essai du jeune homme digne de la revue qu'il vient de fonder, si « ambitieux » qu'il soit pour elle. Et la lettre s'achève par une invite pressante : pour venir le voir, il suffit que Rivière lui adresse « un mot la veille ». On ne saurait montrer dispositions plus avenantes.

C'est le 25 janvier 1909 que Jacques est accueilli pour la première fois dans la curieuse maison qu'André Gide a fait construire à Auteuil, villa Montmorency. De nouveau, le récit fait à Henri mérite une ample citation :

> Gide a été cent fois plus exquis que je ne l'avais rêvé. Je suis resté deux longues heures avec lui dans son exquise villa à compartiments, à petits escaliers de bois, à portes dissimulées sous des paravents. Pour tout résumer, je lui ai tout dit. Partis de Claudel et de Suarès, nous sommes assez vite arrivés à moi. Il me croyait chrétien. Je lui ai expliqué ma rencontre avec Nietzsche et avec Ménalque, et comment le christianisme n'était pour moi que l'éternelle tentation. Puis je lui ai raconté tout mon livre **. Il écoutait avec une extrême attention. Il m'a dit à peu près ceci : Je comprends tout. Il faut que ce soit écrit le plus tôt possible.
> […]
> Je renonce, trop fatigué que je suis, à te faire sentir ce qu'a été cette visite. Jamais je n'avais eu cette émotion de sentir que les mêmes pensées que les miennes naissaient à mesure de mes paroles dans quelqu'un de si près de moi. Je crois qu'il m'a compris terriblement, et avec lui-même. Des mots qu'il m'a dits à de certains moments me le font penser.[…] Je finis sans avoir pu te dire à quel point cette entrevue

* « Chaque livre porte en lui, mais cachée, sa propre réfutation […]. J'aime qu'il porte en lui de quoi se nier… »

** Qu'il intitule alors *Les Beaux Jours* et qui se réduira à un article publié sous ce titre, quatre ans plus tard, par la *NRF.*

> a été précieuse et unique. Dimanche j'essaierai de te le faire mieux comprendre par des détails. Mais je ne sais pas dire de détails[5]...

Il serait difficile de ne pas trouver là l'expression d'un enchantement. Cette lettre n'est pas le témoignage par lequel on tient informé un ami lointain d'un moment qui vous importe. Jacques sait qu'il va retrouver Fournier trois ou quatre jours plus tard, pour d'interminables échanges. Mais il tient déjà à « marquer le coup » et à laisser une trace écrite de l'événement — à bien faire sentir d'emblée à son ami qu'il s'agit d'une entrevue « précieuse » et « unique ». Ce qui ne manquera pas de laisser des traces. « Jamais je n'avais eu cette émotion de sentir que les mêmes pensées que les miennes... » Jacques, en écrivant cela, a-t-il conscience des coups qu'il porte ?

Nous ne savons ce qu'ils se sont dit, ce dimanche 30 janvier, après que Jacques Rivière en fut venu aux « détails » de l'entrevue « unique » du 25. Mais nous constatons, en lisant la suite de la correspondance, que la fièvre gidienne du jeune homme de Gironde n'est pas prête de retomber. Un mois plus tard, en effet, Henri Fournier apprend que son ami, invité d'abord par Gide à le revoir villa Montmorency, a reçu un mot lui disant que l'écrivain préfère aller le voir chez lui, ou se promener de compagnie : on est décidément sorti de la phase protocolaire. Le rendez-vous est pris chez Jacques :

> Gide est arrivé vers deux heures moins le quart avec toujours son exquise simplicité *. Il s'est débarrassé de son manteau, s'est assis dans mon fauteuil, et a pris son attitude favorite les mains nouées sur ses genoux croisés, la tête penchée en avant. Nous avons beaucoup causé. Il a lu mon article ** lentement avec beaucoup d'intérêt, je crois, et a eu l'air d'en être satisfait...

Le dialogue s'étant orienté sur Dostoïevski, raconte Rivière, le visiteur adopte une très curieuse attitude : il conseille à son jeune ami, qui vient de lire avec enthousiasme *L'Éternel Mari,* de ne pas poursuivre sa fréquentation du grand romancier russe : ou cela gênera son travail, ou l'emprise n'aura pas été assez forte... (ce qui mène assez loin : quel poète lirait alors Rimbaud sans dommage, quel dramaturge Shakespeare ? Et quel Gide oserait faire usage de Goethe ?). Ayant dit, l'auteur de *Paludes* (qui ne sera pas écouté sur ce point) n'en est que plus à l'aise pour vanter la grandeur de *L'Idiot,* et plus encore des *Possédés,* pour lui « le plus terrible » des romans de Dostoïevski.

On parle de Villiers de L'Isle-Adam, dont Gide n'aime plus guère que *L'Ève future,* d'Edgar Poe, qu'il admire sans réserve, de Francis Jammes

* La séduction qu'il subit inclinerait-elle Jacques Rivière à quelque naïveté ?
** Sur le « Bouclier du zodiaque » de Suarès.

dont il relève quelques fautes grammaticales... Ils vont même jusqu'à échanger leurs lettres de Claudel, ce qui est — compte tenu de celles qu'on a citées plus haut — aller loin dans l'intimité...

André Gide ne quittera pas ce jour-là Jacques Rivière sans lui promettre tous les livres de lui qui manquent au jeune homme — la moitié environ (« J'ai peur seulement qu'il oublie de me les envoyer », glisse notre Girondin, point tout à fait privé de sa lucidité) et lui intimer « l'ordre » d'aller voir le spectacle d'Isadora Duncan, dont il est un adorateur. Ce que Jacques s'empresse de faire dès le mercredi suivant, tombant à son tour sous le charme envoûtant de la danseuse américaine.

Voici une relation qui aura vite, très vite, pris le ton de l'amitié, de l'affection. S'agissant d'échanges entre écrivains, on est toujours bien venu à considérer les mots qu'ils emploient, « avant » et « après ». Ici, Gide a d'emblée laissé sa marque dans l'ordre du vocabulaire : le mot « exquis », gidien par excellence, on le retrouvera désormais à profusion sous la plume du jeune écrivain, et chaque fois ou presque qu'il s'agira de décrire ou d'évoquer son nouvel ami.

Ce qui ne proscrira pas du vocabulaire de Rivière un autre maître mot, qui équilibre assez bien son langage, reflet naturel de son tempérament : violent. Entre cet « exquis » et ce « violent », faut-il voir, d'une phrase l'autre, se dérouler une guerre souterraine, ou explicite, entre Gide et Claudel ? Non. L'emploi des deux vocables étendards est chez lui antérieur aux années 1906-1909, celles où il est l'enjeu plus ou moins conscient d'un tournoi créateur.

Cette fréquentation d'André Gide est d'une telle portée, et jette une lueur si nouvelle sur la vie de ce provincial orgueilleux et timide, que les tantes de Cenon ne sauraient manquer d'en être informées. Non qu'elles sachent très bien, la bonne « Milie », la chère « Toutou », qui est l'auteur sulfureux de *L'Immoraliste* que *Le Nouvelliste* de Bordeaux tient en suspicion légitime, et que ne goûtent guère les prophètes de cette bourgeoisie, Bourget, Lemaitre, Souday, Sarcey... Mais tout de même, on le dit grand écrivain. A commencer par Jacques, qui, pour audacieux qu'il soit, ce chéri, ne saurait se tromper sur le trop subtil M. Gide, ni sur Paul Claudel, grandiose en son obscurité prophétique.

« Toutou ma vieille » et « Milie » apprendront donc en février 1909 qu'il a été reçu villa Montmorency, où cet illustre personnage a fort goûté tel ou tel de ses textes et lui a demandé d'écrire dans la revue qu'il est en train de lancer, appelée à devenir la première de toutes. Ainsi a-t-il noué avec ce grand écrivain les relations les plus cordiales. « Notre Jacques, tout de même ! Doux Jésus... ! » Un an plus tard encore, le jeune homme tiendra à mettre les points sur les « i », à l'adresse des « vieilles » :

« Je me demande ce que j'ai fait pour mériter d'avoir un ami aussi considérable et aussi bon. Il veut me pousser, il veut que j'écrive un article important que l'on mettra en tête de la Revue pour bien montrer au public " quelle estime on a pour mon nom ". C'est l'expression qu'il a employée. » Ne dirait-on pas Julien sortant de chez M. de Rénal et écrivant à sa famille de « bouseux » ?

L'amitié avec André (et bientôt Madeleine) Gide va, il est vrai, bon train. Ce jeune homme fervent, lucide, distingué, va se retrouver bientôt commensal attitré d'un couple qui ne passe pas pour fastueux (bien que la légende de l'avarice de Gide résiste mal à la lecture de ses diverses correspondances : construire une maison à vocation communautaire, créer une revue que l'on finance en partie soi-même, prier souvent ses amis et collaborateurs à sa table ou au restaurant, faire de sa maison de campagne, l'été, un symposium permanent, est-ce le comportement d'un avare ?).

Ainsi, le 15 mai 1909, moins de cinq mois après la rencontre devant les toiles d'André Lhote, le jeune Rivière s'assied-il à la table des Gide. Relation faite à Henri Fournier, intéressé à plus d'un titre :

> J'ai déjeuné chez Gide. Il y avait au lieu de confiture de lechtis * des œufs à la coque et des côtelettes de mouton avec de la purée de pomme de terre. Madame Gide : je ne vois pas de quelle façon elle a pu être belle et pourtant je suis certain qu'elle a été belle. Il n'y avait qu'elle, Gide et moi. Je n'ai pas le temps de te dire tout ce dont nous avons parlé.
> Pour la *Partie de plaisir* ** il m'a répondu à peu près ceci : « Je ne me rappelle pas du tout. En général ce n'est pas très bon signe, je veux dire que, quand j'oublie, c'est que rien ne m'a frappé. » Mais vite il s'est enquis de l'âge que tu avais, et a dit qu'il n'avait en aucune façon le droit de te juger actuellement, que d'ailleurs il ne savait pas juger d'après une seule œuvre, même longue, un écrivain. Puis il a changé la conversation.
> Il ne faut pas lui en vouloir, mais seulement à moi qui t'ai fait tenter cet envoi inutile. Il est en effet peut-être un peu difficile de te remarquer par ce seul passage, dont la lecture peut être rendue indifférente par la moindre des circonstances distrayantes. Gide a très mauvaise mémoire. Il a pu avoir une impression favorable mais faible, qui a tout de suite disparu.
> Tout ce que je dis est pour ne pas que tu le croies incompréhensif, et fermé. Car je suis sûr qu'il est tout le contraire [6].

Les deux dernières phrases, Jacques a-t-il l'illusion qu'elles sont de nature à rasséréner son ami, qui ne peut qu'être blessé par l'attitude de Gide à l'égard des ébauches de son cher *Grand Meaulnes*. Oublier mon texte, ce texte où j'ai mis toute mon âme, toute ma vie... ? « Mauvaise mémoire » : voilà bien la vertu d'un créateur de revue, de l'arbitre

* *Sic,* pour *letchis,* petits fruits d'Orient dont il est question dans *Les Nourritures terrestres*.

** Récit de Fournier, dont il souhaite la publication dans la *NRF* et que Rivière a communiqué à Gide un mois plus tôt, pour appréciation.

littéraire d'une génération ! Est-ce bien là le grand homme dont Jacques s'est coiffé ?

Le malentendu — quel mot ridiculement faible ! — est créé entre Jacques et Henri à propos de Gide. Il ne cessera de s'envenimer, et nous en relèverons bien d'autres traces, l'auteur de *L'Enfant prodigue* (qu'a tant aimé Henri Fournier) ne faisant guère preuve de discernement à l'égard du *Grand Meaulnes,* qu'il goûtera assez pour le publier dans sa revue * mais sous-estimera longtemps. On y reviendra.

Entre Gide et Rivière, le compagnonnage s'établit, se noue et s'enrichit, dès avant que la coopération au sein de *La Nouvelle Revue française* le soude du point de vue professionnel. Il n'est pas d'initiative, alors, qui ne rapproche le maître-écrivain et le disciple, et les différences, les désaccords même, mineurs dans le domaine esthétique, plus profonds dans l'ordre religieux, sembleront une permanente incitation à la convergence active.

Ainsi, dès l'origine de leur relation, une intervention commune en faveur d'un ami commun contribuera à lui donner un sens positif. Marie Kalff était une actrice réputée, d'origine hollandaise, épouse d'un certain Armand Bour, comédien, metteur en scène et directeur du Nouveau Théâtre d'Art. Elle s'était mis en tête de jouer pour la première fois, sous la direction de son mari, *La Jeune Fille Violaine.* Pour avoir l'autorisation de Claudel, elle avait sollicité l'entremise de Gide. L'idée était séduisante, mais, pour des raisons qui devaient tenir aux engagements de la salle promise à d'autres spectacles, le couple Kalff-Bour ne pouvait lui donner corps que d'extrême urgence — sous huit jours...

Lors de l'entretien « fondateur » avec Rivière, le 25 janvier, Gide avait fait part de ce projet à son interlocuteur, dont il venait d'apprécier la ferveur claudélienne. Il ne lui avait pas caché que l'idée de cette représentation le séduisait, compte tenu des qualités artistiques de Mme Kalff, mais que tout dépendait bien sûr de l'auteur de *Violaine*. Lui télégraphier ? Pour être suffisamment explicite, le télégramme devrait être long — et bien coûteux **. Une lettre ne permettrait pas une réponse assez rapide.

Consultés, des amis du poète, comme le diplomate Philippe Berthelot et Gabriel Frizeau, n'osaient se prononcer. Gide avait écrit à Jammes, faisant de lui l'arbitre du débat — mais souhaitait créer un Comité des amis de Claudel, qui prendrait la responsabilité de la décision : et l'auteur de *Paludes* offrait à Jacques Rivière, cet adolescent, d'en faire partie... « C'est très angoissant », écrit aussitôt Jacques à Henri.

Deux jours plus tard, Gide reçoit de Jammes une réponse négative :

* En 1913.

** Trait d'avarice ? Non. Ce moyen de communication était alors, avec la Chine, d'un coût exorbitant.

sans l'accord exprès de Claudel, impossible de rien entreprendre. Rivière insiste : il faut en tout cas obtenir de Tien Tsin une réponse. Gide et Frizeau écriront en ce sens – mais il est trop tard, et d'ailleurs la réponse venue de Chine sera un refus. (Claudel, touché de l'initiative de la comédienne, lui proposera deux ans plus tard de créer *L'Annonce faite à Marie,* version remaniée de *Violaine,* mais Marie Kalff, alors malade, ne pourra honorer cette offre.)

N'importe. En cette importante occurrence, Gide a osé « mettre dans le coup », aux côtés des apôtres les plus notoires du claudélisme, et en vue d'une décision considérable, son nouvel interlocuteur, qui ne peut manquer de se sentir « adoubé » par une telle marque de confiance. Au surplus, Jacques est frappé par le zèle qu'a déployé l'auteur de *Paludes* au service de celui de *L'Arbre.* Qui parlerait alors d'antinomie entre ces deux écrivains qui militent l'un pour l'autre ?

Pour mesurer le degré d'affectueuse intimité dans laquelle vont vivre, de longues années durant, dès avant que leur collaboration commune à la *NRF* prenne le pas sur leurs autres préoccupations, le maître de la villa Montmorency et le jeune homme de Bordeaux, il faut entrouvrir leur correspondance. Au lendemain de la mort de Jacques Rivière, André Gide, conscient de leur importance, publia dans la *NRF* quelques-unes des plus belles lettres de son ami[7]. Mais d'autres messages, moins éclatants de part et d'autre, sont peut-être plus révélateurs.

Quelques semaines seulement après leur première rencontre, au début de mars 1909, Jacques s'est cru entré assez avant dans la familiarité de son aîné pour lui annoncer ses fiançailles avec « une toute petite fille ». La réaction d'André Gide est saisissante, et plus démonstrative encore de l'immédiateté de cette amitié que la lettre de Rivière : d'emblée, connaissant à peine l'autre, il s'y livre à nu, nouant – avec ce mélange de préciosité et de spontanéité qui n'est qu'à lui – et sa vie, et l'œuvre qu'il vient d'achever (*La Porte étroite*), et la confidence de son correspondant :

> Rome le 12 mars 1909
>
> Cher jeune ami,
> Votre lettre ne me surprend pas – mais me réjouit et m'émeut de la manière la plus vive. Que cela vous va bien d'être fiancé ! Je sens que vous saurez rendre votre femme heureuse – et c'est bien pour donner, pour créer le bonheur qu'il faut se marier. Je n'étais pas plus âgé que vous quand j'engageai ma vie ; mais il me fallut, ensuite, sept ans de patience obstinée pour obtenir le mariage...

Le parallèle entre les deux aventures est audacieux – compte tenu de ce que nous savons aujourd'hui et de la nature des deux « résistances » qui furent longtemps opposées, ici par la mère d'André, honnêtement préoccupée d'épargner à sa nièce Madeleine Rondeaux les épreuves dont elle ne pouvait manquer de souffrir *, là par le père et la belle-mère de Jacques, en proie aux plus médiocres soucis de fortune et de « rang ».

Mais celui qui est déjà l'arbitre de la création littéraire en son temps va bien au-delà de cette première confidence intime — la liant au livre qu'il s'apprête à publier et donnant ainsi tout son sens à *La Porte étroite*.

> ... je désire que vous lisiez mon livre, – et je suis impatient que vous le lisiez ; vous y verrez beaucoup de moi-même, de celui que j'étais du moins à votre âge, et vous comprendrez mieux l'instinctive affection qui m'a porté vers vous. Depuis, bien des alluvions ont... encrassé mes vertus premières ; de là l'effort d'acrobatie pour écrire ce livre qui m'a coûté plus de mal que tous mes autres réunis – précisément parce qu'il est le plus sincère, mais aussi le plus anachronique dans la sincérité...

Écrit à un jeune homme quasi inconnu encore... La réponse de Jacques Rivière révèle l'extraordinaire émotion éprouvée à la lecture de ces lignes si intimes, si dénudées, et qui d'un coup, mieux probablement que les trois premiers entretiens avec l'homme aux mains croisées sur les genoux, l'ont lié à lui.

Cette lettre a été publiée dans le numéro spécial de la *NRF* consacré à Jacques Rivière en avril 1925[8] dans sa forme retouchée, celle que lut André Gide. Plus émouvant peut-être est le brouillon conservé par Alain Rivière. On en a déjà cité quelques mots ** où le jeune écrivain révèle à son correspondant son souci de ne rien rejeter, ni de lui-même ni des efforts extérieurs, de tout « englober ».

Tout aussi révélatrices sont ces notations, plus aiguës dans le brouillon que dans le texte achevé. « ... Je me donne l'air d'être unique [...] alors que tout ce que je disais n'était qu'une répétition imparfaite et grossière de vos livres [...]. Comme il est peu important de se distinguer, d'ausculter sans cesse son originalité ! Comme c'est un besoin médiocre, qui décèle la fragilité de ce que l'on s'efforce de conserver... »

Mais, comme Gide lui-même, c'est dans un passage non publié par la *NRF* que Rivière se démasque le mieux par rapport à son correspondant.

> ... J'ai lu la deuxième partie *** de *La Porte étroite* dans la *NR* **** que M. Schlumberger m'a très aimablement envoyée. Je ne peux pas encore vous dire mon émotion : il faut que je finisse. Il faut surtout que je puisse lire d'un bout à l'autre, longuement, avec repos et délice, cette anxieuse, cette passionnée confidence. Et pourtant dès maintenant je suis troublé par je ne sais quel tragique et insaisissable voile,

* Quitte à se raviser peu avant sa mort.

** Voir plus haut, p. 128.

*** Le récit de Gide fut publié en trois livraisons.

**** *NRF*, bien sûr. Le « *F* » – et ce qu'il implique – n'était pas encore intégré par tous les fidèles... (On y reviendra chapitre VI.)

> par ce ravissement de l'impossible, par cette impuissance au bonheur immédiat...

Mais que serait un écrivain qui laisserait croire qu'il s'accomplit dans le « délice » d'une autre lecture, fût-elle de haut vol ? Jacques veut très vite s'affirmer. Et plutôt qu'à Henri Fournier son frère, et plutôt qu'à Claudel, c'est à Gide qu'il va dévoiler le plus complètement, en août 1909, le sujet, les thèmes et les personnages du livre auquel il travaille depuis deux ans, lui donnant jusqu'à nouvel ordre pour titre *Les Beaux Jours* — dont nous savons que ne sera jamais publié (sous ce titre) qu'un fragment autobiographique *.

Claude est, comme Ménalque et les premiers héros de Claudel, un homme de désir dont il tient tous les objets pour également aimables, « également dépouillés de bien et de mal ». Mais il n'a pu traverser la « compagnie de Ménalque » sans en avoir gardé un subtil scepticisme, une intime clairvoyance : sa vie doit perdre ainsi la « raideur cruelle » que son tempérament originel lui eût imprimée. Le récit se situe « au moment de ces beaux jours où vers la fin de l'été je ne sais quoi de désespéré, de vain et d'irrémédiable blesse le cœur » :

> Cette clairvoyance, ce n'est plus l'égalité d'amour de Ménalque, l'indifférence de sa ferveur (dont pourtant elle provient) mais c'est une paix désespérée, une silencieuse et immobile compassion, un arrachement muet de toute l'âme qui saisit la vanité intérieure du monde et de la vie, une acceptation de tous les crimes comme équivalents à toutes les vertus, le pendant du dernier acte de *La Jeune Fille Violaine*...

Voilà un jeune écrivain dont on peut dire qu'il n'a pas honte de ses maîtres, d'ici et de là. Il y a quelque chose de touchant, mais aussi de crispé, dans cette revendication de double paternité. En ces quelques lignes anxieuses on croit entrevoir déjà ce que sera la relative impuissance romanesque de Rivière, tout entière impliquée dans ce « schéma des maîtres », dans cette fiévreuse ambition de se situer sans s'inféoder, et de parler de « désir » plus que des objets et des êtres désirés. Ce Claude, est-ce parce que le livre ne fut jamais écrit que nous ne le « voyons » pas comme nous voyons Meaulnes ou Charlus ? Ou est-ce parce que nous ne le voyons pas que le livre ne prit jamais la forme d'un roman ?

*

La relation avec Gide, qui plus tard sera absorbée par elle et se confondra avec la vie et les problèmes de la *NRF*, s'épanouit en bien d'autres domaines que la littérature. En attendant que les débats

* Voir chapitre II.

religieux ne l'envahissent, vers la fin de 1910, les deux hommes se révèlent fort attentifs l'un et l'autre à tout ce qui concerne « la vie qui va », la musique, la peinture ou la danse (qui, en la personne d'Isadora Duncan, a fait l'objet de l'un de leurs premiers débats).

S'agissant de la vie quotidienne, Jacques ne saurait manquer de consulter son nouvel ami à propos de son problème professionnel : professeur ou écrivain ? — étant bien entendu que le professorat ne saurait bannir la littérature, le choix étant entre « journaliste-écrivain » et « professeur-écrivain ». On a vu qu'en cette affaire Paul Claudel a pris une position très radicale, sommant son jeune ami d'opter pour l'enseignement, faute de quoi il serait contraint de « faire le trottoir » (littéraire, qui selon lui ne vaut pas mieux que l'autre).

Quand Rivière ainsi chapitré se retourne vers son second maître en vue d'obtenir un avis qu'il espère différent, la situation a évolué : son deuxième échec au concours d'agrégation l'a un peu éloigné de l'option universitaire. Il a amorcé une carrière de professeur d'enseignement privé à l'institution Saint-Joseph, en attendant le collège Stanislas, y éprouvant les cruels déboires que lui inflige, on l'a vu, la conduite de ses élèves.

On ne sera pas étonné de voir ici Gide plus nuancé que Claudel... Inutile de se référer à la part normande de ses origines pour relever le caractère ambigu de sa réponse, qui se fonde entre autres sur deux précédents : celui de son ami Jacques Copeau, qui a bien du mal à vivre de sa plume, et celui de son beau-frère Marcel Drouin, qui n'a pas moins de mal à s'arracher à ses cours de professeur de philosophie pour écrire. Les arguments et inconvénients s'équilibrant, il ne saurait peser sur une décision qui, estime-t-il, « ne peut venir que de votre femme et de vous-même », étant entendu que, pour sa part, il approuvera l'un ou l'autre choix « de tout cœur ».

La réponse de Jacques est, elle, sans ambiguïté. Il convient certes que, si Claudel l'a « souvent rudoyé », c'est « pour [son] bien », et avoue qu'il ne se voit guère en journaliste, en dépit des encouragements de Copeau (avec lequel il collabore pour des chroniques théâtrales ou littéraires).

> ... Je n'ai pas le chic, je suis trop inculte *, trop rébarbatif avec mon style hérissé qui ne sait pas se plier aux nuances. Arriverai-je jamais à écrire des articles avec une facilité suffisante pour que cette besogne n'empiète pas sur mes moments réservés ? Et si elle doit usurper tout mon temps, quel avantage ai-je à renoncer au métier de professeur ? Je suis terriblement pressé d'écrire. Il faut que j'aie fait au moins ce livre avant de mourir. J'y pense tout le temps. Il est maintenant parfaitement mûr [...]. J'enrage déjà de n'y pas travailler plus souvent. Que sera-ce s'il faut que j'y renonce complètement ? [...] Claudel

* C'est à coup sûr le dernier argument auquel on aurait pensé ! Si tous les journalistes « à succès »...

admet tranquillement que je passe encore deux ou trois ans à préparer l'agrégation. Sur quelle longévité * puis-je donc compter d'après lui ?

Mais Jacques ne peut se retenir plus longtemps d'être sincère :

> Vous sentez de quel côté je penche, et que malgré l'avenir très sombre que j'imagine à ma carrière d'écrivain, c'est encore à cette solution que je me sens le plus disposé. – Ma femme de toutes ses forces m'encourage à la choisir. Cependant je ne m'y déciderai, si je m'y décide, que parce que je sais pouvoir compter sur votre appui [...]. Si ma chance ne m'avait fait vous rencontrer, je n'aurais sans doute pas eu le courage de me livrer au métier d'écrire, sans m'être assuré une situation indépendante. Aussi je veux que vous sachiez que vous êtes un peu responsable de moi et j'aimerais que vous acceptiez de l'être...

Voilà qui ne manque pas d'audace — de la part d'un timide... On imagine le « bigre ! » que doit laisser échapper Gide — si affectueusement lié à Jacques qu'il se sente. Il ne fera d'ailleurs paraître nulle réticence, et agira en conséquence, justifiant l'éloge que faisait Gabriel Frizeau de sa « bienfaisance envers ses amis » — au moins tant qu'ils ne lui portent pas ombrage, comme il sera porté à le croire parfois, s'agissant de Jacques Rivière, après 1920.

Il faudrait être abusivement enclin au cynisme pour écrire que voici Jacques Rivière paré du côté du ciel par Claudel, le maître spirituel, et du côté de la terre par André Gide, promu « responsable » de son avenir... Nous savons que le jeune homme de Bordeaux ne pratique pas ce genre de dichotomie. Après tout, c'est Claudel qui lui procurera son gagne-pain des années suivantes à Stanislas, tandis qu'en ce temps-là *La Porte étroite* oriente plus intensément sa vie spirituelle que *Le Partage de midi*. Et nous verrons qu'alors que la correspondance avec Claudel se « laïcise », les lettres échangées avec Gide s'orienteront de plus en plus, à partir de 1912, vers une discussion sur le christianisme.

Dans l'ordre matériel, en tout cas, Gide va bientôt répondre à l'espoir de son « protégé » en lui ouvrant les portes de la *NRF* **, non plus pour quelques articles discrètement « pigés », mais en tant que secrétaire aux côtés de Jacques Copeau ; et il saura à l'occasion s'improviser le conseiller financier du jeune provincial, lui proposant de vendre du Panama...

Dans le domaine intellectuel, leur correspondance est ponctuée notamment de débats sur Dostoïevski, Jacques confiant à son mentor qu'il en a reçu un « bouleversement intérieur immense » qui peut se mesurer (ce qui est nouveau chez lui) à son silence sur le sujet ; de Stendhal qui « de plus en plus [le] passionne et [le] repousse », dont il sent le « style [lui] faire du bien » mais dont la « sincérité » lui semble

* Il n'a pas vingt-cinq ans !

** Voir chapitre suivant.

d'un métal moins pur que celle de l'auteur des *Possédés* — ou de Péguy dont la *Jeanne d'Arc* a fort ému Gide qui s'en dit « tout capoté »... Escrime où les fleurets ne demandent pas à être mouchetés, tant les convergences sont aisées entre ces deux amoureux de clarté fascinés par les replis les plus obscurs du cœur humain.

De cette protection dont il bénéficie auprès du prestigieux auteur de *La Porte étroite,* Jacques Rivière a la générosité de vouloir faire bénéficier ses amis. Il est peu de dire qu'auprès de Gide, il « pousse » Henri Fournier, René Bichet et André Lhote, voire Jules Romains, son condisciple de Lakanal, ou encore Alexis Léger qu'il se targue à juste titre d'avoir convaincu de poursuivre une œuvre que son auteur même affecte de mépriser *.

Le plus rude, le plus patient combat, c'est naturellement au service de Fournier qu'il le livre. Que Gide ait montré peu d'intérêt pour les premiers textes de l'auteur du *Grand Meaulnes,* c'est une évidence à laquelle Rivière a dû se rendre dès son premier déjeuner villa Montmorency **. Il ne renonce pas pour autant. De lettre en lettre, il harcèlera Gide qui prend conscience, de son côté, de la réserve boudeuse d'un Fournier trop persuadé de son propre pouvoir de séduction pour n'être pas agacé par le relatif dédain du grand écrivain.

Comment surmonter ces incompatibilités entre séducteurs ? En novembre 1910, Jacques monte à l'assaut pour la gloire de son beau-frère, faisant jouer des ressorts psychologiques et sentimentaux auxquels il sait son « protecteur » sensible : « Je me sens mal à l'aise pour vous parler de lui [...] Il est de ceux qui [...] attendent qu'on vienne les reconnaître et qui même au moment où l'on essaie la sympathie, se rebiffent et vous raillent [...]. Pendant la première année, où nous avons vécu ensemble à Lakanal [...] il se moquait de moi sans cesse et pour tout [...]. Bien que nous ne cessions de nous attaquer l'un à l'autre *[sic]* sur nos différences (nous n'avons presque que des différences), je tiens à lui avec violence[9]. »

Mais ce plaidoyer ne suffira pas à fermer les plaies, celles de Fournier en tout cas. Il ne se sentira jamais chez lui sur la « planète Gide » ***, et vivra d'autant plus mal les péripéties qui entoureront la publication du *Grand Meaulnes* **** que les torts seront de son côté plutôt que de ceux du « Comptoir d'édition de la *NRF* ».

*

Dans un milieu tel que celui des Gide, où l'on est attentif aux signes, et, sans ostentation, féru de ses aises, la progression d'une amitié va d'étape

* Voir chapitre XXI.
** Voir plus haut, p. 135.
*** Bien qu'invité à Cuverville lui aussi.
**** Paru en livraisons dans la *NRF* (été 1913), mais édité chez Émile-Paul

en étape, de l'accueil villa Montmorency au repas pris en compagnie de Madeleine et de l'épouse du nouvel ami, et du dîner à dix couverts, dans le même cadre, au séjour à Cuverville, le très beau domaine que l'écrivain tient de la famille de sa femme, dans le pays de Caux.

Signe très clair de la force des sentiments qu'éprouve décidément l'auteur de *Paludes* pour son jeune interlocuteur (sentiments dont il faut tranquillement dire une fois pour toutes qu'ils n'excédèrent jamais ceux dont est faite la plus classique amitié), c'est dès l'avènement du premier été de leurs relations, en juillet 1909, que le châtelain de Normandie offrit à Jacques Rivière de venir se reposer quelques jours chez lui, avec sa femme, au lendemain de leur mariage. Mais trop de sollicitations pressaient alors le nouveau couple, la famille de Cenon (à l'opposé de celle de la rue Hustin) était trop impatiente de les recevoir, et Isabelle trop timide, pour que l'invitation de Gide pût si tôt être acceptée.

C'est l'année suivante, en juillet 1910, que les jeunes Rivière sont reçus à Cuverville, où ils passent trois semaines dans ce qu'il faut appeler un éblouissement continu. Tout y contribue, l'« exquise »* courtoisie de l'hôte, la bonté qui irradie de la personne de Madeleine Gide, le confort de la maison, la beauté des sites, le fait aussi d'être accueilli fraternellement par l'un des grands écrivains contemporains… Les lettres des jeunes gens à leurs familiers débordent d'une joie sans nuance :

Jacques, écrivant à Henri**, parle d'une « maison de fées », avouant qu'il ne se sent pas capable de décrire « le paradis dans lequel […] nous vivons en ce moment ». Mais le voici lancé, non sans bonheur :

> Hier j'ai parcouru un peu le pays en bicyclette *[sic]* avec Gide. Nous avons été à Fougueusemare, Gerville, les Loges. On croit le pays tout plat ou simplement ondulé. Et puis voilà qu'entre Cuverville et un point que l'on aperçoit tout près, il y a tout un vallon étrange, où descendent de grands arbres, et où nous avons plongé nous-mêmes tout à coup. Tout le pays est ainsi […]. Hier tout à coup au détour d'un village, nous avons découvert la mer au loin. Cet après-midi nous allons peut-être aller à Étretat en voiture. Et comme le vent est terrible, elle sera sans doute agitée […].
> Je ne peux pas vous dire combien les Gide sont délicieux pour nous. Madame Gide est d'une bonté et d'une délicatesse admirables. Isabelle est déjà très intime avec elle. Quant à Gide, jamais il n'a été si gentil encore. Il nous joue du piano, nous fait des lectures et trouve moyen de travailler beaucoup…

Jacques écrit lui aussi avec entrain – et profit semble-t-il –, rédigeant d'un trait le chapitre central de son livre, *Les Beaux Jours*.

* Comment éviter cet adjectif ?
** Que Gide a fait le geste d'inviter une semaine après sa sœur et son beau-frère.

> Isabelle le trouve très bien. Et Gide aussi à qui je l'ai lu. On me pousse au travail. On me nourrit comme un cheval favori [...]. Gide et Copeau sont exquis. Nous faisons des blagues toute la journée. Hier Gide faisait le petit vieux, d'une manière tordante. Et en nous promenant, il jouait le Père Ubu * (une scène supplémentaire qui se trouve dans les *Minutes de Sable mémorial*) :
> Le vieux professeur de polyèdres (je crois) : « Ayez pitié de moi, Monsieur ! Je suis un pauvre vieillard sans défense !
> Ubu : Vous êtes sans dé-fen-se ? Eh ! bien alors nous allons vous tuder » [10].

Ces semaines d'enchantement, qui n'auront pas même été assombries par la méfiance que, sourdement, André Gide éveille chez Isabelle Rivière **, Jacques les résume en une brève « lettre de château », du 25 juillet, où l'on perçoit comme un bégaiement d'émotion : « ... Les jours que j'ai passés à Cuverville sont parmi les plus heureux de ma vie [...]. Que ce pays est beau [...]. Quel souvenir je garde de l'accueil que vous nous avez fait ! Avant d'arriver chez vous, ma timidité était pleine d'inquiétudes. Et tout de suite vous nous avez rassurés... »

Cette joie juvénile est portée à son comble, une semaine plus tard, quand Rivière prend connaissance de l'éloge sans réserve fait par Gide du chapitre des *Beaux Jours* rédigé à Cuverville. C'est « simplement, joyeusement » que le châtelain du pays de Caux dit « combien [il] aime *Les Beaux Jours* », jugés « excellents » et qui le conduisent à cette conclusion : « J'ai plus confiance en vous que jamais... » S'il fut jamais un homme heureux...

Autre thème constant de cette correspondance multipolaire : la musique. La peinture (celle de Lhote) avait été l'occasion du premier accostage. Mais Gide ne lui voue pas la même passion que Rivière. La musique, en revanche, fait partie intégrante de sa vie : la légende gidienne comporte une ample séquence pianistique, axée sur Chopin — auquel Rivière consacrera, comme par hasard, l'une de ses premières « notes » à la *NRF,* ayant demandé et obtenu que Gide joue pour lui une ballade. Et pour quel autre motif que pour l'audition, au concert Colonne, de la « deuxième » de l'*Iberia* de Debussy, Gide comprendrait-il que Rivière lui refuse d'assister à l'un de ses dîners ?

Il n'est guère de lettres que ne traverse la musique, et accessoirement la danse, à propos d'Isadora Duncan ou de Nijinski. Schumann et le *Carnaval,* Franck et le *Prélude, choral et fugue* sont pour eux des références familières. Et quand Gide, blessé à un poignet, se voit interdire pendant plus d'un mois son heure de piano quotidienne, il n'est

* Jacques Rivière le goûte fort : quelques mois plus tôt, il écrivait à ses tantes, on l'a vu, que c'était la pièce la plus intéressante depuis un siècle.

** Voir plus loin, p. 155.

pas de consolation que Jacques ne lui cherche. Et quand l'auteur de *Paludes* est invité à faire le voyage de Mont-de-Marsan pour écouter, chez lui, le grand pianiste Francis Planté, Jacques le presse de partir.

*

Nous savons la procédure par laquelle Jacques Rivière prétendait parvenir à l'intelligence de ceux qu'il admirait le mieux — Debussy, Claudel, Moussorgski, Cézanne : leur consacrer une étude critique. Ces mots, ces phrases qu'il formait, il croyait les transformer en torche, afin de faire la lumière. Il lui sembla au début de 1911 que le tour de Gide était venu.

Cet homme que, depuis cinq ans, il lisait avec tant de soin, avec lequel depuis deux ans il avait échangé tant d'idées et d'opinions, offrait à son étude un matériau beaucoup mieux repéré et contrôlable que les sujets qu'il avait jusqu'alors traités. Six mois après le séjour à Cuverville, il se mit à la tâche, sans en informer son modèle (au moins par écrit : la correspondance n'en porte trace que l'œuvre achevée, ou sur le point de l'être).

La première partie de l'article, qui traite de l'écrivain, de son style et de ses procédés, est communiquée par Jacques Rivière à André Gide le 5 juin 1911, non sans « un battement de cœur » : l'auteur prévient le destinataire qu'elle est « ennuyeuse » — prouvant ainsi sa lucidité. Mais son modèle, lui, ne laissera paraître nul « ennui ». Il ne perd d'ailleurs pas de temps pour se faire une idée : la réaction de Gide est datée du 6, quelques heures après la réception de ce texte de trente pages. Sa réponse dut provoquer, chez son exégète, de nouvelles palpitations. Une évidente satisfaction y éclate : Gide aime être aimé et croit voir, en cet essai, une publique manifestation d'amour.

L'auteur de *La Porte étroite* se dit « tout gonflé » par la lecture de ce texte qui nous paraît décevant, où il puise un « réconfort durable » et qui lui inspire une « reconnaissance » qu'il ne pourra exprimer que « peu à peu ». Il proclame son « admiration » (mot souligné) pour le style de Rivière qui provoque son « ravissement continu » — et une juste remarque du jeune critique sur l'absence d'images dans son écriture lui inspire cette observation plus révélatrice à elle seule que toute cette partie de l'article : « La chose même que je disais m'a toujours paru plus belle que ce à quoi je l'eusse comparée. » Gide tout entier...

Jacques, le lendemain, jubile ainsi : « Je suis content, content que vous soyez content. » Se fait-il trop d'illusions sur son travail ? Il sait très bien que ce qui fait la valeur de son étude tiendra dans la seconde partie, consacrée à la signification de l'œuvre de Gide, ne serait-ce que parce qu'il faut prendre là quelques risques à l'égard de son maître — de « ses » maîtres.

Le second volet est beaucoup plus riche en effet que le premier. Il y a là, sur la complexité gidienne, opposée à la simplicité de ces âmes qui « sont toujours du même avis qu'elles-mêmes » (Claudel ?), sur l'inaptitude à choisir de cet esprit « frappé d'un immense amour hagard » se complaisant « en chaque objet où il voit tout l'univers », la plus judicieuse introduction que l'on ait proposée de l'homme de *Prétextes*.

Une note de bas de page, notamment[11], donne le ton juste : « Gide est possédé par l'impartialité. Elle n'est pas en lui produite par un effort de la raison, elle n'est pas une justice froide et appliquée, elle est une subtile passion. Gide n'a pas besoin de se contraindre pour tenir compte des idées adverses, des sentiments contraires [...]. Il les éprouve naturellement tous ensemble [...]. Il n'arrive pas à l'impartialité, il y cède... »

Et dans le morceau final que Rivière a intitulé tout simplement « Éloge d'André Gide » et placé sous le signe de cette formule éminemment gidienne : « D'abord je vis et cela est magnifique », il y a ce beau salut :

> Un être intact : voilà ce que j'admire en Gide. La vie ne l'entame pas, n'arrive pas à le diminuer [...]. Il n'abandonne rien de lui aux événements qu'il traverse. Je ne trouverai en lui aucun de ces grands renoncements qui dorment, comme un pauvre, la tête entre les bras, dans le cœur des hommes de quarante ans. Je contemple celui qu'aucune défaite n'a touché. D'où la joie terrible dont il est possédé[12]...

Jacques Rivière ne se séparera pas de son modèle sans lui lancer un appel où l'on peut voir une sorte de sommation : « Gide n'a pas fini : nous ne le tenons pas encore... » Son œuvre, insiste-t-il, n'est encore qu'une préface, ce qui est en lui d'essentiel est à venir. S'il est vrai qu'il est habité d'« une impatience infatiguée », alors Gide est en attente. Et Jacques Rivière ose même suggérer que « tout cela ne comptait pas... ». Audacieux.

A cet éloge en forme d'incitation provocante, Gide réagit avec une générosité quasi juvénile :

> O mon ami ! je reste tout bégayant devant cette feuille blanche et ne sais comment raconter la grave et violente joie qui m'enivre. Narcisse devant la source, avec quelle attention j'écoute son flot minutieux ; non point amoureux de mon image, mais terriblement anxieux d'en prendre bonne connaissance, pour fuir à neuf ma ressemblance *que je hais,* et, cette fois, grâce à vous, plus savamment (la fuir), plus délibérément, plus éperdument que jamais.
>
> Je vous expliquerai un jour le secret de ces refus, de ces résistances, et l'affabulation centrale de l'extraordinaire et indicible drame qui s'invente et s'informe à travers moi – et dont mes livres ne sont qu'un reflet diminué, qu'une parodie craintive [...]
>
> « Joie terrible » [...] vous avez de ces alliances de mots, mon ami, qui

> touchent au secret de mon cœur ; avec quelle tremblante émotion je vous lis. Pourrez-vous bien comprendre ce qu'elles sont pour moi, ces pages ? à quel point j'en avais besoin – et quelle réalité brusque elles donnent à tout ce dont je veux m'évader ? Je me glisse voluptueusement à travers vos cerceaux, comme à travers des pertuis étroits le serpent qui veut muer, qui sent que sa peau colle à lui ; qui se frotte.

André Gide ne veut pas conclure cette action de grâces sans mettre l'accent sur l'art de son disciple : « Cette extraordinaire et pathétique pétrissure des mots et de la pensée, écrit-il, qui vous est si particulière, que j'aime tant. » Ni sans lui renvoyer la balle, en quelque sorte, à propos de son avenir : « Vous aussi, vous allez être terriblement gêné par vous-même [...] la réalité va trouver en vous peu de place où s'asseoir... » Pronostic ambigu, qu'il fera suivre huit jours plus tard de cette saisissante annonce : « Nous ne sommes que sur le seuil de notre amitié... »

Grisé, Rivière ? Pas du tout. Enhardi, plutôt, par cet accueil « exquis » du maître de sa génération. Et le voici en route pour une épître magistrale, où seront prodigués éloges nuancés et incitations sans timidité :

> ... Cet André Gide nº 1 que j'ai décrit, je l'aime, il est important, il est considérable. Il aurait même fallu mieux exposer ses vertus, mieux montrer combien il méritait le respect et l'attachement.
> Pourtant allons plus loin. Il y a, je crois, entre nous désormais assez de choses pour que nous ne gardions secrète de l'un sur l'autre aucune pensée. N'est-ce pas cette sincérité qui est le seul intérêt de l'amitié ? D'ailleurs vous le savez.
> Que je vous dise maintenant comment j'entends votre évasion. Il ne s'agit plus simplement n'est-ce pas ? de vous transformer une nouvelle fois avec l'idée de vous transformer encore. Jusqu'ici vos évasions se sont toutes faites dans un monde purement intérieur. C'est de vous-même vers un autre vous-même que vous échappiez. Maintenant il faut d'un seul coup sortir, devenir réel, c'est-à-dire entrer dans un monde où ce que l'on choisit demeure, est fixe, ne permet plus l'abandon. Il faut finir, il faut rompre avec soi une dernière fois sans espoir de se quitter ensuite. Il faut se quitter une bonne fois.

Et sans craindre la redondance, Jacques ponctue ainsi cette « leçon » au maître : « Maintenant il faut vous délivrer de vous-même. »

Qui des deux est l'aîné, le maître ? Qui, le mentor, le gourou ? Quatre ans plus tôt, Jacques a lu dans les *Nourritures* l'appel à « jeter ce livre ». Et deux ans après la première rencontre devant les toiles d'André Lhote, le voilà qui jette à Nathanaël : « Hors de toi ! Quitte-toi ! » On pourra voir là de l'outrecuidance.

A Claudel, Rivière a su longtemps résister, avec bravoure. Avec Gide, il passe à la contre-attaque, avec audace. Et pour une fois usant du premier contre le second, il cite un propos de Louis Laine : « Je suis dans le grand monde comme un homme égaré et perdu » pour décrire la « situation » de Gide... Il se rend compte soudain de son audace, crie à son correspondant qu'il n'est qu'une voix qui lui clame « une amitié de violence et de commandement ».

Une fois encore, Gide va se montrer étonnamment digne de cette « amitié de violence » — convenant d'emblée qu'il ne fait « que commencer », que ce qu'il a écrit jusqu'alors n'est qu'« œuvre de jeunesse » et que « tout [lui] reste à dire », qu'il a « fait [ses] malles », comprenant enfin qu'il vaut mieux ne rien emporter... ».

Vit-on jamais gourou plus accommodant — et plus lucide ? A son disciple qui lui intime l'ordre de se quitter, homme et œuvre, le voilà docile, presque repentant, prêt à changer de peau, presque d'âme, contrit comme l'enfant prodigue. Et ne risquant quelques jours plus tard qu'une requête d'une aimable humilité : si Rivière refuse de voir en lui un poète, ne pourrait-il se retenir de l'exclure du monde des « musiciens » ? (Cette concession, Jacques Rivière voudra bien y consentir...) Il est si humble, Gide (au moins en expression), que Jacques s'empresse de le rassurer : « Il y a deux chefs-d'œuvre au moins dans ce que vous avez fait : *L'Immoraliste* et *La Porte étroite* [...]. *Paludes* aussi est un chef-d'œuvre... » Ouf ! Gide est sauvé de l'enfer où Rivière a rejeté Barrès, après Maeterlinck... L'article paraît dans *La Grande Revue* où Jacques Rouché a longtemps rechigné à publier cette « thèse de doctorat » et ne prend le texte (raccourci), a-t-il aimablement précisé à l'auteur, que « pour faire plaisir à notre ami André Gide »...

Plaisir dont nous avons vu d'abord l'intensité, mais qui tendra à s'amenuiser. De cet essai, l'auteur de *Prétextes* se déprendra au fil des ans — qu'il lui soit devenu plus malaisé de s'entendre donner la leçon, que ses rapports avec Jacques fussent devenus plus ambigus ou que les faiblesses de l'étude de Rivière aient paru à ses yeux écraser la pertinence de bien des traits. Il parlera plus tard de « mise dans le plâtre » — ne cachant pas que, pour un coureur tel que lui, il n'était ni sain ni opportun d'être « plâtré ». Mais de qui eût-il accepté une telle opération, qu'il fit, plus subtilement, subir à d'autres ?

Rappeler ces réactions — rétrospectives — du principal intéressé donne l'occasion de reconnaître que son premier texte sur Gide n'est pas le meilleur des essais réunis dans le premier livre de Jacques Rivière, *Études,* publié à la fin de 1911 par les soins du « Comptoir d'éditions de la *NRF* ». Livre où beaucoup virent l'entrée dans la carrière du grand critique de l'époque.

Jacques avait d'abord choisi d'intituler son ouvrage *Plusieurs Maîtres,* fidèle à l'esprit de ferveur et de fidélité qui inspire une critique où, dira-t-il plus tard, il a « introduit les mœurs de l'amour * ». Cette collection

* Voir chapitre XXV.

d'hommages critiques eût fait mieux penser au catalogue de *Don Juan...* On croit savoir que c'est Copeau qui le détourna de cet intitulé pour proposer *Études,* titre d'une fadeur et d'une austérité tout universitaires — au moment même où il venait d'échouer encore au concours de l'agrégation de philosophie...

Sous cette casaque falote, c'est une marqueterie de textes inégaux — musiciens et peintres, Debussy, Cézanne, Ingres ou Moussorgski étant mieux traités que la plupart des écrivains, Baudelaire et Gide notamment. Mais *Etudes* fit connaître qu'un esthéticien hors du commun était né et que, dans ses divers modes d'expression, le génie de ce siècle adolescent avait trouvé pour l'annoncer, à peine surgi lui-même de l'adolescence, un brave pionnier.

*

Soumis à la rude épreuve du scalpel anatomique, le dialogue Gide-Rivière allait la surmonter avec bonheur, nourri ou ranimé par les péripéties de la vie quotidienne qui chaque fois faisaient éclater la fragilité du cadet, la sollicitude de l'aîné. Qu'il s'agisse de l'incident qui détacha définitivement Rivière de ses principales activités enseignantes, ou de la naissance de son premier enfant, ou de son engagement à *La Nouvelle Revue française* à titre de secrétaire, chaque fois se manifestent une diligente sympathie, une chaleur de sentiments exprimée par les formules terminales des lettres, qui passent pour le cadet du « respect » à l'« amitié » et pour l'aîné de l'« affection » à la « tendresse ».

Jacques Rivière, qui allait devenir un conférencier très écouté, ne fut jamais, on l'a indiqué, un enseignant heureux. Sa timidité prenant naturellement la forme de la raideur, et le « bon-garçonnisme » n'étant pas son fort, il éprouva toujours le plus grand mal à s'entendre avec ses élèves, au collège Stanislas notamment où il s'agissait de candidats à Saint-Cyr pour qui la philosophie n'était que balivernes et « astuces »... Dans plusieurs lettres à Gide, il évoque ce climat de bataille inégale où le font vivre les futurs officiers de « Stan », entre autres Georges Guynemer, qui allait conquérir la gloire aux commandes d'un avion de combat en 1917.

Un jour, au début de décembre 1911, le plus hardi de ses élèves ayant passé les frontières de la correction, Rivière le pria de passer à la porte. Ce que fit l'autre, entraînant avec lui la totalité de ses camarades. Un « meneur d'hommes », déjà... Jacques ne pouvait pas manquer de rendre compte de l'incident au proviseur : il s'entendit répondre par ce pleutre qu'« on » lui faisait une réputation de « mauvais professeur ». Démission aussitôt présentée, et refusée. Rentré chez lui, il s'entend donner par sa femme le conseil de maintenir son retrait *. Consulté, Gide reste perplexe : il sait bien que si le jeune homme perd cet emploi, ce sera à lui, revendiqué comme « protecteur », d'en trouver un. Et il sait lequel...

Rivière a une idée en tête : devenir le secrétaire de la *NRF,* le premier titulaire du poste, Pierre de Lanux, annonçant son prochain départ. Mais le poste a été promis à Francis de Miomandre, et Gide s'en dit « navré » à son ami. Pas pour longtemps : il fait si bien que le 10 décembre 1911, le retrait de Miomandre lui permet de faire appel à Jacques pour ces fonctions médiocrement rémunérées, mais idéalement taillées aux mesures de l'auteur d'*Études*. Leur bonheur commun éclate en plusieurs lettres — et il sera, de longues années durant, partagé par les collaborateurs et les lecteurs de la revue.

A cette première épreuve, André Gide avait les moyens de donner une issue favorable. Pas à la seconde — la très difficile, très périlleuse naissance de Jacqueline Rivière. Isabelle et Jacques avaient vite appris que cet enfant très attendu — ils se sont mariés deux ans plus tôt — ne naîtrait pas sans une opération césarienne. Le grand émotif qu'est le fils du professeur Rivière vit depuis lors dans un état de transe cette épreuve plus sereinement acceptée par sa femme.

Madeleine et André Gide prennent à l'événement une part quasi familiale, s'informant, sympathisant, explosant enfin de joie lors de la naissance de Jacqueline **, effrayés par la phlébite dont souffre ensuite Isabelle. La participation sentimentale des Gide, en l'occurrence, devait-elle être mise sur le compte de leur frustration — de celle de Madeleine en tout cas ? Si complexes qu'en aient pu être les mobiles, les gestes, les attentions, les mots d'André Gide à l'égard du jeune couple ne pouvaient manquer de faire Jacques Rivière plus proche encore de lui à l'issue de cette épreuve vécue en commun.

*

La « question religieuse », Gide et Rivière ne l'avaient jamais tenue écartée de leurs échanges. Tous deux en marge de Dieu, l'un s'écartant, l'autre s'avançant, l'un et l'autre à portée de voix, il était inimaginable qu'ils ne s'informassent point de leurs dérives, approches, flottements ou tâtonnements respectifs.

Mais que ce soit à l'occasion de la publication d'un livre aussi marqué par le christianisme que *La Porte étroite,* des références de Jacques à Ménalque, de leurs débats à propos de Dostoïevski ou de Baudelaire, et longtemps même de leurs allusions à Claudel, la question chrétienne ne

* Renonçant à son enseignement régulier, Jacques continuera à donner des cours à Stanislas.

** 23 août 1911.

prend pendant quatre ans qu'une place discrète dans leurs échanges écrits. Il est bien entendu que Dieu rôde par-là. Mais en vue de quoi ? De quelle saisie, adhésion, capitulation, exaltation ? Rivière se débat pour sa part sur le seuil, dans les filets tendus par Claudel. Gide baigne dans un milieu (Madeleine, Jean Schlumberger, Marcel Drouin, la « petite dame », Martin du Gard) où le catholicisme, ses pompes et ses lois ne sont pas tenus en grande estime.

Trois années durant, on se situe de part et d'autre dans la ligne très gidienne de la disponibilité, du refus de tout refus. Pas de rejet, pas d'inféodation qui conduise au rejet. « Dieu n'est pas ailleurs que partout », « Dieu est le désir que nous avons de lui ». Ces devises en forme d'oriflammes flottent sur la correspondance, dans une tonalité voisine de celle qui inspire les échanges entre Jacques et Henri, mais avec une intensité fort différente. Là, deux adolescents éperdus. Ici, un maître de l'esquive fervente écoute et instruit le disciple magistral.

Ce qui transforme ces virevoltes autour de Dieu en affrontement d'abord convergent, et puis antagoniste, est difficile à préciser. Est-ce sous les coups de boutoir du « confesseur » Claudel que Rivière entre plus avant dans le champ magnétique du christianisme * ? Sous l'influence, alors discrète, de sa femme Isabelle, qui s'interroge encore sur le fait de savoir si « Dieu veut que nous soyons chrétiens » ? Sous celle d'Henri, son beau-frère, qui lui a confié naguère à quel point il est étreint par l'angoisse religieuse ? Ou simplement en fonction d'un cheminement intérieur qui l'a conduit à publier au début de 1912 *De la sincérité envers soi-même,* en attendant *De la foi,* essais crépitant d'interrogations chrétiennes, mais encore « en marge » ?

Ce qui est clair, c'est que le 11 novembre 1912 se déroule entre Gide et Rivière, chez celui-ci, une conversation essentielle à propos des questions suscitées par l'essai sur la foi que rédige alors le second **. Nous n'en connaissons que quelques allusions ou citations faites par l'un et l'autre : mais elle se traduisit par l'échange capital de deux lettres du 4 et du 21 janvier 1913, point culminant du dialogue spirituel entre les deux hommes, sur le thème : Jésus est-il au centre du christianisme ?

On reviendra sur les raisons de l'éloignement intervenu, à partir du printemps 1914, entre l'auteur des *Caves* et celui de la *Sincérité*. Mais il faut bien marquer que le texte de référence, ici, la lettre où d'une plume anxieuse mais intrépide Jacques Rivière délimite soigneusement sa différence et ses proximités avec André Gide a été publiée par les soins de celui-ci, attentif à rendre justice, en profondeur, à son ami et à leur amitié alors exténuée, mais longtemps si ardente. C'est la lettre du 4 janvier 1913, où l'on pourrait dire que Jacques Rivière palpite tout entier.

* On a vu qu'en 1912 le poète lui a donné rendez-vous « au prochain numéro... ».
** *Journal* de Gide, p. 382.

Il faudrait tout citer de ces pages si hardiment autorévélatrices. Rivière tenait la confession pour l'une des merveilles du catholicisme. Il la pratique avec une lucidité qui est le fruit le plus savoureux de sa sincérité envers soi-même. Rappelant à son ami que, lors du fameux entretien de novembre, il l'avait « terriblement troublé » en lui citant la parole du Christ « Je suis le chemin, la vérité et la vie », Jacques fait observer qu'en raison de la « tournure philosophique » de son esprit il n'avait jamais pensé que l'on pût être amené au christianisme pour une autre raison que pour s'expliquer le monde — celle de Thomas d'Aquin — et non par « séduction immédiate » — qui pourrait être la voie du Christ. Ainsi mesurait-il d'emblée ce qui le séparait de son aîné.

S'il se retrouve proche de Gide, c'est par la détestation de toute apologétique, argumentation machiniste et déploiement de « preuves » à la Chesterton, ce monsieur qui « relève ses manches, prépare son petit attirail pour prouver que le christianisme est vrai [...] procédés dégoûtants [...] comme autant de compères dans une salle de conférences ». Il faut, poursuit Rivière, « être catholique, c'est-à-dire prêt à tout bouffer, pour avaler Chesterton... ». Et il se défend d'avoir lui-même, dans son essai sur la foi, « sophisticaillé », ne faisant état que de « préoccupations », de questions susceptibles de faire émerger « de l'océan d'incertitude [...] quelque vérité ».

Mais ce par quoi il s'éloigne de son ami, et se reconnaît plus proche de Claudel, de Patmore * et même de Chesterton, c'est par son attachement à la « facilité », à cette invention « vertigineuse » qu'est la confession, ce « tour rendu au juste en rendant le coupable égal à lui devant Dieu ». Et voici Jacques Rivière au plus vrai, au plus profond de « sa » religion, au revers même du moralisme protestant :

> ... Depuis que je me suis retourné vers la foi, j'ai senti tant de choses simplifiées pour moi, tant de nœuds se défaire, tant de facultés en moi reprendre leur usage naturel ! Je ne peux plus considérer la conversion, comme une démarche héroïque et extrême, ainsi que la concevait Pascal, mais comme le lent avènement d'une *solution*. Quand vous me disiez : « Me convertir, pour moi, ce serait appliquer à la lettre toutes les paroles de l'Évangile, et d'abord me dépouiller de tout », je vous approuvais [...]. Et maintenant que je suis dans son ombre, je sens que le Christianisme est chose plus vaste, qu'il s'étend bien plus loin, je comprends toute la place qu'il y a en lui, tout ce qu'il admet [...].
> Il est plus difficile d'être (chrétien) en péchant et mal et sans gloire que d'attendre d'en être digne pour le devenir. (J'ajoute d'ailleurs que je ne me dis pas encore chrétien, que je n'ose pas, que je ne m'en sens pas digne, et aussi que j'y répugne par bien des côtés, notamment en tant que psychologue.)

* Coventry Patmore, catholique anglais dont la *NRF* publiera des textes traduits par son ami Claudel.

> J'aime donc la facilité du catholicisme et tout ce qu'il me permet d'emmener avec moi. Il s'agit simplement de cette merveilleuse aptitude du catholicisme à rendre son emploi à tout ce qu'il y avait de bon dans l'âme infidèle.

Apologiste, alors, à son tour ? Non. Rivière reste tendu, fasciné par d'autres voies, un autre absolu :

> N'être pas chrétien, c'est trouver à cette vie une raison suffisante. Cette raison suffisante pour moi, c'est la connaissance de moi-même. Certains jours je me mets à expliquer à ma femme mes sentiments, mes tendances, les habitudes de mon cœur, ce que je suis. Et peu à peu une sorte de lumière et de transport s'empare de moi et, à mesure que je vois mieux, que j'entre dans un détail plus fin, mon bonheur tourne à l'exaltation. Ça me soulève, ça me ravit. « Y voir clair », je ne connais rien de plus remuant, ni de plus terrible. Ah ! que je suis loin de Dieu dans ces moments-là. *Je me sens tout abandonné de lui et capable de me passer de lui.* C'est là mon impiété, c'est là le seul point où je ne suis point réduit.
> Vous voyez en même temps pourquoi, si je deviens chrétien, il faut que je sois catholique...

Jacques Rivière n'a pas épuisé là son « différend » avec l'homme des *Nourritures,* avec son panthéisme évangélique. Cet intégriste de la sincérité ne saurait manquer de relever ce qui sépare leurs « religions », leurs rapports respectifs à Jésus.

> Ici j'avoue mon malaise, je sens l'étrangeté et presque la cocasserie de ma situation. Il est évident que je n'ai pas le sens du Christ, le goût de ses paroles, ni – il faut bien le dire – l'amour véritable de lui. Je l'ai eu beaucoup plus fort, à un moment où j'étais plus loin de la foi que maintenant. Je ne sais comment cela se fait. Je m'en accuse. J'en souffre.
> Mais il est impossible que cela dure...

La conclusion de Jacques Rivière manifeste que s'il n'a pas le « sens du Christ », il a celui de l'amour humain :

> Peut-être que vous rirez de tout ce que je vous dis là, parce que vous êtes très terrible. Mais vous n'empêcherez pas que cela ne soit vrai. Et à ce moment j'ai touché le dernier fond de l'amitié humaine, où il y a une sorte d'abjuration de soi et de préférence dévorante pour autrui [13].

On n'imagine pas qu'à un tel dévoilement de soi, qu'à ce « voici l'homme », André Gide put rester insensible en tant qu'ami, et qu'il put ne pas répondre, en tant que protestant (malgré lui ?) à ce singulier éloge de la religion romaine, de la « facilité » en religion, lui qui tenait le catholicisme pour « inadmissible », le protestantisme pour « intolérable » — et lui-même pour « profondément chrétien »...

Marquant d'abord sa surprise de l'impression profonde produite sur son ami par leur entretien du 11 novembre précédent à propos du Christ et de la foi, Gide se dit bouleversé par l'exposé de Rivière qu'il voit aussi éloigné du catholicisme que du protestantisme, qu'il sent « directement inspiré du Christ », humaniste libéré des concepts de « péché », de « défense » et de « permission » qui lui semblent n'appartenir point à Jésus, mais à saint Paul et à Calvin, et qu'il se sent avec lui « en communion ». Et porté par l'enthousiasme, l'auteur du *Retour de l'enfant prodigue* va jusqu'à écrire sur un ton prophétique :

> ... Je sais où se trouve et où nous attend le *bonheur* — et que c'est là ce que le Christ est venu enseigner à la terre : *un bonheur qui passe toute intelligence* [...]. Nous vivons sur des lieux communs et ne comprenons pas que « toutes choses sont faites nouvelles » [...]. Il m'apparaît parfois que je ne vis que pour exprimer ceci — et que m'importe, auprès, mes *Caves* * ! ! et tout ce que j'ai écrit jusqu'à ce jour...

Ainsi écrivait ce délicieux prince du multiple, tout en achevant ces *Caves* si peu « importantes » qu'elles allaient, en trois éclats de rire, le brouiller avec Claudel — et, pour des raisons plus esthétiques, éloigner de lui ce Jacques Rivière si chéri, à l'opinion duquel il est si attentif...

Bientôt, grincement littéraire et dérives sentimentales vont altérer cette harmonie : les rudes critiques faites aux *Caves du Vatican* par Jacques (alourdies de celles de Copeau dont il est devenu l'*alter ego,* à un point tel que Gide pût en être agacé), la distance qui sépare, hélas ! ce livre cahotant du modèle du « roman d'aventure » que venait de tracer Jacques Rivière dans la *NRF* **, enfin l'aventure passionnelle vécue par le jeune homme avec une amie commune *** (car Gide combinait sa morale sexuelle avec un certain rigorisme dans l'ordre du mariage).

Les « raisons » de l'éloignement ou mieux du décalage observé entre eux à la veille de la guerre restent floues. Comme toujours entre gens de lettres, le désaccord à propos d'un livre, les *Caves,* aura joué un rôle primordial (et d'autant plus que Gide sait qu'il a « raté le coche ») avivant les dissonances à propos de l'essentiel.

Et puis comment négliger l'influence exercée sur Jacques par les deux êtres les plus aimés et les plus présents à sa vie, Isabelle sa femme, Henri ce « frère » auquel, a-t-il écrit à Gide, il tient « avec violence » ? L'opinion que s'était faite Henri-Alain du maître de *L'Immoraliste,* nous l'avons par divers traits suggérée : on peut la résumer en ce mot de

* *Les Caves du Vatican,* en cours de rédaction.
** Voir chapitre VIII.
*** Voir chapitre IX.

méfiance. Celle que Gide voue au romancier de *Meaulnes* n'est pas dissimulée aux lecteurs du *Journal.* Observant que X a « le nez pointu comme Alain-Fournier », il note, un peu bêtement : « nez pointus : sensuels médiocres [14] ». Et indiquant qu'au cours d'un entretien avec Rivière son beau-frère est entré dans la pièce, il glisse : « J'ai tâché de ne point faire trop piètre figure [15]... »

Quant aux sentiments qu'Isabelle Rivière nourrissait à l'égard du « gourou » de son mari, ils sont clairement manifestés dans le roman autobiographique intitulé *Le Bouquet de roses rouges.* On dira que ce livre a été écrit plus de vingt ans après les péripéties que nous venons d'évoquer *, quand Isabelle fut entrée amèrement en désaccord avec le grand écrivain à propos de la mémoire de son mari. Mais l'épouse de Jacques Rivière était un personnage trop entier et sincère pour s'être attribué, écrivant dans les années trente, des sentiments qui n'eussent pas été les siens au temps où se déroulait son histoire. Lisons le portrait de celui qu'elle nomme « Setry », tracé par Isabelle à l'occasion de la première visite du jeune couple chez les Gide :

> ... Il est laid. Au lieu de la belle figure [...] qu'elle attendait [...] c'est un visage aux grands traits à la fois rudes et aigus qui se dérobe à l'examen par une extrême et presque grimaçante mobilité : le nez, gros, renifle, la mince bouche onduleuse se tord [...] les yeux rapides sont deux souris grises sur quoi vous n'arriverez pas à mettre la main, le bref éclat luisant du regard invite et inquiète [...] des verrues, posées çà et là, mettent, dans le jeu incessant de ce visage, inexplicablement quelque chose d'impur [16]...

Portrait d'autant plus cruel que lui est aussitôt opposé celui de Madeleine Gide, « le bon ange ». La question n'est pas de savoir si la femme de Jacques Rivière est ici équitable, mais si cette répulsion dont elle ne put manquer de faire part à son mari — et qui ne l'empêchera d'ailleurs pas de goûter vivement les séjours à Cuverville chez le diable aux verrues impures — affecta à la longue les sentiments portés par Jacques Rivière à André Gide. On serait tenté de penser que, parfois, oui.

*

Près de six années durant, néanmoins, cette liaison d'âme, de cœur et d'esprit entre le « gourou » généreux et le disciple audacieux aura porté les fruits les plus heureux — et d'abord l'épanouissement, par leurs soins inégaux, de *La Nouvelle Revue française.*

* 1935.

VI

NRF : du « circuit » à la revue

Les pages les plus déroutantes du *Journal* d'André Gide sont peut-être celles qui ont trait aux quelques semaines de la fin de 1908 et du début de 1909. Non pour ce qu'on y lit — d'assez médiocres histoires de curés normands plus dignes d'une gazette radicale-socialiste que du maître de *La Porte étroite* — mais du fait de ce qu'on n'y trouve pas *.

Ce que cherche le lecteur décemment éclairé, en effet, c'est le récit de l'étonnante aventure dont Gide est alors le protagoniste, aventure qui, pour certains d'entre nous, assure la pérennité de son nom plus certainement que *L'Immoraliste* ou *Les Faux-Monnayeurs* : la création de *La Nouvelle Revue française*. Que dirait-on d'un Diderot dont les carnets passeraient sous silence la naissance de l'*Encyclopédie* ?

Silence d'autant plus fâcheux que les initiales *NRF* apparaissent quelques pages au-delà, sans qu'un demi-siècle plus tard le lecteur persan, ou le présentateur de télévision, ou le lauréat de l'École polytechnique, puisse savoir de quelle multinationale, formation politique ou organisation syndicale il peut bien s'agir là...

Quel que put être le motif de ce mutisme, il est d'autant plus frustrant que l'affaire, indépendamment de ses suites immenses, est d'une saveur beaucoup plus forte — une naissance due à six paternités et deux accouchements —, d'une truculence beaucoup plus haute que celle que lui a substituée André Gide, à propos de l'usage des neuvaines à Jeanne d'Arc (« une sainte qui n'a pas encore beaucoup servi ») pour guérir de l'hydropisie les paroissiens de Cuverville...

Mais les innocents lecteurs du *Journal* gidien ont été déniaisés depuis lors par la publication des diverses correspondances des fondateurs, par le beau récit de Jean Schlumberger, *Éveils*, et surtout par la monumentale histoire d'Auguste Anglès ** que l'on trouvera souvent citée ici.

L'évocation de ces péripéties que l'on va proposer sera évidemment

* En tout cas dans l'édition princeps de 1939 (La Pléiade, p. 270-272).

** *André Gide et le premier groupe de la Nouvelle Revue française*, Paris, Gallimard, 1978, 3 tomes.

plus modeste — braquée principalement sur la participation de Jacques Rivière. Entamée dès la troisième livraison de la revue *, cette collaboration ne cessera de s'amplifier et de s'approfondir jusqu'à la mort de l'auteur d'*Études* en février 1925. Mais on ne saurait la comprendre, ni la mesurer, sans la situer au sein du groupe fondateur dont l'initiative elle-même ne s'apprécie vraiment que dans le cadre et le climat culturel du Paris du début du siècle.

*

Dans le paysage littéraire français, alors dominé on l'a vu par sept ou huit personnages — Anatole France, Paul Bourget, Pierre Loti, Maurice Barrès, Henri de Régnier, Anna de Noailles, Romain Rolland, avec, sur la périphérie, Edmond Rostand d'une part et Charles Péguy de l'autre ** —, les revues ne jouaient pas un rôle essentiel. Les grands notables que l'on a cités, fièrement dressés sur leur fief respectif, n'usaient guère de ce moyen d'accès à un public incertain. Ils s'expriment par le livre ou sur la scène — à l'exception de Péguy, bien entendu.

Le symbolisme, dans la mesure où il pouvait être considéré comme une école autant que comme un état d'âme, avait eu « sa » revue, le *Mercure de France* et, de façon plus circonstancielle, *La Revue blanche,* voire *L'Ermitage*. Mais l'épuisement, vers 1904, de ce mouvement littéraire (et musical, et plastique) vouait à la décadence, puis à la disparition, ces publications — disparition ressentie par beaucoup d'écrivains de la jeune génération comme une frustration, une insupportable vacance.

Pourquoi ? Il est vrai que la « revue » n'avait jamais été en France un instrument comparable à ce qu'il était depuis deux siècles dans les îles Britanniques, par exemple. Mais, à Paris, la tradition des cénacles et autres pléiades (pour ne pas parler des salons) donnait des assises solides à l'exercice plus ou moins collectif de la recherche et de la création littéraires. Et l'affaire Dreyfus venait de montrer de quel poids pouvaient peser les groupements ou alliances de ceux que, de part et d'autre de la barricade, Barrès et Péguy avaient quasiment inventés en les désignant comme « intellectuels ».

Au cœur de cette mêlée, *La Revue blanche* avait prouvé que les hommes de culture les plus raffinés pouvaient intervenir dans la vie publique : l'organe des frères Natanson, de Léon Blum, de Félix Fénéon s'était institué l'une des citadelles du dreyfusisme : mais comme épuisée par cet effort, exténuée par sa victoire, la revue qu'illustraient Vuillard, Bonnard et Roussel avait arrêté sa publication en 1903, laissant libre une place qu'aucune publication n'était alors en mesure d'occuper.

* Avril 1909.
** Zola est mort en 1902.

Or, il se trouve qu'une attente se fait sentir. D'abord pour des raisons d'accès au public. Le Paris du début du siècle ne compte qu'une dizaine d'éditeurs « généralistes », capables de diffuser une œuvre et de la soutenir auprès du public. Nombre de jeunes écrivains ne trouvent pas de moyen d'expression. La revue en est un, soit pour les œuvres brèves, soit pour des poèmes, soit pour des essais percutants. Et elle peut servir « en tranches » des œuvres de plus longue haleine.

Dans ses *Promenades littéraires,* Rémy de Gourmont signale qu'en raison du mauvais accueil fait par la presse ou les « grandes revues » aux nouveaux écrivains, ceux-ci durent se regrouper pour s'exprimer librement au sein de publications collectives. La résistance opposée par les structures officielles ou « installées » était massive. Il y a dans la floraison de revues, en ce temps-là, une sorte de carbonarisme intellectuel, de révolte des marginaux.

De telles tribunes s'avèrent d'autant plus indispensables que le temps est marqué par l'indécision profuse des idées, des thèmes et des styles. La fin du symbolisme et le décri du naturalisme appellent des relèves, ou des remises à jour. L'une d'elles est en cours, par les soins des néoclassiques, antiromantiques et hellénisants, de *L'Action française.* Mais elle n'est propre à satisfaire qu'une fraction très agissante et très sonore de la jeunesse intellectuelle, dont le dénouement de l'affaire Dreyfus vient de révéler la situation minoritaire.

En quête de perspectives nouvelles, d'un ordre qui ne soit pas l'Ordre adossé au passé, manipulé par l'arbitraire et brandi comme un sabre, nombre de jeunes gens, quelques moins jeunes aussi, sont en quête de libres regroupements. Nous avons vu Jacques Rivière et Alain-Fournier s'interroger, courir de chapelle en cénacle, d'un salon littéraire bordelais à la rédaction d'un journal populaire parisien ou au Café Vachette.

En 1908, vers qui se tournera, jeune ou non, un écrivain qui n'est pas agréé par un grand éditeur comme Émile-Paul ou Ollendorf, moins encore résigné à faire sa cour à *La Revue des Deux Mondes* ou à la *Revue de Paris,* ni à entrer dans la mouvance de Barrès, de Bourget ou de tel ou tel des mandarins de la critique, Lemaitre, Gourmont, Sarcey ou Faguet ?

Il y a avant tout le *Mercure de France* d'Alfred Valette, chapelle symboliste mais tout de même assez ouverte pour accueillir aussi bien Claudel que Willy et Léon Bloy que Léautaud : le conformisme de base y est corrigé par un goût sincère pour la bonne littérature. Autre publication : *La Grande Revue* que dirige un mécène tenu pour éclairé, Jacques Rouché, moins « pingre » que les concurrents et ouvert à divers courants : on l'a vu accueillir, sans trop de réserves ni manières, Rivière, Fournier et quelques autres*. *Vers et Prose*, fondé par Paul Fort et

* Il a publié l'un des premiers articles de Jacques Rivière, « Réflexion sur l'Extrême-Occident », et surtout sa grande étude sur Claudel de 1907.

Salmon, *La Phalange, Le Centaure,* sont voués à la poésie ; *Les Marges* est plutôt une gazette d'informations littéraires qu'une revue à proprement parler : mais son directeur, Eugène Montfort, a sa place dans la suite de notre récit.

Reste, plus topique, *L'Ermitage,* fondé en 1890, interrompu en 1907. C'est moins l'esquisse de la *NRF* que le second état, affiné, d'une esquisse qui aurait été *La Revue blanche*. Non que cette très élégante publication eut l'ambition, la portée, l'influence de celle des Natanson : le tirage n'excédait pas quelques centaines. Mais on retrouve dans ses sommaires les noms qui nous sont déjà et vont nous devenir des plus familiers, et d'abord celui de Gide – qui y donne ses premières chroniques régulières, les « Lettres à Angèle » (le personnage de *Paludes*), avant de constituer, le temps de deux numéros, avec Rémy de Gourmont, un curieux comité de rédaction bicéphale. Formule périlleuse, qui provoqua naturellement entre les deux protagonistes une brouille qu'appelait leur radicale antinomie spirituelle. Mais si Édouard Ducôté ne réussit pas ainsi à apparier Voltaire et Rousseau, son *Ermitage* aura peut-être servi de couveuse au grand projet qui mûrissait depuis vingt ans dans le cerveau tourmenté d'André Gide.

*

En 1907, au moment où il quitte, après l'épineux compagnonnage de Gourmont, le doux *Ermitage,* André Gide est, aux approches de la quarantaine, engagé depuis douze ans dans un mariage blanc avec sa cousine Madeleine qu'il aime d'une ardeur évasive, lancé dans la rédaction de *Corydon* (mais ne prévoyant pas encore de publier ce plaidoyer pour la pédérastie qu'il pratique encore sans ostentation). En clair-obscur, c'est un personnage notoire. Bien qu'aucun de ses livres n'ait tiré encore à plus de 300 exemplaires – pas même *Les Nourritures terrestres,* ni *L'Immoraliste* –, il focalise l'attention, exerce une indéfinissable mais certaine influence, fascine de larges secteurs de la jeunesse (à commencer par Jacques Rivière et Alain-Fournier), exaspère, séduit...

Il en impose aussi, Gide, ne serait-ce qu'en tant que chef de file, « gourou », inspirateur « maître à penser » (une formule qui lui fait horreur, surtout appliquée à lui *) d'un groupe très informel, lié soit par la famille et le voisinage (Drouin et Schlumberger), soit par les péripéties de la vie « marginale » (Henri Ghéon), soit par l'admiration qu'expriment d'apprentis disciples (Copeau et Ruyters), soit par la vie plus ou moins mondaine (Eugène Rouart ou Gaston Gallimard), ou simplement par le miroitement des intelligences entrecroisées (Paul Valéry) ou l'échange créateur de goûts esthétiques (Maurice Denis, les Van Ryssel-

* Voir plus loin, p. 162.

berghe). Et, en marge de cette constellation, mais étincelants à distance, deux écrivains qu'il admire et qui — compte tenu des incompatibilités existentielles — le lui rendent bien : Francis Jammes et Paul Claudel.

Un groupe, un cercle, une bande, un réseau ? On choisirait volontiers « mouvance », si Gide ne parlait plutôt de « circuit » : et c'est le mot qu'Auguste Anglès a choisi et imposé pour caractériser cette espèce de « mafia » gidienne, moins secrète qu'ambiguë, moins déclarée que fidèle, moins diverse que diaprée, faite, comme le mot l'indique, de cercles à peu près concentriques, et aussi de vases le plus souvent communicants.

Le lien essentiel, le tissu conjonctif en est l'immense, la magnifique correspondance entretenue par le mandarin d'Auteuil qui, nous le savons déjà, ne laisse jamais sans réponse une lettre — dût-elle émaner d'un adolescent inconnu — et tisse ainsi la plus « exquise » (!) toile d'araignée où viendront se prendre et s'enchanter deux générations d'écrivains et créateurs de tous ordres.

Le « circuit » gidien *, il faut le décomposer en divers courants et secteurs, dont l'un formera la cohorte des six fondateurs de *La Nouvelle Revue française*. Plus ou moins isolé, sinon écarté de la vie mondaine (il se rattrapera !), Paul Valéry, fonctionnaire de petite mine et, à l'opposé de « ceux du circuit », antidreyfusard, se tient sur la réserve : mais Gide, fasciné par son admirable intelligence et par ses saillies gaillardes, par sa gentillesse aussi, n'attend que les occasions de lui manifester son affection.

Les Van Rysselberghe sont un des pôles du circuit. Lui, peintre néo-impressionniste, ami de Vielé-Griffin, s'est lié avec Gide à l'occasion des séances de pose pour un portrait de l'écrivain — comme l'a fait Maurice Denis. Mais c'est elle surtout qui compte, Maria, dont on peut dire qu'elle fut la meilleure amie de Gide et, sous le sobriquet de « la petite dame », l'auteur de carnets d'une saveur incomparable pour la connaissance de l'auteur de *L'Immoraliste*. Au surplus, leur atelier, rue Laugier (« le Laugier » dans le vocabulaire gidien), fut, avec le domaine de Cuverville et avant la villa Montmorency, sa maison et « le Vaneau », son appartement des années ultérieures, le centre de ralliement, la « chambre des machines » du réseau où on appelle volontiers Gide « le bipède », *by-peed*... Les Van Rysselberghe joueront un rôle plus significatif encore dans sa vie personnelle : leur fille Élisabeth sera la mère de l'unique enfant de l'écrivain, Catherine.

Mini-groupe dans le « circuit », les Rouart. Eugène, homme d'affaires et écrivain, mécène et entrepreneur, « Ménalque gentleman-farmer » selon Auguste Anglès, dédicataire de *Paludes* (ce qui est un hommage révélateur), possédait à Bagnols-de-Grenade un beau domaine où Gide

* De ce circuit sont exclus, à cette époque, d'anciens amis très proches comme Pierre Louÿs et Léon Blum – dont Gide avait pris la succession à *La Revue blanche*.

faisait volontiers halte, et d'autant plus que les éphèbes y étaient, semble-t-il, peu farouches. Rouart a deux frères, activement mêlés eux aussi au « circuit » ; le second, Louis, faisant profession d'un nationalisme proche de celui de *L'Action française*. Pourquoi Eugène Rouart ne fut-il pas mobilisé par Gide pour le rôle qu'assumera plus tard Gaston Gallimard, encore tangentiel au groupe ? Il préféra aventurer dans la politique ses aptitudes de brasseur d'affaires. Compte tenu de la performance de Gallimard, on ne le regrettera pas...

Notons enfin que ne seront directement impliqués dans l'aventure où médite de se lancer André Gide aucun des écrivains notoires — Jammes, Claudel, Vielé-Griffin, Péguy, Charles-Louis Philippe — dont il est proche, au moins par l'estime. On ne verra autour de lui que des compagnons encore peu connus, beaucoup moins que lui en tout cas, et qui grandiront dans son ombre — ombrage serait plus juste...

Autoritarisme jaloux ? Souci de préserver à bon compte son hégémonie ? La mésaventure aux côtés de Gourmont a pu le prévenir contre toute nouvelle tentative de bicéphalisme. Mais rien ne dit qu'il est habité par le goût du pouvoir. Des Argonautes, il veut provoquer le départ, et animer l'entreprise. Mais en tant que capitaine, qu'homme de barre ? Rien ne le prouve. Éminence ? A coup sûr. Grise ? Hum... Le rôle qu'il s'attribue, *in petto,* s'apparente plus volontiers à celui d'un inspirateur qu'à celui d'un patron * — suggérant, contrôlant, coordonnant, et faisant en fin de compte prévaloir ses vues...

Francis Vielé-Griffin, beau poète symboliste qu'il estimait et avait côtoyé à *L'Ermitage,* publiait dans cette revue une « Lettre à André Gide » où il était ainsi interpellé : « A vous, Gide, on commence à soupçonner une pensée dirigeante. » Ce qui, écrit par un poète, et symboliste, pouvait passer pour désobligeant. Flatteur aussi, peut-être. Dès lors qu'il avait polémiqué contre Barrès, voulait-on le dresser en rival de l'homme de l'« enracinement », esprit de mouvement contre principe de fixité ? Il n'en avait cure, Gide, qui ripostait : « Vers quoi guiderai-je les autres ? Moi qui ne sais où je vais[1]... »

Quelles qu'aient pu être ses arrière-pensées à propos de l'exercice d'un pouvoir, sa secrète volonté de puissance, le fait est qu'il rêve depuis ses vingt ans à la « revue future », dont il a pu voir l'ébauche dans *La Revue blanche* et le *Mercure,* et mieux encore, sur le mode mineur, dans *L'Ermitage,* libre des pressions de l'académisme, de l'argent (l'aimable M. Ducôté n'y faisait pas sentir très fort le poids de son inévitable bourse...), des salons et de la mode.

C'est la disparition de cette dernière revue, au début de 1907, en tout cas, qui semble avoir cristallisé les rêves et les ambitions d'où allait naître,

* Nous verrons qu'au lendemain de la guerre ses vues auront changé (voir chapitre XVII).

sur les ruines de *La Revue blanche* et de *L'Ermitage*, une revue dont André Gide serait, sans les Natanson de l'une et le Gourmont de l'autre, l'épicentre et le plus grand commun dénominateur, pour une part le père nourricier, pour beaucoup l'augure et le gourou, entouré par cinq hommes qui étaient liés entre eux par son truchement, lui assurant au moins le rôle de plaque tournante et plus encore celui de centre nerveux.

Les « cinq autres », qui sont-ils ? Par ordre d'entrée en scène, dans le projet, on découvre Marcel Drouin (qui prendra le pseudonyme de Michel Arnauld), ami très admiré, puis beau-frère de Gide ; André Ruyters *, qui, en tant qu'animateur d'*Antée*, apportera au groupe une expérience dynamique ; Henri Ghéon, que la fervente multiplicité de ses dons et ses pratiques amoureuses apparentent ou associent depuis des années au châtelain de Cuverville ; Jean Schlumberger, son coreligionnaire protestant, qui s'affirme en Normandie un voisin très fervent ; Jacques Copeau enfin, admirateur enthousiaste et doué. Talents certains, celui-là voué à l'Université, celui-ci aux tourbillons de la vie active ou du théâtre, talents variés — mais aucun encore affirmé dans l'opinion.

Marcel Drouin, archétype du normalien (il a été reçu major à l'École, comme partout), entre dans l'aventure armé d'un savoir immense, voué d'abord à une thèse ** sur « La sagesse de Goethe », salué par Gide du titre d'« homme probe ». Il est appelé à jouer, dans ce circuit fermé, le rôle du sage Nestor, du régulateur, qu'il remplira avec une impressionnante dignité et beaucoup de hauteur de vue, souvent même de talent, avant de laisser se dissoudre son pouvoir de création dans une manière de pessimisme, de rejet mélancolique, de repli dans le silence et l'inaction.

Par André Ruyters, Bruxellois véhément, Gide aime être tarabusté, contredit, exhorté. Bondissant d'un extrême à l'autre, d'un intense appétit de justice sociale à une frénétique passion de l'ordre, glissant d'un engouement à son contraire, aussi d'un continent à l'autre, se rêvant Rimbaud mais ne sachant se désengluer du monde des affaires, il aura apporté au groupe des Six une énergie inconséquente, sinon divaguante, et un goût des départs, inspiré des *Nourritures* et exprimé chez lui par une antienne : « Aller à Bagdad ! », qui allait devenir un slogan de la tribu gidienne.

Ceux qui ont connu — entrevu — plus tard Henri Ghéon ***, devenu l'auteur édifiant de pièces inspirées d'un christianisme populaire qui semblaient faites pour inciter les jeunes gens à l'athéisme aristocratique, ont du mal à imaginer le luron, le « drôle » qu'il fut au début du siècle, ce frelon enfiévré du circuit gidien, toujours en chasse (d'un texte, d'une musique, d'un chef-d'œuvre ou d'un garçon), fatiguant Gide de ses

* Que Gide s'obstinera, à la différence de l'intéressé lui-même, à orthographier Ruijters.
** Inachevée.
*** Pseudonyme du docteur Henri Vangeon.

audaces, l'entraînant à l'aventure, défiant conservatismes et conformismes... Mais il suffit de parcourir la collection de la revue pour découvrir, en dépit de fautes de goût dont on reparlera, quel œil, quelle oreille il avait, quel appétit de beauté. Avant celles de Jacques Rivière, ses notes sur Mozart ou sur les impressionnistes sont parmi les plus inspirées qu'aura publiées la *NRF*.

On peut imaginer que dans la période de conception, de grossesse et d'enfantement de la revue, il ne fut ni le plus indécis ni le plus silencieux. Ardent jusqu'à la témérité, peu indulgent à l'endroit des pouvoirs reconnus, des publications existantes et des gloires consacrées, volubile et tranchant, rêvant de voir reconnu le génie de son ami de Cuverville, et accessoirement le sien, il donna libre cours au principe d'effervescence qui était en lui et le portait à l'action, à l'entreprise sous toutes ses formes.

A l'opposé, Jean Schlumberger représentait, en ce cénacle, à l'égal de Marcel Drouin, la pondération et la mesure. Issu d'une grande famille alsacienne dont certains notables ne s'étaient pas détachés de l'Allemagne en 1871, y gagnant l'anoblissement impérial (« von Schlumberger »), il s'était, lui, déclaré Français avec une fougue et une fermeté qui expliqueront certaines de ses outrances nationalistes. Mais ce libéral tocquevillien était ouvert à toutes les audaces, et pas seulement intellectuelles, de son voisin * Gide que sa mère l'a incité à tenir pour « fou mais intelligent ».

A force de prendre d'autant mieux *Plaisir à Corneille* ** qu'il aura plus négligé Racine, dénoncé Pascal, rendu grâce à Boileau, Jean Schlumberger s'est installé dans le rôle de l'honnête homme du siècle de ses héros, mi-Curiace, mi-raisonneur de Molière, présentant au monde, à ses amis, à la postérité, le visage lisse et le regard clair que dut promener La Bruyère en son jardin, au temps où d'autres furetaient dans les arrière-cuisines et les alcôves de Versailles.

A mi-distance entre ce fou de Ghéon et le sage Alsacien, voici Jacques Copeau, issu d'une famille d'artisans bourgeois parisiens, exilé par amour, à vingt ans, en Scandinavie, rapatrié par enthousiasme de lecteur des *Nourritures,* avide de connaître son idole, gidien entre tous ces gidiens (mais rétif à *Corydon,* étant plutôt enclin à un donjuanisme de forme traditionnelle), il est entré presque par effraction dans le circuit, supplantant bientôt ses prédécesseurs auprès du maître et, bien que celui-ci lui trouvât d'abord trop d'adresse (« Je le croyais juif », écrira Gide, sujet à des poussées d'antisémitisme), s'octroyant bientôt le rôle de l'apôtre le plus cher. Honnête homme pourtant, le séducteur n'usa de ces

* Mais non cousin, comme on l'a souvent écrit. Sinon par le mariage du grand-oncle de l'un avec une cousine de l'autre...

** Titre de l'un de ses livres.

prérogatives que dans le respect de l'« esprit d'équipe » — souvent en marge, vraiment fidèle.

*

Six dont un, majuscule. Sur cette escouade disparate à laquelle il procure un semblant de cohésion, André Gide règne en souverain constitutionnel (qui rédigerait lui-même le discours du trône). Il n'a pas encore acquis cet étrange magistère des lettres que lui reconnaîtra la France (sinon l'Europe) à partir de 1921, date de la publication des *Morceaux choisis*, mais il dispose, sans en user toujours, en abusant peu, d'une autorité fondée sur la magie de l'écriture, la multiplicité de ses interventions, sa lucidité critique, et le courage.

Chatoyant, multiple, prudent et téméraire, jetant *Corydon* à la face du monde mais esclave forcené de la grammaire et des trois unités, diable amoureux du Christ, faux avare généreusement dévoué à ses amis, on l'a vu, en quête de la gloire de Stendhal sans négliger celle, plus immédiate, que réservent les cénacles, ayatollah des mots, franc-tireur des mœurs, ami « exquis » (c'est son mot préféré, on le sait), ennemi suave, confrère exigeant, citoyen attentif, grand bourgeois habile en affaires, soucieux de ses revenus mais en usant avec libéralité, jaloux d'une autorité qui se prétend étrangère à l'exercice du pouvoir, la dent dure, la main leste — et soudain désarmé, cajoleur non sans rancune... Envoûtant.

Plus tard s'accentueront les traits du mandarin, que manifestent déjà le regard chinois, le savoir immense, l'onctuosité des gestes et la préciosité de la diction, le goût pour la vêture singulière (gilets d'astrakhan et bonnets boursouflés), l'extrême courtoisie, la gourmandise des mots, la dilection pour tel bibelot sonore ou non, les accès d'intolérance, les engouements incontrôlés — de plus en plus « bipède »...

Pour l'heure, en 1908, André Gide est l'écrivain qui rédige non sans agacement les derniers chapitres de *La Porte étroite* (en constatant que la bonne littérature ne se prête qu'avec effort à la description des « beaux sentiments ») et « peaufine » *Corydon* (qui le conduit à une observation différente...), un écrivain de trente-neuf ans qui n'a encore que peu de lecteurs, mais dont les livres — *Paludes, Les Nourritures terrestres, L'Immoraliste, Le Retour de l'enfant prodigue* — forment, assemblés, une œuvre enveloppée d'une gloire en demi-teinte, un peu sulfureuse, fondée sur la ferveur d'un petit nombre et la réprobation des imbéciles. Situation idéale pour un inventeur de revue.

Le châtelain de Cuverville n'est plus maire de La Roque-Baignard, village voisin du Val-Richer, dont les Schlumberger sont suzerains. Mais il ne saurait se désintéresser de la vie publique, spontanément attiré, dit-il, par les idées de « la gauche extrême », mais ne cessant de faire effort pour se rallier à celles qui expriment son milieu. Il se voudra apolitique en tant que fondateur de revue. Mais le citoyen ne se détourne pas de la vie publique, dût son parcours être sinueux.

Il vient de faire construire à Auteuil, 17, allée des Sycomores, une étrange maison « à compartiments ». Pensée comme une sorte de monastère où chacun pourra s'isoler, mais où sont ménagés quelques lieux de réunion, elle révèle en lui le prieur protestant, soucieux de ménager tour à tour le dialogue direct avec Dieu (ou l'inspiration poétique) et l'échange communautaire. L'édifice, qui a charmé Rivière et en déconcertera plus d'un, a été construit avec une désinvolture qui le voue à la fragilité et aux déboires les plus divers. Mais il sera le Port-Royal de ces messieurs plus exigeants en matière d'échanges intellectuels que de confort, et peu enclins à se grouper dans les cafés dits « littéraires », ou les académies.

*

Il n'est pas de grande entreprise que ne mette en branle certain déclic, un « bang » qui peut être menu. Ainsi la *NRF* doit peut-être la vie (à cette date en tout cas) à une pièce de Tristan Bernard, auteur qui divertit les esthètes du circuit gidien. Plusieurs d'entre eux avaient assisté de concert à une représentation de *Monsieur Codomat,* pièce où est contée l'aventure de quelques amis réservant « une bonne petite surprise » au plus cher d'entre eux en réalisant son rêve[2]. On peut imaginer que c'est en s'inspirant de cette idée que Copeau, Ghéon et Ruyters, sachant que, depuis la disparition d'*Antéee,* leur ami André mûrissait un projet de revue mais ne pouvait « passer à l'acte », lui firent savoir en mars 1908 (il séjournait alors en Italie) qu'ils avaient « décidé de fonder une revue ». Décidé, eux, de simples lieutenants ? Il fallait bien forcer la main du « chef » velléitaire (comme l'avait fait, le 18 Brumaire, Lucien Bonaparte !), alors que des initiatives se faisaient jour un peu partout…

Le vide créé par la disparition en moins de trois ans de *La Revue blanche* de *L'Ermitage* et d'*Antée* fouettait les imaginations. Aucune des « petites revues » qui auraient pu y trouver l'occasion de grandir, *La Phalange* ou *Les Marges,* n'en avait les moyens, ni même la vocation. Mais en s'unissant ? C'est pour étudier cette idée que se rencontrent, en ce printemps 1908, Ruyters, directeur d'*Antée,* et Eugène Montfort, directeur des *Marges,* avec la bénédiction du respectable Vielé-Griffin et le soutien de Charles-Louis Philippe. La conclusion de ces pourparlers auxquels l'a associé Ruyters est l'affectueuse sommation qu'aurait lancée Drouin à son beau-frère : tu es notre chef, suis-nous !

Rentré à Paris, Gide constate que non seulement les comploteurs, mais aussi Copeau et Schlumberger, sont enthousiastes. L'alliance avec Eugène Montfort, la patron des *Marges,* un peu trop « journaliste » à leur gré, les chiffonne. Mais elle ne les heurte pas. Le « circuit » est sûr de sa force et de sa cohésion : il pense recruter, avec ce « gazetier » admirateur de Claudel (et de Gide), un habile homme à tout faire, dont l'entregent devrait s'avérer plus utile que nuisibles ses éventuelles erreurs de goût. Ce sera à lui de se couler dans le moule gidien — fort élastique au demeurant.

Ces diverses arrière-pensées ne se dévoileront que plus tard : alors Gide parlera de Montfort comme d'un personnage « médiocre et désobligeant » — après que ledit Montfort lui eut consacré un article appelant ces deux qualificatifs, et l'eut taxé, dans un entretien avec Schlumberger, d'« amateur » voué à l'« impuissance ». Mais ce règlement de compte n'interviendra qu'après des péripéties dignes d'être contées, en raison du rôle proprement illuminant qu'elles jouèrent.

A l'origine, la sérénité quelque peu patricienne affichée par les hommes du « circuit » gidien à propos de l'alliance avec Eugène Montfort ne fut pas partagée par tous leurs amis connus ou inconnus. Alors que le dispositif se met en place, un jeune homme naïf nommé Jacques Rivière signale à son ami Fournier qu'il vient d'apprendre « que Gide allait fonder une revue avec Montfort (?!) et Charles-Louis Philippe. Étrange ![3] ». Pour ces adolescents avides de pureté, il était surprenant en effet que l'un des dieux de leur Olympe littéraire se commît avec un marchand du temple. Un journaliste...

Dieux et marchands n'en vont pas moins opérer de concert, pendant l'été 1908, en vue de donner vie à la publication rêvée. Le marchand s'affaire bien sûr avec plus d'obstination que les dieux, toujours enclins à voyager et peut-être inquiets, soudain, de s'être ainsi laissé greffer un corps étranger, mais peu disposés à se battre pour l'expulser. D'autant qu'avant d'aller passer les vacances en Normandie, puis en Angleterre, Gide et ses amis ont dû opter pour un titre, c'est-à-dire pour une amorce de définition de l'entreprise.

Le titre ? Copeau avait jeté dans la discussion le nom d'*Ulysse*, qui avait d'abord séduit : esprit d'aventure, de mouvement, de recherche, hellénisme... Le premier enthousiasme retombé (pourquoi ?), d'autres avaient suggéré une référence plus actuelle. *Aujourd'hui* ? Gide, qui n'osa pas semble-t-il ranimer son vieux rêve en proposant *La Revue future*, qui eût été beau, trouve *Aujourd'hui* trop circonstanciel...

C'est alors que Montfort, sur le ton de l'illumination et du triomphe, clame qu'il a trouvé le titre idéal, simple, pas trop « intellectuel », efficace : *La Nouvelle Revue française* ! (l'adjectif « nouvelle » permettant de la distinguer de *La Revue française* fondée vers 1830 par Guizot — allusion qui ne pouvait manquer de séduire Jean Schlumberger, arrière-petit-fils du ministre historien).

Aucune objection ne fut apparemment faite, dans ce groupe d'intellectuels raffinés, à cette enseigne d'une platitude exemplaire. Ces gens qui ne dédaignaient point le rare, le singulier, sinon le précieux, adoptèrent ainsi, d'emblée, et bien que proposée avec une certaine arrogance par l'associé de petite mine qu'ils comptaient s'inféoder, et dont l'influence était ainsi officialisée, un titre qui aurait aussi bien convenu à une publication boursière, à un journal de courses ou de sociétés gymniques — ou au bulletin des anciens cuirassiers de Reichshoffen.

Mieux. Une telle formulation n'était pas indifférente. Ces hommes qui tous, avec plus ou moins d'éclat, avaient su témoigner leur confiance en l'innocence de Dreyfus, prenaient ainsi le risque de paraître se rallier à l'autre camp. L'adjectif « française » qui, au temps de Guizot, ne pouvait suggérer que d'honorables interprétations, était, en ce début de siècle, moins évocateur du drapeau que d'une certaine couleur et d'un certain usage du drapeau.

Au temps où se fondait *L'Action française,* où tranchait Maurras, où tonitruait Déroulède, ce « française », associé à « nouvelle », sentait son « renouveau patriotique » — deux ans après la réhabilitation du capitaine de l'île du Diable... Péguy ne s'y trompa point qui, lui-même en pleine crise de révision des valeurs, du dreyfusisme au nationalisme, vit dans le choix de ce titre un « signe des temps[4] ».

Ces « gidiens » férus des droits de l'homme et qui, comme Schlumberger, avaient préféré voir dans le combat pour Dreyfus-le-Mulhousien un acte de foi dans le loyalisme des Alsaciens plutôt qu'une remise en cause de l'honneur de l'armée, est-ce se montrer sectaire, ou aventureux, que de s'étonner de les voir donner ainsi dans la cocarde — avant que les mots « nouvelle » et « française » eussent retrouvé une salubre banalité. Mais la banalité était-elle vraiment l'idéal auquel tendaient les compagnons de l'auteur de *Paludes* * ?

*

La période fœtale de l'histoire de la *NRF,* celle où Eugène Montfort exerça une influence directe (et se réduisit à un seul numéro, celui du 15 novembre 1908), a été résumée par M. Anglès en la formule de « faux départ ». On proposera de préférence, au risque de paraître vulgaire, voire naturaliste, celle de « fausse couche » qui caractérise plus crûment cet épisode assez cru.

En septembre 1908, au moment où le « circuit » gidien, peu soucieux de rompre avec ses habitudes, s'attarde en diverses villégiatures, l'industrieux Eugène Montfort, qui dispose des relations, du réseau, du carnet d'adresses des *Marges,* a déjà multiplié les démarches, pris des initiatives, sollicité des collaborations. La méfiance de Schlumberger et de Copeau

* On ne saurait relever la banalité du titre *Nouvelle Revue française* sans ajouter que, dessiné avec une radieuse élégance par Jean Schlumberger, le sigle *NRF* a pris, lui, un envol sans égal.

commence à s'éveiller : le circuit serait-il (qu'on nous pardonne !) court-circuité ? Des noms surgissent au pré-sommaire que l'on n'eût pas agréés à *L'Ermitage* ou à *Antée*. Mais Gide et ses amis ne semblent pas pressés d'y mettre le holà *.

Le fait est que, le 15 novembre 1908, le n° 1 de *La Nouvelle Revue française,* déjà revêtu de la couverture blanche qui s'ornera plus tard du fameux liseré rouge et noir et du sigle dessiné par Jean Schlumberger, est déposé sur le bureau d'André Gide. Moins d'une heure plus tard, la villa Montmorency fait figure de demeure sinistrée...

La revue arbore certes les signatures d'André Gide et de Michel Arnauld, de Charles-Louis Philippe et de Jacques Copeau — et dans la liste des « fondateurs » claque bien le nom de Claudel, mais noyé (on imagine sa réaction !) au milieu de ceux de Binet-Valmer et de Maurice Magre, représentants typiques de cette littérature alimentaire contre quoi prétendaient se dresser Gide et ses amis.

Le pire, pourtant, n'est pas là : si, en cet après-midi de novembre 1908, un vent d'indignation souffle sur la villa-monastère de M. Gide, c'est en raison de deux articles qui sont pour eux comme des gifles : un dithyrambe de D'Annunzio et un éreintement posthume de Mallarmé !

On a passé bien des heures et noirci bien des pages pour définir « l'esprit *NRF* »[5]. Un enregistrement du tollé provoqué ce jour-là par ces deux textes et des arguments qui furent alors formulés par Gide et ses amis eût donné vraisemblablement la meilleure matière d'une description, *a contrario,* de ce que voulaient, et ne voulaient pas, les fondateurs de la *NRF.*

Le flamboyant éloge du poète italien par Marcel Boulanger, « En regardant chevaucher D'Annunzio », s'inscrivait en contradiction absolue avec les aspirations du « circuit ». A leur soif de sobriété, à leur horreur de la mode, à leur haine du clinquant, à leur mépris du « chiqué », à leur dédain de ce qu'on n'appelait pas encore la publicité, mais la réclame, à leur refus de mêler la politique à la littérature — à leur souci de la réalité, de l'austérité, du vrai, du mat et du net, à leur écriture « en creux », linéaire et « pauvre » dont *La Porte étroite* et l'œuvre de Schlumberger allaient donner les modèles, le laudateur de D'Annunzio opposait, comme par défi prémédité, le sonore, le rutilant, la caracole, le « trop », l'exaltation du panache. Pourquoi pas Rostand ? dut murmurer Gide, rageur. Avoir fondé une revue à visée sourdement janséniste pour offrir au lecteur un hymne au rococo jésuitique !

Mais il y avait plus navrant encore. Dans sa rubrique des Revues, Léon Boquet portait aux nues un cinglant essai de Jean-Marc Bernard intitulé *L'Idée d'impuissance chez Mallarmé* : article qui non seulement repre-

* Et aucune de leurs diverses correspondances ne fait écho à une inquiétude particulière.

nait, mais aggravait et noircissait la caricature. Cette fois, c'en était trop. Ce groupe de dévots de la religion littéraire, de zélotes de la perfection langagière, de mystiques des formes créatrices se voyait réuni pour servir de peloton d'exécution au Poète par excellence, au doux martyr de la cause qu'ils prétendaient servir avec emportement. A celui qui avait ouvert la voie sur laquelle ils brûlaient de s'engager, celle de la littérature considérée comme une ascèse, on tendait en leur nom une embuscade mortelle…

Quel groupe d'artistes put jamais se sentir floué à ce point ? Ils ne vivent que pour faire prévaloir « une certaine idée de la littérature » — et, parvenus au moment de réaliser leur rêve, on publie, sous une couverture ornée de leurs noms, un éloge de l'idole qu'ils veulent briser, un réquisitoire contre le Dieu qu'ils veulent servir… (On imagine un colonel de Gaulle qui aurait fondé une revue consacrée à la stratégie de mouvement, et aurait reçu un premier numéro dont l'éditorial, signé Pétain, eût rendu hommage à la ligne Maginot…)

Auguste Anglès, sans préciser qu'il cite André Gide, parle d'« attentat à la pudeur[6] » : c'est bien ainsi que le « circuit » considéra les initiatives de Montfort. La crise ne pouvait manquer d'éclater, provoquant une scission. Mais de qui par rapport à qui ? Avec plus d'élégance qu'il n'en avait mis dans la composition du premier numéro, Eugène Montfort tira la conclusion de l'indignation de ses associés et s'écarta simplement pour se consacrer aux *Marges,* léguant à ses éphémères collègues (flèche du Parthe ?) le titre banal auquel ils sauront conférer un rayonnement sans égal.

Ainsi les argonautes du « circuit » avaient-ils fait, malgré eux, la preuve de la spécificité de leur entreprise. Ils ne pouvaient faire route avec n'importe qui. L'« esprit *NRF* » se manifestait ainsi, vivant avant d'avoir trouvé sa structure d'accueil, et même son expression, se définissant par le rejet des corps étrangers, comme un organisme la greffe. Bien au-delà du pittoresque amer de l'épisode, il y a là une sorte d'autoproclamation par l'épreuve initiatique. Ce test de pureté est extrêmement intéressant et très riche d'enseignement pour l'avenir. Avant de prendre son véritable envol, la revue de Gide, comme l'un de ces aéronefs qui suscitent alors la passion de Jacques Rivière, a failli s'abîmer, ou se laisser culbuter par les vents contraires. Le décollage n'en sera que mieux ordonné.

*

Ce coup-qui-ne-fut-pas-pour-rien, si utile et si instructif, qu'en faire ? Le contredire, l'oublier, le dénoncer, le raturer ? Gide et les siens choisirent l'oubli, un oubli seigneurial, et plutôt que de saisir cette occasion de la rupture avec l'inventeur pour se défausser de son titre et revenir au bel *Ulysse,* ou à *La Revue future,* se mirent en toute simplicité à préparer pour février 1909 la publication du *premier* numéro de *La Nouvelle Revue française* : quelle meilleure façon de nier, de rayer Montfort ? Ainsi, outre la qualité de son contenu, cette publication a-t-elle la particularité de compter deux numéros 1.

Cette fois, les gens du circuit partirent avec un acquis : la cuisante expérience du fâcheux fascicule inaugural. Un certain « professionnalisme » leur était venu, et le sens des responsabilités. D'autant que, dans cette brève tourmente, s'était manifesté le tempérament solide de Jean Schlumberger, fils de grands entrepreneurs inspirés de l'éthique protestante, ennemie du dilettantisme et propice au succès patient. Membre d'un « comité de direction » formé de Copeau, Ruyters et lui-même, c'est l'écrivain alsacien qui prend alors les choses en main, se situant avec un sang-froid et un bon sens admirables à bonne distance à la fois du prophète de Cuverville et des disciples — fidèle à l'un, ferme et conciliant avec les autres.

Au surplus, le siège de la revue est transféré de la rue Henri-Monnier, local choisi par Montfort, à l'appartement de Jean Schlumberger, 78, rue d'Assas. Être l'hôte d'une publication confère à qui que ce soit, pourvu qu'il soit de taille à l'assumer, une certaine autorité de fait — et une utilité fonctionnelle, une présence souvent décisives... Et tous mesurent si bien le poids que vient de prendre celui que Gide appelait naguère « le petit de Schlumberger » qu'ils s'accordent à lui confier la responsabilité du premier éditorial. Compte tenu du caractère exemplaire qu'a pris le « scandale Montfort », ce texte sera considéré comme un manifeste. Non sans exagération.

Le numéro inaugural de *La Nouvelle Revue française* épurée, pourrait-on dire, sortit dès le 1er février 1909. Moins de trois mois plus tard. La réaction des « amateurs » du circuit gidien avait été rapide et positive, et dut surprendre Montfort. Rien de tel qu'un pacifiste pour se muer en combattant de choc, qu'un hédoniste pour se faire maître en puritanisme.

Sous l'égide du sévère « Schlum », les voici embrigadés. Dotés au surplus d'un bon capital de départ : le nouveau « manager » avait su subtiliser la publication de *La Porte étroite* (dont Gide venait de s'arracher douloureusement la mise au point) à la *Revue de Paris,* qui n'abusa point des droits que lui conférait une promesse ancienne. Comment définir mieux les ambitions esthétiques, voire les aspirations spirituelles des fondateurs, qu'en diffusant ce texte austère, ambitieux, assez ambigu pour s'attirer à la fois l'approbation (nuancée) de Claudel et l'estime d'André Suarès ?

Mais Gide ne voulut pas se contenter d'une présence inerte, assurée par la publication d'un *opus* inséré par vocation dans les manuels de littérature. Il choisit d'entrer en lice en châtiant les auteurs de l'un des « attentats à la pudeur » commis dans le malencontreux n° 1. Sous le titre

« Contre Mallarmé » qui dut faire sursauter tel de ses zélateurs non informé encore de l'incident, il usa du style mélodieusement perfide qui n'est qu'à lui pour passer un lacet de soie autour du cou des assassins.

Non sans avouer qu'il tient Mallarmé pour « un maître assez dangereux » dans la mesure même où sa perfection peut être vue comme un parachèvement sans issue, il oppose aux contempteurs les vénérations rarement conjuguées de Valéry et de Claudel pour le poète d'*Hérodiade* et conclut, comme un torero maniant le *descabello* : « On ne se débarrasse pas d'un tel poète simplement en ne le comprenant pas. » Voilà l'« esprit *NRF* » nettoyé d'un « pâté »...

C'est pourtant dans les *Considérations* liminaires de Jean Schlumberger que le lecteur est invité à le découvrir. Si vifs qu'aient pu être les éloges décernés à ce texte par les amis de l'auteur — par Gide notamment qui le trouve « excellent » et susceptible d'« asseoir solidement notre revue[7] », on risque de lui trouver aujourd'hui l'air d'une excellente dissertation de concours général.

Parti pour faire l'éloge de la contrainte en art et de la contention esthétique — dans la ligne du Gide de *Prétextes* —, le porte-parole de *La Nouvelle Revue française* ne nie pas que de telles préoccupations, tendant à assurer à l'œuvre une « extrême limpidité », la « condensation la plus forte », risquent de lui faire perdre les « moyens de séduction les plus populaires » (mais n'est-ce pas là le risque pris d'emblée par les « pères fondateurs », si manifestement qu'on pouvait y voir un credo ?).

Ayant amorcé ce pas en arrière, Jean Schlumberger reconnaît prudemment que trop d'isolement de la « vie quotidienne » risque de conduire à des œuvres « étiolées, vides de sang » et que l'artiste est naturellement requis par « tout ce qui constitue la vie publique ». Subtil balancement entre rigueur janséniste et ouverture sur le public, entre abstraction et réalisme.

Le propos de Schlumberger tend-il à vertueusement ménager toutes les voies possibles à la revue naissante ? Non. Il choisit deux références, deux noms symboliques, ceux de Boileau et de Du Bellay, pour tracer une perspective. Néoclassicisme ? L'éditorialisme ne s'attarde pas à l'auteur du *Lutrin,* mais à celui de *Défense et Illustration de la langue française* pour y trouver les voies de l'avenir — « défense » étant entendu comme « réaction physiologique [...] d'un organisme à toutes les influences bonnes ou mauvaises », « langue » devant être compris dans le sens de « culture », et le mot de « française » signifiant « que notre responsabilité se borne à ce qui se passe chez nous ».

Il faut vraiment que Schlumberger ait donné depuis lors mille preuves d'ouverture humaniste et d'honnêteté intellectuelle, et que la *NRF* ait si souvent manifesté un esprit allergique au chauvinisme pour qu'on se retienne, ici, de sursauter. Cette idéalisation de la « réaction physiologique », cette confusion (que ne fait pas du Bellay) entre langue et culture, cette affirmation surtout qu'une telle revue n'est « responsable » que de « ce qui se passe chez nous » (formule proférée au nom de ce « circuit » traversé, inspiré, secoué entre autres par Nietzsche et Dostoïevski...), voilà qui déconcerte le lecteur de la fin d'un siècle où la « réaction physiologique » et l'exaltation du « chez nous » ont donné les fruits que pouvait difficilement prévoir l'honnête Schlumberger[8].

En quête d'une meilleure définition du projet *NRF* — Jacques Rivière, maître en ce diagnostic, ne se prononcera que huit ans plus tard * — on est en droit de se référer à Gide lui-même, à Ghéon, un peu plus tard à Copeau, beaucoup plus tard à Saint-John Perse. Sous des formes diverses — lettres, interview, essai —, ces trois « pères fondateurs » et ce sociétaire à part entière ont, chacun à sa manière, proposé d'utiles ébauches descriptives, sans parler des *Approximations* de Charles Du Bos, lui-même docteur de cette église.

Entre mille formules que Gide sèmera à ce propos aux quatre vents, on peut retenir, étrange, celle d'une lettre alors adressée à son ami le poète Alibert : la revue prétend « lutter contre le journalisme, l'américanisme, le mercantilisme et la complaisance de l'époque envers soi-même », les deux dernières cibles étant à coup sûr plus décelables que les autres (bien que l'« américanisme » ait été savoureusement caricaturé en la personne du Thomas Pollock Nageoire, de Claudel).

Plus pertinente semble cette réflexion d'Henri Ghéon dans *Nos directions* : « Le véritable artiste *choisit, sacrifie, respecte.* » Trinôme que l'ami de Gide n'explicite peut-être pas suffisamment, mais qui indique assez bien une visée esthétique moins axée sur l'invention que sur la critique, moins sur la profusion que sur la contention, moins sur la nouveauté que sur la tradition — le « respect ». Était-ce une incitation à fonder un nouveau classicisme ? Le même Ghéon, appelé à la rescousse par les amis de Maurras en tant que tenant de la tradition du Grand Siècle, devait riposter vertement **, dans un article consacré à Moreas, que s'il s'agissait bien de « redécouvrir une veine classique, rien [n'était] plus nocif qu'un classicisme rétrospectif ».

Quant à Copeau, sa plus pertinente contribution à la définition de l'esprit du groupe sera peut-être cette incitation adressée à l'ombrageux Suarès, pour l'amarrer plus fermement à la revue : « Ici, ni patron ni dépendance ! » Mais le meilleur« fléchage » pour marquer la direction de la *NRF* fut peut-être proposé par Saint-John Perse au moment de la mort de Gide : « France littéraire 1909. Académisme, parisianisme, opportunisme. Un homme de son temps, et que sa caste avantageait, s'est écarté du jeu... »

Retenant les « contre » de Gide, le « sacrifice » de Ghéon, le « ni ni »

* En juin 1919. Voir chapitre XVIII.
** Il ne leur est pas encore inféodé.

de Copeau, l'« écarté du jeu » de Saint-John Perse, ne faudrait-il pas chercher la « ligne » des « pères fondateurs » dans une série de rejets, de refus, de vetos ? Leur art n'aurait-il pas pour instruments le scalpel du chirurgien, la gouge et le rabot du menuisier ? Leur œuvre ne serait-elle pas le « ce qui reste » de tous les éclats, débris, verrues, excroissances, rondeurs ou arborescences ? Une dure maigreur ? Un étroit lingot ? Ce qui nous ramène bien au classicisme...

Énumérons ces « anti » en fonction d'abord des écoles et traditions esthétiques. Primordial est l'antiromantisme, si évident qu'on ose à peine en parler. Une force qui va... Où ? dirait Gide. Cet accent mis sur l'inspiration brute, l'incontrôle, la ruée, le « sturm » et le « drang », sur les mèches de Chateaubriand et les flots de Lamartine, l'éloquence politique des *Châtiments* et les outrances de Michelet — voilà tout ce que rejettent les gens du « circuit » et leurs satellites.

Un ton au-dessous, naturalisme et Parnasse sont à peine dignes de mépris, tant ils sont déjà décriés. Et qui se fût permis de suggérer à Gide que dans le *Bubu de Montparnasse* de Philippe, ou dans les récits de Pierre Hamp, maîtres ici reconnus, Claudel n'avait peut-être pas tout à fait tort de relever des traces de l'école naturaliste, aurait provoqué une riposte indignée.

Le symbolisme ? Tout le monde en sort. Mais sans esprit de retour. Ce n'est pas par hasard qu'un poète aussi estimé que Francis Vielé-Griffin ne sera invité à la *NRF* que pour saluer la mort de Swinburne. Quand, dans son manifeste, Schlumberger rappelait les droits qu'a la « vie » sur l'écrivain, c'était bien au rêve symboliste qu'il donnait son congé. Et quand Gide concède qu'il y a « danger » chez Mallarmé, le danger signalé n'est-il pas pour partie dans cette recherche de la quintessence ?

Plus hasardeuse était, chez nos argonautes, la dénonciation de l'impressionnisme qui, sous ses formes picturales et musicales, semblait dominer l'époque. Quand on propose à Gide un article contre Debussy, il le rejette parce qu'il est mauvais, non sans ajouter qu'un texte en ce sens n'eût « pas déplu à [son] anti-impressionnisme ». Il lui faudra de longs échanges avec Jacques Rivière pour admettre que l'auteur de *Pelléas* ne saurait être réduit à l'impressionnisme. Mais le propos en dit long sur le fond...

Ce sur quoi la *NRF* s'oppose à l'ensemble des mouvements et publications inspirés par (ou liés à) *L'Action française* déjà sonore et active, ce n'est pas tant le néoclassicisme hellénisant à la Maurras qui pourrait la séduire — les « polémiques » avec les monarchistes comme Clouard ou les jeunes gens des « Guêpes » resteront à fleurets mouchetés tant que Massis ne montera pas en ligne —, c'est le concept cher à Maurras de « politique d'abord », anathème au cercle gidien, au moins jusqu'à ce qu'éclate la guerre.

A vrai dire, l'« anti » par excellence des hommes de la *NRF*, c'est celui qui vise ce que leur inspirateur appelle, dans la lettre citée plus haut, la « complaisance de l'époque envers soi-même », une formule en forme de nœud de vipères où l'on peut distinguer à la fois le mercantilisme et l'académisme, le « journalisme » et l'esprit des salons, le « copinage » entre critiques-auteurs et auteurs-critiques, les cénacles chevelus et les « soirées » où l'on va en calèche.

« Nous avons fait sécession », devait déclarer plus tard Jean Schlumberger, pour manifester ce qu'il y eut dans leur attitude d'alors de rupture avec l'ensemble (ou la superstructure...) de la république des lettres, des pompes et des œuvres les plus en vogue. En ce sens, l'un des textes les plus caractéristiques de la première époque de la *NRF* est celui par lequel, à la limite de la décence, ou de la réserve imposée en telles occurrences, André Gide commente la mort de Catulle Mendès.

En ce versificateur bordelais verbeux et chevelu à la gloire tapageuse, mort en 1909 dans un accident ferroviaire, Gide voulut d'autant mieux voir l'archétype des lauréats de « l'époque de la complaisance cnvers soi-même » que les grands notables des lettres lui tressaient, disparu, une couronne sans épines. D'où la féroce mise au point de l'auteur de *Paludes* qui, sous le titre significatif de « Mœurs littéraires », rompait brutalement avec les lois de la tribu en refusant de laisser dire à MM. Jules Claretie ou Adolphe Brisson que Mendès avait conquis « le suffrage de tous les artistes » et que « tous les jeunes poètes français étaient ses fils... » — propos qualifiés par l'inspirateur de la *NRF* de « révérences de cimetière ».

Mais le plus féroce, dans la mise au point de Gide, était la citation de Montesquieu dont il l'avait fait précéder : « On ne saurait croire jusqu'où est allée dans ce siècle la décadence de l'admiration. » En extrayant cette épine de son herbier, Gide ne visait évidemment pas le seul Mendès. Disons que son regard était circulaire... Ainsi est-on tenté de dire que la *NRF* des origines voulut être le lien où l'on s'efforcerait de lutter, en des temps de complaisances, contre la décadence de l'admiration. Elle n'y serait pas systématiquement marchandée, comme dans telle revue satirique ou sous la plume de M. de Gourmont — mais on ferait en sorte qu'elle n'allât qu'à des œuvres et des hommes dignes de la susciter — tels que, dans les premiers numéros, Mallarmé défendu contre Boquet, Montaigne loué contre *La Phalange* nationaliste et Baudelaire sauvé des atteintes de Faguet.

Contre, contre... Ne dirait-on pas, de ce circuit fondé en revue, une « vente » anarchiste, au moins quelque Port-Royal-des-Champs, de ces « lieux retirés où d'être homme d'honneur on ait la liberté » ? Allons ! Gide, père prieur de Montmorency, châtelain de Cuverville, ami d'Anna de Noailles et de quelques grands notables du temps, n'est ni Alceste ni Pascal. Et lorsque André Rouveyre entreprend de le peindre, en contraste avec Gourmont, dans un livre intitulé *Le Reclus et le Retors,* ce n'est pas lui qui sert de modèle au reclus...

On le voit bien, dans son *Journal,* jouer les Rousseau fuyant les salons, racontant complaisamment qu'entraîné dans le monde par quelques amis et ayant dû ressortir son habit, il l'avait retrouvé mangé aux mites, à tel point qu'il avait fallu le rapiécer en hâte... Mais pour peu qu'un beau spectacle s'annonce, on le voit dans une loge d'avant-scène. Et si D'Annunzio est l'hôte d'honneur d'un éditeur parisien, il ne dédaigne pas de souper au côté de l'homme qu'il a su, d'entrée de jeu, écarter...

La *NRF* n'est janséniste, ou plus simplement inflexible, que dans le domaine de l'art ; et d'ailleurs pourquoi le serait-elle en d'autres domaines ? La vie de Racine était moins stricte que ses tragédies. Celle des gens du circuit n'obéit pas aux règles édictées et pratiquées à Port-Royal. Mais dès qu'il s'agit de littérature, c'est vers ce siècle-là, sinon vers ces gens-là, que la *NRF* porte le plus volontiers les regards. Et c'est pour cela qu'il faut bien évoquer, à son propos et dès avant que Jacques Rivière ait rationalisé, synthétisé et combiné en harmonie ces courants et ces mélodies, un classicisme, une quête de classicisme de saveur très « française ».

Engagés sur cette voie, les messieurs du circuit auront le mérite de publier, au moment de la mort de Swinburne *, un article de Francis Vielé-Griffin dénonçant « la prétendue renaissance classique » qui « mutile » la « tradition humaniste » d'une France, « patrie commune des esprits et des âmes », en proie aujourd'hui à une « concentration craintive » qui la détourne du « plus sublime lyrique que l'Occident ait produit depuis Shelley ». Qui ne voyait là une mise en garde, sinon contre l'épithète « française » arborée par la revue, mais contre le chauvinisme, les complaisances marquées par le circuit à l'endroit des néoclassiques de *L'Action française* ?

Dans son manifeste de février 1909, Schlumberger avait fait, on l'a vu, de longues références à du Bellay, avant de saluer le Grand Siècle et Boileau. Le monsieur de la rue d'Assas cherchait-il quelque modèle dans l'illustre Pléiade ? Deux ans plus tard, au moment d'assumer des responsabilités dans la direction de la revue, Jacques Rivière jugera bon de revenir sur cet exemple en traçant un tendre portrait de Joachim du Bellay, décrit non comme l'un des maîtres du groupe, non des plus « grands », mais des plus « chers ».

Compte tenu de l'évolution des formes du sentiment national depuis trois ou quatre siècles, il faut bien rappeler que si les amis de Ronsard défendaient la langue française et si du Bellay préférait son Loyre au Tibre, ils ne s'en reconnaissaient pas moins italianisants. Un peu plus d'exotisme (avoué) n'eût pas déparé l'« esprit *NRF* » dont les génies de Goethe (par Michel Arnauld), de Nietzche (par Gide) et de Dostoïevski

* Avril 1909.

(par Copeau) sont d'emblée des composantes. Le chauvinisme culturel était-il dans l'« esprit du temps » ? Les messieurs du circuit faisaient profession de s'en être libérés...

Bref, Swinburne ou pas, c'est bien le modèle classique français qui est ici prôné, résumé en trois ou quatre mots : mesure, raison, vérité, discipline. Les formules célèbres du Gide de *Prétextes*[9] : « L'œuvre d'art doit trouver en soi sa suffisance, sa fin et sa raison parfaite », « en art il n'y a pas de problème dont l'œuvre d'art ne soit la suffisante solution », « l'art naît de la contrainte [...] et meurt de la liberté », auraient pu servir de frontispice ou d'épigraphe permanente en tête de la couverture blanche. Rigueur, esthétisme, pureté.

Retour à l'art pour l'art, cette « rosse étripée » maudite par Claudel * ? Non. Le manifeste de Schlumberger a bien rappelé que l'artiste est lié à la vie, à la réalité. La présence dans les premiers sommaires de Charles-Louis Philippe, de Jules Romains et de Pierre Hamp, plus tard de Jules Renard et de Roger Martin du Gard rappelle que le souci du réel, du témoignage, de la vérité blessante ou scandaleuse n'a jamais été étranger à ce groupe arraché au rêve symboliste pour s'inscrire dans un espace réel.

La place faite aux cantiques de Paul Claudel, aux interventions véhémentes de Ghéon, aux coups d'éclat de Gide, aux rudes partis pris de Copeau ou de Ruyters, bientôt de Rivière, n'ont cessé de manifester que, pour ces gens si bien élevés, la violence et l'engagement sont inhérents à l'œuvre d'art, si sèche en soit la forme, si lisse la surface. Quand on prend pour modèle, ou pour références, Arthur Rimbaud, *Les Frères Karamazov,* Walt Whitman et Friedrich Nietzsche, les grandes orgues de Claudel ou les colères dorées de Suarès, on ne saurait être mis au rang des impassibles.

Ce classicisme-là s'est jeté au cœur du siècle. On peut, sans hausser le ton, marteler ses opinions. On peut, à coup de litotes, ne point les laisser ignorer. Les hommes de la rue d'Assas réprouvent l'outrance, refusent bravement de se laisser entraîner dans la grotesque pratique du duel sur le pré, n'opposent que l'ironie à la tentative de *L'Action française* qui prétend faire de la littérature une branche du nationalisme, prennent sereinement parti pour les ballets russes : mais il ne faudra pas longtemps à l'Académie et aux salons pour connaître que ces gens-là ont la nuque raide et le style en forme de stylet.

*

Le souci d'harmonieuse rigueur d'une part, l'ardeur au combat à dominants esthétiques d'autre part, sont communs à tous ceux qui

* Voir chapitre V.

publient ou vont publier sous la couverture blanche. Mais, au-delà de ces principes collectifs, éclate une diversité qui ira jusqu'à la dissonance et jusqu'aux ruptures. Vichnou dispose de six bras, Gide de cinq séides, mais de cent réflexes et de mille regards, sans compter son goût obsédant pour les départs, sa passion des « remords » (au sens que donnent à ce mot les peintres) et le démon de l'autocontradiction qui l'habite. N'est-il pas l'homme qui écrit simultanément (avait-il seulement deux carnets de notes ?) *La Porte étroite* et *Corydon,* et ce, au moment même où il donne élan à la *NRF*...

La diversité des argonautes de 1909, on l'a signalée — du pétulant Ghéon au judicieux Schlumberger, de Copeau-le-séducteur au grave Drouin et à ce râleur de Ruyters. Elle s'accentue avec l'adhésion de Rivière — l'adolescent-au-regard-intrépide, avec la participation d'André Suarès, écorché phosphorescent, puis de Thibaudet-le-jovial, celles du syndicaliste Pierre Hamp et du flâneur Léon-Paul Fargue, de Léautaud-qui-ricane, de Roger Martin du Gard, cet anti-Claudel, de Saint-Léger Léger, qui n'est plus Alexis et pas encore Saint-John Perse et fait profession de haïr son œuvre autant que Giraudoux-sourire aime la sienne, et Farigoule, dit Jules Romains, la vénère. Le comble à ce disparate sera mis avec l'accueil fait, entre deux proses rigoureuses de Gide et de Rivière, à tel poème d'Anna de Noailles qui fait rimer « le chant emporté des clairons » avec « la guerre sur tous les fronts » (nous ne sommes qu'en 1910...).

Relevons, apparemment anodine, cette notation de Jacques Rivière dans une lettre à ses tantes : « J'ai fait la connaissance, par la *NRF,* d'un jeune homme immensément riche nommé Gaston Gallimard... » On était riche à bon compte aux yeux de ce jeune homme-là. Mais il est vrai que le fils de Paul Gallimard disposait d'une belle fortune (ne serait-ce que du fait des Renoir et des Degas acquis en temps utile par son père...). Mais il ne faudrait pas voir seulement en le Gaston de cette époque le débonnaire surintendant de l'entreprise. Il ne se contente pas d'être, à Bénerville, pas trop distant du maître de Cuverville. Il affiche, pour son œuvre, une admiration exaltée. Et son nom figure au sommaire de plusieurs numéros, au bas d'articles ambitieux consacrés aux propos d'Alain ou aux toiles de Pierre Bonnard. Mais il est vrai que Gaston Gallimard représentera bientôt à la *NRF* une rationalité économique apparemment étrangère aux préoccupations des fondateurs assurant d'abord la vie de la revue (128 abonnés en 1912...) et, au-delà, la naissance et l'expansion du « comptoir d'éditions ».

*

Dans le livre chaleureux qu'elle a consacré à *La Nouvelle Revue française dans l'histoire des lettres*[10], Lina Morino, universitaire italienne, rappelle qu'« un esprit qui crée, c'est un esprit qui préfère, qui désire, qui déteste [...] qui prend violemment parti », et que l'essentiel du classicisme étant de se manifester « contre » (tels désordres, licences ou vagues antérieurs), de « venir après », c'est bien « contre » que se sont définis les fondateurs de la *NRF*. Mais elle ajoute, non sans malice, que « si les fondateurs [...] avaient voulu être habiles, ils n'auraient pas agi autrement [...]. Le plus savant calcul ne leur aurait suggéré aucun autre plan... ».

Si la *NRF* des origines s'affirme comme un lieu de contradictions sans quoi il n'est pas de vie intellectuelle, c'est parce qu'en attendant d'accueillir tour à tour Proust et Céline, Malraux et Drieu, Aragon et Montherlant, Michaux et Mauriac, elle crépite de signaux contraires et bouillonne de conflits internes. La liquidation de Ghéon en tant que dramaturge n'y sera opérée que plus tard : mais déjà l'un des porte-parole de la nouvelle génération qu'elle a promus, Jules Romains, y est exécuté sans pitié par Guillaume Apollinaire * en 1911, et le premier « compagnon de route », Eugène Montfort, auteur d'un réquisitoire contre Gide, s'y voit signifier violemment par André Ruyters, en juin 1910, que si l'auteur de *L'Immoraliste* n'est pas intouchable, encore faut-il ne pas viser hors de la cible...

Mais c'est encore au-delà, à propos de sa raison d'être, à propos de sa signification et de sa survie, que la *NRF* suscite le vrai débat et que gît la vraie contradiction. Les bouillonnements provoqués par les nobles anathèmes de Suarès, les foucades de Ghéon, l'intrépidité de Schlumberger, les ruades de Ruyters, font beaucoup pour la gloire de la revue de Gide — dont le nombre des ennemis grossit d'ailleurs plus vite que la masse des lecteurs.

Le vrai combat, pourtant, se situe à un autre niveau. Entre Gide et Claudel, jusqu'alors les deux références suprêmes, la contradiction touche au sens même de l'aventure. On n'a pas encore parlé de rupture entre eux à propos du christianisme. A travers Rivière et d'autres, le poète de *L'Arbre* n'a pas renoncé à la capture du conteur de *La Porte étroite*. Mais sa revue, qui est un peu aussi « leur » revue ? Il faudra de longues années pour que Claudel parle de sécession. Déjà pourtant, en janvier 1912, il somme celui qui est encore son ami d'« afficher une doctrine », de prendre parti hardiment « pour la Vie, la Voix, la Vérité ». Il serait dérisoire de parler ici de malentendu... L'abîme est tel qu'une sorte de nécessité de survie appellera bientôt aux responsabilités l'homme passerelle qu'est Jacques Rivière...

Ainsi, quand il se joint à la bande, dès les premiers numéros, Rivière sait qu'il n'entre pas dans une maison de repos. D'abord, parce que nul n'est plus partagé que lui entre les deux types de démarches spirituelles

* Dont le nom disparaît ensuite des sommaires. Et pourquoi donc ? Pour cette audace ?

qu'incarnent Gide et Claudel. Ensuite, parce que l'esprit classique qui mûrit en lui est celui du combat contre tous les artifices, nuées et opportunismes — celui de *Tartuffe*, des *Caractères*, de Vauban et du Racine resté fidèle à M. Hamon.

François Mauriac a vu dans la *NRF* du début du siècle la « rose des vents » de la littérature. Quand il y pénètre, Jacques Rivière a été prévenu par Gide que cette rose a des épines, et que le vent souffle fort...

VII

Une recrue de rêve...

Jacques a vingt-cinq ans. Brûlant de tous les feux contraires et convergents allumés par *Pelléas*, par Cézanne et par *Les Possédés*, lié « sans défaillance » à celui qui est devenu Alain-Fournier par une affection querelleuse et exaltante, amoureux de sa femme Isabelle et toujours en quête des moyens de lui assurer une existence décente, en rupture apparemment définitive avec son père, plus que jamais en butte aux sommations du prophète qui prétend l'« enfourner » au confessionnal, il sillonne le Paris des ballets russes, des « nabis » et des *Cahiers de la quinzaine*, à la recherche de tout, et d'abord de son œuvre.

Début de notoriété ? *L'Intransigeant* publie de lui un portrait anonyme (dont nous savons qu'il est dû à Alain-Fournier) :

> Vous avez déjà rencontré ce grand garçon un peu gauche au visage largement taillé, aux yeux ardents. C'était à un concert russe, à une matinée debussyste ou encore à quelque galerie d'art moderne, fauve, voire cubiste [...]. Partout où vous avez découvert quelque chose de nouveau à aimer, de difficile à comprendre, vous avez dû rencontrer aussi Jacques Rivière.
> Il a la passion de comprendre. Critique, il emploie tout son cœur et toute sa patience à aimer son auteur comme il « veut » être aimé. Il s'efforce, pour cela, de recréer l'œuvre qu'il étudie, de recommencer « le geste du créateur », de reprendre son attitude [...]. Claudel a dit, une fois, de Jacques Rivière, qu'il était « presque le lecteur idéal, celui auquel le poète pense en écrivant » [...]. Et Péguy que « c'était une bonne affaire de lui tomber * entre les mains »...

Fort bien. Mais où, comment, à qui dévouer une ardeur si intense et si bien équipée ? L'Université a refusé ce prodige de conviction didactique qui deviendra un conférencier prestigieux, le réduisant à enseigner la philosophie à des candidats à Saint-Cyr qui ne pensent qu'à le chahuter. Une sourde méfiance l'a détourné d'autres emplois publics, tels que celui que remplit le poète qu'il révère. Quant à la littérature d'imagination,

* Péguy ne se relisait pas toujours.

elle se refuse à lui — tant sous forme du grand projet des *Beaux Jours* que de contes pour les journaux dont il dira seulement qu'« il y a des degrés dans le moche ».

Alors se présente la *NRF.* Autant on est en droit de s'indigner de l'aveuglement d'une institution universitaire incapable d'accueillir celui qui était en mesure de renouveler les études raciniennes ou d'esquisser, avant Gaétan Picon, une synthèse hardie entre les diverses formes d'expression esthétique contemporaine, autant il faut s'émerveiller de la rencontre entre le jeune homme de Bordeaux et la revue créée par la constellation gidienne.

Que pouvait souhaiter de mieux — relations humaines, cadre de pensée, climat esthétique, ampleur du projet, exigences éthiques et formelles, gloire et saveur de l'environnement — ce provincial éclairé de tout et avide de dissiper les ombres ? Quant aux messieurs de la villa Montmorency et de la rue d'Assas, qui d'autre auraient-ils pu mieux convier à leur table ronde que ce jeune chevalier avide et diligent qui dévore les manuscrits, pose les questions essentielles et confère aux rapports intellectuels et aux relations sociales une si chaleureuse dignité ? Au milieu des docteurs a surgi un adolescent auquel on conférerait, pour un peu, une auréole.

Les « pères fondateurs » ont accueilli sans réticence ni ambiguïté celui qui s'affirme aussitôt comme une « recrue modèle[1] ». Le parrainage de Gide a joué un rôle, bien sûr. Sans l'avis du « gourou », ils n'auraient peut-être pas vu en lui beaucoup plus qu'un diacre claudélien affamé de prosélytisme et fanatiquement avide des formes les plus diverses de la modernité. Mais le charme cristallin du jeune homme a opéré.

Le fait est que, dès le premier regard, à Cuverville, André Ruyters a aimé « ce jeune poulain qui s'ébroue ». Le sage Marcel Drouin lui a trouvé une exaltation un peu abusive, mais son estime — qu'il ne dilapide pas... — lui est acquise. Chez Schlumberger, elle se double d'affection, joliment exprimée :

> D'emblée, nous avions été séduits par ce qu'il y avait d'aigu, de subtil, de diapré dans la pensée de ce garçon ardent et timide [...]. Bien qu'il eût vingt-quatre ans, on ne lui en donnait que dix-huit [...]. Ardeur noyée dans les scrupules, mais prodigieusement dépensée et très tenace une fois qu'elle avait choisi sa voie ; nervosité devant l'obstacle, mais pas de repos qu'il ne fût franchi. On ne pouvait marchander une affection tendre à cet être charmant que sa générosité de cœur rendait immodérément sensible aux moindres attentions amicales[2]...

Le fougueux Henri Ghéon avait tendance à se jeter à la tête des gens — en tout bien tout honneur s'il le fallait. Il n'y manqua pas. Sa sympathie fut d'entrée de jeu évidente, et éloquente à son habitude, dût-elle être plus fragile que d'autres, altérée, avant les dissonances politiques, par un certain agacement dû à la substitution progressive de la signature de Rivière à la sienne, à propos de sujets musicaux ou plastiques dont il avait d'abord la maîtrise presque exclusive.

Le grand ami, au sein du groupe, ce sera Copeau. Amitié d'abord hésitante, puis forgée par le travail en commun à partir de 1912, alors effervescente et multiforme, et qui, avant de s'affadir dans les dernières années de la vie de Jacques Rivière pour des raisons que l'on tentera de démêler, aura joué pour la revue de l'immédiat avant-guerre le rôle d'une incomparable dynamo *.

Le tout, bien sûr, est enveloppé dans les plis de la cape tyrolienne et cardinalice d'André Gide, parrain assez élégant pour ne pas trop faire sentir sa protection, pour ne pas ériger cet adolescent en « favori », trop heureux qu'il est d'avoir mis en place le « permanent » qui lui permettra, croit-il, de multiplier les escapades, pas fâché de se doter, avec Rivière, d'un médiateur vis-à-vis de Claudel et, par ailleurs, d'un truchement à l'égard de formes d'art qu'il maîtrise mal sans tout à fait se l'avouer — la peinture, par exemple...

Si jamais l'usage du mot « convergence » s'impose, c'est bien en cette occurrence. Rivière avait « vocation » à entrer en *NRF.* La *NRF* était née en attente de Rivière. Mieux que l'image du jeune torero qui, le corps à peine formé, se glisse non sans effort dans le rigide habit de lumière tissé (de tout temps ?) par les femmes de Séville, s'impose celle de l'armure où s'encastraient tant bien que mal les pages de la reine Marguerite arrachés au gynécée pour s'en aller guerroyer en Italie. Et comment ne pas évoquer les robes-linceuls de bure où de tout temps espérés s'enferment, sous les yeux des révérends pères, les jeunes moines de Solesmes ou de Ligugé ?

Lumières ou armurerie, le jeune homme en quête de mission a trouvé son habit et sa cause. Du printemps de 1909 à février 1925, d'une collaboration épisodique à un discret secrétariat et d'une codirection de fait à la prise en charge globale de la revue, la vie de Jacques Rivière sera d'abord celle de la *NRF*, et l'existence de *La Nouvelle Revue française* s'ordonnera autour de ses suggestions et de ses démarches.

L'historienne Lina Morino déjà citée : « En raison du dévouement, de l'intelligence et de l'autorité avec lesquels il a rempli jusqu'à sa mort les fonctions de directeur du nouveau périodique [...] on peut dire [...] que Jacques Rivière a été l'âme même de la *NRF*, qu'il lui a consacré la part la meilleure, la plus féconde de son talent [...] avec une méticuleuse régularité et une touchante modestie [3]. » Parfait. Encore faudrait-il écrire le mot de « modestie » avec un « M » majuscule.

Il est peu de dire que ce qui constitue, vers 1910, l'esthétique de Rivière « colle » à celle de la *NRF* naissante, telle que l'on a tenté de la

* Voir plus loin, p. 201-204.

dessiner. Il n'y a pas un mot utilisé en cette esquisse qui ne puisse lui être appliqué — goût de la contrainte et recherche de l'invention, quête de la réalité, volonté d'objectivisation, aspiration aux vertus classiques plutôt qu'au « classicisme », rejet de l'éloquence, du « drapé », de la mode bien sûr et des connivences avec les lois de la tribu. Il n'est pas jusqu'à l'ambiguïté politique de ces dreyfusards sensibles aux sirènes du nationalisme qui ne puisse séduire Jacques Rivière : ne l'avons-nous pas surpris en train de murmurer à son beau-frère que *L'Action française*, dont il ne méconnaît pas la « stupidité », sait toucher en lui de vieilles fibres * ?

Ferme sur la « ligne » et ambigu sur les marges, cet hybride de *Tête d'or* et de *L'Enfant prodigue* modèlera puis incarnera, mieux que le Vichnou de la villa Montmorency, mieux que le trop raisonnable Drouin et que celui qu'il appelle « Schlumber », mieux que le trop bouillonnant Ghéon, « l'esprit *NRF* », ouvert et strict, multiple et tendu. Mais l'affirmer sans plus de nuance impose d'observer que les premières contributions de Jacques à la revue, celles de 1909, annonçaient plutôt un exotique, un extravagant, un schismatique, soucieux de rester en marge de la chapelle gidienne — qu'il entre en lice pour rendre hommage (non sans réserve...) au génie cabré d'André Suarès, ou qu'il ouvre des perspectives nocturnes et sans frontières à certaine *Métaphysique du rêve*.

*

C'est à propos de ce dernier texte, on l'a vu, que se nouèrent au début de 1909 les premiers échanges épistolaires entre Rivière et Gide, celui-ci soutenant que, pour fascinantes que soient les perspectives ainsi ouvertes, son nouvel ami serait bien inspiré de faire, dans la revue, des débuts moins déconcertants...

Était-ce bien le cas de l'article alors proposé par Jacques Rivière sur le *Bouclier du Zodiaque*, d'André Suarès, qui avait entamé, sous le pseudonyme d'Yves Scantrel, son étrange carrière d'imprécateur mélodieux ? Cette rafale de courts poèmes en prose n'avait pas, en six mois, trouvé vingt lecteurs ** quand Jacques en découvrit les beautés, faisant observer à Fournier que si tout n'y était pas bon, « le mauvais est si volontaire, si féroce, si désespéré qu'on ne peut s'empêcher de s'y attacher[4] ».

Pour un « galop d'essai », ce poulain venu de province se lançait à corps perdu. Jacques Rivière n'avait jamais pensé que l'exercice de la critique littéraire était un moyen de se faire des amis. Il ne souhaitait pas

* Phrase qu'il n'écrirait plus à partir de 1919...

** On ne parle pas au figuré...

non plus en faire le moyen de recruter des ennemis. Et peut-être crut-il que Suarès saurait déceler, au-delà des réserves, le souffle de l'admiration. Il dut déchanter.

Bien que son article s'ouvrît par quatre mots fulminants : « Un des grands livres... », Rivière n'y pouvait celer ce que cette tension permanente avait d'« insupportable » et concluait qu'« il est trop simple de n'être que malheureux ». Du coup, Gide reçut de Suarès une de ces lettres exaspérées dont « Scantrel » avait le secret : il lui fallut déployer toutes les ressources de son ingénieuse amitié pour convaincre l'homme au bouclier que le jeune homme ne le haïssait point, et ouvrir les voies, entre Jacques Rivière et le grand écorché, à des relations presque normales et parfois amicales *. Jacques Rivière avait appris — ou vérifié — qu'il n'est guère de critique que conflictuelle, et d'admiration que trop timide aux yeux de l'admiré.

Ce n'est pas toutefois ce texte contesté qui marque l'entrée décisive de l'adolescent dans la cohorte des constructeurs de la revue. C'est plutôt son essai sur le rêve que Gide avait pour un temps refoulé, avant de l'inscrire au sommaire de la couverture blanche, non sans retouches, remords, allégements, réécritures... Tant il est vrai qu'avant d'incarner l'« esprit *NRF* », Rivière lui fournissait un ingrédient passablement exotique...

Qu'on y pense en effet : cette *Introduction à une métaphysique du rêve*, dédiée « à la mémoire de Jean-Arthur Rimbaud », écrite en 1908 par un homme de vingt-deux ans qui n'avait jamais lu une ligne de Freud et devait ignorer jusqu'à son existence **, ouvrait sous les pas des messieurs de la rue d'Assas une bouche d'ombre où ils crurent à coup sûr perdre pied. Les lecteurs d'aujourd'hui, initiés à Jung ou à Lacan, peuvent y voir de la naïveté. Marcel Raymond en salue, quant à lui, le « caractère quasi divinatoire » et y voit l'« un des chaînons les plus solides reliant symbolisme et surréalisme [5] ». Historien de ce mouvement, Maurice Nadeau y a vu lui aussi un essai précurseur.

Le texte publié en novembre 1909, dans le n° 10 de la *NRF*, ne donne pourtant qu'une idée de l'ensemble de la recherche menée sur ce thème par Rivière entre le début de 1908 *** et le mois d'octobre 1909 ; il fut trituré, remanié, émondé, amputé en fonction des « remords » de l'auteur et des avis de ses très raisonnables aînés de la revue, qui renchérirent tour à tour sur l'effarement initial du « gourou ».

Dans le *Bulletin des amis de Jacques Rivière et d'Alain-Fournier* [6], Alain Rivière a publié les divers états du texte de son père, dont la première version s'ouvrait par ce trait saisissant :

* Tout de même, c'est après la mort de Rivière que Suarès s'imposera à la *NRF*.
** Quitte à se rattraper après la guerre !
*** C'est en février qu'il signale à Claudel qu'il s'est mis à ce travail.

> En toi, un inconnu. Si loin que tu aies pu l'épier, toujours il t'échappe...

Suivent des notations qui font penser moins à un brouillon qu'à un plan :

> Le rêve est le refuge de la réalité. Nous avons tué le monde en le connaissant. Il n'est plus qu'une ombre [...] la substance s'est retirée dans le rêve [qui] nous déroute par son ironie. Mais c'est le rire de la réalité qui nous a échappé des mains [...]. Elle parodie son ombre [...]. L'être étant mouvement et nouveauté, c'est bien lui que nous fait voir le rêve...

Toute la méditation de Jacques Rivière tourne autour de la formule célèbre de Rimbaud : « Je est un autre », sur le thème du « double », de la dualité, de « l'autre qui rêve » (dans son enfance, Jacques confiait à un ami qu'il était sûr que, quelque part dans le monde, vivait et l'observait un autre Jacques Rivière...). Mais cette dissociation illuminante et tragique, cette descente aux profondeurs avec le « double », l'auteur de l'*Introduction* ne veut pas se contenter de l'observer.

Dans le même *Bulletin*, la psychanalyste Anne Woiltock écrit que le projet de Rivière tend à la connaissance et à la « réunification du Je », non en vue d'élaborer une théorie métaphysique, mais afin de la mettre en acte. Distinguant fermement la démarche du jeune Rivière de l'analyse freudienne, elle voit surtout dans ce texte « le plus magnifique déploiement et redéploiement du corps à partir de l'amplitude de la respiration ».

En attendant que l'*Introduction* de Rivière soit plus précisément située dans l'histoire de la littérature et dans celle des idées, il faut en citer quelques extraits révélateurs :

> La voix du rêve sourdement souffle au sein de mon cerveau et sous le palais du crâne. [...] Le lointain, fiévreux, innombrable bourdonnement pénètre à travers toute épaisseur jusqu'à la substance de mon corps [...]. Je ne perçois plus que le sombre battement de mon sang ; la paix s'élargit alentour avec la nuit. Alors naît le murmure des forces secrètes emprisonnées ; c'est une poussée chuchotante de petites présences ; des milliers de voix minuscules se pressent autour de moi, appuyées, inquiètes, confidentielles, ainsi que s'énoncent les feuilles dans le vent, jusqu'au moment où les emporte dans son tourbillon ce bruit qui passe comme un ravage, clameur à travers le ciel d'une chevauchée en délire, torrent de brutes ruées, et leur évanouissement à l'horizon avec la seule survivance d'un « Ha ! Ha ! » immense et lointain [...].
>
> [...] Le sang de la réalité ne bat plus aux artères du monde. Mais il ne s'est pas écoulé vainement. Un plus secret royaume l'a bu et s'en est animé. Dans le grand tournoiement silencieux des rêves, dans le sombre et magique remous où les choses deviennent comme des êtres

qui se tendent les bras, se saisissent, se nouent et se confondent, je retrouve la vertigineuse réalité des premiers âges. Voici les marches, le détour, et sous la voûte s'ouvre la bouche de l'immensité. Des échos éclatent sourdement, prolongeant à l'infini l'habitation souterraine. Le peuple profond m'envoie sa parole innombrable. [...]
Un instant je me crispe, immobile, sur la margelle de l'obscur mouvement. J'épie, comme l'ancêtre, les appels et les menaces. Mais ainsi qu'on jette une corde, un chemin s'empare de mes pas. L'âpre délice de chaque rencontre me baigne d'une irrémédiable conviction. Je ne porterai pas la main à mon front sans que naisse au ciel une étoile, je ne sentirai pas bouger en moi le désir de boire sans que s'ouvre secrètement en la forêt une avenue vers la fontaine ; et tandis que je me penche sur l'eau, la pluie de l'ombre sur mes épaules persuade délicieusement tout mon corps de sa réalité.
J'allumerai la lampe des songes : je descendrai dans l'abîme. Le feu sourd éclairera ma recherche. Je retrouverai le grand être endormi. [...] J'entends un cœur qui bat vers le centre de mon rêve[7].

On dira certes que Jacques Rivière a eu le bon goût de dédier ce texte à Rimbaud, qui ne lui est pas étranger... On trouvera ici ou là des réminiscences de Bergson (que, devenu inspirateur, puis directeur de la revue, il négligera si étrangement). On entreverra là des fulgurances à venir, la préfiguration de recherches futures.

L'*Introduction* de Rivière étonna plus qu'elle n'inspira des commentaires pertinents. Venait-elle trop tôt ? Mais ce qui surprend ici, c'est moins cette éruption de zones incontrôlées chez ce jeune homme tout tendu vers la lumière et la discipline, c'est que cette *Introduction* en soit restée chez lui à l'état d'ébauche. Si médiocres que fussent les échos entendus ici ou là, Jacques savait la richesse des perspectives qu'il avait ouvertes. Fut-il freiné, interdit en son élan par ses sages amis ?

Dans le numéro suivant, en tout cas, celui de décembre 1909, paraissait un article de l'intime de Gide qu'était Paul Valéry — le premier qui fût publié par la *NRF* — où, sans jamais nommer Rivière ni citer son article, le poète mettait sévèrement en garde contre la tentation onirique, pour conclure d'une phrase qui n'était pas de nature à décourager son jeune prédécesseur : « Dans le rêve, la pensée ne se distingue pas du vivre et ne retarde pas sur lui. Elle adhère au vivre ; — elle adhère entièrement à la simplicité du vivre[8]. »

Ceux même qui faisaient profession d'une moindre sagesse, tel Alain-Fournier, évidemment informé des avatars du texte et des péripéties de la publication, en firent l'éloge, mais sans encourager Rivière à poursuivre dans cette voie.

L'*Introduction à la métaphysique du rêve* reste ainsi, dans l'œuvre de Jacques Rivière, une sorte de *fœtus interruptus*, riche de promesses, bloqué en son élan. On peut penser que cette esquisse, que le travail d'une année qu'elle demanda au jeune homme, le firent plus accessible à telles plongées dans la psychologie des profondeurs de Dostoïevski ou de Proust, et plus tard à la lecture de Freud, voire à une approche (manquée, mais réelle) du surréalisme, sinon du diabolisme de Jouhandeau. On sait que bon nombre d'opéras ne sont pas allés au-delà de l'ouverture — et parfois pour leur bien...

*

Au temps où il rôde ainsi sur les marges d'un univers nocturne et dérobé, Jacques est hanté par l'idée d'un livre qui s'ordonnerait autour du thème de la vérité, pour en contester l'unicité. Non sur le ton sarcastique de Pilate, mais pour la recomposer dans ses multiples composantes. Dans le même temps, des amis de Fournier, d'une part, Gide et Copeau de l'autre, tentaient de le persuader qu'un génie imaginatif l'habitait, et qu'il lui fallait s'attaquer au roman — audace devant laquelle reculait Gide, s'avouant incapable, on va le voir, de se libérer du « récit » ou de la « sotie ».

Entremêlant ces diverses velléités, l'essai philosophique sur la vérité, d'une part, et de l'autre le roman inspiré par ses expériences enfantines, Jacques Rivière joua des années avec son projet qu'il intitulait *Les Beaux Jours* ou *Le Bel Été* : ces mots scandent diverses correspondances au cours de l'année 1910, sans qu'on sache toujours s'il s'agit de l'un ou de l'autre projet — qui nous semblent aujourd'hui si différents. Quand, au début de 1910, le jeune homme proposa à Gide *Les Beaux Jours*, texte d'une trentaine de pages, il semble qu'il avait fait abandon de l'essai sur la vérité et s'était rabattu sur l'idée d'une remémoration, d'une évocation du climat de son enfance d'où pourraient surgir les personnages et les situations proprement romanesques.

Mais là encore, il devait en rester à l'état de croquiste, de préfacier de soi-même. Si belles soient ces pages qui émurent Gide et Schlumberger et font déjà penser au *Si le grain ne meurt* de l'un *, aux *Éveils* ** de l'autre, *Les Beaux Jours*, publiés dans le n° XXIII de la *NRF*, ne mûriront ni en essai philosophique, ni en poème comme il le crut un temps, ni en roman. Nous reviendrons plus tard sur la question de la veine romanesque chez Jacques Rivière, qu'il contesta lui-même si longtemps et crut avoir découverte à la fin de sa vie avec *Florence* — hélas... Le fait est que le texte publié en 1910 par la *NRF* sous le titre *Les Beaux Jours*, aussi « exquisement » accordé à la sensibilité de la maison que le *Rêve* y était incongru, n'est rien d'autre qu'une rêveuse et musicale évocation autobiographique par quoi le jeune Bordelais s'intégrait sans réserve dans le circuit gidien.

* Publié en 1920 (et 1924 pour l'édition courante).
** Publié en 1950.

A dater du mois de février 1910, Jacques est devenu, avec le secrétaire Pierre de Lanux, le seul collaborateur régulièrement rétribué de la revue. Deux d'entre les « pères fondateurs », Gide et Schlumberger, sont plutôt des « rétribuants ». Les autres ont — enseignement pour Drouin, médecine pour Ghéon, banque pour Ruyters, journalisme pour Copeau (avec parfois l'aide d'un « nègre » nommé Rivière...) — des moyens d'existence relativement confortables et ne reçoivent, en échange de leur travail, que des honoraires irréguliers. (Le désintéressement des fondateurs de la *NRF* est évidemment un des traits constitutifs de leur comportement.)

L'auteur des *Beaux Jours*, qui continue de tirer le diable par la queue, reçoit de la *NRF* entre 50 et 100 francs par mois (ce qui double son revenu !). La procédure de cette rétribution — largement due aux contributions personnelles de Gide — est extrêmement compliquée. Témoin cette pittoresque lettre de Jacques, datée du 24 octobre 1911, où l'on retrouvera comme un écho (inversé) de Balzac.

Ayant remercié d'« un nouvel envoi d'argent » André Gide qui, non content de ce geste, lui a demandé ce que lui doit encore la revue, Rivière riposte :

> Comment voulez-vous que la *NRF* me doive quelque chose ?
> Vous m'avez payé Ingres (juin)
> Ce que vous m'avez donné l'autre jour au Havre compte pour juillet (Dieu sait comment je l'ai mérité !).
> Ce que vous m'envoyez aujourd'hui compte pour août
> En septembre, je n'ai rien donné *
> Enfin octobre (*Tête d'or*) m'a été payé d'avance par J. Schlumber...

Le jeune homme de Bordeaux vivait donc en équilibre entre les maigres émoluments de Stanislas et ces versements largement dépendants de la libéralité de ses amis du « circuit » quand, au début de décembre 1911, survint l'incident qui le conduisit à donner sa démission du collège Stanislas, ou plutôt à renoncer à la classe de philosophie pour saint-cyriens qui faisait l'essentiel de sa collaboration (et de ses revenus). Relatant l'affaire à André Gide, le 6 décembre 1911, il ne donne pas la justification de son geste sans ajouter :

> ...Nous en sommes, j'espère, à pouvoir parler franchement [...]. Il n'y a qu'une chose qui me retienne. Je crains votre générosité. Je crains de la tenter.
> Pourtant, voici : je suis au courant de ce qui se passe pour le secrétariat

* Jacques Rivière semble ignorer ce qu'est la mensualisation...

> de la revue *. Je sais que vous l'avez proposé en dernier lieu à Francis de Miomandre **.
>
> [...] Je sais d'autre part qu'il est presque impossible que je succède à P. de L. ***. C'était une véritable indécence. Et je sais que cette objection arrête tout [...].
>
> Pourtant, je ne puis m'empêcher de vous parler de cela. Si vous saviez à quel point je me sens les qualités qu'il faut pour tenir ce rôle ! Peut-être vous dites-vous que mes forces sont petites, mes fatigues fréquentes. Mais je vous jure qu'il n'y a pas là un empêchement sérieux. Je mettrais tant d'enthousiasme à mon travail. Et ma méthode [...].
>
> Mais, malheureux, ne voyez-vous pas qu'en un an, je ferais de la *NRF* le première revue de France ? Vous ne pouvez pas savoir de quoi je suis capable, quand j'ai du goût [...]. Ah ! comme je vous mènerais la revue, comme je vous ferais tous marcher !

Surprenante, révélatrice, cette puissante bouffée d'orgueil, cette revendication flamboyante jetée à la face du bienfaiteur qui est en même temps un des écrivains qu'il admire le plus (« Vous ne voyez pas, malheureux ! »). Et il est vrai que, plusieurs décennies après sa rédaction, cette insolente apostrophe semble simplement prémonitoire, et que l'argumentation de Jacques nous paraît la plus réaliste du monde. Mais si on se reporte à 1911, au bagage dont peut faire état Rivière, au rapport de forces, à la situation qui est alors celle des deux hommes !

Une fois de plus, Gide réagit avec une bonne grâce et une intelligence affinées par l'affection qu'il éprouve pour Jacques. Sa première réponse est marquée par l'embarras que lui cause la promesse faite à un autre. Et il écrit le lendemain à Schlumberger que la lettre de Rivière le jettera « dans un certain désarroi » et qu'il déplore ce « défaut de chronologie[9] ».

Celui qui est encore le maître d'œuvre de la revue ne manqua pas de regretter lui aussi cette fausse manœuvre. Mais, en accord avec son ami de la villa Montmorency, il fit si bien que, Miomandre ayant accepté avec beaucoup d'élégance de s'effacer (Gide en manifestait si clairement le désir...), Rivière pouvait écrire à son « parrain » : « Ça y est, ça y est, que je suis content ! » (non sans ajouter « Mais Copeau **** ? ») A quoi son diligent aîné pouvait répondre par retour du courrier que chacun autour de lui a manifesté sa joie, que Drouin s'est écrié : « Enfin ! » — « et [ajoute Gide] moi plus que tous à la fois ! »

Le lendemain, le nouveau secrétaire écrit à Jacques Copeau : « ... Je

* La démission de Pierre de Lanux.

** Dont le nom est alors beaucoup plus notoire que celui de Rivière.

*** Pierre de Lanux.

**** Allusion à une provocation à se battre en duel qu'un certain Variot a adressée à Copeau, s'attirant une fin de non-recevoir ironique. Là encore en avance sur son temps, la *NRF* dénonce le ridicule de cette pratique. Jacques Rivière s'inquiète pour lui.

suis dans la joie. Vous savez que je deviens secrétaire de la *NRF*, si du moins vous le permettez. Vous allez être un de mes patrons, ce qui ne me déplaît pas du tout. Mais bien que patron, je saurai vous secouer[19]... »

En fait, Schlumberger prenant quelque distance, Ruyters restant à l'écart, Copeau devient le directeur en titre de la revue, l'unique « patron » que Jacques entend « secouer ». Il est peu de dire que le tandem vivra en bonne intelligence. Cette coopération fera même mûrir leurs rapports en ardente et fraternelle amitié, sur laquelle on reviendra. Le travail de Jacques sera d'autant plus harmonieux que l'administration sera confiée à son camarade Gustave Tronche, venu lui aussi d'Aquitaine, et veillé par un autre ami, Gaston Gallimard.

Rapportant ces diverses péripéties à ses vieilles tantes de Cenon, non sans en évaluer les retombées financières, Jacques écrit joyeusement :

> Et d'où viennent-ils, s'il vous plaît, [...] ces 150 F qui fournissent une matière à mon addition ? Mes bons amis veillaient. Gide et Schlumberger m'ont fait venir en hâte le jeudi et après des négociations très délicates dans le détail desquelles je ne peux pas entrer, m'ont accordé le secrétariat de la *Nouvelle Revue française*.
> [...] Je suis heureux, heureux, heureux. Cette classe de Saint-Cyr pesait sur moi comme un cauchemar. M'en voilà débarrassé. Me voilà chargé d'un travail exquis, où je vais mettre tout mon cœur. Me voilà des revenus supplémentaires. Avouez que j'ai une veine infecte !

Tout est bien... non qui finit, mais qui commence bien. Car après bientôt trois ans d'improvisations sous l'égide aimable de « Schlum », la remise en ordre qu'impose l'« homme de méthode », comme se définit Jacques, va bon train. Dès le mois de janvier 1912, il met en place une organisation plus rationnelle des rubriques, qui auront désormais chacune un responsable — la poésie, Ghéon ; les romans, Copeau ; le théâtre, Schlumberger *. Celui qu'en souriant Gide appelle désormais « Monsieur le secrétaire » impose horaires stricts de remise de la « copie », références précises et réunions régulières de l'ensemble du groupe. Avec « l'arrivée de l'enfant prodige », André Gide a pu croire s'être libéré de la plupart de ses responsabilités. Il s'est chargé de quelques chaînes supplémentaires : Rivière, qui l'impliquera plus étroitement que jamais dans les décisions à prendre, l'avait d'ailleurs prévenu quelques jours plus tôt : « Je vous ferai marcher ! »

Il arrive qu'investi de responsabilités collectives, les artistes négligent leur œuvre ou soient contraints de s'en détourner. Ce ne sera pas le cas de Jacques Rivière, dont la puissance de travail, l'aptitude à la concentration étaient telles qu'elles lui permettaient alors de procéder à cette réorganisation, de veiller au déménagement de la revue de la rue d'Assas à la rue

* Pour quelques mois. Copeau, pris par son théâtre, cessera bientôt de tenir la rubrique des romans.

Jacob *(en attendant le 37 de la rue Madame), de veiller à la sortie de son premier livre, *Études*, où sont regroupés ses meilleurs articles depuis le grand « Claudel » de 1907, de se préoccuper de la très fragile santé de sa fille (et de sa femme, atteinte d'une phlébite après la naissance de Jacqueline) et de rédiger diverses chroniques sur les peintres « pompiers », sur la peinture chinoise, sur Félix Vallotton, sur le Salon des indépendants, sur les œuvres de piano de Jean-Sébastien Bach, sur Péguy, sur les ballets russes... sans parler du club universitaire où il s'est inscrit en compagnie de Fournier et où il pratique le rugby **.

*

Surtout, surtout, c'est à cette époque de fiévreuse activité qu'il achève la rédaction de son premier essai de longue haleine, *De la sincérité envers soi-même* qui, dédié à Jacques Copeau, paraît d'abord dans la *NRF* de janvier 1912 et sera suivi quelques mois plus tard d'une sorte d'approfondissement, *De la foi* (novembre-décembre 1912 ***).

Jacques Rivière s'est-il jamais exprimé sur lui-même avec un plus total souci de vérité — au moins jusqu'à ses *Carnets* de captivité ? Préfaçant vingt ans plus tard ces pages en vue de leur publication en volume, Isabelle Rivière résume l'ouvrage en « trois étapes d'une même recherche : celle de lui-même », parcourues par un homme qui cherche si passionnément la connaissance qu'il voulut la centrer sur l'objet le plus repérable : « Savoir bien au juste qu'est-ce que moi ». De quoi s'agit-il pour l'honnête homme, sinon de « se saisir de cette réalité qu'il contient » ? Et comment y parvenir autrement que par une sincérité qui n'est autre que le « perpétuel effort pour créer son âme telle qu'elle est » ?

Quel effort plus fidèle à cet esprit classique qu'il a vu se réinventer dans le groupe de la *NRF* et auquel il a conscience ainsi d'apporter l'appoint d'une sorte d'« exercice spirituel » — pour reprendre la formule de Loyola, le fondateur de ces jésuites dont nous l'avons surpris parfois tout proche, dût-il l'ignorer lui-même ? Plongée en soi qu'il ne prolonge pas cette fois vers les abîmes abordés trois ans plus tôt dans sa *Métaphysique du rêve*, ni dans cette délectation égotique qu'il a tant goûtée chez Barrès et qu'il admire et déteste tant chez Stendhal.

Pour Rivière, bon classique, dur avec soi, avide de contraintes et en lutte avec elles, cette sincérité à laquelle il aspire est une longue patience, une chasse, une élaboration : l'homme ne se connaît à fond que s'il a lui-

* A l'angle de la rue Saint-Benoît. C'était le bureau du libraire-éditeur de Marcel Rivière.

** Voir chapitre X.

*** Dans l'édition de 1943, Isabelle Rivière a fait suivre ces deux essais de pages rédigées en captivité par son mari, leur donnant le titre de *Chasse à l'orgueil*.

même jeté ses assises, bâti les murs, sondé les recoins, épié les faiblesses, reconnu les ombres. Écoutons-le :

> L'homme sincère n'est pas celui que l'on voit toujours élancé [...] toujours intime avec son cœur et avide de le livrer. Il n'est pas si pressé parce qu'il sait qu'il a beaucoup de besogne. Il n'est pas l'homme du premier mouvement. Il ne tient pas son âme une fois pour toutes, il ne l'a pas apprise par cœur. Mais il la construit à neuf pour chaque occasion. Il doute, il attend, il s'applique...

Rien de plus fidèle aux moralistes des siècles classiques. Rien de plus éloigné de l'éloquence romantique. L'homme n'est lui-même qu'en se maîtrisant. Mais pas en s'amputant, certes pas ! Car il y a ceci encore, qui va plus loin dans l'autodéfinition de l'homme auquel la *NRF* vient de confier quelques-unes des clefs de la maison :

> Mais moi, je n'estime rien au-dessus de vivre, et ce dont d'abord je ne veux rien laisser échapper, c'est de vivre. Le véritable honnête homme est celui qui sait employer son âme comme il faut aux événements. Ainsi l'honnête homme demeure tout occupé à vivre, en échange perpétuel et dans une conversation liée avec les événements...

Dans sa correspondance, Gide fait le plus grand cas de ces propos, y voyant le comble de l'intelligence praticienne, et s'étonne qu'un si jeune homme ait atteint ce degré de sagesse hardie... N'entend-on pas là l'écho de ces raisonneurs de Molière où, fût-il exprimé en alexandrins laborieux, le Grand Siècle a donné le meilleur de son jus ?

A tel point que l'on pourrait crier au pastiche. Ou parler de mimétisme. A force de tendre à la maîtrise classique, Rivière en viendrait à se faire le perroquet de La Bruyère et des *Femmes savantes* ? Nous connaissons bien pourtant ses fréquentations littéraires et esthétiques du temps : ce n'est ni dans Dostoïevski, ni dans Claudel, ni dans Suarès, ni dans Stravinski, ni dans Rouault qu'il est allé chercher ce type de démarche et de formulations. C'est plutôt en défense contre les sorcières du temps qu'il est en train de construire cette ombrageuse sincérité qui, dissipant ses propres ombres, lui ouvre le chemin de la connaissance intrépide.

Gide et ses amis admiraient fort *De la sincérité*. Devant *De la foi*, ils laissèrent percer quelque perplexité — non moins d'ailleurs que Claudel, dédicataire heureux mais lecteur préoccupé.

On a effleuré les questions soulevées par ce texte dans la correspondance entre Jacques Rivière et André Gide — et notamment celle de ce que le premier appelle la « facilité » catholique, la « place au mal » qu'elle réserve. Aussi le volontarisme de cette foi-là, qui ne laisse plus de place à la prédestination, guère à la Grâce. Le protestant Gide broncha contre ces thèses et exprime ici et là dans son journal l'étonnement que lui procure cet étrange plaidoyer pour la foi, où il voit plus de méthode catholique que d'élan chrétien.

Le fait est que, pour hétérodoxe qu'il fût, l'essai de Rivière fut reçu, dans ce cénacle et alentour, comme un manifeste de ralliement à l'Église. A dater de là, le jeune secrétaire, en qui Arnauld et Schlumberger flairaient le « tala* », est tenu par ses amis pour un catholique (ils apprendront l'année suivante qu'il a cédé aux injonctions du prophète impatient de le ramener à la vie sacramentelle). Il faut ajouter, à la louange de ceux sur lesquels il venait de prendre quelque autorité, que celle-ci n'en subit aucun contrecoup. Le Rivière de 1912 est moins catholique que ne le croient ses « administrés » : mais il n'a pas lésiné sur les moyens de se faire cataloguer ainsi, aussi fins et bien disposés que soient les autres.

Ainsi cette maison, née sous le signe de la Réforme, du fait des origines des deux plus influents de ses fondateurs, et en raison de l'esprit de rupture et de libre-examen qui l'anime (bien que pèsent sur elle la grande ombre de Claudel et celle, plus lointaine, de Jammes), est-elle en ce temps-ci pénétrée par une spiritualité catholique, à laquelle Péguy hésite à donner le renfort de sa voix.

*

C'est pourtant en marge de toute préoccupation religieuse que Jacques Rivière, secrétaire de la *NRF*, apportera sa contribution la plus originale, et la plus fructueuse. Celle où il pourra prétendre avoir marqué, sinon remodelé l'« esprit *NRF* » en un domaine fondamental, celui de l'art, ou mieux de la conception même du roman. Si, dans le domaine de la foi, il n'est évidemment qu'une voix dans le chœur, plus ou moins isolée ou dissonante, en matière de création romanesque il parle au nom de tous : Gide ne fera pas mystère d'avoir lu, en ce texte, ce que lui-même avait eu l'ambition d'écrire puis de mettre en œuvre — avec la conscience d'y être si peu parvenu avec *Les Caves du Vatican* : pourquoi il renoncera à intituler son livre « roman » pour s'en tenir à l'ironique « sotie ».

1913 n'est pas, de ce point de vue, une année ordinaire**. Pour Jacques Rivière, elle est celle où son cher Alain-Fournier met la dernière main au *Grand Meaulnes* auquel il travaille depuis huit ans, y associant inégalement, selon les saisons, son vigilant beau-frère : le livre paraîtra en automne, manquant de peu d'obtenir le prix Goncourt. Quand il réfléchit sur le roman, à cette époque, Jacques ne peut manquer de

* Argot de l'École normale : « Ceux qui vont " tala " messe. »

** D'autant mieux que, parallèlement, paraissent *Alcools* d'Apollinaire et *Le Transsibérien* de Cendrars...

penser aux aventures d'Augustin Meaulnes — autant qu'au *Barnabooth* de Valery Larbaud qui l'enchante.

Mais il y a aussi son propre début. On reviendra sur ses douloureux rapports d'écrivain avec la littérature d'imagination *. Au temps qui nous concerne ici, il se voit constamment sollicité par Gide, par Copeau (et par Fournier) d'aborder bravement la création romanesque ; et il s'y essaie dans une sorte de clandestinité, ayant échoué à faire surgir l'imaginaire des *Beaux Jours*, tentant de transformer l'*Histoire de Noë Sarambuca* en roman — et se désolant, dans diverses correspondances, de n'y point parvenir.

C'est le temps aussi où l'œuvre de Proust frappe à la porte — et où la *NRF* (dont Rivière est le secrétaire influent) la repousse d'abord. Il est vrai que Jacques n'est pour rien dans cette décision fâcheuse. Lui qui allait être pour longtemps l'exégète et le témoin par excellence de *A la recherche du temps perdu* n'accosta qu'en janvier 1914 au grand navire **.

C'est donc en méconnaissance de la *Recherche* qu'il rédigea le grand article sur « Le roman d'aventure » dont on a dit qu'il aurait pu lui servir, sinon de préface, au moins d'avertissement. Prescience qui portait en elle l'intelligence à venir ; qui manifestait aussi une attente, qui avait valeur d'indication barométrique, comme si dans l'air de ce temps-là, de ce temps perdu, flottait, en suspension orageuse, le grand ouvrage où s'accompliront les rêves du jeune secrétaire de la *NRF*.

A propos du roman, la revue de la rue Madame s'est depuis des mois lancée dans la bataille, à la fois pour une exaltation du genre littéraire auquel la gloire de Dostoïevski donne ses lettres de noblesse, et contre le « roman à la française », plus précisément contre celui qu'incarnait depuis plus de trente ans Paul Bourget. La *NRF*, qui avait paru longtemps soucieuse de traiter l'illustre auteur du *Disciple* avec plus de ménagement qu'elle n'avait fait de France, Loti ou Barrès, pour ne pas parler de Rostand, venait de déclencher contre lui deux salves d'artillerie, tirée l'une par Albert Thibaudet et l'autre, plus violente encore, par Jacques Copeau, son directeur. Lequel, non content de donner son congé au « roman d'analyse », ouvrait brillamment la voie à son « secrétaire » dans un article de mai 1912 :

> Je ne fais pas du roman d'aventures une variété, une spécialisation du genre romanesque ; je voudrais y voir le type même du roman [...]. L'aventure, n'est-ce pas : *ce qui advient par cas fortuit* ? [...] J'accueillerai, dans le roman, même le hasard. Il est l'ennemi du drame, dont il altère les proportions [...] mais le roman, par mille articulations, se prête à tous les chocs [...] soutenant avec la création, qui pour lui, n'a rien d'expliqué, un véritable démêlé...

* Voir chapitre XX.
** Voir chapitre IX.

Par la brèche ainsi ouverte, l'auteur d'*Études* n'avait plus qu'à s'engouffrer.

Jacques Rivière ne s'est pas lancé dans l'aventure de ce manifeste où il engageait la *NRF*, son « esprit » et ses rapports avec les forces dominantes de la vie culturelle de l'époque, sans un intense travail de lecture. Tout baigné dans Dostoïevski, dont l'œuvre domine alors son univers mental et spirituel et inspire sa démarche vers le christianisme, il lit passionnément les maîtres anglais — De Foe, Fielding, Stevenson surtout, qui est, avec Dostoïevski, la référence suprême de son essai, et aussi Kipling. Il a abordé enfin l'œuvre d'un jeune écrivain qu'il goûte avec étonnement, Valery Larbaud, dont le *Barnabooth* est aussi l'un des inspirateurs de son essai.

Le secrétaire de la *NRF* a attaqué son travail avec une pugnacité conquérante, résumée dans ces phrases d'une lettre à son « patron » Jacques Copeau : « J'ai entrepris un article qui sera énorme et admirable et propre à faire s'asseoir sur le cul tous les Jean-Foutre qui doutent encore de mon génie [11]. » Le ton de Rivière est rarement timoré (qui l'est moins, la plume en main, qu'un vrai timide ?). Ici il touche au péremptoire :

> Le romancier devra être orienté dans le sens de la vie, c'est-à-dire tourné vers ce qui n'est pas encore. Au lieu que l'écrivain symboliste vivait en état de mémoire, il vivra, lui, en état d'aventure. En vrai créateur qui marche parmi ses inventions, tous ses dons seront de création plus que de perspicacité proprement dite. Et il ne devra pas même craindre une sorte de stupidité qui est inséparable du pouvoir créateur...

La « stupidité » de Dieu face à la création, qui lui échappe ? De Dostoïevski, quant au comportement de Muichkine ? De Proust, incapable de maîtriser les inclinations amoureuses de Swann ? En dénonçant ici la « perspicacité », Rivière rend évidemment hommage à un type de créateurs qui n'ont rien à voir avec un magistral montreur de marionnettes comme Paul Bourget ou ses émules du « roman psychologique » — où l'on se garde d'être « stupide ».

Autant que « stupide », le romancier selon Rivière ne saurait qu'être abondant. Ne va-t-il pas jusqu'à poser en modèle le *Monte-Cristo* de Dumas, un livre épais, dense, imprimé sur du mauvais papier, bien serré, le « roman somme » qu'on appellera bientôt roman-fleuve ? Une telle lecture sera navigation en haute mer, surprise ; la loi en sera l'inattendu, l'absurdité, la richesse abracadabrante de la vie même. Dussent les héros rester immobiles, l'aventure...

Ce type de roman ne devra pas porter trop fortement la griffe de son auteur, d'une écriture trop précise et harmonieuse : il lui faudra aller au gré des caractères et des langages, avec une sorte d'impersonnalité multiple et prolifique. Longueurs, digressions, complexités, disparate. Dostoïevski et Dickens ont-ils un « style », et Balzac ? Loi du foisonnement spontané. Loi d'impersonnalité de la grande statuaire ancienne.

Le romancier de demain ne devra pas poser en « types » bien dessinés par la psychologie traditionnelle ses personnages, qui devront être perçus, abordés « par leurs manies, leurs travers, leurs façons de boire et de manger ». Ils surgiront d'eux-mêmes, s'imposant à l'auteur dont la responsabilité consiste à leur « ouvrir la porte ». Ayant ainsi accueilli ces intrus, l'auteur n'interviendra que pour flécher leur démarche vers le futur, vers un avenir inconnu et riche d'hypothèses...

L'aventure, maîtresse, référence de cette œuvre, c'est ce qui arrive et qu'on n'attendait pas, le processus irrationnel, imprévisible, contradictoire de la vie, comme la « croissance de la plante dont chacune des formes successives paraît se suffire à elle-même ». Un tel roman progresse en se modifiant, se contredisant, en quête incessante d'un sens qui se dérobe. Ce roman, pour n'en être pas esclave, ne récuse nullement l'opération psychologique, au point qu'on pourrait le nommer « roman psychologique d'aventure », voué à l'évocation du « développement spontané des âmes ». A ce point de l'argumentation apparaît évidemment le modèle russe, Tolstoï et surtout Dostoïevski. Mais le plaidoyer de Rivière n'est pas enté sur ces demi-dieux. Au fil du propos, on a reconnu les façons de Balzac (mieux que de Stendhal), les références à De Foe ou à Hardy, et vu se profiler le modèle qui sera celui des « behavioristes » inspirateurs de la plupart des romanciers américains, sinon de Simenon...

Puisqu'il ne peut encore penser à Proust (qui saura, malgré Rivière, associer la « mémoire » à l'esprit d'« aventure » et la « perspicacité » à la « stupidité »), Jacques Rivière écrit bien sûr en songeant à Alain-Fournier, dont le héros sera si intensément pétri de l'esprit d'aventure et dont le comportement sera jugé « stupide » par beaucoup... Il ne peut manquer de viser aussi le Gide qui, au-delà de *La Porte étroite* (assez peu inspirée des préceptes de Rivière...), tente, avec *Les Caves du Vatican*, de réaliser un grand rêve romanesque.

L'inspirateur de la *NRF* a lu le texte de son jeune ami avec tant d'admiration qu'il lui a écrit le 18 juillet : « Votre article [...] m'a consterné. Jamais je n'écrirai rien d'aussi bon [...] sur le même sujet », et récidive deux jours plus tard : « C'est parce que je vois le roman [...] comme vous le voyez [...] que même les *Caves*, je ne puis les considérer comme un roman. »

Nostalgie ? Sentiment d'impuissance ? On ne sait si André Gide eut alors conscience de son incapacité durable à réaliser le beau projet formé par son ami. Dix ans plus tard, il reviendra pourtant à la charge avec *Les Faux-Monnayeurs* — auquel il osera cette fois donner l'étiquette de roman, sans pour autant lui insuffler le don d'« aventure ». Il est vrai que Rivière lui-même, si ingénieux en traçant les règles de son jeu, s'avérera par deux fois inapte à les appliquer congrûment — en prenant même, si l'on peut dire, le contre-pied...

*

Depuis la publication en volume de ses *Études*, à la fin de 1911, et l'année suivante celle de la *Sincérité avec soi-même*, qui lui a permis, au dire de Charles du Bos, d'« inventer une nouvelle forme de critique », Jacques Rivière est tenu pour l'un des essayistes majeurs de sa génération. Son « Claudel », son « Gide » ont signalé son esprit pionnier, et manifesté son aptitude à l'évaluation judicieuse. A partir de 1910, son univers esthétique et spirituel se renouvelle — sans que le surgissement de nouvelles ferveurs abolisse aucune des anciennes : le formidable Stravinski ne le rend pas sourd à Debussy, ni l'évangélisme de Dostoïevski au christianisme dogmatique de Claudel. Mais il lui faut de nouvelles cibles, de plus intenses débats : dans quel incendie se jeter avec plus de risques qu'en celui qu'allume Rimbaud, dédicataire de sa *Métaphysique du rêve* ?

Dans la livraison de la *NRF* où Jacques publiait *De la sincérité envers soi-même*, Paul Claudel avait lancé la formule célèbre : « Arthur Rimbaud, mystique à l'état sauvage ! », alors que la sœur et le beau-frère du poète des *Illuminations*, Isabelle et Paterne Berrichon, tentaient d'accréditer le caractère d'apocalypse chrétienne d'*Une saison en enfer*.

Un quart de siècle après sa mort, Rimbaud était au cœur d'une tempête conforme à son génie. Passion apologétique contre passion nihiliste. Le temps était venu de tenter une approche de l'œuvre incandescente dans un esprit moins prévenu que ne l'avaient fait Claudel ou Berrichon.

C'est au printemps de 1913 que Jacques Rivière entame sa lutte avec l'ange Rimbaud, lu depuis sept ans, avec stupeur d'abord, en 1906 *, puis avec une sorte d'effroi qui avait cédé la place à l'admiration, tour à tour éblouie et angoissée. Son essai, publié dans la *NRF* en juillet et août 1914 (temps impropre à la littérature anodine), s'ouvre par un âpre constat :

> Rimbaud commence par la colère et par l'injure [...] Ainsi qu'un grand fleuve s'annonce jusqu'en pleine mer par de la boue, Rimbaud est naturellement précédé par cet immense salissement [...] Jamais homme n'eut plus naturelle la faculté de souiller [...] Il nous hait sans mesure, [avec] la férocité distante d'un être d'une autre race [...] il lance sur nous les éclairs de son insulte...

Est-ce là le secret de son génie, la volonté farouche de se libérer de son innocence ? Foudroyé, mais non résigné à ne pas regarder en face le voyant tout crépitant d'imprécations, Rivière tente vaillamment de

* Dans la correspondance de Rivière avec Fournier, celui-ci parle de « répugnante compagnie » sans être d'abord contredit.

démontrer que, contrairement à la thèse alors dominante dans la critique académique, Rimbaud n'est pas un prodigieux virtuose assembleur de signes et jouant avec eux, un génial montreur de mots fulgurants, notant des hallucinations subjectives avec des procédés symbolistes « survoltés », mais un chasseur tragique, un visionnaire en état de guet. Contre la thèse du jeu, à laquelle se rallieraient certains de ses amis, Rivière se fait le tenant, non de l'interprétation mystique, mais d'une vision tragique, confronté à l'insoutenable :

> Un poème de Baudelaire [écrit-il] est un système fermé ; tout y regarde vers l'intérieur ; les vers se tiennent ensemble comme des personnes assemblées en cercle. C'est parce que l'objet qu'ils expriment est un sentiment, quelque chose d'entièrement contenu dans l'âme, quelque chose qu'elle entoure et circonvient de toutes parts. Si le style de Rimbaud au contraire regarde vers le dehors, ce ne peut être que parce qu'il se dispose autour d'un objet extérieur à l'âme. [...] Il est tout occupé après quelque chose de réel, il s'ouvre sur une présence différente de la nôtre [...] ce qui paraît d'abord en lui, c'est une sorte d'attention ; sa syntaxe [...] l'arrangement même de sa phrase prouve, à la façon dont une empreinte fossile démontre l'existence d'une plante contestée, la réalité des visions de Rimbaud...

Le style de Rimbaud, surtout celui du poète « en travail », de brouillon en brouillon, « c'est le style de quelqu'un qui cherche à atteindre *quelque chose* à tout prix et n'importe comment ». Comme un noyé, un naufragé jetant tout par-dessus bord pour être plus léger, mieux à même d'atteindre — quoi ? On dirait le journal d'un chasseur de grands fauves. Cette chose extérieure à lui, ce monde peut-être entrevu dont il a eu des intuitions — ce que Claudel a cru pouvoir appeler Dieu —, Rivière hésite à la désigner. Il parle de « dialectique du surnaturel » et suggère une manière d'« expérience de Dieu ».

La conclusion de Jacques Rivière était appelée à provoquer quelques débats :

> Je ne pense pas qu'on ait le droit de considérer Rimbaud comme chrétien. Il n'y a dans son œuvre aucune profession de foi explicite et d'ailleurs je n'imagine pas qu'au moment où il l'écrivait, il fût capable d'embrasser un dogme. [...] La forme même de son esprit lui interdisait les démarches de la croyance : fait pour voir, il était impropre à croire. Mais Rimbaud est un merveilleux introducteur au christianisme. Il se charge, sans le vouloir, de la besogne préliminaire ; il brise toutes nos communications naturelles et fait naître en nous le besoin de relations nouvelles. Désormais nous sommes obligés de nous référer à autre chose [...]
>
> [...] Je l'ai hanté longuement. L'attachement que j'ai pour lui, ce n'est pas, comme pour *Les Fleurs du mal*, de l'amitié, de la compassion. Mais je vais le retrouver comme un danger dont j'ai pris l'habitude ; il

> est là près de moi comme une porte basse et sournoise ; à chaque fois que je le reprends, je vais un peu plus loin, je n'y rencontre point d'obstacle qui, quelque jour, tout à coup, silencieusement, ne cède et ne se délie. Point de limite à mon avancement. J'ai dépassé l'impossible. Si bien que parfois la peur me prend de m'en aller par là. Mais alors je reconnais que tout cela au lieu d'une extrémité n'est qu'un commencement et je cherche la fin véritable [...] Je n'accepte pas de laisser sans guérison la blessure qu'il a portée [...] Je la ressens avec application, je la médite et peut-être ne pourra-t-elle être fermée que par les dogmes catholiques [12].

Jacques Rivière n'avait pas choisi de jeter ces phrases comme une sorte de ralliement au clan claudélien contre le parti gidien, à l'heure où la publication des *Caves du Vatican* avait dressé celui-là contre celui-ci, menaçant gravement l'unité d'une *NRF* en partie fondée sur cette improbable alliance : le créateur de *Protée*, dont la publication était prévue pour une prochaine livraison de la revue, dénonçait ce qu'il appelait les « tendances anti-chrétiennes » de la revue, et parlait sombrement d'en tirer les conséquences...

En publiant son *Rimbaud*, Jacques Rivière souhaitait si peu faire de son essai une allégeance à Claudel qu'il le dédia « à André Gide » — ce qui aurait pu passer pour une provocation et fut ressenti comme tel non par Claudel, mais par Gide, priant Rivière de retirer la dédicace en tête du texte publié par la revue. Il ne le fit pas sans témoigner sa reconnaissance à son jeune ami ni lui exprimer, le 14 juin 1914, son admiration. Admiration partagée par Claudel, déçu en tant que maître à penser, heureux en tant que maître en poésie.

Si le *Rimbaud* de Jacques Rivière provoqua de vifs débats au sein de la galaxie *NRF*, c'est ultérieurement, après la mort de l'auteur, quand sa femme Isabelle eut décidé de le publier chez un éditeur concurrent, Émile-Paul : les amis de Jacques estimaient que ses thèses de 1914, notamment à propos de Rimbaud, ne reflétaient plus ses opinions à la fin de sa vie et qu'alléguer alors les « dogmes catholiques » était être infidèle à l'esprit du Jacques des années vingt. On y reviendra.

*

Le provocateur salubre qui était en Rivière devait se manifester sous une autre forme à la « barre » de la *NRF*, à propos d'un problème où se mêlaient déontologie et jugement esthétique. Henri Ghéon, acharné à démontrer un génie dramatique que les bons experts (Antoine, Lugné-Poe) se refusaient à reconnaître, avait fait accepter une nouvelle pièce, *L'Eau de vie* par son ami Copeau, devenu directeur du Vieux-Colombier. L'échec subi par cet ouvrage fut ressenti d'autant plus douloureusement par Ghéon que la revue restait, à son propos, silencieuse.

Rivière, jugeant l'œuvre médiocre, et ne cachant pas son opinion, eût préféré qu'il n'en fût point parlé : ne s'agissait-il pas de l'un des fondateurs, dont la revue n'avait point accoutumé de juger les ouvrages ? Fallait-il vraiment céder au « copinage » à propos d'un ouvrage de ce calibre ? Céder aux demandes d'un ami en publiant cinquante lignes de complaisance ? Il se résigna à demander une note à Ruyters, qui allégua, pour ne pas écrire, l'excès de ses occupations. C'est Schlumberger qui se dévoua (« en bon esclave », écrira Jacques, pour une fois méchant). Sa note traîna quelque temps. Il fallut une véritable injonction de Copeau, jouant les « patrons », pour que satisfaction fût donnée à Henri Ghéon... Non sans que les autres « pères fondateurs » aient mal vécu l'affaire. Ressentant comme abusif le rigorisme du jeune secrétaire, ils prirent, à son grand dam, le parti du dramaturge malheureux.

En cet incident mineur que Rivière eût dû traiter sur un ton moins abrupt, se manifeste à vif son esprit « militant », son hostilité presque fanatique aux concessions et pratiques du monde. Jansénisme ? Le fait est que, dans l'affaire, c'est lui qui appliquait, à l'intérieur du groupe, les principes que Gide et ses amis avaient posés à l'égard de l'ensemble de la société littéraire. Rebelle au sein des rebelles, Jacques Rivière est devenu le dépositaire de l'éthique *NRF*.

Gardons-nous pourtant de voir en Jacques Rivière, si tôt promu aux responsabilités dirigeantes, le puritain féroce, l'« inquisiteur » que croyait déceler en lui, à Bordeaux, son ami André Lacaze. Le ton des correspondances qu'il échange de la fin de 1911 au 1er août 1914 avec Gide, Schlumberger, Copeau et Gallimard ne fait paraître rien de tel. Le ton en est constamment enjoué — si lourde soit la besogne accomplie, et rudes les jugements portés sur tel ou tel auteur, y compris parfois ceux « de la maison » comme Thibaudet. En confiant de telles responsabilités au plus jeune, l'équipage de la *NRF* n'a pas choisi de se soumettre à lui. Et rien ne montre mieux la chaleur humaine et la bonne grâce qui règnent à l'enseigne de la *NRF* que l'éclosion de la tendre amitié, plus intense qu'aucune autre en ce groupe d'amis, qui lie les deux protagonistes du débat — Jacques Copeau et Jacques Rivière.

De tous les membres du circuit gidien, c'est peut-être Copeau qui était le moins évidemment promis à l'affection de Rivière. Non du fait de la différence d'âge — sept ans — moindre qu'entre Jacques et les autres personnages du groupe. En raison plutôt de la nature de Copeau, apparemment le moins « sincère », le plus apprêté — après tout, il allait vouer sa vie aux jeux du théâtre — et le plus ductile, le seul qui appelât le qualificatif de « charmeur ». Dans son *Journal*, Gide lui-même, rappelant qu'il avait douté de la « sincérité » de Copeau, ajoutait ce trait : « Tout en lui gagne à être connu, fût-ce par lui-même[13]. » De prime abord, Rivière ne lui vit pas la même transparence qu'aux autres : et il pratiquait le journalisme, métier dont se méfiait le jeune homme, dût-il en user lui-même au côté ou dans l'ombre de Copeau...

Jacques collabore déjà à la *NRF* quand se noue sa correspondance avec Copeau, à propos des travaux que lui confie celui-ci à *Paris-Journal* ou à *La Grande Revue* * : besognes de « nègre », qui ne sont pas pour créer des relations très heureuses entre l'exploitant et l'exploité... La bonne grâce de l'un, l'enthousiasme de l'autre font si bien que la sympathie le cède à l'affection, celle-ci à la tendresse.

On en vient vite aux confidences. Copeau avoue à son correspondant : « Je me suis si bien contrefait pendant toute ma jeunesse que mon père est mort sans m'avoir connu » (pour se reprendre aussitôt : « Mais que vais-je vous raconter là ! »). Il met en garde le jeune homme contre « les faux jugements » qui circulent sur son compte et confie qu'il voudrait, comme Stendhal, s'accoutumer à être « mal dans une âme, comme dit Pascal ». Et Rivière de se récrier que « nul n'est moins mal dans [son)] âme » que Copeau. Coquetteries ? Certes, non. Le ton est grave, les échanges scandés par les références à Dostoïevski, dont l'aîné s'acharne de mois en mois à adapter *Les Frères Karamazov* pour le théâtre, tandis que le cadet désigne en lui son « intercesseur ». Ce qui lui vaut d'être rapproché par Copeau d'Aliocha — incomparable éloge, s'agissant de dostoïevskiens...

Par rapport aux autres grands dialogues de Rivière avec les « pères fondateurs » de la *NRF* (Gide, Schlumberger, Gallimard, Ghéon), celui-ci a quelque chose de plus pressant, de plus intime et exigeant. Le jeune homme se livre ouvertement, l'autre prend sans barguigner le ton du frère aîné. On ne se donne pas ici du « Cher ami », mais du « Mon vieux ». Le lecteur retrouve parfois le *tempo* et le *phrasé* des échanges avec Fournier — qui, à cette époque, absorbé par *Le Grand Meaulnes* et ses amours tumultueuses avec Jeanne **, tend à espacer ses interventions.

Les voilà, Jacques et Jacques, mûrs pour la grande épreuve : leur association à la tête de la *NRF*, l'aîné comme directeur unique — compte tenu du léger éloignement de Schlumberger et de l'immersion progressive de Gide dans *Les Caves du Vatican* — et le cadet comme secrétaire à pouvoir et prestige étendus. En accord intellectuel parfait ? Retenons cette confidence échappée à Rivière : « Ce qui m'attache si fort à vous, c'est que vous ne vous placez pas du point de vue esthétique [14]. » Copeau réagit-il oralement à cette espèce de défi — compte tenu des traditions du groupe ? Sa correspondance ne porte pas trace d'une réaction que Gide, ainsi apostrophé, eût formulée avec vivacité...

C'est au début de 1912 qu'a démarré le nouvel attelage. Et c'est exactement le temps où l'amitié Copeau-Rivière s'épanouit et s'exalte.

* Dont Copeau est le critique dramatique attitré.
** Voir chapitre suivant.

On sait que les rapports humains sont rarement embellis par les relations de commandement. Si bienveillant qu'il fût, Copeau eût pu jouer les « patrons », quitte à être « secoué » par l'autre. Hormis l'incident Ghéon, on ne trouve guère chez lui de trace d'un exercice de « pouvoir », d'un recours à l'argument d'autorité.

Les signes se multiplient, entre eux, de connivence, de confiance, d'un ascendant intellectuel qui s'exerce alternativement dans un sens et dans l'autre. Parfois à contresens : c'est l'époque où, en quête d'un titre pour son premier livre, Jacques se laisse persuader par son ami de l'affubler du lugubre *Études*. Mais c'est celle aussi où, publiant *De la sincérité envers soi-même*, Rivière la dédie à Copeau — lequel en est si bouleversé qu'il lui écrit une lettre (30 décembre 1911) tout emplie de références mystérieuses et de signes fatidiques fondant l'amitié triangulaire entre Gide et eux. Un âge d'or de la *NRF* en tout cas, s'agissant de la tenue et de la rigueur du ton aussi bien que de l'accueil du public, qui triple en deux ans.

Mais si franche que soit la coopération entre les deux hommes, elle va se distendre pour une raison tout extérieure : l'attirance irrésistible qu'éprouve Copeau pour le théâtre. A dater de juillet 1913, dix-huit mois donc après la mise en activité du tandem, l'aîné va s'écarter de la revue et se vouer, avec la très active collaboration de Gaston Gallimard, le soutien de Schlumberger et la bénédiction de Gide, à la création du Vieux-Colombier.

Notons qu'en encourageant ainsi Copeau à se lancer dans l'aventure théâtrale, les « pères fondateurs » savent bien qu'ils accroissent pratiquement, au sein de la revue, les pouvoirs d'un jeune homme de vingt-sept ans, incommode aux siens et ardent au débat. Au cours des mois qui suivent, Gide s'impliquera davantage dans le travail — sa correspondance avec Rivière en témoigne. Mais il délègue avec libéralisme.

L'amitié entre Copeau et Rivière ne s'est nullement assombrie par cette distanciation des responsabilités, et nous verrons même qu'elle est appelée à connaître, pendant la guerre, une véritable exaltation. Mais la *NRF* de l'été 1913 à l'été 1914, est sinon une monarchie, plutôt, compte tenu des interventions du souverain fondateur, une régence : la timide recrue de 1909, le discret secrétaire de 1911, le diligent vicaire de 1912 a pris les rênes, que nul ne songe à lui réclamer, pas même à l'occasion de l'« incident Ghéon ».

Il est courant que l'accession au pouvoir d'un individu au sein d'un groupe soit le prix d'un patient effacement, d'un acharnement souterrain. Ce n'est pas le cas de notre « bureaucrate » qui, en ces cinq années de progression au sein de la hiérarchie (interne) de la revue, n'a rien fait pour refouler en lui le créateur, c'est-à-dire le fauteur de scandales. De *La Métaphysique du rêve* au *Roman d'aventure* et de *La Foi* à *Rimbaud*, on ne saurait dire que Jacques Rivière ait pris soin de ménager ses aînés, l'Académie ou l'opinion.

Au lendemain de la publication de la *Sincérité envers soi-même*, Jacques Copeau écrivait à l'auteur : « Attendez-vous à choquer plus d'un esprit. On vous traitera d'anarchiste, d'esprit corrompu [...]. On va vous taper sur les doigts au nom de la " norme française ". Vous serez aussi un réprouvé [...] Péguy et les autres ne pourront plus passer rue Jacob * sans recommander leur âme à Jeanne d'Arc [15]... »

Copeau n'a évoqué que l'un des chefs d'accusation possibles : son ami va faire en sorte que les juges soient encore mieux armés.

* Depuis 1910, on l'a vu, la revue s'est installée à l'angle de la rue Jacob et de la rue Saint-Benoît. En 1913, elle s'installera au 35-37, rue Madame.

VIII

De l'amour

> Dès mon enfance, les femmes furent pour moi un objet de véritable adoration. Avant même que je fusse capable de les désirer, leur regard, leur démarche, les tendres lignes de leur corps me donnaient un trouble informe et délicieux, où je m'abîmai tout entier et passionnément. Je ne me sentais pas du tout précipité vers elles. Au contraire, elles m'apparaissaient comme sacrées, comme interdites. J'eusse frémi de les approcher...

Les premières pages d'*Aimée,* roman dont l'auteur ne tente nullement de se distancier du « je » du narrateur, évoquent avec une candide pénétration le rapport de l'adolescent Jacques Rivière à l'amour. Pages d'autant plus fascinantes qu'en cet enfant, en cet adolescent, l'homme est contenu, est vibrant tout entier : en cela cousin plus proche de *Dominique* que d'*Adolphe* ou du narrateur des *Jeunes Filles en fleurs*. Comment se retenir de poursuivre une citation si éloquente ?

> Quand plus tard le désir vint s'ajouter à mon émotion, il ne l'orienta pas dans un sens beaucoup plus précis, il ne me rendit pas beaucoup plus entreprenant. A douze ans, j'avais une amie charmante, un peu plus âgée que moi. Un jour, en jouant, je lui saisis par hasard le bras près de l'épaule : je sentis sous l'étoffe du corsage la tiède, la douce, la savoureuse élasticité de sa chair : se moque de moi qui voudra, mais ce fut comme si j'eusse touché du feu : je lâchai prise aussitôt...

Ne pas oublier qu'une telle scène se situe à un million d'années-lumière d'aujourd'hui — à la fin du XIXe siècle. Elle n'eût pas moins surpris, un siècle plus tôt, Chérubin ou Jean-Jacques. Poursuivons la confidence, qui continue d'en dire long :

> Ce n'était pas que l'instinct chez moi fût plus languissant que chez la moyenne des enfants ; il avait toute la promptitude désirable ; il m'eût bien incliné aux mêmes expériences que tous les autres, et d'abord à prolonger cette volupté imprévue. Mais il n'était pas seul ; des penchants plus profonds, plus secrets, plus rares se faisaient jour à sa

> suite, qui tendaient à le neutraliser. Plus encore que mes sens, mon cœur était ému ; la tendresse l'envahissait avec toutes ses complications ; il me déconseillait de toute sa force le plaisir qui venait de poindre en moi ; il m'en faisait un crime...

Au fait, ce Jacques en proie aux premiers émois amoureux déconcerte-t-il tout à fait le lecteur de sa correspondance avec Fournier, voire de celle avec Claudel et avec Gide ? Surprend-il si fort ceux qui savent quelque chose des mœurs de la bourgeoisie de province, des garçons élevés dans le catholicisme au début du XXe siècle ? Poussons plus avant, le dévoilement se poursuit :

> Dans de telles dispositions, il était fatal que je misse longtemps à sortir d'embarras et à m'instruire des rudiments de l'amour. Né dans un milieu provincial où les mœurs étaient sévères, je ne rencontrai, tant que j'y vécus, rien qui pût aider ma timidité, ni qui m'ouvrît les voies au seuil desquelles m'arrêtait ma trop grande susceptibilité sentimentale. J'arrivai à Paris sans avoir connu autre chose que de violentes amours rentrées, et la vie d'étudiant que j'y menai d'abord n'étendit pas beaucoup mon expérience...

Le « cas Rivière » ne serait pas très surprenant si, parallèlement à cette exemplaire inhibition sinon sexuelle, en tout cas relationnelle, sa personnalité intellectuelle n'avait pris un essor foudroyant — dont témoignent les lettres écrites à seize ou dix-sept ans à André Waltz et à Henri Fournier. Mais laissons-le pousser encore un peu plus loin l'analyse clinique :

> J'étais terriblement sage, quand j'y pense. Et pourtant quel désir, quelle attente en moi dès ce moment ! Je n'étais pas de ceux que le travail intellectuel console de tout. Je sentais jusqu'à l'exaspération les innombrables séductions au milieu desquelles j'étais plongé. Rien de la volupté parisienne ne me frôlait sans que j'en fusse bouleversé. Je me rappelle mes promenades sur les boulevards, le vœu, le cri qu'il y avait en moi et cette chose plus forte que tout, cette insurmontable pudeur qui les faisait taire. Chaque femme que je suivais, si seulement elle avait pu se douter de la tempête qu'elle traînait dans son sillage... !

On interrompra cette confession sur ce trait, où l'intérêt de la formulation s'égale à celui du contenu : « Enfin, parce qu'il le fallait bien, y ayant mis tout mon courage, j'appris tout de même tant bien que mal le plaisir. »

« Parce qu'il le fallait bien », « courage », « tant bien que mal », voilà bien des voies pour aboutir à ce « plaisir » que l'on suppose « tant mal que bien » partagé. Étrange jeune homme ? Moins peut-être qu'on ne le croit, au temps où Bourget, Boylesve, Estaunié, « les bons pères » et des mères très attentives, arbitraient, en ces milieux, le jeu des sens et des mères très attentives, arbitraient, en ces milieux, le jeu des sens et des sentiments *.

Étrange ou pas, voici un jeune homme promis à des surprises et quelques déboires. Promis d'abord à quelque mariage précoce, ou à quelque déniaisement orageux. Ce fut le mariage, du type dont Jacques assure qu'il avait souhaité se garder. Mais, précise-t-il :

> Avec une femme, je suis tout de suite livré, vendu, trahi [...]. Aucune réserve, aucun recours contre elle. Aucun de ces ménagements d'une instinctive et inconsciente habileté, qui permettent à l'amant de tenir l'aimée en haleine, de fournir une carrière. Je donne toutes mes armes d'abord [1].

Formule qui ne vise aucune d'elles et notamment pas celle qui fut son épouse, mais où, avec un pathétisme cru, Jacques révèle sa propre nature, son incapacité à distinguer le plaisir du sentiment, le désir de ses conséquences.

Faut-il voir la clé de ses comportements en ce domaine dans cette formule de Claudel, écrite après la lecture d'*Aimée* : « Contrairement à ce que j'ai cru parfois, le cœur chez vous est encore bien plus important que l'intelligence [2]... » Explication un peu sommaire. Une telle hiérarchie n'a pas de sens. Mais ce qui est clair est qu'en ce domaine — comme il arrive souvent — les deux systèmes, chez Rivière, ne s'interpénètrent que par saccades, ou périodes, à l'heure de la remémoration.

L'adolescent Jacques Rivière, nous l'avons suivi à travers son dialogue avec Henri Fournier, étonnamment discret sur l'article quand son correspondant le mitraille de récits ou allusions lourds de féminités rêvées, entrevues ou possédées. On a évoqué naturellement l'« affaire » du Cours-la-Reine, qui, des années durant, vient encore scander les lettres de l'auteur du *Grand Meaulnes*. Deux ans après les fugitives entrevues de juin 1905, « Taille-mince » revient hanter la correspondance des deux jeunes gens, à travers les sanglots d'Henri, ses réminiscences, ses cris de révolte ou de nostalgie.

Il est difficile de se faire une idée de l'appréciation que porta longtemps Jacques sur la réalité de ce rêve à cheveux blonds. Y vit-il longtemps une hallucination, une exquise imposture ? Interpellé par son ami, en mai 1909 (« Si tu as cru que mon amour était vain et inventé [...] tu m'as méconnu — certes, tu t'es beaucoup trompé »), il ne peut que répondre : « Mon pauvre ami, c'est vrai que je t'ai bien “ méconnu ”, car je croyais [...] que tu avais tout oublié. » Et dans sa préface de *Miracles,* Jacques reviendra très fermement sur la question : « Je puis dire que cet événement si discret fut l'aventure capitale de sa vie et ce qui l'alimenta

* L'autobiographie de Louis Althusser fait paraître un décalage encore plus saisissant, et d'ailleurs plus tardif. Mais il s'agit alors d'un personnage psychologiquement fragile (*L'avenir dure longtemps,* Paris, Stock, 1992).

jusqu'au bout de ferveur, de tristesse et d'extase. Les autres amours n'effacèrent jamais celui-là[3]... »

Comment une telle passion, vécue et rêvée par l'être dont il était le plus proche, n'aurait-elle pas marqué la personnalité d'un Rivière de vingt ans — comme les diverses amours dont Henri faisait état — mais pas étalage... ? De la première Yvonne à la seconde, et à Jeanne-la-modiste qui deviendra la Valentine du *Grand Meaulnes,* puis à Simone, Jacques est convié à se pencher sur ces orages, pour rire et pour pleurer. En conçut-il un sentiment de frustration ? Alors que Fournier « poussait sa pointe » vers l'une ou l'autre, se tenait-il pour témoin ? chandelier ? confident ? Cette érotisation indirecte et spasmodique de leur correspondance ne pouvait manquer de retentir sur lui.

Bien sûr, il joue les cyniques ou les détachés. Analysant la personnalité de la « première Yvonne », la petite étudiante de Bourg-la-Reine dont Henri semble amoureux et qu'il rencontre lui aussi, il s'en tient à quelques considérations, plus ou moins dédaigneuses, sur l'intelligence des femmes et leur rapport à la beauté esthétique, soucieux de ne pas se poser en rival mais ne dédaignant pas de surcompenser, par la lucidité analytique, sa terrible timidité. Tout au long des années qui suivent, avant même qu'il ait rencontré Isabelle chez son frère, les lettres de Jacques sont presque entièrement privées de références féminines — alors qu'il n'est guère d'adolescent qui, recevant telle confidence à ce propos de son ami le plus proche, ne se croie tenu d'y faire écho : « Moi, c'est une brune qui, à la terrasse de Capoulade, etc. »

Une exception tout de même — mais où se manifeste la fureur littéraire et psychologiste de ce Jacques qui, à vingt ans, annonce déjà l'auteur d'*Aimée,* transférant avec une sorte d'emportement ses émotions dans le domaine de l'intellect, et prétendant vaincre sa timidité par le cynisme.

Lettre à Henri du 3 août 1906 (Jacques a fêté sous l'uniforme son vingtième anniversaire et vient d'être transféré à Saint-Médard-en-Jalles, aux abords de Bordeaux) :

> J'ai revu P.G.*. Il y avait bientôt deux ans. On m'a annoncé son arrivée deux jours avant. J'ai eu un petit coup, puis tranquillité jusqu'au matin désigné. Mais ce matin-là mon émotion, d'abord malaise, s'est enflée peu à peu jusqu'à devenir inquiétude passionnée : je me cramponnais à ma table. Et dans mon exaltation j'ai écrit la meilleure page de mon article sur Claudel [...] Dès que je l'ai vue, j'ai senti que c'était fini : mon émotion s'est fondue brusquement et a fait place à de la volubilité : j'ai parlé beaucoup mais sans me révéler fébrile.
>
> Le reste du temps a été banal. Elle devait rester la journée. Elle est restée trois jours. Elle s'est un peu attendrie en regrets très vagues, que j'ai semblé ne pas comprendre. Elle souffrait plus que moi (ceci dit sans

* Aucun « riviérologue » n'est en mesure de déchiffrer cette énigme.

fierté d'aucune sorte). Elle souffrait que je ne voulusse pas faire de romanesque. Je me suis montré d'une indifférence empressée. J'ai pris plaisir à la replacer en tous les endroits où je m'étais penché vers elle, et à lui dire n'importe quoi. C'était doux d'achever la profanation avec méthode. Et puis sans cesse elle se défaisait à mes yeux. [...]
Et pourtant, jamais je n'ai mieux senti ma propre faiblesse et combien j'étais toujours prêt à m'abandonner, à me laisser glisser. Elle se serait alanguie dans un fauteuil avec une plainte un peu vraie, que je lui saisissais encore le poignet pour porter sa main à ma bouche avec des larmes de douceur. [...]
Des femmes ma timidité m'empêche de goûter le plaisir sensuel ; et pourtant je suis sensuel. Mais j'ai je ne sais quel tendre penchant pour elles, qui me fait adorer leur contact, l'effleurement de leur peau et l'échange avec elles de paroles banales et douces. C'est au point que je ne peux rester près d'une jolie femme sans commencer ce jeu périlleux et exquis de la conversation grave qui dégénère en causerie d'amour. Et je suis si subtilement passionné de leur âme qu'elles ne peuvent, malgré ma laideur *, me brutaliser.
Ce qui m'inquiète c'est que la première – quelle qu'elle soit – qui me permettra de me pencher sur elle, me prendra. Que ferai-je alors, si je ne peux l'aimer longtemps, comme c'est presque sûr[4]... ?

Écrit au frère d'Isabelle Fournier... La finesse de l'analyse psychologique est déjà saisissante. Des touches, ici et là, annonçant *Les Jeunes Filles en fleurs* et le sentiment de déprise du narrateur considérant Gilberte avec la « légère esquisse de chagrin que cause une séparation »...

Sous quelque forme qu'il ait connu d'abord le « plaisir », en y mettant le « courage » dont parle le héros d'*Aimée,* on est tenté de se demander si Jacques Rivière n'était pas vierge quand il rencontra Isabelle Fournier. Une scène du *Bouquet de roses rouges* le donne à croire, ou tente d'en persuader le lecteur.

Agathe et Michel (l'auteur ne se donne aucun mal pour opérer quelque camouflage que ce soit : il s'agit bien d'elle et de Jacques) sont mariés depuis quelques semaines quand, rentrant chez lui, un soir, le jeune homme mi-riant, mi choqué, raconte à sa femme qu'une grue l'a abordé d'un classique « Viens avec moi, chéri ! ». Voici Agathe bouleversée, révoltée : ainsi cette « boue » peut, a pu effleurer, salir l'homme qu'elle aime !

... Une question affreuse [...] jaillit malgré elle :
– Michel, tu n'as jamais... avant notre mariage ?...
– ... Jamais, mon amour[5].

Telle est la version qu'a tenu à accréditer Isabelle Rivière, dans un livre publié dix ans après la mort de son mari. Et si méfiant que l'on puisse être

* Qui donc lui avait dit cela ?

à l'égard de l'opération « abigotante * » qu'elle a conduite à propos de la mémoire de Jacques, on n'est pas loin sur ce point de la suivre. Rien en tout cas de ce que l'on découvre par ailleurs ne vient la contredire.

Mais ce qui est beaucoup plus important, et d'une plus forte conséquence à propos de l'histoire de Jacques Rivière, c'est, précédant cette scène, le long, le passionné réquisitoire d'Isabelle, auteur du *Bouquet de roses rouges*[6], contre la sexualité, contre l'amour charnel, qualifié tantôt de « déchéance », tantôt de « honte ». Racontant leur tête-à-tête pendant les « terribles deux années de fiançailles », elle rappelle le dégoût que lui infligea d'abord le premier « baiser sur la bouche, humide, goulu, charnel », avant de dénoncer cette « humiliation » infligée par le rapprochement des corps dans l'« impudeur de leur nudité », de cette chair « condamnée à la corruption », cet « avilissement ».

Plus significative encore que l'expression de ce dégoût pour la chair, cette « arrière-laideur de l'étreinte [...] ce côté chirurgie et cabinet de toilette » est la dénonciation frénétique par Isabelle de « cette immense piperie, le plus grand des mensonges de tous les temps, la formidable charlatanerie » qu'est l'hymne à l'amour charnel chanté par tous les écrivains et les poètes... Qui osera donc proclamer « la défaite de ce qu'ils appellent l'amour », de ce bonheur aussi faux que celui de « l'ivrogne dégrisé ». Celui-là seul, soupire Isabelle, disait donc vrai qui se plaignait : « La chair est triste, hélas... » Et d'évoquer « cette chasse éhontée [...] cette laideur sur le monde [...] le désir [...] quel abêtissement [...], quel asservissement, quelle prison, piège de la chair toujours tendu » !

Depuis Bossuet et ses imprécations contre la « basse » condition de l'homme marié (celle de la femme étant, par essence, plus « basse » encore...), a-t-on dénoncé plus férocement « cette misère et cette tromperie autour de l'acte de chair » ?

Ce qu'il y a de terrible, dans le cas d'Isabelle évoquant son mariage avec un homme qu'elle aimait et admirait et qui fut le père de ses deux enfants très aimés, c'est que cette explosion de rage contre la vie sexuelle est très précisément actualisée, rapportée à cette union même, c'est qu'en se remémorant ce temps-là, elle parle d'« un grand flot trouble et glacé [...] cette pesanteur, et toutes ces laideurs, est-ce cela, la vie ? ». Ajoutant que pour lutter contre tant d'agressions, le plus cruel est que l'« amour n'a pas suffi », que seulement « l'obscénité, le vide et la peur ont été multipliés par deux[7]... ».

On dira que cette déploration pathétique n'est qu'un moment de leur histoire et que, pour Isabelle, domine le souci de bien marquer qu'avant leurs deux conversions successives au catholicisme ** tout était encore

* Le mot, savoureux, est d'Étiemble – peu « bigot » il est vrai...
** 1913, pour simplifier.

trouble — que ces dégoûts et défaites attendent, pour être surmontés, la pratique sacramentelle, l'« état de grâce » — et aussi la maternité.

Le chapitre suivant, où Isabelle raconte la naissance de leur premier enfant, et les épreuves qui l'accompagnent, sonne tout autrement. Mais il y aura eu ce terrible rejet, cette répulsion pour les choses de la chair qui ne peut manquer de s'exprimer, d'emblée, ensuite et encore, et qui ne devait laisser sur le jeune homme timide, et maladroit, une empreinte ineffaçable. Empreinte que l'on retrouvera dans la suite de sa vie affective. Le refus humilié, humiliant, est-il inséparable des pratiques de l'amour ? Quel homme eût évité de se poser la question, fût-il moins assoiffé de vérité, de clarté, que Jacques Rivière ?

On ne prétend pas retrouver les origines du dégoût d'Isabelle Fournier pour les choses de la chair. Mais on peut observer que si beaucoup de jeunes filles de sa génération, laissées dans une totale et affolante ignorance de ces questions, avaient eu l'occasion, comme elle, de s'exprimer, on eût peut-être trouvé ses réactions plus banales... Faut-il voir, dans cette répulsion tout de même exceptionnelle à ce degré, l'effet du plus vieil interdit, dans la mesure où son affectivité fut marquée par une sorte de confusion entre les gémeaux Henri et Jacques, l'ami étant connu et vu comme une manière de duplication, d'extension, d'extériorisation du frère très aimé (mais non « trop » aimé : rien, dans les relations entre Henri et sa sœur, ne fonde une imputation de ce genre, qui fut pourtant formulée...) ?

Il est vrai que l'intimité entre les deux étudiants, la façon dont Jacques fut inséré dans le groupe familial, accentua l'interpénétration des deux personnalités aux yeux de la jeune fille emplie pour l'un et l'autre d'une admiration qui avait une coloration très voisine. On a raconté la naissance de l'amour entre Isabelle et Jacques, ces deux innocents, la part qu'y prit Henri — dût-il marquer, le moment venu, quelque surprise. Soyons-en certains : la jeune fille n'eut jamais conscience d'une déviation, de ce que son amour pour Jacques pût être trop contigu à son amour pour Henri. Mais est-il absurde d'imaginer que sa pudibonderie farouche fut peut-être liée à la sourde conscience ou sensation d'un interdit ?

Bref, toute « rachetée » qu'elle fût par la naissance d'une enfant après deux ans d'impatience douloureuse, la liaison charnelle entre Jacques et sa femme fut, semble-t-il, à l'origine, un échec.

Isabelle n'est pas seule en cause, ici. Sur les sentiments, les réactions, le comportement de Jacques, nous disposons d'un éclairage fort suggestif : les analyses du narrateur d'*Aimée*. Le moins que l'on puisse dire est que le bonheur qu'il dit avoir connu avec « Marthe » (transposition sans fard d'Isabelle) est lourd de réserves et de sous-entendus :

> Je me rappelle notre bonheur, si profond, si candide. J'étais comme un enfant : la seule idée que j'avais une femme me plongeait dans un continuel étonnement.

> [...] Mais il y avait quelque chose en moi, dans le temps même où je recevais sa chère influence, qui la refusait doucement et cherchait avec égarement d'autres délices.
> [...] D'une certaine façon Marthe m'avait trompé. Marthe m'avait frustré [...] La compréhension même qu'elle montrait pour tout ce que je lui expliquais de moi-même, la promptitude avec laquelle elle mettait toutes ses forces à ma disposition formaient comme autant de larcins qu'elle eût commis envers un certain mauvais fond de mon âme qui n'aspirait qu'à être intrigué, éconduit, désespéré.
> [...] Je brûlais de rentrer en apprentissage et, sous quelque douce férule, d'épeler à nouveau une leçon dont ma chance avait voulu que toutes les épines me fussent épargnées. J'avais très exactement la nostalgie de l'infortune.
> [...] Les femmes [...] gardaient pour moi tout le prestige dont elles me subjuguaient dans mon enfance [...]. Je ne comprenais rien aux satires qu'on faisait d'elles [...]. Je continuais de tendre les bras vers elles avec la même timidité fanatique, avec le même espoir désordonné et sans paroles[8].

On est en droit de s'étonner, d'admirer, que les conséquences du rejet de l'une et de l'« espoir » de l'autre n'eussent pas été plus radicales ; que le jeune mari, sentant cette répulsion, n'en ait pas tiré des conclusions plus destructrices. Que le couple formé par Isabelle et Jacques ait survécu aux tempêtes qu'appelaient des tempéraments si dissonants.

Que la naissance de Jacqueline Rivière, dans des circonstances dramatiques – une césarienne très douloureuse pour Isabelle, suivie d'une phlébite qui fit craindre pour sa vie –, ait raffermi cette relation troublée, on n'en peut douter. Mais il faut alors évoquer la longue marche de Jacques, sous l'aiguillon vigilant d'Isabelle, vers la discipline catholique. Quand on pense à la conception qu'avaient alors de la sexualité les confesseurs du clergé romain, fort voisine de celle que dévoilait Isabelle Rivière, on imagine qu'il eut à traverser de dures épreuves pour regagner ce qu'on appelle le « giron » de l'Église.

De tels rudoiements laissent des traces. Pensons à cet homme de vingt-sept ans, interpellé comme il ne put manquer de l'être par sa femme à propos des pratiques amoureuses, rudoyé, sermonné par le prêtre auquel l'adresse Paul Claudel : dans quel état le retrouvons-nous, à la fin de l'année 1913 – vivant l'amour comme une lèpre ? Qui n'aurait pas été inconsciemment en quête d'un autre type de relation affective ?

Comment peut se comporter un homme jusqu'alors contenu dans les strictes limites de l'amour conjugal, et qui, en cet enclos, s'entend rappeler à un ordre dédaigneux des vicissitudes du monde ? Un régulier dans le siècle ? Sous ce titre, Julien Benda tentera de définir sa situation au sein de la société littéraire. Ce qui est demandé à Rivière va bien au-delà d'une certaine discipline intellectuelle. C'est trop de vertu, trop cornélienne pour un racinien tel que lui...

*

Elle s'appelait Yvonne, comme la « demoiselle élue » d'Alain-Fournier. Ce prénom contribua-t-il à focaliser sur elle l'attention de Jacques Rivière, hanté depuis des années par ces deux syllabes qui avaient pris pour lui une certaine connotation érotique ? Le fait est qu'il entra en relation avec Yvonne Redelsperger de façon singulière. C'est son ami Gaston Gallimard qui apprit son existence à Jacques en lui demandant s'il devait ou non épouser cette séduisante personne — obtenant une réponse qui contribua à l'heureux aboutissement du projet.

La lettre que Gaston Gallimard écrivit à ce propos vaut d'ailleurs une longue citation, ne serait-ce que parce qu'elle manifeste d'abord l'étonnante confiance que fait le grand bourgeois parisien au jeune Bordelais qu'il ne connaît que depuis un an, ensuite ce qu'on pourrait appeler la candeur d'un homme dont l'avancement dans les choses du monde et de l'amour n'avait rien à voir avec celui, si modeste, dont pouvait faire état le secrétaire de la *NRF*. Qu'un homme comblé en tant de domaines — et notamment celui dont il est question ici — ait jugé bon de faire appel aux conseils du naïf provincial donne une fière idée de l'amitié et de l'estime qu'il lui porte déjà.

Curieusement, Gallimard commence par faire état de la « maturité » qu'il a acquise *. « Il y a sept ans j'étais un saint, et assez insouciant [...] aujourd'hui j'éprouve des sentiments d'homme et c'est bien là ce qui me tourmente. » On dirait la scène d'exposition d'une tragédie — d'Oreste à Pylade... Mais le voici dans le vif du sujet :

« ...J'aime deux femmes. A toutes deux je suis nécessaire. Toutes deux me sont nécessaires. Je les ai connues presque en même temps. Je les ai aimées en même temps. » Ici vient une parenthèse qui dut surprendre le destinataire, bon stendhalien : « J'emploie ce mot, mais je sais maintenant que l'amour n'existe pas — mais plusieurs sentiments uniques auxquels on a tort de donner ce nom. » Et maintenant, quelques précisions :

« La vérité est que j'ai deux affections très différentes, très spéciales, que je définis mal, mais qui ne se contredisent pas, ne s'opposent pas — et ont grandi en moi simultanément. L'une est ma maîtresse, l'autre une jeune fille que je voudrais épouser **. Je n'ai pu leur cacher ce que je sentais. Et vous concevrez qu'elles n'ont pu admettre ni comprendre

* Il a alors vingt-six ans.

** Yvonne Redelsperger. Il ne paraît pas être venu à l'esprit de Gaston qu'il aurait pu épouser sa maîtresse...

cette situation. Et vous imaginez quelle existence tourmentée je mène depuis plusieurs années... » (Rivière, comme nous, doit l'imaginer en effet, en bon lecteur de romans, ou du *Plaisir de rompre* de Jules Renard...)

Mais le confident se voit pressé de ne point sourire. Gaston, qui « ne peut supporter l'idée de sacrifier l'une, de désespérer un être » et « souffre tellement » qu'il a été « sur le point de disparaître », qui devient « fou », supplie son ami de comprendre comment, malgré lui, il a laissé « cette histoire [devenir] presque tragique » parce qu'il a affaire à des « êtres » qui ne sont ni « forts » ni « heureux ». Et c'est pourquoi il se confie à Rivière, ami beaucoup plus ancien, tant il se sent « tendrement attiré » vers lui. « Désormais, conclut-il, je n'aurai plus aucune retenue avec vous. Questionnez-moi donc, et surtout aimez-moi bien. »

Achevant cette lettre, Rivière ne put manquer d'être bouleversé par la chaleur d'amitié qu'elle révèle, comme par la relative fragilité de ce bon vivant qu'il côtoie aimablement depuis quelques mois. Il dut noter aussi que les deux « êtres » qui suscitent chez son ami des « affections » assez vives pour le conduire aux abords du suicide ne sont ni « forts » ni « heureux » — et qu'au surplus, au-delà de tous les problèmes de définition imaginables, ce n'est pas de l'« amour » que porte Gallimard à l'une ou l'autre. Que de perspectives ouvertes...

Sa réponse ne saurait être que chaudement évasive, affectueusement sentencieuse. Aurait-il connu les deux héroïnes, eût-il été Claudel, ou son confesseur, peut-être eût-il tranché. Étant Jacques Rivière, il doit s'en tenir d'abord à une pincée d'autocritique (« Je suis peu perspicace : j'aurais juré que vous n'aimiez pas »), un élan d'amitié (« cela [...] vous ressemble [...] vous complète, et vous achève ») et un avis : « On ne fait rien dans la vie, si l'on attend pour prendre une décision de se trouver en pleine lumière [...] et dans une vue claire de toutes les conséquences [...]. On ne déclenche un événement [...] qu'à tâtons [...] comme un éclusier qui se lève la nuit pour ouvrir la vanne à une barque. »

Le voici pourtant qui passe de l'avis général du « sage » au conseil de l'ami. « Il me semble que vous êtes fait pour une vie plus nombreuse [...]. Vous avez cette espèce de gravité [...] qu'il faut pour entraîner d'autres êtres avec vous. Si vous saviez comme le bonheur est souvent plus près de soi qu'on ne le pense [...]. Maintenant, je l'ai... »

C'est un jeune marié, un jeune père surtout qui écrit. Pouvait-il dire, plus clairement, sans connaître les deux personnes en cause : « Épousez ! Épousez ! » Connaissant la réserve de son ami, son élégance dans l'usage des sentiments et des rapports humains, Gaston Gallimard dut juger que cette réponse était aussi engageante qu'elle pouvait l'être, et que si cruel que ce fût de faire souffrir sa maîtresse...

Bref, quatre mois plus tard, le 17 décembre 1912, Yvonne Redelsperger devenait Mme Gallimard, et entrait ainsi dans le « cercle *NRF* » — non sans qu'à plusieurs reprises Gaston n'ait donné l'occasion à ses amis, et d'abord à Jacques Rivière, d'apprécier la jeune fille qui l'avait conduit au bord du suicide et l'avait contraint à une rupture avec l'« autre » dont nous imaginons qu'elle fut douloureuse.

Le portrait de cette Yvonne Gallimard qu'il allait aimer assez ardemment pour refouler en lui les interdits qu'auraient pu opposer à ce sentiment son amour pour Isabelle et son amitié pour Gaston, Jacques Rivière l'a tracé dans *Aimée* *, aussi précisément que le lui permettait un génie peu visuel, si prodigieusement centré sur l'investigation intellectuelle qu'on le voit peu enclin à la description matérielle des êtres et des paysages.

Récit de la présentation de « François »-Jacques à « Aimée »-Yvonne, par les soins de « Georges »-Gaston :

« Je ne fus [...] pas frappé d'un coup de foudre. Cette première entrevue se passa de la façon la plus normale et la plus tranquille du monde. Ma timidité fut aidée par l'extraordinaire aisance d'Aimée. » De cette aisance, le narrateur déjà avide de trouble écrit qu'il en fut « un peu refroidi », éprouvant une « subtile déception ».

« La beauté d'Aimée ne se révéla d'abord en moi qu'en bloc. Mes yeux sont extraordinairement paresseux à l'analyse. Il leur faut vingt rencontres avec un objet avant d'en démêler le détail [...]. Je vis simplement qu'Aimée était grande, mince et très brune [...]. Il était difficile d'être sensible à autre chose qu'à l'éclat admirable de ses yeux immenses [...]. Ils étaient étonnamment envahisseurs [...]. Leur action commença tout de suite à s'exercer sur moi [...] mais n'enflammèrent rien en moi [...]. Ils me calmaient, ils me magnétisaient [...]. J'étais doucement, mais fermement remis à ma place. » Et quand « Georges »-Gaston lui demande son avis (Ai-je eu raison de me fiancer ?), « François »-Jacques convient qu'il s'agit d'un « être exceptionnel », le rassure mais sans cette « fébrilité » et cet « enthousiasme » dont il avait été saisi avant de la connaître...

Au retour de leur voyage de noces, Rivière revoit les Gallimard et trouve décidément Yvonne « bien séduisante avec son long regard ardent comme une source de flammes mitigée par la douce ombre des cils, avec ces deux subtils guillemets à l'envers qui germaient sur sa lèvre supérieure au moindre sourire et le comblaient d'intelligence ». N'y a-t-il pas en elle, pourtant, quelque chose de trop « positif », de trop « exact », de « presque effronté » ? Mais quand son ami lui confie que ce mariage est considéré, d'un commun accord, comme une « liaison » à tout instant dissoluble, Jacques en éprouve comme de la « désolation ». Peut-être

* Dans *Aimée,* Jacques Rivière transpose sa réponse épistolaire en un avis oral, plus clair encore, non sans ajouter que s'il engagea si nettement Gaston à se marier, ce ne fut pas sans « une folle curiosité, le besoin de me rapprocher par n'importe quel moyen, fût-ce par son mariage à lui, de cette femme dont il me parlait » (p. 37).

parce qu'il y a là quelque chose d'un peu humiliant pour la jeune femme, ou parce qu'il serait alors éloigné d'elle ? Le voilà pris. Envoûté. Et observant avec une avidité inquiète les signes de l'éloignement progressif de son ami d'avec sa femme…

Et peu à peu, dans les mois qui suivent *, le narrateur d'*Aimée* se sent le « cœur traversé, comme [par] une aimantation timide », privé d'une part de la liberté dont il disposait jusqu'alors, son « champ d'évolution restreint », comme si une « influence le poussait doucement vers la villa d'Auteuil ** ». Dans le même temps, il observe que Gaston s'en est écarté ; il le voit partout, chez leurs nombreux amis communs, mais pas chez lui.

Pourquoi ? Si « Georges »-Gaston s'était « mis à fuir Aimée », c'était, suggère Jacques, parce qu'il « ne sentait pas assez de débouché pour son âme facile et regorgeante » dans cette « intensité » où elle vivait — et où Jacques, lui, a bien des raisons de se croire espéré. Et parce qu'il prend d'abord le désarroi de son ami pour de l'indifférence, il « entre doucement dans le dédale de l'événement ». Et, « sans malice ni projet », le voilà « inséré entre Aimée et Georges ». Entre Yvonne et Gaston.

La clairvoyance, la « sincérité envers soi-même » exigent-elles, pour se manifester, « malice » ou « projet » ? Il semble que, jusqu'à l'été 1913, une dizaine de mois après la première rencontre avec Yvonne, Jacques n'ait pas pris conscience du sentiment qui, sourdement, prenait possession de lui : c'est par la voie la plus dangereuse, une sorte de pitié pour l'épouse délaissée, que se forme son amour. Qui prendrait garde à la pitié ? Aussi bien parle-t-il volontiers de cette « amitié » à sa femme et aux vieilles tantes de Cenon : la correspondance avec l'angélique « Toutou » est émaillée d'allusions à telle rencontre, telle soirée, où Yvonne Gallimard est décrite simplement comme une femme « charmante ».

Vient le mois de juillet 1913. Invités par les Gallimard, Isabelle et Jacques Rivière passent deux semaines à Bénerville, en Normandie — comme les années précédentes à Cuverville chez les Gide. Nous ne connaissons pas les détails de ce séjour de vacances, les jeux qui s'y firent, les travaux ni les promenades. Nous ne disposons pas non plus de la lettre que, revenu à Paris le 4 août, le secrétaire de la *NRF* adressa à Yvonne Gallimard.

Mais nous connaissons celle qu'il écrivit le surlendemain à Gaston, comme pour se faire pardonner — par elle ? par lui ? — la chaleur excessive de l'épître du 4. Et l'ardeur même qui anime ce texte correctif donne à penser que ce qui éclatait dans la lettre à Yvonne allait bien au-

* Mars-juin 1913.
** Les Gallimard habitent rue Saint-Lazare. Auteuil, c'est Gide. Timide transposition.

delà de ce qu'on est convenu d'appeler une « lettre de château », beaucoup plus même que les mots que l'on adresse à une amie. Remords ? Ou manœuvre plus ou moins consciente en vue d'informer Gaston de ce sentiment qui n'attend, pour éclater, que d'être contenu — et le rester...

> Mon cher vieux,
> Je me sens tout confus de la lettre que j'ai écrite hier à Yvonne. J'ai peur qu'elle ne lui ait paru, et à vous aussi, absolument folle et déplacée [...]. Ce n'est pas le ridicule que je crains, c'est d'avoir offensé Yvonne et d'avoir gâté l'amitié qu'elle commençait, je crois, d'avoir pour moi.
> [...] Quoi qu'il en soit des raisons qui m'ont poussé, il est certain que je vous ai trompé sur moi. Non, mon ami, je ne suis pas si dur, si insensible, si abstrait, si théoricien que je vous l'ai dit. Les sentiments ont un grand pouvoir sur moi ; ils peuvent me prendre tout à coup et me rendre aussi faible, aussi désemparé que l'homme le plus habitué aux renoncements des passions. Je ne suis pas aussi épineux que je le parais...

Tout irréductible qu'il pût être à un tel caractère, et exempt d'hypocrisie, n'entend-on pas ici un vague écho de la confession de Tartuffe à Elmire, la version « honnête » de ce personnage démoniaque, et qui, présente à l'esprit de l'auteur, autorise les interprétations tragiques qui en sont données ? (« Je ne suis pas si insensible... ») Mais d'autres pensent bien sûr à *L'Éternel Mari* de Dostoïevski...

Ayant ainsi procédé à cette demi-confession, Jacques en est plus à l'aise pour porter aux nues le séjour à Bénerville, allant jusqu'à dire qu'il a « beaucoup vécu pendant ces trois semaines » (vécu si fort qu'il en rajoute...), à tel point, précise-t-il, qu'il a « rarement fait une telle consommation de sentiments » (s'agissant du passionné qu'il vient de dénoncer en lui, c'est en dire long). Évoquant « les soirées délicieuses dans votre chambre » — où l'on se réunissait autour du lit d'Yvonne, enceinte de trois mois —, il parle de « secrète intimité » et pose la question : « Qu'y a-t-il de *meilleur* dans tous les sens du mot [que] cette sorte d'affection sans paroles et sans bornes dont je suis plein ? »

Sans bornes, à coup sûr. Sans paroles ? D'un Jacques Rivière, ruisselante source de mots ? En voici quelques-uns encore, d'une ambiguïté quasi dostoïevskienne :

> ... il faut en finissant que je vous conseille de vous méfier de moi. Il y a de vilains côtés en moi. Je veux dire — pour ne pas que vous alliez imaginer je ne sais quoi — que je me crois très capable d'ingratitude et que je peux faire souffrir ce que j'aime...

Gaston, qui trouvera au bas de la lettre de son ami cette pittoresque formule « Je vous embrasse, gros Meu-meu » *, sans que nous sachions d'où venait — des prairies voisines de Bénerville ? — ce sobriquet bovin, était-il homme à « imaginer je ne sais quoi » ? Ce qui ressort de ce tricot d'ambiguïtés sincères, c'est qu'il fut le plus honnête de ces honnêtes gens, n'excluant rien, devinant beaucoup, ni méfiant ni complaisant.

Nous le verrons écrire, à la fin d'une lettre à Jacques, le 12 août 1913, qu'« Yvonne n'est pas trop méchante » — et, beaucoup plus mystérieux, vaguement plaintif peut-être, le 13 juillet 1914, au plus fort de la passion qui pousse Jacques vers sa femme : « Et pensez bien tout le temps que je suis votre ami. » Tendre mise en garde ? Ce « tout le temps » pourrait être lu ainsi. Mais l'interprétation la plus vraisemblable est celle de l'affection exigeante.

Les sentiments de Jacques, quant à eux, vont leur train — et d'autant plus pressants, et tumultueux, que connus enfin de lui-même, et probablement d'Yvonne, depuis ces semaines de juillet 1913. Quant à ceux d'Yvonne... Dans la première des quelque treize lettres ** qu'elle aura écrites à Jacques (en une douzaine d'années...) perce quelque chose que l'on pourrait définir comme une tendre estime. C'est à propos de la lettre écrite le 4 août 1913 par Jacques à la châtelaine de Bénerville, et qu'il jugeait « folle et déplacée », que la jeune femme lui écrit le 8 août 1913 :

> Mon cher Jacques,
> Il ne faut surtout pas regretter une parcelle de tout ce que vous me dites dans votre lettre ! Cela a été une si grande joie pour moi de recevoir votre confiance si simple et si émouvante [...]. Comptez sur moi Jacques, et surtout, usez, usez de moi autant qu'il vous sera possible. Ne me reprenez rien, soyez généreux... Je pense beaucoup de choses sur vous mais je les garde encore un peu en moi. Quand nous nous reverrons, nous bavarderons tout à notre aise... Je veux très soigneusement, très très affectueusement vous envoyer toute l'immense estime que j'ai pour vous. Je vous aime bien, Jacques, et je vous embrasse aussi de tout mon cœur.
>
> Yvonne.

Que l'homme timide qui lit et relit ces mots y ait puisé quelque encouragement, et n'ait pas cru trouver là l'expression d'un veto, qui s'en étonnerait ? La femme de son ami ne se jette pas à son cou : mais ce « ne me reprenez rien », ce « beaucoup de choses » qu'elle pense de lui, et surtout qu'elle garde en elle... Rien d'une rebuffade. Pas tout à fait une connivence... S'en tiendra-t-elle là ?

* Yvonne appelait parfois ainsi son mari.

** Je dois à l'amicale obligeance d'Alain Rivière la communication des lettres d'Yvonne Gallimard à Isabelle (4) et à Jacques Rivière (13) écrites entre 1913 et 1922. Et à celle d'Antoine Gallimard la permission d'en faire état.

La seconde lettre d'Yvonne, rédigée un mois plus tard, était de nature à aviver les illusions de l'amoureux. La jeune femme s'y exprime sur un ton où le lecteur de roman qu'est Jacques dut déceler de ce qu'on appelle volontier le « bovarysme ».

« ... Je suis bizarrement envahie d'un malaise oppressant, angoissant, ridicule. Au fond, je crois tout simplement que je m'ennuie... Je suis tourmentée, de quoi ? Je n'en sais rien, mais de tout, certainement. L'inquiétude est en face de moi sans cesse et nous luttons à mains plates... Si c'est nerveux, j'ai envie de me fouetter... » (on a connu des soupirants qui ont pris feu pour moins que cela...)

Que la jeune femme se prépare à être mère d'un enfant de Gaston dut moins le décourager que l'émouvoir. On ne trouve pas trace d'un repli chez lui, à ce propos. Ce qu'il y a encore de « pitié » en sa passion neuve s'en alarme peut-être. Et qu'une part de jalousie physique prît sa place en cet orage n'était pas pour l'apaiser. Bref, ayant multiplié les visites à la jeune femme jusqu'à la naissance du petit Claude, le 10 janvier 1914, il va donner ensuite une impulsion nouvelle à son « soupir » — un mot qui doit être entendu ici sous sa forme participante...

Sur les péripéties de la passion vécue par Jacques pendant les six premiers mois de 1914, et reçue par Yvonne Gallimard avec ce mélange de réserve et d'élan si bien décrit par le narrateur d'*Aimée,* nous disposons de quelques indications, de quelques dates — tel dîner chez elle, tel rendez-vous dans un restaurant de Chaville ou de La Celle-Saint-Cloud, tel concert entendu de compagnie. Et des bribes de correspondance.

Les deux moments clés de cette « affaire » — de cette époque d'une « affaire » qui reprendra son cours après la guerre — sont le 15 février et le 1er juillet 1914. Pourquoi ? Parce que, dans ses *Carnets* de guerre, Jacques écrit, le 18 février 1915 : « Il y a eu un an le 15 que je suis tombé en esclavage [...]. Ma première captivité. Ce n'a pas été la moins dure [...]. Un an qu'elle me tient [9] ! » Quant à la seconde date, ce sont encore les *Carnets* qui nous en révèlent l'importance :

> C'est aujourd'hui le 1er juillet. Il y a un an que je l'ai vue pour la dernière fois [...] A cette heure-ci, nous étions encore ensemble. Je pouvais encore la voir, l'entendre parler. Qu'il faisait beau [...]. Nous nous sommes sentis enfin tellement bien accordés ! [...] C'est comme un exil qui commence [...]. La chaleur même de sa main perdue pour moi à nouveau [...] Adieu, mon amie ! Et comme vous me laissez bien aller. Comme je descends vite la route noire et pavée où je me tords les pieds. Déjà, vous êtes rentrée chez vous. Je crois que je ne vous retrouverai plus, je veux dire que je ne vous retrouverai plus que pour vous quitter [10]...

Entre ces notations étayées sur la chronologie, combien de cris, de soupirs, d'apostrophes qui, tout au long de ce journal des mois de captivité, révèlent la violence de la passion qu'éprouve Jacques — entremêlés de références à Isabelle, de prises à partie de Dieu lui-même, sommé, au plus fort de la crise religieuse qui secoue le prisonnier et le conduit à une adhésion explicite au catholicisme, d'admettre, de louer, de sacraliser l'amour pour cette autre femme...

> Et vous, mon Dieu, ne croyez pas qu'avec tant de machines vous allez me faire peur [...]. Encore une fois, je vous le dis, je ne la quitterai pas [...]. Vous ne pouvez pas vouloir que je la lâche puisqu'au fond vous ne m'avez donné de la rencontrer que pour que je la saisisse et que je l'emporte avec moi [...] Je ne l'ai que parce que je la tiens de vous. Oui, elle était sur le bord de la route [...] où elle pouvait tellement bien rester. Tout le monde de ses amies autour d'elle, si cohérent, si fermé, si harmonieux ! Et moi avec mes gaffes, avec mes fautes, avec mes péchés, je l'ai entraînée, je l'ai replongée dans le flot de la vie, de la douleur et de la charité. Ah ! sans doute je me vante, sans doute ce n'est pas encore fait. Mais ce sera fait, il faut que ça le soit [...]. Ce n'est pas parce que j'ai été lâche une fois [...]. Je n'ai pas honte [...]. Et mon Dieu, avouez-le [...] il n'y a rien que vous vouliez davantage[11]...

Sur un ton si claudélien que l'on se demande s'il est, dans son exaltation, conscient du pastiche de la voix de Mesa ou de Rodrigue, Jacques Rivière en est arrivé à prétendre enrôler Dieu dans son entreprise qui ne tend à rien d'autre qu'à conquérir la femme de son meilleur ami. Aussi bien qu'il somme Isabelle d'entrer dans son jeu, de comprendre qu'elle ne peut rien « contre sa pensée en moi, contre elle en moi [...] [car] c'est encore le meilleur ». Voici un homme en proie à un égarement qui donne la mesure d'une passion sans limite, et d'autant moins contrôlée qu'elle est, selon toute apparence, restée chaste (« j'ai été lâche une fois »). L'épée entre Prouhèze et Rodrigue ?

Ce que nous savons des péripéties de cette aventure est bref, étant donné que de la correspondance entre Yvonne et Jacques ne subsistent que la douzaine de lettres dont on a cité et on citera quelques fragments, et un message de Jacques, dont on fera état. Ce que l'on peut dire, c'est que l'ardente amitié du début de 1913, échauffée au point de prendre la forme d'une sorte de déclaration à la fin du séjour des Rivière à Bénerville en juillet de la même année, fut vécue sous forme de très fréquentes visites du jeune homme (vingt-sept ans) chez Yvonne, avivée à partir de février 1914, et culmina au cours du mois de juin 1914 pour être, non rompue, mais suspendue le 1er juillet, un mois avant la guerre Et reprise à la fin de 1918.

Le 8 juin, Isabelle est partie en vacances dans le Sud-Ouest — Cenon, puis Lacanau — avec sa fille souffrante. Simple recherche de « bon air » ? Souci de s'éloigner, de prendre le large par rapport à une situation inextricable ? Car Jacques n'a pas manqué d'alerter sa femme qui ne laissait pas, bien sûr, de s'inquiéter de l'émotion et des absences de son mari. Il le révèle dans un chapitre semi-inédit d'*Aimée* *.

> Lorsque vinrent les angoisses physiques, l'oppression, l'insomnie, comment lui eussé-je caché tant de signes, et leur sens véritable ? Comment me fussé-je privé de gaieté de cœur du réconfort dont j'avais tant besoin et que je n'avais qu'à étendre la main pour trouver ** ? Alors, avec une patience et une invention admirables, elle me consolait [...] Pas une fois je ne songeai à l'éloigner de ce qui se passait en moi...

Sincérité, rouerie, impudeur ? Il n'est si grande âme qui, en cette matière, ne puisse en remontrer à un mufle de Montherlant. Il faut encore citer ceci, où l'auto-ironie finit par percer, si timidement...

> La situation où nous étions parvenus était d'une essence si rare qu'elle me faisait perdre la tête [...]. La générosité grise comme le vin, et il s'en faisait autour de moi une telle dépense que je rêvais d'en voir répandre davantage encore ; je finissais par trouver tout naturel de jouer à la grande âme...

Grande âme, peut-être : mais trouver quelque délectation à se faire consoler par sa femme des déboires que l'on éprouve à vivre une passion pour une amie commune... Les grands psychologues ont de ces détours !

Bref, à partir du 8 juin, Jacques a, dirait-on, le champ libre. Non qu'il en abuse, se ruant chez Yvonne. Des indications dont nous disposons, et qui ne tiennent pas compte des visites, quasi quotidiennes depuis longtemps chez son amie ***, on peut retenir (lettre aux tantes), le 11, une promenade (peu compromettante) au Jardin d'acclimatation avec la jeune femme et sa belle-mère, la joviale « tante Lulu » ; un dîner au Coucou à Montmartre, qui eût pu mener plus loin, mais se déroule en présence de la mère de Gaston ; surtout un dîner dans une auberge de campagne — à Chaville, comme il est écrit dans *Aimée,* ou à La Celle-Saint-Cloud ? On opte **** pour la seconde localisation, non sans faire écho à la dernière scène du roman, celle des adieux, le 1er juillet 1914, dont tel ou tel détail peut être enjolivé, mais dont le ton d'ensemble reflète d'évidence (attestée par les honnêtes *Carnets*) l'ombreuse réalité :

> ... Je la serrai contre moi.
> — Rien que pour voir la place que vous auriez tenue contre mon cœur, lui dis-je.

* Partiellement publié dans *La Guérison,* où Isabelle, au lendemain de la guerre, mêle des textes de son cru à ceux de son mari.

** Trait de cynisme masculin digne d'un grand romancier...

*** « Nous rangerons... Nous ne serons pas dérangés... », lui écrit-elle.

**** D'accord sur ce point avec Bernard Melet, auteur d'une excellente mise au point sur la genèse d'*Aimée* (*Bulletin des amis de Jacques Rivière et d'Alain-Fournier,* n° 59, p. 24-25).

> Elle appuya sa tête sur mon épaule.
> Une dernière fois, avec solennité, de sa taille qu'ils entouraient, le désir passa dans mes bras, circula lentement, comme un souvenir déjà, dans tout mon corps, me peignit les délices auxquelles je renonçais. [...]
> Je repoussai Aimée brusquement.
> – Séparons-nous maintenant, lui dis-je. [...]
> – Combien de temps allez-vous être absent ? me demanda-t-elle.
> – Deux mois, je pense.
> – Ce sera bien long, dit-elle, empruntant ainsi sans y penser les paroles mêmes de l'amour[12]...

On peut gloser à loisir sur les références à *Bérénice,* sur un parallèle flatteur pour Jacques, puisqu'il met la décision et son mérite au compte du héros sans qu'il soit possible de savoir à qui elle doit être rapportée. *Invitus Invitam* ? Vertu romaine ? Timidité ? Fidélité d'Yvonne ? De Jacques ? « Lâcheté » de l'amoureux (auquel est dû le mot) * ?

Isabelle, en tout cas, est au cœur du débat – quand Gaston se tient, plus ou moins lucidement, en marge. Qu'elle en ait souffert est attesté par vingt passages de sa correspondance avec Jacques. Cette « générosité » dont son mari se félicitait qu'il s'en fît, à son propos, si grande et belle dépense, c'est la sienne d'abord qui est prodiguée, et douloureuse. Entre bien d'autres traits, on choisit – en anticipant sur le cours du récit – celui-ci, qui fait éclater à nouveau l'extraordinaire inconscience qui pouvait être parfois l'une des formes prises par la « sincérité » de Jacques Rivière.

Au début de février 1916, le prisonnier joint, à une lettre adressée à sa femme, une carte pour Yvonne, non sans préciser à l'intention d'Isabelle : « Tu auras compris chaque mot de ma carte comme il doit l'être : tu sais que mon affection pour elle est infinie... » Était-ce une bonne préparation à ce que son épouse était mise dans le cas de lire ? Voici l'expression de cette « affection infinie » :

> Chère Yvonne, chère amie,
> Si vous avez besoin de repos, de confiance, d'amitié, si vous avez besoin de savoir que l'on pense à vous, je pense à vous [...] sans cesse, à chaque heure de la journée [...] Je crois en vous, je suis là malgré la distance, je ne vous quitte pas [...] Je voudrais tant vous voir, vous revoir enfin, ma grande ! Tout ce que j'ai pu vous écrire ** ne compte pas. Rien ne compterait que de pouvoir vous entendre, vous parler, peut-être ajouter à votre courage le peu de courage que j'ai pu gagner ici [...]. Je vous embrasse[13].

* On verra, au chapitre XII, que, face à Dieu, Jacques, pieux prisonnier, s'en attribuera la gloire...

** On ne dispose pas des autres lettres de Jacques à Yvonne.

Rien d'indécent, bien sûr, de provocant. Mais que pouvait-il attendre d'autre de sa femme choisie par truchement, ce Jacques amoureux d'une autre, que cette plainte très digne, et à sa façon déchirante ?

> ... Cette carte que tu as envoyée à Yvonne par moi, elle m'a donné un grand désespoir, car c'était l'expression même de l'amour. Et elle n'a pas besoin de ton amour, sinon pour la vague satisfaction d'un sentiment de triomphe qu'elle me laisse voir presque avec méchanceté *. Elle n'a besoin de personne, ou plutôt elle ne peut se résoudre à reconnaître qu'elle aurait besoin de quelqu'un, et c'est de là que vient sa misère [...]. Ne crois pas, je t'en conjure, que j'aie la moindre amertume contre elle, je n'ai qu'une grande tristesse. Je voudrais de tout mon cœur lui venir en aide, l'arracher à elle-même [...]. Je ne me laisserai pas rebuter [...]. Depuis si longtemps, je ne t'avais rien dit [...]. Mais je te dois la vérité [14]...

Jacques, conscient de la douleur qu'il a infligée, amorcera un retrait, jette quelque ombre sur la femme qu'il aime (« un être dont il ne faut rien espérer », « quel enfer et quel casse-tête elle est pour quiconque la veut prendre comme tout le monde »), mais c'est ruser avec l'essentiel, lui, le « trop sincère », c'est payer Isabelle de fausse monnaie ; et il lui faudra bientôt écrire, comme en hurlant, qu'il « renie tout ce qu'il a pu écrire contre elle », ajoutant : « Il n'y avait qu'un moyen de faire quelque chose pour elle, c'était de l'aimer... »

Et quand Isabelle, un peu plus tard, revient ainsi sur le « cas » d'Yvonne, elle a ces mots plus pénétrants que ceux de Jacques : « On ne peut rien lui reprocher, il faut même [...] l'admirer. Mais elle a toutes les vertus, sauf l'amour [...]. Elle n'a pas reçu de don d'amour [15]... » Jacques-l'analyste a-t-il ici trouvé son maître ? Mais s'il salue la « profondeur » du diagnostic d'Isabelle, il retourne ainsi la prise : « C'est bien ainsi que je la vois [...] mais [...] c'est justement à cause de ce défaut qu'elle avait besoin de moi [...]. Elle m'écrivait dans sa dernière lettre cette phrase qui m'a touché : " J'avais besoin qu'un être comme vous existe " [16] » (13 avril 1916) **.

Les *Carnets* de Jacques resteront scandés d'évocations fiévreuses de celle qu'il a quittée le 1er juillet 1914 — et c'est à cette époque, comme pour apaiser, maîtriser sa passion en lui donnant une interprétation littéraire, qu'il écrit *Aimée,* roman autobiographique s'il en fut ***. Peine perdue : dix fois repris, révisé, jeté, ravivé, jusqu'en 1922, le roman ne sera ni une catharsis, ni un exutoire, ni une sublimation de l'aventure vécue — et plus tard revécue sur un autre registre.

* Les deux femmes étaient officiellement amies.

** On trouvera une « suite » à ce débat au chapitre XII.

*** Voir troisième partie, chapitre XX, « L'impossible roman ».

Si l'on a jugé bon de relater ainsi ces amours inaccomplies, ce n'est pas seulement parce qu'elles révèlent un Rivière inattendu, oscillant entre le cynisme et ce qu'il appelle la « lâcheté » ; pas seulement parce qu'elles sont à l'origine de ce que Marcel Proust appellera « le joli livre de mon ami Jacques Rivière * » ; c'est aussi parce que ce roman suspendu mais évidemment très commenté provoqua quelques troubles au sein de la collectivité *NRF* — fort respectueuse des vies privées des uns et des autres qui étaient assez agitées, mais qui ne pouvait manquer de s'émouvoir de cette crise qui impliquait deux personnages clés de la « famille », Jacques et Gaston, et deux amies communes, le tout à une époque où une tragédie littéraire secouait, à propos de l'essentiel, la « famille *NRF* »...

* Le livre lui est dédié.

IX

Proust ? Le fils du docteur ?

Le 7 (ou 8) novembre 1912, Gaston Gallimard, depuis un an gérant du « Comptoir d'éditions de la *NRF* », reçoit une lettre étrange — d'autant plus étrange qu'elle a été précédée de deux messages du même correspondant au cours des cinq jours précédents. Ces appels en cascade sont signés Marcel Proust. Un nom qui n'est pas inconnu de l'éditeur : il a été présenté quatre ans plus tôt du côté de Cabourg au fils du célèbre docteur Antonin Proust, d'ailleurs remarqué pour ses articles dans *Le Figaro* et deux ou trois ouvrages « distingués ». Un personnage très parisien.

De ces messages à répétition, surchargés de digressions, entrelardés de circonlocutions et circonvolutions oratoires à propos de la santé du scripteur, de son mode de vie, de sa condition de reclus, de ses engagements avec un autre éditeur, de pannes téléphoniques, de fausses adresses et de malentendus de toutes sortes, d'offres de visites sitôt retirées que formulées, Gaston Gallimard, perplexe, ne peut manquer de retenir que cet incertain correspondant lui propose un livre, souhaite être édité par la *NRF* et s'enquiert des conditions matérielles d'une telle publication qui, de toute évidence, pose maints problèmes :

> ... Mon livre * se composera environ, autant que je peux établir une équivalence entre l'imprimé et le manuscrit, même partiellement dactylographié d'un volume de 550 pages si chaque page a 35 ou 36 lignes de 45 lettres chacune (disons si vous voulez, à peu près *L'Éducation sentimentale*) et d'un second volume au moins aussi long, mais qui, lui, pourrait sans inconvénient être divisé en 2 volumes. Pour le premier volume (à peu près 550 pages) il faudrait qu'il paraisse en une fois, sinon en un seul tome, au moins en plusieurs fascicules paraissant simultanément. Or j'ai entre les mains un volume de vos éditions (de Charles Louis Philippe) ** dont les pages n'ont que 31 lignes, les lignes sont courtes, et le volume lui-même n'a que 120 pages. D'où ma première question [...] : Pouvez-vous faire des volumes ayant

* Qui comportera plusieurs tomes.

** *La Mère et l'Enfant,* NRF, 1911.

environ la longueur de 550 pages de 35 lignes de 45 lettres (excusez ces génitifs). Si cela est *impossible* pouvez-vous faire paraître 3 ou 4 fascicules représentant cette longueur et paraissant simultanément, et ne coûtant ensemble que 3 f. 50 (Remarquez que c'est moi qui paierai l'édition...)

Comment Gaston Gallimard ne serait-il pas déconcerté par les propos de cet « amateur distingué » qui négocie déjà en vieux routier, et par le souci de ce riche « oisif » de mettre son œuvre à la portée de toutes les bourses, en finançant lui-même sa publication, « parce que, insiste l'écrivain, je désire être lu, et non exclusivement par des gens riches ou des bibliophiles. Et je ne veux pas que mon ouvrage entier coûte plus cher que 7 francs à l'acheteur, dût-il en résulter une plus grande dépense pour moi. C'est une question de *diffusion*. J'ai eu autrefois un volume de luxe chez Calmann-Lévy * qui coûtait 15 francs. C'est trop cher **. »

Marcel Proust ne conclut pas cet appel sans prévenir son correspondant que le dédicataire de l'ouvrage sera le directeur du *Figaro,* Gaston Calmette (à propos duquel il demande à Gallimard, avec une naïveté étudiée, si sa maison y verrait un inconvénient — sachant que le personnage *** n'est pas très apprécié rue Madame mais que ce n'est pas là un prétexte de rupture...) et qu'en tout état de cause, son ouvrage est d'« une extrême indécence ». Ce qui, cette fois, pourrait poser quelques problèmes...

Pour si chantourné qu'il trouve ce message, et complexes les stipulations, et lourdes les obligations qu'entraîne un agrément, Gaston Gallimard répond par retour du courrier : oui, sa maison est prête à prendre les « risques » si loyalement annoncés, et suggère même que la publication du monumental ouvrage pourrait être envisagée pour le mois de mars suivant... Il va jusqu'à proposer de venir lui-même quérir d'urgence le lourd manuscrit. Ainsi l'histoire fameuse du « rejet de Proust par Gallimard », classique de l'histoire de l'édition française, faillit d'abord n'être qu'un cauchemar d'éditeur...

C'est encore par retour du courrier, dans ce film trépidant à la Max Linder, que Marcel Proust écrit à son ancien interlocuteur de Cabourg qu'« hélas, tous ces projets charmants » ne pourront être réalisés, car le manuscrit dactylographié « a été porté par Calmette chez Fasquelle qui l'a accepté dans les conditions les plus charmantes, et notamment n'a pas voulu le lire avant de promettre de publier pour montrer l'estime qu'il a pour moi... » (marque d'estime assez déconcertante, dirions-nous !). L'écrivain ajoute que par « délicatesse » il ne saurait décevoir « des amis

* *Les Plaisirs et les Jours*, 1896.

** A un autre correspondant, Proust écrira qu'il voulait être lu « par les gens qui prennent le train ».

*** Qui sera assassiné, quelques mois plus tard, par Mme Caillaux.

si charmants » (observons au passage que dans le vocabulaire de Proust épistolier, le mot « charmant » tend à jouer un rôle aussi exorbitant que celui d'« exquis » dans les correspondances de Gide et de Rivière !).

L'auteur d'*A la recherche du temps perdu* est à ce point obsédé par le « charme » de la maison Fasquelle qu'il se fait des illusions : si son volumineux ouvrage a bien été « porté » par les soins de Gaston Calmette chez cet éditeur prestigieux (mais alors réputé publier des ouvrages moins ambitieux), il n'est pas certain que l'interlocuteur du directeur du *Figaro* ait promis de le publier sans le lire, comme l'avait fait quelques jours plus tôt Gaston Gallimard – qui, lui, s'était vu offrir par Proust de n'avoir à assumer aucun frais de publication...

Nous verrons que, dans un cas comme dans l'autre, ces « promesses », coûteuses pour l'un, gratuites pour l'autre, auront le même aboutissement négatif. Comme s'il avait suffi, en ce temps-là, de lire Proust, ou de faire semblant de le lire, pour le rejeter ! Nous constaterons aussi que la « délicatesse » de l'auteur de *Swann* ne le retiendra pas de jouer constamment sur les deux tableaux – pour s'engager enfin dans une troisième voie...

Au moment d'annoncer ainsi à l'obligeant Gallimard que c'est Fasquelle qui l'emporte, le romancier tente de se faire pardonner la déception qu'il inflige en revenant avec insistance sur le caractère « choquant » du deuxième tome de son ouvrage, où l'on voit notamment « un M. de Fleurus (ou de Gurcy*) [...] amant supposé de Mme Swann [...] pédéraste viril, épris de virilité, détestant les jeunes gens efféminés [...] lever un concierge et entretenir un pianiste**. J'aime mieux vous prévenir d'avance de tout ce qui pourrait vous décourager[1]... ».

Décourager ? Qui sait ? Mais Gallimard, lisant cette lettre, doit commencer à se dire que voilà un bizarre « client », qui ne fait pas un pas en avant sans le faire suivre d'un saut en arrière, et qui, se proclamant lié à ses « charmants amis », par souci de « délicatesse », n'en continue pas moins à lui « faire l'article » (si l'on ose cette formule) le tentant d'autant plus délicieusement qu'il lui retire, comme trop « indécente », ou « choquante », la friandise...

Marcel Proust met un comble à cette escrime labyrinthique en dévoilant, sans tout à fait se démasquer, ses arrière-pensées : « J'en arrive presque à souhaiter que vous n'aimiez pas mon œuvre et n'en vouliez pas [...]. Je suis comme ces voyageurs qui ne peuvent se résoudre eux-mêmes à renoncer à un voyage qui les tente, tâchent de se mettre en retard, de manquer le train pour être forcés de ne pas partir[2]... »

Qui donc aura, en fin de compte, « manqué le train » ? Disons que dans la phase au moins des « approches », ce n'est pas l'éditeur, c'est

* Charlus, bien sûr.

** Qui deviendra violoniste.

l'écrivain qui, par ses voltes et virevoltes, ses coquetteries, ses ruses naïves et par son souci de ne déplaire à aucun de ces gens si « charmants », aura pris tous les moyens — au risque de rester seul sur le quai — de ne pas partir en voyage avec Gaston Gallimard ! On dit bien « Gaston », et pas encore la *NRF* : car dans cette phase, l'éditeur semble avoir été seul « en piste » — en avance sur les messieurs de la revue, directeur ou secrétaire...

*

Si, contrairement à la légende, la réaction de Gallimard fut aussi positive (compte tenu de la complexité, de l'ambiguïté des appels qu'il recevait), c'est en grande partie du fait de la sympathie éblouie que lui avait inspirée Proust, dès leur première (et unique) rencontre.

Au lendemain de la mort du maître de la *Recherche,* Gaston devait relater[3] cet épisode fondateur — la rencontre faite en 1908, près de Bénerville, sur la route de Villers, d'un pittoresque personnage « à l'aspect incongru », enveloppé, au plus fort de l'été, d'une cape doublée de velours, un bizarre chapeau de paille planté sur l'œil, abattant dix-sept kilomètres à pied pour venir inviter à souper Robert Cangnat, oncle de Gaston — et le repas qui s'ensuivit un peu plus tard à Cabourg, où la merveilleuse gentillesse déployée par Proust à l'égard de ses hôtes, surtout du vieux marquis de N... perdu dans un semi-gâtisme, provoqua l'« enthousiasme » du jeune homme et lui inspira une sorte de « tendresse » pour cette « lucidité » prévenante et cette « bonté masquée ».

Heureuse rencontre ? Certes, et pas seulement dans le souvenir du plus jeune : Marcel Proust n'était pas homme à rester insensible à une « tendresse » naissante, dût-elle rester muette. Et le charme jovial de Gallimard n'avait pas prise seulement sur Jacques Rivière...

La démarche de l'auteur de *Swann* en direction de la rue Madame avait été motivée aussi par la camaraderie ancienne liant, depuis le temps du lycée Condorcet, son ami Antoine Bibesco * à Jacques Copeau — le nouveau directeur de la revue qu'il lisait ligne à ligne, avec un mélange d'agacement et d'adhésion : son écrivain préféré, Francis Jammes, n'en était-il pas l'un des prophètes ?

D'abord alerté par Bibesco, pendant l'été de 1912, en faveur de l'ouvrage de Proust, Jacques Copeau (sans connaître le lien ténu créé par la rencontre de 1908 entre les deux dîneurs de Cabourg) conseilla à son ancien condisciple de s'adresser à Gaston Gallimard, arguant qu'il n'était, lui, que le directeur de la *NRF,* alors qu'il s'agissait d'un gros ouvrage à publier. Esquive manifeste : car les demandeurs n'eussent pas

* Qui déploya, en l'occurrence, et pour la bonne cause, un zèle louable, organisant un dîner au cours duquel il remit une partie du manuscrit à Gide et à Copeau.

dédaigné une publication partielle dans la revue, et Gaston Gallimard n'était pas, en 1912, et de loin, le « décideur » qu'il deviendra. Ses avis pesaient encore peu... En dirigeant Bibesco et Proust vers lui, et non vers Gide, ou lui-même, ou Rivière, Copeau semblait surtout soucieux d'opérer une diversion.

Pourquoi ? On entre ici au cœur de cette affaire cruciale dans la vie de la *NRF,* et ultérieurement dans celle de Jacques Rivière. Comme un vif chagrin peut soudain dévoiler, à nu, un visage, le « ratage » de Proust démasque, à vif, la première *NRF,* ses principes, ses méthodes, ses raideurs, ses préjugés, sa vertu, sa relative myopie — ses limites.

Si le directeur de la revue fondée en 1909 n'a pas même pris la peine de retenir, ne serait-ce que pour examen par son cher Jacques Rivière, le manuscrit de Marcel Proust, c'est en raison de préventions évidentes. Pour le groupe de la *NRF,* pour le « circuit » gidien, celui qui s'avance là est la quintessence de ce que l'on rejette — de ce que l'on prétend avoir rejeté... La sécession où, selon Schlumberger, ces hommes sont entrés, a été déclarée contre l'univers dans lequel baigne le fils du docteur Proust — le « monde », l'argent, les « relations », les duchesses, le théâtre de Flers et Caillavet et de Bernstein, *Le Figaro* de M. Calmette (qui n'est plus tout à fait en 1912 celui qui a fait « le bon choix » quinze ans plus tôt lors de l'affaire Dreyfus), les fleurs à la boutonnière de l'habit, les dîners en ville, Maxim's, le Jockey-Club... Pouah !

Fâcheuse aussi, cette idée de « compte d'auteur », qui consiste à faire assumer à l'écrivain les frais de publication. Geste de « riche », très exactement contraire à l'« éthique *NRF*», à la fois rigoriste et égalitaire, allergique à toute sélection qui ne fût pas celles, très libres, du goût et de l'estime...

Ne dit-on pas que ce jeune homme qui écrit des choses « ravissantes », des pastiches, des acrostiches, a répondu naguère à un questionnaire que ses auteurs contemporains préférés étaient Anatole France et Pierre Loti... Ne dit-on pas aussi que ses amis les plus proches sont Lucien Daudet, Maurice Rostand et Robert de Montesquiou — fausse poésie, snobisme, conservatisme, homosexualité théâtrale et mélancolique, retombées flasques du symbolisme...

Certes, le circuit gidien, pris en bloc, n'avait guère de leçons de « bonnes mœurs » à donner à l'impétrant. Mais, observe Auguste Anglès, si en toutes circonstances l'offre du collaborateur du *Figaro* eût risqué d'être accueillie à la *NRF* « avec circonspection et ironie », elle survenait dans une occurrence particulièrement défavorable : la majorité du groupe — Drouin, Schlumberger, Ruyters, et Rivière — multipliaient les critiques contre le « gonflement » et les « complaisances » auxquels on semblait céder. Les mêmes pensaient aussi — c'est l'époque où perce le « secret » de Gide... — que pour ce qui était de l'amour grec, la coupe était pleine. En somme, écrit fortement M. Anglès, « toutes les conditions se trouvaient réunies pour que la dactylographie [de Proust] ne soit même pas lue. Le refus collectif opposé par le groupe ne le fut pas " en connaissance de cause " mais " *a priori* "[4] ».

La conjonction entre le génie « mondain » de Proust et l'esprit du cénacle des cénobites (ou supposés tels) de la rue Madame ne pouvait être assurée que par le seul d'entre eux qui ne prétendît pas au rigorisme, Gaston Gallimard — mais il n'avait pas encore acquis l'autorité intellectuelle qui lui eût permis de trancher dans le bon sens, ou par celui de tous ces puritains qui était le plus avide de beauté transcendant tous les interdits, ou de créativité novatrice — Jacques Rivière. Mais le secrétaire de la revue fut tenu, ou se laissa trop aisément tenir, hors du débat jusqu'en janvier 1914 : inexplicable !

On ne trouve aucune trace de cet épisode navrant dans les diverses correspondances de Jacques Rivière à cette époque (1912-1913). On constate même, avec la plus vive surprise, que le nom de Marcel Proust n'apparaît à aucun moment dans cette somme pour la reconnaissance de l'art en formation au début du siècle qu'est la correspondance entre Jacques Rivière et Alain-Fournier ! Pas une référence aux *Plaisirs et les Jours,* pas un mot sur la traduction de Ruskin... Pas une allusion à ce personnage qui, fût-ce sur la rive opposée, déambulait dans le paysage artistique de l'avant-guerre, plus ou moins confrère, au *Figaro,* du Fournier de *Paris-Journal,* et grand admirateur, comme les deux beaux-frères, de Jammes et de Gide, des « nabis » et des ballets russes... Proust n'est encore qu'une esquisse, mais assez notoire dans sa singularité. Inexplicable silence encore...

Peut-on expliquer que Jacques Rivière ait été tenu à l'écart des réunions éditoriales au cours desquelles fut décidé le rejet de la « dactylographie » presque monstrueuse (633 pages, en attendant...) de Marcel Proust ? Maison d'édition et revue fonctionnaient-elles en symbiose totale ? Mais on imagine que les débats entre les « éditeurs » furent assez vifs — ne serait-ce qu'entre un Gaston séduit par l'auteur et ses amis rétifs au personnage — pour que des échos pussent être perçus, et donnassent l'occasion à Jacques d'alerter son beau-frère, « échotier » de *Paris-Journal.* Au moins pour en signaler les multiples étrangetés, l'énormité du travail abattu par le « désœuvré » du *Figaro,* par l'incongruité de cette offensive de l'enfant chéri des duchesses en direction du cloître de la rue Madame... Inexplicable, inexplicable toujours...

La non-communication à cette époque, entre le gros paquet que Proust avait fini par faire porter vers le 15 novembre 1912 au siège du « Comptoir d'édition » et le très diligent, très curieux, infatigable Rivière, ne peut trouver qu'une explication : c'est que la « dactylographie » si soigneusement décrite, expliquée, dénoncée, offerte, retirée réofferte par Marcel Proust au « charmant » Gaston Gallimard ne fut même pas lue, que ce que Jean Schlumberger qualifiera de « blocs » cuirassés de papier ne furent même pas ouverts, avant que, six semaines plus tard (délai raisonnable pour une lecture !), Gaston Gallimard ne signât, le 23 décembre 1912, la fatidique lettre de refus – restée (à jamais ?) introuvable...

Auguste Anglès rapporte un savoureux propos de Céleste, la gouvernante de Marcel Proust, assurant à un journaliste que lorsque le paquet fut rapporté de la rue Madame au domicile de l'écrivain, 102 boulevard Haussmann, elle reconnut, intact, le nœud qu'elle avait fait elle-même en novembre... (Affabulation manifeste : Céleste n'était pas encore entrée au service de Marcel Proust. Elle n'arrive à Paris qu'en 1913...) Mais il en relève un autre à lui tenu quarante ans plus tard par André Ruyters, personnage du drame, se vantant d'avoir opposé son veto à la publication par la *NRF* de cette œuvre « mal composée et mal écrite ». Et on a souvent cité, l'attribuant à André Gide, le mot dédaigneux de Schlumberger sur « ce livre plein de duchesses ».

Plus sérieusement, l'auteur de *Saint-Saturnin* ouvrit, sur ce thème, trente-huit ans plus tard, une polémique avec certains de ses amis en écrivant dans *Éveils*[5] : « Lorsqu'en 1913 *, Proust nous offrit *A la recherche du temps perdu,* nous dûmes écarter, sans même les ouvrir, les blocs de ses manuscrits, la publication d'un ouvrage qui s'annonçait en huit ou dix tomes ** risquant d'écraser notre naissante maison... »

A quoi André Gide riposta, le 13 mai 1950, peu avant sa mort : « Ta phrase sur Proust prête un peu à la rigolade, après la lumière, un peu accablante pour *nous* ***, qu'a jetée sur cette affaire la publication des lettres échangées avec Proust à cette occasion. Tu sembles chercher à escamoter notre responsabilité. La vérité est tellement plus savoureuse ! »

La vérité ? « Schlum » tient à la sienne, qui nous paraît bien être la bonne, et n'est pas moins « savoureuse » ! Ce n'est pas à son ami André Gide, c'est au gendre de celui-ci, Jean Lambert, qu'il répondra quatre mois plus tard : « ... Je soutiens que *personne* ****, ni Gide, ni Gaston, ni Copeau, ni moi n'avait lu le manuscrit. Tout au plus y avait-on piqué, çà et là, quelques paragraphes dont l'écriture avait paru décourageante. On a refusé l'ouvrage pour son énormité et pour la réputation de snob qu'avait Proust [...]. Il aurait beaucoup mieux valu avouer qu'on n'avait pas lu le livre que de s'accuser de n'en avoir pas su discerner la beauté [...] [Ainsi] je lave [Gide] de ce qu'on a présenté comme un manque de sens critique[6]... »

Un détail mineur, dans cette version de l'affaire qui est la plus plausible, grince. L'honnête Jean Schlumberger écrit tour à tour que les

* Léger défaut de mémoire : nous savons que c'est en novembre 1912.
** Chiffre gonflé, s'agissant du plan de 1912.
*** Souligné par lui.
**** Souligné par lui.

messieurs de la rue Madame n'ont pas « ouvert » les « blocs » du manuscrit, et qu'ils y ont « piqué çà et là quelques paragraphes ». Ce qui conduit à cette hypothèse : que Gide et ses amis ont statué dans « l'affaire Proust », non sur le « corps du délit », mais à partir de la correspondance échangée quelques semaines plus tôt entre l'auteur des *Plaisirs et les Jours* et Gaston Gallimard, dont on a lu plus haut quelques extraits — et qui avaient bien des raisons d'éveiller la méfiance des uns, l'inquiétude des autres : comparé au ludion chlorotique qui s'exprimait dans ces cinq messages, André Gide faisait figure de grand garçon tout simple ! D'autant que le style de l'épistolier ne vaut pas — ici — celui du romancier ! « Écriture décourageante », écrit Schlumberger : s'agissant du livre, c'est une piètre calomnie. S'agissant des lettres, tout juste une médisance...

Gide a fait valoir qu'il avait condamné l'auteur de la *Recherche* pour avoir parlé des « vertèbres du front » de la tante Léonie : exemple des « incongruités » jugées « décourageantes » par les messieurs de la *NRF*. Mais une « proustienne » fervente, Nadine Colombel, soutenait naguère dans la revue *Poésie* (n° 62) qu'au vu de l'une des dactylographies (fort imparfaites) de la *Recherche,* Proust, parlant des mèches de la vieille tante, n'avait pas écrit « vertèbres », mais « véritables » (« écartant les véritables (mèches) du front, etc. »).

De quoi mettre en émoi l'univers des « proustiens », notamment deux universitaires réputés, MM. Luzius Keller et Roger Duchêne *, qui ont maintenu, dans une communication au *Monde* que « vertèbres » était bien lisible dans plusieurs copies ou corrections de la main de Proust.

Ce savoureux débat ne concerne que marginalement notre propos, tant il est vraisemblable que Gide n'a levé ce lièvre (ces « vertèbres ») qu'après coup, lors de la lecture du livre publié chez Grasset en 1913, pour justifier (?) sa négligence ou ses réserves. Décidément, c'est bien Schlumberger qui semble dire le vrai...

Ajoutons encore ceci : les quelques allusions faites dans la correspondance Proust-Gallimard à « M. de Fleurus (ou de Gurcy), pédéraste viril » étaient de nature à indisposer aussi bien les « vertueux » du type Marcel Drouin, qui avaient des raisons de ne pas souhaiter voir la *NRF* se spécialiser dans l'étude des diverses branches de l'uranisme, que les « pratiquants » comme Gide et Ghéon : ce Fleurus, ou Gurcy, n'allait-il pas servir de Guignol, n'allait-il pas les vouer à la risée générale, sinon accroître la vindicte des pères de famille ? Quel procès ouvrait donc là ce Marcel Proust, avec ces variations sur la « virilité » de tel ou tel pédéraste — qui supposait la féminité des autres ? Allait-on voir surgir sur scène le Diafoirus, le Tartuffe, le Matamore de l'homosexualité ?

* Auteur d'une biographie de Proust à paraître prochainement.

Bref, on renvoya les « blocs » sans pouvoir vérifier les dires de l'auteur — son « indécence », le mauvais état de la dactylographie, les innombrables corrections (provisoires), les indéchiffrables « béquets », les mystères d'une composition si savante que les raisons d'agir de tel personnage de *Swann* n'apparaîtraient que mille pages plus loin...

Le 16 décembre 1912, pourtant, le reclus du boulevard Haussmann espérait toujours que « *les NRF* » allaient l'accueillir : remerciant Gaston Gallimard « d'avoir eu la bonté de le lire » (pensait-il seulement à sa correspondance ?), il lui confiait, sur un ton presque « canaille », qu'il avait pris soin de « chloroformer un peu la situation » du côté de Fasquelle (toute « délicatesse » mise à part...), non sans s'y réserver une porte de sortie au cas où on ne voudrait pas de lui rue Madame !

On imagine son désarroi, sa douleur, quand il reçut coup sur coup, le 25 puis le 26 décembre 1912, les lettres de refus de Gallimard et de Fasquelle, ces deux « charmants » partenaires associés dans le rejet du chef-d'œuvre de la littérature contemporaine. Point n'était besoin d'être torturé par l'asthme pour se voir, ici, atterré.

*

Permettra-t-on à un dévot, un membre du tiers ordre de la *NRF,* d'alléguer quelques arguments minimes en défense des « pères fondateurs » et de leurs deux recrues d'élite — Gaston Gallimard et Jacques Rivière ? Il convient de rappeler que ce piteux mois de décembre 1912 fut celui du mariage du premier (le 17), et que ce n'est pas là une circonstance très favorable au déploiement de l'énergie d'un éditeur en faveur d'un livre et d'un ami. On peut se demander si la lettre de refus signée Gallimard fut ou non rédigée pendant son voyage de noces dans le Valais, à Montana, d'où il écrit à Jacques Rivière qu'il ne s'« entend pas avec la Suisse », qu'il se sent « un fil à la patte » (s'agit-il de son épouse, déjà ?) et qu'il « écrit des lettres d'excuse à Claudel » — mais il n'en est pas question pour Marcel Proust !

Si l'on a qualifié d'« inexplicable » le silence de Jacques Rivière en cette occurrence, on peut, tout de même, hasarder quelques débuts d'« explication ». C'est au cours de ce mois de décembre 1912 que, travaillant avec frénésie, sous la pression de ses amis, à achever son essai *De la foi,* il s'acharne sans joie sur un projet de roman que Gide essaie de lui arracher et qui deviendra, laissé en marge de la *NRF,* l'*Histoire de Noë Sarambuca* *; il se lance aussi dans le grand article sur le « roman d'aventure » — non sans constater que le cher Copeau se concentre de plus en plus sur son projet de création du théâtre du Vieux-Colombier

* Voir troisième partie, chapitre XX.

(pour lequel les messieurs de la *NRF* demanderont son obole à Marcel Proust !).

Tout cela détourne évidemment les augures de la rue Madame de Swann, d'Odette et de Mme Verdurin — ces noms qui n'ont pas encore eu accès à leur mémoire. Des tiroirs de la rue Madame, le paquet de *Jean Barois* de Roger Martin du Gard, émerge alors en meilleure place que celui de *Du côté de chez Swann*. Les circonstances...

C'est du fait d'un ami commun aux deux hommes, René Blum, frère de Léon, que la « dactylographie » rejetée par les deux éditeurs rivaux aboutit sur le bureau de leur concurrent Bernard Grasset. Le lut-il, lui ? L'un des biographes de Proust, George Painter, assure que non, suggérant que la formule du « compte d'auteur » suffit à le séduire, lui : le futur éditeur de Mauriac et de Malraux allait donner d'autres preuves de sa perspicacité *. Quoi qu'il en soit, *Du côté de chez Swann* parut sous sa casaque en novembre 1913, recevant de la critique un accueil mitigé — très favorable de Jean Cocteau dans *Excelsior*, très sévère de Paul Souday dans *Le Temps* (mais assez important pour attirer l'attention sur l'ouvrage).

*

Alors commence la deuxième phase de « l'affaire Proust-Gallimard ». La première pourrait être intitulée « les yeux fermés ». La troisième, « la réparation ». Pour décrire celle-ci, il ne faut pas moins de plusieurs mots, « de la sottise à l'amende honorable ».

Sottise ? C'est bien le mot qui résume l'article consacré par la *NRF*, en janvier 1914, à *Du côté de chez Swann*, enfin tiré du néant : mais à quel prix ! Henri Ghéon s'était chargé de formuler le jugement de la communauté gidienne sur l'ouvrage qu'elle avait, un an plus tôt, négligé. Qui désigna Ghéon ? Gide à coup sûr, plutôt que Rivière qui alors se détachait de lui, et que Copeau, tout absorbé par son théâtre. Le docteur Vangeon n'était pas aussi rigide que Drouin ou Schlumberger à l'encontre du « monde ». Et pour ce qui était des mœurs...

Gide avait de l'estime pour la finesse et l'ouverture du goût esthétique de son vieil ami — lui pardonnant les dérapages les plus surprenants : c'est Ghéon qui, non content de publier dans la *NRF* des vers de mirliton sur le drapeau, avait cru bon de saluer « Paul Déroulède, poète ! ». Sous son regard, Marcel Proust allait être moins heureux que le citoyen Rantan-plan... On n'aura pas la cruauté de tout citer. Quelques extraits suffiront :

* Biographe de Grasset, Jean Bothorel (*Bernard Grasset, vie et passions d'un éditeur*, Paris, 1989) cite une lettre où l'éditeur se dit incapable de pousser très avant la lecture de Proust, tant celui-ci exprime ses propres angoisses...

> Du côté de chez Swann (A la recherche du temps perdu), par Marcel Proust (Grasset, 3 F 50) *.
> Voilà une œuvre de loisir, dans la plus pleine acception du terme. Je n'en tire pas argument contre elle. Sans doute le loisir est-il la condition essentielle de l'œuvre d'art ? Il peut aussi la rendre vaine. – Toute la question est de savoir, si l'excès de loisir n'a pas conduit l'auteur à passer ici la mesure. [...] M. Marcel Proust a devant lui tout le temps qu'il faut pour mûrir, combiner, réussir un ouvrage considérable. Tout le temps est à lui : il en profite à sa façon. Il le considère d'avance comme du temps perdu **. Il ne saurait donc le mieux employer qu'à rassembler les souvenirs, encore vivants en lui, d'un temps déjà perdu aussi ! il nous l'avoue, et d'enregistrer une faillite dont il n'aura garde de se vanter, mais dont il tient loyalement à nous rendre compte [...] ce qui le conduit à faire ce qui est proprement le contraire de l'œuvre d'art, c'est-à-dire l'inventaire de ses sensations, le recensement de ses connaissances et à dresser le tableau successif, jamais « d'ensemble », jamais entier, de la mobilité des paysages et des âmes. – M. Marcel Proust au lieu de se résumer, de se contracter, s'abandonne...

Ayant ainsi défini le roman de Marcel Proust comme le nonchalant herbier mondain d'un oisif avide de tuer le temps, Henri Ghéon semble, à mi-parcours, se raviser. Et la fin de son article ne distille plus la sottise et le contresens, mais une perplexité où perce une interrogation peut-être admirative :

> ... ce livre n'est pas de ceux qu'on juge du point de vue de l'œuvre d'art, sur l'harmonie de l'ensemble ou la beauté de l'épisode et de la phrase [...]. Nous ne l'avons pas pris comme il fallait. Il ne convenait pas de mettre si peu de temps à le lire. Son livre est « temps perdu » : il se lit page à page, à temps perdu, comme on lit les *Essais*. Avec tous ses défauts, il nous apporte un vrai trésor de documents sur l'hypersensibilité moderne : pour esthète qu'il soit, [Marcel Proust] n'est pas un esthète de l'espèce commune et ce qu'il nous donne aujourd'hui personne ne nous l'avait donné, ni la pénombre d'une chambre d'enfant précoce, ni les propos de ces étonnants Verdurin, qui sont les deux réussites extrêmes du livre [7].

On s'est interrogé sur la rupture de ton entre les deux parties de la note de Ghéon – sur cette soudaine et écrasante référence aux *Essais,* sur le « nous ne l'avons pas pris comme il fallait » qui suppose une intervention, une mise en garde que certains attribuent à Gide (alerté lui-même par Cocteau) après une lecture de la première rédaction de l'article dont l'auteur de *La Porte étroite* aurait senti la pénible insanité.

Ce type de faux pas, quel critique n'en a commis, fût-il Sainte-Beuve ? (Surtout Sainte-Beuve, aurait dit Proust...) Ce type de contresens, quel

* Proust avait imposé son prix, très bas.
** On peut difficilement aller plus loin dans le contresens...

esthéticien en fut toujours exempt ? L'ennui, ici, est qu'il vise Marcel Proust, et dans cette *NRF* qu'à l'instar de Mauriac nous avons accoutumé de tenir pour la « rose des vents » de la littérature contemporaine. Autant on peut montrer de compréhension pour les « yeux fermés » de 1912, autant cette myopie de 1914 semble pitoyable.

D'autant qu'on ne peut en incriminer le seul Ghéon. De cette pauvre note, il prit peut-être l'initiative, avec sa fougue coutumière et son autorité d'« ancien ». Mais ces lignes furent publiées dans la revue dont Gide était le gourou, Copeau le directeur, Jacques Rivière le très actif secrétaire. Et ce texte passa, et il fut lu — notamment par Marcel Proust...

Il est peu de dire que l'auteur de *Swann* en fut blessé. Tellement qu'il ne put se retenir d'adresser à son censeur un plaidoyer mi-naïf, mi-retors, émouvant en tout cas, et très éclairant sur les intentions qui sont à l'origine de son immense ouvrage, sur les mobiles qui ont présidé à la mise en place de ce puzzle stupéfiant de préméditation et de minutie où le pauvre Ghéon n'avait su voir que « loisir », hasard et « abandon »...

De tous les griefs formulés à son encontre par le critique de la *NRF*, l'avait surtout atteint celui-ci : que l'on pût écrire que la *Recherche* était le fruit d'un loisir infini, la molle sécrétion d'une nonchalance, l'herbier informe où un oisif avide de s'occuper rangeait en bâillant quelques traits de la singularité du monde... C'est avec une sorte de rage qu'il réagit, arguant que l'exercice d'une profession n'était pas le seul obstacle à l'usage de la liberté de création, que la maladie pouvait être un empêchement plus impérieux encore à la création. Celle dont il souffrait, faisait-il valoir avec emportement, ne lui laissait que bien peu de temps pour le travail littéraire, « quelques heures [...] par mois, il serait plus exact de dire par an... » *.

Ridicule débat que celui qu'avait ouvert Ghéon et qui conduisait Proust à ce décompte absurde : qui s'est demandé de combien d'heures de loisir disposaient Stendhal au consulat de Civita Vecchia, Tolstoï en son domaine — et Henri Ghéon, que chacun savait peu harcelé par la clientèle du docteur Vangeon...

Plus sérieusement, l'auteur de la *Recherche,* poursuivant son plaidoyer, soutient que, dans le domaine de la pensée, son livre représente l'effort « que fait le géomètre qui passerait de la géométrie plane à la géométrie dans l'espace », une tentative de « philosophie dans le temps ». Bien sûr, il ne s'agissait pas de raconter l'histoire de Swann, mais d'inventer personnages et situation dans un but de « signification ». Nul livre n'était plus construit, plus composé, plus travaillé que la *Recherche* **.

* Il y a, comme des figures, des chiffres de rhétorique...

** La référence à Flaubert n'est qu'implicite. Mais ce n'est pas par hasard qu'il avait cité *L'Éducation sentimentale* dans sa principale lettre à Gallimard.

Parti sur ce ton, situé à cette altitude, Marcel Proust devait-il alléguer le jugement d'un écrivain tiers, en tant que témoin à décharge ? Il le fit, choisissant le contemporain qu'il disait admirer entre tous : Francis Jammes, notoirement en odeur de sainteté rue Madame, et qui l'avait, tenait-il à rappeler, comparé à Homère et à Shakespeare...

Vanité ? L'auteur de *Swann* choisit de conclure sa riposte en ironisant sur son ouvrage autant que sur son critique. Pourquoi les flèches de Ghéon avaient-elles épargné, de toute son œuvre, les Verdurin, qu'il tenait, lui, pour « absolument manqués » — et fait si peu de cas de la soirée chez Mme de Sainte-Euverte, ses pages les plus réussies ? Et coupant court, avec une sécheresse d'escrimeur du Grand Siècle : « Mais vous avez raison, tout le livre est bien mauvais... » Quel paraphe ! A la fin de l'envoi, je touche...

Henri Ghéon, ainsi convaincu d'insuffisance intellectuelle et de myopie critique, ne pouvait manquer de répondre. De cette lettre, qui a disparu, Proust se déclara ironiquement consolé : comment, persifla-t-il — qui ne l'aurait fait ? — n'avait-il pas deviné l'éloge sous l'outrage ? Méritait-il vraiment les louanges impliquées dans le dernier paragraphe de la note, ce que cette volte-face — sur laquelle il se gardait de s'interroger... — avait pour lui de flatteur ? Une ironie de haute époque...

André Gide la ressentit assez vivement pour entrer en lice, dans un de ces élans de sincérité confessante qui, en dépit de tout, nous le rendent si cher — héritier du dubitatif Montaigne, de l'effervescent Rousseau, honnête et repentant, et même un peu enclin à une autoflagellation que lui reprochera, en l'occurrence, le plus sobre Schlumberger... Le *mea culpa* de l'auteur de *La Porte étroite,* s'adressant à celui de la *Recherche* serait à donner en exemple aux deux corporations des écrivains et des éditeurs, si une ruse inutile ne s'y tapissait, ô Ménalque...

« Depuis quelques jours, *Du côté de chez Swann* ne me quitte plus [...]. Je m'en sursature avec délices, je m'y vautre... » Et de s'accuser, seul parmi tous, du déplorable refus opposé à la publication du livre en décembre 1912. Pourquoi cette impardonnable bévue ? Parce qu'il prenait l'auteur pour un « mondain » et avait mal compris son offre de prendre en charge les frais d'édition — ce qu'il avait pourtant fait lui-même vingt ans plus tôt, mais à une époque où n'existait pas une maison d'édition telle que le « Comptoir » de la NRF.

C'est à ce point de la lettre que Gide commet un de ces mensonges enfantins qu'on trouve parfois dans les *Confessions* : il avoue s'être borné à feuilleter d'« une main distraite [...] un seul des cahiers » et avoir été arrêté par des maladresses ou incongruités... (Nous avons pris sur ce point, on le sait, le parti de Jean Schlumberger — la thèse de la négligence par prévention...)

Bref, compte tenu de cette entorse à la vraisemblance, l'« exquis » M. Gide déploie, à l'endroit du « charmant » M. Proust, tous les trésors de sa palette, et, de touche en touche, lui propose le modèle absolu de l'« amende honorable », telle que Bergotte eût pu s'en acquitter...

S'il reconnaît n'avoir pas achevé la lecture de *Swann* — un peu lent, le cher Gide ? mais il est si occupé par la sortie des *Caves du Vatican* dans la *NRF* — il veut dès ce moment proclamer à l'auteur son « admiration », son « affection » et même (on sait qu'il pèse les mots, dans leur signification et leur structure, au trébuchet) sa « prédilection » (l'écrirait-il en deux mots ?). Il va plus loin, avouant que « le refus de ce livre restera la plus grave erreur de la *NRF* et (car j'ai honte d'en être beaucoup responsable) l'un des regrets, des remords les plus cuisants de ma vie[8] ».

Saurait-on demander pardon ou faire des excuses de meilleure grâce ? A moins de promettre à l'offensé que soit publiée dans la *NRF* une note rectificative du gourou lui-même — où la collectivité eût battu globalement sa coulpe et Ghéon convenu solennellement qu'il était un sot ?

Si vive qu'ait été la douleur que lui avaient infligée treize mois plus tôt les cénobites de la rue Madame en repoussant son ouvrage, Marcel Proust la dit, pour le coup, apaisée. La réponse qu'il adresse à son « cher Gide », le 18 janvier 1914, irradie d'une joie juvénile. A-t-il écrit jamais avec une autre ambition que d'être publié par ceux de la *NRF*, dans l'« atmosphère noble » qu'ils avaient créée ? A-t-il déployé tant d'efforts — lettres, appels téléphoniques, démarches demandées à ses amis — à d'autres fins que d'être lu par André Gide ? Et pour que le comble fût mis à la courtoisie et aux manifestations d'estime (égalitaire !), l'auteur de *La Recherche* répliquait à son correspondant plongé dans les « délices » de *Swann* que lui-même attendait avec une impatience inconnue jusqu'alors le numéro de la *NRF* où devait paraître la suite des *Caves du Vatican*[9]...

Tout est bien ainsi ? Mais non, certes non ! Comment la *NRF* eût-elle pu s'en tenir à quelques échanges confidentiels relatifs à deux impairs que l'on n'ose qualifier de « déshonorants », mais pour le moins « déconsidérants » ? Comment n'aurait-elle pas tout fait , non seulement pour panser l'amour-propre de l'écrivain bafoué, mais préserver sa propre réputation, sa participation majeure à l'éclosion de l'art vivant ? Il y allait de ce qu'on doit pompeusement appeler sa « mission » — celle en tout cas que s'étaient assignée les six conjurés de 1909, et Gallimard, et Rivière : faute de publier sous une forme ou une autre le chef-d'œuvre de la littérature romanesque contemporaine, le cénacle gidien resterait à jamais amputé d'une part de ses ambitions.

*

C'est ici que, pour le « troisième acte », entre en scène Jacques Rivière, qui se fera, pendant plus de dix ans, jusqu'à sa mort, l'instrument du « rachat », le maître d'œuvre d'une « réparation » si complète, si minutieuse, si « dévotieuse », qu'elle aboutit à la symbiose parfaite entre le grand négligé de 1912 et la revue dont il est devenu, avec Gide, la référence suprême. Si bien que sa disparition, dix ans plus tard, donnera lieu, ordonné par Rivière, à l'hommage le plus solennel et le plus magnifique que l'esprit d'une revue ou d'une école littéraire se soit jamais offert à lui-même... Un mausolée-réparation, autoréparateur.

C'est au cours des premiers jours de janvier 1914 que Jacques Rivière lut enfin, dévora *Du côté de chez Swann* — au moment même où « sa » revue publiait l'article de Ghéon. Nous ne connaissons pas les réactions immédiates que suscitèrent en lui ces deux lectures simultanées, éblouissement ici, et là, on l'imagine, indignation. Nous ne savons pas non plus comment il reçut les éloges de Jean Schlumberger — dont nous savons qu'il ne se rallia jamais tout à fait à Proust — à propos du numéro de janvier et du travail de Rivière : « Son secrétaire est encore ce que nous devons de plus positif à la *NRF* », alors que ledit secrétaire vient de laisser commettre la plus terrible bévue de l'histoire de la revue...

A l'origine de la merveilleuse histoire d'amitié entre Marcel Proust et Jacques Rivière, où l'on est tenté de voir une sorte de modèle absolu de rapports entre le grand créateur et le grand critique (le mot de « lecteur » serait peut-être mieux approprié), il nous manque une pièce capitale, un chaînon essentiel, la première explosion d'enthousiasme * : la lettre qu'écrivit le second au premier, au lendemain de sa lecture de *Swann*. Car cet échange de lettres de 1914 à 1922, où le préfacier Philippe Kolb a vu l'une des plus belles correspondances de l'histoire des lettres, s'ouvre par une réponse : les remerciements émus que le romancier adresse à l'essayiste qui a su si bien « deviner » la nature de son projet.

Ce qu'est devenue la lettre écrite par Jacques à l'auteur de la *Recherche* entre le 10 janvier et le début de février 1914, nous ne le savons pas. Pour si assuré de sa gloire qu'il fût, Proust ne classait pas sa correspondance comme tant de ses pairs. Le fait est que l'éloge inspiré par *Swann* au secrétaire de la *NRF,* si fervent qu'il provoque l'émouvante réponse de Proust, nous ne pouvons que le conjecturer. Notre chance est qu'il se lit presque comme dans un miroir à travers le texte du romancier qui — Dieu soit loué — sait ne pas retourner l'hommage sans faire écho aux arguments de son correspondant...

Cette lettre magnifique, qui est comme un traité d'alliance entre le découvert et le découvreur, comme le salut de Kubilaï Khan à Marco Polo, il faut en citer de larges extraits — d'abord parce qu'elle révèle le cas que Marcel Proust faisait de la *NRF,* ensuite parce que s'y manifeste une extraordinaire convergence entre un écrivain et son « témoin »...

* Que, très curieusement, Rivière ne communique pas même au cher Alain-Fournier.

7 février 1914 *
102 boulvd Hausmann *[sic]*
Monsieur,
Enfin je trouve un lecteur qui devine que mon livre est un ouvrage dogmatique et une construction ! Et quel bonheur pour moi que ce lecteur, ce soit vous. Car les sentiments que vous voulez bien m'exprimer, je les ai souvent ressentis en vous lisant ; de sorte que chacun de notre côté nous avons fait les premiers pas l'un vers l'autre et posé les jalons d'une amitié spirituelle. Vous ne trouvez pas mon livre sans défauts, je n'aime pas vos articles sans réserves. Mais cela n'empêche pas d'aimer : quoique vous ayez dit de Stendhal, dans une parenthèse indignée, absurde et charmante : « Il juge ses amis ! » J'ai trouvé plus probe et plus délicat comme artiste de ne pas laisser voir, de ne pas annoncer que c'était justement à la recherche de la Vérité que je partais, ni en quoi elle consistait pour moi. Je déteste tellement les ouvrages idéologiques où le récit n'est tout le temps qu'une faillite des intentions de l'auteur que j'ai préféré ne rien dire. Ce n'est qu'à la fin du livre, et une fois les leçons de la vie comprises, que ma pensée se dévoilera. Celle que j'exprime à la fin du 1er volume, dans cette parenthèse sur le Bois de Boulogne que j'ai dressée là comme un simple paravent pour finir et clôturer un livre qui ne pouvait pas pour des raisons matérielles excéder 500 pages, est *le contraire* de ma conclusion. Elle est une étape, d'apparence subjective et dilettante, vers la plus objective et croyante des conclusions. Si on en induisait que ma pensée est un scepticisme désenchanté, ce serait absolument comme si un spectateur ayant vu, à la fin du 1er acte de *Parsifal,* ce personnage ne rien comprendre à la cérémonie et être chassé par Gurnemantz, supposait que Wagner a voulu dire que la simplicité du cœur ne conduit à rien **. Dans ce 1er volume vous avez vu le plaisir que me cause la sensation de la madeleine trempée dans le thé, je dis que je cesse de me sentir mortel etc. et que je ne comprends pas pourquoi. Je ne l'expliquerai qu'à la fin du 3e volume. Tout est ainsi construit.
[...]
[...] Si je n'avais pas de croyances intellectuelles, si je cherchais simplement à me souvenir et à faire double emploi par ces souvenirs avec les jours vécus, je ne prendrais pas, malade comme je suis, la peine d'écrire. Mais cette évolution d'une pensée, je n'ai pas voulu l'analyser abstraitement mais la recréer, la faire vivre. Je me suis donc forcé de peindre les erreurs, sans croire devoir dire que je les tiens pour des erreurs ; tant pis pour moi si le lecteur croit que je les tiens pour la vérité. Le second volume accentuera ce malentendu. J'espère que le dernier le dissipera. Il m'est bien doux de sentir que du moins il n'y en a pas eu entre vous et moi et je vous prie d'agréer, pour la bonté que vous avez eue de me le dire, ma très

* Date écrite à la main par Rivière.

** Signal de connivence : Rivière vient de publier une étude sur *Parsifal* qui a passionné Proust.

profonde (et j'espère que vous me permettrez un jour d'ajouter très affectueuse) reconnaissance.

Marcel Proust[10].

Ce « credo » esthétique — purement esthétique, c'est vrai, mais si hardiment tissé de mots liés à des croyances religieuses — Marcel Proust l'aurait-il formulé ainsi, s'adressant à un autre qu'à l'auteur de *La Foi,* dont il salue si chaleureusement l'œuvre naissante ? Auguste Anglès[11] a relevé la convergence qui se manifeste ici entre les deux pensées. Parler de « recherche de la Vérité » (avec une majuscule...), aboutir à la plus « croyante » des conclusions, n'est-ce pas, de la part du poète agnostique, cheminer vers l'essayiste chrétien ? Et sur un autre plan, quand Proust évoque le caractère aventureux de son entreprise ballottée entre « erreurs » et « malentendus », ne suggère-t-il pas un complément à l'essai de Jacques Rivière sur le « roman d'aventure » psychologique ?

En tout cas, nous avons vu se nouer là une amitié fulgurante, exprimée d'emblée et située d'entrée de jeu par l'aîné au plan le plus élevé, et dans la tonalité la plus chaude. Une première lettre qui s'achève par l'expression d'une « affectueuse reconnaissance », voilà qui promet ! Les promesses seront tenues, et au-delà.

*

De qui vint l'idée de faire d'une pierre deux coups, de ramener Proust chez Gallimard en (re-)publiant *A la recherche du temps perdu* ? On est tenté bien sûr de parler de Rivière. Et il n'est pas douteux que le diligent secrétaire, devenu d'emblée un proustien fanatique, examina l'idée au cours de ses divers entretiens du début de 1914 avec Gide et Copeau. Mais pour nous en tenir aux documents écrits, c'est à Gaston Gallimard que doit être attribuée l'initiative.

Le comité de rédaction de la *NRF* s'était réuni le 19 mars 1914 en présence de Gide — qui avait communiqué à ses amis la teneur de son « amende honorable » à Proust. Cette réunion devait, d'un commun accord, être consacrée à cette épineuse affaire. Comment reprendre la main ? La *NRF* ne pouvait pas rester sur cette défaite.

Quelle qu'ait été la diligence de Jacques Rivière, c'est très vraisemblablement Gallimard qui lança la discussion sur le thème de la reprise de l'œuvre à Grasset, au moins de la fin de l'œuvre. L'heureux concurrent a publié *Swann,* mais à compte d'auteur. Quel droit cela lui donne-t-il sur la suite ? Et Gallimard, destinataire des premiers messages de Proust, n'oublie pas que l'auteur lui a annoncé une longue suite de volumes : *Guermantes, Le Temps retrouvé...* Et de suggérer deux idées : d'abord, d'obtenir de publier dans la revue les parties de l'œuvre encore inédites ; ensuite de faire repasser, après épuisement de l'édition Grasset, *Du côté de chez Swann* sous la casaque blanche de la *NRF*. Et Gide, séduit par cette perspective (« est-ce possible ? »), assure qu'il fera tout pour y parvenir : Proust lui a écrit une si belle lettre ! Mais c'est Gallimard qui conduit l'opération.

Le 9 avril 1914, en effet, c'est après avoir reçu de Gaston l'avis qu'il a entre-temps renoué le dialogue avec Proust et lui a proposé une publication d'extraits de la suite de la *Recherche* dans la *NRF,* que Jacques Rivière écrit au directeur du « Comptoir d'édition », de Cenon où il passe quelques jours :

> Reçu ce matin votre télégramme au sujet de Proust *. Pas besoin de vous dire combien je marche pour cette publication. Faites tout ce que vous pourrez pour la décrocher. Croyez-moi : plus tard, ce sera un honneur d'avoir publié Proust.
> Je voudrais que vous me teniez très exactement au courant des vicissitudes de cette affaire ; je veux dire en ce qui concerne le prochain numéro ** [...] Dès que vous verrez que Proust est sûr et qu'on peut commencer la publication dans le numéro qui vient, avertissez-moi, au besoin par télégramme...

Et d'envisager de substituer à une nouvelle de Valery Larbaud, prévue pour mai, une quarantaine de pages de la *Recherche* II, si du moins, précise-t-il, Gide en est d'accord. On constate, en lisant ces lignes, qu'au sextuor de 1909 s'est progressivement substitué à la tête de la revue un trio formé de Gide, Gallimard et Rivière — Copeau étant absorbé par son théâtre, Ruyters et Drouin mis de leur propre chef à l'écart, et Ghéon (comme Schlumberger) trop en « porte-à-faux », dans l'« affaire Proust », pour intervenir...

Est-ce qu'on est ici en droit d'observer que, sous le regard du « converti » Gide, le tandem des « proustiens » Rivière-Gallimard s'active à merveille, bien que le premier soit jeté à cœur perdu dans sa liaison platonique avec la femme du second, et lui consacre le plus clair de son temps ? Vagabondages du cœur ? Interférences du goût ? On est frappé, en lisant les lettres de ces deux amis passionnés, de l'ardeur des protestations d'amitié que, de l'un à l'autre, ils se renvoient...

Toute cette affaire de la « récupération » de Proust, que Gaston et Jacques tiennent tous deux pour capitale, s'y dévouant avec une ferveur très naturelle chez le second, plus surprenante et admirable chez le premier, se déroule, d'avril à juillet 1914, parallèlement à l'« intrigue » que vivent les futurs protagonistes d'*Aimée*. Quelle atmosphère plus romanesque que celle où vivent ceux qui se battent alors pour le roman des romans ? Ne se prennent-ils pas alors pour des personnages de *Swann* ou de *Guermantes* ?

* Dont le texte n'a pas été retrouvé.

** Celui de mai, bien qu'il soit à peu près « bouclé ».

Le troisième acte de la pièce n'est qu'entamé par l'initiative Gallimard-Rivière, approuvée par Gide. Comment va réagir Marcel Proust, dont l'amende honorable formulée par l'auteur de *La Porte étroite* a pu guérir la blessure d'amour-propre, mais peut-être pas effacer toutes les rancunes, et encore moins délier les liens noués avec Bernard Grasset ? Nous le savons aussi vétilleux que généreux, aussi prompt à l'intrigue que sensible à l'amitié, et aussi conscient de sa grandeur qu'apte à l'autocritique. Évidemment touché par le revirement radical de Gide et par les nouvelles approches de Gallimard, il ne peut manquer de faire valoir que l'éditeur de *Swann* a quelque droit sur lui, et jouer de ces rapports avec la virtuosité d'Elstir devant sa toile...

Dès lors que la stratégie « proustienne » des gens de la rue Madame passe par la revue — et même si celle-ci ne doit être que l'antichambre de l'édition —, la parole et les initiatives vont à Rivière, en coordination étroite avec Gide et Gallimard. Gaston a écrit à Jacques en avril qu'il ne sera pas possible d'obtenir les textes de Proust pour le numéro de mai ; mais le secrétaire a déjà entamé des négociations avec l'écrivain qu'il place désormais au-dessus de tous. Négociations purement épistolaires, puisque la claustration où vit Marcel Proust — et la guerre — empêcheront Jacques Rivière de connaître le reclus avant 1919 !

Là encore, nous manque la lettre initiale. Nous devrons nous contenter (si l'on peut dire, mais le mot est bon !) de la réponse de Proust, qui date du début de mai 1914, et qui a, de nouveau, le mérite de faire écho au texte de Jacques :

> La seule publication (journal et revue) où je souhaite que des fragments de mon œuvre paraissent est la N^lle Revue F^çaise [...] Vous recevrez ces fragments avant le 10 mai. Mais je crois qu'il y a eu malentendu car vous semblez parler de publication dans la Revue de tout mon second volume. Or j'avais compris qu'il s'agissait simplement de quelques extraits et à cause de cela j'avais choisi en écartant les parties d'action et d'analyse, ce qui faisait plutôt « morceau » et pouvait être plus aisément détaché. Je crains que la publication de tout mon 2e volume (qui sera au moins aussi long que le premier, sinon plus) même en faisant des coupures, n'encombre terriblement votre Revue. Encore une fois ce n'est nullement pour réserver quelque chose au *Figaro,* ou à la *Revue de Paris*, etc. Je ne souhaite que la *NRF.* Mais n'est-ce pas terriblement long ?
> [...] Je vous donnerai ce que vous voudrez, ou les extraits que je vous disais et qui sont en somme le meilleur du volume, et qui selon ce que vous désirerez pourront s'étendre plus ou moins et passer tout entier dans le n^o de juin ou exiger juin et juillet. — Ou bien alors publier tout le volume en revue, ce qui personnellement ne me déplaît nullement...

Comment être plus obligeant, plus amical ? Mais Proust ne se contente pas d'ouvrir les bras. Il se met au travail, et procède lui-même à un découpage, ses nouveaux amis de la *NRF* ayant reconnu que la publication de la totalité du deuxième volume de la *Recherche* excédait les possibilités de la revue. Mais on voit grand. Au milieu de mai 1914, le romancier adresse à Jacques Rivière l'équivalent de 53 ou 54 pages de la *NRF* pour le numéro de juin, et annonce un envoi équivalent pour le numéro de juillet. « Et ce sera tout ! » souligne-t-il. Mais ce n'est pas là pour marchander ou valoriser ses envois, ni insister sur les difficultés de ce qu'il appelle le « dépeçage ». C'est pour rappeler à son amical interlocuteur que c'est lui qui, le premier, a mis l'accent sur le caractère « encombrant » d'une publication souhaitable, mais « impraticable » en sa totalité.

De l'extraordinaire travail de marqueterie, ou de puzzle, auquel se livreront les deux hommes en cette fin de printemps 1914, alors que tous deux sont en proie aux affres de la passion — inaccomplie pour Jacques Rivière, désastreuse pour Marcel Proust qui vient d'être abandonné par Agostinelli, parti pour la Côte d'Azur où il s'est inscrit dans un club d'aviation, sous le nom de Swann... —, nous connaissons le point de départ, extrait d'une lettre du romancier au secrétaire (datée par l'éditeur « du 9, 10 ou 11 mai 1914 ») :

> ... J'attacherais beaucoup d'importance à ce que vous puissiez dans le n° de juin aller jusqu'à la fin de ce que je vous envoie [...]. Si c'est trop long, je supprimerai plutôt un peu du milieu, de manière à finir tout de même dans la revue par les lignes qui terminent le morceau que je vous envoie *. J'ai choisi ces extraits dans le dernier tiers de mon second volume. Il est en effet plus différent du volume que vous connaissez. Le 2e volume débute par des chapitres encore sur *Swann,* sur Gilberte, sur Bergotte ; je crois que vos lecteurs trouveront ici un peu plus de nouveauté. Pour le n° de juillet je vous donnerai des pages sur Madame de Guermantes et sur la mort de ma grand-mère qui finiront assez bien ces extraits et sur lesquelles du reste s'achèvera le volume. Je vous remercie encore de tout mon cœur, la sympathie que vous me témoignez est un grand réconfort pour moi dans les heures cruelles que je traverse ** [12]...

Découpage, tricotage, ravaudage — s'ajoutant à « dépeçage » : du 10 mai au début de juillet 1914, les deux correspondants et déjà amis s'affairent à qui mieux mieux à échanger un peu moins de *Swann* pour un peu plus de *Guermantes*, des fragments de Gilberte contre des lambeaux de Mme Verdurin, une pincée de Villeparisis, quelques tableaux marins, l'entrée en jeu de Robert de Saint-Loup et de M. de Charlus...

A lire aujourd'hui le numéro de la *NRF* du 1er juin 1914, on est en droit

* Le portrait de Charlus à Balbec.

** Allusion sans détour à la fugue d'Agostinelli – qui se tuera le 30 mai, la veille de la publication de Proust dans la *NRF* !

de penser que la lucidité des deux partenaires n'a pas trop souffert de leurs émois amoureux. La grande réparation publique qu'appelaient les terribles impairs de décembre 1912 et de janvier 1914 est bien amorcée. Marcel Proust fait à la *NRF,* en juin 1914, une entrée digne de lui.

X

Griserie du sport : des machines et des hommes

On le voit surgir dès les premières lignes de la correspondance entre Rivière et Fournier. Si incongru qu'il paraisse dans l'univers créé par ces adolescents que nous avons vus, vers 1904, encore tout imbibés de symbolisme, de vasques, de palmes, d'extases et de larmes, voués jusqu'à la dévotion à toutes les Mélisande, les Violaine et les Clara d'Ellébeuse (en attendant Yvonne — les Yvonne), le sport, rugueux, pointu, tranchant, s'impose d'emblée comme une dimension essentielle de ces vies foisonnantes.

Qu'il s'agisse de l'exercice musculaire individuel ou collectif, pratiqué sous la forme de longues randonnées à bicyclette, de la pelote basque ou du rugby — ou bien de l'expansion foudroyante de ce qu'on appelle alors les « sports mécaniques »*, l'automobile qui passionne les foules, l'aviation qui les fait rêver, qu'il soit question d'effort, de dépassement corporel ou de mécanique inspirant les audaces et le risque, sur ces deux plans nous voyions Jacques Rivière et Henri Fournier faire du sport l'un de leur « point d'eau », un lieu de convocation permanent de leurs très longues adolescences.

Au temps où Barrès n'avait pas assez de sarcasmes pour le sport, école d'abrutissement intellectuel et de déséquilibre physique, fabrique d'abrutis et d'hypertrophiés, voici des « intellectuels » — pour recourir au vocabulaire barrésien —, des mangeurs de livres, des buveurs de notes et de couleurs, qui ne cessent de chercher dans la pratique personnelle ou le spectacle de la compétition un dépassement de soi et une inspiration.

Pourquoi cet engouement passionné pour « le plus haut, plus fort, plus vite » dont Pierre de Coubertin se fait alors le prédicateur — inconscient des fâcheux débordements à venir, comme l'est peut-être encore le « futuriste » Marinetti, chantre de l'effort sportif avant de l'être du fascisme ? Pourquoi cette exaltation qui met Jacques et Henri en contradiction avec la plupart de leurs maîtres — non seulement Barrès,

* N'oublions pas que le premier quotidien sportif du pays s'appelle *L'Auto*.

qui n'a bientôt plus d'importance, mais Claudel, que ce paganisme de centaures indispose, et Gide, que nous verrons aigri contre le culte de la vitesse et du « record ». (Il faudra la rencontre avec Péguy pour qu'un encouragement, il est vrai décisif, conforte cette passion, bientôt partagée par un Giraudoux, un Prévost, un Gallimard...)

Ne cherchons pas de « justification » dans quelque souci d'hygiène ou de salubrité, dans la nécessité de corriger telle malformation, telle carence ou infirmité — ou au contraire d'exploiter des pectoraux de Matamore. Jacques Rivière, dont la mère était morte de la tuberculose, était d'apparence plutôt frêle, trop élancé, légèrement voûté ; mais rien en lui de maladif, et jamais les services médicaux de l'armée ne mettront en doute ses aptitudes à surmonter les dures épreuves imposées alors aux recrues de l'infanterie, les marches de nuit de sept ou huit heures par exemple. Quant à Fournier, on a cité * une phrase de son ami vantant sa robustesse, son alacrité physique, son équilibre musculaire ; tous les deux ont des mensurations moyennes, et sont bien proportionnés, avec un peu plus de réserves physiques chez Henri, plus de fougue compensatoire chez Jacques.

Leur goût du sport sous ses formes les plus diverses (mais on ne les voit guère intéressés au monde du cheval), les deux amis semblent n'avoir jamais cherché à le justifier. Pas plus qu'ils ne trouvent de raisons à donner de leur passion pour d'autres activités mettant en jeu le génie du corps et des formes, la danse (quelle ardeur pour Nijinski !) ou la tauromachie, dont ils célèbrent à diverses reprises la saveur esthétique.

Dans cet engouement si souvent manifesté, en mots et en gestes, pour le sport — aussi pour l'effort qu'exigera de l'un et de l'autre le service militaire, l'exigence des manœuvres, le dépassement physique de soi jusqu'à l'extrême limite, dans la marche, la course collective — se manifeste leur modernité. A l'orée de ce siècle si avide d'exercices, de violence ordonnée ou non, de disciplines, voire de dressages physiques, de compétition jusqu'à la folie, voici bien des pionniers **.

En cela aussi est vécue, par eux, en eux, cette adolescence du siècle qui sera — contradictoirement ? — celui des frères Wright et de Nurmi, de Carpentier, des *ballillas* fascistes, des « faucons rouges », des *Sokols* tchèques, des Jeux olympiques de Berlin et des « pionniers » soviétiques, de la Coupe du monde de football, de Lindbergh et de Fangio, de Coppi et des All Blacks, pour le meilleur et pour le pire. En tricotant ainsi debussysme et olympisme, *Tête d'or* et « Bol d'or », Dostoïevski et la conquête de l'air, Blériot et Cézanne, Marcel Proust et Bugatti, nos personnages sont vraiment, en leur avant-guerre, parmi les précurseurs de ce siècle de gladiateurs.

* Voir plus haut, chapitre II.

** Compte tenu de Marinetti, déjà cité, et que flanque D'Annunzio.

*

A Cenon, au temps de l'affaire Dreyfus, sur l'allée en pente qui unit « Saint-Victor » au « Médocain », le petit Jacques organise des « courses d'auto » entre deux caisses à roulettes qui préfigurent les empoignades à 120 à l'heure des hommes casqués du Paris-Madrid de 1907, tandis qu'à peine en âge d'enfourcher un vélo, le fils de l'instituteur Fournier se jette en pédalant sur les chemins creux de Sologne.

Ce qu'ils appellent leur « bécane » devient un thème récurrent de ces vies entrelacées : pays de Meaulnes et pinède des Frontenac, ils sillonnent avec rage ces terres romanesques, par étapes de dizaines de kilomètres, n'oubliant pas de rêver devant le château de Loroy * ou du côté de La Brède, sur les terres de Montesquieu, mais avides aussi de rudes étapes et de « performances » à la limite de leur souffle.

En attendant les récits croisés de leurs longues marches sous l'uniforme garance et bleu, qu'ils jugeront tous les deux assez exaltantes pour échanger des textes, souvent très beaux — celui du soldat Rivière, au lendemain des manœuvres de 1906 [1], tout à fait digne de Péguy, suscitera l'admiration étonnée de son ami —, le cycliste de Gironde et le pédaleur du Berri font assaut de randonnées épiques, où la « bécane » fait moins figure de véhicule que de moyen d'expression d'une certaine exigence.

La complicité entre les deux adolescents n'est pas encore tout à fait établie que, dès la neuvième ligne de la première lettre (avril 1904) de Jacques à Henri cloîtré à l'infirmerie de Lakanal — on en est encore à « mon cher ami » —, le jeune homme de Bordeaux, avant même de raconter une de ces blagues de lycéens qui font florès dans les correspondances de ce type, parle pour le lendemain d'un match de tennis entre deux camarades qui « sera intéressant ». L'accent est mis d'emblée sur ce thème, avant celui des livres, ou des femmes.

Si le sport revient rarement ensuite dans le grand dialogue entre les deux garçons, c'est parce qu'ils se voient si souvent et sont à ce point associés en ce type d'activités que leurs échanges, débordants de littérature et de musique, ne s'y prêtent guère : ils peuvent débattre des mérites comparés de Laforgue et de Barrès ; mais que dire pour ou contre Blériot et Latham, qu'ils vénèrent à l'unisson ?

C'est dans les lettres aux vieilles demoiselles de Cenon, et à ses frères Pierre et Marc, que Jacques exprime le plus spontanément cet attachement passionné aux sports les plus divers, les expériences qu'il en fait, les joies qu'il en tire, les compagnons qu'il découvre en ces pratiques : c'est comme un contrepoint salubre, élémentaire, à la débauche esthétique

* Château proche de La Chapelle-d'Angillon où Fournier situe la fête chez les Galais. Isabelle signera l'une de ses nouvelles Anne Lauroy.

dans laquelle il s'est jeté, dévoreur de tout, ivre de lectures, d'images et d'harmonies, dessaoulé par l'espace, l'herbe et la vitesse.

Mieux qu'avec les vieilles tantes, aussi éberluées par les moteurs que par la dramaturgie de Claudel ou les extases gidiennes, c'est dans l'échange avec ses frères que Jacques entretient son ivresse mécanique. Avec Pierre surtout, qui sera ingénieur, et reporter de l'automobile, avant de finir directeur des usines Voisin, firme qui a dominé l'aviation et l'automobile françaises au début du siècle.

La passion des trois fils du professeur Rivière pour les « bolides », les machines volantes et leurs pilotes, les performances des uns et les exploits des autres, la minutie avec laquelle Jacques informe ses cadets restés à Bordeaux des nouveaux modèles parisiens, chez Panhard et Levassor, chez Chenard et Walker ou chez Delahaye, ont quelque chose de touchant — s'agissant d'un amoureux de *Paludes* et d'Henri de Régnier.

Ainsi, quelques années auparavant, entre la rédaction d'un arrêt pour le Conseil d'État et un chapitre de son *Stendhal,* Léon Blum passait-il des heures à sillonner l'Ile-de-France à vélo aux côté de Lucien Herr et de Tristan Bernard avant de consacrer ses soirées à la rédaction de sa chronique sportive de *La Revue blanche.*

On est souvent tenté de répartir des amateurs de sports en « actifs » et « assis » — les uns trottinant le long des allées du Bois, les autres dévorant *Le Miroir des sports*. L'expérience montre que cette dichotomie est fort artificielle — notamment à propos de nos Jacques et Henri, aussi ardents aux efforts personnels et collectifs qu'à la contemplation des champions de diverses disciplines, et n'ayant de cesse qu'ils n'aient pris le relais de l'un ou l'autre à bord d'une torpédo, un peu plus tard d'un biplan, ou sur un terrain de football-rugby.

A quel point le sport, sous ses deux espèces, ose-t-on dire, est lié à leurs biographies, on le vérifie en constatant que le nom d'Henri Fournier paraît pour la première fois dans les lettres aux tantes en tant que celui d'un « ami », le 30 juin 1904, à l'occasion du récit d'une partie de pelote basque au fronton de Neuilly, et que celui d'Isabelle (discrètement présentée comme « la sœur de Fournier ») surgit trois ans plus tard, dans le même cadre où s'est déroulé un match si passionnant que « nous nous sommes presque battus », écrit Jacques, entre partisans des « rouges » d'Hirigoyen et des « bleus » d'Americano « qui est excellent ».

Moins fascinant pourtant que les pilotes du Grand Prix automobile de Dieppe de juillet 1908 que Jacques ni Henri n'ont pas voulu manquer, et que le premier relate ainsi aux vieilles demoiselles du Bordelais dont on imagine, le lisant, l'émoi, sinon l'effroi :

> Nous avons attendu deux heures. Vers 5 heures et demie, le *pilote* a passé marchant à peine à 90 à l'heure. A 6 heures 26, un petit point noir a surgi au bout de la ligne droite. Pendant un moment, il a semblé ne

> pas trop bouger. Puis tout d'un coup, on a senti qu'il s'approchait à une allure terrible. Ça faisait comme un petit serpent sur la route. Ça se tortillait, et puis ça s'est précipité sur nous, empoignant le virage à 130 et nous flanquant une volée de cailloux dans les jambes. C'était la Mercedes de Willy Pogge, le n° 2.
> Alors, ça a commencé de passer en masse. Derrière il y avait Lisz, sur Renault, poursuivant une Austin, qu'il a dépassée devant nous d'un coup de rein formidable. Puis Lancia, Duray, Hémery, Théry. Nous sentions les jambes qui nous tremblaient. Je vous assure que c'était terrible. Nous sommes restés là pendant sept heures crispés contre la barrière sans avoir l'idée de boire ni de manger. Nous notions tous les passages sur deux feuilles, de façon que nous avons pu deviner exactement quels étaient les quatre premiers. Et ça n'est pas si facile que ça en a l'air, puisque Pierre lui-même s'était trompé sur le premier [...]. Malheureusement la poussière du goudron nous a perdu les yeux, au point que vers une heure je ne me tenais plus, tant j'avais mal.

Rendant compte de la même épreuve à l'adresse de ses frères, le lendemain, Jacques Rivière est plus précis, plus « technique ». Dirait-on pas le critique de *La Grande Revue* distinguant les mérites comparés de deux impressionnistes, ou de Marivaux et de Beaumarchais, de Sarah Bernhardt et de Julie Bartet ?

> Je ne crois pas que les Mercedes doivent leur succès au hasard. Il fallait les voir passer. Elles étaient d'une régularité, d'une finesse, d'une assurance admirables [...] Je n'oublierai jamais le passage de Willy Pogge au premier tour. Il a empoigné le virage comme quelqu'un qui sait son affaire. Quant à Salzer et Lautenschlager, je te jure que ça valait la peine de les voir. Voici les conducteurs qui m'ont fait le plus d'impression : Bablot, superbe de tranquillité ; Théry, qui s'est rendu sympathique, bien que je fusse prévenu un peu contre lui ; Nazzaro, délicieux de souplesse ; Wagner, qui a fait évidemment les plus beaux virages, certainement à 130, mais qui est un peu brute quand même. Rigal, Gabriel, Minoïa, Cissac, Heath, Henri Fournier *, Cagno, Pierson, Garcet, Courtade et d'autres moins connus ont été épatants. Le plus moche était ce loufoque de Strang sur sa Thomas. Il nous a fait des frousses terribles. Il se jetait sur nous...

Que de passion ! En est-il conscient, ce Jacques amoureux des bolides, au point de voir ces bonshommes, derrière leurs grosses lunettes, « sympathique » l'un, et l'autre « délicieux » ? Mais oui : il contrôle, il rationalise, il analyse cette ferveur, comme les autres, à l'adresse d'Henri :

> Vraiment il y a des moments où cela me rend fou, où je rage de voir que tant de gens intéressants méprisent cela. – Si tu savais ce que c'est.

* Simple homonyme.

> Être au volant, c'est comme gouverner. Et l'on a la sensation plus nette, parce que plus physique, de la domination. Et puis cette façon de brutaliser la nature. – As-tu songé à ce qu'avait dû être mardi dernier le duel de Duray et de Lancia, qui ont marché pendant trente kilomètres la roue dans la roue à une allure de 160 à 180 à l'heure, et le moment où Duray, au péril de sa vie, a dépassé l'autre dans un virage qu'il a pris en dehors. – Cela fouette un peu notre héroïsme, qui s'endormait. Cela est grand. Il faut un courage admirable pour tenter cela. Songe qu'avant la course on assure tous les chauffeurs contre la mort. – Et puis cela ne permet guère les primes des courses de taureaux – (qui pourtant sont de belles choses).
> Cependant, il y a des moments où je m'inquiète un peu de l'importance que ça prend pour moi[2].

Cette passion si raisonnée, sinon raisonnable, c'est au cœur même de la citadelle qu'il va falloir la défendre. Dans son « Journal sans date » de la *NRF,* en 1910, André Gide évoquant un voyage à Marseille en auto, et les épreuves physiques — chaleur, vent, pluie, faim — qui l'accompagnent, et dont il convient qu'elles donnent plus de prix au plaisir éprouvé, ajoute cette notation d'une curieuse aigreur : « Les jeunes gens que j'ai connus les plus fanatiques d'automobile étaient aussi les moins curieux de voyages [...]. Le plaisir n'est plus ici de voyager [...] mais bien plus d'aller vite... »

Pas de riposte de Rivière – mais lettre fort agacée d'Alain-Fournier à son beau-frère, qui ne put manquer de l'approuver :

> Je trouve le dernier « Journal sans date » de Gide faiblard. Ses « observations », quelconques. Sa théorie sur l'automobile, à moitié vraie, à moitié fausse. Justement lorsque l'auto ou l'aéroplane se réajustent à la mesure humaine, c'est là qu'ils sont beaux et qu'on sent leur « humanité ». L'auto qui s'arrête dans un village, arrivant de cent lieues. L'aéroplane, au soir, qui s'abat dans un champ, pour emmener un paysan *. Certes, il y aura un lyrisme de tout cela. Mais ce ne sera pas le lyrisme hâtif et futuriste de D'Annunzio.

Mais déjà, les deux amis, devenus entre-temps beaux-frères, ont reporté leur passion sur les machines volantes et ceux qui tentent de les manœuvrer. On les voit assister aux meetings de Savigny-sur-Orge, puis de Juvisy :

> ... Chauveau s'est enlevé superbement et a fait trois tours dans les frises, c'est-à-dire dans les 80 ou 100 mètres de hauteur. C'est certainement le plus bel appareil de tous ceux que je connais. Il est incomparable avec sa grande envergure et son admirable stabilité.

* On sait le lyrisme que dégage la scène de *L'Espoir* de Malraux – écrite vingt-sept ans plus tard – où l'on voit un paysan embarquer dans l'avion de l'escadrille sur un champ de fortune.

> Quand il arrivait sur nous tout droit, au-dessus des grands arbres, avec l'hélice éclairée par le soleil et formant un soleil à l'avant, il était splendide.
> [...] Puis Ladougne est monté d'un seul coup à 150 ou 200 mètres. Enfin deux Voisins (Champel et Lesire) ont quitté le sol. Lesire avait l'air de se traîner péniblement quand, tout à coup, il pique droit en l'air, et à notre effarement, semble ne pas pouvoir virer. Il se dirige sur les arbres qui bordent la piste. Nous le croyons perdu quand, tout à coup, il grimpe à pic, passe sur les arbres et se trouve sur la voie du chemin de fer qu'il se met à suivre. Il monte encore et le voilà au-dessus des très hautes collines de Savigny...

Lyrisme ? Jacques Rivière en a trouvé d'autres sources dans les *Grandes Odes*. Mais ici l'enthousiasme peut prendre le ton d'une sorte de fantaisie goguenarde, à la façon de Gavroche. Voici ce que les pauvres tantes époustouflées lisent, le 15 octobre 1913 :

> ... Pierre et moi avons été [...] voir Pégoud voler à Buc [...] [dans] un torrent d'autos, de bécanes, de motos, de véhicules de toutes sortes, qui s'amenaient par toutes les routes et même à travers champ [...] Pégoud s'est élevé pendant vingt bonnes minutes jusqu'à mille mètres environ. Puis tout à coup nous l'avons vu piquer du nez, se retourner complètement et se mettre à voler la tête en bas, pendant près d'une minute, c'est-à-dire pendant plus d'un kilomètre et demi, presque la distance de Saint-Victor à la barrière *. Puis il s'est redressé très facilement, est remonté et s'est mis à boucler la boucle. On le voyait, piquer un peu, puis remonter tout droit, se renverser et se rétablir. Il y a eu un moment où il l'a fait quatre fois de suite. Il l'a fait sept fois en tout ! C'était tordant et pas du tout impressionnant !

Et Jacques est si exalté par ce qu'il a vu qu'il dessine, sur sa lettre, à l'usage des bonnes demoiselles, le « looping » inventé par Pégoud.

Pas du tout impressionnant ? Jacques Rivière est bien le dernier à faire fi des risques terribles alors pris par les pilotes. Trois ans plus tôt, au lendemain de la mort de Delagrange, au début de 1910, il lui a consacré l'un de ses premiers articles publiés dans la *NRF,* sachant imposer aux messieurs de la villa Montmorency et de la rue d'Assas un sujet peu conforme aux traditions d'une revue « littéraire », mais de nature à conforter l'attachement au « vrai », au « réel », dont Jean Schlumberger a fait l'un des mots d'ordre de la revue dans sa note liminaire de février 1909.

Comment ne pas citer, dans son intégralité, ce petit texte tout vibrant de passion fraternelle et d'intelligence « technique », où Jacques Rivière est aussi présent que dans son essai sur Cézanne ?

* Limite de La Benauge, commune voisine.

> Sur la mort de l'aviateur Delagrange
>
> Entre toutes les vertus le courage a ce privilège terrible qu'il ne trouve sa parfaite preuve que dans la mort. Je pense à Léon Delagrange qui vient de périr dans une chute d'aéroplane. Dans les landes de la Croix-d'Hins, près de Bordeaux, au milieu de l'immense solitude, parmi cet air qui retient de sa proche origine océanique des sursauts, des remous et de soudains effrénés glissements, il se tenait avec application, modelant l'attitude de son vol sur l'invisible et sans cesse variable fluidité de l'élément : il prenait appui sur les couches limpides qui ondulaient sous ses ailes comme un dos, il coulait parmi la transparence. Le marin contemple des yeux les vagues qui le menacent, il connaît la direction de leur assaut ; mais l'aviateur nage dans une clarté trop pure pour qu'il puisse apercevoir les gestes de son bouleversement. – De plus, l'aéroplane ne se soutient que par la résistance qu'offre l'air à son avancement. Il est un engin essentiellement dynamique, il ne faut pas qu'il cesse de faire effort sous peine de s'abîmer. Ainsi son parcours est une lutte, il ne peut rien sans hostilité, il ne progresse qu'en repoussant à tâtons l'ennemi informe qui l'environne. Mais il lui faut se garder d'une victoire parfaite ; car s'il triomphe de la résistance, il s'effondre.
>
> Delagrange tenait la barre, et de tous ses membres il méditait avec exactitude le degré, sans cesse différent, d'inclinaison des plans à opposer à la rafale. « Il travaille là-haut ! » Quelqu'un dans la foule a dit ce mot admirable. – Continuité de l'effort, tension de tout l'esprit qui, exprès, a diminué vertigineusement ses chances de survivre, afin qu'en maintenant seul celles qui restent, il éprouve mieux sa puissance. Côtoiement volontaire de la mort ; rapprochement des limites ; toute la vie se rassemble dans l'âme comme la population d'un pays dans la capitale assiégée, afin d'être mieux *en présence* et pour qu'aucune parcelle de l'être ne soit sans participer au danger. – Alors aussi on connaît par la suppression de tout ce qui justifie ce que peut être l'espoir dans sa violence : une sorte de transport muet, de cri arrêté dans la gorge.
>
> Dans un virage, les deux ailes se sont brisées sous l'effort. La foule s'est retirée en silence[3].
>
> J.R.

Les risques du vol, il les a mesurés. Mais c'est sur le ton le plus badin, pour ne pas affoler les « vieilles » de Cenon, qu'il raconte son « baptême de l'air », pris le 18 février 1914, en un temps où ce genre d'expérience n'était pas banal :

> Jeudi dernier, le lendemain du jour où je vous ai écrit, j'ai été faire un petit tour en aéroplane à Issy-les-Moulineaux. J'étais parti pour faire comme passager l'épreuve des 1000 mètres qui est imposée à tout appareil militaire et qui devait avoir lieu ce jour-là. Malheureusement, je me suis mal arrangé et j'ai volé seulement à 250 mètres. C'était déjà très joli, surtout parce qu'il y avait un peu de vent et qu'on était agréablement secoué. Et puis la vue de Paris est admirable. Rien ne

peut donner cette impression. En revenant Rugère a coupé l'allumage au-dessus des fortifications ; on voyait tous les petits bonshommes qui nous regardaient, comme des soldats de plomb et l'eau dans les fossés, toute luisante. C'était merveilleux...

*

Déjà pourtant, Jacques, entraîné par Henri, s'est découvert une nouvelle passion sportive : un jeu bien déconcertant, venu trente ans plus tôt des îles Britanniques, et qui commence à s'implanter dans les cercles universitaires et chez les snobs anglomanes, notamment à Bordeaux. On l'appelle le football — mais pour le distinguer d'un autre qui ne se joue qu'avec les pieds, et vient aussi d'outre-Manche, on ajoute à ce mot le nom de la localité anglaise où en ont été inventées, peu à peu, les règles : Rugby.

Il s'agit d'un sport particulièrement rude, dit par certains « de combat », par d'autres « de contact ». Et il est vrai que, pour se saisir du ballon, l'étrange et poétique ballon ovoïde, il n'est guère de geste qui soit proscrit, et que le porteur de cet objet explosif ne se voit guère épargné... Le gracile Jacques Rivière, le plus robuste Alain-Fournier, pourquoi les voit-on entraînés dans un tourbillon forcené, d'où l'on retire plus de bleus ou d'ecchymoses que de gloire, et où, en apparence, le génie analytique et l'imagination poétique ont peu de part ?

Ce n'est pas ici que l'on tentera de démontrer qu'il n'est pas nécessaire d'être bête pour s'accomplir dans un sport où la décision, la prestesse du geste, le sens des combinaisons collectives sont requis, et appellent de rapides réponses, ni que l'on s'attachera à rappeler les liens tissés entre ce « jeu de voyous » et les étudiants et professeurs de plusieurs continents.

Le fait est que, lorsqu'en 1912, à l'initiative peut-être de Charles Péguy, qui se faisait le promoteur de sociétés gymniques ou plus largement sportives, fut lancée dans l'entourage d'Henri et Jacques l'idée de créer une équipe de football-rugby — jeu qui commençait à se pratiquer dans divers lycées, notamment à Lakanal, leur ancien « bahut » —, la réponse jaillit, très positive, à la fois parmi les jeunes collaborateurs de la *NRF* et les anciens de Lakanal (qui se confondaient parfois) : Rivière, Fournier, Guinle et Tronche venaient tous quatre du lycée de Bourg-la-Reine, tandis que Gallimard, Giraudoux et quelques autres avaient pour point de ralliement la maison de la rue Madame.

C'est Alain-Fournier qui semble avoir pris la plupart des initiatives, ne craignant pas de les personnaliser : au moment même où paraît le livre qui fait sa notoriété et va faire sa gloire, il ne craint pas de signer les convocations des équipiers : Augustin Meaulnes et Frantz de Galais.

Comment s'opéra le recrutement ? On a retrouvé un curieux document d'où il ressort, ainsi qu'il arrive le plus souvent, qu'on procéda par tâtonnement, à partir des deux bases (Lakanal et Gallimard) citées plus haut : un certain Louis Lebel, trésorier de la Fédération française des sports athlétiques, écrit en 1913 à « Alain-Fournier, 20, rue Cassini », qu'il lui a trouvé des « recrues » pour son « équipe du dimanche matin », notamment un certain Lalande, ancien joueur du Stade toulousain (alors champion de France), docteur en droit et membre de la Commission nationale de contrôle de la Fédération, et plusieurs de ses amis qui seraient prêts à jouer « dans les mêmes conditions ».

Par ces voies, ou d'autres, se rassemblèrent une vingtaine de jeunes gens dont certains noms nous sont familiers : outre Alain-Fournier et Jacques Rivière, leurs camarades Alexandre Guinle, Béarnais naturellement porté à ce jeu où allaient s'illustrer ses compatriotes, et les Girondins Gustave Tronche, chargé de l'administration des éditions de la *NRF,* et Auguste Chotard ; on vit s'engager Gaston Gallimard lui-même, que sa carrure confortable désignait pour entrer dans la mêlée des avants, tandis que l'une des plus brillantes recrues de la revue, Jean Giraudoux, normalien à l'allure de lévrier, était taillé pour jouer les trois-quarts * , comme Claude Casimir-Perier, mari (infortuné) de la grande actrice Simone engagée dans une liaison publique avec l'auteur du *Grand Meaulnes* **. Et puis Tardieu, Combette, Sue, Destribats... Mac Orlan et Prévost ne viendront que plus tard.

C'est à la fin de février 1913 — au moment où, dans la *NRF,* il met la dernière main à son essai sur « Le roman d'aventure » et rend un dernier hommage au pauvre Bichet, leur ami de « khagne » ***, qu'il présente ainsi à ses tantes la fondation du Club sportif de la jeunesse littéraire :

> Dimanche matin a eu lieu notre première séance de football. Henri a fondé une société composée uniquement de jeunes gens se rattachant plus ou moins à la littérature et aimant les sports. De cette façon, nous sommes entre nous et nous évitons le contact avec les voyous ****. Les débuts sont toujours difficiles. Dimanche dernier nous avons été à Bagatelle, dans le bois de Boulogne ? Mais nous n'étions que cinq et nous n'avions pu que nous exercer un peu. A partir de dimanche prochain, ce sera plus sérieux. Car nous sommes affiliés à une société déjà puissante, le PUC ***** qui nous prête son terrain de la Croix-de-Berny.

De quelle façon, jusqu'à quel point Charles Péguy fut-il impliqué dans l'aventure ? Nous avons vu que, depuis la fin de 1910, il est en relation avec Fournier, et que ce type d'initiatives converge avec les

* Les plus agiles de l'équipe, chargés de lancer les attaques.

** Voir chapitre VIII.

*** Tué par une piqûre de morphine.

**** Le rugby a été présenté comme « un jeu de voyous joué par des gentlemen ». Jacques préfère visiblement ceux-ci à ceux-là.

***** Paris Université Club, qui jouera plus tard au stade Charléty.

thèmes de restauration nationale fondée sur une jeunesse « saine » et éprise d'audace qu'il est en train de défendre dans les *Cahiers de la quinzaine* – auxquels s'abonne alors un sous-lieutenant nommé Charles de Gaulle.

Péguy ou pas, c'est Alain-Fournier qui mène l'affaire, de main de maître. Voyons plutôt cette convocation, rédigée dans le style et avec la minutie d'un chef d'état-major à la Berthier :

> Seize d'entre nous se sont réunis hier et – à la majorité absolue des voix – ont décidé ce qui suit :
> 1° Notre société sportive prendra – provisoirement – le nom de « Club sportif de la jeunesse littéraire ».
> 2° Les couleurs du club seront : maillot bleu clair à parements blancs, culotte blanche, bas bleu clair, grande ceinture blanche à volonté.
> [...]
> 4° Tout membre du club paiera une cotisation d'entrée de dix francs et une cotisation mensuelle de un franc [qui] couvrira les premiers frais généraux (poteaux, ballons, etc.), donnera droit à l'équipement complet du joueur (sauf les souliers *ad lib.*).
> 5° Notre première partie d'entraînement aura lieu sur le terrain de Bagatelle, dimanche*.
> Chaque membre du Club trouvera sur le terrain tout ce qui lui sera nécessaire pour prendre part au jeu...
>
> Le secrétaire H.A. Fournier,
> vu et approuvé Frantz de Galais, Augustin Meaulnes

Tel ses deux héros, « meneurs d'hommes » ou plutôt d'« aventures », Fournier réalise son projet avec un entrain où se révèle ce don mystérieux qu'est l'autorité. Témoins ces messages :

A Jacques Rivière : « Le club de football s'agrandit chaque jour. Je te transmets les ordres du capitaine : “ Que les équipiers veuillent bien prendre sur eux de faire chaque jour quelques centaines de mètres au pas de gymnastique pour le souffle ” » (15 mars 1913).

A Giraudoux (auquel il va dédicacer *Le Grand Meaulnes* : A Jean Giraudoux, trois-quarts inégal mais parfait écrivain) : « 3 juin 1913, Le Quinze littéraire a son terrain au bord du parc Montsouris**. Il y a Gallimard, Rivière, Perier, Guinle, etc., etc. La cotisation est raisonnable. Les “ ménages ” ne paient qu'une cotisation***. Pour tous renseignements, s'adresser à J.-G. Tronche, administrateur de la *NRF.* Et lui envoyer d'urgence votre adhésion, car nous commençons à jouer cette semaine, un après-midi et un matin par semaine. »

A Pierre Mac Orlan, six mois plus tard : « Notre première séance de rugby aura lieu dimanche 9 novembre à 9 heures et demie à la Croix-de-

* Des matches fameux s'y déroulèrent.
** C'est déjà l'emplacement du futur stade Charléty.
*** Le PUC eut une équipe féminine.

Berny (tennis du PUC). Nous partirons à 9 heures de la gare du Luxembourg. Nous comptons beaucoup sur vous. »

On ne sait pas à combien de séances d'entraînement, moins encore à combien de matches prit part Jacques Rivière, entre février et juin 1913, puis entre octobre et juin 1914. On n'ignore pas qu'il jouait « avant », probablement « 3e ligne », poste où les affrontements sont particulièrement rudes, combinant vitesse de course et rudesse des percussions. Un peu frêle, cette carcasse, fût-elle calée entre celles de Gallimard et de Tronche, pour préfigurer les performances à ce poste de Michel Crauste et de Walter Spanghero...

Retenons en tout cas cette alerte, signalée dès le 6 mars 1913 aux vieilles demoiselles de Cenon (« Oh ! le pauvre chéri ! ») :

> Dimanche, malgré le temps incertain, nous avons été au football, à notre nouvelle installation de la Croix-de-Berny. Mais à peine avais-je fait trois pas en courant que j'ai senti un coup de fouet dans la cuisse et que je me suis affaissé comme une masse *. Bien entendu je n'ai pas pu continuer. Depuis, je traîne une jambe et je boite. Mais ça commence à aller mieux et dans huit jours je serai redevenu normal. Il est dix heures. Je n'en peux plus. Je deviens vieux...
>
> [vingt-sept ans].

En ce domaine comme dans les autres, le sportif Jacques Rivière combine pratique (dangereuse) et voyeurisme (parfois décevant). Le 22 avril 1913, à peine remis de son accident de la Croix-de-Berny, il court à Colombes assister à la finale du championnat de France de rugby ** en compagnie de Gustave Tronche — et voici ce qu'il écrit au sous-lieutenant Fournier, retenu par une période militaire dans le Sud-Ouest :

> « A Colombes [...], nous sommes arrivés devant des guichets fermés depuis une demi-heure. Il y avait cinq mille personnes sur le terrain ***. Et malgré maintes tentatives pour briser les barrières, nous avons dû nous retirer avec la seule satisfaction d'avoir entendu les clameurs fantastiques de la foule. Journée admirablement ratée [4]...

Le rugby, pour envoûtant et exigeant qu'il soit, ne suffit pas à apaiser ses ardeurs sportives. C'est encore à la chère « Toutou » de Cenon qu'il révèle, en juin 1913, l'objet d'un nouvel engouement : le tennis. Cette fois, ce n'est pas Henri, c'est lui qui a pris l'initiative de former une « société de tennis » qui donne à ses membres la possibilité « dans un endroit délicieux », toujours proche du parc Montsouris (probablement des installations, encore, du Paris Université Club), de jouer à volonté

* Ce qu'on appelle un « claquage » — manque d'entraînement ou effort trop brusque.
** Remporté par le XV de Bayonne avec un éclat resté légendaire.
*** Hum... Avant la construction du stade olympique, en 1924 ?

deux fois par semaine. Cette fois-ci, on ne parle plus de « claquage ». Allons, notre Jacques n'est pas si « vieux » qu'il le confiait quelques semaines plus tôt, aux « vieilles » de là-bas...

*

Si peu enclin que l'on soit à voir dans la tauromachie un « sport » — c'est-à-dire une activité essentiellement musculaire et fondée sur l'égalité (théorique) des chances entre compétiteurs —, on ne saurait passer ici sous silence le goût que manifestent Jacques et Henri pour ces combats entre hommes et taureaux dont l'Espagne a fait, depuis quelques siècles, sa *fiesta nacional*.

On a déjà cité un mot de Jacques Rivière qui, à propos des risques terribles pris par les aviateurs, les comparant à ceux qu'encourent les toreros *. Dans sa correspondance avec Simone, Alain-Fournier signale que, au cours d'un entretien, Henri Ghéon lui a « bêché les courses de taureaux », alors que dînant à sa table, le même soir, Jacques Rivière et Gustave Tronche lui parlaient de la tauromachie « avec un magnifique enthousiasme[5] ».

Commentaire de la comédienne : « Ghéon est un sot ** [...] Comment cette barbe noire pourrait-elle comprendre la beauté d'une course de taureaux ? Il n'entend rien à rien[6]... » Le fait est que — sous l'influence de Jacques ? — Alain-Fournier peut, au début de septembre, en Espagne et dans le Sud-Ouest, assister au côté de Simone à plusieurs corridas.

Il écrit à Jacques Rivière, le 4 septembre 1913 : « J'ai déjà vu deux corridas (et j'en verrai deux autres encore). » Il tient à citer les noms des matadors qui se présentaient à San Sebastian et à Dax : Bombita, Machaquito, El Gallo, Gallito, les plus grands de l'époque ***. Conclusion positive de l'auteur du *Grand Meaulnes* : « C'est vraiment très attachant[7]. »

Quant à l'origine de l'« enthousiasme » avec lequel Jacques Rivière parlait à ses amis de la tauromachie, nous ne savons pas grand-chose. Dans son enfance, les vacances passées au sud des Pyrénées, du côté de Vitoria, lui avaient-elles donné l'occasion de s'y initier ? Ses amis Laparra, d'origine espagnole, y avaient-ils contribué ? En tout cas, les arènes de Bordeaux-Bouscat, au début du siècle, étaient le cadre de corridas fameuses, auxquelles François Mauriac fait écho lui aussi. Bombita, Mazzantini, Machaquito, Reverte, Rafaël El Gallo et son jeune frère Joselito : ces noms sonnaient, aux oreilles des adolescents borde-

* Voir ci-dessus, p. 252.

** Notons que Marcel Proust allait prendre d'autres formes pour dire, sur des bases plus sûres, la même chose...

*** Gallito (José Ortega Gomez, dit Gallito, puis Joselito), frère du précédent, était déjà, à dix-huit ans, le plus grand torero contemporain.

lais, autrement, mais presque aussi fort que ceux de Pégoud ou de Védrines, les « fous volants »...

Pourtant, au lendemain de la mort de Joselito dans l'arène de Talavera de la Reina, qui mit l'Espagne en deuil, le 16 mai 1920, Jacques Rivière n'adressa pas au torero l'hommage qu'il avait lancé dans la *NRF*, dix ans plus tôt, à l'aviateur Léon Delagrange foudroyé en plein vol au-dessus de la Croix-d'Hins.

*

Et voici l'été 14. Jacques Rivière l'aborde avec un étrange désir de combat qui nous semble aujourd'hui (après trois quarts de siècle et des millions de morts...) mal explicable de la part d'un jeune homme aussi lucide. Il a applaudi au vote de la loi dite des « trois ans » qui va grossir d'un tiers les effectifs de ses contemporains appelés ou rappelés sous l'uniforme ; et il a écrit à Alain-Fournier, en juillet, que la situation politique était « bonne » — dès lors qu'elle menait à la guerre.

Lui qui avait su mieux que d'autres dénoncer les illusions et les fantasmes entretenus par l'enquête dite d'Agathon *, d'où il ressortait que la jeunesse française de 1913 était avant tout avide d'ordre intérieur (de préférence monarchique) et de « revanche » à l'extérieur, lui qui, à la différence de Fournier, ne considère pas sans réserve le néo-nationalisme de Péguy, on le voit courir au créneau avec une impétuosité sans nuance — quitte à apporter bientôt quelque retouche au tableau.

Engagé dans une liaison amoureuse comme suspendue dans le vide, désorienté par celle où s'est jeté son beau-frère parce qu'elle l'associe au monde du théâtre de boulevard qui est la négation de la « culture *NRF* », éloigné de Copeau par l'aventure théâtrale du Vieux-Colombier, un peu dépris de Gide par ces *Caves du Vatican* dont le ton de sarcasme parfois le blesse, agacé par ce que l'emprise de Claudel a, décidément, de clérical, c'est un personnage disjoint, disloqué déjà, que va happer la guerre — un adolescent en pleine mue qui court se soumettre au rite de passage.

* Pseudonyme commun d'Henri Massis et Alfred de Tarde.

DEUXIÈME PARTIE

Le rite de passage

« Jusqu'à la veille de la guerre, Rivière n'avait pas encore cessé d'être un adolescent. »

Jacques Copeau, *NRF,* avril 1945.

XI

L'humiliation

Cette psychose torrentielle qui, en août 1914, jeta tant de citoyens français sur les sentiers de la « revanche », ce n'est pas ici qu'on essaiera, après tant d'autres, d'en déceler les origines et la nature, et d'en mesurer la véritable ampleur. Ce qui nous importe, plus modestement, c'est d'examiner ce que fut la participation de Jacques Rivière à l'ivresse collective, la mesure qu'il en prit, le comportement qui en résulta et les textes qu'elle lui inspira.

Plus complexe, plus ambigu, plus limité qu'on l'a écrit longtemps, l'« enthousiasme » des multitudes surprend moins que les illusions nourries alors par ceux qu'on est déjà convenu d'appeler les « intellectuels », personnages supposés plus aptes à la réflexion, mieux capables de s'informer aussi bien sur les hécatombes effrayantes provoquées par la guerre moderne que sur le rapport réel des forces qui s'assemblaient, de part et d'autre, au début de l'été 1914.

Le voient-ils si favorable, ce rapport de forces, entre le formidable empire des Hohenzollern mis en valeur par les divers génies allemands *, d'une part, et de l'autre l'alliance entre une IIIe République française secouée et effritée par des crises en chaîne et le tsarisme disloqué de l'intérieur et humilié par le Japon ? Bien rares sont ceux qui posent les vraies questions sur les données matérielles et morales du conflit. Et en dépit du divorce apparent entre le régime républicain et le nationalisme militant, la plupart courent au créneau avec une sorte d'allégresse.

Nous avons vu Jacques Rivière, secrétaire de la *NRF,* plutôt réservé à l'endroit de la propagande et des organisations nationalistes (à commencer par *L'Action française*), dépris de Barrès et, jusqu'en 1914, moins envoûté par Péguy que son ami Fournier. Son milieu ? A l'exception de l'Alsacien Jean Schlumberger, de Paul Claudel, capables en ces circonstances de jouer les Déroulède, de Ghéon déjà glissant vers Maurras, de Ruyters, d'autant plus fanatique qu'il vient d'être naturalisé français (on

* On verra (p. 268) l'effet produit en septembre, sur le prisonnier Rivière, par la découverte de la modernité allemande.

le verra impatient de « casser du boche »...), le groupe de la *NRF* est peu enclin à l'exaltation patriotique.

Ni Gide, qui s'élèvera bientôt contre « la mobilisation des esprits » (mais insère alors dans son journal un poème dans le style de Whitman sur le cataclysme « purificateur »), ni Drouin, ni Copeau, ni Valéry, ne sont gens à se laisser embrigader, et moins encore Léon-Paul Fargue, Roger Martin du Gard qui porte en lui son poignant *Été 14,* ou Gaston Gallimard qui mettra toute son ingéniosité à se tenir en dehors du conflit. Et l'on sait que tous les amis de Gide tiennent en très haute estime les Mayrish, ces industriels luxembourgeois, francophiles mais plutôt pacifistes. Quant à Jacques Rivière, il a accepté pour sa part de prononcer des conférences en Alsace occupée (ce qu'on ne saurait considérer comme une acceptation implicite du fait accompli quarante-trois ans plus tôt...). Était-ce pour pouvoir écrire dans son grand article sur *Parsifal* de mai 1914 que les provinces annexées se refusaient à la germanisation ?

Depuis quelques mois, cependant, pour des raisons d'autant moins discernables qu'elles ne sont pas formulées dans ce miroir de sa conscience qu'est la correspondance avec Alain-Fournier, « raisons » qui doivent tenir pour beaucoup à ce qu'il faut bien appeler « l'air du temps », Jacques Rivière paraît acquis à l'idée de « revanche ». Cet homme nouveau surgi en lui dès avant l'entrée en guerre, il l'a admirablement décrit dans un projet d'article rédigé en août 1917, à son retour de captivité :

> Dans les dernières années avant la guerre, comme sous l'appel d'une urgente nécessité qui ne se démasquait pas encore, la passion de la France avait fait en moi des progrès vertigineux. Elle s'était démêlée de cette vague complaisance esthétique pour les formes de pensée étrangères et de ce cosmopolitisme intellectuel, qui m'avait un moment complètement envahi et qui ne sont d'ailleurs pas sans rapport avec mon caractère [...] elle prenait même à l'avance quelque chose d'ombrageux, dont je m'étonnais moi-même : il semblait qu'elle eût le pressentiment d'une offense ; elle était en moi comme révoltée déjà.
> Je pense n'avoir pas été le seul à subir cette crise intérieure de patriotisme*. Les témoignages écrits montrent qu'elle fut générale : l'œuvre de Péguy en restera le monument le plus clair et le plus beau. Ce qui me frappe surtout, c'est la hâte avec laquelle nous revenions à la France. Nous étions comme des gens qui sont allés se promener trop loin et qui craignent de n'avoir pas le temps de rentrer chez eux avant la nuit.[...] On peut dire qu'au moins au point de vue intellectuel et sentimental, au moment où la guerre éclata, nous étions prêts.
> Je me souviens de cette dévotion qui m'emplissait si complètement, avec une si suave plénitude, pendant les quelques jours de préparation que mon régiment passa au dépôt. J'étais faible et souffrant, mais

* Il sait bien que non : qui mieux que lui pouvait connaître l'évolution de Fournier, de Ghéon, de Ruyters ?

vraiment, je peux le dire parce que c'est vrai, j'étais heureux, j'étais comblé de joie. Je ne dis pas d'espoir ; c'est autre chose ; l'espoir était plus nerveux, plus inquiet. Mais la joie était là ; elle pénétrait dans tous les coins de mon âme, elle baignait tous mes sentiments : la joie d'aimer et de se donner à qui l'on aime [1].

Comment s'étonner alors que Jacques se soit prononcé avec un tel entrain en 1913 pour le vote de la loi instituant le service militaire de trois ans qui gonfle d'un coup les effectifs militaires du pays et ne saurait être considéré que comme un encouragement, ou une acceptation, de la logique de guerre *. Ses dernières réactions à la mise en marche de l'implacable mécanisme de l'été 1914 sont empreintes d'un enthousiasme que l'on ne peut qualifier que de banal — dût-il l'exprimer de façon moins choquante que ne le fit Alain-Fournier, le 4 août 1914 :

« Belle et grande et juste guerre ! » écrit aux siens, de Mirande (Gers) où il a rejoint son régiment, le poète du *Grand Meaulnes* — qui ose ajouter à propos de sa nièce Jacqueline, la fille (trois ans) d'Isabelle et Jacques Rivière, « la chérie qui est née pour voir cette chose formidable ». Jacques n'ira pas jusqu'à de telles aberrations. Mais, de Marmande où il a rejoint comme sergent son unité, le 220e régiment d'infanterie, il a écrit à Copeau, le 28 juillet :

> ... Ce n'est pas tout à fait de sang-froid que je vous écris. Je suis déjà tout soulevé car il me paraît presque impossible que cette fois ça rate ** [...] Je pense toute la journée et toute la nuit à « mes hommes » (j'en aurai trente, vous savez) et à ce qu'il va falloir faire pour me conduire avec eux. C'est assez exaltant [...]. Très différent comme sensation de ce que j'attendais ; mais formidable quand même [2]... »

Le « formidable » du sergent Rivière est plus nuancé que celui du lieutenant Fournier — et déjà suivi d'un « tout de même » qui recouvre pas mal d'observations contradictoires. Très vite, en effet, la ferveur de Jacques — que l'on a vue dès l'abord ennoblie par une conscience de ses responsabilités collectives, assez peu conforme à l'esprit triomphaliste — va se nuancer. Non pour ce qui a trait au fond de l'affaire : on ne le verra pas s'interroger sur le bien-fondé des thèses françaises et le comportement des dirigeants au cours des journées fatidiques de la fin de juillet 1914, de la gigantesque machination où leurs démarches feront souvent penser à une fuite en avant plutôt qu'à une stratégie consciente — mais à propos de l'état d'esprit et la tenue de ceux qui sont convoqués pour le sacrifice et qu'on appellera d'un mot lugubre et éloquent : la troupe.

Ouvrons les *Carnets 1914-1917* de Jacques Rivière, griffonnés en gare

* Il a fait savoir à ses amis que lui, qui ne votait jamais, ferait une exception en faveur de ce texte.

** C'est-à-dire que la guerre éclate.

de Bordeaux et dans le train pour Marmande en date du 4 août, surlendemain de la déclaration de guerre. De notation en croquis se réveille et s'affirme une lucidité magistrale qui, appliquée au petit peuple en armes comme elle l'était naguère à Suarès ou à Ravel, éclaire sans complaisance les données réelles de la situation — celle des hommes de base en tout cas :

> ... Profonde détresse [...]. Le monde dans les gares. Hurlements, chansons, mangeaille. Sentiment d'être pris dans un fleuve énorme mais un peu plus boueux que je l'avais imaginé [...]. Les histoires de régiment pullulent autour de moi : histoires de types démmerdards, de phénomènes, de juteux, toutes pareilles, toutes également mornes et tristes [...]. Je ne pense plus du tout à la guerre [...] Tristesse affreuse des heures vides [...]. Il y en a qui sont tristes, d'autres pleins de vanteries anticipées [...]. Dupuy me dit « J'ai vu ceux de l'active qui partent demain. Ils n'ont pas le sourire »...

Il s'agit bien sûr de notations à usage interne — et qui ne sait le choc mou que produit l'univers de la caserne sur un esprit plus ou moins en quête d'idéal ? Mais le ton y est, assez éloigné de la « fleur au fusil » si fort à la mode. Le climat psychologique où la guerre éclôt dans cette petite ville du Midi fleure la résignation plus que l'exaltation. Notation très locale ? Partielle ? De celles dont se nourrit la recherche historique.

Quinze jours plus tard, le 220e régiment d'infanterie ayant été dirigé sur la Meuse, entre Verdun et Étain, c'est un tout autre monde que découvre le sergent Rivière. On croise les premiers fugitifs. « Comment aurions-nous pu imaginer que les Prussiens *[sic]* étaient si près [...] 15, 20 kilomètres ? [en réalité bien moins] [...] On nous parle avec une espèce de fièvre : “ Ils égorgent les femmes et les enfants, ils mettent le feu partout ” [...]. Les absurdités qu'inspire la terreur... » Mais ces lueurs, au nord, ce sont bien des villages qui brûlent. Une femme crie à la colonne au sein de laquelle boitille Jacques, le pied droit entamé : « Ne vous faites pas tuer ! » Des fugitifs encore, et toujours, lambeaux d'un corps social qui s'écaille sous le choc — et l'égoïsme forcené des hommes qui se ruent sur les granges et s'égorgeraient pour un verre d'eau ou une botte de paille. « Rien qui ressemble à la peur, note Jacques. Mais l'événement me dépasse de tous côtés. »

Le 23 août, au petit jour, on aperçoit des cavaliers. Avec eux surgit à l'esprit du sergent la question qui, pour les non-initiés, est souvent la grande découverte de la guerre : « Comment distinguer l'ennemi de l'ami ? » Ce sont des uhlans, dénoncés par leurs étranges casques. Premiers coups de fusil, qui donnent à l'affaire « une tournure amusante [...]. A vrai dire, nous sommes ici au spectacle ». Impression fortifiée par le passage des aéroplanes — si chers au cœur de Jacques. Français ? Ils viennent de Verdun, et bientôt sont en butte aux mitrailles allemandes.

La faim rend les hommes féroces (et le sergent Rivière lui-même...). Une patrouille allemande est signalée à deux cents mètres : impression de « plaisir (je ne trouve pas d'autre mot) »... Le canon tonne, régulier. Le froid.

Voici venue la journée du 24 août, capitale dans la vie et la conscience de Jacques. Campée dans le bois de Saulx, sa section est dirigée sur Gondrecourt, en corvée de ravitaillement. Des uhlans par ici, et par là des dragons. Sentiment d'intrépidité. Retour au village, jusqu'au campement situé le long de la lisière du bois. Des obus explosent non loin d'eux : ils sont repérés. Côté mécanique, infernal, de la mitraille. Couché au fond du fossé, la face contre terre, il entend « l'extraordinaire déchirement soyeux » qui marque le sillage de l'obus. Le voici plongé dans la tourmente d'une « espèce de voyage rugueux ». Depuis le début du jour « par un acte violent et spontané, je me suis confié à Dieu [...]. J'exige qu'il me protège : ce serait un peu fort que je sois tué... ». Au pilonnement de l'artillerie succède celui dc l'infanterie, « flac, flac, flac, on dirait qu'on enfonce des pieux avec un maillet dans une vigne, par un jour d'hiver ».

Loin dans les champs, longues files de tirailleurs allemands, le fusil sous le bras, semblant attendre tranquillement. Quoi ? Ses compagnons et lui sont-ils abandonnés ? Des Allemands tirent-ils dans leur dos ? Il décide de conduire sa section, en rampant, vers l'intérieur du bois. Cris de blessés. A celui qui est devant lui, il crie « avancez donc ! » et il entend « je suis mort ! ». Lui-même se croit blessé. L'instant du grand effondrement : ses nerfs ont lâché. Tout danse en lui. Partout, autour du bois de Saulx, « l'épouvantable abondance de la mitraille ». Les voilà hors du fallacieux abri des arbres, aux abords du village détruit d'Éton — tiraillant sous le feu des assaillants...

> C'est pendant toute cette fin de soirée que je me suis senti le plus près de la mort [...]. C'était proprement l'enfer, avec ses murailles épouvantables de tous côtés. Enfermé, capturé pour mourir [...]. Il faut mourir, mon Dieu [...]. Mais je continuais à savoir qu'il ne voulait pas me faire mourir encore, me demandant avec curiosité comment il allait s'y prendre [...]. A la tombée du jour, les Allemands sont arrivés à notre hauteur [...]. Un commandement dur, la première voix allemande [...]. Ils ne pouvaient nous voir dans le taillis où nous étions cachés [...] La bataille ne finit pas avec le jour [...]. Musique bizarre, poussive, basse et monotone de leurs clairons. Extraordinaire impression d'antiquité et de naïveté ; ce sont les anciens Germains qui reviennent, qui se précipitent sur nous avec envie et étonnement [...]. Je ne sens pas de haine dans leurs cris [...]. Il y a, dans ce dernier assaut, une lassitude infinie. Ce qui le soutient, c'est la pensée que la soupe et le sommeil sont au bout...

Tenter une reconnaissance pour desserrer un tant soit peu l'étau à la faveur de la nuit ? Il s'en va, rampant à travers les branches. Mais les phares ennemis manifestent l'inflexibilité de l'encerclement. Il rebrousse chemin, butte sur les corps endormis de ses hommes, s'endort, secoué d'irrépressibles tremblements nerveux, couché sur « cet immense champ de souffrance » peuplé de blessés auxquels la nuit arrache sa « moisson de cris ». Et c'est à l'aube qu'il se voit pris avec sa troupe hébétée de fatigue.

Comme si l'événement était indicible, les *Carnets* de Jacques Rivière ne relatent pas cet épisode proprement dit, l'instant où le filet s'abat. Le conteur passe d'emblée à la date du 25 août, au récit de la marche des prisonniers escortés par des uhlans. Révélation de l'armée d'en face, « faite pour la guerre » confrontée à celle « à qui il arrive de la faire ». Des soldats les dévisagent, les appelant *schwein* (cochon) « tout doucement ». Le voilà pris, écrit-il, dans « l'un des cercles les plus bas du sentiment où je sois jamais descendu [...] l'état le plus chrétien où je me sois jamais senti... ».

Marche en troupeau d'Affléville (où les Allemands procèdent à un pillage méthodique et sans violence) vers la frontière, Gross-Moyœuvre, pays des conquérants tranquilles aux costumes de « Lohengrins paysans ». Désormais, se dit Rivière, « nous sommes seuls ». Embarquant dans un train à Pontoy vers Thionville, Kaiserslautern, Mannheim, Heilbronn, Würgburg, Nuremberg : impression de respect pour cette Allemagne développée, organisée, bâtie pour cette « intelligence de tout ce qui est extérieur à l'intelligence. Assiette formidable ».

De la Bavière (où il pense au *Freischütz*), on les dirige sur la Saxe — Meissen, Dresde (« grande impression, mais préparée par Nuremberg ») et, au cœur d'un pays sablonneux, valonné, hérissé de sapins, « à la fois désert et plein de petits villages de banlieue ou chacun va [...] propre et groupé [avec] d'innombrables enfants pieds nus », le camp de Koenigsbrück, leur destination.

Premières réflexions du prisonnier sur son éphémère et décisive expérience du feu :

> La guerre est devenue purement matérielle. Elle laisse toujours la même place à la lâcheté, mais plus aucune à la bravoure [...] C'est une certaine fonction dont on s'acquitte. De là vient que les Allemands y réussissent si bien [...] La guerre telle qu'on la pratique aujourd'hui semble faite pour eux [...]. Ils font ce qu'il faut, et jusqu'au bout (ce qui est impossible à un Français). Le Français oublie de boucher les coins...

Suite de cette méditation sur la traversée du feu :

> ... Il ne subsiste de la guerre que l'horreur toute pure, que les blessures, les cris, les linges, tout le côté chirurgical (en admettant que ce

ne soit pas la littérature qui me fasse imaginer qu'il y a jamais eu autre chose...). Côté courbé, aplati, diminué du combat. On y est à moitié hauteur de soi-même [...]. La terreur même n'a rien de fébrile. C'est une stupeur...

Et à propos de ses soldats, ces trente hommes qu'il voulait tant conduire honorablement : « Manque de désintéressement des hommes. Nouvel échec de la guerre [...]. Monstrueuse indifférence des gens du Midi au succès de la guerre. Même ici, leurs vœux [sont] pour qu'on s'en aille le plus tôt possible. » Le ton de Tolstoï.

Voilà un homme instruit, décapé par vingt jours de guerre — dont deux ou trois sur la ligne de feu. Voilà un homme qui a perdu pas mal d'illusions — avant de perdre la liberté. De la bataille, des hommes dans la bataille, ne lui reste qu'un immense dégoût. Cette terrible lucidité rend plus inexplicable la honte qu'il ressassera, nous le verrons, de n'avoir pas su jouer sa partie dans le combat — ce combat dont il a su voir d'emblée le côté « aplati » et « chirurgical » : souhaite-t-on être ligoté à nouveau sur une table d'opération ? Lui qui a écrit aussi : « Impossibilité à quiconque (c'est un défi que je lance) de souhaiter revenir au feu », bientôt il le souhaitera...

A mesure que s'éloigneront les heures horribles du 24 août 1914, nous verrons ses sentiments sur la guerre se nuancer. Son exil de l'action, du « service », parera peu à peu le combat des vertus de l'inaccessible, de l'interdit. Retenons pourtant, pour ce qu'elles reflètent de sa pensée profonde, irréversible, les réflexions sur « l'horreur à l'état pur » de l'été 14, sur cette incapacité de la guerre à restituer à l'homme la pureté perdue — cette « purification » qu'un homme comme Gide attend de la grande épreuve — comme en fait foi son *Journal.*

*

Tandis que Jacques Rivière et ses compagnons sont ballottés de gare en gare, du 25 au 30 août, de Rhénanie en Wurtemberg et de Bavière en Saxe, que sait-on de lui ? Dès le 27, à Hof en Bavière, il a pu remettre à un gardien, à l'intention d'un ami italien abonné à la *NRF* et dont il a gardé l'adresse en mémoire, quelques mots griffonnés informant Isabelle de sa capture.

Peu de jours après son installation à Koenigsbrück, le 9 septembre, il lui communique son adresse : Sergent Rivière, 4317, 220e régiment d'infanterie, Barracke 5, Gemichtes Lager, Sachsen, *via* Pontarlier. Mais l'acheminement du courrier est si lent que, des semaines durant, la rumeur de sa disparition s'étant répandue à la fin d'août, l'angoisse règne à son propos parmi les siens.

Au milieu de septembre, pourtant, Isabelle a reçu une lettre de son frère — qui sera tué le 22 — lui annonçant que Jacques, engagé tout près de lui dans le secteur de Verdun, « a été blessé le soir d'Étain le 24 août. A-t-il été fait prisonnier par les uhlans ? On ne sait [...]. J'ai lieu d'espérer et de croire qu'il n'est pas mort [...]. Que Dieu ne l'ait pas fait mourir ce soir-là ! ». Espoir et angoisse mêlés.

Consultés par Isabelle, les services officiels, dont Claudel se fait l'écho diligent, ne disposent d'« aucun renseignement fâcheux » concernant le sergent Rivière. Ce qui signifie tout au plus qu'aucun avis de décès n'a été établi, ou transmis... Aussitôt alertés, Gide, Copeau et les amis de la *NRF* manifestent leur esprit de solidarité, et une amitié très agissante. Ils mettent en branle relations et informateurs, à commencer par Paul Claudel, replié au Quai d'Orsay sur lequel règne son ami Philippe Berthelot.

Le 13 octobre, on annonce de bonne source que le sergent Rivière a été localisé. Isabelle reçoit aussitôt un télégramme de Cuverville, signé Copeau-Gide-Ghéon-Rysselberghe : « Joie savoir Jacques retrouvé. » Mais on apprend très vite qu'il s'agit d'un Jean Rivière. Nouveau télégramme de Gide à Isabelle : « Renseignement donné hier paraît douteux. Continuons recherches. »

C'est le 24 octobre enfin qu'Isabelle Rivière annonce à Copeau qu'elle a reçu de son mari, daté du 27 août, « un pauvre chiffon de papier en quatre morceaux, tout recollé avec des bouts de papier : " Je suis prisonnier... Je ne suis pas blessé... Ne compte pas avoir d'autres nouvelles d'ici la fin de la guerre... Nous allons peut-être à Dresde ". Le reste a été déchiré par la censure[3] ». La lettre porte le cachet de Koenigsbrück. Jacques vit donc, et les autres amis en sont aussitôt informés par Jacques Copeau qui est désormais choisi par Isabelle comme l'ami d'élection, le confident privilégié, et peut-être davantage : nous reviendrons bien évidemment sur ce point.

A peine éclairée sur le sort de son mari, Isabelle retrouve un nouveau motif d'angoisse : la presse parisienne du 30 septembre annonce que le lieutenant d'infanterie Alain-Fournier, le très notoire auteur du *Grand Meaulnes,* est porté disparu depuis deux jours, à l'issue d'un combat sur les Hauts-de-Meuse entre Vaux-les-Palameix et Saint-Rémy. Mort ? Certains l'affirment d'emblée. Des témoins l'auraient vu tomber foudroyé. D'autres sont plus circonspects.

Lettre du 28 octobre 1914, d'Isabelle à son mari prisonnier :

« 28.10.14. Mon pauvre Henri a disparu le 21 septembre *. Blessé à la tête de sa compagnie, il n'a pu être ramené par ses hommes et a dû être ramassé par une ambulance allemande qui se trouvait tout près. J'espère aussi recevoir une lettre de lui. »

* La date officielle est le 22.

Elle maintiendra le même point de vue le 4 novembre, dans une nouvelle lettre à Koenigsbrück : « Il faut avoir patience et espoir, l'exemple de ce qui t'est arrivé m'a redonné pour lui grande confiance. »

Le 5 novembre, Jacques avait répondu à la première lettre de sa femme : « Quelle angoisse, ma chérie, de savoir notre Henri disparu ! [...] Je ne peux m'habituer à cette idée. Il faut espérer, il faut prier encore comme je n'ai cessé de le faire jusqu'ici. Il est très possible qu'il n'ait pas pu écrire encore car, tous les prisonniers n'ont pas été autorisés à écrire en même temps. Et puis, s'il est blessé, il a pu se trouver trop faible pour écrire tout de suite. J'attendrai avec une cruelle impatience toutes nouvelles sur lui. Mais si un malheur est arrivé je te supplie de ne pas me le cacher. »

Le 11, éclairé par une lettre de Claudel reçue entre-temps, Jacques tente de dessiller les yeux de sa femme :

> Koenigsbrück, le 11 novembre 1914
>
> Ma chérie,
>
> La lettre de Claudel que j'ai reçue dimanche ne me permet plus aucun doute, ne laisse plus aucun espoir sur le sort d'Henri. Je l'avais d'abord lue plein de joie, cette lettre, et ce n'est qu'en y revenant que j'y ai trouvé, cachée dans un coin, l'épouvantable nouvelle.
>
> Ce n'est pas seulement de la douleur que j'éprouve : tu devines combien il s'y ajoute de regrets, de tourments, de remords [...] Claudel me parle de ton courage avec une véritable admiration[4]...

Isabelle poursuit son enquête parallèlement à Simone, la maîtresse de son frère, qu'elle déteste si fort que tout ce qui vient d'elle, surtout si c'est dans un sens qui corrobore la version de la mort d'Henri, lui paraît faux. L'ordonnance du lieutenant Fournier, retrouvé à l'hôpital d'Auch, assure qu'il a été tué d'une balle au front. Mais Jacques reçoit encore de sa femme, en janvier 1915, une lettre clamant son incrédulité, qu'il fait, quelque temps encore, mine de partager :

« ... Il n'y a toujours aucune nouvelle pour Henri, écrit Isabelle. Toutes les histoires qu'on a racontées n'ont eu pour résultat que de se détruire les unes les autres et de finir par prouver qu'on ne savait absolument *rien,* qu'on ne *pouvait* rien savoir. Aussi malgré tout, malgré le temps qui passe, je garde encore un grand espoir. Chaque jour on retrouve des disparus de beaucoup plus longtemps, de la fin d'août, du début d'août, des gens annoncés officiellement comme morts, des gens pour lesquels il n'y avait eu aucun doute, et qui tout d'un coup écrivent d'Allemagne... » (12 décembre 1914).

Jamais Jacques ne cherchera à détromper sa femme, même lorsque, quelques mois plus tard, il recevra d'elle une photo la montrant enveloppée de noir, accompagnée de cette précision : ce n'est pas d'Henri qu'elle porte le deuil, certes non, mais de sa grand-mère, « maman Barthe »...

*

Voici donc Jacques Rivière, à dater du 8 septembre 1914, prisonnier au fin fond de la Saxe.

Le camp, le *lager* de Koenigsbrück (« pont du roi »), regroupe environ cinq mille Français, sous-officiers et soldats — les officiers prisonniers sont assemblés dans les *offlag* — parqués dans une cinquantaine de cabanes au milieu d'un paysage de sable piqueté de pins, comme les Landes qu'il aime. Mais l'Aquitaine est bien loin de ce coin de Saxe que mille kilomètres séparent du cœur de la France, soumis à un rude climat — ce dont on s'aperçoit dès le mois d'octobre. Dans ce *lager,* les Français sont mêlés à un fort contingent de prisonniers russes et serbes — et quelques Anglais — surveillés par des gardiens dont beaucoup sont plutôt débonnaires.

« Aplati », réduit « à moitié hauteur de lui-même » par le combat, va-t-il, ici, retrouver sa stature d'homme, de citoyen français confronté à une méchante épreuve ? A l'évidence, il y parvient, si l'on en croit son camarade de captivité André Lauriol : « Nous n'étions pas dix * à connaître la *NRF,* et pas un ne connaissait Jacques Rivière [...] Comment expliquer à ceux qui ne l'ont pas approché pourquoi, quelques semaines plus tard, il était le plus connu, le plus estimé de ce vaste groupement plus hétérogène qu'un régiment, d'hommes de tous les âges, de toutes les provinces ? Pourquoi la même question : " Et Rivière ? " revenait-elle toujours après tant d'années, chaque fois que le hasard me faisait rencontrer un ancien camarade [5] ? »

Rivière et Lauriol, jeune ingénieur originaire du Sud-Ouest, de formation protestante, sont liés d'emblée. Sans aller jusqu'à évoquer le face-à-face de Lakanal avec Fournier, ni celui de la rue Jacob avec Copeau, on retrouve là cet art spontané, ce don de la relation humaine qui est peut-être la clé de la personnalité et de la vie de Jacques Rivière, en dépit de sa raideur candide, de son impérieuse exigence du vrai :

« ... J'ai sans cesse devant les yeux l'arrivée du sergent Rivière dans le pittoresque grenier dominant l'écurie n° XII où le hasard nous destinait à vivre côte à côte pendant dix mois d'une intimité ininterrompue. Avant de lui avoir parlé, j'aurais voulu être son ami, avant trois jours, j'étais sûr qu'il était le mien [6]... »

Complicité naturelle entre intellectuels d'origine bourgeoise jetés ensemble dans un bouleversant désastre et s'agrippant à quelques môles culturels communs ? Non. L'emprise de Jacques Rivière sur la communauté prisonnière prit bien d'autres formes. C'est encore Lauriol qui le

* Estimation optimiste...

décrit, installé dans un coin du grenier ou de la baraque, traduisant pour tous les détenus le journal local, répondant inlassablement aux questions les plus naïves, les plus saugrenues. Et plus le temps passait, plus son public (ses « abonnés », disait-on autour de lui) se faisait humble, fruste — les autres le sollicitant moins, dès lors qu'ils avaient appris peu à peu des bribes d'allemand.

Il ne se contente pas de ce rôle de maître d'école-interprète. Au-delà de l'information élémentaire sur le cours des choses, il se voit tout naturellement investi d'une responsabilité de guide spirituel, de préposé au « moral », de « montreur de conduite ». Mais c'est précisément cette élection spontanée qui le ronge, mettant l'accent sur sa différence, son autorité, qui le fait s'analyser...

*

La honte. C'est en elle que vit le prisonnier Rivière, survivant à « l'horreur pure ». Une honte, un sentiment d'humiliation qui l'étouffe, quand il se remémore les heures du 24 août 1914, pensant à ceux qui vivent au jour le jour, à Verdun ou ailleurs, l'enfer auquel l'a arraché l'événement.

Quand son compagnon de baraque André Lauriol décrit la naissance de leur amitié et tente de donner les raisons de cet attachement immédiat, il met l'accent sur l'impression commune d'« amoindrissement » que tous deux ressentaient en constatant qu'ils n'avaient pas « joué leur rôle ». Conclusion : « Toutes les souffrances que nous pourrions subir ne rachèteraient pas cette absence[7]. »

« Joué leur rôle » ? Est-ce un trait d'orgueil blessé ? Quel « rôle » jouer dans l'« horreur pure » ? Il faut avoir vécu marginalisé en temps de guerre, pour comprendre quelque chose à ce sentiment d'exil, de frustration, de « face » perdue, si ambigu, chargé de vanités autant que d'esprit de solidarité. « Amoindrissement » ? Le mot est assez juste, avec tout ce qu'il porte de conscience de paraître, autant que d'être.

Reprenons une page des *Carnets* de Rivière, à la fois prière et cri, contre Dieu, de révolte :

> J'étais parti en guerre avec un cœur bien joyeux, bien jaloux de gloire. Tout de suite Vous m'avez impliqué dans la défaite, Vous m'avez livré aux mains de mes ennemis. Et depuis ce moment une interminable mortification. Des choses auxquelles les autres là-bas ne peuvent pas penser, au lieu de grandes tortures, de petits coups incessants, toujours portés au même endroit. Cela n'est jamais fini. Chaque fois que je pense être parfaitement dégradé, Vous leur faites inventer un nouveau moyen de m'atteindre l'âme, de la vexer, de lui faire rectifier la position[8]...

« Joyeux, jaloux de gloire... » On ne saurait s'appliquer moins à camoufler, sous les oripeaux de la grandeur d'âme, le plus « mondain » des sentiments, l'appétit d'héroïsme que nourrit un jeune homme en de telles occurrences, quitte à ne pas s'élever à la hauteur des circonstances ou de son ambition...

Cette humiliation est faite, on l'a dit, d'une double composante : de n'avoir pas su faire face, alors, au défi des circonstances ; et d'être depuis lors, exilé de l'événement. Le premier l'atteint, croit-il, dans son honneur d'homme ; le second, dans son statut de citoyen solidaire.

Jeté dans le cataclysme informe du 24 août, fut-il inférieur à ses responsabilités, celles qu'il évoquait dès le 28 juillet dans sa lettre à Copeau, espérant n'être pas indigne de conduire « ses » trente hommes au combat ? Tout indique au contraire que, pris dans l'absurde tourbillon, le piège mortel où se débat la petite unité aventurée dans le bois de Saulx sous un feu implacable, il a manifesté, sinon des talents de chef qui auraient pu se révéler au cœur de l'absurde, mais du caractère et un sens très fort de la solidarité. Dans les notes jointes aux *Carnets* de son mari, Isabelle Rivière fait suivre l'une des auto-accusations de Jacques qui émaillent le texte de ce témoignage de l'un de ses compagnons* du 24 août :

« Qu'est-ce qu'on serait devenus sans lui toute la nuit où on était encerclés dans le bois ? [...] On n'avait plus d'officiers, plus rien, on restait quelques débris [...] C'est lui qui nous a rassemblés. Quand [...] on s'est vus rôtis comme des harengs sur la braise, c'est lui qui est allé voir [...] qui nous a rassurés, soignés [...]. Tout le reste de la nuit, pendant que nous autres on ne pensait qu'à dormir, lui, il a exploré tout le bois, tout le long de la lisière [...] pour voir si on ne pouvait pas s'échapper [...]. Ils étaient si près que si on avait compris leur parler, on aurait compris ce qu'ils disaient. Trois fois, quatre fois, il est revenu comme ça [...]. Au jour, vous auriez dit un mort tellement il était blanc. Qu'est-ce qu'on aurait pu faire ? Au matin, il a bien fallu sortir. Ils nous ont cueillis comme des lapins dans une bourse. A moins de se faire bousiller exprès [9]... »

Évoquant lui-même sa conduite en l'occurrence, si différente, écrit-il, de l'« image » qu'il s'en était faite, il insiste : « En quoi l'humiliation est complète, décisive, exhaustive, telle qu'il me la fallait : c'est en ceci qu'elle est irrévocable, que jamais le moyen ne s'offrira à moi de me réhabiliter sur ce point [10]. »

Le sentiment de l'humiliation où il dit vivre incessamment n'est pas dû « seulement » au jugement qu'il porte sur son comportement du 24 août. Eût-il si bien combattu ce jour-là que seule une grave blessure l'eût livré à l'ennemi ; la condition de détenu, en Saxe, l'eût voué à la même

* Dont il est regrettable que le nom ne soit pas cité.

mélancolie, l'impression douloureuse d'être marginalisé, annulé en tant que citoyen du pays en guerre — voué à la condition de chose négligeable, inerte. Cet orgueilleux...

Rien ne l'irrite autant que les hommages rendus par sa famille ou ses amis à son courage en tant que prisonnier. Ah ! non. « Je suis entre tous celui qu'on peut oublier [...] Je ne dois pas compter jusqu'à nouvel ordre », écrit-il à sa femme le 11 novembre 1914.

Et encore ceci, où se manifestent les sentiments qui motiveront bientôt sa tentative d'évasion : « J'espère que ceux qui m'aiment, s'ils me plaignent, c'est pour la bonne raison ; et qu'il n'y en a qu'une. Rien ne nous agace plus, ici, que le chichi qu'on fait autour des prisonniers de guerre. Nous ne méritons aucune pitié et nous n'en demandons aucune. Qu'on nous laisse au moins subir notre sort proprement [11]... »

Proprement, c'est-à-dire vus pour ce qu'ils sont, affectés d'une souffrance passive, sans commune mesure avec la douleur active des combattants, le subi et le vécu, le « service » et la marginalisation. Ce rejet de la « pitié » revêt un style stoïcien qui contredit les professions de foi faites à Paul Claudel — si âprement hostiles à ce type d'attitude spirituelle *.

S'évader ? L'ardeur qui l'y pousse est proportionnée à l'humiliation où il vit — obsédé qu'il est par sa prétendue faillite du 24 août, et son exclusion de l'histoire qui se fait. Double visée de « réhabilitation » individuelle et de participation à un combat collectif.

Il est difficile de dater exactement la formation du projet dans l'esprit de Jacques Rivière. Ce qui est clair, c'est qu'il le tient secret pendant tout l'hiver 1914 et le printemps 1915, ne s'en ouvrant pas même à son plus proche compagnon, André Lauriol — et n'y faisant bien sûr aucune allusion dans sa correspondance, soumise à la censure.

Dans le carnet qu'il tient, soigneusement dissimulé à ses geôliers — et à ses amis —, on voit surgir la première référence à son « dessein » le 4 juin 1915, neuf mois après son arrivée à Koenigsbrück : il se félicite d'avoir résisté si longtemps à la tentation d'en « rien noter », ce qui donne à penser que l'idée remonte à plusieurs mois.

Elle s'est précisée quand il a lu, sur une baraque du camp, une affiche signalant une possibilité de transfert des prisonniers au camp « de représailles » de Hülseberg, en Hanovre. En principe, ce type de camp était destiné à accueillir les évadés repris et les fortes têtes. Mais ce qui le recommandait à l'attention de Jacques, c'est qu'il était situé à 170 kilomètres de la frontière hollandaise : plus de 700 kilomètres gagnés dans le sens de la liberté...

Que ce prisonnier voulût passer d'un internement « normal » ** à un

* Voir chapitre IV.
** Il a écrit ici et là que la vie en Saxe n'était pas « dure », mais « laide ».

régime de représailles n'apparut-il pas suspect aux autorités allemandes ? Le fait est qu'après de longues et difficiles démarches — on lui opposait un argument gênant : qu'il était utile, en tant qu'interprète improvisé, au bon fonctionnement du camp de Koenigsbrück. A quoi il rétorquait qu'il serait plus efficace encore à Hülseberg, où l'atmosphère devait être tendue... — il arracha au début de juillet l'acquiescement de ses interlocuteurs. Départ fixé au 12 juillet.

Si discret qu'il se veuille, il ne part pas seul : l'un de ses compagnons, Pasquier, dit (on ne sait pourquoi) « Fritz » *, l'a convaincu de l'associer à sa tentative, prenant place à ses côtés dans le train qui les conduit, en cinq journées (15-20 juillet), jusqu'à ce qu'il appelle pudiquement dans ses lettres le « camp annexe » d'Hülseberg, au nord-est de Brême. Au cours du voyage, ils côtoient de nombreux prisonniers émergeant de la guerre de tranchées, dont les récits inspirent à « Fritz » ce mot digne de Malraux : « C'est une bataille dans un bistrot. » Que Rivière remodèle à sa manière, parlant de « culture de l'assassinat », non sans ajouter : « Croissante immensité de mes remords. Fermeté de ma décision [12]. »

A la veille de sa tentative, Jacques a adressé à sa femme cette lettre lénifiante : « Ma chérie, nous sommes depuis le 20 au camp de Hülseberg au nord de Brême. [...] Nous sommes dans un petit camp perdu en pleine campagne. C'est pour exécuter des travaux dans les champs. Le pays est assez beau et fait penser par moments à la Normandie, tantôt au Calvados, tantôt à la Seine-Inférieure. »

A peine arrivés à Hülseberg, Rivière et « Fritz » ont précipité leurs préparatifs. Il faut environ une semaine, en ne marchant que la nuit (courte en cette saison), pour couvrir les 170 kilomètres qui les séparent de la frontière hollandaise. Peu de provisions de route, de quoi écrire, deux ou trois livres. Vêtements civils — plus misérables que nature, dans ce pays opulent — pour ne pas exhiber sur les routes de l'Oldenburg les terribles pantalons garance dont le passif est déjà lourd : quelle cible pour les mitrailleuses allemandes...

Le problème consiste à ne pas se faire décompter dans les effectifs du départ en corvée — par compagnie de quatre-vingts hommes environ : ainsi, n'étant pas signalés dès le retour, le soir, auront-ils pris une nuit d'avance. Des camarades auront enterré leurs balluchons dans le champ défriché la veille, entouré de buissons où ils se jetteront jusqu'au retour de la corvée vers le camp. Tout va se passer comme prévu, bien que trop de vœux, et d'origines bien diverses, les accompagnent...

Le voyage va durer quatre jours et trois nuits. Ils sont munis d'une carte extrêmement sommaire, et d'une petite torche électrique. Peu de rencontres — un cycliste, quelques enfants, des paysans indifférents... Mais, à la fin du quatrième jour, ils parviennent à Achim, gros village sur

* Bien qu'il ignorât l'allemand, ce qui ne sera pas sans conséquence...

la route de Baden qui marque, sur la carte, la moitié du chemin à parcourir. Une vive animation (fête locale ?) y règne. On remarque vite ces deux chemineaux minables à l'air effaré.

« Qui êtes-vous ?

— Des travailleurs. [Jacques parle bien l'allemand. « Fritz » se tait.]

— Quelle sorte de travailleurs ?

— De la terre.

— Où allez-vous ?

— A Baden.

— Et l'autre ?.... Pourquoi ne répond-il pas ?... Vous étiez dans un camp de prisonniers ! »

On les entraîne dans un restaurant, où leur est d'abord témoigné, avec un « naïf intérêt », une « profonde et lourde cordialité ». Un vieux leur dit : « C'était une folie ! » Et un témoin de remarquer « Ce sont des patriotes ! », non sans qu'un autre ajoute à leur intention : « L'Allemagne ne manque pas d'hommes, faut croire, puisque nous sommes encore ici, mon vieux, de solides gaillards comme nous ! » Et tous en chœur, de façon vraiment solennelle : « C'est la guerre [13]... »

Mais le lendemain, lorsque arrive de Hülseberg le sous-officier chargé de les ramener au camp et qu'il commence par leur lier très durement les mains derrière le dos, le ton des villageois d'Achim change :

« Les voilà ceux qui torturent nos frères en Algérie, dans les déserts de sable. Ils vont voir ce que ça coûte ! * »

Ils le voient, en effet : on les jette ligotés, privés de tout, dans des cellules d'où ils sont extraits pour des interrogatoires interminables, menaçants. « Voulez-vous me fusiller ? » fait Jacques. L'officier ricanant : « Il voulait " combattre pour sa patrie ", et il a peur d'être fusillé ! »

Commentaire de l'officier instructeur : « En voulant reprendre le combat contre nous, vous vous êtes mis dans le cas d'être fusillé. » Suit ce qu'il croit être un simulacre d'exécution, suivi de l'énoncé de la sentence : trente-cinq jours de cellule.

Régime presque insupportable : obligation de coucher à même le sol nu, soupe et couverture un seul jour sur quatre, consommation exclusive de pain dit *K.K.*, privation totale de tout papier ou crayon. Mais leurs camarades réussiront à glisser, dans les rations du pain gluant, un peu de chocolat, un stylo, quelques feuillets roulés — sur lesquels Jacques Rivière griffonnera ces quelques plaintes à Dieu réinsérées ensuite dans ses *Carnets* [14] :

> ... Ce n'est jamais fini. [...] Lorsque je crois voir le fond, vous m'indiquez une place plus humble, plus basse où descendre, un agenouillement plus malaisé. Et lorsque j'ai cherché à me mettre

* La propagande allemande accusait la France d'expédier les prisonniers en Afrique, gardés par des nègres anthropophages.

> debout, à faire de nouveau figure d'homme, vous n'avez pas voulu que je réussisse, vous avez fait fondre sur moi l'humiliation la plus grosse, vous m'avez poussé dans cette cellule où l'on a froid et faim. Afin que je ne pusse me réclamer d'aucune gloire, afin qu'il n'y eût aucun moment où j'eusse paru à mon avantage [15].

Saisissante dialectique, chez lui, entre la volonté toute chrétienne d'humiliation (« Je ne me suis jamais senti plus chrétien que lors de ma capture ») et ce souci de « face », de « gloire » et d'« avantage ». Parce qu'il est gascon, comme Cyrano ? Mais « Monsieur Vincent », lui aussi, était gascon…

Bref, une épreuve très cruelle. Et quand ses camarades auront réussi à l'adoucir en lui faisant parvenir quelques fruits confits, un livre (*Les Conversations de Goethe avec Eckermann*) et quelques feuilles sur lesquelles il griffonne la suite de son roman * — une série de fouilles l'en priveront soudain. Violente algarade. L'officier geôlier, prenant les feuillets qu'il a écrits sur ses genoux au cours des derniers jours, les lui jette à la face en criant :

« Comment ! Il paraît que vous êtes professeur, et c'est vous qui écrivez ces imbécillités ! […] Vous n'avez pas honte [16] ! » Et quand Jacques essaie de ramasser, froissés, les feuillets où il a tenté de faire revivre ses amours contrastées, l'officier les disperse du pied. Ils resteront confisqués **.

Les trente-cinq jours de cellule auxquels il est condamné seront réduits à vingt-huit, du fait de la suppression réciproque des camps de représailles par « accord entre les gouvernements ». Le 1er septembre, Jacques Rivière et ses compagnons sont dirigés sur leur camp d'origine, Koenigsbrück, où ils arrivent le 9. Premier commentaire du sergent Rivière :

> Je ne méprise pas ce que j'ai fait […]. Ce sera un grand baume pour mes remords […] [mais] je crains, non, j'espère, que je suis pour toujours pénétré du sentiment de mon indignité […]. Quand il m'abandonne et que je m'emporte par orgueil à me mettre en comparaison avec Henri ou avec ceux qui sont au front […] cela me mord au cœur tout de suite et je me remets tout de suite au dernier rang [17]…

Isabelle et les siens ont été informés de ces péripéties dramatiques par un camarade de détention, libraire au Quartier latin, qui correspondait avec sa famille en usant d'encre sympathique : l'histoire a fait naturellement le tour du camp. Dès le 25 octobre, lettre de sa femme au prisonnier :

* *Aimée*. Voir chapitre suivant.
** Et non joints à ceux réexpédiés à Jacques, transféré en Suisse, en septembre 1917.

« La librairie de la rue de la Sorbonne a publié l'histoire merveilleuse et terrible du bien-aimé Noé Sarambuca *. Que de terreurs, de regrets, d'admiration, de fierté ! Et quelle belle chose ce sera que de lire ensemble cette histoire ! Je ne cesse d'y penser et d'imaginer indéfiniment notre Noé ! Comme nous avons été tous fiers de lui. »

Mais ce n'est pas du tout ainsi qu'il ressent la chose et jauge son aventure — d'autant que l'arrivée à Koenigsbrück de prisonniers capturés à Verdun ou en Argonne après avoir subi les pires souffrances et durement combattu ravive la conscience qu'il a de sa dérisoire inutilité.

« Noé » restera désormais en tiers dans leur correspondance, amputée pour nous du fait de la disparition, à la fin de 1916, des lettres d'Isabelle. Qui, entre-temps, aura pu informer Jacques de la pénible épreuve subie par son frère Pierre, directeur de l'usine Voisin de Lyon, arrêté pour malversations par suite de la dénonciation d'un ouvrier congédié (ce que Rivière avait appris, stupéfait, par la presse allemande...), puis reconnu innocent, libéré et réintégré dans ses fonctions, comme du comportement exemplaire de son autre frère, Marc, médecin aux armées, et encore de la mort, en août 1916, de sa tante Émilie, l'aînée des deux « vieilles » de Cenon. De cette correspondance familiale se détache la lettre qu'il reçoit à la fin de 1914 de son père, l'assurant de son regret de n'avoir pu le revoir avant son départ, et de son « affectueux souvenir » — lettre qu'il ne relit pas sans agacement [18].

*

Le sergent Jacques Rivière a réintégré le camp de Koenigsbrück, le baraquement — stalle 10, chambre n° 4 —, la cabane où il veille sur la petite bibliothèque du camp. Son équipée du Hanovre a accru son prestige : il est celui qui a « osé » et que le châtiment subi a grandi aux yeux de ses camarades. D'autant que l'épreuve se renouvelle sous une autre forme, en juillet 1916, sans qu'il en ait pris, cette fois, l'initiative.

Un prisonnier russe — les deux contingents et quelques détenus serbes ** sont quasiment imbriqués — a décidé de s'enfuir en creusant un tunnel qui, dit-il, débouchera « sur les Carpates » toutes proches, pense-t-il, de son pays... Il est venu demander à Rivière, qui fréquente volontiers les Russes, un képi rouge qui lui permettra de traverser le camp en passant pour un Français, soumis à une moindre surveillance.

Jacques a tenté de lui démontrer l'absurdité du projet : les Carpates, c'est loin ! Quant à la Russie... En vain. Il se résigne alors à lui remettre son vieux képi rouge. Le Russe est pris. Sommé de dénoncer son

* Héros du récit écrit en 1913 par Jacques, et resté à l'état d'ébauche. Voir chapitres I et VII.

** On appelle cette partie du stalag le « camp serbe ».

complice français, il le fait. Jacques Rivière, à nouveau menacé de mort, est condamné à vingt jours de cellule – régime moins dur qu'à Hülseberg (on lui laisse de quoi écrire), mais aggravé par une promiscuité démoralisante d'où il sort de nouveau meurtri – hanté, des semaines durant, par « la débâcle pitoyable de cet héroïsme, qu'avec ruse et silence j'avais fini par reconstruire [...]. A quelqu'un d'aussi monstrueusement sensible, les voies de l'action sont fermées à jamais[19] ».

Le sergent Rivière va « s'en tirer » par une autre forme d'action, plus conforme à son génie : la création d'une sorte d'université des baraques, l'organisation de conférences où il s'efforce de ne pas monopoliser la parole : plusieurs de ses camarades, Lauriol ou Decret sont des intellectuels ou des techniciens qui ont beaucoup à dire, et auxquels il va donner, précisément, l'occasion et le courage de s'exprimer.

C'est lui pourtant qui « ouvre le feu » en prononçant en février 1916 une conférence sur « le respect dû à la vérité » – le vieux thème abordé, repris, ressassé depuis le projet de livre entamé en 1906, au temps du début des échanges avec Paul Claudel. Mais il n'en est plus à relativiser « la vérité », à la pluraliser. Sa quête de vérité est désormais centrée sur Dieu, qui « ne nous intéresse que s'il existe », dit-il à ses compagnons. « S'il n'existe pas, à quoi nous servira de l'avoir démontré ? Mais s'il existe, qu'importe que nous n'ayons pas pu le démontrer ? Il ne faut pas le forcer*... »

Deux autres conférences suivront – sur « la mentalité du chrétien vu de l'intérieur » (septembre-octobre 1916) et sur « le catholicisme et la société » (décembre 1916), qui dut provoquer quelques remous, Rivière soutenant qu'entre les belligérants Dieu ne saurait prendre parti... Quand on pense au *Gott mit uns* des uns, aux proclamations du catholicisme, maurrassien ou péguyste, sur l'autre bord...

Mais Rivière ne se contente pas de cette fonction éducative. Il inspire d'autres interventions – celle de Maldague sur le spiritisme qui le laisse de glace –, de Blanchard, Chacornac, Vollot, Lauriol, Decret : Jacques Rivière a retrouvé son « emploi ».

Pourrait-il, sous la vareuse râpée et le képi en berne, oublier ce qu'il est – ce jeune homme dont les desseins de ce qu'il appelle maintenant la providence ont fait naguère le pilote de l'étrange embarcation qu'est la *NRF,* lui, adolescent amoureux et offert, sans armure, aux coups, aux éblouissements, aux révoltes sèches, aux abattements sans merci ? S'il l'avait oublié, le courrier qu'il reçoit à Koenigsbrück, de Copeau, de Gide, de Schlumberger, lui rappellerait qu'il est plus que jamais au cœur de cette aventure, dût-elle prendre, désormais, un cours différent**.

* Voir chapitre XIII, « A la trace de Dieu ».
** Voir chapitre XVII.

Tous, en tout cas, voués à des tâches diverses*, lui témoignèrent une égale sollicitude.

André Gide, qui s'est si affectueusement multiplié au moment de sa capture, manifestant à Isabelle une sollicitude sans ombre, a gardé le silence (intimidé ou persuadé que Jacques n'a droit qu'aux lettres de sa femme ?) pendant plus d'un an, ne lui écrivant qu'en décembre 1915. Mais sa lettre, alors, justifie une si longue attente :

> Mon cher Jacques,
> Je vous écris ce jour de Noël, le cœur tout plein de vous, ayant devant moi la petite photographie de vous que votre femme m'a remise avant-hier à la Revue. C'est donc vrai que je peux vous écrire, sans nuire à votre correspondance avec elle ? Par discrétion, je me suis tu ; puis par sur-occupation, par fatigue – et je ne parvenais pas davantage à écrire à nos amis sur le front ou ailleurs. Mais sentirez-vous aujourd'hui combien profondément je suis sincère en vous disant que mon affection pour vous n'a jamais été plus vive et plus constante que pendant tout ce long temps d'exil – ni plus tendre, ni plus grave, et mêlée de ce que vous me permettrez bien d'appeler de l'admiration…

La réponse que fait Jacques Rivière à André Gide, en date du 7 février, montre qu'il ne tient nullement rigueur à son ami de ce long délai de réflexion :

> Mon cher, si cher ami, quelle joie de voir votre écriture après si longtemps ! Je sens que nous vivons, que nous respirons plus que jamais ensemble. Ce que vous m'écrivez sur le danger d'élever la voix en ce moment, je le pensais exactement, et croyez que je ressens avec bonheur l'exquis réconfort que vous, Mme Gide, tous les vôtres, prêtez à Isabelle, et dont elle vous est si reconnaissante. Ah ! je pense à vous tous avec une telle force ! Dites à Jacques Copeau que je suis tourmenté de ne lui avoir pas assez montré ma tendresse dans ma dernière carte – Je m'adresse maintenant à Ghéon, de qui la lettre m'a tellement ému […]. Ainsi déjà je ne suis plus tout seul […]. Qu'il me tarde de vous voir, de vous écouter, de vous reconnaître !…

* Que ce soit pour des raisons d'âge, ou de santé, la plupart des « pères fondateurs » de la NRF et de leurs compagnons de route furent le plus souvent tenus hors de la ligne de feu, sauf, un temps, Jean Schlumberger, engagé volontaire, qui servit comme artilleur pendant plus d'un an, ainsi qu'Alain (Chartier) ; Roger Martin du Gard et Jean Giraudoux furent également au front, où Henri Ghéon servit comme médecin. Marcel Drouin réussit à se faire libérer de ses fonctions professorales pour s'engager : d'abord versé dans la territoriale, il fut réorienté sur les services « psychologiques » (comme on ne disait pas encore) chargés de l'étude du « moral » de l'ennemi, sous l'égide de Schlumberger (tous deux étant germanistes). Ruyters fut désigné comme interprète auprès des troupes anglaises. Copeau, réformé, fut envoyé en mission aux États-Unis. Gaston Gallimard, dont la santé s'altéra soudain, ne cachait pas son peu d'attirance pour le service en campagne, comme Léon-Paul Fargue. Ni Valéry, ni Suarès, ni Larbaud n'étaient aptes au service. Quant à Gide, il se dévoua activement au « Foyer franco-belge » de Paris aux côtés de ses amis Van Rysselberghe et Charles Du Bos.

L'allusion à une réponse à Copeau manifeste que le directeur du Vieux-Colombier n'a pas cru devoir attendre aussi longtemps que Gide pour lui faire connaître sa solidarité. Dès le mois de novembre 1914, il lui a parlé des « jours atroces » vécus dans l'ignorance de son sort et de l'impression de résurrection qui l'a saisi en apprenant la vérité : « Maintenant, nos pensées ont repris leur place. Je puis de nouveau imaginer l'avenir… »

Dans cette correspondance d'une ardeur si tendre qu'elle en est parfois presque gênante, ces échanges de guerre où naît entre eux le tutoiement sont comme un couronnement. Entre dix autres, cette lettre de l'aîné au prisonnier, du 9 décembre 1915 :

« Mon ami bien-aimé, je pense à toi plus que jamais. Je pense à toi, comme je crois que tu veux qu'on pense à toi. Sans lâcheté. Avec une forte, une virile tendresse, avec une constante amitié qui ne te lâche pas d'une semelle. Je suis derrière toi, je suis ton compagnon. Je voudrais être avec toi. Mais il vaut mieux sans doute que cela aussi nous soit refusé. J'admire que la destinée t'ait réservé précisément ce qui était le plus digne de toi. Je crois qu'il y a plus d'hommes capables de supporter la guerre qu'il n'y en a qui soient capables de supporter la captivité. Il me semble qu'il n'y a pas pour toi d'interruption ni de changement — mais un grandissement de tout ce que tu étais et aspirais à être […]. Tu es enrôlé dans un service plus dur et plus humain que celui des combats. Et plus tu seras patient, plus tu seras grand. Mon petit Jacques, j'ai suivi, je suis chaque pas que tu fais. Ah ! comme j'aurais voulu, comme je voudrais passer seulement ma main sur ton visage. Mon enfant, mon maître, toi qui as vu des choses que je ne verrai jamais… »

Deux fausses notes pourtant dans ce dialogue : une intervention de Copeau auprès de son ami — avec lequel, on l'a constaté, il a choisi soudain de passer au tutoiement, imité plus tard par Gide et Schlumberger — pour tenter de le détourner d'Yvonne Gallimard, et une démarche qu'il entame auprès d'amis suisses comme Ramuz et Auberjonois en vue d'obtenir sa libération à titre sanitaire.

Dans l'un et l'autre cas, d'ailleurs, le directeur du Vieux-Colombier, rabroué sèchement par Jacques Rivière, aura simplement précédé l'événement : il est difficile de mesurer la part que sa mise en garde aura eue dans l'amoindrissement du personnage d'Yvonne qui se marque vers la fin de 1916 dans les *Carnets* de Rivière, ni son poids dans le ralliement du sergent de Bordeaux à l'idée d'une libération sanitaire. Le fait est que, sur ces deux points, le prisonnier aura révisé, entre 1915 et 1917, ses conceptions.

L'histoire de l'adhésion de Jacques Rivière à l'idée d'un transfert vers la Suisse est extrêmement révélatrice de sa personnalité — si ferme et mouvante à la fois, portée à l'héroïsme et encline à considérer la réalité, sentiments et efficacité mêlés. Contradictoire ou complémentaire, le refus qu'il oppose au début de 1915 à la seule hypothèse d'un adoucissement de son sort y répondant par sa tentative d'évasion — et l'acceptation qu'il formule pendant l'été 1916, conduisant à son transfert, l'année suivante, à Engelberg ? Ni l'homme ni les circonstances ne sont tout à fait identiques.

C'est dès le mois de janvier 1915 que s'amorce le processus, du fait de Félix Bertaux, spécialiste des questions allemandes à la *NRF*, qui propose à Isabelle d'intervenir auprès d'amis allemands, professeurs à Dresde, pour qu'un adoucissement soit apporté à son sort — des visites, par exemple. Réaction indignée de Jacques, qui rabroue Isabelle d'avoir seulement fait écho à cette suggestion : « Lettre stupide ! »

Isabelle Rivière n'est pas une personne que l'on peut aisément décourager. L'idée chemine en elle, qui va se raccrocher à toutes les hypothèses. A la fin de la même année (1915), un camarade de captivité de Jacques (Blanchard, le libraire qui correspond avec sa famille à l'encre sympathique) fait mûrir un projet de rapatriement fondé sur l'idée d'un échange de prisonniers ayant leur diplôme de brancardier et qui pourraient servir, de part et d'autre, en tant que tels. Or Jacques a bien fait un stage à ce titre, en 1906 : s'il obtenait un certificat le qualifiant ainsi ?

Les tractations à propos de cette pièce durent plusieurs mois, mais quand Rivière présente celle qu'Isabelle a pu obtenir, le 27 mars 1916, on lui oppose que les inscriptions en ce sens sont closes depuis plusieurs mois. Faut-il alors se rabattre sur l'argument sanitaire, et arguer que le sous-officier girondin est d'une complexion fragile, menacé de mort par les privations auxquelles il est soumis, épuisé par le régime du camp et le climat ? Isabelle, frappée par une lettre où Jacques laisse percer sa fatigue et par une autre où il signale que son « brave compagnon Grimal » a été transféré en Suisse pour des raisons sanitaires, va déployer son énergie et faire jouer ses relations en ce sens — sans se laisser détourner par une réaction exaspérée de son mari, le 22 mai 1916 :

> Comme j'ai honte d'avoir fait le plaignassoux* pendant ces derniers temps ! Je m'étais pourtant bien promis que ça ne m'arriverait plus. Aller en Suisse ! Mais, ma chérie, je n'ai rien du tout : un soupçon d'anémie, et c'est tout. D'ailleurs la gymnastique que je fais tous les matins semble devoir me faire beaucoup de bien. Je me sens déjà bien mieux. Je n'ai besoin de rien que d'être un peu secoué ; toutes les langueurs et les mauvais rêves tombent, dès que je prends sur moi de faire un peu d'exercice. Me présenter pour la Suisse serait une lâcheté

* Vocable gascon, assimilable à « flemmard » et « geignard » à la fois.

> que je ne me pardonnerais jamais. Et d'ailleurs, je n'aurais aucune chance. Mais crois bien que ce n'est pas cette dernière considération qui me décide[20]...

Ce qui lui paraissait une lâcheté en mai devient, deux mois plus tard, une hypothèse recevable. Entre-temps, il a vécu son « deuxième cachot », châtiment que lui a valu la dénonciation par le prisonnier russe à l'issue de ce qu'il appelle « l'insignifiant procès » intenté par ses geôliers. Et c'est précisément au cours de cette épreuve harassante qu'il est convoqué pour un examen sanitaire. Plongé dans une crise religieuse dont témoignent alors ses *Carnets,* comment n'y verrait-il pas un « signe » ? Tant d'abaissement, et cette grâce soudaine ? Vocabulaire religieux : comment s'y soustraire, s'agissant d'un tel retournement, et en de telles occurrences ?

Simultanément, Isabelle reçoit des nouvelles d'un camarade de Jacques transféré en Suisse, un certain Groshenri, qui lui signale que son mari « n'a jamais été à l'infirmerie » et que du point de vue psychologique « le sergent Rivière n'est pas homme à se laisser abattre par la captivité », à tel point que c'est lui qui, depuis des mois, soutient le moral des hommes de la stalle II. Mais Isabelle préfère ne retenir de cet écho qu'une idée : la Suisse est accessible, pour peu que Jacques se laisse convaincre de « jouer le jeu ».

Et en août 1916, elle reçoit de lui un message daté du 27 juillet qui bouleverse les données du problème, à propos d'une lettre de Copeau qui rendait compte de ses démarches en vue du transfert, et de son espoir de fléchir enfin le prisonnier : « Les espoirs pour la Suisse se précisent, écrit Jacques [...]. Encore deux visites à subir [...]. Mais on peut espérer. » Un mois plus tard, il croit bon de préciser :

> ... Il faut que je m'explique, devant toi et devant lui *, au sujet de la contradiction que vous aurez sans doute notée entre mon opposition à ses projets sur moi et l'espoir que je t'ai avoué ensuite de les voir se réaliser. Vous avez dû me trouver bien bizarre et bien versatile. Ah ! que ne puis-je vous montrer toutes les circonstances qui ont influencé mes sentiments ! Plus tard vous me comprendrez mieux. Mais voici tout de même le principal : je ne me reconnaissais pas le droit de souhaiter cela de moi-même ; cela me semblait lâche. Puis quand un commencement de réalisation s'est produit quand même, je n'ai plus eu la force de contenir davantage le monde d'espoirs que cela rouvrait en moi ; surtout, j'y insiste, étant donné les circonstances où je me trouvais alors **[21].

* Copeau.
** Son séjour en cellule.

Dès lors, « réembarqué dans l'espoir », il n'est plus qu'attente et impatience. Le 11 septembre, lettre à Isabelle : « ... Bien que je risque de te préparer une désillusion, je ne puis m'empêcher de te dire qu'il y a peut-être quelques chances pour la réussite de vos projets sur moi. N'y compte pas trop. Mais il paraît. D'ailleurs, je sens, comme toi, cet espoir toujours renaître ; je ne peux rien contre lui. »

Et trois jours plus tard : « ... Je me réconforte avec ce grand espoir que je t'ai fait entrevoir l'autre jour et auquel je suis tout entier suspendu maintenant. Si la corde casse, quel patatras ! Mais tant pis ! Cela me soutient en attendant. Comme j'ai peur de te paraître lâche et inconséquent ! Mais je t'expliquerai tout, et tu me comprendras[22]. »

C'est dans une complète communauté de vues et d'espoir qu'ils vont désormais échanger informations et projets relatifs à « Noé Sarambuca » (parfois « le bienheureux Noé »). Le 11 décembre, il peut annoncer à Isabelle qu'il est inscrit « sur la liste d'échange ». Quelques semaines plus tard, néanmoins, il signale que plus d'un tiers des prisonniers dirigés vers la Suisse ont été arrêtés à Constance par les autorités allemandes, et refoulés. Et il lui vient un remords de se voir promis à un internement en Suisse, s'il s'agit d'une solution définitive, si donc ce n'est pas pour « servir » très vite en France. Écarté, préservé, annulé de la guerre ? Ce qu'il veut, c'est être rapatrié.

Mais, actionnés par ses amis suisses et français, les mécanismes sont les plus forts. Le 17 mai 1917, il écrit sombrement à sa femme : « Je suis comme une prairie foulée, abîmée... » Et pourtant, le 15 juin 1917, Isabelle reçoit ce télégramme de Zurich : « Arrivé Suisse. Lettre suit. Jacques. »

XII

La réminiscence amoureuse

Quand le sergent Jacques Rivière (vingt-huit ans) est amené au camp de Koenigsbrück à la fin d'août 1914, il n'y a pas deux mois qu'il a cru mettre un terme — un suspens ? — à son aventure avec Yvonne Gallimard (« les délices auxquelles je renonçais »). Deux mois : c'est précisément la durée de sa séparation qu'il a fait prévoir à son amie en la quittant dans la soirée du 1er juillet à La Celle-Saint-Cloud, s'attirant ce paisible reproche : « Deux mois ? Ce sera bien long... »

Ignorant bien sûr à cette date les rendez-vous qui leur sont préparés, il a choisi, pour mieux donner le change (à elle, ou à lui ?), ce délai conforme à celui qu'impliquent souvent les vacances, de juillet à septembre. Bon usage de l'art délicat des ruptures... Mais depuis lors, l'histoire furibonde a balayé ces acides délicatesses, ces chagrins rentrés et sentiments en écharpe. Le grand massacre, la mort vue de près, les humiliations de la captivité, la mort d'Henri : où sont désormais ces opérations au pèse-lettre, ces esquives millimétrées ?

Le voici donc, à la date fixée pour fin de la séparation, incarcéré chez les Saxons et persuadé, par ce qu'il a vu de la bataille et deviné de la puissance allemande, que l'issue de la guerre n'est pas si proche qu'elle puisse le ramener bientôt parmi les siens.

Le cataclysme aurait pu dissiper le souvenir des amours suspendues, ou le chasser, brutalement, dans un immense « avant » collectif, avec la tendresse de Copeau, la sollicitude de Gide, la pesanteur tonique de Claudel, la chaude camaraderie de Gaston, les douces attaches de Cenon — ne laissant émerger que le noyau vital, Isabelle et sa fille. Mais non : le sergent n'est pas plus tôt installé dans la baraque n° 5, que le souvenir doux amer le saisit.

C'est le 18 septembre qu'il entame la rédaction — tardive, hachée — de son journal de captivité, que nous lisons aujourd'hui sous le titre de *Carnets*. Et dès le lendemain, le 19, il évoque, sans nommer Yvonne, le souvenir de leur escapade aux alentours de Fontainebleau où, sous couleur de rechercher pour elle une maison de vacances, il a conduit Yvonne — cette journée qui a été la plus amère, peut-être, de leur relation, celle où l'ambiguïté a culminé. C'est alors qu'« Aimée », selon le narrateur du roman, a senti grandir « un dépit violent » contre l'amoureux pusillanime qui la « promène à travers [ses] odieuses hésitations ».

Commentaire du prisonnier Rivière : « Pourquoi mon passé me semble-t-il toujours honteux ? [...] Souvenir de la promenade à Moret. Qu'y a-t-il là pourtant de si pénible ? Pourquoi voudrais-je tant corriger ce jour de ma vie ? Il me semble que c'est uniquement parce qu'il est passé, et plus passé que tout ce qui m'est arrivé depuis[1]. »

Ainsi, l'angle sous lequel Jacques renoue avec sa chaste aventure est précisément celui où elle ressemble le plus à un échec, un inaccomplissement lâche (en un cadre pourtant propice aux accomplissements de cet ordre), provoquant le « violent dépit » de la femme aimée — plutôt que tel ou tel épisode où sa retenue prit une figure plus héroïque, mieux accordée aux réserves d'Yvonne et à la loyauté qu'il devait à son ami.

Il lui arriva souvent, évoquant cette histoire, de balancer entre le sentiment d'un échec et le souvenir d'une victoire sur soi. Retenons pour l'instant que si le prisonnier est ressaisi d'abord par la réminiscence amoureuse, c'est en tant que vaincu par timidité, non de vainqueur par vertu. Effet de la situation humiliante où il se trouve ?

Ce qui est clair, et le deviendra davantage, c'est que cet amour dont on peut dire qu'il enfièvre sa vie depuis un an (si, négligeant la période d'incubation, on s'en tient aux manifestations écrites * et aux épisodes vécus) ne hante pas moins sa mémoire du fait d'être resté chaste. Bien au contraire. Tout autant que sa condition de détenu, propice aux remémorations fiévreuses, la conscience où il vit de son « échec » amoureux va donner à ce souvenir la sombre tension et les couleurs d'incendie des bonheurs refoulés.

Avant d'être réinvesti par le sentiment amoureux, il est vrai que le prisonnier de Koenigsbrück est engagé dans ce qu'on ne peut plus définir comme une « crise religieuse », ainsi qu'en 1912 ou 1913, mais dans ce que l'on appellerait une « capitulation » à Dieu — si ce lourd vocabulaire claudélien n'avait, en ces circonstances et en ces lieux, une connotation insupportable. Jacques, lui, se dit alors « jeté à Dieu ».

On reviendra bien entendu sur ce cheminement « à la trace de Dieu » — si bien marqué d'une page à l'autre des *Carnets* de guerre qu'Isabelle Rivière n'aura pas eu de peine à en faire, sous ce titre, un édifiant manuel d'apologétique. En attendant de rechercher ce qui appartient ici aux circonstances propices à de telles effervescences spirituelles, et ce qui est plus profondément inscrit dans l'histoire intime et le personnage de Jacques Rivière, écrivain français, il faut relever la fréquence des

* A dater des lettres d'« excuses » écrites à Yvonne et à Gaston après le séjour de 1913 à Bénerville (voir chapitre VIII, p. 218).

références aux maîtres spirituels, saint Thomas d'Aquin, saint Augustin, sainte Thérèse d'Avila, qui émaillent les pages griffonnées par le sergent de la baraque n° 5, entre deux corvées de patates et deux traductions publiques de la presse allemande.

Est-ce à dire que cette ferveur ne pouvait que le détourner du fantôme de la dame interdite ? Certes, non. Le « fuyez, douce image ! » du jeune des Grieux au moment de prononcer ses vœux à Saint-Sulpice n'est pas du tout le fait de Jacques Rivière — dont il faut relever, sans crainte d'y revenir, ce trait tout à fait extraordinaire, et que certains mystiques pourraient peut-être lui envier : « Je lui demandais de me rendre plus tendre pour lui. Et je lui disais " Mon Dieu, faites que je vous aime comme j'aime Y. " » (Ce qui va tout de même assez loin, s'agissant d'une part de Dieu, de l'autre de la femme de son meilleur ami...) Et Jacques note aussi, citant son cher Frizeau : « Tout mouvement vers Dieu s'accompagne d'un réveil de l'amour pour les créatures[2]. »

Rivière n'est pas alors seulement « jeté à Dieu », et par là plongé dans un climat où il croit pouvoir donner à l'amour son acception la moins restrictive. Il se trouve aussi qu'il est le mari d'Isabelle Rivière, pour laquelle il éprouve des sentiments d'une force intacte, qui est la mère de sa petite fille très aimée, et qui, dans les circonstances cruelles où il se débat, est le lien essentiel qui l'unit au monde. C'est par elle que tout passe, informations, démarches, et, nous l'avons vu, plus déconcertant, jusqu'à sa plus claire déclaration à l'Autre *...

Entre lui et l'obsédant fantôme d'« Aimée », Isabelle l'intrépide se dresse, dans un mélange extrêmement subtil de réprobation, de compréhension, d'analyse critique, d'élans affectueux. Dans cette configuration sentimentale et intellectuelle bien digne d'un groupe d'où ont surgi *Le Partage de midi* et *La Porte étroite,* en attendant, autrement, *Les Jeunes Filles en fleurs,* les relations entre le prisonnier Jacques Rivière et celles qu'il aime — et ceux qu'il aime — ne cessent de s'approfondir, de se nuancer, de s'exalter aussi. Et nous n'en sommes qu'au début, avant l'entrée en scène, comme on ne peut résister à l'écrire, de Copeau...

Pour s'en tenir au triangle central, il faut citer une notation du sergent de Koenigsbrück, datée du 28 novembre 1914. A propos de ce qu'il appelle « cette surabondance dont je suis gonflé », et de l'élan de son « âme qui va vers toutes les deux à la fois et qui les embrasse pareillement ! », il écrit ceci : « Depuis ma plus naissante jeunesse, j'ai senti ce besoin de deux femmes et en même temps l'étoffe en moi pour les aimer à la fois [...] chacune d'une passion, d'une fureur, d'une préférence infinies [...]. Il est tout de même redoutable qu'un tel rêve soit devenu la réalité[3]. »

Tous les efforts d'Isabelle pour réaffirmer ce qui lui est « dû » — sur un

* Voir plus haut, p. 222.

ton qui ne cessera jamais d'être digne, qui restera en tout cas exempt de toute sommation, menace ou délire — ne retiendront pas la pensée désirante de son mari de se déployer vers l'autre avec une sorte de jubilation mélancolique. Peut-on soutenir que ce n'est jamais au détriment de la relation entre Jacques et Isabelle ? On serait tenté de dire que oui — que cette fugue-ci n'étouffe jamais ce contrepoint-là, que l'élan lyrique vers la plus lointaine ne fait jamais moins exigeante, donnée et reçue comme telle, la présence de la plus proche. Quand on a su faire converger, comme le Rivière de 1909, le gidisme le plus vibrant et le claudélisme le plus impérieux, que ne saurait-on conjuguer dans le domaine du cœur ?

Si Dieu ni Isabelle ne peuvent brider l'ardeur qui porte le prisonnier de la baraque n° 5 vers le fantôme de la dame de Fontainebleau, que dire de la littérature qu'il dévore ? On le trouve, de page en page des *Carnets,* attentif à Goethe et à Saint-Simon — mais à nul autre autant qu'à Racine. D'octobre à décembre 1914, et encore pendant des mois en 1915, des pages entières de *Phèdre* et d'*Andromaque* sont recopiées, de sa belle écriture sage, dans les *Carnets* : Hermione, Oreste, Phèdre sont là, parlant et maudissant par sa bouche, et déjà il découvre en eux les personnages les plus « dissolus », les plus dégagés de la morale et des normes qu'ait produits une littérature marquée du signe apparent du christianisme.

Redoutables compagnons de route. Se voit-il en Phèdre, luttant corps à corps contre l'amour interdit ? En Hippolyte, se refusant comme lui, en Oreste refusé comme lui, en Titus « malgré lui », en Hermione assoiffée ? Voit-il en Yvonne une Andromaque incertaine, une Bérénice en sursis ? C'est au cœur de cette mêlée tragédienne qu'il vit, ce Jacques Rivière dont nous ne lirons pas le grand essai sur Racine projeté vers 1923 — qui eût couronné sa carrière critique.

Le degré d'intimité où il se sent alors avec les personnages de Racine, nous pouvons le mesurer dans les développements que Rivière, rédacteur des *Carnets* et auteur d'*Aimée* — et prisonnier en Saxe... — consacre au mot « ennui ». Dans ses notes, il a mis l'accent sur la force que peut prendre ce vocable apparemment si banal : « Profondeur du mot : *ennui,* pour exprimer l'état où vous met un amour impossible... » Ce qui devient, dans le roman : « ...Je compris alors ce que veulent dire les amants de Racine quand ils parlent de leur ennui... » « Rien ne peut donc charmer l'ennui qui vous dévore ? » demande Bérénice à Titus. Et certes, dans son acception racinienne de déprivation obstinée, d'exil affectif, c'est bien d'ennui qu'est frappé celui qui va devenir l'auteur d'*Aimée*.

Le voilà donc errant de Mycènes à Trézène, en quête d'une Phèdre et d'une Bérénice qui auraient le long regard sombre de la dame de Bénerville, sa démarche un peu retenue, sa brusquerie par instants sauvage, ce quelque chose de noir, de longiligne et de hardi qui la rend incomparable entre tous les êtres qu'il a connus. « Ma grande... » Comme il la voit bien arpentant le vestibule d'un palais d'Aulide ou de la Chersonèse, rabrouant Oreste et défiant Agamemnon...

*

Essayons de nous le représenter, le sergent Rivière, au camp de Koenigsbrück. Il vit une plume à la main. Si l'on fait exception des services qu'il rend en tant que lecteur et écrivain public, rédigeant pour celui-ci un en-tête, pour celui-là une conclusion, la seule lecture de ses textes de captivité donne une idée du temps qu'il passe à couvrir de son écriture sage les quatorze cahiers de son journal et les dix chapitres d'*Aimée* entre le milieu de septembre 1914 et l'été 1916 — où tout alors commence à se brouiller — puis encore quelques semaines au printemps de 1917.

Il a tenu à dissimuler tout ce qu'il écrit, hormis les lettres aux siens. Aucune description de ses cachettes ne nous est donnée, sinon de celle qu'il trouve à Hülseberg pour camoufler, entre deux lattes de la cloison de bois qui sépare son cachot de celui du voisin, le manuscrit du dixième chapitre d'*Aimée,* celui-là même qui sera traité d'« idiotie » et foulé aux pieds par l'officier gardien. Quels que soient les « trucs » utilisés, il faut tenir compte des conditions dans lesquelles furent rédigés ces textes, en catimini, dans la hâte et l'angoisse.

Mais quels espions, quels mouchards, quels geôliers pourraient détourner ses pensées de la dame à la démarche haute ? Qu'il la nomme « Y », ou « Aimée » à partir de l'été 1915, ou simplement « elle », ou qu'il ne la désigne pas, ne l'évoquant que par la scène dont elle a été le centre ou l'héroïne, que par le lieu qu'elle a peuplé de sa présence unique, elle fait régner sur ces pages une manière d'envoûtement — plus romanesque, ainsi que dans le roman que Jacques Rivière lui consacre, comme pour se délivrer de l'obsession. Ainsi les *Carnets* de 1914, 1915 et des six premiers mois de 1916 sont-ils un chant d'amour murmuré, comme par un enterré vif, pour revivre et aussi, et surtout — s'agissant de Rivière — pour y voir plus clair.

Rien ici ne remplace les citations, tant elles manifestent ce que représente, pour cet homme enfermé, « livré à Dieu » et lié, sans rémission, à Isabelle, l'évocation délibérée ou le surgissement impromptu de cette femme évasive, invaincue — qui est la femme de son ami.

Une approche d'abord, furtive et anonyme — au point qu'il faut une note d'Isabelle elle-même[4], la guetteuse, pour nous assurer qu'il est bien question, là, de la femme qu'a aimée son mari. 22 septembre 1914 :

> C'est comme un nid dans ma mémoire. Extraordinaire plaisir dès que ma pensée s'en approche. C'est comme un bois plein d'odeurs. Je sais

tout ce que j'y trouverai. Et pourtant je m'attends à des découvertes, comme s'il s'agissait de l'avenir [...]. Le moment où je me prépare à y penser plus délicieux que celui où je tombe enfin dans la pensée elle-même[5]...

Le voici tout entier à sa proie attaché, saisi de voracité analytique. 18 novembre 1914 :

Étrange devoir qui me saisit ! Il faut que je m'acharne autour d'elle, il faut que je la dise toute, et comme elle est *. Terrible morale de l'écrivain ! Même où mon amour refuse de voir, je ne sais quelle force terrible me pousse et m'oblige à reconnaître, bien plus, à exprimer. Toute mon âme contrainte à la trahison [...] Oui, il y a du péché là-dedans, mêlé à la religion et confondu avec elle [...]. C'est le péché qui fait ce goût ravissant, cette chaleur victorieuse que je sens ; il y a la couleur, l'odeur de la créature dans mon extase [...] Amie, ingrate, et si justement faite pour justement l'amour que j'ai de vous ! [...] Comme celle de Dieu, la pensée que j'ai d'elle, c'est une espèce de règne en moi, un cercle où je suis aspiré par instant [...]. J'entre en pensée d'elle brusquement, et dès ce moment, tous mes mouvements sont commandés ; je suis comme une feuille qu'on voit dans un ruisseau en proie à des tournoiements et à des glissades subites[6]...

Le voici agressé par telle évocation, telle vision ou rêve, qui lui révèle la constance et la force de l'obsession – de la possession ?

28 novembre 1914
Amie, votre nom tout à l'heure prononcé par des gens qui ne vous connaissent pas. [...] Et moi, et moi, plongé dans mes mains, je m'effondrais en lui, je fuyais en lui, comme par une blessure en plein cœur, ô chère aimée [...]. Il faut se taire. Pas le droit. Qu'une chose si belle puisse être en même temps si monstrueuse !

Et le lendemain :

Visage d'Y, cette nuit, au milieu d'un rêve – brillant, profond, éclairé par son rire terrible. Ses yeux. Ça n'a duré qu'un éclair. Mais c'était elle[7]...

Le 25 décembre 1914, c'est encore le personnage de la dame interdite qui surgit des pages du *Carnet* :

Pour ce temps de Noël, ce qu'il y a de plus ardent dans mes souvenirs est venu me relancer [...] Ainsi je me revoyais dans le grand fauteuil de cuir de la rue St-L. ** et elle allant et venant dans la chambre. Je revoyais avec une effroyable précision la grande démarche bien-aimée – légèrement entravée, légèrement raidie et retardée[8]...

* Il a donc commencé la rédaction de son roman.
** Saint-Lazare, chez les Gallimard.

Trois lignes plus bas, détachés du paragraphe, isolés comme pour une proclamation, un défi, ces cinq mots : « La jubilation de l'amour. »

Et puis, il y a aussi les affres de l'attente, de la privation, les déceptions du correspondant que de trop rares réponses viennent enchanter. Le 30 janvier 1915, par exemple :

> J'attends une lettre d'Y. Je sens cela à ma fatigue et à ma contraction intérieure. Dès maintenant la réponse à ma deuxième carte même peut venir. Si elle ne vient pas, c'est qu'elle ne veut pas m'écrire. Et alors, c'est qu'« il y a eu quelque chose ». Ce serait horrible[9].

Son attente prend de temps à autre la forme du désir suspendu, ou refoulé ; voici pourtant, le 7 février 1915, ce trait :

> Le besoin d'embrasser Y., le baiser que je lui donnerai quand nous nous reverrons. Pour attendre encore si longtemps, quelle patience, quel courage il me faut [...]. Et dire que je n'oserai peut-être même pas !

Et le lendemain, à propos de ces possibles retrouvailles, cet aveu éloquent :

> ... que le moment où nous nous reverrons sera aussi pour elle un bonheur, ah !, il n'en faudrait pas plus pour que cette affreuse année de prison ait un sens... pour que ma vie ne soit pas perdue [...] Car enfin, elle est le seul événement, la seule chose qui se soit passée pour moi depuis le mois d'août [...] Ah ! que vais-je dire là ! Quelles choses horribles l'amour peut faire penser et dire ! Mais si je n'inscrivais pas dans ce carnet tout ce que je sens, à quoi servirait de l'avoir tenu jusqu'ici ?

Cet aveu, et le haut-le-corps qu'il a provoqué en lui, révèle en tout cas la prise de possession de sa conscience et de ses sens par la dame de Bénerville. Au plus fort de son travail romanesque, il est doublement saisi : par le souvenir de cette femme qu'il a aimée, et par la projection de cette femme qu'il crée, à partir de l'autre, mais de lui-même, par la force de son analyse, et de son écriture.

Jacques Rivière est-il en train d'opérer une sorte d'érotisation de son aventure par le rêve ? On sait que ce processus créateur ne lui était pas inconnu et qu'il lui avait consacré l'un de ses premiers essais, en novateur audacieux. Au surplus, la solitude sensuelle du prisonnier est propice à ce type d'envoûtements obsessionnels.

Le fait est que cette soudaine évolution, à partir du début de 1915, remet en question non seulement la « rupture » et les « adieux » du 1er juillet 1914 — en son esprit irrévocables ? — puisqu'il est de plus en plus souvent question dans les *Carnets* de retrouvailles, mais aussi le caractère platonique de la liaison originelle. Le prisonnier de Koenigsbrück ne peut revenir sur ce qui fut l'essence de son aventure : la contention. Mais il semble de plus en plus empli d'une nostalgie sensuelle, et enclin à reprocher à son héros, François, ce qui dans les *Carnets* est qualifié d'« odieuses hésitations ». Une sourde visée de revanche ?

Un examen plus attentif d'*Aimée* et de sa place dans la vie et l'œuvre de Jacques Rivière ne saurait trouver place avant ses retrouvailles de l'automne 1918 avec Yvonne, et le long travail de mise au net de l'œuvre, qui ne sera publiée qu'en 1922 *. Mais il faut s'arrêter un instant ici à la rédaction des deux premières versions de l'ouvrage, qui, elles, sont parties intégrantes, on dirait même structurantes, de la vie du prisonnier.

On a relevé des traces de la mise en train de l'œuvre dès le mois de novembre 1914, peu de semaines après son installation au *lager*. Dès cette époque, il parle de son « devoir d'écrivain », de l'impérieuse nécessité de ne rien cacher d'« elle ».

Mais la relation, sous forme romanesque, de son aventure de 1914, Jacques Rivière l'a entamée dès avant sa captivité. On a fait allusion déjà ** à l'« enveloppe blanche » où Isabelle a trouvé la première esquisse du récit, vraisemblablement rédigé entre le 1er juillet et le 2 août 1914, entre les adieux de Saint-Cloud et la mobilisation : c'est là, semble-t-il, l'amorce de ce qui deviendra *Aimée,* rédigé pour l'essentiel en captivité mais longuement repris, retravaillé après la guerre et le renouement entre Jacques et Yvonne Gallimard.

Sous la forme qu'elle prend en captivité, l'entreprise relève-t-elle d'une exigence d'inspiration plus ou moins religieuse de « confession » ? D'une volonté de *catharsis* ? De la propension naturelle de l'auteur à l'analyse ? A diverses reprises, il parlera avec dégoût de ce besoin de l'écrivain de faire usage de tout, de faire feu de tout, vice ou vertu.

Ce feu, il le fait néanmoins, mettant sa vertu à être vrai, à surmonter, aussi, sans défaillance, les exécrables conditions de travail auxquelles il est soumis. Ses *Carnets* sont émaillés de réflexions très professionnelles sur son travail de conteur et de portraitiste, notamment ce 28 avril 1915 où il trouve que son « Aimée » manque de vie, de mouvement, d'« expérience », qu'il faut la rapprocher de l'« épreuve », l'écarter de son propre « point de vue », en venir à une sorte de « décousu » (dans la ligne de son essai de 1913 sur « Le roman d'aventure »...).

Ainsi écrit-il en huit ou neuf mois (novembre 1914-juillet 1915) la première version d'*Aimée*, surchargée de ratures et de « repentirs » — mot du vocabulaire technique de l'écrivain qui prend ici un sens tout particulier, dans la mesure où le personnage d'Aimée ne se déploie pas

* Dans le n° 59 du *Bulletin des amis de Jacques Rivière et d'Alain-Fournier,* M. Bernard Melet a procédé à une très soigneuse et suggestive description des divers états du roman, répartis en trois chemises dans les archives d'Alain Rivière à Viroflay, ainsi que des « placards » qui y sont joints.

** Voir ci-dessus, p. 222.

sous le regard de François sans que veille dans la pénombre (le plus souvent) celui de l'épouse, Marthe. Et les « repentirs » prendront ici la forme extrême et très explicite d'un texte additionnel, le chapitre x, où, en forme d'amende honorable, sera proclamée la victoire, muette mais d'autant plus éclatante, de la légitimité.

De ce débat, on isolera encore quelques traits où se manifeste aussi bien l'intense dualité affective de Jacques que sa fureur d'écrire. Le 6 mai 1915, une page des *Carnets* exhale sa rancœur contre Yvonne, dont un trop long silence * le pousse à bout :

> ... Vos lettres m'ont trompé. Tous ces mots d'affection et de promesse, ce n'était qu'une aumône. Ah ! pardon, je sens que ce que je dis là est affreux et injuste. Mais songez combien je suis seul, seul, seul ! Et quelle monstruosité peuvent prendre les moindres idées si loin de vous.

Et, quelques heures plus tard, cette méditation frémissante :

> Je pensais ce soir, me plaçant en face de mon œuvre et des circonstances dans lesquelles j'écris, que c'était un vrai scandale, une espèce de crime comme moi seul suis capable d'en commettre. Je pensais : si je mourais maintenant et que cela reste de moi et soit recueilli, et lu, ainsi inachevé [...]
> Est-il possible que l'obligation créatrice soit assez terrible pour me contraindre à offenser ainsi ce que j'ai de plus cher au monde ? Mon I[sabelle], ma bien-aimée, ma seule femme, pardonne-moi. Non, tu n'es pas offensée. Ne le crois pas. Ne va pas le croire. Tu es quelque chose de plus près de moi que tout. Tu es la chair de ma chair et l'âme de mon âme. Nous sommes un seul être ensemble.
> Ces jours-ci, je le sens, d'une façon terrible, cet affreux devoir du créateur. Je ne pense qu'à une chose : trouver le temps d'écrire ce que j'ai encore à écrire avant de partir d'ici. Tandis que toute mon âme aspire jusqu'à la rage à la fin de cet exil, devenu maintenant insupportable, autre chose en moi, justement l'esprit de création, craint de n'avoir pas assez de temps pour finir. Je vois devant moi ce qui reste à faire et j'ai peur de mourir trop tôt. Ces pensées, ces sentiments qui me restent à fixer, c'est le plus délicat, le plus précieux, le plus vivant de ma vie. Et pourtant je vois cela comme une chose, comme un objet à saisir. Je pense au temps qu'il me faut encore pour l'exprimer, pour le tuer...

Créer, tuer ? Parler, se taire ? Celle-ci, ou (et) celle-là ? Le prisonnier du camp saxon n'en finit pas d'osciller, muni tout de même de cette boussole, de cet objectif : son récit. Écoutons-le :

> Cette œuvre que je ne peux pas vouloir publier, que je n'oserai peut-être montrer à personne, que je ne peux imaginer sans frémissement de

* Il a tout de même reçu d'elle une carte, le 28 avril.

voir imprimée, je sacrifierais ma santé, tous mes plaisirs (pas mon bonheur) pour l'achever. Il me serait aussi impossible d'y renoncer que de m'empêcher de respirer pendant une journée [10].

Pour ne pas « offenser ce qu'il a de plus cher au monde », avec qui il est « un seul être », il va écrire, dans les circonstances et les lieux qu'on a dits, ce chapitre X qui est un hommage à Marthe : mais qu'il est étrange, cet hommage-repentir ! Comment ne pas voir, dans le choix de ce nom que tout chrétien oppose, en creux, à celui de Marie-la-mieux-aimée, et dans la substitution de cette sonorité mate et triste, aux radieuses syllabes d'« Isabelle », comme un repli, une restriction ?

Cette excroissance vertueuse du roman ne sera pas seulement le fruit d'un retour sur lui-même du romancier ressaisi par le catholicisme, ses interdits et ses exigences — mais aussi le résultat de pressions et adjurations très réelles et émouvantes.

Au moment même où, de réminiscences spontanées en très conscientes, très systématiques évocations des tête-à-tête du printemps et de l'été 14, Jacques Rivière semble avoir assuré en lui le triomphe de la Renoncée, de l'Irrégulière, de la plus absente, une double pression va s'exercer sur lui, venant des deux personnes qui sont le mieux en mesure de l'alerter : sa femme et son ami le plus intime depuis la mort d'Henri — Jacques Copeau.

C'est à la fin de novembre 1914 qu'était intervenue la première poussée de fièvre entre Jacques et Isabelle : rentrant de Cenon à Paris, elle avait découvert, on l'a dit, parmi les papiers de son mari rangés dans une malle avant son départ, une enveloppe blanche adressée à son nom sur laquelle était écrit : « A brûler sans lire si je ne reviens pas » : l'enveloppe qui contenait entre autres le récit de son aventure avec Yvonne.

Isabelle n'ignorait que peu de choses de l'affaire, sinon les derniers tête-à-tête de juin et du 1er juillet 1914. Mais ce qui la bouleversa, ce fut de trouver dans ces notes écrites par son mari au moment de rejoindre son régiment, cette phrase : « 2 août, jour de la mobilisation : je renie, j'abjure de toutes mes forces, ce qui dans ces notes peut sembler écrit contre elle » (il s'agit d'Yvonne, bien sûr), suivie d'un éloge de « l'extraordinaire délicatesse de sa conduite » envers lui. Ainsi, en ce moment solennel, Jacques Rivière n'avait rien eu de plus urgent à écrire que cet hommage à l'« Autre »...

Le prisonnier est informé par sa femme de sa découverte et de l'émotion qu'elle lui cause. Les *Carnets* portent trace des remords qu'il en éprouve. Lesquels seront plus vifs encore lorsque Isabelle aura lu le texte* de la carte que le captif, usant du truchement de sa femme, enverra à Yvonne en mars 1916 : aberration où il faut peut-être voir une

* Voir chapitre VIII, p. 222.

(inconsciente ?) ruse de romancier, si follement en quête de révélations psychologiques, qu'en bon élève de Gide il est incapable de maîtriser la tentation de provoquer, entre ses héroïnes, un court-circuit aussi illuminant...

Quand Isabelle lui fait part du « désespoir » que lui a causé cette lettre « expression même de l'amour » à l'adresse d'une autre, Jacques y est sensible, dût-il faire valoir une fois de plus que son attachement passionné pour Yvonne ne retranche en rien son amour pour elle, qu'il n'en est que l'extension indéfinie : il ne faudrait pas solliciter beaucoup ses plaidoyers pour y trouver quelque recours au concept de charité chrétienne...

Ce qui va jeter le prisonnier hors de ses gonds, c'est l'intervention de Jacques Copeau. On a dit l'intensité que revêtait leur affection, poussée au paroxysme par l'infortune du cadet, à laquelle le directeur du Vieux-Colombier prenait de toute évidence, au côté d'Isabelle, une part incomparable. Si vive était l'ardeur de ses échanges — et, nous le verrons, l'intimité de sentiments partagés avec Isabelle — que Copeau se crut autorisé à une intrusion dans les sentiments amoureux de son ami. Le 9 décembre 1915, il écrit à Jacques, en conclusion d'une longue lettre décrivant la situation des divers compagnons du « circuit » gidien, ces quelques lignes à propos de Gallimard :

« ... Gaston ne va pas bien. Il est dans un sanatorium en Suisse. Toujours les intestins. Mais aussi dans un déplorable état nerveux [...]. Il n'a aucun ressort. Sa femme est avec lui. Mais je doute qu'elle soit bien faite pour le remonter[11]... »

Jacques Copeau sait très bien à quoi s'en tenir sur la nature des relations entre Yvonne et Jacques, et la susceptibilité de son cadet : à la veille de la guerre, une simple allusion à cette « affaire » a failli lui aliéner l'amoureux. Croit-il que le cataclysme et l'absence — et la « rupture » dont il a dû être informé — ont fait Rivière plus étranger à cette femme que lui, Copeau, déteste ouvertement ? Son coup de patte à propos de l'incapacité d'Yvonne à faire le bonheur de son mari cingle le prisonnier comme une gifle. Sa première réaction est pour sa femme : « A l'instant, la lettre de Copeau [...]. Elle me met dans tous mes états, naturellement ; un tas de choses auxquelles je voudrais répondre, mais longuement, doucement, interminablement... »

Dans ses *Carnets,* le même jour :

> La lettre de Jacques. Ah ! pourquoi faut-il qu'elle soit gâtée par cette phrase de la fin ? [...] Quand je l'ai eu lue, tout le reste a cessé d'exister [...] Qu'a-t-il fait pourtant que d'exprimer une chose que je pense moi-même, dont *elle-même* peut-être s'aperçoit de son côté, dont il est impossible de ne pas s'apercevoir. [...] Eh ! quoi, s'imagine-t-il la connaître mieux que moi ? [...] Est-ce que je ne sais pas qui vous êtes, bien-aimée ? Est-ce que je ne vous l'ai pas dit le premier, et plus

> cruellement que personne jamais ne saura le faire ? Est-ce que vous ne m'avez pas entendu la première, et approuvé ? [...] Ah ! Jacques, puisque tu ne peux pas l'aimer, au moins laisse-moi seul avec elle. Tu ne sais pas ce qu'il y a entre nous [...] Tandis que moi je l'ai tenue, je l'ai forcée, je l'ai ouverte, plus complètement, plus douloureusement que si je m'étais frayé passage en elle avec mon corps[12].

Beau, ce cri. Rien de moins naïf, et de plus déterminé. Le propre de l'amour est d'être lucide, fût-il plus fort que la lucidité. C'est en connaissance de cause, en connaissance d'elle, de sa dureté, de cette espèce d'impropriété d'Yvonne à l'amour dénoncée par Isabelle avec une honnête indignation, que Jacques se dresse, sans illusion ni délire. Si quelque voie en elle peut s'ouvrir à l'amour, c'est par lui, par son office, qu'elle le sera, pense-t-il. Lui seul osera franchir la muraille, ou s'y fracasser. Alors, qu'on le laisse mener son entreprise, comme Siegfried entrant dans le cercle de flammes.

Et pourtant... Et pourtant, cet amour brandi, et d'autant plus intense qu'on le conteste à ses yeux, qu'on le dispute à son cœur, il va peu à peu s'en détacher, s'en défaire, lui trouver mille failles, et — le comble ! — découvrir les « raisons » de cet éloignement.

Faut-il s'étonner que ce soit du fait des épreuves subies par Gaston Gallimard, son ami, que Jacques Rivière ait été amené à réévaluer son amour ? Nous avons vu que c'est par ce détour que Copeau avait lancé son offensive contre Yvonne, déclarée incapable de ranimer son mari. C'est encore par ce biais qu'Isabelle va faire surgir, chez Jacques, la première remise en question d'« Aimée » — autre que ses déplorations d'amoureux en quête de lettres et de témoignages d'attachement.

Le 18 mai 1915, le prisonnier avoue le « trouble » où le met une lettre d'Isabelle, qui exprime des inquiétudes sur la santé de Gaston. Ce qui surgit alors dans l'esprit et le cœur de Jacques, il ose à peine le confier à son carnet, « une idée que la fièvre seule a pu faire passer quelquefois dans mon esprit », des « vœux horribles qui ne me visitent que par accident » — et à ces aveux entrecoupés de « sauvez mon cher ami, mon frère ! », il donne cet étrange développement, vaguement faustien :

> ... le plus terrible en ce moment, ce n'est pas ma responsabilité, c'est la tienne [...] C'est la période de l'année la plus terrible pour elle *, celle où elle est reprise par l'esprit de joie et de solitude, celle où son démon se remet à exulter en elle. Ah ! je n'ai pas assez dit combien elle est épouvantable !
>
> Quand j'y repense, c'est une rencontre terrible qu'a faite Gaston en elle, et on ne peut lui en vouloir de l'avoir fait souffrir. Mon Dieu, faites qu'elle ne le tue pas ! Tant de faiblesse et de tendresse échouées

* Il s'agit bien sûr d'Yvonne.

> contre ce grand démon. Elle lui enlève la place de vivre ! Elle le chasse peu à peu. (Mon Dieu ! faites que ce ne soit pas vrai !)
> Il n'y a que moi qui puisse la suivre de mon amour dans les moments comme celui-ci. Et c'est une amère joie, une amère fierté, de me sentir ce privilège. Je suis le seul assez abominable, assez damné pour pouvoir respirer encore là où elle va. C'est à ces moments qu'Isabelle ne peut plus du tout la comprendre ni l'aimer.
> Et pourtant, malgré mon amour, malgré mon courage, en pensant tout à l'heure à la façon dont la destinée a l'air de la rapprocher peu à peu de moi – je ne peux pas le nier – *j'ai eu peur.*
> Toute la question est de savoir qui l'emportera d'elle ou de moi, ou plutôt des forces qui sont avec elle ou des forces qui sont avec moi ; ou plus exactement encore la question est : lequel de nous emportera l'autre avec lui ?
> Tenez-moi bien, mon Dieu !
> Faudra-t-il encore que je mette la main à l'ouvrage, faudra-t-il encore que je descende dans la fosse ?
> Il n'y a pas une ombre de romantisme dans tout cela *.

Et le lendemain cette dure notice :

« Il n'y a que moi qui puisse la suivre en ce moment, et encore elle s'en moque. »

Dès lors, c'est comme un long déhalage, entrecoupé de sursauts, de remords, d'assurances à soi-même qu'un tel amour ne pourrait s'étioler. De notation en notation pourtant, c'est comme un procès qu'il instruit, un processus de dessillement qu'il opère. Mais au lendemain de l'extraordinaire réquisitoire du 28 contre la sorcière, Jacques va lui demander pardon de ce qu'il a « inventé, fabriqué » sur elle, la supplier de la retrouver, de lui parler encore : le déchirement s'opère, comme d'un tissu.

Non sans de vifs retours de flamme. Notamment celui que provoqua une carte d'Yvonne Gallimard ** reçue le 20 décembre 1915, d'un ton très neuf et qui bouleversa le prisonnier. Notation dans le *Carnet* en date du 21 décembre :

« ... Cette carte d'hier, que je n'attendais qu'à peine, à la façon dont il a submergé tout le reste et produit ce redoublement d'allégresse en moi, comment douterais-je que j'en ai pour la vie avec cet amour ? [...] Une phrase surtout me bouleverse (oui, c'est encore la meilleure lettre que j'aie reçue d'elle) “ Je vous aime et je vous *connais* de plus en plus... ” [...]. Aimée, cette carte scelle entre nous encore d'une nouvelle manière, plus profonde, plus tranquille, plus nécessaire, notre alliance [...] Ainsi, vous ne pouvez déjà plus vous dépêtrer de moi [...] Il y a quelque chose d'au moins étonnant dans ce qu'elle me dit “ J'ai donc eu raison de penser à vous avec tant d'émotion et d'intensité ”. »

* Pas une ombre ? Une flambée, plutôt...
** Cette carte n'a pas été retrouvée.

Le délitement, l'érosion de l'amour parallèle de Jacques ne s'en accomplit pas moins, à partir du début de 1916. En dépit des frémissements perceptibles dans la carte de décembre 1915, on peut en trouver une « raison » dans l'inégalité de ses échanges épistolaires avec Isabelle d'une part, Yvonne de l'autre. L'amour n'est pas un concours littéraire. Tout le talent du monde ne suffit pas à assurer le suffrage, ni la ferveur montrée. Mais en l'occurrence, le déséquilibre est trop fort entre la tendre éloquence d'Isabelle et les cartes « arides » (à l'exception de celle du 20 décembre 1915) qu'il reçoit d'Yvonne. Les *Carnets* sont parsemés de moroses réflexions sur ce thème... Chez un homme de mots, comment une telle carence n'aurait-elle pas compté ? Dût la longue silhouette brune traverser soudain le champ de mémoire de Jacques, bouleversante.

Une usure par les mots, par l'analyse, par une lente sédimentation critique, ou ce qu'il appelle un « changement d'optique » ? Comme elle est curieuse, cette notation à propos d'une nouvelle de Balzac, *Les Secrets de la princesse de Cadignan,* qui fait paraître à nu certain esprit d'intrigue féminin.

« Horreur, tristesse d'avoir été dupe moi aussi. Car bien que je ne puisse lui supposer une conduite aussi méditée, aussi intentionnelle, tout de même il y a eu certainement de sa part ce désir de m'attacher à elle, *quoi qu'elle eût elle-même dans le cœur*. Et c'est là qu'est l'essence de la tromperie. Que je la voyais froidement, cruellement en lisant ça, hier soir ! Est-ce que cela durera ? Est-ce que cette flamme est morte [14] ? »

Le basculement de ses amours, on le mesure à ce trait du 23 novembre 1916 : « Déception hier, quand on m'a remis la carte d'Aimée, en voyant que ce n'était pas une lettre de Marthe *. » Ou encore cet autre : « ... J'étais inconscient de la couleur que cette passion [pour Aimée] donnait à toutes mes pensées, à tous mes goûts, à tous mes jugements. Je ne le vois que maintenant, que j'en suis séparé, détaché, et que je me relis [15]... »

C'est encore à un autre degré de lucidité critique, de férocité, qu'atteint Jacques, réécrivant son livre en mai 1917 :

« ... Je comprenais mieux à quelle impossibilité je m'étais heurté, quelle âme vraiment inaccessible j'avais eue devant moi pendant ces mois cruels [...]. Il n'y aurait eu qu'un parti : la prendre par les épaules, la heurter violemment contre moi, coller de force mes lèvres à sa bouche et boire jusqu'à ce qu'elle crie [16]... » Est-ce là un rejet définitif ? La forme que lui donne Jacques Rivière n'est pas tout à fait convaincante. Est-ce parce qu'on le voit mal dans le rôle de Valmont ?

Ainsi, à partir de l'été 1916, on peut considérer que le prisonnier de Koenigsbrück, devenu l'auteur d'*Aimée,* est ressaisi tout entier par sa femme : il ne juge pas superflu de lui écrire qu'elle « règne seule sur [ses]

* Cette carte non plus n'a pas été retrouvée.

Le professeur Maurice Rivière, Reine Rivière et leurs deux fils aînés : Jacques à droite, Pierre à gauche.

Jacques (10 ans), à l'époque de la mort de sa mère, et Pierre véhiculent la petite Jeanne.

Jeanne, dite « Juanita », déguisée en gitane, au temps où, dans une tragédie de Jacques, elle mourait trois ou quatre fois assassinée.

Jacques (17 ans) sur une plage du bassin d'Arcachon, à la veille du départ pour la « khagne » de Lakanal.

Le premier des sports pratiqués par Jacques à Cenon : la pelote basque.

Une des machines de ces fous volant qu'il admirait tant.

En 1915, vêtu en guerrier, l'oncle Paul, dit « Paulus », fou de bel canto, boute-en-train du phalanstère des Fermaud à Cenon.

Élève à l'école de santé navale, Marc, le petit frère chéri, qui jouera les intercesseurs entre Alain-Fournier et Yvonne de Galais...

Au temps où il écrit *Le Grand Meaulnes*, Alain-Fournier, l'ami doublement fraternel.

En famille, on l'appelait « Chuchundra », la petite Isabelle Fournier, si timide. Épouse de Jacques Rivière, elle allait montrer ce que peuvent les timides, poussés par une conviction passionnée.

Ne cherchez ni Jacques Rivière, ni Alain-Fournier, ni Gaston Gallimard parmi ces vaillants rugbymen de 1911. Pensez simplement que leur équipe de la « Jeunesse littéraire » devait ressembler à celle-ci.

A Cenon, dans le jardin de Saint-Victor, au début de la guerre. Entourant la brodeuse Isabelle (au centre), les deux fameuses tantes, « Toutou » (à droite), Émilie (à gauche), Jacqueline est assise devant sa mère. En haut à gauche, « tante Michelle » qui éleva les enfants Rivière.

L'œil de « Tête d'or », la moustache de Turelure, cou de taureau planté dans les épaules, Paul Claudel au temps des *Cinq Grandes Odes*.

Non, ce n'est pas un poète symboliste égaré sur les cimes : c'est Gabriel Frizeau, viticulteur bordelais, mécène et intercesseur entre Rivière, Claudel, Gide, Saint-John Perse et André Lhote...

Comme Marcel Proust, André Gide servit de modèle à Jacques-Émile Blanche. L'auteur de *Paludes* est vu ici avant la rencontre avec Jacques Rivière et l'ouverture du « dialogue innombrable ».

André Lhote, alors que le famélique rapin rencontré chez Frizeau est devenu l'augure de la *NRF* et le théoricien du cubisme.

Alexis Léger, devenu Saint-Léger-Léger, devenu Saint-John Perse, pour qui Jacques Rivière avait réinventé la critique, en faisant un acte créateur.

L'ami le plus cher après la mort de Fournier, Jacques Copeau, directeur de la *NRF*, puis du Vieux-Colombier.

Yvonne Gallimard, entrée en littérature sous le nom d'*Aimée*.

Au colloque de l'abbaye de Pontigny, autour d'André Gide : Jean Schlumberger, Jacques Rivière et Roger Martin du Gard, de gauche à droite.

Ramón Fernandez fut l'intime des dernières années de Jacques Rivière, au temps des amours avec « Belone » et « Maggy »...

C'est en dialoguant avec lui que Jacques devait écrire *Moralisme et Littérature*, l'ultime dialogue, dernier visage.

sentiments ». Suspension, abolition du romanesque ? Certes non : simple déplacement du jeu des passions. Comme ordonnée par un dramaturge trop habile, l'intrigue va s'élargir, impliquant un nouveau personnage, Jacques Copeau.

On a vu, dès la disparition de Jacques Rivière, se nouer une alliance entre la femme et l'ami du prisonnier. De tous les proches de Rivière, c'est l'homme de théâtre, naguère son chef de file à la direction de la *NRF,* qui participe le plus hardiment aux recherches, à la mise en place du dispositif d'aide et de communication imaginé par Isabelle. C'est lui qui lui écrit le premier, avec le plus de chaleur, et qui reçoit du captif les réponses les plus ardentes, les plus explicites. Dès lors, Jacques le rangera, dans sa correspondance, parmi ses « bien-aimés ».

La situation ne va pas sans créer ou aviver entre Isabelle et Copeau une complicité d'autant plus passionnée que leur amitié avait déjà pris des formes ardentes : plus ou moins réservée à l'endroit des autres « pères fondateurs » de la *NRF,* la sœur d'Alain-Fournier s'était trouvée des affinités très fortes avec l'homme du Vieux-Colombier, personnage ambigu, plus encore séduisant, assez ouvertement agnostique pour donner éveil à son prosélytisme, et assez avide de spiritualité de toutes natures pour ne pas encourager ses espérances.

Ainsi la correspondance que tous deux entretiennent avec Jacques va devenir triangulaire, l'un et l'autre se déplaçant souvent, elle en Gironde, lui en Amérique. Et tandis que, dans son *stalag,* Jacques entretient, nourrit, analyse, exalte sa passion pour la femme de l'un de ses deux amis les plus proches, puis s'en détache lambeau par lambeau, se noue entre son autre ami intime et son épouse une relation qu'il serait trop simple de dire amoureuse, ou de la même nature que celle décrite dans *Aimée,* mais qui va à coup sûr bien au-delà de l'amitié. Là encore, il faut laisser parler les protagonistes.

Dans le beau livre qu'il a consacré à sa mère *, Alain Rivière publie une correspondance entre Isabelle et Jacques Copeau qui est parcourue d'un feu étrange, mal contrôlé, où la ferveur prosélyte de l'une et la tendresse protectrice de l'autre convergent en un amour plus singulier encore — et tout aussi platonique, semble-t-il — que celui que vivent Yvonne Gallimard et Jacques Rivière.

De janvier 1915 datent les premières lettres où affleurent, de part et d'autre, des sentiments qui n'osent trop se définir. D'Isabelle : « Il faudra que nous parlions de Jacques longuement, et aussi de vous malgré votre

* *Isabelle Rivière ou la Passion d'aimer,* Paris, Fayard, 1989, d'où sont extraits les fragments de lettres cités ici.

peur des choses essentielles... » De Copeau : « Mais non, mon amie, je n'ai pas peur des " chose essentielles ". Je n'ai que trop tendance à me jeter sur elles [...]. Attendons un peu, je vous prie [...]. Je ne sais par quel bout prendre cette énorme masse de choses et de sentiments et de connaissances qui vivent en moi [17]. »

Quelques mois durant, ils pourront croire que les échanges portent sur un « essentiel » de type religieux. Rejetant l'exemple, en ce domaine, de Claudel, Copeau salue en Isabelle un type de chrétienne selon son cœur. A quoi la jeune femme riposte en le reconnaissant lui-même pour chrétien — ce qui est pour le moins prématuré... Isabelle partie pour Bordeaux pendant l'été 1915, son confident hausse le ton : « Vous qui croyez m'aimer plus que je ne vous aime, pourquoi ne m'écrivez-vous plus ? »

Rentrés tous deux à Paris, ils se revoient assidûment : le sort du prisonnier Jacques est naturellement au cœur de leurs entretiens. Lettre d'Isabelle à son mari : « L'amour qu'il a pour toi me bouleverse profondément [...]. C'est notre meilleur ami, et de beaucoup. » Le prisonnier observe qu'« il se fait entre nous une grande consommation de sentiments sublimes ». Sublimes, peut-être, mais ambigus à coup sûr, et intenses.

Citons Alain Rivière :

« L'amour est [...] un feu qui brûle, et même dévore. Jacques Copeau et Isabelle vont en faire l'expérience. Une lettre étrange d'Isabelle nous laisse entendre que, en janvier 1916, les cœurs ont peut-être débordé : " Est-ce que vous avez dormi, Jacques ? écrit Isabelle après une rencontre dont nous ne savons rien sinon que Jacques s'est mis à genoux pour supplier Isabelle de lui dire qu'elle l'aimait. Il me semble que tout a disparu [...], j'ai si peur de sentir qu'il y a eu quelque chose de changé, un petit déplacement, quelque chose a tourné et vous ne me voyez plus dans la même lumière. [...] Jacques, je crains tant de vous avoir fait mal, vous m'avez dit que je vous avais fait mal... " (13 janvier 1916). Copeau répond : " Ma petite enfant chérie, rien de changé. Rien de déplacé. Rien que cette pensée : voilà la joie qu'il y avait en elle [...] " [18]. »

Isabelle, le 31 décembre 1916 : « Je ne demandais rien que de vous connaître parce que je vous aimais [...]. Laissez-moi [...] me blottir un instant contre vous [...] Vous m'appeliez " ma petite enfant chérie ". Est-ce que c'est encore vrai ? »

En janvier 1917, Copeau part pour les États-Unis. Alors qu'elle multiplie les demandes qui vont conduire deux mois plus tard au transfert de Jacques Rivière en Suisse, Isabelle lui écrit en avril : « Moi aussi, j'ai vécu dans la solitude. " Pas une âme ", et rien de vous [...]. L'impatience de votre retour m'empêche de penser à vous avec calme et clarté... »

Et quand elle reçoit la dépêche de son mari lui annonçant son arrivée à Zurich, elle écrit à Copeau : « Mon ami bien-aimé, vous ne m'avez jamais manqué dans la peine et vous n'êtes pas là pour m'aider dans la joie [...]. Je ne vous reverrai pas avant de partir. Par un étrange renversement, il me semble que c'est vous maintenant qui aviez besoin de moi [...]. Je vous ai aimé parce que c'était vous : une âme éclatante au milieu des autres. Du premier coup d'œil, je vous ai reconnu parmi le reste *, à ce banquet de la NRF **, comme Jeanne d'Arc à Chinon reconnut le roi parmi la foule des courtisans, et vous avez habité mon cœur dès cet instant-là [...]. Vous m'avez trop donné pour m'abandonner maintenant [19]... »

Il y a plus étrange encore : en juillet 1917, Jacques Copeau, venu retrouver en Suisse ses amis Rivière enfin réunis, s'apprête à repartir pour les États-Unis. Commentant cette visite de deux jours, et ce départ, Isabelle, qui a retrouvé son mari moins d'un mois plus tôt, écrit à son ami rentré à Paris qu'elle ressent « une immense tristesse [...]. Tant de choses changées, si vite ! Et tant de choses désormais finies ! Et plus que jamais affamée de votre présence dont je vais être privée si longtemps [20]... ».

Supposons qu'Isabelle ait rassemblé cette correspondance comme Jacques ses notes à propos d'Yvonne en juillet 1914 dans une « enveloppe blanche », et que son mari l'eût ouverte et lue comme elle l'avait fait elle-même en novembre 1914, qu'aurait pu être la réaction du lecteur ? Eût-il éprouvé le « désespoir » exprimé par son épouse au printemps 1916, lisant une carte adressée à « Aimée », sur un ton à coup sûr plus retenu que celui des lettres à « l'ami bien-aimé » ?

Alain Rivière aborde loyalement la question. Assurant que son père n'a jamais connu, à ce propos, la jalousie, il cite les textes où l'on voit s'esquisser une mise au clair de ces échanges affectifs, la plus fiévreuse chasteté se parant des vertus d'une charité multiforme — plus dévote chez Isabelle en quête d'âme à convertir, plus intrépide chez Jacques si longtemps confronté à sa terrible solitude.

C'est à l'occasion de ses retrouvailles avec Yvonne, en septembre 1917, après son retour en France *** — retrouvailles empreintes d'une jubilation que paraissaient exclure les lettres écrites par le prisonnier à partir de 1916, débordantes d'amertume contre l'Inaccessible — que Jacques Rivière, avouant à sa femme ce renouveau de passion, ne peut se retenir de faire allusion à son « affection » à elle pour Jacques Copeau, dont il semble ne connaître d'ailleurs ni la profondeur ni l'emportement, mais dont les manifestations n'en restaient pas moins éloquentes. Avec la perfidie qu'implique ce genre de joutes, il lui suggère que le « lien qui s'est formé » entre eux fut en quelque sorte « fortuit », suscitant (provoquant ?) cet aveu irrité d'Isabelle :

* C'est-à-dire les fondateurs de la *NRF*...
** Le 21 décembre 1909.
*** Chapitre XVI, p. 358.

« J'ai pour lui une profonde amitié. J'ai eu un moment un peu plus même que cela (si c'est ce que tu voulais me faire dire, le voilà dit !) que j'ai réussi à force de silence et de prière à surmonter [...][21]. »

On ne saurait mettre sur le même plan l'amoureuse amitié des uns et les amours inaccomplies des autres. Mais il est tout de même permis d'observer qu'entre ces êtres imbibés de littérature et d'analyses, qui ne s'arrachent aux pages de *La Porte étroite* et au scènes du *Partage de midi* que pour glisser *Du côté de chez Swann* en citant Racine pour ne pas s'inspirer du seul Dostoïevski, ces figures d'amour ont quelque chose d'exemplaire. Oreste aime Hermione qui aime Pyrrhus qui aime Andromaque qui aime Hector...

Nos héros sont moins linéaires. L'« amour » chez Racine est, qu'on le veuille ou non, plus « simple » que chez Isabelle ou Jacques, ou « Aimée »... Mais dans la configuration affective qui se dessine de 1914 à 1919 entre Isabelle et Jacques Rivière, Yvonne et Gaston Gallimard et l'unique Copeau — dont la femme, Agnès, reste en marge de ces tourmentes — peut-être est-ce le genre épistolaire qui impose, avec plus de subtilité et de complexité que le dramatique, ses lois.

Portés sur scène, comme Ysé et Mesa, comme le roi Candaule et la Viola de *La Nuit des rois* bientôt animée par Copeau, que deviendraient ces débordements d'ambiguïtés, cette « débauche de sentiments excessifs » (Alain Rivière) où la générosité des uns le dispute à la pieuse ardeur, au désir, à l'impitoyable tendresse des autres ?

Jacques Rivière n'a fini, ni de vivre ni d'écrire *Aimée*.

XIII

A la trace de Dieu *

Est-il chrétien, Jacques Rivière, quand il se trouve captif, à Koenigsbrück ? Où en est-il, l'auteur de l'*Essai sur la foi* de 1912, avec le Dieu de son enfance, de son ami le plus cher, de sa femme et de quelques-uns des maîtres qu'il admire entre tous, l'auteur de *Tête d'or* et celui des *Frères Karamazov* ?

Nous savons que la question chrétienne est depuis sept ans au cœur de ses débats intérieurs et de ses dialogues essentiels – avec Alain-Fournier, avec Claudel, avec Gide, sans parler d'Isabelle. Nous savons aussi que, sous la pression conjuguée de sa femme et de l'auteur des *Cinq Grandes Odes,* il a repris naguère la vie sacramentelle interrompue depuis ses quinze ans, et qu'entendu en confession par l'abbé Fontaine, il a reçu la communion pour la Noël 1913.

Aux yeux de ceux qui l'entourent à la veille de la guerre, notamment à la *NRF,* Rivière est un catholique pratiquant, fermement engagé dans ses convictions. Son grand article sur la foi, publié dans la *NRF,* n'a certes pas paru tout à fait orthodoxe à Claudel, ni à bien d'autres ! Mais il a incité l'ensemble du groupe et des lecteurs de la revue à classer ce jeune homme dans le parti « tala ». Quand un agnostique, un Martin du Gard, un Fargue, un Thibaudet ou un Suarès rejoint alors l'équipe de la rue Madame, on ne manque peut-être pas de lui glisser que ce jeune Rivière est un garçon tout à fait remarquable – catholique, mais très bien tout de même...

Il est vrai que Gide, qui se donne alors pour chrétien, hors de toute obédience ecclésiale ou doctrinale, ne va pas sans s'interroger sur la religion de cet ami qui « n'a pas le sens du Christ » et qui loue l'Église catholique pour la « facilité » qu'elle donne à la pratique de la vie chrétienne. Bel argument pour un moraliste formé à l'école de Calvin...

* La source principale de ce chapitre est faite des *Carnets* (1914-1917), le journal de captivité de Jacques Rivière, publié en 1975 (Fayard) un demi-siècle après *A la trace de Dieu* qui en était la version édifiante, sélectionnée par Isabelle Rivière. L'évocation de cette « chasse spirituelle » révèle, en ce domaine comme dans d'autres, la tendance de Jacques Rivière à « forcer le trait ».

Mais leurs compagnons de la *NRF,* y compris un catholique déchiré comme Charles du Bos, considèrent Jacques Rivière comme un témoin de la foi chrétienne. Ne faut-il pas l'être, jusqu'à la témérité, pour chercher dans les dogmes catholiques cet absolu auquel tendrait la frénétique chasse spirituelle conduite par Jean-Arthur Rimbaud ?

Que le secrétaire de *La Nouvelle Revue française* soit subjugué depuis quelques mois par le génie apparemment le plus agnostique qui fut jamais, celui de Marcel Proust, ne leur paraît pas le signe d'un affadissement de ses croyances, pas plus que la fièvre où le jette, à l'évidence, l'amour qu'il éprouve pour l'épouse de Gaston Gallimard.

Bref, c'est un écrivain marqué du double signe de Paul Claudel et de Charles Péguy que voient partir dans l'angoisse ses aînés de la *NRF* à la fin de juillet 1914, comme son beau-frère, l'auteur du *Grand Meaulnes* (au côté de qui Pauline Benda, dite Simone, née dans le judaïsme, fait alors le vœu, devant l'autel de la cathédrale de Bayonne, de se convertir à la religion catholique).

Rien n'aurait moins étonné le panthéiste André Gide, ou Copeau l'agnostique, mis en mesure d'en prendre connaissance sur-le-champ, que la lecture des premières pages des *Carnets* de captivité du sergent Rivière, en septembre et octobre 1914. Convaincus que de telles épreuves sont propices à l'exaltation spirituelle, ils n'eussent pas été surpris que ce journal crépitât de tant de références et d'interpellations à Dieu.

*

En fait, l'adhésion de Jacques Rivière au catholicisme, à sa doctrine, à ses institutions, n'était peut-être pas aussi ferme, en tout cas aussi irrévocable, que le faisait augurer son comportement et ses écrits publiés. Fidèle reflet de ses riches oscillations intellectuelles, la correspondance qu'il entretient avec Fournier pendant les premiers mois de 1914, de plus en plus espacée d'ailleurs, est en quelque sorte « vide de Dieu ».

Son geste catholique par excellence, la communion reçue dans la chapelle du couvent de la rue de la Source, le 25 décembre 1913, lui a causé plus de trouble que de jubilation * ; et si l'anticléricalisme en suspens dans *Les Caves du Vatican* l'a fort agacé, c'est surtout du fait de ses facilités littéraires — alors que le dogmatisme claudélien ne cesse de le heurter. Bref, c'est un instable catéchumène, un catholique rétif, un converti en suspens qui est entré en guerre le 2 août 1914.

Deux facteurs convergents vont contribuer à ce qu'il soit « jeté à

* On lit dans les *Carnets*, en date du 25 décembre 1914 : « Il y a aujourd'hui un an que j'ai communié. J'espère que, la prochaine fois, ce sera d'une âme plus désirante — et plus satisfaite (je me rappelle cette profonde déception, cet amer mécontentement que je sentais en sortant des Bénédictines sur le trottoir de la rue Oudinot, et que j'ai laissé paraître dans ma réponse à la timide question d'Isabelle) ».

Dieu » — puisque c'est ainsi qu'il va bientôt se décrire : la clôture et l'humiliation. On a déjà commenté le second thème, et il faudra y revenir, tant il est central. Mais il ne faut pas négliger ce qui apparente la situation du prisonnier Rivière à celle du religieux régulier.

Pour si différents que puissent être les promiscuités, les environnements, les motivations de l'un et de l'autre, le captif malgré lui, comme le volontaire, voit s'aviver ses ardeurs méditatives. Pour peu que l'événement préalable ait revêtu un caractère vaguement sacré, dans l'horreur ou la soudaineté, la méditation tend à se concentrer sur ses causes, ses fondements ou ses origines. D'où le surgissement du thème de la providence — qui, sous la plume de l'auteur de la *Sincérité envers soi-même,* prolifère et s'approfondit.

C'est à l'un de ses décrets que Jacques attribue l'humiliation où il se voit prostré, et dont on a dit qu'elle revêt pour lui un sens éminemment chrétien. Aux yeux de ce dostoïevskien, quelle voie d'accès plus directe à la communion chrétienne que l'état où il se voit réduit, enchaîné et hanté par la « faute » du 24 août ? Jamais il ne s'est senti aussi proche de Dieu.

> Évidemment, c'est une humiliation que j'avais demandée à Dieu, comme [...] poussé par une inspiration plus forte que mon propre désir. Je pensais qu'elle viendrait. Mais non pas d'une façon aussi nette, ni comme une réponse aussi conforme à ma prière [...] C'est par cette brèche que vont rentrer en moi tous les sentiments religieux, la faim, la soif, le désir, l'amour [1]...

Le secrétaire de la *NRF,* l'ami de Gide et de Claudel, propulsé à vingt-cinq ans sur un nuage de gloire (mieux, annonciateur de la gloire), jeune génie parmi les docteurs et promis à tous les offices et charges du pouvoir littéraire, à tous les trônes du paradis esthétique, le voici prostré dans une cabane de *lager* saxon, exilé de l'effort héroïque et solidaire fourni par ses concitoyens, hanté par l'idée qu'il a, dans l'épreuve, failli à ses responsabilités. Perdu, vaincu, reclus. Job sur son fumier...

L'humiliation est-elle la thérapie la plus sûre contre l'orgueil ? Elle peut aussi en être un aliment, plus subtil que le triomphe : on le voit assez bien chez Rousseau, et il n'est pas de confesseur un peu subtil, d'analyste attentif qui n'ait décelé, dans l'aveu, une part de jouissance. Dans l'abaissement reconnu et exploré gît la promesse d'une volupté, d'une cabrure, sinon d'heureux retournements.

Écoutons Jacques l'humilié s'adressant au Seigneur, à propos de l'aventure dévoilée à sa femme par l'« enveloppe blanche », sur un ton que lui aurait envié le pharisien de l'Évangile :

> ... Mon Dieu, encore une fois, je vous le demande sans baisser les yeux, est-il possible que vous condamniez tant de sainteté, tant de déchirante vertu, cette force que j'ai montrée, ce grand sacrifice sans

> pitié où j'ai su atteindre ? N'ai-je pas fait preuve de mille fois plus d'intrépidité dans ces moments que les événements viennent me reprocher avec amertume, que dans ceux que vous semblez me pardonner déjà [2] ?

Il écrit cela, Jacques Rivière, le 20 décembre 1914, quatre mois après les jours terribles de la bataille sur la Meuse où il a cru connaître, en un certain domaine, celui de la fermeté d'âme face au danger, une défaillance irrémédiable (que tout permet de mettre en doute, ou de relativiser) ; et six mois après les heures amères de La Celle-Saint-Cloud, où il a pris congé de son amour. Et lui qui prétend appeler de ses vœux l'humiliation salutaire, celle de Nastassia Philippovna tournée en dérision ou de Raskolnikov démasqué par Porphyre et emmené au bagne, le voilà qui fait le fier et l'hypocrite, debout « sans baisser les yeux » devant celui qu'il sait ne pouvoir abuser.

Est-il plus naïf, ou plus retors, cet « enfant de Dieu » qui croit ainsi pouvoir jouer au plus malin avec celui qu'il a choisi pour juge ? Peut-il faire seulement semblant d'oublier qu'en ce débat, ce qu'il appelle sa « déchirante vertu » prit surtout la forme de ces « hésitations » qui l'auront plus sûrement détaché d'Aimée que son « intrépidité » ?

Étrange humilité que celle qui s'attache à dénoncer en soi l'incapacité à jouer les Bonaparte au pont d'Arcole (ce que nul n'était en droit d'exiger de lui) pour se situer plus haut dans l'ordre de l'éthique privée — son domaine, où le rôle de Mme de Clèves était à sa portée... Il est clair que le sergent d'août 1914 s'est mieux comporté que la moyenne des êtres humains jetés dans pareille fournaise. Il est non moins clair que si le mari d'Isabelle Rivière n'est pas devenu trois mois plus tôt l'amant de la femme de son meilleur ami, ce fut pour des raisons ou déraisons beaucoup plus complexes, circonstancielles, caractérielles, et duelles (il s'agit après tout des volontés de deux personnes...) que par la vertu de Parsifal.

Bref, une humilité à éclipses, face à un orgueil fouetté autant que dompté par l'adversité et la honte. Ce n'est pas du fait du hasard que la personne qui fut la mieux placée pour étudier la personnalité de Jacques avant et après la guerre, avant et après le grand rite de passage, sa femme Isabelle, a choisi d'intituler « chasse à l'orgueil » l'appendice du florilège de textes réunis trente ans plus tard sous le titre global : *De la sincérité envers soi-même* *.

De page en page des quatorze *Carnets,* Isabelle a picoré, pour ce faire, les manifestations d'une résistance à ce que Jacques appelle « l'immense orgueil que je sens toujours au fond de moi », de la volonté de « piétinement de l'être » où s'acharne le prisonnier « percé sur la veine

* 1943. L'essai publié sous ce titre en 1912 dans la *NRF* est suivi de *De la foi,* écrit en 1913 pour la même revue, et de *Chasse à l'orgueil,* extraits des carnets de captivité.

vive ». De ce supplice à soi-même infligé, Jacques Rivière sort-il libéré ? Livré à Dieu ? Le voici en tout cas entré en débat avec le christianisme, en tant qu'élucidation possible de la condition humaine.

Aucun des maîtres de son adolescence ne saurait lui servir de guide dans ce débat. L'autorité massive de Claudel, le catholicisme normatif à la Bossuet, lui a toujours pesé. Si grand que lui semble toujours l'auteur de *L'Arbre,* et magnifique son lyrisme, et savoureux l'inventeur de Turelure, ce n'est pas sur cette voie qu'il peut s'engager. Il est frappant que dans les *Carnets* de guerre de Jacques Rivière, journal de la vérification, de l'approfondissement d'une conversion entamée sous l'égide du poète diplomate, le nom de Paul Claudel ne soit cité que six fois en trois ans : quand on pense à la place que tenait dans sa correspondance avec Fournier, quelques années plus tôt, le prophète de Tien Tsin surgi chez les Rivière un jour de pluie...

André Gide, lui, est quasiment écarté de cette chasse spirituelle. On trouve le même nombre de références à son nom. Mais dans ce cas plus négatives, presque négligentes. Ceux qui ont lu comme nous l'ardente correspondance de 1913 entre le maître de *La Porte étroite* et l'auteur juvénile de la *Sincérité envers soi-même* peuvent s'étonner de cet oubli dédaigneux : plus que jamais la question du Christ, sur quoi se concentre le christianisme de Gide, reste absente, de façon presque provocante, de la religion de Rivière. Le prisonnier de Koenigsbrück peut faire grief à Dieu de ne solliciter que sa raison, jamais son cœur (et là sera peut-être l'une des causes de la remise en question de son christianisme dans les années vingt). Mais ce cœur est-il si fermé aux sollicitations évangéliques qu'il attende passivement d'y être entrouvert par une solennelle intervention du Seigneur ?

Qu'elle est curieuse, cette unique (ou presque unique) référence à l'évangile transcrite par l'auteur des *Carnets* en février 1915, entre d'innombrables citations de sainte Thérèse ou de saint Augustin :

« Lecture de l'évangile selon saint Marc [...]. Ai-je bien le droit d'avouer qu'il y a quelque chose là-dedans qui ne me va pas ? Le côté dur, presque perfide, le côté oriental, ou plutôt juif *. Et aussi le côté symbole trop exact, trop minutieux, les paraboles mal aérées, trop cramponnées à leur objet[3]... »

Rivière peut bien faire suivre ces commentaires si aigus, si savoureux dans leur acidité, d'un aveu loyal de ses insuffisances ou méconnaissances provisoires, en « attendant les lumières qui ne [lui] seront certainement pas refusées » ; il reste que cette rétraction spontanée devant le texte

* De telles giclées d'antisémitisme sont décelables chez le Rivière d'avant les années vingt, notamment dans ses *Carnets* où il fait jouer un rôle assez antipathique au prisonnier russe Teitelbaum, et laisse percer à son endroit, et aux rapports entre christianisme et judaïsme, des préjugés évidemment hérités de son milieu familial qu'il ne s'est pas encore donné la peine de soumettre à la critique.

évangélique colore son christianisme, invinciblement rationnel et gallican — en dépit de Dostoïevski.

Un nom surgit dans ces *Carnets,* qui ne hantait guère jusqu'alors l'œuvre de Jacques Rivière : celui de Pascal. Ce n'est pas sans étonnement en effet que le lecteur attentif de la correspondance avec Fournier et des essais du secrétaire de la *NRF* lit dans une page de ce journal datée du 15 novembre 1914 : « Relire Pascal (et d'ailleurs tout le XVIIe siècle) : c'est ce qui presse le plus. En écartant son romantisme, il est vraiment un de ceux auxquels je tiens le plus[4]... » Puisqu'il l'a écrit, il serait malséant de ne pas le croire. Mais vraiment, pour le « riviérologue », c'est une surprise. Fût-ce « en écartant son romantisme » (ce qui, dans l'acception évidemment choisie ici par le prisonnier, est bien difficile...), les témoignages de cet attachement ont été jusque-là plutôt rares.

Bien sûr, un guetteur, un pisteur de Dieu comme l'est alors Rivière ne saurait faire fi de Pascal. D'autant moins que, dans les directions de lecture qu'il a adressées en 1907 à son correspondant, Claudel a pointé le doigt sur l'homme des *Pensées,* qualifié d'apologiste par excellence *. Mais tout ce que nous savions jusqu'alors du christianisme de Jacques Rivière le situait sur l'autre pente, celle qui propose une religion du possible plutôt que de l'escarpement farouche, la religion très humaine de ce Fénelon dont Jacques a fait, à vingt ans, le sujet de sa thèse de philosophie, celle des jésuites qui, sans être jamais nommés, semblent inspirer les développements « possibilistes » du correspondant de Gide, de celui qui, dans *De la foi,* se faisait l'avocat d'un catholicisme flexible, humaniste, centré sur la « permission du péché », qui voyait dans sa « licence » l'une des « preuves de sa vérité[5] ».

Le Jacques Rivière qui se réclame alors de Pascal est pourtant celui qui écrit ceci :

> ... le catholicisme est encore une fois merveilleux. Combien il aime peu les poisons, l'envenimement de l'âme. Comme il sait bien donner un rôle à l'oubli, profiter du penchant naturel de l'homme simple à oublier ses fautes, faire une vertu de ce qui semble en être la négation [...] faire des vertus aussi ressemblantes que possible à ce que nous faisons lorsque nous nous laissons aller. A peine une petite stylisation[6]...

Une « petite stylisation » ? On imagine les imprécations proférées par les messieurs de Port-Royal après un sermon qu'eût prononcé, sur ce ton, le R. P. Bourdaloue ou tout autre — s'il eût osé ! Qui, jamais, a tenu des propos plus antipascaliens — plus voués à exciter la verve vengeresse de l'auteur des *Provinciales* ? Quel jésuite, quel Escobar, quel père Annat a osé pareille défense du catholicisme, tirant, de son élasticité, sa raison d'être et surtout de durer ? Et voici que le prisonnier de Koenigsbrück se

* Quitte à le dénoncer violemment quinze ans plus tard.

découvre pascalien — moins le « romantisme », pourtant partie intégrante des plus fulgurantes Pensées... Mieux, Jacques Rivière, montrant que ce ne sont pas les merveilles stylistiques de Pascal qui l'éblouissent, remonte aux sources, et émaille ses méditations de propos de saint Augustin, le plus souvent extraits des *Confessions* et relatifs aux tragédies de l'adolescence.

Pascalien, donc, augustinien, Jacques Rivière ? Il lui est arrivé de parler de son « jansénisme ». Voilà ce qui s'appelle être peu rigoureux sur le vocabulaire, chose rare chez lui. Mais la ferveur pascalienne de Jacques Rivière ne résiste pas très longtemps à l'évidence de la contradiction entre l'auteur des *Pensées* et lui, tout au moins pour ce qui a trait à l'interprétation chrétienne du monde. On lit dans les *Carnets,* à la date du 14 juillet 1916, à propos du « Dieu caché » :

« C'est là le point où Pascal a sombré, en parlant de la prédestination. Je dis : a sombré. Car certainement cette lumière peut être vue [...] Dieu n'aveugle personne volontairement. » Et c'est là que les routes évidemment divergent, et sur l'essentiel, entre celui qui croit Dieu, si « caché » qu'il fût, décelable par tous, et ce Pascal qui tient que l'on n'entend rien au christianisme si l'on n'admet que Dieu a volontairement « aveuglé » nombre de ses créatures.

Jacques Rivière n'est évidemment pas janséniste. Mais ses derniers *Carnets* font à Augustin d'Hippone une place immense, sur le thème du débat forcené entre Créateur et créature, qui fait le caractère tragique du christianisme, et de l'étrange, indiscernable statut de la Beauté. La *pulchritudo* * d'Augustin, qui était « au-dedans de moi quand j'étais hors de moi-même », voilà sur quoi s'interroge le secrétaire de la *NRF,* desservant de la religion des formes. La beauté est-elle signe, ou masque de la vérité ?

A partir du début de 1916 des pages entières des *Carnets* sont emplies de la prose augustienne. Alors que la première partie de ce journal est nourrie de références à la pensée sereine de Thomas d'Aquin, vu sous l'angle d'un rationalisme qui, chez Rivière, a beaucoup à voir avec Descartes, les dixième et onzième *Carnets* sont envahis par le latin incandescent de l'évêque berbère. Et quand Rivière écrit : « J'ai été recréé par la honte », il ne se réfère pas seulement à ses propres expériences et à ses interrogations sur ses divers comportements de 1914.

*

Que Jacques Rivière soit sur la trace de Dieu, et chasseur obstiné, on peut le croire. Cet homme si rétif à l'Évangile, si éloigné de Jésus et dont le catholicisme est si rationnel, si peu « sensible », si peu oriental et

* Beauté.

merveilleux, est tout pénétré de l'esprit de Providence. Son christianisme peut se définir par une attention émerveillée à la stratégie de Dieu. L'aime-t-il ? Oui, dans la mesure où il le trouve très intelligent. Cette vertu qu'il privilégie si fort chez les créatures, il a tendance à la retrouver, à l'état suprême, chez le Créateur.

Il faut citer les textes où il décrit, sur lui, la main de Dieu, cette conduite des choses de sa vie qui, du secrétaire amoureux du printemps 1914, a fait le prisonnier ivre du Ciel griffonnant ses cahiers dans la baraque n° 5 d'un camp saxon :

> ... La main de Dieu est saisissante. Comme il s'est bien servi des événements. Une guerre, c'est-à-dire quelque chose que, selon toute vraisemblance, je ne reverrai pas de ma vie. Et tout de suite prisonnier, c'est-à-dire d'une part mis à l'abri, sauvé pour me permettre de profiter de la leçon, et d'autre part mis dans l'impossibilité de rien arranger, de me rattraper, de remettre mon affaire en bon état, comme je l'aurais fait en d'autres circonstances. C'est de là que partent mes réflexions sur la Providence de Dieu et la simplicité de son opération[7].

Fort bien. Mais de ces observations assez entraînantes sur son cas, Rivière va passer à une sorte de théorie rationnelle de la Providence, où il retrouve certains aspects de la pensée de Descartes, peintre d'un monde voué à la perfection et mis en branle par la « pichenette » de Dieu :

> L'étude de la Providence peut être considérée comme une véritable science, comme une science positive. De même qu'en physique on laisse de côté l'étude de la cause productrice, opérante, de même ici nous considérons comme un mystère l'acte même de Dieu, la façon dont il procède, si j'ose dire son truc. Mais il reste une matière très bien définie à notre science : les effets de la Providence, les rapports entre les événements et les âmes qui les reçoivent, les lois de la destinée, la façon dont l'espèce d'une âme détermine l'espèce des événements qui lui sont départis, la façon dont les événements entrent dans le développement des âmes, les portent au point psychologique où elles doivent aller, la faveur qu'ils ménagent aux actes qu'elles doivent accomplir, les protections, les invitations et les déconseils des choses, leur intervention merveilleusement adroite, inventive et presque artiste dans notre conduite. Tout cela est susceptible d'être ramené à des lois...

On comprend mieux alors la formule de Claudel, définissant ainsi son ami : « Rivière n'était pas un mystique, ce n'était pas un philosophe [...] par l'honnêteté foncière de sa nature, par son souci d'objectivité [...] c'était surtout un savant : il avait moins le souci de l'explication que le goût du fait[8]... »

Savant ? N'est-ce pas aussi de cette façon que Jacques a défini, de son premier article de 1914 à ceux des années vingt, Marcel Proust ? Dans son essai de définition du travail de Dieu, de touche en touche, ne croirait-on pas lire sa description de la *Recherche,* cette tapisserie extrêmement préméditée, tissée, brodée, retissée, rebrodée, au gré d'un dessein (et d'un dessin) profondément concertés ? Rien n'évoque mieux le labeur méthodique de ce maître de la réalité expérimentale qu'est, selon Rivière, l'auteur de *Swann,* que l'opération si finement combinée par Dieu qui conduit, de déboire en épreuve et de rupture en faillite, le très dolent Rivière sur la voie du salut.

Dans un petit essai publié dans les années trente, François Mauriac définit le romancier comme le « singe de Dieu », modelant ses personnages comme le Créateur ses créatures. Ainsi voit-on cheminer sur des lignes parallèles ce Dieu de Rivière, minutieux manipulateur d'intrigues et de climats, et le maître du « roman d'aventure », assez savant pour ne rien laisser au hasard, mais assez artiste pour laisser l'inattendu, le flou, l'incertain, baigner la carrière de Charlus, le forfait de Stavroguine et les tribulations du Barnabooth de Valery Larbaud.

Il arriva à Sartre de décréter, pour écraser Mauriac, que « Dieu n'est pas un artiste » *. Le Dieu de Rivière, lui, est un grand romancier, dont les héros se meuvent dans le climat et selon les schémas ainsi dessinés par Claudel : « L'homme est libre au milieu d'un monde qui ne l'est pas. [...] Il collabore avec une Providence qui, à la manière d'une pente, entraîne les événements [...] mais qui ne se passe pas pour la réalisation de ses desseins de son intervention de Volontaire et qui traite avec lui par un système délicat de refus et de provocations [9]. »

Ainsi fait, avec ses personnages, le grand romancier. Imagine-t-on que Vautrin ou Mosca ne « traite » pas avec Balzac ou Stendhal, les imagine-t-on tout à fait libres les uns par rapport aux autres ? Ainsi Rivière se voit-il autonome et embrassé, se débattant comme un poisson dans le chalut de Dieu qui l'entraîne sans l'enfermer tout à fait, ni plus ni moins que Swann rôde dans la chambre tapissée de liège où s'élabore la *Recherche*.

Autres notations saisissantes de Rivière, dans ce sens d'un Dieu scénariste : « Cet abîme de honte qui s'est creusé en moi, c'est trop intéressant pour Dieu. Il ne voudra jamais m'en " sortir "... » (Ainsi eût-il parlé de l'épilepsie de Muichkine entre les mains de Dostoïevski.)

Ou celle-ci : « Mon Dieu, vous êtes tellement amusant à force d'adresse dans vos opérations que c'est une joie d'être à votre service [10]... »

Et encore : « Je suis obligé de saluer sa prodigieuse ingéniosité dans l'utilisation des événements. Il a su écarter de moi tout ce à quoi je tiens (Isabelle, Jacqueline, mon travail) sans m'en priver définitivement. Il me les a simplement retirés pour un temps, sans les endommager, pour que si

* Ajoutant « monsieur Mauriac non plus... ».

je me retrouve seul avec lui et que je le sente enfin comme mon seul repère[11]... »

*

De ce livre * qu'il tenait pour « grand » et qu'il voulut faire précéder d'un texte où il a mis beaucoup de lui-même, faisant parler son amitié, Paul Claudel détache les développements qu'il juge les mieux aboutis : ceux qui ont trait aux rapports entre le catholicisme et la société, où Rivière exprime, écrit-il, « des idées qui paraîtront subversives à beaucoup de gens, mais qu'il était plus nécessaire aujourd'hui que jamais d'exposer... ».

Parti sur « les traces de Dieu », Jacques Rivière n'a pas rencontré seulement les dogmes catholiques, il a rencontré aussi l'Église romaine, et constaté son investissement progressif par les puissances, politiques, sociales, financières, nationales. Il a découvert l'usage ainsi fait, à des fins peu dévotes, de la doctrine et des institutions chrétiennes, et mis en garde ses nouveaux (et anciens) coreligionnaires contre de telles prostitutions du catholicisme. On citera d'abord le vigoureux résumé des arguments de son ami que propose Claudel :

« Que de platitudes, que de tirades nauséabondes n'avons-nous pas dû absorber sur la valeur sociale du christianisme, sur le secours qu'il apporte à l'ordre établi et à la sacro-sainte " tradition ", sur l'apaisement qu'il fournit aux employeurs et aux propriétaires, sur son alliance naturelle avec les autorités constituées ! » Pour le Claudel qui écrit cela (en 1925) il n'est pas, vers le catholicisme, de voie plus « répugnante[12] ».

Beaux accents. On dira que quinze ans, trente ans plus tard, il n'est pas certain que le poète des *Cinq Grandes Odes* ait toujours éprouvé les mêmes répugnances pour l'« ordre établi » et les « propriétaires ». Mais ce ne sont pas les faiblesses de Paul Claudel qui nous importent ici, plutôt les idées, les écrits et les comportements de Jacques Rivière qui, sa vie durant, put répéter sans rougir cette notation des *Carnets* : « Je crois que je peux le dire sans vanterie, je n'ai pas d'intérêts matériels, je n'ai d'intérêts que spirituels. »

Le thème général de Rivière est celui-ci : que le catholicisme est radicalement indifférent à la vie des sociétés. Qu'inscrit dans un autre « ordre », une autre durée aussi, il ne saurait intervenir dans la vie des États et des groupes sociaux — ni en s'opposant aux « dérisoires » tentatives de modifier l'ordre collectif, ni en confortant son maintien. Poison social, il aboutit à détacher de la vie du groupe et de ses intérêts le chrétien, qui n'a en vue que l'éternité.

Si, au premier regard, il fait figure de « monstre dévorant », de « Moloch social » (« Je comprends très bien le cri de Voltaire " Écrasons

* *A la trace de Dieu.*

l'infâme ! " », écrit Rivière), en fait, sa vocation ne concerne en rien la gestion des sociétés et les débats pour le pouvoir. Marginal du point de vue de la collectivité, ne visant que la personne humaine dans une perspective intemporelle, il se rit sereinement des trônes et des dominations. Il a l'éternité pour lui, seulement l'éternité... Rigoureusement asocial, il ne saurait entrer dans quelque combat que ce soit, fût-ce pour la justice, et quelle que soit la sympathie qu'il puisse laisser paraître pour ce dernier type de cause.

C'est sur ce point d'ailleurs que Paul Claudel marque sa différence avec son ami. Pour Rivière, tel que l'a lu Claudel, toute la vie sociale moderne repose sur l'idée de droit, sur la reconnaissance de certains droits dont la conscience et la renommée nous avertissent que nous sommes détenteurs, au moins en théorie. Or, aux yeux du prisonnier de Koenigsbrück, cette notion de « droit » n'a pas de sens pour le chrétien imprégné du véritable esprit de l'Évangile, pénétré de sa misère, de son insuffisance radicale :

« La seule idée qu'il peut y avoir des droits lui semble quelque chose de tout fantastique, de presque risible. Ou tout au moins, c'est une idée à laquelle il ne s'arrête pas, qui n'a pas de prise sur son esprit, une idée d'un autre monde. A la place de cette idée de ses droits, il n'y a dans son esprit qu'un profond abîme, qu'un trou, qu'une blessure béante [13]. »

Thèse contre laquelle Claudel se rebiffe, en des termes, sur un ton fort curieux : pour lui, au contraire, la théologie chrétienne n'a cessé d'« aiguiser », de « délier » le sens juridique, au nom de l'idée de l'« Intendance », qui fait de l'homme le simple dépositaire — corps, âme, famille, biens — de ce qui appartient à Dieu, auquel il devra rendre des comptes exacts :

« ... C'est pourquoi, au rebours de toutes les théories socialistes, le chrétien est-il tellement attaché à toute la matière de ses droits civiques, à ses biens, à ses enfants, à sa patrie. Ce n'est pas lui qui dépend de tout cela, c'est tout cela qui dépend de lui [14]. »

Et il est vrai qu'ici Claudel a pour lui bon nombre de textes évangéliques où il est question d'« intendants », de deniers qui fructifient, de « talents » dont chacun devra rendre compte au Seigneur. Et peut-être le caractère radicalement asocial du christianisme de Rivière tient-il à cette espèce d'allergie à l'Évangile que nous avons observée, à cet éloignement du personnage de Jésus que lui reprochait si fort André Gide. Car il n'est pas jusqu'au Sermon sur la montagne, jusqu'à la maxime qui incite à « rendre à César ce qui est à César », qui ne situe le Christ dans une certaine perspective sociale, celle qu'implique l'incarnation.

En attendant d'être éternelle, pour le meilleur ou pour le pire, la vie est là, que Jésus a vécue publiquement, s'adressant aux foules, dans un certain cadre, et face à certains pouvoirs, pendant trois longues années. Que le christianisme soit, en son essence, inattelable à quelque forme de pouvoir que ce soit, fût-ce celui des rois « très chrétiens » — c'est l'évidence. Mais qu'il ne puisse avoir pour vocation publique que l'absence, l'indifférence à la justice, à la misère — voilà ce que Rivière eût été bien en peine de soutenir longtemps — fait comme il l'était...

*

L'aspect le plus surprenant de ce véhément, de ce pathétique journal d'une « conversion dans la conversion », c'est l'apologétique présentée sous forme de projet très spécifique : un livre à écrire sur un certain nombre de thèmes et divisé en chapitres, et mise en œuvre sur-le-champ, au fil des jours. Il est clair que Rivière élabore très consciemment son apologie du christianisme — notamment sous la forme de réponses à un certain « T » — dont nous savons qu'il s'agit d'un prisonnier russe nommé Teitelbaum, juif bien informé du christianisme et avec lequel, en revenant des corvées ou lors des promenades le long des baraques, le sergent Rivière eut de nombreux et longs entretiens *.

L'apologétique était pourtant l'approche du christianisme vers laquelle l'auteur de la *Sincérité envers soi-même* était, par tempérament et par raison, le moins incliné. Nous avons vu, émaillant sa correspondance avec Gide, les sarcasmes qu'il adressait à ceux en qui il n'était pas loin de voir des « bonimenteurs », des commis-voyageurs du christianisme, « rien dans les mains, rien dans les poches » : ainsi raille-t-il Chesterton de tenter d'empiler argument sur argument pour écraser le contradicteur, comme un vulgaire candidat à la députation.

Et le voici, à Koenigsbrück, engagé dans ce même type d'exercice, notant fiévreusement, jour après jour, les arguments qui constitueront son « apologétique », poussant l'abnégation jusqu'à se plonger dans les œuvres d'un théologien du nom de Tanqueray dont il semble juger le discours d'autant plus probant que pesamment formulé. Avec Pascal, on risque de se laisser éblouir par la scintillante beauté des formules — dont l'éclat pourtant ne saurait être tenu pour preuve de l'existence, ni même du bon goût de Dieu. Tandis qu'avec Tanqueray, avec son latin de Sorbonne carré comme les bonnets des docteurs qui jetaient au feu les hérésiarques, le risque n'est pas grand. Va donc pour Tanqueray, dont le nom seul évoque la charge et la masse.

Rude littérature. Mais, en son latin de cuisine, ou de sacristie, saisissante : « Que les justes soient plus accablés que les injustes, c'est ainsi qu'agit Dieu, car il n'est pas d'impie qui n'ait fait un peu de bien et n'ait pu bénéficier par Dieu d'une récompense temporelle, alors qu'il se

* En français — parce que si Jacques se lança dans l'étude du russe pendant son séjour en Saxe, ce dont témoignent des notes de ses carnets, il n'était certainement pas en mesure de soutenir en cette langue une conversation théologique.

trouve exclu de la béatitude éternelle[15]. » Jacques — dont on n'aurait pas attendu qu'il admît d'un coup cette loi d'exclusion (malheur à jamais à ceux qui auront connu ici-bas le bonheur !), lui qui parle ailleurs d'« être sauvé au sein même du péché », lui qui fait grief à son ami juif Teitelbaum de s'en tenir à la loi, et qui, de l'*Imitation,* détache en la soulignant cette sentence « Vous ne serez pas toujours irrité et vos menaces ne seront point éternelles » — en est tout secoué : « Effroyable ingéniosité, bontés atroces ! Puissé-je, mon Dieu, n'avoir jamais à éprouver votre bonté de cette horrible façon ! »

Qu'il y eût, pour le chrétien, deux royaumes, et que les prospérités d'ici-bas ne fussent pas les meilleures prémisses aux récompenses de là-haut, Jacques Rivière s'en doutait un peu. Lui fallait-il la lecture de cet exégète du concile du Vatican, celui qui entérina le pitoyable *Syllabus,* pour en être éclairé ? Et pour mesurer la pesanteur de ce dogmatisme, lui fallait-il pousser plus avant dans Tanqueray, qui proférait ceci :

« L'expression philosophique qui se contente d'approfondir et d'expliciter le dogme doit être tenue en estime [...] mais celle qui n'a pas l'accord unanime des théologiens n'est rien qu'une opinion libre[16]. » Autrement dit, rien... Vous pouvez être Newman, ou Blondel, si vous n'avez pas « l'appui unanime des théologiens », vous n'émettez qu'une « opinion libre » (si tant est que cette « liberté » ait loisir de s'exprimer...). Fallait-il que l'auteur de la *Sincérité envers soi-même* fût en quête de certitudes pour se jeter « avec gloutonnerie » sur ce mastiqueur de dogmes, ce matraqueur d'« opinions »...

Voilà donc notre Jacques Rivière, l'amoureux de Mélisande, de Nastassia et d'Alissa, le voilà embarqué dans cette entreprise prédicante où lui manquera toujours l'éblouissant brio de Chesterton, les formidables certitudes lyriques de Claudel. Parce qu'il trouve l'Évangile trop « oriental » et tient l'*Imitation* pour un « livre de moine », il lui faut élaborer « son » apologétique sur les bases de ce catholicisme mouvant, tout bénin, qu'il a modelé de ses mains, en 1912, et qui n'est plus en 1915 qu'une « calcination de l'ici-bas » (Pierre Emmanuel), après la grande humiliation et pendant la grande épreuve.

Et lui qui louait si fort le christianisme de ne pas envenimer les plaies, de ne pas cultiver la saveur des poisons, le voici qui se mue en grand inquisiteur de lui-même et du monde : « Relu la fin de *De la foi*. Que j'ai changée ! Que je suis loin de cette satisfaction de moi ! Que Dieu a bien su faire l'opération qu'il fallait et m'apprendre par la force le repentir et la détestation de moi ! »

Double détermination : car à propos d'un texte de Thérèse d'Avila (« notre force pour la souffrance est la mesure de notre amour »), le voici assuré d'avoir mis au jour « tout le venin du christianisme » qui « porte le désordre et la perversité au sein de la conduite humaine », qui « met d'emblée le chrétien hors la loi », qui « en fait un objet de scandale et de répulsion universels »[17].

Tel est-il, en cette fin de 1916, empli de haine de soi, assuré du caractère violemment antisocial du catholicisme, rompu, coupé du monde, en proie à une sorte de certitude désespérée, avide de prouver (de se prouver) la rectitude de son chemin. Chrétien contre. Dans son journal, il n'est plus guère question des autres, de ses camarades du camp, pas même de ses chers Russes. Il s'est replié sur ses lectures — sainte Thérèse, saint Augustin, et aussi Balzac, Joseph de Maistre et le *Mémorial de Sainte-Hélène,* pour cultiver un certain pessimisme. Un certain mépris ?

Il faut attendre les premiers mois de 1917 * pour voir renaître en lui un intérêt « mondain », l'apaisement de cette longue détestation du monde et de lui-même qui l'a jeté, en 1915 et 1916, dans une manière de masochisme chrétien, de jansénisme incendiaire. Le voici qui reparle de son roman, de ses personnages : on le voit, en mai 1917, tout heureux de se reconnaître, dans la rédaction d'une nouvelle version d'*Aimée,* une « légèreté de touche » toute neuve et, tout neuf aussi, le sentiment de son innocence dans l'échec de cet amour.

A dater du printemps de 1917, peu de mois avant le retour à la liberté, inspiré peut-être par cette attente du bonheur, le Jacques Rivière des *Carnets* est ressaisi par quelque chose qui ressemble à une récupération de soi. Notation curieuse, le 24 avril : « Dieu devrait bien faire quelque chose pour moi, pour me redonner de l'espoir[18]... »

Le quatorzième et dernier *Carnet* de Jacques Rivière est presque entièrement « vidé » de Dieu **. Une citation de saint Jacques encore, une de saint Paul. Si le christianisme imprègne encore les carnets, c'est surtout par le truchement de Dostoïevski. Mais ce qui fait vibrer ces pages, c'est une très vive attention — inquiétude et espérance — au monde à venir. Dès ce printemps 1917, Jacques Rivière pense déjà à sa reconstruction, au-delà de la guerre et de l'exclusion, toute haine bue pourrait-on dire, dans une perspective vraiment prophétique, internationaliste, littéralement européenne.

Comme il est peu, alors, ce chrétien « insocial », coupé de la terre, indifférent au monde, qu'il a tenté d'être, ou de décrire ! Rien de plus « politique » que ces pages où il parle d'une guerre pour lui déjà dépassée, de l'imbécillité de la haine, de la nécessité de surmonter le « caractère absolu » de l'« idée de patrie ».

Il était parti sur les traces de Dieu, et rien ne permet de dire qu'il s'y est

* C'est le 24 décembre 1916, nous le verrons (chapitre XVII), qu'il a reçu une lettre de Schlumberger l'appelant à participer à la renaissance de la *NRF*.

** Ce que ne fait pas du tout apparaître la première version des *Carnets,* celle qu'Isabelle Rivière a publiée sous le titre *A la trace de Dieu,* purgée des références à *Aimée* et recomposée indépendamment de l'ordre chronologique.

égaré, qu'il a perdu la piste. Mais le pèlerin hagard, éperdu de honte, « jeté à Dieu », s'est retrouvé voyageur lucide et solidaire. Retrouvé par la grâce de Dieu ? C'est à coup sûr la réponse que ferait alors Jacques Rivière. Mais au moment où il s'éloigne du camp de Koenigsbrück pour retrouver la liberté, l'auteur d'*Aimée* est bien le contraire de ce « hors-la-loi, objet de la répulsion universelle » en quoi il résumait, quelques mois plus tôt, le chrétien. Parce qu'il est moins chrétien ? Ou autrement ? C'est ce qu'il nous faudra examiner.

Sur les traces de Dieu, au fond de l'humiliation, il a forgé un personnage avide de déchiffrer le monde, et pas tout à fait sceptique sur les chances de le rénover, avec les autres.

XIV

Face à l'autre

Quand, le 28 septembre 1940, est publiée à Paris la « Liste Otto » où les autorités d'occupation nazies ont inscrit les noms des écrivains dont la diffusion est désormais interdite, beaucoup qui y ont retrouvé sans surprise les noms d'écrivains juifs comme Freud, Benda et Maurois, communistes comme Aragon, Barbusse et Nizan, ou antifascistes — Malraux, Thomas Mann et son frère Heinrich — s'étonnent d'y découvrir un nom alors oublié par beaucoup, celui de Jacques Rivière.

Pourquoi cet auteur disparu depuis quinze ans, ni juif, ni communiste, ni lié en apparence à l'histoire de la démocratie militante, se retrouve-t-il en aussi éclatante compagnie ? Parce qu'il a publié vingt ans plus tôt un livre que les nationalistes allemands de la génération d'Adolf Hitler ont reçu comme une gifle, et qui fut, à la veille de la formulation de l'idéologie national-socialiste, une rude mise en garde contre certaines expressions du génie allemand.

*

« Jacques Rivière, écrit Jean Grosjean, avait le génie des rencontres. Il s'y haussait et y haussait les gens, les œuvres, les situations [1]... »

Il est pourtant une rencontre qu'il aura manquée, notre Rivière, du fait des situations : celle de l'homme allemand. Lui qui avait voué à Bach et à Wagner, à Goethe et à Nietzsche, la plus pénétrante des ferveurs, qui consacrait encore à *Parsifal*, à la veille de la guerre, un article si beau qu'il lui valut le premier mouvement d'admiration de Marcel Proust, la force des choses le conduisit à brosser de l'Allemand, au moment même où s'achevait la guerre, une caricature d'une lourdeur singulière dans son œuvre et qui tranche sur les analyses inspirées naguère à cet amoureux des poèmes de Rilke ou des mélodies de Schumann.

Les prémisses de cette étude de circonstance, qu'il hésita longtemps à rendre publique, dont il souhaita jusqu'aux derniers instants interrompre la publication, et dont il se reprocha longtemps les outrances, étaient pourtant bonnes : « La vision allemande m'est apparue, non pas aussi juste, mais aussi nécessaire que la mienne [...]. Pour comprendre l'étranger, il faut d'abord le considérer comme autre chose que soi et ensuite être prêt à se retrouver en lui. »

Règle d'or, à coup sûr, qui pourrait être celle de tous les sociologues, reporters et historiens, ayant été celle de son compatriote Michel de Montaigne. Mais il se trouve que si cet ouvrage sur l'*Allemand* témoigne bien du premier souci (« le considérer comme autre chose »), il ne répond guère à la seconde préoccupation : « être prêt à se retrouver en lui ». Connaissant Rivière comme nous le faisons maintenant, on ne se retiendra pas d'imputer à la situation qui lui était faite une bonne part de son relatif échec.

*

On peut aimer son assassin, ou son bourreau. Mais non pas son geôlier, individuel ou collectif. Mme de Rénal ne cesse pas d'adorer Julien après le coup de pistolet — mais Fabrice éprouve pour le général Conti, gardien de sa prison, les sentiments inverses de ceux qu'il voue à sa fille Clélia.

Jacques Rivière, détenu pendant près de trois ans dans un camp saxon — et pendant quelques semaines dans un cachot hanovrien — sous la garde de sentinelles recrutées en Thuringe ou en Souabe, avait quelques raisons de revenir de la guerre empli de sentiments peu favorables à l'ensemble de la collectivité allemande, si bien préservé qu'il fût contre une germanophobie élémentaire : nous avons vu que sa culture générale était nourrie, plus richement que celle de la plupart des Français, d'œuvres émanant du *Deutschtum* et passionnément admirées — Bach, Kant, Beethoven, Nietzsche, Wagner — pour la triple raison qu'il parlait l'allemand, qu'il avait étudié la philosophie et qu'il vouait à la musique un amour dévorant.

Inapte à l'imbécillité, qu'elle prenne ou non la forme du chauvinisme, mais capable de haïr (le mot « haine » vient assez souvent sous sa plume), Jacques Rivière est entré en guerre avec plus d'enthousiasme que de fureur * — voyant dans cette épreuve quelque chose comme le grand sacrifice purificateur chanté par Gide (loin du front) et dans la « revanche » (le mot ne se retrouve guère dans sa correspondance), une épopée collective et rédemptrice plutôt que le châtiment de criminels. Le mot de « boche », qu'il ne se retient pas toujours d'employer, est plus rare chez lui que chez la plupart de ses contemporains.

La cruauté de l'épreuve subie, la honte ressentie du fait de sa propre défaite, les morts d'Alain-Fournier et de Charles Péguy vont transformer cette conscience de l'ordalie du feu en violent ressentiment contre celui qui l'inflige. Mais non jusqu'à la fureur négative que l'on verra se

* Voir chapitre XI.

manifester chez bien d'autres — plus éloignés du lieu du supplice.

Ses notations de prisonnier longuement véhiculé à travers l'Allemagne pour les besoins de la propagande impériale visant à impressionner les captifs sont d'un observateur plutôt que d'une victime. Il laisse percer dans ses premiers *Carnets** une certaine admiration pour le génie organisateur et pour l'esprit solidaire de ceux entre les mains desquels il est tombé. Ce n'est pas l'esprit de Péguy qui s'exprime là, plutôt celui de Renan après la défaite de 1870. La lucidité du « savant » (selon Claudel) domine d'abord le ressentiment du captif.

Puis viennent les trente-deux mois de détention, les baraquements de Koenigsbrück, la fosse du camp de Hülseberg, l'évasion et les représailles, le cachot et la seconde expérience du « mitard », les vexations, les médiocres fureurs des gardiens — officiers et sous-officiers surtout, ses homologues —, leur mépris affiché et pratiqué à l'encontre des prisonniers russes**. De quoi amasser puis envenimer une bonne provision de rancune — bien que, pour résumer les traitements auxquels il a été soumis, il parle simplement, dans son livre, de « taquineries » !

Parallèlement, le sergent Rivière exerce des fonctions d'interprète de fait entre ses compagnons et les gardiens, pour traduire ce qui est le plus souvent une consigne restrictive, quand ce ne sont pas des mesures ouvertement répressives. Déprimante expérience de ce qu'il y a de plus rébarbatif dans l'expression d'une nation ou d'un système militaire, quels qu'ils soient...

Et parallèlement encore, l'ancien secrétaire de la *NRF* joue le rôle d'écho de la presse allemande, dont il donne chaque jour, à la demande de ses camarades, un résumé public dans le baraquement n° 5. Cet exercice ne serait-il pas de nature à nuancer, à endiguer les sentiments germanophobes qui menacent de le submerger ? Il a noté en effet, dans ses *Carnets* et ailleurs, que les journaux de l'Empire étaient, dans leur ensemble, un peu plus soucieux de vérité, d'exactitude formelle, moins voués au « bourrage de crâne » que leurs homologues français ?

Non. « Sérieuse » ou pas, cette presse s'applique à mettre dans une lumière crue et à chanter les victoires, longtemps effectives, d'une armée qui occupe une quinzaine de départements français, détruit villes et villages, usines et cathédrales, et fauche des centaines de milliers de jeunes Français. Lire à haute voix de tels récits n'est pas fait pour inciter à la sérénité. Le « speaker » Rivière, chargé de dire ainsi les victoires du germanisme, ne peut que se cabrer davantage contre ce qu'elles représentent, et contre ce qui les inspire.

* Voir chapitre XI.

** Qui lui inspireront de très belles pages, antithétiques de celles qu'il consacre aux Allemands dans ses *Carnets* de guerre.

*

C'est essentiellement ce rejet, l'arrachement de cette tunique de vaincu récitant à l'usage des siens les litanies de la domination de l'autre, qu'il a voulu exprimer dans *L'Allemand, souvenirs et réflexions d'un prisonnier de guerre,* publié à Paris par la *NRF,* en octobre 1918, quelques jours avant la fin de la guerre.

Ces « souvenirs » et ces « réflexions » qui, précise Rivière dans la préface de son livre écrite en 1918, datent pour la plupart de la deuxième année de sa captivité (1915), le prisonnier les notait sur des pages détachées de ses carnets, et particulièrement bien dissimulées (comment ? Ni lui ni sa femme ne l'ont indiqué) pour échapper aux fouilles. Leur publication n'alla pas sans que l'auteur se posât bien des questions. Tant qu'il était prisonnier, il lui semblait « de bonne guerre » de « brandir aux yeux du monde entier » les travers ou les vices de ses geôliers. Bien que la formule de « guerre psychologique » ne fût pas encore d'usage courant, la pratique — en l'occurrence une robuste caricature de l'homme allemand —, était, pour un prisonnier, une forme de combat.

Libéré, en Suisse, puis en France, il ne pouvait raisonner tout à fait de la même manière. Conscient de ce que son témoignage poussait à la détestation de l'Allemagne, il en venait à se demander si, désormais hors de danger, il avait « le droit de contribuer [...] à l'augmentation de la haine et de la douleur dans le monde », si « ayant vu beaucoup souffrir », il devait offrir des armes nouvelles à la vengeance — soutenant d'ailleurs qu'il était d'accord en cela avec la majorité des combattants. Retenons son objection majeure : « Je redoutais, comme le plus épouvantable qu'il pût être donné à un homme de commettre, le crime de laisser passer sans la voir la première minute où la guerre cesserait d'être inévitable[2]. » Allait-il rendre, par son témoignage amer, cette première minute moins perceptible ?

S'il se décida enfin à déposer au procès intenté à l'Allemagne, c'est, avoue-t-il, qu'en tant qu'écrivain, il ne put faire autrement. C'est que tout ce qu'il ébauchait, depuis sa libération, refusait de s'« épanouir ». C'est que rien de ce qu'il avait à dire ne pouvait « sortir » avant le réquisitoire de Koenigsbrück : « J'avais mal connu la profondeur de mon antagonisme [...]. En faisant grâce, je me condamnais moi-même [...]. Je n'étais pas mûr pour un tel sacrifice [...]. Je suis donc revenu au manuscrit délaissé et j'ai écrit [ce] livre*, rien que pour " vomir " les Allemands [...]. Je me débarrasse, je déblaie [...]. Mon livre n'est rien de plus que la grande détestation que mon esprit fait de l'Allemagne[3]... »

* Pour l'essentiel, au printemps 1918, époque de la dernière grande offensive allemande avant la contre-attaque de Foch, quand le sort de la guerre était en suspens.

Ayant fait cet aveu et clamé ses droits à la subjectivité, Jacques Rivière n'en soutient pas moins qu'il a tenté de faire ainsi « une œuvre posée, concrète, véridique », telle que son modèle ne puisse la contester : « Je voudrais le contraindre à avouer sa ressemblance avec cette image que je lui tends », de nature, pense-t-il, « à dégonfler ces monstres intellectuels, ces caricatures géantes qui flottent entre les deux camps comme des baudruches et dans lesquels chaque peuple croit reconnaître son adversaire[4] ».

Caricature. C'est lui qui a lâché le mot, pour se défendre d'en avoir tracé une. Et certes, au regard de la littérature de l'époque, qui frôle souvent l'hystérie, le ton sur lequel est écrit le livre de Rivière est presque modéré. Le seul titre d'*Allemand,* au temps où l'on ne parle que de « boches », est déjà presque une audace...

En sa première partie, intitulée « D'après nature », il s'agit d'une collection de traits où le grotesque se mêle au brutal (mais quelle partie d'un peuple est moins estimable que celle dont il fait ses geôliers, qui furent l'essentiel des fréquentations allemandes de Jacques pendant ces trois années ?), d'un carnet de croquis agrémentés de commentaires sur « l'indifférence » et l'indélimitation de l'âme allemande. Caricatures qu'appelait la situation d'« humilié et offensé » où était réduit l'auteur.

Jacques Rivière avait d'abord choisi pour titre — non sans audace, ou héroïsme de la provocation — *L'Allemand et ses vertus,* se heurtant à une sorte d'interdit formulé par Isabelle. Une telle formulation eût alors fait scandale. Un scandale salubre ? Oui, mais l'expression était par trop impropre. Car l'Allemand qui surgit des pages tracées par l'ancien prisonnier de Koenigsbrück, devenu le convalescent d'Engelberg, est d'abord un être privé de ce qu'un praticien de Corneille appelle les vertus. Au point que le lecteur est tenté d'imputer la lourdeur de la caricature à l'esprit du temps, sinon à quelques faiblesses démagogiques, à la secrète tentation de flatter ce qui traînait alors de moins recommandable dans les arrière-consciences françaises.

Pour Rivière, l'âme allemande, vue à travers le prisme du camp saxon qui fut pendant trois ans le sien, se définit par le « manque de crête » (allusion inconsciente au coq gaulois, qui lui... ?), par sa vacuité, son « indifférence », au point que l'on n'y puisse voir qu'un « trou ». Ces gens-là ne sont que des « pantoufles[5] ». Et c'est l'amoureux de *Tristan,* le fervent de *Naissance de la tragédie* qui l'écrit...

Nous connaissons assez Jacques Rivière pour croire que rien de ce qu'il rapporte n'est faux — à la différence de tant de récits de l'époque. Mais si ces traits sont vrais, leur interprétation est immuablement négative. Quand il décrit une sentinelle dont la bonhomie va jusqu'à la crédulité douce, il se garde d'attribuer ce comportement à quelque penchant heureux, mais à une stupide vacance spirituelle. S'il voit ses modèles incapables de cruauté spontanée, n'y atteignant que par discipline ou volonté collective, c'est parce que leur âme qui « ne distille aucun venin spécifique » reste d'une « désespérante innocence », s'avère « en retard sur celle de l'animal, moins vive, moins dégourdie... ». Pas même capables de haïr librement...

Ici, notre Bordelais à l'œil intraitable semble céder à la mode du « temps des boches ». Cet Allemand, nous n'avions pas besoin de l'auteur de la *Sincérité envers soi-même* pour le découvrir. La lecture de Barrès et du *Gaulois* aurait suffi... Rien ne permet mieux de mesurer la force de l'opinion ambiante que de tels dérapages en un tel esprit.

Non que Jacques Rivière soit un médiocre observateur. Ses récits de la grande reculade de 1914, ses observations sur les deux sociétés militaires, puis ses récits de Koenigsbrück, de son évasion, des épreuves subies, les portraits des uns et des autres sont dignes d'un grand chroniqueur ou d'un bon anthropologue. Le correspondant d'Alain-Fournier, son maître en ce domaine, a appris à considérer le réel, le fait, la chose, à penser aussi avec l'œil et l'oreille. Ses croquis de ganaches en *feldgrau* sont souvent réussis, et la mise en perspective excellente.

Ce sur quoi ont peut chicaner l'auteur de l'*Allemand,* c'est sur le principe de la généralisation. On ne saurait mettre en doute qu'il y ait un génie espagnol, un style italien, un tour d'esprit français, une façon d'agir anglaise, une manière d'être russe. Il y a tout autant une spécificité (*Eingentumlichkeit*) allemande.

Un esprit aussi aigu que celui de Rivière, cet amoureux de la ligne, de l'arête lumineuse, de la « mesure » dite française, ce dévot de Racine, d'Ingres et de Descartes, ne pouvait que répugner au mouvant, à l'indéterminé, à l'océanisme, au nébuleux du génie germanique, aux tumultes illimités du *Deutschtum*.

Sous ses formes sublimes, celles données à ce génie par Hölderlin, Schopenhauer ou Wagner, il avait été par lui subjugué : nombre de pages de son *Carnet* sont emplies de citations du *Second Faust*. Mais quand cette entité mouvante se manifeste sous les traits du geôlier, de bureaucrates, de l'officier assez médiocre pour avoir été commis à la garde des prisonniers, alors ce qui était lyrique devient pâteux, ce qui était *Au-delà du bien et du mal* s'effondre en inconscience doublée d'illégalisme, et le cynisme du grand Frédéric se dévoie en pitoyables expédients de caserne.

Ce qui fait la faiblesse de la première partie du livre de Jacques Rivière, c'est que, pour tracer le portrait d'après nature de l'Allemand, il n'a pris pour modèle que le fond le plus médiocre. D'une vile tricherie de geôlier, on peut rapprocher la dépêche d'Ems, et de la balourdise du *feldwebel,* le « chiffon de papier » de Bethmann-Hollweg, sinon les vilenies de Wotan... Mais que dirait-on de l'essayiste anglais qui prétendrait décrire les Français en ayant erré d'un commissariat de police à l'autre ?

*

Les schémas dessinés par le prisonnier de Koenigsbrück n'en sont pas moins intéressants. Retenons les deux traits essentiels de sa typologie allemande : la réduction de la morale à l'évaluation du possible et la surestimation de la volonté. Les autres traits de caractère qu'il discerne sont moins significatifs, notamment ce qui a trait à l'usage de la « vérité » : Rivière avoue d'ailleurs qu'en ce domaine ses ennemis ne se distinguaient de ses compatriotes que par le souci de préférer aux autres les mensonges invérifiables...

« Ce dont j'ai peut-être le plus souffert en Allemagne, c'est du manque de haine — j'entend de haine spontanée, naturelle[6]... » A quoi il ajoute cette précision, qui fit sensation à l'époque : « Je doute qu'en aucun pays un homme ose étaler, surtout devant des ennemis prisonniers, une aussi complète absence de passion belliqueuse[7]... »

Convenant qu'au feu l'Allemand est un « admirable soldat », Jacques Rivière assure qu'il entre ainsi dans un système conçu à cet effet, compte tenu de son « manque complet de spontanéité héroïque ». Et de revenir sur ses notations d'août 1914, où il se trouve face, non pas à « cette brute furieuse, cet animal de proie que l'on se représente d'habitude », mais à une collectivité « désintéressée », « indifférente », qui avait « englouti méthodiquement » son adversaire, « comme une pièce de bois dans une machine... », avec le souci d'en finir le plus tôt possible avec une immense corvée. D'où cette conclusion à propos de l'épisode guerrier :

« L'Allemand, c'est d'abord quelqu'un à qui “ c'est égal ” et qu'une insuffisante détermination psychologique rend capable à la fois de tout supporter et de tout faire[8] »*.

Entre le bien et le mal, suggère Jacques Rivière, l'Allemand ne sait pas discerner. Non qu'il ne dispose pas d'un code moral et ne soit capable d'esprit chevaleresque : tel officier, au lendemain de son évasion manquée, avait respecté sa conduite. Mais, soutient notre essayiste, éternellement « écolier en morale », l'Allemand reste en quête de valeurs, en sa « nuit intérieure ».

Sa seule référence, selon Rivière, est le « possible ». Jusqu'où peut-on aller, *hinaus*, au-dehors ? Morale du museau hors du terrier. Pour lui interdire de sauter le pas, de franchir une barrière, il faut lui démontrer que ce n'est pas faisable, du fait des risques courus, matériels ou juridiques : la chute, ou l'amende. Sinon, il pousse plus avant : d'où les exigences constantes, croissantes, auxquelles étaient soumis les prisonniers. D'où la stratégie d'envahissement, de submersion, de déferlement,

* Certaines de ces observations préfigurent celles de Hannah Arendt, un demi-siècle plus tard, sur l'affaire Eichmann.

à l'est comme à l'ouest, tant qu'une digue ne se dresse pas. *Ueber, hinaus*... C'est « le génie du possible [qui] fait le fond du caractère allemand[9] ».

Comme le personnage de Musil, l'homme allemand, vu par Rivière, serait-il « sans qualités » ? Que non pas. Le prisonnier de Koenigsbrück n'est pas si crispé, impatient de « vomir » ses geôliers, qu'il n'observe les énormes succès accumulés par l'ennemi. Alors ? Alors, la vertu active qui emporte et construit, c'est la volonté, *will*. Une volonté, un vouloir plutôt, qui tient lieu de tout ; spontanéité, haine, sentiment, discernement... « La volonté vient combler l'abîme que creuse chez l'Allemand l'absence de dons naturels[10]. » Et d'ajouter : « Si elle n'atteignait pas en lui à l'inspiration, il n'y aurait pas moyen de s'expliquer les œuvres auxquelles il aboutit. »

Ouf ! Les œuvres... Nous voilà tout de même sur une piste, devant une porte entrebâillée. Cet être empli d'un immense vide spirituel, cet individu inerte, indifférent, vacant, comment le retrouver en Kant et Goethe, en Bach et en Nietzsche ? D'où sortent-ils, ceux-là ? De quel magma d'avant la Genèse, d'après le déluge ? Rivière les verra donc surgir d'une volonté si intense qu'elle va jusqu'à « l'inspiration »... Et faisant d'une pierre deux coups, il cite Wagner qui, après avoir « mis sur pied » et dirigé la Neuvième Symphonie de Beethoven, ressentit, écrit-il, « le sentiment bienfaisant [...] du pouvoir et de la force de mener à bonne fin ce que je voulais sérieusement[11] ».

Aussi bien, c'est avec l'évocation du jeune Siegfried à sa forge que Jacques Rivière nous dévoile le secret de « la plénitude du génie allemand », l'« endroit de son ingénuité et de son innocence dont nous avons peut-être eu tort de nous moquer si longtemps » (peut-être ? Non : certainement...). Allemand entre les Allemands, Siegfried, joyeux et candide, *fromm und stark*, est instruit par l'oiseau * ; alors il « forge son âme », en fait « ce dont il a besoin », cette « âme qui n'est jamais finie », qui « n'atteint jamais sa forme, ni sa limite », dont « le métal est encore chaud. Il s'étend, il s'étire... ».

Quel apologue plus riche — et qui nous situe bien au-delà des caricatures...

*

Pour pénétrants que soient nombre de ces traits, on ne fera pas injure à Jacques Rivière en accordant plus de prix à la deuxième partie de son livre, celle où, sous le titre « A l'en croire », il traite de l'essai d'un philosophe allemand, Paul Natorp, son contemporain. La présentation et le commentaire qu'il en fait vont plus loin dans le dévoilement du

* Dont la nationalité n'est pas spécifiée... Français, peut-être ?

Deutschtum, de la germanité, de l'essence allemande, que les croquis des porte-clefs de l'Empire rapportés de Koenigsbrück.

Paul Natorp était professeur de philosophie dans une université de l'Allemagne rhénane. Il collaborait à une revue, *Kunstwart,* qui traitait aussi bien de politique que de musique ou de peinture et s'était transformée, pour les besoins de la guerre, en *Deutscher Wille* * *des Kunstwarts*. En novembre 1915, il avait publié un très long article sur la « volonté allemande » où il visait à faire comprendre le *Deutschtum,* l'essence allemande, à l'opinion mondiale, France comprise, à « représenter l'originalité allemande à la manière allemande [12] ». C'est à partir de ce texte assez banal, mais d'autant plus éclairant, que Rivière va organiser son portrait intellectuel de la germanité en marche.

Non sans se référer aux Grecs, à Héraclite surtout dont le sert très bien l'éloge du combat (*der Streit*) « qui éveille les forces qui sommeillaient et les contraint à créer, à se créer elles-mêmes au monde », Natorp oppose au collectivisme ** spontané et amorphe de la Russie, à l'individualisme franco-anglais, qui a tant contribué à former la « civilisation » moderne, une vision du monde toute différente : « Depuis plus d'un siècle, l'Allemagne pose comme supérieure à cette " civilisation " l'exigence de la " culture ", quelque chose de radicalement différent. La " civilisation " se contente d'équilibrer de l'extérieur des individualités [...] la culture exige une aspiration convergente, de l'intérieur, vers une unité plus riche, illimitée... »

Perspective lointaine, utopique, quasi inaccessible ? Natorp retient l'objection, pour mieux proclamer que le génie allemand se complaît à considérer les « lointains éternels », marqué qu'il est par l'« infinité ». Parce que son histoire, confondue avec celle des grandes fluctuations ethniques, saisie dans une double exigence de concentration et de redéploiement, le *Deutschtum* « se trouve éternellement en devenir » — comme l'épée que forge le jeune Siegfried ? « Être allemand, souligne-t-il, c'est d'abord un devoir : celui de devenir [13]. »

Paul Natorp ne craint pas de donner une conclusion très militante à son ardente dissertation : « Nous n'avons jamais été si forts en devenir. Nous sommes les plus jeunes de tous, est-ce qu'on ne sent pas cela ? Cela signifie d'ailleurs, pour aujourd'hui et pour demain, la guerre et non la paix. Car être jeune veut dire combattre. Mais cette guerre, qui est notre guerre, est le seul chemin possible vers la paix [14]. »

De cette définition de la culture allemande comme projet, comme exigence continue de devenir allemand, Jacques Rivière, l'analyste français imbu de l'essence des choses, est naturellement voué à dénoncer le redoutable confusionnisme ; dans cette « culture » comme processus

* Encore la volonté.
** Natorp écrit deux ans avant la révolution d'Octobre.

d'identification dynamique, cette « culture qui consiste à sortir de l'esprit pour assaillir directement les choses », il se refuse de voir autre chose qu'un « mode de gouvernement des idées ».

Dans son ardeur à dénoncer ce qu'a de redoutable ce dynamisme infini, cette implacable volonté de « devenir » sans limite, cette substitution des « tâches » aux idées, Rivière recrute un allié prestigieux : le Goethe des *Conversations avec Eckermann,* où il découvre une critique du germanisme qui lui paraît décisive. Comme on vient de lui raconter qu'un groupe de jeunes artistes allemands installés à Rome affectent bruyamment de mépriser Raphaël et Titien, Goethe intervient pour dénoncer ces « barbares » : « Car, précise-t-il, en quoi consiste la barbarie, sinon en ceci qu'on ne reconnaît plus l'excellent[15] ? »

Et d'opposer à Natorp, pour qui le génie allemand consiste à « déborder les choses par l'action », le maître allemand par excellence, Goethe, qui reconnaît le barbare à ce qu'il est incapable, dans sa passion du mouvement, de se laisser apaiser et captiver par la perfection. « C'est par Goethe, et non par moi, que la culture (selon Natorp) est dûment étiquetée : Barbarie[16]. » A partir de là, Jacques Rivière dessine une projection de la mise en œuvre politique et sociale du *Deutschtum* qu'il n'est pas abusif de juger saisissante ou prophétique :

> Dans l'ordre social qu'inaugureraient les Allemands, sans doute une inflexible discipline matérielle régnerait, qu'il serait fou de songer à enfreindre. Certes, on ne se gourmerait * pas dans les rues ; cela deviendrait même probablement un impossible, un invraisemblable dérèglement. Mais sous cette enveloppe rigide, on serait en pleine barbarie [...]. Les limites que [les Allemands] son arrivés à force d'attention à déterminer, s'écarteraient devant eux comme par enchantement, leur laissant un champ détestable pour les ébats décourageants[17]...

Écrit une quinzaine d'années avant l'avènement du nazisme... On a fait gloire à Tocqueville de presciences moins illuminantes que celle-là.

Cette fusée éclairante décochée vers nous, Jacques Rivière s'en retourne à son Natorp et à sa définition du *Deutsches Wesen,* de l'être allemand, qui n'est décidément qu'un *Werden,* un devenir. Et d'ironiser : « Voici tout le renseignement que nous obtenons : Monsieur n'est pas encore chez lui. Mais si Monsieur veut attendre un instant, Monsieur va rentrer tout de suite [...]. Devant le guichet où Natorp distribue l'intelligence des choses allemandes, les revenus que nous touchons sont minces [...]. La culture [...] s'est finalement réduite à un simple mode d'activité, à un pur mouvement... »

Aux yeux de Rivière, ce qu'il y a de pathétique chez les Allemands,

* Pour éviter que l'on se « gourme dans les rues », les SA hitlériens, dès avant janvier 1933, sauront imposer leur ordre.

c'est qu'ils ne sont pas « intéressants », qu'ils n'ont à brandir que leur « jeunesse ». Or, « qu'y a-t-il de moins intéressant que la jeunesse ? En en prenant conscience, le *Deutschtum* a voulu forcer l'intérêt, l'attention, par la guerre. » *Jungsein heisst kempfen* (être jeune signifie combattre). « Dans ces cavaliers que j'ai eu le malheur de voir arriver, au début de l'invasion, par flots débordants [...] je sentais cette unique jubilation " Enfin, il va falloir qu'ils s'occupent de nous[18] ! " »

La conclusion de Rivière, celle au moins que nous retiendrons, avant les quelques paragraphes de bons sentiments patriotiques sans lesquels, en ce temps-là, on ne pouvait traiter de ces choses, est très belle :

> Chez les plus inquiets de ces uhlans, de ces hussards qui dégringolaient sur nous [...] il y avait certainement cette préoccupation, cette attente « Enfin, nous allons savoir ce que nous sommes ! » Il leur fallait la guerre pour « se créer eux-mêmes au monde » [...] Ils se sont précipités à la conquête de leur âme, tout autant que du monde [...]. Ils ont généreusement donné leur sang pour « devenir des Allemands »[19].

On ne prétend pas avoir trouvé ainsi « l'Allemand » dans sa globalité. Mais convenons que, de ce duel avec Paul Natorp, Jacques Rivière aura tiré des clartés saisissantes — plus saisissantes à coup sûr que de son face-à-face avec les *posten,* les sentinelles en saindoux de Koenigsbrück, avec le grossier *feldwebel* de son équipée du Hanovre, avec les puantes arrière-cuisines de la guerre.

Sur ce que pensait vraiment Jacques Rivière de son *Allemand,* nous avons un bien curieux éclairage, une lettre écrite à sa femme à la veille de la publication, en octobre 1918 : « Mon pauvre livre [...] je le déteste, je l'exècre, et si j'avais seulement un tout petit peu de courage, j'en arrêterais l'impression, car je sais que sitôt qu'il aura paru, je le regretterai, et qu'il sera un remords pour toute ma vie [...]. Je vais être assez lâche pour laisser l'affaire aller jusqu'au bout[20]... »

*

Comme le faisaient ironiquement prévoir les dernières lignes de sa préface de l'*Allemand* (« le plus vraisemblable est qu'il ne se passera rien du tout »), le livre du sergent Rivière, publié en octobre 1918, ne bouleversa pas les foules. Si Albert Thibaudet, qui n'était pas son ami, parla de « grand livre », beaucoup restèrent sur la réserve. Les uns, les plus nombreux, furent déçus de sa modération : n'était-ce pas reconnaître là, sinon trop de « vertus », au moins trop de banalité aux ennemis, alors qu'ils occupaient encore notre territoire, ces monstres ? Une minorité, dont certains amis et admirateurs du secrétaire de la *NRF,* notamment ses hôtes suisses de 1917, pensèrent qu'il était en droit de se purger ainsi de ses souffrances, Jacques Rivière prenait le risque d'alimenter les haines — ne serait-ce que parce qu'il fut utilisé lourdement par les services de propagande français...

A noter en particulier la critique de Jacques Copeau : « Je me demande si c'est bien la psychologie de l'Allemand que tu nous donnes dans ces pages. Pour de la psychologie, c'en est, sûr. Mais de l'Allemand ? En un mot, il me paraît — peut-être me trompé-je ! — il me paraît que certaines réalités humaines se sont expliquées, définies pour toi durant ta captivité. Et tu en fais, peut-être un peu imprudemment, des réalités proprement allemandes [...]. Autre chose, très nettement : je *déteste* ce titre * : *L'Allemand d'après nature*. C'est coco, c'est journaliste. Ça me rappelle : l'Amérique telle que je l'ai vue, des bouquins de Jules Huret... etc. Tandis que : Psychologie de l'Allemand est excellent. *D'après nature* n'est pas seulement laid, c'est archi-*faux*[21]. »

La réaction la plus intéressante qu'il suscita fut peut-être celle de son ancien condisciple de la « khagne » de Lakanal, Louis Farigoule, dit Jules Romains. La notoriété du futur auteur des *Hommes de bonne volonté* était déjà établie, et affirmé le souci de réconciliation entre les combattants de Verdun dont il se fera le militant courageux. Aussi avait-il écrit à Rivière ** pour lui reprocher de contribuer à envenimer les passions antagonistes en « vomissant sur l'Allemagne l'injure prophétique ».

La réponse de l'auteur de l'*Allemand* est d'un extrême intérêt — dût-on y voir une bien libre interprétation d'un livre que, en dépit de ses hésitations et avec mille retouches, il a bel et bien publié — car elle annonce la profonde évolution d'une pensée qui va faire de Rivière, à partir de 1919 ***, l'un des pionniers du rapprochement avec l'Allemagne et de la naissance de l'esprit « européen » :

> Votre objection à mon livre [...] touche à mon point sensible. Mon avant-propos vous aura montré qu'elle s'était présentée à moi dès le début et m'avait longuement tourmenté. Ne pourrais-je pas, me demandais-je avec angoisse, construire du Français une image exactement symétrique de celle que je suis en train de construire de l'Allemand, et pas beaucoup plus séduisante ? Si je résumais et généralisais mes expériences de caserne, ou même simplement celles que me procure le contact quotidien de mes camarades de captivité, n'aboutirais-je pas à un monstre tout aussi réussi que celui auquel je donne en ce moment naissance ? Ma conscience m'obligeait bien à répondre à ce doute par l'affirmative.
>
> Si pourtant j'ai persisté dans mon travail et l'ai mené jusqu'au bout, c'est encore une fois parce que je ne pouvais rien entreprendre d'autre

* Celui qui était alors projeté.
** La lettre a disparu.
*** Voir chapitre XXIV.

avant d'avoir marqué ma répugnance native, instinctive (aussi peu que possible par la guerre inspirée) pour les façons de sentir et de penser allemandes.
Maintenant me voici libre. Il faut me faire un peu de crédit. Vous ne savez pas ce que je vais dire, ni tout ce que je porte en tête. Ne croyez pas du tout que je vais dévouer ma vie à « vomir » comme vous dites « sur l'Allemagne l'injure prophétique », ni à encenser indéfiniment le génie français.
Mon dessein est tout contraire. Je suis aussi conscient que vous de nos immenses défauts, de ce que les Allemands peuvent avoir de qualités. Je vais tâcher maintenant de le dire. Ma seule lâcheté aura peut-être été de commencer par ce qui, dans ma pensée, pouvait être le plus flatteur pour l'opinion moyenne de chez nous.
Je suis beaucoup moins éloigné que vous ne pensez de la conception que vous vous faites du rôle actuel de l'écrivain. Je suis au contraire tout disposé à collaborer, dans la mesure de mes moyens, à l'apaisement des haines et à l'éclaircissement des intelligences. Ce ne sont pas de vagues velléités. J'ai déjà en tête plusieurs articles qui tendront à cette fin. Je serais content s'ils devaient vous plaire.
[...] Non, croyez-moi, il y a un abîme entre les deux mentalités. Même si l'on aspire à les réconcilier, le meilleur moyen de n'y pas échouer c'est de bien voir tout ce qui les rend ennemies. Vous n'agirez pas sur l'esprit de l'Allemand par les mêmes moyens que vous agissez sur celui du Français. Il y a ici deux natures aussi antagonistes qu'on puisse le rêver. Trois ans de captivité m'ont fourni quelques raisons de m'en persuader.
J'aurais encore bien des choses à vous dire. Si j'avais le temps, je tenterais de vous montrer comment il me semble que l'informité originelle du génie allemand peut très bien se concilier avec le génie d'un Wagner, comment même il me semble qu'elle lui donne directement naissance[22]...

*

Le portrait « symétrique » qu'il annonçait à Jules Romains, l'auteur de l'*Allemand* entreprit incontinent de le rédiger. Les pages de cette ébauche subsistent et ont été réunies quelques années plus tard par Isabelle sous le titre *Le Français* * ; rendent-elles justice à ce beau projet ? L'ensemble, assez incohérent, fait de trois essais, *Nos défauts et leurs remèdes, De l'ordre* et *La Révolution et nous,* complétés par des notations sur « La Russie » (qu'il eût mieux valu intituler « Le Russe »), de quelques « notules » et d'un brouillon de poème intitulé *1918,* n'est pas du meilleur Rivière — celui de la *Sincérité* et du *Décadence de la liberté* de 1919.

Retenons tout de même, de cette esquisse d'aquarelle disjointe,

* Publié à 850 exemplaires aux éditions Claude Avenine, daté de 1928, sous le copyright d'Isabelle Rivière.

quelques traits de pinceaux ingénieux et touchants, qui ne sauraient faire pendant à la lourde caricature de l'*Allemand,* mais lui donnent tout de même un timide éclairage à contre-jour :

> ... Il nous manque beaucoup de vertus. Mais il y a d'autres nations pour les avoir à notre place. Le Français, c'est cet être insupportable, jamais content, jamais servi, sourcilleux, prompt à s'attraper, de qui ce n'est jamais le tour de travailler, mais celui du voisin. Le Français, c'est cet être dur pour les timides, qui bouscule les modestes et les pauvres, ou qui leur fait l'aumône avec une brusquerie offensante : « Tiens, R. » C'est ce discuteur qui s'en prend au premier venu, à la première petite différence, qui veut ceci et cela, et qui n'admettra jamais que... et qui a toute la raison de son côté, et un arsenal d'arguments prodigieux. C'est ce type qui n'est plus du même avis que tout à l'heure, simplement parce que l'interlocuteur a changé et risquerait d'éteindre le conflit en se rapprochant de son opinion.
> [...] Le Français, c'est l'être qui aime la confrontation sous toutes ses formes, l'épreuve, le contact par lequel il se dégagera et s'affirmera. C'est l'être qui a besoin avant tout de ne pas être la même chose que le voisin, et que le voisin ne soit pas la même chose que lui. Mais aussi, et de la même façon, c'est le type qui ne permettra pas qu'on l'empêche d'être ce qu'il est, ni même qu'on empêche les autres d'être ce qu'ils sont[23]...

Des trouvailles à la Giraudoux, des coups de corne à la Péguy : le morceau ne manque pas de saveur, pour peu qu'on le corse de celui-ci :

> ... Ne nous laissons pas réduire à l'indispensable. La France est là pour protéger un tas de choses dont on n'a pas besoin [...] La France est là pour garder dans le monde la place d'un peu de jeu, d'un peu de caprice, d'un peu de joie, c'est-à-dire, en somme, du véritable indispensable. Dans l'énorme transformation du monde dans le sens pratique, dans la grande révolution industrielle qui menaçait le monde et à laquelle l'Amérique par exemple s'est dévouée, la France est restée assise ; mais c'était pour marquer la place des grands biens spirituels, pour les empêcher d'être remplacés par autre chose. La mode : une exigence qui tombe du ciel et à laquelle on se soumet sans aucune espèce de raison tangible, quoi de plus important ?
> [...] Surtout, qu'aucun de nous ne prétende réduire la France. Qu'elle soit pour chacun de nous tout ce qu'elle est pour lui-même, mais aussi, et en même temps, et même si ça ne colle pas bien, tout ce qu'elle est pour cet autre et pour cet autre encore, et pour ce dernier enfin[24]...

Le trait final est décisif. Il annonce tout le Rivière à venir, dressé contre *L'Action française* et le parti dit « de l'intelligence », contre le nationalisme réducteur et l'exclusion du différent, de l'allogène, de ce que Maurras appellera avec mépris les « habitants ». Cette vision d'une France plurielle, du « ça ne colle pas bien », cette France aussi d'« un peu de jeu », des « biens spirituels » et de « ce dont on n'a pas besoin », comment ne pas lui trouver, soixante-quinze ans plus tard, une savoureuse actualité ?

XV

« Ce décarcassement de soi-même... »

> « Malgré les centaines de camarades qui m'entouraient, je vivais dans une solitude terrible... Je considérais ma vie antérieure, je me jugeais implacablement et par moments je bénissais cette solitude sans laquelle je n'aurais pu faire ce retour sur mon passé. »
>
> Dostoïevski, *Souvenirs de la maison des morts.*

Comment un dostoïevskien aussi fervent que Rivière n'eût-il pas vécu, au fond de sa baraque de Koenigsbrück, dans la hantise du bagne d'Omsk, source de l'œuvre qui l'avait initié au maître des *Possédés* ? A partir de 1916, on ne compte plus les références faites, dans ses *Carnets,* à Fedor Dostoïevski. L'obsession où vit Jacques va même jusqu'à l'amorce d'un parallèle audacieux entre les deux destins : ne sont-ils pas tous deux fils de médecins, obsédés par la psychologie des profondeurs, harcelés par le christianisme, internés à vingt-huit ans en terre lointaine à l'aube de leur carrière littéraire, et également conscients du rôle perturbateur — sinon libérateur — exercé sur leur conscience et leur personnalité par l'épreuve de la « solitude » collective ?

Pour qu'un autre homme naisse dans l'homme, une sorte de désertification doit d'abord s'opérer. Pour que le rite de passage d'un âge à l'autre puisse faire sentir ses effets, au-delà de la douleur immédiate qu'inflige le châtiment au jeune révolutionnaire de Saint-Pétersbourg ou de l'humiliation ressentie par le sergent Rivière, il importe que quelque chose comme le vide soit fait en leur conscience, faisant table rase du passé. Lisons les dernières lignes du *Français* — qui, sous forme d'une sorte de poème à la France, tourne à l'amère confession de Jacques Rivière, libéré de son camp et confiné pour sa fin de guerre dans une caserne de Toulouse :

« ... la guerre a fauché mon lyrisme dans la racine. Je ne retrouve plus les mots de l'enthousiasme ni de la louange. Plus d'images. Je vois toutes choses avec médiocrité [1]. »

Ce « lyrisme fauché dans la racine », c'est naturellement l'esprit d'adolescence — qui ne demandera, chez Jacques, qu'à renaître. Mais l'effet du grand rite de passage, c'est l'aplatissement au moins provisoire de l'enfant couronné.

La guerre était-elle passée sur le prisonnier comme ces rouleaux qui font les chemins cyclables et les gazons plats ? Il a recouru lui-même aux tout derniers jours de sa captivité à cette image de l'« herbe foulée ». Mais nous verrons que la plante est vivace et que cette « médiocrité » où Jacques dit avoir sombré fera vite place à l'audace et à la ferveur anciennes, et que l'inlassable adolescent de 1914 qui saluait Rimbaud et chérissait Yvonne n'a perdu, au fil de ces cinquante mois de guerre en creux, ni sa « crête », ni son « *impetus* » — un peu seulement de sa stridence et de ses exaltations.

Le 8 juin 1915, après dix mois de captivité, Rivière note dans son *Carnet* : « Quel " décarcassement " de soi-même je subis ici ! Tous les jours un peu plus. Il me tarde de me retrouver avec la vie pour voir ce que ça va donner... » Il parle aussi du « long désapprentissage » qui lui permettra peut-être de dépasser cette « courtesse d'âme » si détestée en lui.

Quelques mois plus tard, le 20 septembre 1916, il pousse beaucoup plus loin encore le retour sur soi-même. Se disant pris en tenaille « entre les entraînements d'un cœur de plus en plus saisi par la folie chrétienne, et je ne sais quel bon sens, quelle pudeur de rien faire d'exagéré » — il observe :

> Je sens la raison prendre des droits de plus en plus solides sur moi, je la sens s'emparer de mon esprit, l'aménager, le refroidir, le tenir. Je suis de plus en plus « raisonnable » [...] Je regarde souvent, avec satisfaction et mélancolie, ce grand énervé, cette espèce de fou, plein d'imagination et d'humeurs, que j'étais avant la guerre. Je vois, maintenant que j'en suis sorti, dans quel monde tout fantastique je vivais, et quel peu de contact je risquais de jamais prendre avec les êtres vivants. Je ne peux pas regretter l'évanouissement de ces chimères. Et pourtant de penser que jamais plus le monde ne m'apparaîtra avec cette énormité, ce tragique absurde, mais palpitant d'autrefois, les larmes parfois me viennent aux yeux.
>
> Je verrai bien des choses encore, j'aimerai plus fort que je n'ai jamais aimé ; ceux de mes sentiments qui me restent ne sont-ils pas maintenant infiniment plus forts qu'ils n'étaient ? Mais ce sera désormais sans vibration, sans cette espèce de fragilité pathétique [...] que j'aimais tant, sans ce tremblement de feuille qui prenait mon corps [...]. Maintenant je me sens déplorablement équilibré. Les résistances en moi sont d'avance égales à tous les courants possibles. Rien ne peut plus me faire bouger que comme je voudrai. [...] Et c'est ce grand progrès, cette inestimable transformation qui me donnent je ne sais quelle étrange nostalgie, du même genre exactement que celle que l'automne peut soulever dans les cœurs romantiques.

Il sent que « le vieux cœur féroce se ranime », il décèle un « trouble, [un] délire de ne pas savoir, d'être plus faible que ce qui va [lui] arriver, et [une] avidité épouvantable ». Il se pose la question : « Serais-je jeune encore ? » Pour conclure : « Il y a des parties de mon âme qui sont encore absolument enfantines ; je suis encore un enfant par certains côtés[2]. »

Ce qui domine dans cette douloureuse transmutation à laquelle le contraint la captivité, c'est la domestication, chez lui, d'une affectivité exubérante par l'autre part de lui-même, celle qui l'opposait de façon si savoureuse à l'interlocuteur essentiel de sa jeunesse.

*

Dans cet arrachement à ce qu'il fut et n'a pas cessé d'être, il y a en effet, poignant, l'adieu à celui qui en a été partie intégrante, par convergence et par contradiction, Alain-Fournier.

A la différence de sa femme, Jacques Rivière n'a que brièvement mis en doute, par bouffées, la mort de son ami : la lettre de Claudel de novembre 1914 lui a paru l'emporter, en crédibilité, sur les doutes obstinés d'Isabelle. Et s'il la croit irrémédiable, il la situe, pour sa part, dans une perspective de culpabilité. Les mille arguments qui se pressent sous sa plume en ce sens, on peut les résumer ainsi : il n'a pas su entretenir, par la pressante constance de l'amitié, la force vitale de son beau-frère, lassée, usée par des amours dispersées et une passion qu'il croit pouvoir juger médiocre — n'ayant pu lire la correspondance d'Henri avec Pauline Benda, dite Simone, qui eût été de nature à nuancer au moins ce mépris, et lui eût évité de parler ici de « dévoiement ».

Dans ces déplorations et cette autocalomnie à propos d'Alain-Fournier, il y a des notes déchirantes :

« ... Je l'ai laissé, je l'ai lâché, je lui ai refusé tout ce que je lui devais, tout ce que j'avais été chargé de porter pour lui dans le voyage que nous faisions ensemble [...]. Il ne pouvait attendre, il y allait de sa vie ; et dans sa jalousie des autres *, il y avait le sentiment qu'ils lui volaient quelque chose dont ils n'avaient pas le même besoin [...]. Je crois fermement qu'il y a une responsabilité mystique... »

Est-ce se cantonner dans un positivisme médiocre que de rappeler qu'Alain-Fournier n'est pas mort abandonné par les siens, mais qu'il fut tué au combat, le 22 septembre 1914, entouré par ses hommes, peu après avoir écrit à la femme avec laquelle il vivait une liaison exaltante ?

Si quelque relâchement se produisit dans le commerce d'intense amitié qui liait Jacques et Henri, c'est en raison surtout de la diversification des liens affectifs qu'avaient fait naître leurs vies passionnées (et avant tout le mariage avec Isabelle, qui déconcerta, sans l'altérer, leur affection) ; c'est du fait des divergences entraînées par leurs vies professionnelles, des

* Ceux de la *NRF,* bien sûr.

contradictions entre leurs statuts sociaux et leurs affinités – Fournier s'attachant au groupe des Casimir-Perier dont le prophète était Péguy, lequel était en coquetterie, parfois en tension, avec la *NRF*. Ce qui ne pouvait manquer d'entraîner, on l'a vu, quelque trouble dans les rapports entre les deux amis.

En 1914, Alain-Fournier est l'auteur brusquement notoire du *Grand Meaulnes* et l'amant déclaré de Simone, vedette du théâtre de boulevard ; Jacques Rivière est le diligent mais discret secrétaire d'une revue austère qui fait profession de mépriser, non certes *Le Grand Meaulnes* qu'elle a publié, mais les auteurs que joue l'actrice : Bataille, Bernstein, Curel. Ce qui sépare les deux hommes — dont l'affection résiste à tant d'épreuves — n'a rien à voir avec un abandon de l'un par l'autre. La vie est passée entre eux comme l'étrave d'un navire, qui permet aux eaux de se rassembler dans son sillage. La conviction d'Isabelle Rivière est, en ce domaine, crédible : le 22 septembre 1914, sur les Hauts-de-Meuse, Alain-Fournier est mort confiant en l'amitié de Jacques Rivière.

Passée la violence du premier choc, le sergent prisonnier se prit à considérer plus équitablement la disparition de son beau-frère *. Mais quelle que fût la part de responsabilité qu'il s'en attribuât, la mort de ce-plus-proche-des-êtres ne pouvait manquer de provoquer une rupture profonde dans sa sensibilité. Le rôle qu'avait joué Fournier dans la formation de sa personnalité, dans l'évolution de son adolescence, dans l'élaboration de son esthétique, était tel que sa disparition fit sur lui l'effet d'une amputation affective et spirituelle. Si décisive que fut l'épreuve de l'enfermement, elle ne fut pas ressentie plus douloureusement que ce déchirement. Le feu, l'humiliation, le cachot, la mort de l'ami : en ces quelques mois Jacques Rivière avait vécu presque tout ce qui signifie à un être qu'il est passé d'un âge et d'un paysage de sa vie à l'autre.

*

Tué, l'adolescent ? Si durement matraqué qu'il fût, Jacques Rivière reste possédé par un esprit d'enfance d'une étonnante intensité. Épars dans les *Carnets* entre deux soupirs douloureux, des cris de cette tonalité : « ...Encore cette épouvantable jeunesse. Je disais, pris d'un rire insurmontable “ Je me demande comment il faudra s'y prendre pour me faire vieillir ”[3]. » Et il lui suffit de rappeler à sa mémoire les visages de ceux qu'il aime, ou tout simplement de ceux qui font « comme une mer » dans son souvenir, pour être repris « d'un enthousiasme, d'une hilarité, d'une reconnaissance ineffables envers la vie[4]... ».

On peut prendre les *Carnets,* par l'un ou l'autre bout, les reprendre ici

* Qu'il avait cessé de s'imputer à crime – on le verra dans sa préface de *Miracles,* écrite dix ans plus tard.

ou là, passer des notations de 1914 à celles de 1917, et vice versa, on peut y noter l'accroissement des références religieuses en 1916, le déclin à peu près parallèle de la passion pour Yvonne, le retour à Isabelle et tant d'autres « mouvements de la nature et de la grâce », on ne cesse de goûter ce balancement magnifique entre les élans de l'enfance et les remontrances de la maturité.

Il peut bien confier à son journal, le 11 novembre 1916, qu'à l'issue d'une « cruelle et froide délibération » avec lui-même qui conduit à renoncer, semble-t-il, à un nouveau projet d'évasion *, il a décelé « l'instant où la raison en moi a mis la main sur la jeunesse » — comme le gendarme met la main au collet du voleur —, il a beau y voir une défaite de son imagination, et par là « le premier signe certain de vieillissement », malgré cette espèce de sanglot (« j'ai vu que j'avais vieilli »), on ne parvient pas tout à fait à le croire.

Lui-même non plus. Quand bien même, quatre mois plus tard, il en vient à réexaminer ses goûts esthétiques, à passer au crible les objets, les tableaux qui l'entouraient dans son appartement de la rue Froidevaux, ce « fatras », cet « encombrement barbare », quand bien même il en vient à s'étonner de ce « drôle et sauvage enfant qu'[il devait] être avant » — les conclusions qu'il en tire ne vont pas au-delà d'un appétit de sobriété : point n'est besoin d'être vieux, ni revenu de tout, pour rêver de s'entourer de quelques Poussin...

Le « drôle et sauvage enfant » n'est pas mort. Il a simplement pris du recul. Il a compris que « la "modernité ", au sens le plus fort du mot, va rentrer forcément dans tous les bons esprits », que « le goût n'aura plus besoin d'aller si loin pour être fin », que « la hardiesse aura été tellement rapprochée de nous qu'on ne pourra plus jamais la confondre avec " les audaces "... ».

C'est tout un projet esthétique qui s'ébauche là — déjà, peut-être, une redéfinition du second âge de la *NRF* ? Mais avant d'en venir à l'espèce de réévaluation ** esthétique qui s'est produite en lui au cours de ces trois ans, on voudrait marquer à quel point cette « épouvantable jeunesse » qui se refuse à mourir en lui, se nourrit d'un attachement inlassable à ce qu'il faut bien appeler, indépendamment de toute référence trop précise, l'univers féminin.

A-t-il donc tant « vieilli », est-il si bien revenu de tout, ce prisonnier qui chante ainsi l'air du Chérubin des *Noces* :

> J'aime la société des femmes jusqu'à la folie. Je le savais bien, avant. Mais maintenant je vois que je ne peux plus rien sans elles [...]. J'ai subi de dures leçons [...]. Mais je reste fait pour sentir. Et peut-on sentir vraiment, en dehors de la société des femmes ?

* Il ne précise pas, mais on est en droit de proposer cette interprétation.
** On se garde bien de parler de révolution...

> [...] Hier, je me sentais devenir ennuyeux, trop sage, trop rangé [...] Et de nouveau, je désirais la société des femmes, oh ! avec une langueur, une douceur, un désespoir infinis ! C'était une eau dont j'avais soif, l'eau même qui s'est tarie en moi, me laissant à sec avant que j'aie pu achever mon roman. J'avais peur de ne la retrouver jamais, de ne plus me sentir à flot. Mais maintenant je crois que ma crainte était vaine, [...] comme toutes les craintes que je me forge sans cesse ici sur l'impossibilité de *revivre*. Car je me sens tout gonflé de désirs, prêt à reprendre toutes les chaînes ; et peut-être me faudra-t-il au contraire [mettre] rassembler toute ma volonté pour éviter d'en porter de trop lourdes. Je me disais hier : « Je vais rentrer si vieux : trente et un ans passés ! » Et je me rappelais Copeau qui avait davantage déjà avant la guerre, et qui pourtant ne semblait pas trop refroidi.
> [...]
> Peut-être ce qui manque à mon esprit, en ce moment, ce qui le rend si paresseux, si stérile, peut-être ce n'est rien de plus que de ne pouvoir toucher de mes lèvres une chair de femme ; peut-être serais-je guéri d'un baiser. [...] Ce besoin qui me tourmente, c'est autre chose que la sensualité pure et brutale [...]. De même que toujours mon besoin des femmes a été autre chose, quelque chose de plus que le désir. (Je l'ai bien prouvé !) Ce n'est pas tant mon corps, que mon âme, que mon intelligence même qui ont besoin d'elles pour fleurir.
> Étrange que je sois si prodigieusement maladroit pour obtenir d'elles ce qu'il est entendu qu'on en doit obtenir, et pourtant si dépendant de leur faveur, subordonné, jusqu'au centre même de mon esprit [à leurs présents] à leurs attentions [5] !

« Ce besoin qui tourmente » le Chérubin prisonnier de trente et un ans, moins affamé de caresses, peut-être, que celui de Beaumarchais mais qui rêve de toucher de ses lèvres une chair de femme, comme il le rend proche et vivant, et transparent ! Jacques Rivière ne rentrera pas de son camp saxon moins désireux, impatient, moins avide des choses de la vie que l'étudiant assailli à Bourg-la-Reine par le futur auteur du *Grand Meaulnes*.

*

S'il est un domaine où la greffe de la guerre a pris sur lui, c'est à coup sûr celui de la politique, de sa conception en tout cas de la chose publique. Lui que nous avons vu avant 1914 si indécis, si ballotté, séduit par le socialisme à dix-huit ans et par le nationalisme à vingt-cinq, daubant en 1907 sur le compte de Jaurès, sinon de Clemenceau, et ne se résignant à prendre part à un vote, en 1913, que pour contribuer à l'adoption de la loi du service militaire de trois ans qui ouvre grandes ce que Giraudoux appellera les « portes de la guerre » — le voici requis par des préoccupations de citoyen, sinon de stratège diplomatique.

Il est vrai que le déroulement des opérations militaires — analysées par lui de jour en jour en tant qu'interprète de la presse allemande — a agi sur son esprit. Mais plus encore un autre facteur. En mars 1917 a éclaté à Petrograd la première phase de la Révolution russe — celle qui a porté Kerenski au pouvoir, tandis que s'amorçait l'intervention américaine sur le front français. Bouleversements historiques qui ne peuvent manquer de faire réfléchir un esprit de ce type — naguère dédaigneux des péripéties de la vie publique en France.

C'est quelques semaines seulement après les bouleversements intervenus en Russie que le sergent de Koenigsbrück en décrit les effets sur sa conscience — et, croit-il déjà pouvoir suggérer, sur l'histoire de l'Europe. Observant que si, dans les domaines philosophiques, théologiques et esthétiques, sa pensée a fini par « heurter des points fixes [...] autour desquels elle s'est plus ou moins cristallisée » (nous verrons que, chez lui, la cristallisation n'interdit jamais le mouvement), sur le terrain politique, il continue de se « mouvoir au sein de la plus fatigante indétermination ».

Il « comprend » mieux, il « voit » mieux — parce qu'il applique plus attentivement à cet objet naguère dédaigné son pénétrant esprit d'analyse. Mais il constate qu'il ne débouche sur aucune « foi politique », lui qui vient, pense-t-il, de retrouver la foi religieuse — laquelle lui semble d'autant plus précieuse qu'elle ne doit rien à l'hérédité : si de telles convictions se transmettaient, ses opinions politiques seraient aussi « fermes et définies » que celles de ses parents...

Nous avons pourtant vu Jacques Rivière, quelques années plus tôt, avouer à Henri Fournier que le poids de l'ascendance jouait son rôle dans sa détestation de tous les radicaux et socialistes, et dans l'attirance qu'exerçait alors sur lui *L'Action française* en dépit de sa « stupidité ». Et le voilà maintenant, par l'isolement, la guerre et une révolution lointaine, libéré de ces déterminismes familiaux et mûr pour une réévaluation globale des rapports sociaux et des relations internationales. Nulle « foi politique » ? Certes ! Mais une disponibilité quasi totale, une liberté de regard et de comportement qui va le conduire assez loin des certitudes où s'enferment, de génération en génération, et mieux encore du fait de la guerre, ceux de son milieu d'origine.

D'où ces confidences capitales faites à son *Carnet,* en date du 18 avril 1917, entre deux citations de saint Paul qui alors l'obsède, le ravit et lui sert peut-être de maître en « internationalisme » :

> ... Les derniers événements de Russie [...] me donnent l'impression que quelque chose de [...] nouveau, de terrible, de subversif pour le libéralisme à l'anglaise, est à l'œuvre déjà [...]. Rien que d'apercevoir, rien que de sentir qu'il y a quelque chose au-delà du libéralisme bourgeois, de *possible,* je ne peux plus me sentir persuadé de celui-ci. D'ailleurs il a des côtés vraiment répugnants pour moi. Rien ne m'est plus odieux que la foi capitaliste [...] Aussi joyeusement je salue la cruauté du monde et des lois économiques, quand on la reconnaît

ouvertement, autant je me sens gêné, blessé, offensé lorsque, par quelques couleurs habilement disposées à la surface on veut lui donner l'aspect et comme le vernis de la justice. [...] Ce qui me répugne, [...] c'est cette foi propriétaire, ce caractère religieux donné à l'organisation sociale actuelle [...] Il faut être juste : la liberté que donnent les libéraux, on ne peut s'en servir que pour les combattre. Ce n'est pas de l'ingratitude, c'est de la logique.

C'est pourquoi je crois bien comprendre ce qui se passe en Russie en ce moment. L'instant est solennel. Pour la première fois dans le monde *, un idéal nouveau cherche à prendre corps. Et les événements, suivant le sens qu'ils prendront, vont pour ainsi dire automatiquement décider de sa valeur. La question socialisme contre libéralisme se double de la question internationalisme contre nationalisme. Combien l'internationalisme semblait mort au début de cette guerre ! Tout le monde pensait bien l'avoir enterré pour toujours. Et en effet, je crois qu'il restera quelque chose tout de même de ce rafraîchissement du sentiment national. [...]

Mais enfin il me semble que l'internationalisme aussi regagne à vue d'œil le terrain perdu et qu'il commence même pour la première fois à prendre corps. Jamais sans doute plus qu'en ce moment, où nous nous déchirons les uns les autres, où les haines nationales sont le plus exaspérées, jamais nous n'avons été plus près des États-Unis de l'Europe. L'astre se lève à l'Orient **. Et n'est-ce pas naturellement en Russie qu'il devait paraître d'abord, dans le peuple le moins formé, le moins actualisé, par conséquent le moins buté contre les autres — le moins conscient de ses exigences individuelles, le moins disposé à les imposer aux autres ?

Mais d'abord il faut que j'exprime une crainte : c'est que nous, Occidentaux (Anglais et Français), c'est que nous surtout, Français, qui sommes si déterminés, si définis, si clos, si enfermés dans nos conceptions et dans notre gloire nationale, nous n'ayons les yeux fermés à cette lumière. [...] Si par hasard leur tour était venu ? Si tout à coup, avec nos vertus militaires, notre acharnement héroïque, nous allions nous trouver « en l'air » — simplement parce que les temps auraient changé, parce qu'une nouvelle époque serait là [6] ?

Pas mal, pour un amateur... Pas mal, pour le fils du très conservateur Maurice Rivière, de Bordeaux. Jules Romains et Anatole France vont écrire bientôt des choses analogues — mais ils disposent d'autres moyens d'information, et vont alors dans le sens de leur pente. Rivière remonte la sienne. Naïvement ? Avec cette candeur béate dont il faisait tant grief, naguère, aux socialistes ? Ce qu'on va lire montre qu'il a lu aussi et pratiqué Gustave Le Bon et Georges Sorel, aussi Bainville, et surtout qu'il a observé, depuis quelques années, le cours des choses.

S'il voit se profiler à l'horizon les « États-Unis de l'Europe », il se

* Un peu rapide, ici, notre prisonnier...

** Jules Romains va parler de *Cette grande lueur à l'Est*.

garde d'y voir une promesse de paix perpétuelle. La guerre a certes changé d'« occasion », de fondements : mais si elle n'est plus le fruit du caprice des princes, elle sera le produit de la concurrence économique :

« Quand les États-Unis d'Europe se seront constitués, peut-être sera-t-elle contenue pour un temps. Mais elle reparaîtra : c'est comme une voie d'eau qu'on bouche [...]. Si ce n'est plus la diplomatie secrète qui faisait les gouvernements se grouper en cachette les uns contre les autres, eh bien, on verra les peuples tout entiers se prendre de haine les uns contre les autres * et se déclarer ouvertement la guerre, par plébiscite au besoin[7]... »

Des propos analogues feront bientôt la gloire d'un Valéry. Et celle de Julien Benda, des observations de ce type :

« ... D'une part je hais les doctrines oppressives, celles qui, plus ou moins hypocritement, refusent aux misérables ce qu'il faut pour vivre à peu près librement, mais d'autre part aussi toutes les doctrines égalitaires, toutes celles qui formulent les ambitions [au profit] des masses, leur appétit de conquête [...]. Il faudra que je note aussi ce qui me paraît irréparable, si le monde tel qu'il est venait à être changé, si le régime socialiste par exemple venait à s'établir[8]... »

Ainsi s'exprime, ouvert déjà sur tous les grands débats du siècle, ce reclus de trente ans qui, naguère encore, limitait son univers réflexif aux débats esthétiques, à la psychologie des profondeurs et à une théologie trébuchante et ambitieuse. Pour aventureuses qu'elles soient, et lourdes de risques, on peut dire que l'interné de Koenigsbrück aura dégagé, d'un vif mouvement, des perspectives nouvelles. Le monde a pris pour lui une présence exaltante.

Il poussera plus loin même ses audaces. En date du 10 mai 1917, on lit ceci, dans son quatorzième *Carnet* :

> Je vois maintenant ce que je ne voulais pas croire : que nous avons fait la guerre pour le capitalisme.
> Horreur de l'entente anglo-française.
> Vous avez une mentalité de propriétaires [...].
> Bref, toutes les bassesses que j'ai entendu répéter autour de moi — et avec tant d'indignation ! Suis-je descendu si bas ? La vérité, la justice pouvaient-elles vraiment se cacher dans des formules si élémentaires, si grossières, que je reniflais avec tant de dégoût[9] ?

Signes de dislocation intellectuelle, de désarroi fondamental, d'épuisement psychique ? Le même homme, pourtant, est celui qui, une semaine plus tôt, a perçu avec une étonnante lucidité combien était lourde de sens l'adjonction de « P. à N. » (c'est-à-dire de Pétain à Nivelle) à la tête des armées françaises, signifiant tout simplement qu'une grande bataille

* En 1917, il ne s'agit plus de prophétie, mais d'un constat.

offensive était perdue et qu'on en revenait à la stratégie du profil bas. Ce Rivière n'est décidément ni un rêveur ni un benêt.

On retiendra cette description qu'il a proposée de lui-même, le 14 mai 1917, si fine et retenue, si pénétrante :

> Je suis un bon baromètre. Par le ton de mes sentiments, par la couleur de mes pensées à un moment donné, j'indique assez bien, et avec une avance suffisante, le temps qu'il va faire au-dehors. C'est ainsi que pendant la guerre, j'aurai marqué avec assez de [sagacité] clairvoyance chaque tournant des événements. Car j'ai un système nerveux assez fin pour subir les plus imperceptibles atteintes de l'avenir, pour les éprouver, les recueillir, les transformer [...] Mais là s'arrête ma vertu [...]. Parce que je m'imprègne trop bien, je suis incapable de traverser intact aucune situation. Je suis aussi peu *imperturbable* que possible [...]. Je suis livré à l'immédiat [...]. Condamné à tout percevoir [10]...

Sitôt rendu à la liberté, on verra le « baromètre » Rivière toujours aussi « perturbable », mais plus attentif à mettre en ordre, à classer en les révisant ces positions très neuves, à rationaliser ce goût du politique que la guerre a fait jaillir en lui — ou, mieux, cette phase de la guerre où, à partir de 1917, les bouleversements politiques et idéologiques ont doublé les affrontements guerriers.

Ainsi lit-on, dans *Le Français*, ces lignes rédigées au cours des tout derniers mois de la guerre, en Suisse probablement :

> L'humanité. Services qu'on lui rend. Je l'avoue, il n'y a pas longtemps encore, toutes mes idées étaient réactionnaires, et je riais aux discours de nos politiciens ; c'était pour moi un langage absolument vide ; j'écoutais passer tous ces mots de liberté, de justice, avec irritation et pitié. Mais, bien que je reste convaincu qu'ils sont le plus souvent prononcés sans qu'aucune idée leur corresponde, bien que je continue à ne pas aimer beaucoup les topos où ils servent, cependant ils on pris un sens pour moi. Je vois ce que serait la vie sans la liberté [11].

Faut-il s'étonner que ce soit le prisonnier qui ait mis l'accent sur l'exigence de justice, l'homme libéré sur les vertus de la liberté — à croire que celles-ci ne sont pas dissociables de celles-là ? Le fait est que le Jacques Rivière qui sort de la guerre après quelques jours de combats et trois ans de captivité est aussi libéré d'un préjugé desséchant et mutilant contre cette *politique* que Péguy, non sans l'avoir vilipendée, appelait « la bataille d'hommes ». Le voici prêt à y engager, affranchi des contraintes héritées de sa classe et des illusions nées du conflit, sa vertu intellectuelle et ses exigences personnelles. En ce domaine, la guerre a fait un autre Rivière, non pas seulement mûri, non pas simplement venu à l'âge d'homme, mais conscient de son état de citoyen.

*

L'histoire de Rivière prisonnier peut se décomposer en quatre époques, quatre séquences, qui correspondent chacune à une dominante : 1914 est le temps de l'humiliation ressassée, de la honte redite et recuite ; 1915, la saison de la résurgence et de la remémoration minutieuse de sa passion pour Aimée ; 1916 est largement consacré à l'élucidation religieuse, au contact de Thérèse d'Avila, d'Augustin d'Hippone et de saint Paul ; en 1917 enfin, on vient de le voir, la politique l'assiège et lui adresse ses sommations.

Mais Jacques Rivière est avant tout un homme de lettres. C'est la littérature, celle des autres d'abord, la sienne ensuite, qui constitue le fil conducteur, souvent presque invisible, inaudible, mais exigeant, de ce long entretien avec lui-même.

Faut-il s'étonner que la chose écrite domine à tel point ces préoccupations et notations du temps ? Lui dont la correspondance et les essais font une si large part aux arts plastiques et à la musique qu'on peut placer au-dessus de toutes ses études celles qu'il a consacrées à Cézanne, à Debussy, à Gauguin et à Moussorgski semble, coupé de ses sources, les avoir oubliées.

Il est vrai qu'à Koenigsbrück, Racine et Balzac lui sont accessibles, non Ingres, ni Franck. Mais il fait allusion parfois à tel air chanté avec un compagnon de captivité, et à telle peinture qu'il souhaite retrouver après la guerre. On se demande pourquoi Bach et Rameau, ne serait-ce que sous forme de réminiscence, ou de nostalgie, sont si absents de cette confession multiple, où, trente-trois mois durant, tout l'homme se déploie, sauf l'analyste de *Parsifal* et l'ami très exigeant d'André Lhote. Notes et formes avaient-elles été, dans sa mémoire, saccagées par la guerre et l'isolement ?

On trouvera un bref début de réponse dans cette notation du 15 mars 1917 : « ... En ce moment, dessèchement, flétrissement de toutes mes idées esthétiques ! Elles manquent d'eau. » Esprit dialogue, comme le disait Gide, et qui fonctionne vers l'abstraction, mais non dans l'abstraction. Bref, la littérature l'a repris tout entier, ou mieux occupe tout entière le champ esthétique où il ne cesse de vivre.

Première remarque : ses maîtres contemporains des dix dernières années semblent lui avoir été dérobés par la grande tragédie. On a déjà noté la quasi-évanescence de Claudel, de Gide. Proust même, dont il venait à peine de subir la première fascination et qui réoccupera bientôt, en lui et pour lui, une place royale, n'apparaît guère que comme témoin de la prééminence, en lui, de l'univers affectif. Ses amis de la *NRF* ne surgissent en ses carnets qu'à propos des projets de résurrection de la revue, en tant qu'opérateurs. La présence de Péguy est un peu mieux assurée : peut-être parce qu'il se sent en retard par rapport à l'homme des

Cahiers de la quinzaine. Et l'apparition de Bergson, une fois accouplé à Kant, fait figure de juste réparation d'un long oubli.

La littérature contemporaine ne « tient »-elle pas dans le grand carnage ou dans la solitude ? Indépendamment des grands textes chrétiens, ou parce qu'il en est, selon lui, une cime, Dostoïevski surnagerait-il seul, et plutôt en tant que témoin du christianisme russe, de la grande pitié russe, que comme sondeur d'abîmes psychologiques ? Voilà un bien grand massacre — dont la plupart des victimes vont, rassurons-nous, ressusciter bientôt sous la plume du Jacques du temps de paix.

Aux contemporains si rudement balayés de son champ esthétique, le prisonnier de la baraque n° 5 a substitué des maîtres dont certains nous étaient familiers — comme Racine et Baudelaire — et d'autres qui n'avaient guère nourri ses correspondances d'adolescent et de secrétaire de la *NRF*. On a cité Pascal, assez neuf dans son univers, et qui ne le hantera plus guère, mais pas encore Balzac, qui écrase ici de sa masse Flaubert et même Stendhal ; Saint-Simon et, chose bien étrange, le Napoléon du *Mémorial* *, souvent cité avec une admiration tout à fait pertinente. Le surgissement de la politique dans le champ visuel et psychique de Rivière, c'est aussi à l'homme de Sainte-Hélène qu'on le doit : comment parler avec une plus brève profondeur de ce substitut de la tragédie qu'est devenu, entre les mains du général corse, le jeu mortel des peuples et des empires ?

Balzac, en ces brefs morceaux choisis par l'auteur d'*Études*, est proprement foudroyant. Quel lecteur — et quel découpeur ! — que Rivière... Et c'est à propos du maître de *Père Goriot* qu'il écrit ceci qui va loin, et le concerne aussi : « Tout romancier, tout psychologue est forcément conservateur [...]. Son trésor, c'est la société telle qu'elle est [...]. Quel désordre dans les rouages sociaux [Balzac] pouvait-il sincèrement voir disparaître [12] ? »

Et avec quel saisissement (quelle voracité peut-être...) Jacques n'a-t-il pas découvert et découpé cette formule des *Illusions perdues,* qui sera l'un des thèmes de la fin de sa vie et inspirera l'une de ses œuvres posthumes :

« La tâche d'un écrivain est de concevoir les passions, puisqu'il met sa gloire à les exprimer » (le plus étrange ici est que Jacques Rivière croit pouvoir ajouter : « Et par *concevoir* ici il entend *excuser*. » Mais pas du tout, cher Rivière, pas du tout : le contexte indique que Balzac, ici, n'a pas voulu faire de « concevoir » un synonyme de « comprendre », mais bel et bien qu'il a pensé à « expérimenter », « créer », « s'inoculer »... Et c'est bien ce que fera, à la fin de sa vie, en vue d'écrire un roman **, le jeune directeur de la *NRF*).

* De Las Cases.
** *Florence*.

On a évoqué déjà * les premières étapes de la rédaction d'*Aimée*, et l'on reviendra ** sur les ultimes mises au point de l'ouvrage. Ce qu'il faut noter ici, dans cette évaluation du remodelage de Jacques Rivière par la guerre et la captivité, la minutie du travail de refonte critique à laquelle il soumet son roman, les phases d'abattement par lesquelles il passe, les retraits et ajouts de personnages et de scènes auxquels il procède, les sursauts de joie et de fierté qui transfigurent le mince sergent de la baraque 5, penché sur son carnet de notes.

Fascinantes, ces évocations sur les rapports entre sa biographie et son œuvre, de l'incidence qu'aura, sur son récit, l'évanouissement progressif de sa passion pour Yvonne, de la réoccupation quasi totale du champ de son affectivité par Isabelle :

« Je prends insensiblement à l'égard de mon livre une attitude toute nouvelle. D'une part, elle me rend impossible certaines réussites que seule la fièvre où j'étais en l'écrivant pouvait permettre [...]. Je ne trouverai jamais plus de ces phrases où l'amour perçait, pointait comme une herbe nouvelle et fragile. Mais d'autre part, de ce nouveau point de vue, j'aperçois bien des choses que je ne pouvais distinguer de l'ancien. En me séparant de mon amour, je me suis séparé aussi de mille aveuglements [...]. J'ai acquis une cruauté nouvelle, et plus froide, qui me permettra de plonger au vif[13]... »

Que ces considérations dussent être nuancées du fait du retour de flamme de 1918, lors des retrouvailles avec Aimée qui émousseront la « cruauté » que croit avoir conquise le prisonnier de Koenigsbrück, ne fait pas moins touchante, ou éloquente, cette confidence de romancier. Il serait bien savoureux, ou bouleversant, de consulter le journal des amours vécues par Flaubert (sur lesquelles sa « correspondance » reste souvent elliptique) au moment où il écrit *L'Éducation sentimentale*.

Si violemment absorbé qu'il puisse être par son roman, le vécu et l'interprété, Jacques Rivière reste par-dessus tout un esthéticien, le témoin par excellence de l'art de ce début de siècle, que le grand chambardement est en train de bousculer.

De bouleverser, même ? Jacques Rivière n'y croit pas : lui que la guerre — ou l'absence ? — a si rudement arraché à son âge pour le projeter vers un autre, lui qui découvre, dans les rapports des peuples et des États, des perspectives si neuves, il ne croit pas vraiment à ce que l'on pourrait tenter d'appeler ici une révolution culturelle. Mais plutôt que de réduire sa pensée à coups de serpe, mieux vaut lui donner une fois de plus la parole :

* Voir chapitre XII.
** Chapitre XIX.

> Je ne crois pas beaucoup à une influence vraiment profonde de la guerre actuelle sur l'art. Ses mouvements * sont beaucoup plus lents et dérobés que ceux des événements. Sans doute la grande révolution romantique est apparue derrière les commotions inouïes de la Révolution et de l'Empire. Mais n'était-elle pas entièrement prête avant 89 ? tout entière latente dans Rousseau et Goethe ? Elle a été plutôt retardée que produite par les événements qui ont suivi. Ou en tout cas ces événements n'ont été que comme les coups de canon qui condensent l'orage et le font tomber. [...]
> De même il se pourrait très bien aujourd'hui que l'essence de la révolution esthétique, qui se produira peut-être après la guerre, ait été entièrement *donnée* avant. Il se pourrait très bien que ce fût ce renouveau de l'intellectualisme, que j'ai cherché à caractériser dans mon étude sur le *Roman d'aventure*. Il se pourrait que la guerre ne fît que fournir le foisonnement et la facilité à cette tendance encore trop maigrement indiquée avant. Il se pourrait qu'elle fît pleuvoir, simplement.
> [...]
> Oui, je crois fermement à une éclosion – enfin féconde – de ce que nous attendions déjà avant. Ce ne peut pas être en vain que les meilleurs esprits, dans tous les domaines de l'art et de la pensée – se sentaient tournés vers l'intellectualisation de l'œuvre esthétique. Une préoccupation si générale, si symétrique répondait certainement à des nécessités profondes de l'esprit, qu'aucun événement, si formidable soit-il – n'aura pu faire dévier. Nous verrons l'épanouissement du cubisme universel. Et bien entendu j'espère que ça ne ressemblera pas beaucoup à ce que le cubisme a produit jusqu'ici. [...]
> La guerre, dans ce domaine de l'esprit, n'aura été qu'une *commotion,* comme la Révolution. Elle peut en faire tomber quelque chose, comme les fruits d'un arbre qu'on secoue. Mais ce sera simplement ce qu'il portait déjà. L'esprit seul peut produire de l'esprit. Tout ce qui le tente et le travaille n'est que pluie, neige, soleil ou tempête, ne peut que l'arroser, le mûrir ou l'ébranler ; mais lui seul crée [14].

Que le surréalisme, seul fruit manifeste du carnage, ait été ou non une des figures de ce que Jacques Rivière appelle ici « cubisme universel » (le prévoyant fort différent de ce qu'avaient donné avant 1914 les maîtres de son ami André Lhote), le coup de projecteur prospectif donné ici est d'une force peu banale. Et d'une prescience singulière : de 1914 à 1919, le roman ne passe-t-il pas de Proust à Proust ? La musique de Stravinski à Stravinski ? La peinture de Braque-et-Picasso à Picasso-et-Braque ?

Et Jacques Rivière, tout « décarcassé » qu'il fût, et amputé de son amitié essentielle, et éloigné du circuit gidien, et incendié par le christianisme, où va-t-on le retrouver, cet enfant prodige de la *NRF* ? Au sein, puis à la tête de la *NRF.*

* Ceux de l'art...

XVI

Le vent de la liberté *

Engelberg est une petite station suisse située dans le canton alémanique d'Unterwalden, et à mi-chemin entre Lucerne et la frontière italienne. Alentour, quelques pics culminent à plus de 3 000 mètres.

C'est là qu'à partir du 16 juin 1917, Jacques Rivière, hébergé à l'hôtel Edelweiss, inaugure sa nouvelle vie de « prisonnier de guerre interné », formulation rébarbative d'un statut qui implique son retour progressif à la liberté, substituant aux sentinelles saxonnes de joviales matrones suisses. Statut qui va lui permettre de recevoir d'abord sa femme et sa fille, puis ses amis Jacques Copeau et André Gide, en attendant une installation, à Genève, en septembre et le retour en France pendant l'été 1918.

Bien que Jean Schlumberger l'ait plaint d'être ainsi condamné à résider dans la « sinistre vallée » qu'est selon lui cette « noire fosse à edelweiss où jamais ne pénétra le soleil », Jacques se trouve « heureux » sur ces hauteurs, arpentant les rives de torrents magnifiques, s'initiant aux joies de la luge d'abord, et ensuite du ski. Il a découvert tout auprès un couvent bénédictin où il prie et fait le point sur sa course « à la grâce de Dieu ». D'où ce bilan de lui-même adressé, le 5 juillet, à Jacques Copeau.

« ... Il faut que je te dise comment tu vas me retrouver [...]. Pas diminué, du moins j'espère. Pas irréparablement atteint (je parle du moral : le physique est intact) ** ; mais bien fatigué, bien excédé, bien insensible. Les choses n'ont plus pour moi aucun goût. J'ai besoin de réapprendre le sentir, en commençant par les sensations mêmes. Il faut penser que pendant trois ans, j'ai dû tourner tous mes efforts justement en sens contraire [...] et ma volonté est assez forte pour que j'aie obtenu des résultats [...] J'en suis arrivé à ne plus pouvoir du tout me représenter le bonheur [...]. Je l'ai complètement oublié [...] A plus forte raison, avoir du plaisir [...] L'autre jour, à l'église, j'écoutais l'orgue [...] comme

* Ici reprend le récit suspendu p. 285.

** Fils de tuberculeuse, après trois ans de captivité il reprendra en effet une vie normale – mais mourra à trente-huit ans.

un homme devenu aveugle cherche à reconnaître avec les mains ce que ses yeux ne lui montrent plus [...].

« Là où je reconnais que je suis touché, qu'il y a quelque chose de cassé en moi, c'est à ceci que je ne peux plus faire que des phrases courtes. Mon cœur est incapable de dilatation, il est complètement *exprimé* par ma volonté, comme une éponge par une main énergique. [...] Il faut un peu de bonheur tout de suite, le plus tôt possible [...].

« Un de mes amis de là-bas, un juif russe *, le seul avec qui je pouvais aborder certaines régions, me disait il n'y a pas longtemps : " Ce qu'il y a de bien, c'est que ni vous, ni moi, nous ne sommes *aigris*. " Eh bien, pour ce qui me concerne, c'était tout juste si c'était vrai et heureusement que j'ai été délivré à temps [...]. La situation allait me dépasser, je crois. Il me devenait impossible de prier, difficile d'aimer, difficile de donner [...].

« Dis donc, J. Schlumberger (c'est confidentiel) m'écrit ce matin une lettre [...] où il y a une chose qui me scandalise, ou tout au moins qui m'intrigue fortement. Il parle de haine **. Est-il possible d'en avoir encore ? [...] En tout cas, pour ce qui me concerne, je n'en trouve plus aucune. Du moins, je crois. Ou n'est-elle qu'endormie, comme le reste [1] ? »

Entre deux lettres à ses amis, il s'est remis à rédiger un journal où il affine, approfondit ces notations. A propos de la haine : « Que Dieu me préserve d'augmenter de si peu que ce soit [...] le capital de la haine. " Semons la haine ", disait un journal que j'ai lu de mes yeux. [...] Si je connais quelque fait qui puisse contribuer à la renflammer, je le tairai soigneusement ***... » Dans le climat du temps, ces mots lui semblent si incongrus qu'il se reprend ainsi, sur un ton digne de son maître Dostoïevski : « Sans doute, ce n'est pas un homme d'honneur qui parle [...] C'est un homme déshonoré. C'est un homme défiguré. Mais justement il fallait peut-être être déshonoré et défiguré pour dire la parole nouvelle [...] celle que des millions d'hommes attendent [2]... »

Isabelle est naturellement accourue à Engelberg, sitôt reçu son passeport pour la Suisse : au Quai d'Orsay, l'ami de Claudel qu'est Philippe Berthelot s'en est naturellement occupé. Trois semaines se sont pourtant écoulées en vaines démarches quand Jacques Copeau, rentré des États-Unis, décide d'accompagner son amie dans les bureaux du ministère. Comme par enchantement, le document est prêt : il suffisait, glousse-t-il à l'adresse d'Isabelle, de glisser cent sous au préposé. Union sacrée...

* Teitelbaum.

** Dans l'édition de la correspondance Rivière-Schlumberger due à J.-P. Cap (Centre d'études gidiennes, 1980), le mot n'apparaît pas à cette date. Dans celle du 2 juillet, le mot de « faim », ici bien bizarre, a été lu « haine » par Jacques. A juste titre, semble-t-il.

*** En décidant de publier l'*Allemand,* il aura conscience de n'être pas fidèle à ce principe.

Train pour Bellegarde, bateau sur le lac des Quatre-Cantons, tortillard jusqu'à Stanstadt, funiculaire pour Engelberg. A la deuxième station, raconte Isabelle, « une grande forme bleue se jette sur nous *... ». On est le 8 juillet 1917, à 22 h 22. Trouve-t-elle Jacques « défiguré » ? Lettre d'Isabelle à Copeau : « Il est comme si je l'avais quitté la veille [...]. Si pareil à lui-même que c'en est presque amusant. Il sait beaucoup plus de choses, voilà tout... »

A l'usage de la famille de Cenon, Isabelle ajoute ces quelques notations : « Il a l'air plus jeune que jamais, c'est tout juste s'il paraît dix-huit ans. Il est maigre, mais cela non plus ne le change pas [...]. Mais une fois le premier moment de joie passé, il est triste et sombre et j'ai peur qu'il faille bien du temps pour lui rapprendre à être heureux... » (10 juillet 1917).

Les Rivière quittent l'hôtel Edelweiss pour s'installer dans une villa-pension appelée Gletscherblick, tenue par une Mme Stohr, qui les traite si bien que Jacques va bientôt refuser l'offre de s'installer à Leysin pour y jouer le rôle de précepteur d'un notable de haut vol. (Savait-il, refusant cette offre, qu'Igor Stravinski était installé pour toute la durée de la guerre dans cette célèbre station climatique ? Entendre *Le Sacre* joué et commenté par son auteur...)

C'est dans la pension de Mme Stohr que les Rivière vont recevoir tour à tour Jacques Copeau (les 30 et 31 juillet) et André Gide (les 6, 7 et 8 août). La visite du premier, qui arrive tout flambant d'affection, paraît avoir été un peu troublée — on le sent à travers une lettre d'Isabelle au visiteur — par les étranges rapports qui se sont établis entre la femme et le meilleur ami de Jacques. On a cité un extrait de la lettre d'Isabelle à Copeau, quelques jours plus tard, parlant de son « immense tristesse » **...

La visite de Gide marque, entre les Rivière et lui, le moment idéal de l'amitié triangulaire. Depuis les derniers jours de 1915, Isabelle est associée, avec le visiteur, à une traduction du *Victory* de Joseph Conrad, qui accroît leur estime réciproque — en attendant que les choses se gâtent, par la faute surtout de l'auteur de *La Porte étroite*. Au surplus, André Gide est alors en proie à une crise religieuse, dont le fruit sera l'admirable *Numquid et tu*. Isabelle y voit l'occasion d'exercer sur lui un zèle apostolique qui s'avérera encore plus décevant que leur collaboration à la traduction de Conrad. Mais ni la brusque esquive de l'un, ni les débordements missionnaires de l'autre n'ont encore produit leurs effets destructeurs : autour de l'« interné » s'est établie une harmonie retrouvée après les froissements de 1914, que reflète bien cette lettre écrite par Jacques à Madeleine Gide, le 23 août 1917 :

* Sa fille Jacqueline l'accompagne.
** Voir ci-dessus, chapitre XII.

« Le séjour d'André ici a été merveilleusement réussi. Je parle au moins pour moi. Nous avons pu causer sinon de tout ce que nous avions sur le cœur et dans l'esprit, au moins de tout le principal. Et nous avons refait connaissance d'une manière qui nous a donné de la joie, à l'un comme à l'autre, je crois. Je me suis retrouvé, sitôt après son départ, en d'excellentes dispositions de travail, et, bien qu'il me faille combattre encore par moments je ne sais quel mauvais accablement qui me retombe dessus, je les ai à peu près conservées jusqu'ici. Je continue de puiser dans les conversations que nous avons eues, un élan, un entrain, qui me font du bien au cœur, et dont j'avais un grand besoin, après tant de morne solitude[3]. »

La grande « réussite » du séjour de Gide à Engelberg, c'est qu'il a très bien compris que son ami se débattait dans d'âpres contradictions, à propos des rapports entre la libre expression de l'écrivain et « l'intérêt général » et alors pressé Rivière de ne pas se laisser prendre à ce « sophisme », lui faisant valoir que ces gens de lettres qui prétendent « être utiles * » ne débitent plus que des « âneries »[4]. Intervention capitale, on le verra.

Claudel ? Alors chef de la légation française à Rio de Janeiro, il écrit à Jacques, le 14 août, une lettre fort curieuse où il est surtout question de Nijinski, qu'il a invité à déjeuner et avec lequel il a eu une conversation « des plus intéressantes », à tel point qu'il voit en lui « un homme vraiment supérieur » : notation rare sous sa plume.

Quant à Gaston Gallimard, il reçoit à la fin du mois d'août une lettre où Rivière lui annonce que « son ami Jacques » s'est mis à la rédaction d'un livre qu'il serait heureux de publier chez lui : il s'agit bien sûr de l'*Allemand* — projet auquel l'éditeur répond, d'emblée, avec chaleur. Décidément, les liens sont solides, le « circuit » rétabli.

Le séjour à Engelberg des Rivière ne s'achèvera pas sans qu'il éprouve une surprise joyeuse : d'Allemagne arrivent, empaquetés avec soin, les quatorze carnets de ses notes du camp de Koenigsbrück et les brouillons d'*Aimée* **. Le geste inespéré de ses anciens geôliers a peut-être contribué à la relative modération avec laquelle il ne va plus cesser *** de considérer la nation ennemie. (Quel écrivain ne serait tenté de juger les gens sur leur façon de traiter ses manuscrits... ?) Et ce ne sont pas ses hôtes suisses qui s'emploient à réinsuffler chez lui un esprit belliqueux.

Très vite, en effet, les nombreux admirateurs que s'est acquis la *NRF* en Suisse romande multiplient les efforts pour l'accueillir. Au pays d'Amiel, qui serait mieux compris que l'auteur de la *Sincérité envers soi-même* ? Plusieurs d'entre eux, Charles-Ferdinand Ramuz, Benjamin

* Pense-t-il à leurs amis Schlumberger et Ghéon ?

** Hormis la liasse confisquée à Hülseberg (cf. p. 278).

*** Fût-ce dans l'*Allemand*. Mais comment n'y a-t-il pas signalé, ne serait-ce qu'en une brève note, le geste accompli par ses anciens geôliers en faveur de ses manuscrits ?

Vallotton, Raoul Auberjonois, Robert de Traz, sont déjà intervenus pour obtenir son transfert en Suisse. Ils n'auront de cesse qu'ils n'aient installé à Genève — 1, avenue de Frontenex — l'homme qui a écrit à Ramuz, le 2 juillet 1917 :

« ... Le seul grand péché que nous pourrions commettre serait de [...] laisser passer une solution possible. Il faut se maintenir sans cesse libre de tous les concepts qu'on a imposés à la foule [...]. Notre crime serait si une minute passait avant que cette possibilité * fût comprise et expliquée [...]. Une seule petite minute et nous serions les plus grands criminels que la terre ait portés[5]... »

S'il en eût été besoin, voilà qui accrédite au mieux notre Rivière auprès des honnêtes Suisses : ce chercheur de vérité, ce nouveau promu de la liberté, s'affirme aussi intrépide partisan de la paix que ses hôtes. Ils ne le verront pas militer publiquement pour cette cause — tenu qu'il est par la discipline militaire dont relève encore le sergent « interné ». Mais ils ne douteront jamais des sentiments du jeune homme que ses amis genevois ont vu ainsi, pendant son séjour de neuf mois parmi eux :

« Ce soldat affaibli avait l'air d'un adolescent [...]. Il était impossible de ne pas l'aimer [...] à cause de sa transparence » (R. de Traz). « Serré dans son uniforme bleu horizon qui lui faisait les épaules plus étroites, avec son long visage pâle où brûlait mélancoliquement le sourire de ses yeux si doux, il avait l'air extraordinairement frêle » (Alexis François). « ... Il y avait une réelle parenté entre sa nature et la nôtre [...]. Nous autres, Suisses Romands, portons lourdement nos qualités, notre lenteur, notre sérieux, notre souci de profondeur et d'analyse [...]. En Jacques Rivière, nous retrouvions tout cela, mais allégé, souriant et noblement porté » (R. Grosjean).

Pour « frêle » et « affaibli » qu'il soit, le voici chargé d'enseigner la philosophie et la littérature dans un cours de jeunes filles protestantes. Puis on le voue à un rôle de porte-parole de la littérature française contemporaine dont il s'acquitte avec joie. La revue *L'Éventail* lui ouvre ses portes. A partir de février 1918, dans la petite salle de la Taconnerie où, raconte un témoin, « la foule s'entassait sur des planches ou des chaises de paille », puis à l'Athénée, le secrétaire (en congé) de la *NRF* prononça huit conférences sur la *NRF,* Gide, Claudel et Suarès, puis sur Péguy et les *Cahiers de la quinzaine,* sur Alain-Fournier bien sûr et sur Proust, sur Rimbaud, Laforgue et le symbolisme et enfin sur le théâtre du Vieux-Colombier et Jacques Copeau. Ce qui s'appelle se faire plaisir...

Jacques Rivière ne laisse pas d'être touché par l'amitié et l'admiration que lui témoignent les Genevois. « J'avais trouvé d'abord leur accueil un peu froid, écrit-il à Copeau. Est-ce le succès qui me corrompt et me fait voir avec amitié des gens qui m'applaudissent ? [...] Tu sais que je me

* De paix.

raisonne assez bien là-dessus. J'aime dans Genève justement le contraire de ce que j'avais cru y voir d'abord : une certaine vocation hospitalière, une manière de vous mettre chez vous [...]. Et puis peut-être ce qu'il y a d'un peu pédant en mon esprit s'accommode-t-il plus facilement que tu n'as pu le faire de certains travers genevois *... » Et à Gide, il écrira que les Genevois sont « capables d'une attention qu'il serait fou d'attendre de qui que ce soit d'autre ».

L'évocation la plus savoureuse de ces « performances » de Jacques à Genève (si brillantes qu'il doit les répéter notamment à Lausanne et à Neuchâtel), c'est celle que propose Isabelle à la famille de Cenon (9 et 18 février 1918) :

« C'est un succès fou, on ne parle plus que de ça dans tout Genève, et on ne peut plus rencontrer une personne dans la rue maintenant que nous connaissons tout Genève — sans être arrosé de compliments, de félicitations, d'extases, etc. " Mais, Madame, c'est vivre avec un Dieu que d'avoir un mari pareil. " [...] En attendant il a bel et bien fallu changer de salle, et les conférences auront lieu désormais à l'Athénée qui peut contenir jusqu'à 250 personnes.

« ... Jacques a été absolument épatant. Sa conférence sur Claudel était d'une profondeur et d'une clarté remarquables. Et il l'a dite avec aisance, avec feu et il a remarquablement bien lu plusieurs passages de Claudel. Enfin, cet auditoire de Genevois qui aiment le sérieux, le solide, l'important, a été absolument transporté. Ç'a été, à la fin, une ruée vers Jacques et vers moi, et on nous a accablés, étouffés de compliments. [...] Cette épreuve me confirme dans cette impression que j'avais eue tout de suite, à savoir que non seulement Jacques n'a pas perdu au point de vue intellectuel dans ces trois années, mais qu'il a énormément gagné. Car cette conférence était de beaucoup supérieure à celles que je lui avais entendu faire jadis... »

*

Mais ce qui marque avant tout le séjour en Suisse de Jacques Rivière, c'est une réflexion qu'il y mène, à Engelberg d'abord, puis à Genève, sur le cours de la guerre et l'évolution de ce qu'il appelle « le sentiment national ». L'audace de telles réflexions peut ne pas apparaître évidente à un lecteur d'aujourd'hui. Si l'on considère que cela est écrit en 1917, au cours d'une des périodes du conflit les plus angoissantes pour les Alliés, à la veille de la nomination « en catastrophe » de Clemenceau au gouvernement, on ne peut que s'étonner de tant d'intrépidité.

Il ne faudrait d'ailleurs pas croire que c'est de gaieté de cœur que Rivière met ainsi en question les principes du nationalisme combattant

* Voir les jugements portés sur lui par les Genevois, chapitre XV.

qui domine alors la scène politique et intellectuelle. En marge de la rédaction de ces textes, il écrit à Gide : « Je me reconnais si peu dans ce que j'écris [...]. Mais là-dessus je n'ai plus de doutes [...]. Ce que je pense maintenant est si peu Jacques Rivière ! Non pas que j'ambitionne de me répéter toute ma vie. Mais il y a des sentiments que j'aimais, que j'aurais voulu garder [...] dont je souffre de ne plus trouver la trace dans ce que me dicte maintenant, avec une austérité effroyable, ma raison... » (30 novembre 1917).

« Effroyable », vraiment ? C'est en tout cas ce qu'eût pensé un lecteur du *Gaulois* ou du *Figaro* (ou de *La Liberté* de Bordeaux...) en lisant alors ces considérations du sergent « interné » entre le lac des Quatre-Cantons et le lac Léman :

« Dès les premiers jours la guerre a commencé à faire tourner les têtes [...] Plus moyen de savoir la vérité [...]. Impossible que l'esprit ne profitât point de cette immense permission soudaine, qui allait jusqu'à celle de tuer. Il est parti lui aussi à la maraude [...]. Et l'on a vu germer la foison des fausses nouvelles [...] les caricatures les plus abracadabrantes de l'ennemi [...] Les journalistes [...] ont entamé leur odieux roman [...] tout leur a été bon : le vrai et le faux, le noble et l'ignoble, le document et la légende [...] Le " boche " est transformé en un monstre si irréprochablement inhumain qu'il appartient décidément au domaine de la fable [...]. Ma consternation a commencé quand j'ai vu les esprits les plus distingués entrer en lice [...] transformer " à l'allemande " les expériences les plus douteuses en vaste théorie ethnique [...] Tout est défiguré, tordu, en débris comme sur un champ de bataille [...] La guerre a partout désorganisé l'intelligence... »

Cet article ne fut pas en son temps publié *. Mais il est déjà beau qu'il eût été écrit par un homme que nul parti n'encadrait, nulle idéologie préconçue ne guidait, qui n'était nullement influencé par Romain Rolland ou Barbusse, que n'inspiraient que le souci de la vérité, le dégoût du « bourrage de crâne » et du dévergondage intellectuel.

Si la seconde des études écrites en 1917 par Rivière sur ce thème ne fut pas non plus rendue publique, c'est que les événements de la fin de 1917, notamment l'attitude adoptée par l'opinion allemande lors de la paix de Brest-Litovsk avec le nouveau régime soviétique (dont la capitulation devant le militarisme du Kaiser jette dans l'enthousiasme les socialistes allemands...), convainquirent Jacques Rivière qu'il avait manifesté une confiance « trop aveugle [...] dans l'avenir ». Non qu'il reniât son espoir de paix universelle inspiré par le refus de l'écrasement de l'ennemi et fondé sur la Société des nations : mais l'impérialisme allemand venait d'empocher de tels bénéfices, et avec un cynisme si glouton, qu'il lui

* Alain Rivière l'a tiré de ses archives en 1992, pour l'insérer dans *Une conscience européenne,* Paris, Gallimard, 1992, p. 60-65.

parut indécent de s'avancer alors, son rameau d'olivier à la main...

Le texte intitulé *Évolution du sentiment national* et publié en 1930 par Isabelle Rivière dans les *Cahiers de la quinzaine* sous le titre « Pour et contre une Société des nations » n'en est pas moins beau, tranchant hardiment sur les idées alors reçues :

« ... Le bien de la France est toujours ce qui m'est le plus cher au monde ; mais il ne m'apparaît plus comme le terme unique vers quoi tout doive tendre [...]. Il n'y a plus de questions nationales. C'est le tout qui doit être repétri [...]. Je ne peux plus m'intéresser aux événements que dans la mesure où ils concourent à l'organisation nouvelle de l'humanité [...]. L'intérêt de la France m'apparaît comme fondu dans cet intérêt universel... » (on croit retrouver, dans cette dialectique du national et de l'universel, un ton jauressien).

Jacques Rivière ne se contente pas ici de proclamer des orientations nouvelles. Il les fonde en analysant les données de la situation créée par les péripéties de la guerre, son gonflement monstrueux, sa durée irrationnelle. Passant du psychologisme romanesque à la sociologie historique, l'auteur d'*Études* ne perd rien de sa perspicacité :

« L'effort qu'ont fait les spécialistes pour faire porter la guerre sur les peuples entiers devait fatalement se retourner contre eux. Sans le vouloir, ils l'ont en quelque sorte laïcisée. Ayant appelé tout le monde à y prendre part, ils ont à compter maintenant avec l'opinion de tout le monde pour la terminer. Et bien entendu, cette opinion est assez différente de la leur [...]. Je comprends très bien l'espèce d'indignation et de dégoût que doivent sentir les professionnels de la guerre et de la politique devant la manière toute profane, si peu respectueuse des règles, dont le vulgaire prétend envisager la question de paix [...] Mais il est trop tard pour empêcher cet immense agrandissement de la discussion ; trop tard pour étouffer la voix des juristes et des philosophes. Et pourquoi les a-t-on dérangés ? C'était entre toutes l'erreur à ne pas commettre[6]... »

Pacifiste, résolument pacifiste donc ce cri de Rivière de novembre 1917 : les peuples, contraints à faire la guerre, ont le droit d'imposer la paix. Tous les peuples, pour une paix de convergence. Mais sitôt ce texte écrit, les conditions qu'imposent les pangermanistes de Berlin aux bolcheviks ligotés par leur « défaitisme révolutionnaire » sont d'une telle cruauté, on l'a dit, que Jacques Rivière en est bouleversé. L'indignation qu'il éprouve est à la mesure de l'angélisme manifesté dans son article — et il enjoint aussitôt à Charles Butry, responsable de la revue à laquelle il le destinait, *Écrits nouveaux,* de renoncer à publier l'« Évolution du sentiment national ».

« ... Au panier ! Ou en tout cas jusqu'au fond du plus secret tiroir, jusqu'à ce que ces malheureux [Allemands], s'ils en sont capables, aient fait quelque chose [...] d'énorme — qui justifie la confiance que j'ai failli avoir la bêtise de leur marquer [...]. Je ne fais rien aujourd'hui que me scandaliser de ne pas trouver ce que je m'étais cru alors en droit d'attendre[7]. »

L'admirable est que cette humiliante déconvenue n'ait pas provoqué, chez Rivière, un reniement global de ses idées sur l'avenir de la paix. Si le texte de l'*Allemand* se ressent de l'effet produit sur l'auteur par le sursaut pangermaniste de la fin de 1917, sa pensée se maintient très fermement dans un sens hostile à tout « diktat » imposé à Berlin. Dans sa correspondance avec Isabelle *, il juge « féroces » les dispositions des négociateurs français, arguant que « si nous jetons l'Allemagne dans la famine et dans l'esclavage, c'est alors qu'elle deviendra redoutable » et plaidant pour que l'on écoutât le président Woodrow Wilson, dont les « 14 points » de janvier 1918 lui semblent l'expression même de la sagesse[8].

Il va pousser l'audace plus loin en écrivant à sa femme à la fin de 1918 :

« Notre entrée à Metz et à Strasbourg ne sont que des incidents insignifiants à côté de ce qui se passe ces jours-ci à Berlin ** [...] C'est là que le sort du monde se joue en ce moment [...]. L'Allemagne va-t-elle ou non être gagnée par le bolchevisme ? Voilà la question capitale [...] pour notre avenir aussi bien que pour celui des autres [...]. J'ajoute que je ne crois pas à une victoire immédiate du bolchevisme en Allemagne [...]. Nous allons tout faire *** pour étrangler le bolchevisme russe... » Qui pensait alors avec cette rigueur décapante, cette liberté de ton ?

Ce qui frappe chez Jacques Rivière, aussi bien quand il réfléchit à l'histoire en mouvement qu'à l'épanouissement de l'art du roman, c'est l'ampleur des perspectives et la souveraine indépendance par rapport aux idées régnantes. Qu'il se trompe sur tel fait, que tel pronostic soit déçu compte bien peu par rapport à la tranquille audace de la vision. On peut comparer avec les augures du temps : entre le hautain pessimisme de Jacques Bainville et les rêves désarmés de Georges Suarez, voici une intelligence en éveil qui chemine, libre.

On reviendra sur l'évolution de la pensée « stratégique » de Jacques Rivière, l'une des plus originales de son temps. Son fils et son éditeur ont su, trois quarts de siècle plus tard, y retrouver les racines, les prodromes de l'Europe de la fin du siècle[9]. On veut simplement signaler en attendant à quel point, au débouché de la guerre, elle contredit celle qui inspire la bourgeoisie intellectuelle du temps — Gide, Martin du Gard et Gallimard exceptés ****. C'est pourquoi elle va importer si fort au moment où le « politique », au sens le plus large, ne pourra plus être marginalisé.

* Après son retour en France pendant l'été 1918.

** La révolution « spartakiste » conduite par Karl Liebknecht et Rosa Luxembourg.

*** Tout, non. Mais Clemenceau et Lloyd George feront de leur mieux...

**** On dit « bourgeoisie » pour ne pas entrer dans les débats des divers courants de la gauche, résolument pacifiste.

*

C'est le 17 juillet 1918 que Jacques Rivière, sa femme et sa fille ont pu regagner la France. Une permission d'un mois accordée au sergent du 220e régiment d'infanterie leur permet de mettre d'abord le cap sur Cenon, qui est pour eux « le refuge et la source » *. C'est l'occasion pour Jacques de retrouver la chère « Toutou », de renouer avec son père ** des relations moins crispées, et de mettre la dernière main à la rédaction de l'*Allemand*.

Après un bref séjour à Paris où il a espéré pouvoir rester jusqu'à sa démobilisation, le sergent Rivière, auquel on a parlé d'affectation à Berne ou au Maroc, est expédié à Toulouse où, pendant trois mois (octobre 1918-janvier 1919), il aura pour tâche principale de surveiller le va-et-vient des permissionnaires et de les faire ranger deux par deux dans les couloirs de la caserne Niel ! En novembre, il a passé trois semaines à Frontignan (dans l'Hérault), puis à Sète pour y suivre un stage de lancer de grenades… Un mois après l'armistice ! Mais dans l'encadrement de sa fenêtre languedocienne, il voit, écrit-il à Isabelle, se découper « le plus prodigieux Cézanne ».

De cet irritant séjour méridional (il a trouvé Toulouse « pittoresque », ce qui n'est pas un éloge sous la plume d'un Bordelais), le biographe de Jacques Rivière n'a guère à retenir qu'une correspondance quotidienne avec Isabelle où s'expriment non seulement sa décapante approche de la question « politique » mais aussi une nouvelle flambée de passion pour Yvonne Gallimard — qu'il a revue lors de son trop bref séjour à Paris.

Le 7 octobre 1918, le lendemain de son arrivée à Toulouse, il écrit à Isabelle :

« … Je ne peux pas te le cacher plus longtemps, je traverse de nouveau une crise sentimentale. C'était fatal. Avant d'être résolus, tous les problèmes que la guerre a suspendus ont besoin d'être reposés […]. La question Yvonne demande […] à être re-subie par moi un moment […]. Je l'ai compris en la revoyant […]. Elle m'a marqué l'autre jour une confiance, un besoin de moi vraiment pathétique : j'ai senti qu'*elle m'avait attendu* […]. Je ne peux pas lui faire signe de me laisser, de passer plus loin. Me l'ordonnes-tu ? […] Je te demande simplement de me laisser souffrir un peu… »

Qu'un être d'une si grande rectitude et d'une telle perspicacité déploie, en une telle affaire, tant de dolente hypocrisie n'est pas à l'honneur du sentiment amoureux. Mettre son amour inassouvi pour « Aimée » au rang des « problèmes que la guerre a suspendus », parler ici de « subir »

* Titre d'un livre de Jean Daniel.
** Et, plus difficile, avec sa belle-mère.

et de « souffrir » — voilà qui sent son Jean-Jacques, sinon son Benjamin Constant. On l'a trouvé, on le retrouvera, plus limpide, on dirait même plus honorable, en d'autres circonstances... Il est vrai que le genre littéraire qui consiste à avouer à sa femme qu'on en aime « aussi » une autre et que cet « aussi » relève du sacré, n'est pas propice au chef-d'œuvre.

Isabelle se donne le beau rôle en n'usant pas du droit de veto qu'a suggéré à mi-voix son mari, mais ne se retient pas pour autant de glisser quelques insinuations relatives aux faiblesses d'Yvonne, à ses démarches en direction de Copeau — une des figures de cette constellation d'affinités électives qui nous manquait encore ! Ce qui ne peut que cingler la fièvre amoureuse de son mari, et pousse Jacques à exercer sur elle une pression où l'on croirait qu'il dispose, lui, des armes de la vertu :

« ... Rien n'est possible, ni la régularité de ma vie, ni sagesse, ni application, ni justice, si d'abord on veut me retrancher sa compagnie [...] J'entends ne pas voir diminuer mon intimité avec elle [...]. J'ai bien senti, l'autre jour, que personne peut-être au monde que moi ne pouvait l'aimer. Et c'est pourquoi il ne faut pas que mon attachement pour elle soit empêché. Il ne peut pas être interdit sans crime [10]... »

Cet inguérissable amour pour Yvonne, serait-ce une œuvre pie ? D'autant plus méritoire que, suggère Jacques à sa femme (peut-elle l'en croire ?), « je n'ai peut-être pas de cœur (et c'est une de mes ressemblances avec Yvonne) [...]. Je peux brûler, mais dans l'entre-deux, je ne vaux rien, je n'ai pas de tendresse [...]. Comme je suis peu amant [11]... »

Et comme pour mieux en convaincre sa femme, il suggère : « Je sais très bien qu'elle ne m'" aime " pas, que c'est Gaston tout seul qu'elle " aime " *. Mais je ne peux pas admettre que tu veuilles me rejeter parmi ses indifférents et nier ce qu'a d'unique, de spécialement à moi adressé l'affection qu'elle me déclare... »

Et le voici qui passe, comme un vieux routier, à la contre-attaque :

« Supposons que j'aie tenté de te démontrer le caractère absolument fortuit, quelconque, indifférent du lien qui s'est formé entre [Copeau] et toi ? Ne me serais-je pas heurté à une grande révolte de ta part ? »

Contre-attaque suivie de cet avertissement, assez beau : que plus on dénoncera Yvonne à ses yeux, « plus je m'entêterai à l'aimer ; plus poignant et plus irrésistible me semblera l'appel que je crois entendre monter d'elle vers moi [12] ».

Isabelle Rivière a été la cible de bien des sarcasmes, que lui a valus la tentative « abigotante » (Étiemble) de faire de son mari une manière de saint. Elle avait, en l'occurrence, le double malheur d'avoir pour allié un parti clérical fort encombrant et pour adversaire la majorité de la pléiade « humaniste » de la *NRF,* Gide et Paulhan en tête.

* Voir chapitre XX.

Mais convenons que le traitement que lui avait infligé son mari qui, non content de « pécher », exigeait qu'on y reconnût sa vertu et son droit, était de nature à porter aux excès une épouse moins exaltée que celle de l'auteur d'*Aimée*...

De ce type de contradictions, les écrivains se libèrent, dit-on, par l'écriture*. Les premières versions d'*Aimée* que Jacques a reçues en Suisse s'offrent à un travail renouvelé, comme sa passion pour Yvonne. Mais entre la publication de l'*Allemand* et l'achèvement de son roman, Jacques va voir s'offrir la tâche qui, mieux peut-être que toute autre, donne un sens à sa vie.

* Disent, en tout cas, ceux qui ne sont pas écrivains...

XVII

Une revue à refaire

« Mon métier, c'est de dire comment les choses sont. »

Carnets, 25 octobre 1914.

Devant le public genevois qui se presse pour l'écouter dans la petite salle de la Taconnerie, ce 12 février 1918, le sergent Jacques Rivière, interné sans entrave, parle d'un sujet qu'il connaît bien : *La Nouvelle Revue française* :

> ... Les inspirateurs de la *NRF* ont bien compris que [...] la création ne peut se produire dans l'indifférence ; un esprit qui crée, c'est toujours un esprit qui préfère, qui désire, qui déteste ; c'est toujours un esprit qui prend violemment parti, qui nage avec véhémence, à travers les vagues entrecroisées et le clapotement du possible [...] Il n'y a pas de création sans appétit et sans volonté, sans urgence et sans injustice. Il n'y a pas de création sans que violence soit faite à l'harmonie préétablie des idées et des formes : jamais la simple satisfaction aux lois d'accord entre les sons ou entre les mots ne pourra donner à l'auditeur la grande commotion esthétique.
> [...] En toute œuvre ils ne voulaient voir que sa force, que son poids, que sa réalité esthétique ; ils croyaient que l'écrivain peut avoir toutes les opinions, toutes les croyances qu'il lui plaît, mais qu'une seule chose compte, pour ceux qui ont à l'apprécier, c'est le degré de sa puissance créatrice, la plus ou moins grande réserve d'énergie potentielle accumulée dans son esprit ; ils prétendaient ne le juger qu'à l'intensité de l'explosion qu'il produisait en s'exprimant, ou plus exactement qu'au résidu laissé par cette explosion[1]...

Il faudra attendre plus de quinze mois encore pour que renaisse la *NRF*. Mais le ton adopté ici par l'ancien secrétaire de la revue n'est pas rétrospectif : on ne parle pas ainsi d'un objet mort. Quand Rivière harangue sur ce ton les Genevois, ce n'est pas seulement de l'histoire qu'il fait, mais aussi de la prospective. Ce qu'il décrit, c'est bien sûr ce qui fut vu d'un certain œil, sous un certain angle. Mais c'est aussi et surtout ce qui doit être. Ce qui sera. Ce n'est pas un conservateur de musée qui s'exprime, mais un architecte. Si Jacques Rivière parle ainsi, c'est qu'il est déjà engagé dans un projet, au cœur même de ce projet.

En 1909, un jeune homme de Bordeaux encore inconnu avait timidement adhéré à la secte gidienne en voie de se faire institution. Huit ans plus tard, exilé au fond d'un camp d'internement saxon, la « recrue idéale » de naguère vient d'être conviée par ses aînés, les « pères fondateurs », à prendre en charge le plus tôt possible la renaissance de la revue. Comment n'aurait-il pas, d'une telle « élection », tiré quelque exaltation, et la certitude de l'éminence du rôle qui lui était promis ?

Essayons d'imaginer le prisonnier de Koenigsbrück à la veille de Noël 1916. Il est alors au cœur de sa recherche religieuse, cantonné dans la lecture de Thérèse d'Avila, de saint Augustin et du lourd théologien Tanqueray. Quand fut-il plus retiré, apparemment plus oublié, du monde ? Et voici qu'il lit sous la signature de Jean Schlumberger ce message qui est pour lui comme un rappel à la vie :

« ... Nous * avons parlé de toi, mon petit, pendant ces quelques jours. On se demande : quelle part voudra-t-il prendre ? Dans quelle disposition reviendra-t-il ? Rien ne se décidera d'ailleurs avant ton retour. L'impossibilité de trouver du papier et des imprimeurs nous dispense du souci de chercher dès maintenant pour la revue une forme nouvelle, car l'ancienne ne répond plus à ce que nous avons à dire ni à ce que le pays demandera **... Il faut que nous sachions trouver un langage nouveau[2]... »

Ce n'est pas seulement le rôle proposé par Schlumberger qui excite son imagination et l'émeut, c'est aussi l'orientation suggérée par la formule de son ami : « un langage nouveau ». Qui, mieux que l'interné de la baraque n° 5, peut goûter de tels mots — jeune, jeté hors de la vie et de lui-même, traversé de fulgurances inconnues ? Il se jette sur son papier et écrit, le 28 décembre :

« ... Ta bonne lettre du 8 est venue remuer un tas de choses dans mon cœur et dans mon cerveau, et me redonner plus que du courage : de l'impatience et de l'ambition. Je suis on ne peut plus ému, et fier, d'avoir senti, en même temps que vous autres, du monde des vivants, la nécessité de transformer la revue, de lui donner une forme plus multiple, plus agile, plus active, de la mieux orienter dans le sens des devoirs énormes qui vont nous tomber sur le dos. Je craignais même, je l'avoue, sur un mot de Copeau ***, et tant en effet les nouvelles exigences qui vont nous

* Dès 1915, « Schlum » a écrit à Copeau qu'il importait de se préoccuper de la *NRF*.

** Il vient de rencontrer Gide, qu'il voit en route vers la « sainteté ».

*** Qui, un mois plus tôt, lui a écrit qu'il voyait mieux l'avenir du Vieux-Colombier que celui de la *NRF* : ce qui en disait plus long sur ses préoccupations personnelles que sur celles du groupe.

êtres posées me paraissent formidables, que vous ne reculiez devant cette transformation et que vous n'abandonniez votre œuvre.

« ... Si vous êtes encore prêts à marcher, je suis avec vous. Depuis que j'ai reçu ta lettre, j'ai élaboré dans ma tête tout un nouveau programme, que je ne peux malheureusement pas te proposer, sur lequel j'aimerais tant cependant à avoir ton avis, votre avis ! Vous verrez, vous me retrouverez bien changé, et sur des points peut-être où vous ne vous y attendez pas. J'ai fait quelques progrès, je crois. Je suis devenu plus réaliste, un peu plus maître de mon imagination, à qui je garde une dent amère. Bref, je pourrai peut-être être utile à des choses auxquelles on n'eût pas pu songer avant sans ridicule à m'employer[3]. »

Par ces « choses », il entend évidemment la direction de la revue, que ne lui propose pas « Schlum », mais qu'il peut induire du retrait plus ou moins annoncé de Copeau, du souci de Gide de rester en coulisses — et surtout de ces « quelques progrès » qu'il croit avoir faits. Mais on n'en est pas aux questions de structures et de hiérarchie. D'existence seulement. Et sur ce point, le gant a été relevé, le « circuit » gidien peut se rassurer : Jacques, « plus réaliste », plus maître de son imagination, sera « son homme »...

La réponse de l'auteur d'*Inquiète Paternité* à ce manifeste d'engagement est déjà remarquablement explicite. On en est encore aux tâtonnements, aux sondages à travers pire qu'une frontière — une ligne de feu, au plus noir de la guerre : et déjà, entre le sergent prisonnier en Saxe et l'officier alsacien chargé du « renseignement » du côté de Belfort, se dessine tout un programme pour l'après-guerre.

« ... Ta lettre m'a rempli de tendresse et de joie. C'est si bon de sentir ton courage intact et ta volonté si près de la nôtre. Après ce que tu as traversé, tu serais en droit d'avoir changé, d'avoir senti le besoin de disposer autrement de toi-même. Sois tranquille : quelles qu'aient été les réactions en chacun de nous, nous n'aurons pas de peine à les mettre d'accord. Quand l'harmonie est si forte entre *nous,* comment ne s'établirait-elle pas entre nos activités ? »

Entrant alors dans le vif du sujet, Schlumberger sent-il qu'il met déjà son projet en péril ?

« Y aura-t-il encore place pour une revue qui ne soit pas politique ? Il me semble en tout cas que nous ne pourrons nous intéresser et intéresser les autres qu'à une *grande* revue, sans marottes, sans poèmes en prose, sans prétentions à faire la police dans la république des lettres. Peut-être nous apercevrons-nous qu'il faut donner à notre travail une tout autre forme, mais ce qui est tout à fait certain, c'est que nous travaillerons ensemble[4]. »

Que les dix derniers mots puissent être en contradiction avec les trois phrases précédentes, voilà qui ne semble pas inquiéter le fraternel correspondant de Jacques. La perplexité du prisonnier se mesure pourtant au silence qu'il garde pendant les mois suivants vis-à-vis de Schlumberger. Mais là n'est pas l'essentiel : il est dans l'intervention de Gide, le « gourou » sans lequel rien de ce qui touche de près ou de loin à la *NRF* ne saurait prendre corps. Et son entrée dans ce qui est déjà, non seulement un projet, mais un débat de fond, est d'un intérêt capital.

Le 13 février 1917, ayant pu lire la réponse de Jacques Rivière à Jean Schlumberger que celui-ci lui a communiquée, André Gide écrit au prisonnier de Koenigsbrück une lettre * que l'on peut considérer sans abus comme le « coup d'envoi » de la seconde *NRF,* et l'investiture de Jacques Rivière en tant que pilote de l'entreprise — d'autant plus que le « père fondateur » écrit simultanément à Schlumberger dans le même sens :

« ... Jean me communique une lettre de vous qui me gonfle de confiance. L'avenir de la *NRF,* en tant que revue tout au moins, repose sur vous et si j'en ai pu désespérer certains jours, c'est que je craignais que ce long temps d'épreuves n'en ait détourné votre esprit pour l'incliner uniquement vers de plus graves problèmes. Mais votre lettre me rassure et me persuade que nos réflexions, aux uns et aux autres, ont été dans le même sens : c'est de votre génération, c'est de vous que la revue doit attendre sa force propulsive.

« Quant à ses " directions ", pour parler comme Ghéon **, nous n'en pouvons rien dire avant de nous être retrouvés ; mais quelles qu'elles soient, il importe qu'elles soient davantage affirmées. Ma conviction est que nous sortirons singulièrement fortifiés et [...] densifiés, de cette épreuve — puissiez-vous ne jamais cesser de sentir tout ce qui repose sur vous de confiance et d'affection[5]... »

Cette onction quasi pontificale, Jacques Rivière la reçoit avec une « joie » et y voit un « encouragement » aussitôt exprimés dans ses *Carnets*. Mais il va aussitôt à l'essentiel, au fond des choses, à ces « directions » qui, note-t-il, devront « quelles qu'elles soient, être davantage affirmées. Il faudra même arriver à un programme politique [...] préciser notre attitude sur chacun des grands problèmes : cléricalisme et anticléricalisme entre autres ».

Si bizarre que puisse être le choix de ce thème comme « grand problème » de l'après-guerre, Jacques Rivière écrit : « Il y aura beaucoup de chances de s'entendre, étant donné que nous sommes tous des gens qui peuvent tenir leurs idées séparées [...]. Ne pas confondre les points de vue. »

Naïf, le sergent de Koenigsbrück ? Il est facile de l'écrire, sachant ce que nous savons aujourd'hui. Mais laissons-le poursuivre :

« Dire, entre autres choses [...] aux lecteurs de la *NRF* : avant, nous

* Qu'une note des *Carnets* de Rivière attribue étrangement à Gaston Gallimard.

** En 1911, Henri Ghéon avait publié *Nos directions,* où, après deux ans d'existence de la revue, il prétendait en définir l'esprit.

faisions déjà un grand effort pour être toujours sincères envers nous-mêmes, et les uns envers les autres [...] La guerre aura rendu cette tendance impitoyable [...] Nous nous mangerons les uns les autres. [...] La loi de la guerre subsiste : se faire tuer plutôt que de manquer au devoir [...]. Il ne s'agit même pas de faire du nouveau ; mais de revivre [...]. La reprise de la vie intellectuelle [...] est au prix de [...] la plus indomptable énergie intérieure[6]... »

Bigre ! Le jeune homme qui prévenait Gide et Copeau, sept ans plus tôt, que si modeste soit son rang, il les ferait « marcher », ne reviendra pas assoupli de son camp d'épreuves. Ces notes n'étaient destinées qu'à l'usage personnel ? Certes. Mais les messieurs de la rue Madame connaissaient assez bien Jacques pour imaginer les notations suivantes des *Carnets,* toujours en date du 21 mars :

« Ce que je peux donner, l'avantage que j'ai peut-être sur beaucoup d'autres, c'est d'être à la fois fixe et mobile, c'est de tenir ferme à certains points et d'être accessible pourtant à tout [...] Ainsi je peux donner à la fois une direction, faire sortir de l'indifférence et de l'hésitation, et pourtant ne pas jeter mon monde dans l'absolu, hors de toute atteinte et de toute connexion par la réalité[7]... »

Connaît-on beaucoup d'hommes capables, non seulement de se définir, mais de se « prévoir » de façon aussi décapante ? En ces quelques lignes, on croit pouvoir lire toute l'histoire qui nous reste à conter, celle où la fermeté de la ligne s'enrichira de la souplesse des inflexions, où l'audace de la vision et la largeur quasi illimitée de l'accueil seront des données indissociables de la sagesse classique des « directions ».

*

L'adoubement de Jacques Rivière par le « gourou » et par le premier directeur de la revue ne saurait suffire à fixer l'avenir, ni de la *NRF* ni de son ancien secrétaire. Jacques est un être trop affectif pour ne pas faire entrer en jeu, dans les décisions à prendre et les orientations à définir, les avis de ses deux amis alors les plus intimes – Jacques Copeau et Gaston Gallimard.

Le premier lui a montré ce que pouvait être l'autorité tempérée par l'affection. Le second, indépendamment des sentiments que Jacques éprouve toujours pour Yvonne, incarne pour lui l'art de vivre, une liberté et une finesse de jugement qu'il a vues se manifester dans ce qu'on pourrait appeler l'« affaire Proust ». Sans lui, quelle figure ferait aujourd'hui, sur ce sujet majeur (et alors que Schlumberger et Ghéon n'ont pas désarmé leurs préventions à l'encontre de *Swann*), la « plus grande revue française » ?

Copeau, d'abord. Le 26 octobre 1916, deux mois avant la lettre-signal de Schlumberger, c'est à lui que Jacques Rivière écrit : « Avec quel air nos pauvres entreprises vont-elles sortir de cette interminable tourmente ? Pour ma part, j'ai la tête pleine de projets. Mais comment oser encore, comment se croire un droit quelconque de parler ? Et pourtant, il le faudra. Je sais ce que nous te devrons pour avoir su conserver la vie à notre œuvre et l'avoir entretenue sous les cendres[8]... »

Trois mois plus tard, à la veille de partir pour l'Amérique à la tête de sa troupe du Vieux-Colombier, Jacques Copeau répond à son ami prisonnier : « ...J'ai le sentiment qu'après la guerre, tout ce qui concerne ce que nous avons entrepris reposera sur nous deux, *toi et moi.* Il faudra que nous nous entendions à fond[9]... »

Gaston Gallimard, lui, s'est en quelque sorte marginalisé. Non seulement parce qu'il va par deux fois rejoindre Copeau en Amérique, pour des raisons où l'attachement amoureux joue son rôle — c'est alors que commence sa longue liaison avec Valentine Tessier, étoile de la troupe du Vieux-Colombier — mais aussi en raison de son détachement à l'égard des enjeux de la guerre. Il n'a jamais caché son souci de se tenir à l'écart de ces combats qui, pense-t-il, sont proprement suicidaires et ne le concernent pas.

En ces temps où l'héroïsme se portait comme un uniforme ; où, au sein même du « circuit » gidien, un Ghéon, un Schlumberger, un Ruyters, prenaient rang dans les chorales inspirées par Maurice Barrès et Charles Maurras *, Gaston Gallimard ne craignit pas de « se planquer » : maladies psychosomatiques, services à rendre à la « propagande française » outre-Atlantique, tout lui fut bon pour échapper à l'enfer des tranchées. Le tout avec un beau dédain des mouvements de menton compensatoires et des hypocrisies qui sont de mise en ces cas-là. Il y fallait une forme paradoxale de courage, de robustesse d'âme. Ses amis en convinrent, qui ne rompirent pas avec lui sur ce terrain — quand ils ne l'approuvaient pas *in petto* **. Pour ce qui est de Jacques Rivière, en tout cas, sa correspondance avec son ami de Bénerville ne porte pas trace de ce débat.

C'est sans faire la moindre allusion au comportement de Gaston que Jacques lui adresse, le 15 janvier 1917, de son camp saxon, la dernière carte qu'il ait envoyée d'Allemagne : « Tu me laisses un peu tomber [...] mais je ne t'en veux pas, [ma] véritable affection pour toi [...] n'a fait que se renforcer [...]. Si je pouvais être auprès de toi [...] je trouverais des paroles [...] qui te feraient du bien... » Rien que d'amical, de tendre — à croire que celui qui a besoin de réconfort est à Paris...

La lettre suivante, datée d'août, est celle où Rivière, transféré en Suisse, fait part à Gallimard du projet de son « ami Jacques » d'écrire un livre dont le sujet n'est pas précisé : ce sera, on le sait *l'Allemand.* C'est manifester que les liens professionnels ne sont, pas plus que les affectifs, remis en cause.

* Déroulède est mort en 1914.

** Alors que Fargue, par exemple, se vit reprocher un comportement analogue.

Ce qui donne toute sa force dramatique à la réponse de Gaston, qui est à la fois une justification, un avertissement et un appel au secours. Alléguant qu'il a si peu cessé de s'« entretenir » en affection avec son ami Jacques qu'il ne pouvait lui écrire sans vouloir lui dire « tout », il amorce une confidence pathétique, où l'embarras se traduit par les bavures du style : « ... Je me suis si profondément isolé, séparé, sans vouloir le montrer à personne ! et c'est bien étrange qu'en le sentant, je m'adressais à toi qui dois tant penser différemment. J'ai éprouvé certaines incompatibilités. J'en suis arrivé à être à peu près décidé de quitter la *NRF* et peut-être aussi à ne pas rester en France plus tard. J'hésite encore, mais je ne ferai rien sans t'avoir revu et parlé... »

Bigre ! Gallimard quitter la *NRF* ! On comprend qu'il ne veuille prendre une telle décision qu'après avoir revu son ami. Mais il est clair, à lire la suite, qu'il ne s'agit pas d'une foucade, d'un mouvement d'humeur :

« Il y a un an, c'était chose faite [...]. Si au dernier moment je suis resté, je n'ai été retenu que par une espèce de sentiment de devoir, moi qui suis si étranger à une telle idée et à cette idée ton souvenir était intimement lié [...]. Si peu croyable que cela soit pour toi, mon intimité avec toi s'est approfondie depuis notre séparation... »

Voilà une belle brassée de confidences, d'aveux, de nouvelles et de contradictions — où se mêlent et s'entrechoquent personnages et « idées », émotions et remords. Reprenons quelques points. Gaston se sent « isolé » et « séparé » des autres du fait de son attitude à l'égard de la guerre — croyant Jacques plus impliqué dans le « parti » adverse qu'il ne l'est en réalité. Quitter la *NRF* en raison de « certaines incompatibilités » ? La formule vise à coup sûr ses relations avec Gide, qui n'ont jamais été bonnes et se sont aggravées, comme on va le voir. Quant au « sentiment du devoir », qu'il découvre en lui avec tant de surprise, est-il lié à la solidarité nationale ? A son mariage — au sujet duquel il n'ignore pas que Jacques a, si l'on peut dire, voix au chapitre... A l'équipe de la *NRF* ?

Bref, c'est comme une vie qui se déploie et se déplie sous les yeux de Jacques : et au moment même où Schlumberger, Gide et Copeau ne lui parlent que d'entreprise et d'espérance, voici le quatrième pilier de la maison qui cède — ou menace de céder.

Jacques Rivière ne s'émeut pas. En tout cas, ne laisse pas éclater son émotion. Le 2 septembre, d'Engelberg, il remercie Gaston de lui avoir fait confiance, lui affirme qu'il « sait » tout ce que son ami veut lui dire, qu'il connaît les raisons qui lui font envisager de « quitter la *NRF* et même la France », qu'il est même capable de les lui « expliquer » — mais qu'il lui faut se garder de prendre la moindre décision avant de l'avoir revu, car il a à lui dire « des choses qui [lui] feront du bien ». Et le voici parti sur le grand sujet :

« ... Si jamais la NRF reparaît — ce qui est encore une question —, ce sera avec un esprit tout différent non seulement de celui qui l'animait avant la guerre, mais encore de l'esprit qui règne en ce moment un peu partout. Ou je n'en serai pas, ou l'on n'y dira rien que de sensé. Remarque bien ce que je dis : je ne promets pas qu'on n'y dira rien que ce que tu peux penser, mais simplement qu'on n'y dira rien que de passé au feu de l'expérience personnelle, rien que d'éprouvé, de vécu, de constaté, de souffert. On ne s'y abandonnera pas à des spéculations dont toute la générosité est à l'extérieur. On n'y caressera pas inutilement les passions. On n'y prendra pas le parti de ceux... Mais c'est assez. Il faut bien réserver quelque chose pour nos conversations. Je n'ai voulu que te suggérer des espoirs, qui te feront sans doute réfléchir et t'aideront à différer encore une résolution pour laquelle il te manque des éléments importants... »

« L'esprit qui règne en ce moment », « rien que de sensé »... Nous connaissons, nous, l'évolution de l'esprit de Jacques vers un certain pacifisme, son détachement progressif du bellicisme « jusqu'au-boutiste ». Pour Gaston Gallimard, ces mots à demi sibyllins durent faire l'effet d'un signe d'intelligence. Est-il donc moins « séparé » des siens qu'il le croyait — se jugeant de ce fait contraint de prendre le large, au propre comme au figuré ? Si la revue qui se prépare à renaître ne se donne pas pour objectif de « caresser inutilement les passions », mais de parler un langage « sensé » — pourquoi rompre avec elle ?

Tout ceci restera du domaine du sous-dit. La correspondance entre Jacques et Gaston ne traite plus guère, dans les mois suivants, que de ce qui a trait à l'achèvement et à la publication de *l'Allemand,* à divers problèmes d'édition *. Mais il est clair que la lettre de l'« interné » d'Engelberg a contribué à retenir Gaston Gallimard de rompre et de s'exiler, lui faisant comprendre que la revue ne renaîtrait pas pour exalter la victoire (encore douteuse...) ou éructer la haine, mais pour tenter de dire l'« éprouvé », le « vécu » et le « souffert » — le vrai.

*

Fort bien. Cette espèce de « recentrage » de Jacques permet de tendre la main à Gallimard-le-séparé et, d'une autre façon, à tous ceux qui détestent le « jusqu'au-boutisme », Gide, Copeau, surtout Martin du Gard. Mais le « circuit » gidien, la cellule de la rue Madame, comporte aussi un « parti patriote », un courant bleu horizon que l'évolution de Rivière, dès lors qu'on tend à faire de lui la figure de proue de cette renaissance, va heurter ou indigner...

* Pendant le second séjour de Gallimard en Amérique, c'est Berthe Lemarié qui « tient la maison » (et la plume) pour lui.

Jusqu'à quel point deux esprits libres, honnêtes et clairs peuvent diverger sans en prendre conscience ; et comment, après des mois de malentendus, ils en arrivent, de signal de connivence en invite à coopérer, à se retrouver soudain dans deux camps opposés, voilà ce qu'illustrent les relations entre Jacques Rivière et Jean Schlumberger de 1916 à 1919.

Voilà deux hommes issus de la bourgeoisie intellectuelle, l'un protestant assez exigeant pour avoir pensé se vouer à l'histoire religieuse, l'autre catholique anxieux ; l'un alsacien, l'autre girondin ; l'un prospère, l'autre impécunieux, tous deux plutôt conservateurs à l'origine mais assez ouverts à tout pour s'être laissé attirer dans l'orbite de Gide et de la *NRF* ; tous deux saisis en 1914 par l'enthousiasme patriotique, mais l'un après l'autre écartés du feu — l'un par la capture, l'autre par son affectation aux services de renseignement.

Quelques lettres de guerre maintiennent entre eux un contact tout nourri d'amitié, qui donne à penser que leur accord reste entier — alors que la guerre est passée entre eux comme le soc d'une charrue, jetant l'Alsacien dans un nationalisme de zouave, le Girondin dans une manière de pacifisme critique. Combien leur faudra-t-il de mois, de lettres, de débats, pour s'aviser de ce divorce (qui jamais ne corrompra l'estime) ? Suivons cet étrange dialogue de sourds.

Dès le mois de juillet 1917, un incident aurait pourtant pu faire éclater l'évidence : l'officier de renseignement Schlumberger n'a pas plus tôt appris le transfert en Suisse de son ami le sergent Rivière qu'il lui réclame d'urgence toutes les informations dont il dispose en tant que prisonnier — système coercitif, fonctionnement du camp, comportement des gardiens, moral de la population…

Jacques ne regimbe pas d'abord, n'objecte pas d'emblée que, compte tenu des conditions de son transfert en Suisse, il ne saurait se muer en agent de renseignement. Il adresse à son correspondant une réponse détaillée (décrivant notamment de nouvelles mesures de surveillance ou de vexations qui peuvent faire penser à de l'inquiétude chez les Allemands), mais l'assortit d'une condition expresse : que son ami garde ces renseignements pour lui « et ses chefs immédiats » et se retienne d'en user pour « agir sur l'opinion ».

Jacques Rivière ne fonde pas cette requête sur le devoir de réserve qu'implique sa situation, mais sur ce qu'il appelle curieusement « l'état d'esprit où je me trouve [10] ». Étrangement, l'aîné ne cherche pas à connaître cet « état d'esprit » qui retient son cadet d'« agir sur l'opinion » à l'encontre de l'ennemi, dut-il trouver cette « condition » singulière.

N'importe. Le dialogue s'oriente sur le projet de réanimation de la *NRF,* tel que Schlumberger l'a lancé dès la fin de 1916. C'est lui encore qui revient à la charge, rejetant l'idée d'une « petite revue » littéraire ne publiant « que de l'exquis » et condamnée à « vivoter », pour prôner le lancement d'une « grande revue bimensuelle qui ne serait plus une revue littéraire [car] il a bien fallu constater qu'il y avait des choses encore plus importantes que la littérature... ».

Schlumberger ne peut se retenir de mettre les points sur les « i » en décrivant son projet. Il s'agirait d'« une revue générale qui serait [...] celle de la renaissance nationale [...] de la résistance au germanisme [où] la littérature ne tiendrait [...] qu'un tiers de la place [11] ». Et le lieutenant « Schlum » va jusqu'à donner pour ligne directrice à la revue dont il rêve « un nationalisme large et vigilant ». Comment Rivière ne mit-il pas le holà dès cet avertissement qui disait tout ?

Certes, les objections du sergent « interné » à Engelberg vont être nombreuses, et claires, on va le voir. Mais non sans permettre la perpétuation de l'équivoque. Il fait mine de distinguer, de signaler des différences, là où il y a déjà — dès lors que la politique tend à supplanter désormais la littérature — un différend fondamental. Mais est-il assez net ?

Nous ne sommes, il est vrai, qu'en septembre 1917, et Jacques Rivière n'a pas encore, pour user d'un langage anachronique, tout à fait « viré sa cuti ». Mais sa prudence déconcerte. Il veut bien admettre que la revue ne peut être « purement littéraire » (l'a-t-elle jamais été, à partir de l'éditorial inaugural de Jean Schlumberger, précisément ?), et convient qu'elle peut renoncer à publier des romans et de la poésie, que « l'éclectisme passif » n'y est plus de mise.

Mais il insiste pour maintenir le caractère « critique » de la *NRF* et met surtout son interlocuteur en garde contre le « rêve d'une revue de combat ». Car, se hasarde-t-il à suggérer, ce rêve, il l'a fait lui aussi, « mais peut-être pas tout à fait dans le même sens ». Il va jusqu'à opposer « l'intérêt national immédiat » à « l'intérêt supérieur du pays, qui est avant tout de *savoir* [12]... ». Là, il manie les signaux. Quoi de commun en effet entre l'impératif de « combat » et l'exigence du « savoir » ?

L'admirable est que, se réclamant d'une sorte d'arbitrage préalable de Gide avec lequel il vient d'avoir un très long entretien, Schlumberger fait mine de ne voir que convergence sur les idées que, dit-il à Jacques « vieux sage, tu avais trouvées tout d'abord ». Et de déraper vers quelques formules creuses du type « pour la grandeur de la France, contre l'exclusion et la guerre civile » sur lesquelles tous pourraient se rassembler, de Claudel à Martin du Gard — en renonçant « à l'éternelle danse sur les œufs ».

Quelle danse et quels œufs ? S'agirait-il là de l'invention littéraire ou de l'esprit critique — désormais écartés pour la plus grande gloire de la patrie ? Ce n'est pas à son cadet que l'auteur d'*Inquiète Paternité* suggère de se détourner de frivolités comme les soirées de la duchesse de Guermantes. Mais Jacques Rivière en a assez lu pour commencer à se méfier. Et dans sa réponse (25 octobre 1917), il propose de « préciser [...] ses idées personnelles [...] sur les grandes questions brûlantes » afin de permettre « un premier débarbouillage de nos rapports mutuels [...] si mystérieux », sans prétendre bien sûr à une « pensée [...] immuable » et avec les « dispositions les plus conciliantes »[13].

Pour si conciliantes que soient les intentions, la mèche est allumée et la flamme court vers l'explosif. Mais de façon souterraine pendant quelques mois, au cours desquels le silence se fait sur la question : la guerre a atteint son paroxysme au cours de l'année 1918, des angoisses terribles du début de l'été aux triomphes de l'automne. Et ce n'est que six semaines après l'armistice, et après que Jean Schlumberger lui eut fait l'éloge de l'*Allemand* que Rivière revient, sans excès de prudence, sur le projet de résurrection de la revue :

« Je suis, s'il se peut, cent fois plus impatient que toi de voir reparaître [...] la *NRF*. La question me paraît réglée. Nous n'aurons même pas à la reprendre. Elle reprend toute seule en ce moment. Elle se reforme dans nos esprits avec une spontanéité et une vigueur que je n'aurais jamais osé espérer il y a seulement deux mois. Tu le sens bien, voyons.

« Pour ce qui me concerne, je porte dans ma tête, avec une impatience qui par moments touche à la rage, mille projets de plus en plus précis et que je voudrais pouvoir réaliser tout de suite. Le retour de Copeau et de Gaston me semble déplorablement éloigné *. Je vais leur écrire pour les engager à revenir par le premier paquebot. C'est ici maintenant qu'il y a du travail, comme je l'écrivais à Gide l'autre jour, et du travail pressé.

« ... Je prends des notes pour une sorte de programme de la *NRF*, extrêmement étendu et détaillé, et que je voudrais être en mesure de vous soumettre d'ici un mois **. Bien entendu, je n'ai aucune intention de vous l'imposer, [...] il nous fournira toujours une base de discussion concrète, qui nous permettra de nous réappréhender les uns les autres[14]... »

Ce « réappréhender » est prometteur en sa vilaine rudesse, qui tranche sur le très évangélique « les uns les autres »... D'autant plus prometteur que Rivière prévient son ami : « Je me sens en ce moment une force indomptable, une force dont tu n'as pas idée et qui par moment me fait presque souffrir. Il faut à tout prix qu'elle s'emploie, ou je crève. Tu verras que mon ressort intellectuel a considérablement augmenté depuis la guerre et que je suis capable d'un effort beaucoup plus plein, et soutenu qu'avant[15]. »

Les voilà prévenus. Le gentil Jacques dont « Schlum » vantait naguère la transparence, la timidité juvénile, la fragilité désarmée revient en

* Gallimard ne rentrera qu'en mars. Copeau, à la fin de juin.

** Il lui en faudra plus de quatre.

combattant, décidé à faire triompher ses idées — et, le ton l'indique bien ici, comme le recours constant au « je », en chef de file.

*

Tant de certitudes et d'ambition altéraient-elles la lucidité de Jacques Rivière ? A mesure qu'il discernait plus clairement l'objectif et se persuadait de sa force, distinguait-il moins les obstacles, les désaccords ? Oui et non. Il fait semblant de ne pas comprendre à quel point sur un sujet essentiel — l'inféodation de l'art à la nation — telle que désormais la réclame ouvertement Schlumberger, il est en désaccord. Mais il sait que sur ce terrain, la lutte, tôt ou tard, s'ouvrira.

Il le sait d'autant mieux que, comme les autres « ayants droit » qui se sont déjà exprimés *, Henri Ghéon fait entendre sa voix, et comme toujours avec véhémence. Ce n'est qu'en avril 1919 qu'il publiera *L'Homme né de la guerre*, manifeste de ralliement au catholicisme le plus strict, au nationalisme intégral et à l'art utilitaire : « Qui ne sert pas dessert ! »

Dès 1917, il a donné à entendre à Gide à quel point il est en rupture avec le passé, tant à propos de la mission de la littérature, qui doit désormais obéir à un mot d'ordre : « l'utile prime tout » — l'utile, c'est-à-dire l'écrasement du germanisme et l'hégémonie de la France — et tendre à assurer un rôle « souverain » à l'Église catholique. Combinaison de Claudel et de Maurras qui conduira Gide à déclarer que, pour lui, Ghéon est « plus perdu que s'il était mort », et à lui écrire : « Au revoir, mon cher confisqué ! »

L'auteur de *Nos directions* n'en manifeste pas moins sa vitalité. Espéra-t-il vraiment attirer ses amis de la *NRF* sur les terres qu'il venait de découvrir, et les y « rempoter » ? Crut-il que ce mélange de parpaillots et de libres penseurs, plus ou moins rassemblés par les luttes de l'affaire Dreyfus, parmi lesquels Paul Claudel faisait figure de Vésuve dévot isolé de la côte par sa dévotion même, pourrait se reconvertir assez massivement pour faire de la *NRF* une publication de combat catholique associée à *L'Action française* ?

Ghéon n'était pas un sot, quoi qu'en pût dire Pauline Benda, dite Simone **. Il n'espéra pas convertir la *NRF* en citadelle maurrassienne. Mais, fort de son passé de « père fondateur », de ses vieilles complicités avec Gide et flanqué de Schlumberger, il crut pouvoir ouvrir la revue à un catholicisme militant musclé par *L'Action française*. Il l'espéra d'autant mieux que l'opération avait été préparée, préfacée pourrait-on dire, par ce qu'on pourrait appeler l'« affaire Dupouey ».

* Ruyters s'est écarté du groupe, et Maurice Drouin, collaborateur de Schlumberger, s'enferme dans un long silence.

** Voir chapitre X, p. 259.

De quoi s'agit-il ? La rayonnante personnalité du lieutenant de vaisseau Pierre-Dominique Dupouey, catholique rallié à *L'Action française,* tué au combat en avril 1915, avait puissamment contribué à la conversion de Ghéon *. André Gide — alors séduit par *L'Action française,* au point d'écrire à Maurras que, abonné à son journal, il lui donnait une « approbation à peu près complète » — avait été si remué par la correspondance de guerre de cet officier, communiquée par sa femme, qu'il s'était fait fort de la publier et de rédiger à cet effet une préface. Mais Gaston Gallimard, sollicité, avait répondu sans ménagement que ces lettres lui semblaient de peu d'intérêt... D'où un débat très vif entre le patron de la maison d'éditions et la plupart des membres du « circuit » gidien, tous plus ou moins acquis à l'idée de publier les textes de Dupouey, à vrai dire fort beaux dans leur exaltation.

Gaston Gallimard crut bon de faire observer à ce propos à André Gide que les « tendances » ainsi manifestées étaient de nature à inquiéter des « collaborateurs » et des « amis » de la *NRF.* Faisait-il allusion à tel propos de Rivière parlant d'un « flirt » de la maison avec l'« AF » ? Par le biais de Jean Schlumberger, André Gide fit valoir que, si opposé qu'il fût personnellement à l'idée de « compromettre Art et pensée dans le conflit », il n'en estimait pas moins que « les deux partis » devaient pouvoir s'exprimer dans cette maison, que si la correspondance de Dupouey était écartée ** Ghéon, son avocat le plus fervent, se détacherait du groupe — et que lui-même irait porter ailleurs ces lettres et sa préface [16].

La prise de position de Jacques Rivière à propos de ce débat Gide-Gallimard, formulée dans une lettre à Copeau du 3 novembre 1918, est saisissante à la fois par l'ouverture d'esprit et la netteté. Déjà celle d'un « patron » :

« ... Je vois très bien l'obstacle que tu me signales au sein de notre groupement [...]. Je crois en effet qu'il est grave. Mais je suis partisan d'une explication franche et totale entre les deux antagonistes et je ferai tout pour la provoquer. Reste à savoir si elle sera *possible,* et si, mis carrément en présence, nos deux bonshommes ne cherchent pas d'abord *à se fuir* [...]. Je ne comprends que trop bien ce que Gaston reproche à Gide ; et pas plus que lui, pas plus que toi je ne suis partisan d'aucune politique opportuniste.

« On ne peut pas tout faire à la fois. On ne peut pas tout dire à la fois. On ne peut pas s'occuper en même temps de Dupouey et de Maurras. Dupouey doit être publié ; du moins c'est mon avis. Bon. Dupouey admirait Maurras et lui avait donné son adhésion. Bon. Je n'y puis rien. C'est tant pis ! Nous n'avons pas le temps de nous en faire pour ça.

* Qui disait que, cherchant un héros, il avait découvert en lui un saint.

** Elle sera publiée, en 1922, préfacée par Gide.

Publions d'abord Dupouey. Et après, je me charge de Maurras. Depuis que je suis rentré d'Allemagne, je le lis et depuis le même temps j'ai envie de cogner dessus [...]. Est-ce une raison pour ne pas publier Dupouey[17] ? »

On mesurera d'autant mieux l'aptitude de Rivière à prendre de la hauteur et à se décider en fonction de l'intérêt du groupe plutôt que de sa propre inclination qu'il n'avait cessé de mettre en garde ses amis (pas seulement Gaston) contre tout dérapage du côté de *L'Action française*.

*

Le « conflit » Gide-Gallimard, manifesté par l'« affaire Dupouey », n'est pas aussi fondamental que le débat qui oppose Rivière à Schlumberger et Ghéon : car sur le fond des choses, sur le plan des idées, l'écrivain et l'éditeur sont d'accord, aussi hostiles l'un que l'autre à la mise de l'art et la littérature au service de la cité — *a fortiori* d'un certain combat dans la cité. Dans la dénonciation des « sophismes » à propos de l'« utilité » de l'art tels que les prônent « Schlum » et Ghéon, ils sont évidemment du même « parti », aux côtés de Copeau et de Rivière. Mais leur mésentente de 1917 n'en va pas moins jouer son rôle dans le processus mouvementé du « réenfantement » de la *NRF*.

L'opposition entre Gide et Gallimard tient à la fois du heurt entre deux personnalités et d'une lutte pour le pouvoir. Nul n'a mieux décrit les raisons de cet affrontement fameux que ne l'a fait Jacques Copeau dans une lettre du 22 septembre 1918 à Jacques Rivière : il les avait pratiqués tous deux pendant de longues années et venait de cohabiter en Amérique avec Gaston.

« ... Toi, je sais que tu es là, que je te retrouverai sans effort. Il n'en est pas ainsi de tous. Ce sera dur de reformer ce faisceau. Nous avons vieilli. Les caractères se sont accusés. Et moi j'aurai deux ans d'Amérique sur les reins ! Je suis fatigué, mais non pas épuisé. Je sens une *grande* force au fond de moi qui demande grâce. J'aurai besoin de repos, de sécurité, et de dix ans de travail tranquille pour faire ce que j'ai à faire. Tu me retrouveras, sur certains points, plus intransigeant, plus implacable que jamais, et fermé à tout opportunisme.

« Je crois que nous pourrons faire de belles et grandes choses, si nous restons *unis et libres*. C'est la grande question. Pour le moment, tous les efforts doivent tendre à ceci : sauver la vie du groupe, éviter qu'il ne se dissolve, pouvoir en confronter tous les éléments, et procéder alors à un *regroupement des forces*, à une remise en valeur des énergies. Ce sera difficile. Il faut que cela soit.

« Il y aura un obstacle très puissant : Gide et Gallimard. Ça n'a jamais été entre eux. Ça n'ira jamais. Gaston est faible et violent. Gide est souvent oblique, et même fourbe. Cela *entre nous,* mais pour t'éclairer. Parce que tu es un homme à qui on peut tout dire.

« Il faut comprendre ceci : Gaston veut être chez lui aux Éditions, il veut être *le maître.* Il faut qu'il le soit, ou il s'en ira. Je le connais bien maintenant, pour l'avoir vu ici * de près [...] Gaston [...] tient des propos comme celui-ci : " Il n'y aura rien à faire tant que Gide sera là. " Et il n'a pas tort. Il ajoute : " Gide ne peut s'en aller, alors moi je n'ai qu'à me retirer. " Il faut que tu saches cela, qui dure depuis six ou sept ans, nous entrave, et finira par faire du mauvais. Gaston a raison dans son point de vue. Il a tort dans son attitude, sa conduite vis-à-vis de Gide qui est presque toujours pusillanime. Nous ne sortirons de tout cela que quand nous serons réunis **.

« Tiens ferme la barre, mon cher Jacques. A nous deux, l'an prochain, nous remettrons le navire en état... »

Remarquable coup de projecteur. D'abord parce qu'il jette une vive lumière sur les relations entre l'inventeur de la *NRF* et celui qui en est devenu le père nourricier et a su bâtir, sur ces bases incomparables, une maison d'éditions déjà prestigieuse. Qui, des deux, a « raison » ? Copeau se hâte un peu de désigner l'éditeur. Sans l'homme de *Prétextes,* y aurait-il seulement un débat ? Le fait est que les deux hommes sont aussi irremplaçables qu'« inattelables ».

D'où l'importance du second des « messages » lancés alors par Copeau : « Tiens ferme la barre ! » L'image reviendra souvent, au point de faire de Rivière le timonier par excellence. Il est clair que, pour le dernier directeur en titre de la *NRF* (1911-1914), la prise en charge des responsabilités par Rivière s'impose d'autant mieux qu'au sommet les deux détenteurs des pouvoirs intellectuel et matériel sont plus divisés ***.

Le pouvoir ? Ce Jacques Rivière qui débouche de la guerre, empli d'« une force indomptable qui par moment [le] fait souffrir », mûri par de brefs combats et de longs internements, inspiré par les appels et les invites reçus de ses aînés, et qui s'est senti adoubé par la lettre reçue d'André Gide en février 1917, est prêt à l'exercer. Mieux : avide de s'en saisir. Cet homme que nous avons vu si réservé, scrupuleux, conscient de sa jeune fragilité, le voici possédé d'impatience, et assuré d'être digne du sacre. Quel adolescent fut jamais si durement cuirassé ou promu par le grand rite de passage ?

Deux textes de Jacques, une lettre du 28 novembre 1918 à sa femme Isabelle, une autre à André Gide, du 11 décembre de la même année, disent tout. C'est un autre Rivière qui surgit ici, l'arme au poing, vibrant

* Aux États-Unis.

** Mais Copeau n'envisage pas de rentrer à Paris avant six mois. Il ne reviendra qu'à la fin de juin 1919, la crise ayant éclaté...

*** Pour ne pas (encore) parler de la question Claudel...

d'orgueil, stupéfiant de confiance en soi, et jetant déjà aux « pères fondateurs » les sommations du *Cid* :

> A Isabelle :
> ... Il serait important, et peut-être pour l'honneur même de la France, que je reprenne dès maintenant la *NRF*. Je dis « je », parce que moi seul, je le dis sans modestie, ai des idées suffisamment claires et... neuves pour lui imprimer la direction qui en fera quelque chose [...]. Je voudrais présenter la *NRF* comme [le] héraut [...] de l'esprit nouveau. [...] L'inconvénient de tout ça, c'est que nous sortirions considérablement de la littérature. Et je ne sais pas si Gide, si Copeau même se sentiraient conformes à cette orientation nouvelle de la revue, ou s'ils se résigneraient à n'en occuper que le compartiment qui leur resterait réservé.
> Sous cette forme [...] la revue correspondrait exactement à mon esprit, en refléterait non pas les seules opinions (encore une fois chacun pourrait y dire ce qu'il voudrait), mais les seules préoccupations. Il faudrait à tout prix que j'en sois directeur. C'est ce que peut-être les autres n'accepteront pas. Et je comprends très bien d'avance ce qui pourra les faire hésiter. Je leur demande presque une sorte d'abdication entre mes mains. Vont-ils vouloir se laisser détrôner comme de vulgaires princes allemands ?
> [...] un instinct très puissant me pousse à l'entreprendre. Je me sens traversé par l'axe même de la génération nouvelle. Je me sens en plein dans son courant. Je sens que c'est moi qui dois parler pour elle et que tout le monde attend que je dise justement ce que je vais dire.
> Je suis l'esprit capable de la plus haute généralisation à laquelle on puisse parvenir à l'heure actuelle. Et je suis en même temps un des esprits les plus incapables de se laisser impressionner par autre chose que par la vérité, qu'il y ait au monde. Il faut enfin que je cède à mes vertus, que je leur laisse leur plein effet.
> Tu me trouves bien orgueilleux, et bien emballé, dis, ma chérie. Mais si tu voyais tout ce que je vois, tout ce que je sens en moi, en ce moment, tu comprendrais l'impatience où je suis et les exagérations où ça me jette [18].

Outrecuidance ? La suite le dira... Mais il faut lire, avec plus d'attention encore, compte tenu de la stature du destinataire, la lettre adressée deux semaines plus tard par le même auteur à André Gide :

> ... Décidément, le moment est venu pour nous de reprendre la parole [...]. La forme et les directions à donner à la *NRF* [...] se précisent chaque jour à mes yeux [...]. Dans mes moments d'exaltation et d'orgueil, j'ai l'impression que nous pourrions [...] tout de suite fournir une course magnifique [...]. Je me sens si d'aplomb ; j'ai tellement réfléchi, si tu* savais [...]. Je suis tellement sûr d'avoir raison sur plus d'un point ! C'est affreusement présomptueux tout ce que je dis là !

* Comme avec Copeau et Schlumberger, Jacques échange le tutoiement avec Gide depuis 1917.

Mais ça s'appuie sur une conscience très *établie* de ma propre valeur. Et pourquoi ne te parlerais-je pas sans pudeur et en ami ?
[...] L'essentiel est que je brûle de reprendre notre œuvre le plus tôt possible et de retrouver un débouché à ma pensée [...]. Bien entendu, je n'ai pas l'intention de partir comme ça tout seul. Nous sommes ensemble. Il nous faut voir avant toutes choses si nous pouvons, si nous devons rester ensemble [...]. Il faudra y apporter toute l'honnêteté et toute la cruauté dont nous nous sentirons susceptibles [...]. Nous saurons [...] non pas si nous sommes d'accord (il ne faut pas l'espérer) mais si nous pouvons encore travailler ensemble, si nos divergences [...] sont de l'ordre fécond ou de l'ordre stérile [...].
[...] Bien entendu, dans le cas où une impossibilité radicale de collaboration se révélerait à nous (ce que je ne crois pas du tout) le titre et la firme *NRF* reviendraient tout naturellement à leurs inventeurs. Je pense bien que tu ne me soupçonnes pas de vouloir vous filouter ou de chercher à vous arracher une œuvre qui est entièrement la vôtre et où je n'ai participé jusqu'ici que comme humble manœuvre...

Avant de conclure, l'« humble manœuvre » suggère de tenir dès avant le retour des « Américains * », un « concile » avec Schlumberger, Ghéon, Drouin et « même » Ruyters, qui permettrait une première mise au clair. Et il ajoute en post-scriptum, à propos d'une allusion récente de Gide au « sarclage des mauvaises herbes [qui] ont germé ces derniers temps » : « ... *Je devine* quelles sont ces mauvaises herbes [...]. Je suis de ton avis : il faudra d'abord les arracher... »

Bigre ! Voici qui promet quelques remous, lors du « concile » que Jacques Rivière pense réunir. « Arracher », « sarcler » ce qui ne peut être que les fruits de la germination, parmi eux, de l'esprit utilitariste et nationaliste, de l'idée de mettre la *NRF* au « service » de la suprématie française, c'est se préparer à de rudes combats. D'autant plus rudes qu'ils ne peuvent ni l'un ni l'autre ignorer que, au sein du groupe fondateur, le sage Marcel Drouin, tout beau-frère de Gide qu'il soit, penche désormais pour le parti Ghéon-Schlumberger, qui n'aurait pas grand mal à recruter le moins sage André Ruyters.

Ainsi, les promoteurs de la résurrection de la *NRF* font face à un triple débat : *a)* Sur la nature même de la revue, qui risque de se voir plus ou moins instrumentalisée en organe politique ; *b)* sur le sens de cette « politique » — plus ou moins orientée vers le nationalisme et le catholicisme ; *c)* sur la dévolution du pouvoir — au seul Rivière, au « gourou », ou à tous deux.

A l'orée de l'année 1919, Gide, mis en garde par « Schlum », va s'aviser que si Gallimard réalise la prise en main totale de la maison d'éditions, comme son confident Copeau l'a fait prévoir à Rivière, lui, le fondateur, devrait au moins disposer d'un contre-pouvoir grâce à la revue...

* Copeau et Gallimard.

En ce débat déjà complexe, il convient d'introduire encore un élément, fût-il en apparence marginal : le parti que l'on qualifierait de « vieux-catholique » (par référence au « néo » qu'incarne Ghéon), c'est-à-dire Paul Claudel. D'abord parce que le poète-diplomate dénonce depuis toujours la neutralité esthétisante de la revue et prône son entrée dans le débat public — au service, bien sûr, de ce qui est pour lui l'unique Vérité. Ensuite parce que s'il est en faveur d'un militantisme chrétien, Claudel voue à Maurras et à ses amis une haine sacrée (réciproque...). D'autre part, l'auteur des *Cinq Grandes Odes* se tient pour brouillé avec Gide depuis la publication des *Caves du Vatican*, satire de son Église, et la révélation publique de la pédophilie de son ancien ami.

S'il n'intervient pas directement dans le débat relatif à la nature de l'orientation de la revue dont il a été et devait être à nouveau l'une des illustrations, Paul Claudel fait clairement savoir dans une lettre à Rivière de mars 1919 que si André Gide (« dont le nom signifie pédérastie et anticatholicisme ») prenait la direction de la *NRF,* il ne faudrait plus compter sur une ligne de lui. Avertissement qui, l'heure venue, pèsera d'un bon poids.

Il est clair, au début de 1918, que le « gourou » fondateur souhaite prendre en charge la revue avec Jacques Rivière pour adjoint (retour, aménagé, à la formule bicéphale de 1912 qui jumelait Copeau et Rivière). Il n'est pas moins clair que Claudel a mis son veto à ce projet et que Gallimard ne se ralliait à cette solution que pour mieux tenir l'auteur des *Nourritures* à l'écart de la maison d'éditions — ce qui ne serait pas servir au mieux la littérature contemporaine.

L'imbroglio qui se déroule au cours des trois premiers mois de 1919 autour de la direction de la revue à venir est si embrouillé qu'on renâcle à tenter d'en rendre un compte exact. André Gide imposera-t-il son autorité à ce même Rivière qu'il incite depuis plus de deux ans à prendre la tête de l'entreprise — « toi seul en es capable », « à toi la barre ! », « c'est sur toi que nous comptons » ? Et dans le cas où il aurait la haute main sur la *NRF,* acceptera-t-il de se tenir à l'écart de la maison d'édition ?

De ces débats, qui combinent l'absurde et l'incongru et se déroulent le plus souvent en l'absence d'un des protagonistes, Gaston Gallimard, on ne retiendra que les échos les plus significatifs. Le premier ressort du post-scriptum d'une lettre de Jacques Rivière à Jean Schlumberger du 11 février 1919 :

« Je viens d'avoir avec Gide une interminable et très longue conversation qui nous a permis de préciser nos positions. Des différences subsistent. Mais elles ne sont pas irréductibles, je crois [...]. Je garde toute ma confiance, malgré certaines difficultés que je n'avais pas vues du premier coup[19]... » Comment aurait-il pu les voir, quand elles n'existaient pas ? C'est tout récemment que Gide s'est avisé de briguer la direction — et le cadet jusqu'alors prié de mener la charge vient seulement d'être averti qu'on le réserve pour une lieutenance...

Le 20 février, Jean Schlumberger informe Jacques Copeau que Gide et Rivière se sont mis d'accord pour assurer la codirection de la revue — au grand dam du second dont on a vu avec quel dynamisme conquérant il se préparait à prendre le pouvoir... C'est « Schlum », semble-t-il, qui est l'artisan de ce montage. Faisant observer sans beaucoup d'élégance (pour une fois) que Rivière n'apportait « ni argent ni influence décisive », il est surtout inquiet de l'évolution politique de son cadet, fort contraire à la sienne, y voyant, murmure-t-il, des risques de scission ou de désagrégation *.

Le 8 mars, cependant, André Gide fait savoir à Jean Schlumberger qu'il vient de s'entretenir avec Jacques Rivière, et que la solution bicéphale projetée en février leur apparaît à tous deux « très peu habile », car elle contredit « la fusion entre la revue et la maison d'éditions [qui] doit être parfaite ». Et de préciser que si Jacques et lui étaient « passés par une période de complet désespoir », ils s'étaient quittés l'avant-veille « pleins d'espoir »[20].

Le 27 du même mois, enfin, Gallimard, revenu d'Amérique à Paris, écrit à Copeau, encore à New York : « J'ai eu avec Gide un grand entretien — je crois bien le premier de ma vie (!). Je me suis trouvé plus proche de lui que de n'importe quel autre — toi excepté [...]. Il renonce à diriger la revue. C'est Jacques Rivière qui sera le directeur en titre[21]. » (Si ambigu que soit ce « en titre », on peut voir là le dénouement de l'imbroglio.)

La réconciliation entre Gide et Gallimard allait en effet ouvrir la voie à la solution : redevenu *persona grata* rue Madame, André Gide ne jugeait plus utile de tenir personnellement en main la revue. Lui, « le bipède », serait, ici et là, l'inspirateur — non sans avoir constaté, au cours des derniers mois, que l'ancien secrétaire avait pris de la stature.

Restait, en suspens, l'essentiel : ce que publierait cette revue illustre et encore inconnue. Au cours des cinq années précédant la guerre, la *NRF* s'était imposée comme l'une des publications de référence, non seulement en France, mais en Europe, et au-delà du domaine littéraire, dans l'espace culturel le plus largement déployé. Swinburne et Dostoïevski y avaient droit de cité comme Wagner et Van Gogh.

Mais cela, c'était de la préhistoire. De ce qui était, vivait, parlait avant la guerre, avant le 2 août 1914, que restait-il ? De ce séisme géant qui avait fait de Gustave Hervé, l'homme au « drapeau tricolore dans le fumier », un enragé du nationalisme et d'Aragon, décoré de la croix de guerre, le défaitiste militant de 1918, en quel état, dans quelles dispositions d'esprit et d'âme surgissait-on ?

* Pour un temps, Drouin et Ruyters se tiennent à l'écart.

Ghéon se proclamait « né de la guerre » pour mieux réciter son rosaire entre deux réunions de *L'Action française,* Schlumberger répudiait toute littérature qui ne fût au « service » de la nation française — alors que Gallimard affichait une neutralité d'« embusqué », que Copeau avait passé l'essentiel du temps de guerre de l'autre côté de l'Atlantique, que Gide faisait peu à peu connaître son dégoût pour les diverses formes du « bourrage de crâne » patriotique — et que Rivière, publiant l'*Allemand,* confiait à ses amis qu'il allait s'efforcer de « le prolonger dans le sens le plus imprévu par le lecteur[22]... », c'est-à-dire le moins polémique, le plus consensuel possible.

Allons, il va falloir mettre cartes sur table... Pour paraphraser Gauguin, il va falloir dire « qui sommes-nous ? où allons-nous ? ». Depuis des mois, depuis la fin de 1917, Jacques — qui vit dans la quasi-certitude d'avoir à assumer la direction de la revue — prévient ses amis qu'il travaille à un rapport-programme destiné à être confronté à des textes analogues de chacun des « pères fondateurs », Gide, Schlumberger et Copeau sont mis dans la confidence et invités à s'exécuter. Le grand rendez-vous qui se prépare, Jacques l'appelle parfois le « concile œcuménique ». Ainsi, rien ne fut moins improvisé que la préface « scandaleuse » par quoi allait s'ouvrir le numéro de résurrection de juin 1919.

Ce qui reste mystérieux, c'est pourquoi ce texte, que Rivière promettait de soumettre à ses amis « dans un mois » à partir de la fin de 1918, ne leur fut présenté que le 19 mai — déjà donné à l'impression et mué en fait accompli. Connaissant Rivière comme nous le faisons, nous avons du mal à y voir de la déloyauté, une ruse ou un avertissement : désormais, je suis le maître ! Mais « gaffe » ou coup de force, ce fut une erreur.

La chronique de ces semaines-là fait certes état de nombreux voyages des uns et des autres. Mais de telles dispersions sont propices d'ordinaire aux mises au point écrites dont nos héros ne sont pas avares... Or la correspondance, sur ce point essentielle, entre Rivière et Schlumberger, s'interrompt entre le 29 avril et le 14 août 1919 (et celle qu'entretient ce dernier avec Gide, du 9 avril au 2 juin), alors que la réunion décisive se déroule chez Mme Théo Van Rysselberghe *, le 19 mai 1919. Sont présents : Gide, Schlumberger, Ghéon, Rivière et Mme Mayrish (leur commune amie luxembourgeoise), mais non Drouin, ni Gallimard et Copeau encore en Amérique.

C'est alors, alors seulement, que Rivière — auquel personne d'ailleurs n'avait écrit pour qu'il tînt la promesse de soumettre son texte à ses amis — leur fit enfin connaître le contenu de l'éditorial qui allait onze jours plus tard servir de manifeste à la résurrection de la revue. Le moins que l'on puisse dire est que cette lecture provoqua des remous...

* La « petite dame » amie de Gide.

Lettre de Jacques à sa femme :

« Après dîner, on m'a fait lire mon article de tête qui a, comme je m'y attendais, déchaîné la tempête. Ghéon et Jean ont violemment protesté. Mais Gide m'a si fortement soutenu que je suis sorti vainqueur. Je crois que l'essentiel est fait pour assurer ma position et que le plus gros de l'orage est passé[23]... »

Comme la vérité est malléable... Comme le temps dérange perspectives, réactions, émotions... Vingt ans plus tard, Jean Schlumberger écrira : « Je relis ces pages liminaires. Dans leur ensemble, elles disent des choses fort raisonnables et j'ai quelque peine à justifier la vivacité de ma réaction[24]... » Il faudra moins de temps à Gide pour faire le chemin contraire : « Je puis dire à présent que, pour ma part, je désapprouvais grandement le manifeste de Rivière [...]. Chacun de nous fut consterné... » Qui croire ? Ou plutôt, quand croire qui ?

Ce texte, on le lira plus loin, dès lors qu'il appartient, plus qu'aucun autre, à l'histoire commune de Jacques Rivière et de la *NRF* renaissante, histoire entamée le 1er juin 1919 avec un numéro qui porte le n° 69. Mais ce qu'il fallait marquer clairement, c'est que la renaissance de la revue s'opéra, comme il en va souvent des grandes choses, dans le trouble et la division.

Au lendemain de la soirée chez Mme Van Rysselberghe, et en attendant les lointaines révisions des valeurs et des stratégies, les refondateurs sont divisés en deux camps — celui des nationalistes qui prétendent mettre la *NRF* au service de la patrie (Jean Schlumberger, Henri Ghéon et bientôt Marcel Drouin), et celui qui en tient pour le « désengagement », la « démobilisation », qui proclame que la guerre est finie et qu'est revenu le temps du libre examen.

Parce qu'il s'est fait le héraut d'une conception résumée par cette lumineuse formule de son éditorial : « Faire cesser la contrainte que la guerre exerce encore sur les intelligences », formule à laquelle vont se rallier Gide, Copeau et Gallimard, c'est au cœur d'une tempête politique — qui en cache d'autres — que Jacques Rivière, nouveau directeur de la *NRF,* prend la barre.

TROISIÈME PARTIE

A la recherche du temps qui vient

XVIII

L'homme de barre

Le 1er juin 1919 parut le soixante-neuvième numéro de *La Nouvelle Revue française* *, le premier qui fut publié sous la direction nominale de Jacques Rivière. Ce numéro, on n'en peut considérer le sommaire sans une sorte d'incrédulité admirative : André Gide, Paul Claudel, Marcel Proust, Paul Valéry, Léon-Paul Fargue, Georges Duhamel, Henri Ghéon, Albert Thibaudet, André Lhote, Jacques Rivière...

Le jeune homme qui, trois mois plus tôt, ne savait pas s'il serait aux commandes, ou seulement le brillant second de Gide, avait en quelques semaines réussi cette éclatante convocation — à croire que le silence de cinq ans observé par la revue n'était pas dû seulement à la guerre, mais aussi à une sorte de rétention du souffle, comme si les animateurs de la revue à couverture blanche avaient choisi de comprimer leurs énergies pendant cinquante-neuf mois pour resurgir ainsi avec plus d'éclat. Le numéro de novembre 1908 manigancé par Eugène Montfort avait été tenu pour un « faux départ ». Les soixante-huit livraisons suivantes n'auraient-elles été que les gammes en vue de préparer ce concert du printemps de la paix — sous la baguette du jeune maestro, le prédestiné ?

L'article liminaire — dont il a été question et sur lequel on reviendra, bien sûr — n'était pas seulement signé par le nouveau directeur. Il portait un titre péremptoire en sa nudité : « La Nouvelle Revue française », comme si ce nouveau directeur de trente-deux ans, nouant le passé à l'avenir, écrivait et décidait depuis toujours et à jamais, hors de la durée, par une sorte d'appropriation radicale. Bien mieux : rendant hommage aux fondateurs de la revue, le nouveau directeur saluait « sept écrivains », n'en nommant, et pour cause, que six **. Le septième, innommé, ne pouvait être que lui, implicite, invisible lors de sa naissance, attendu et « ayant droit » comme le pauvre au banquet médiéval. Saisissant lapsus, qui en disait long sur la conscience du jeune homme d'être, au regard de

* « Nouvelle série », est-il précisé. Apparaît aussi le nom du gérant : Gaston Gallimard.

** Rappelons qu'il s'agit de Gide, Schlumberger, Ghéon, Copeau, Drouin et Ruyters (chapitre VII).

cette institution prestigieuse, une sorte de présence immanente, une légitimité en suspens. Sept écrivains...

Personne, ni dans son « journal » ni dans les correspondances qui sont alors les multiples reflets de ces péripéties légendaires, ne releva cette anticipation apparemment inconsciente — tant l'éclat de cette prise de pouvoir semblait légitimer d'emblée l'audace de l'infant par soi-même couronné, antidatant son règne.

Deux mois plus tôt, Jacques annonçait à Schlumberger qu'il pouvait compter sur « du Claudel et du Gide en abondance » et aussi du Giraudoux : la majestueuse *Messe là-bas* de l'ambassadeur au Brésil et les multiples contributions du « gourou » (dont deux « lettres ouvertes », l'une à Jacques Rivière à propos de l'*Allemand* et l'autre à Jean Cocteau sur *Le Coq et l'Arlequin*) prouvaient que le nouveau pilote ne se contentait pas de promesses. La publication de la nouvelle de Giraudoux fut retardée d'un mois, mais un fragment des *Jeunes Filles en fleurs,* intitulé (comme pour mieux agacer, par cette espèce de pastiche, les rebelles à Proust, encore majoritaires dans la maison...) « Légère esquisse du chagrin que cause une séparation et des progrès irréguliers de l'oubli » et un poème de Valéry, *Palme,* accentuaient le caractère de feu d'artifice de ce numéro, salué comme tel par les aînés vigilants...

Bon. Mais l'éditorial, auquel Jacques Rivière travaillait depuis des mois, dès avant que sa nomination fût rendue officielle, que disait-il au juste ? Nous avons vu qu'après avoir promis à ses amis de le leur soumettre, il n'en avait donné lecture à plusieurs d'entre eux que le 19 mai, une fois le texte imprimé. Une phrase de la lettre de Gide à Schlumberger du 9 avril 1919 permet de douter que le « gourou » ait été tenu lui aussi dans l'ignorance : « Côté Rivière, tout va bien [...]. Le topo-préface qu'il m'a lu hier m'a pleinement satisfait... »

Quand il parle de ce « topo-préface » Gide le confond-il avec un « petit prospectus » publicitaire assez anodin que Rivière avait rédigé à l'usage de la presse et des libraires * ? Gide pesait ses mots au trébuchet. Aurait-il utilisé le mot de « préface », fût-il accolé à celui de « topo » — à propos de quelques lignes de « réclame », s'adressant à un écrivain aussi scrupuleux lui-même que Schlumberger ?

Mais l'important n'est pas que Gide ait ou non été mis dans la confidence. C'est plutôt qu'il ait adopté, en toute cette affaire, une attitude si ambiguë qu'elle pût être interprétée par les uns et les autres de façon favorable à sa propre thèse — révélant les arrière-pensées nourries, en dépit de tout, par le châtelain de Cuverville.

*

* C'est la suggestion que font les excellents éditeurs de la *Correspondance Gide-Schlumberger,* Pascal Mercier et Peter Fawcett, non sans arguments, ni autorité...

Mais que disait donc de si grave le nouveau directeur ?

Résumant les principes, ou plus simplement les intentions qui avaient, avant la guerre, animé les fondateurs de la *NRF*, Jacques Rivière écrivait qu'« ils rêvaient d'établir, dans le domaine de la littérature et des arts, un climat rigoureusement pur, qui permît l'éclosion d'œuvres parfaitement ingénues ». Sur cette vue rétrospective, les fondateurs auraient pu s'entendre. C'est sur la prospective que plusieurs bronchèrent, Rivière écrivant que bien qu'on ne pût prétendre agir « comme si rien ne s'était passé », l'objectif de la *NRF* était de revenir à son « premier dessein et de maintenir la pureté de l'" atmosphère esthétique ", en se libérant de la contrainte qu'elle [la guerre] exerce encore sur les intelligences, et dont elles ont tant de mal à se libérer ».

Si ce texte, qui plaide pour un « arrachement de l'esclavage intellectuel où les événements tendraient à nous réduire », mais répudie fermement toute tentation de neutralité ou de désintérêt par rapport aux « affaires publiques », et laisse prévoir que certaine « interprétation de l'histoire contemporaine » permettrait d'y entrevoir « une couleur politique », revêtit pour nombre de ses lecteurs l'allure d'un manifeste de désengagement, c'est parce qu'y retentissait, de paragraphe en paragraphe, ce leitmotiv implicite : la guerre est finie !

Ce que revendiquait Rivière, ce qu'il prônait, ce n'était pas « l'art pour l'art », la neutralité du Beau, l'enfermement dans quelque tour d'ivoire, non. Mais ceci : qu'enfin nous sommes libres, démobilisés, en mesure de passer du militantisme disciplinaire à la libre critique. Et pour résumer plus simplement encore : l'ouragan de la guerre passé, la *NRF* reste, redevient la *NRF*.

C'est par la fidélité même à l'esprit, à l'essence même de la revue que le texte de Rivière fit scandale. C'est par ce retour aux sources : critique, liberté, ouverture, qu'il fit figure de révolutionnaire aux yeux de ceux pour qui devait se perpétuer ce que Maurras appelait la « mon-archie » de la guerre, d'où se déduisait bien sûr en son esprit la monarchie tout court.

Tous les systèmes de pensée autoritaires ont partie liée à la guerre, s'y mouvant à l'aise et y manifestant leurs vertus mobilisatrices et simplificatrices : au point que, en 1917, *L'Action française* faisait figure de référence aux yeux d'un homme comme Gide. La démobilisation à laquelle appelait Rivière en était un découronnement, un retour à la république des idées, au pluralisme, au principe de « libre examen », protestant ou non, qui était celui-là même dont s'inspirait, dans ses composantes les plus diverses (et avec la tonitruante exception de Claudel), la *NRF*.

Tout en ce texte dit la fidélité, la permanence. Aussi bien le maintien, sous le titre inchangé de la publication, de cette autodéfinition : « Revue de littérature et de critique » — formulation qui, sans que Schlumberger ou Ghéon aient soulevé le problème, excluait toute vocation de combat politico-spirituel du type auquel ils aspiraient. « De littérature et de critique », c'est bien ce dont parlait le texte de Jacques Rivière.

Certes, dès 1916, Schlumberger, approuvé par le prisonnier de Koenigsbrück, rappelait que la guerre appelait un « langage nouveau », un élargissement des thèmes et des perspectives, l'exercice de responsabilités nouvelles. Mais il suffit de considérer le premier numéro, et même encore les suivants, pour constater que la *NRF*-de-Rivière ne s'est guère enfermée dans les débats stylistiques ou les querelles d'écoles littéraires. Le n° 69 porte les signatures de Claudel, ennemi déclaré de « l'art pour l'art » ; de Ghéon, qui, dès les premières pages, déploie son lyrisme à propos de la mort au combat d'un jeune aviateur ; de Georges Duhamel, alors tenu pour l'un des grands « témoins » de la guerre. André Gide y traite, entre autres, du problème allemand — comme Alain Desportes *, dont l'article est un simple appel à la « vigilance » à l'égard du voisin vaincu.

Dans le n° 2, Schlumberger fera dialoguer (pompeusement hélas !) Hugo et Péguy sur les questions qui ne touchent pas à la métrique, voisinant avec un texte de Péguy, *Note sur M. Descartes*, où le philosophe n'est pas vu sous l'angle métaphysique, et avec un poème de Drieu La Rochelle qui a la guerre pour objet.

C'est par cet équilibre très strict entre la permanence de la vocation initiale de la revue (« de littérature et de critique ») et les nécessités d'un remodelage imposé par la guerre que s'exprimait la fidélité, dans l'esprit plus encore que dans la forme, du nouveau pilote, diacre promu recteur. Mais les prélats n'aiment guère se voir rappeler les principes sur lesquels est fondée leur Église : depuis bientôt vingt siècles, il en avait cuit à pas mal de téméraires de s'obstiner à rappeler l'esprit des origines.

Faute de bûcher, Jacques Rivière passa en jugement, le 2 juillet 1919, un mois après qu'eut explosé, par sa faute, ce scandale de la fidélité. C'est lui-même, rappela-t-il dans une lettre à Copeau [1], qui avait réclamé l'ouverture du débat, rendu indispensable par les réactions de ses amis et les rumeurs qui leur faisaient écho ici et là.

Le « procès » de Jacques Rivière se déroula dans l'atelier de Théo Van Rysselberghe, le peintre belge, portraitiste de Gide, mari de cette « petite dame » qui jouait depuis plus de dix ans un rôle irremplaçable dans la vie et l'histoire de Gide et du « circuit ». Ghéon, ouvertement maurrassien depuis des mois, prononça le premier réquisitoire, mettant d'abord en cause la procédure (« Nous n'avons pas été informés, comme il était promis, et comme nous en avions acquis le droit »), le point sur

* Pseudonyme d'Aline Mayrisch, grande amie de Gide, Luxembourgeoise d'esprit très « européen ».

lequel Rivière était le plus fragile, puis le principe de « gratuité » dont Rivière, en gidien scrupuleux, avait voulu faire dans son article l'une des règles de « l'âge où nous entrons ».

Gratuité ? Schlumberger, si loyal ami de Gide qu'il fût, la tenait déjà en suspicion, y voyant non sans raison l'origine du crime de Lafcadio *. Et Ghéon, apostat du gidisme reconverti en templier, y vit matière à agiter les foudres de l'excommunication majeure. Gratuité, quand il fallait, sur le Rhin, monter la garde contre un germanisme qui ne pensait qu'à la revanche, déjà ?

Mais Gide, précisément, que dit-il du haut de son fauteuil d'arbitre ? Dans ses *Cahiers*, la « petite dame », absente ce soir-là, rapporte qu'interrogé par elle sur cet affrontement, il l'avait ainsi résumé : « On s'attendait à une opération, ça n'a donné qu'un massage ; la volonté de faire dominer les raisons d'amitié l'a emporté. Mais ça recommencera, c'est fatal[2]... »

Plus explicite, ou descriptif, Roger Martin du Gard, qui a déjà droit de présence, mais non encore voix au chapitre, résume ainsi la séance :

> Tout s'est terminé sans aboutir, par un ensemble de concessions faites au nom de l'amitié. Malgré tout, réunion d'une importance primordiale, où s'est manifestée la scission : d'un côté les anciens, Ghéon, Drouin, Schlumberger, évincés en fait, à plus ou moins brève échéance ; de l'autre, sous la grande aile de Gide, qui palpite à tous les vents, Rivière qui venait donner sa démission et qui sort de là, plus investi d'autorité qu'avant, Rivière qui, appuyé par Copeau, aidé par Gallimard, ouvrira largement la porte à des éléments nouveaux et jeunes, s'affirmera lui-même de plus en plus, et sauvera la *NRF* d'une fossilisation analogue à celle du *Mercure*[3].

Ce « massage » n'en devait pas moins laisser des traces. Ghéon exigeant un droit de réponse sur le fond dans le numéro suivant, Rivière, soucieux de ne pas faire de la revue un champ clos, préféra donner la parole au plus serein de ses opposants, Marcel Drouin, qui, dans la livraison de juillet, formulait avec sa retenue coutumière les arguments des adversaires de la « démobilisation ».

Sous le titre « Explications » (publié dès le numéro de juillet), c'est une critique très explicite et personnalisée du nouveau directeur de la *NRF*, qui, non content de rassembler le plus fructueux de la littérature française du temps, soumettait son effort au jugement public de ses collaborateurs :

> Je ne consens point qu'une pensée que domine encore l'idée de la guerre soit nécessairement prise sous « un esclavage intellectuel ».

* Qui précipite par la fenêtre d'un train, dans *Les Caves du Vatican*, l'innocent Amédée Fleurissoire.

> Voici justement le temps où une telle pensée, n'étant plus astreinte à l'obligation directe de servir, peut, comme toute autre pensée, « pousser droit ». Voici le temps où elle n'est plus arrêtée sur son objet par une pression du dehors, et ne peut s'y maintenir qu'en vertu d'une exigence intérieure [...]
> [...] je ne consens pas, surtout, que les puissances d'oubli aient besoin d'être aidées. La vie continue d'elle-même ; il n'en coûte pas tant de se remettre à vivre [...] j'oublie, mon cher Rivière ; vous oubliez ; je ne vois personne qui ne soit tenté d'oublier. Car tout agit dans le sens de l'oubli ; il est superflu d'accourir au secours du parti le plus fort. [...]
> Combien il me plairait de reconnaître, dans les dernières pages du programme, une réponse anticipée à toutes mes objections ! Loin de se désintéresser des graves problèmes posés par la guerre, *La Nouvelle Revue française* [...] promet aux discussions politiques et sociales l'accueil qu'une revue littéraire aurait plein droit de leur refuser.

Rallié, Drouin ? Ayant jeté son feu, d'accord avec Rivière ? Il fait mine de ne pas voir où est le débat entre Rivière et Ghéon :

> Écartons une fois de plus, si vous y tenez, une confusion dont tout le passé suffisait à nous défendre : on le sait bien, que cette Revue ne confondra point l'art avec le civisme, et que les croyances politiques n'y déteindront point sur les opinions littéraires[4].

Non, le passé ne suffit pas à défendre la *NRF* contre ceux qui, considérant que la guerre ayant « créé un autre homme dans l'homme », le seul parti n'est plus que de « servir » — dût le sage Drouin se refuser à considérer ce danger, celui de la politisation.

Jacques Rivière le dénonce bien, lui, dans une lettre à Copeau :

> L'affaire est très grave. Et tellement, que je me prépare dès maintenant, si je n'obtiens pas un vote de confiance unanime, à me retirer *complètement* de la revue.
> Je ne suis pas du tout d'accord avec toi d'ailleurs pour penser que ces difficultés auraient pu être évitées. Jamais nous ne les aurions touchées en paroles, à l'avance, dans un débat amical. Comme le dit très bien Drouin dans son article, elles n'ont surgi (et ne pouvaient surgir) qu'au moment où nous nous sommes présentés devant le public et où il a fallu *écrire* quelque chose. Elles ont surgi parce que j'ai osé parler avec « sincérité »[5]...

Comme l'écrivait Roger Martin du Gard, le dernier mot (de l'épisode) était resté à Jacques Rivière. Mais ce n'avait pas été sans très vives tensions, et offre du jeune directeur de démissionner. Dans une lettre à Schlumberger, Ghéon écrivait alors : « J'ai reçu un mot de Rivière désarmant de tristesse, de scrupules et d'entêtement. Il se trompe entièrement sur son rôle de directeur, et quand il parle de démissionner, il est sincère[6]. »

D'où le caractère « fatal » des nouveaux affrontements prévus par André Gide. Prévus ou préparés ? Nous verrons * que n'ayant jamais tout à fait « digéré » sa mise à l'écart au profit de l'unique Rivière, il se plut à jeter, sur ces braises, quelques huiles de son cru.

Dans ce débat qui ne cessera jamais, parce qu'il touche aussi bien au statut de l'art dans la cité qu'aux rapports entre l'artiste et les différents pouvoirs, et aux exigences souvent contradictoires entre la création et la durée, Jacques Rivière, incarnant moins la rupture que la tradition, n'a au point de départ que deux compagnons à la fidélité assurée : Jacques Copeau et Gaston Gallimard.

Mais, avec Copeau, les retrouvailles n'ont pas ressoudé l'amitié ancienne, si profonde et entraînante. La rencontre d'Engelberg, en juillet 1917, n'a pas été heureuse, on l'a vu. Dix-huit mois plus tard, le 4 janvier 1919, Rivière écrit à son ami : « ... La distance entre nous, nos occupations, nos soucis, nos expériences est trop grande. Trop grand aussi le temps où nous avons été séparés... » Et le 12 juillet suivant, après le retour de Copeau à Paris : « Non, nous ne nous sommes pas bien revus ni retrouvés[7]... »

Quelle que pût être la part de responsabilité du cadet, Copeau sera la déception de cette ultime partie de la vie de Jacques Rivière. L'ami « tendre » et « enthousiaste » de 1912 à 1914, le correspondant fraternel du temps de guerre a pris une distance que ne peut suffire à expliquer son dévouement absolu à l'expérience théâtrale du Vieux-Colombier. Si absorbé que puisse être un directeur-comédien-metteur en scène, harcelé par sa troupe, ses auteurs, ses rôles, voire ses œuvres (ou ses amours), le voisinage extrême entre la rue du Vieux-Colombier et la rue Madame eût pu permettre le maintien d'une relation très intime entre les deux hommes. Le comédien fut-il choqué de n'être pas associé aux débats de 1919 (il rentre en France en juin) ? On l'en pria pourtant. De telle façon qu'il y vit un congé camouflé adressé à l'ancien chef de file qu'il était ?

Le fait est que l'étoile Copeau semble s'évanouir de la galaxie *NRF* à partir de cette date. Ses amis restant fidèles au Vieux-Colombier, ses spectacles sont traités avec considération dans la rubrique appropriée de la *NRF***. Mais un charme est rompu. Le directeur du « Vieux-Co » rédigera bien pour la revue un mémento de son entreprise. Mais il refusera obstinément d'écrire sur Molière et restera marginal. Jacques Rivière devra livrer ses combats sans son assistance.

Ce n'est pas du tout le cas pour ce qui est de Gaston Gallimard. Jamais l'entente n'aura été aussi ferme, aussi efficace, entre l'homme de la revue et celui de la « librairie ». Quel thème pouvait être plus cher à Gallimard

* Au chapitre suivant.
** Pas toujours par le sarcastique Boissard (Léautaud).

que celui du rejet, de l'« oubli » de cette guerre qu'il avait détestée et fuie ? Une telle absurdité l'avait décontenancé, puis indigné. Et sa propre attitude d'« embusqué » ne pouvait que la lui rendre encore plus odieuse, l'isolant de nombre de ses amis, femmes et hommes — jusque pendant son séjour américain. Tourner la page ? Ah comme il savait gré à son ami d'y inciter chacun, dans les colonnes de cette revue qui était à bien des égards devenue la sienne...

S'agissant du contenu de la revue, Gaston, expressément prié par Jacques de « sortir de son froid silence » et de donner son avis, lui écrira le 23 août 1919 qu'il en trouve le « sérieux » excessif, qu'il n'y a « pas de détente » — bien qu'il aime son article à lui, Rivière (« Décadence de la liberté ») *. Ce qui est marquer un peu de restriction. Provisoire...

La vie de *La Nouvelle Revue française* n'était pourtant pas suspendue tout entière à l'évolution des rapports entre le clan Schlumberger-Ghéon-Drouin (auxquels il n'est pas abusif de rattacher Ruyters, qui se cantonnera désormais dans un rôle de traducteur **, mais voit souvent le « gourou » de Cuverville, comme en témoigne le *Journal* de celui-ci) et le parti de Jacques Rivière et Gaston Gallimard, qui se savent approuvés par Copeau et font comme si « la grande aile » de Gide les enveloppait — pour les protéger...

Désormais, à l'appel (ou rappel) de Rivière, les concours se multiplient. Bon nombre d'auteurs — Valery Larbaud, Albert Thibaudet, Félix Bertaux, Charles Du Bos, Alain et (plus ou moins imposé par son ami Jacques Rivière) André Lhote — n'ont pas attendu la guerre pour se manifester. Ils sont déjà comme des « permanents ».

Le cas de Roger Martin du Gard est très particulier : confident de Gide, ami de Schlumberger, il donnera peu de textes à la revue, mais son avis prévaut souvent. Politiquement, il se range sans hésiter « à gauche » et, contre le courant nationaliste, donnera souvent son appui à Jacques Rivière qui n'est pas, du point de vue littéraire, de ses plus fervents admirateurs.

Encore plus spécifique est le « cas » de Suarès. L'écrivain auquel Jacques Rivière a consacré le premier de ses textes publiés dans la *NRF* et l'une de ses conférences de l'Athénée de Genève, entretient avec la revue des rapports aussi orageux qu'avec le reste du genre humain. Tenu alors pour l'un des quatre ou cinq maîtres de sa génération, il s'irrite de n'être pas traité à l'égal de Gide ou de Claudel, et des réserves que, dans son admiration, lui marque Jacques Rivière. Ce n'est que peu à peu, et non sans à-coups, qu'il donnera à la *NRF* ses chroniques dites « de Caerdal », et fera entendre la voix splendide et irritée du Condottiere.

* Voir plus loin, p. 398.
** Et parfois de conseiller financier : il travaille dans une banque.

Bientôt se joindront à la cohorte Benjamin Crémieux, italianisant * et profond connaisseur du théâtre, Bernard Groethuysen (dit « Grout »), philosophe et germaniste, qui sera lui aussi, à sa manière, un « gourou », Gabriel Marcel, métaphysicien et dramaturge, Roger Allard, qui s'occupera des livres d'art en attendant un fulgurant jeune homme amené par son ami l'anarchiste Georges Gabory, et qui s'appelle André Malraux.

Venu de Nîmes, en passant par quelques maussades bureaux ministériels, un subtil admirateur de Rivière nommé Jean Paulhan s'est, en 1920, proposé de jouer auprès du nouveau directeur le rôle que celui-ci assumait aux côtés de Jacques Copeau en 1912 — prenant part, dès cette époque, aux découvertes éclatantes qui marquent la vie de la *NRF* au lendemain de la guerre. Part qui, jusqu'à la veille de la mort de Jacques, fut importante, préfigurant son rôle ultérieur.

C'est à travers la correspondance entre Gide et Rivière que court le fil conducteur qui, de façon presque infaillible, mène ou « colle » à la littérature qui s'invente. En tout cas, les choix sont bien, de 1919 à 1925, ceux de Rivière. C'est lui le lecteur le plus infatigable, le plus concentré, dont la porte est ouverte à tous, et qui répond aux lettres les plus déconcertantes.

Si, dès les premiers numéros, Jouhandeau peut publier les *Pincengrain,* et Montherlant le *Dialogue avec Gérard,* et Drieu La Rochelle *Guerre, fatalité du moderne,* et Paul Morand *Mesure du temps,* et Paul Eluard *Pour vivre ici*, c'est bien au talent de découvreur et au sens de l'accueil de Jacques Rivière qu'ils le doivent d'abord. On verra certes se manifester des désaccords, des incompréhensions, des affrontements. La réception faite à *Dada*, les contacts avec Antonin Artaud, les rapports avec André Breton et Louis Aragon seront lourds d'orages et de déconvenues. Mais très vite avaient été publiés André Salmon et Philippe Soupault, avant Joseph Delteil. Le filet tendu par Jacques Rivière, nanti du conseil de Gide et de l'avis de Paulhan, avait les mailles fines.

Ce qui fera bientôt l'originalité de la *NRF,* ce sera l'accueil fait aux littératures étrangères. Nous connaissons le goût très vif de Jacques Rivière pour les Russes, pour le roman anglais. Sa femme pratique l'anglais, lui a commencé d'apprendre le russe. Depuis 1914, il est devenu germaniste, et son séjour à Genève l'a ouvert à un certain cosmopolitisme. Tout le conduit — y compris son dégoût croissant pour le nationalisme — à gommer les frontières et à faire de la revue un carrefour des cultures. D'autant mieux qu'André Gide est, de tous les grands écrivains français de ce temps, le plus attiré par les génies périphériques et que, dans ce qu'on peut déjà appeler « l'équipe » *NRF,* Valery Larbaud, Charles Du Bos, Jean Cassou, Félix Bertaux, Crémieux, Boris

* Si bon traducteur de Pirandello que celui-ci, dit-on, préférait ses pièces dans la version française.

de Schloezer, Fernandez et Groethuysen sont d'excellents médiateurs vers les littératures anglaise, italienne, espagnole ou allemande.

La *NRF* d'avant la guerre saluait Swinburne, admirait Nietzsche et révérait Dostoïevski. Celle que raniment Rivière et ses compagnons va creuser plus profondément ces sillons et ne se contentera plus de louer les gloires établies. Quand Valery Larbaud présente *Erewhon* aux lecteurs de la revue, Samuel Butler est quasiment inconnu en France. De même Joyce, quand, en 1922, Larbaud lui consacre * l'article le plus pénétrant qu'ait suscité encore l'auteur d'*Ulysse*. Pour ne parler ni de Conrad ni de Meredith.

Ainsi le jeune directeur de la *NRF* du tout début des années vingt est-il bien ce que Morand a appelé l'« homme-passerelle » entre l'avant et l'après-guerre, entre la génération Gide-Claudel-Valéry-Proust dont il est, dès avant la guerre, le compagnon juvénile mais déjà très présent, actif et reconnu pour tel — et celle de l'après-guerre, dont surgissent les champions, d'emblée accueillis dans l'étroit bureau de la rue Madame par un directeur qui est leur contemporain : Morand, Montherlant, Drieu, Aragon, Prévost, Jouhandeau, un peu plus tard Malraux, et puis Mauriac...

Tous ont vanté la qualité de l'accueil de Jacques Rivière, encore que sa timidité en intimidât plus d'un, que sa gaucherie quasi adolescente en déconcertât d'autres. On admirait son souci de s'informer, son intrépide ouverture à tout, sa force d'écoute et d'attention. Quelle chance, dans une telle carrière, que d'avoir fait partie du groupe qui avait d'abord négligé Proust et avait fait trop maigre place à Apollinaire ! Quelle meilleure leçon de vigilance ?

De tels précédents aideront Rivière — sous le regard de Gide, et bientôt l'aiguillon de Paulhan — à tenir compte du surréalisme, à écouter les sommations déchirantes d'Antonin Artaud, à faire leur place à la peinture russe des années vingt, à la musique sérielle défendue par Boris de Schloezer.

*

Si fragile que parût l'ancien prisonnier de Koenigsbrück, et transparent, et timide, ce champion de la démobilisation (et bientôt de la coopération avec l'ancien ennemi) ne désarmait pas pour autant les contradicteurs, et moins encore les ennemis. Son quinquennat à la tête de la *NRF*, entamé sous le signe de la contestation, sera marqué par des crises graves, des polémiques envenimées. L'une d'elles le conduira à envisager l'hypothèse d'un duel — et l'on alla jusqu'à un échange de témoins ! Mais les deux défis les plus significatifs qu'il eut à relever gardèrent pour l'essentiel un caractère interne.

* Non sans déconcerter le directeur de la *NRF*.

La Nouvelle Revue française, telle que l'auteur de la *Sincérité envers soi-même* en avait défini la mission le 1er juin 1919, refusait donc de s'engager au service de quelque cause que ce fût. Chacun savait que ceux qui poussaient à cet embrigadement étaient des militants ou des sympathisants de *L'Action française* ou de ce qu'on pourrait appeler plus largement le parti « bleu horizon », comme la Chambre des députés alors élue par le pays. Mais ce débat, resté cantonné au « circuit », n'avait provoqué nulle exclusion ni rejeté la revue dans le militantisme adverse. Toutes les voix avaient droit au chapitre. Une nouvelle initiative des opposants à la « ligne » Rivière allait aggraver les divergences et faire éclater les dissensions.

Vers la fin de 1919, à l'incitation de son maître Maurras, Henri Massis avait fait circuler le manifeste d'un parti qui ne craignait pas de se définir comme celui « de l'intelligence ». Ripostant à un appel d'écrivains de tendance pacifiste unis sous le signe de « Clarté », tels Romain Rolland et Henri Barbusse *, le « Parti de l'intelligence » prônait un « apostolat intellectuel [...] en vue de permettre à l'intelligence française de servir les intérêts français »...

Henri Ghéon avait été l'un des premiers signataires de ce texte qui prenait en quelque sorte le contre-pied de l'éditorial de Rivière, appelant les intellectuels à rester mobilisés et à former le carré autour des valeurs et des structures traditionnelles, la nation et l'Église. Une certaine Henriette Charasson, auteur de redoutables ouvrages d'édification, convainquit Ghéon de solliciter la signature de Schlumberger : n'était-il pas opportun de profiter de l'irritation où l'avait jeté la prise de position du directeur de la *NRF* pour l'amarrer à *L'Action française* ?

Jean Schlumberger avait mesuré ce qu'avait de ridicule l'autodéfinition choisie par le groupe, et repéré, dans le texte, une phrase qui le retenait d'y adhérer : n'y était-il pas dit que, sinon l'Église, en tout cas « l'alliance catholique » était « indispensable au sort de la civilisation » ? Plus agacé par cette prétention romaine que par l'ambition hégémonique et la pauvreté d'expression de ces hérauts exclusifs de l'intelligence, il déclina l'invite, non sans ajouter qu'il attendait avec impatience la sortie de la revue que faisaient prévoir les auteurs du manifeste : dès lors que la *NRF* s'avérait inhospitalière à ses prises de position politique, pourquoi ne pas chercher ailleurs ?

Jacques Rivière, dont le jugement aussi bien que l'amitié étaient ainsi mis à l'épreuve, prit la mouche. Il y était encouragé par Gaston Gallimard qui jugeait « stupide » la réaction de Schlumberger, bien mal inspiré selon lui de « mettre sa crotte sur le tas » — et laissant entendre qu'il aurait plus volontiers, lui, signé le manifeste de Barbusse... D'où

* Que soutenaient des écrivains beaucoup moins « engagés », comme Jules Romains et Georges Duhamel, et de grandes personnalités étrangères comme Albert Einstein...

une série de trois articles publiés par le directeur de la *NRF* en septembre et novembre 1919 — « Décadence de la liberté », « Le Parti de l'intelligence », « Catholicisme et nationalisme » — qui allaient faire de lui l'antagoniste privilégié du maurrassisme sous toutes ses formes, et notamment celle qui prétend faire de la religion catholique la structure privilégiée du conservatisme *.

Le premier de ses trois articles, Rivière l'avait intitulé « Décadence de la liberté ». Il soutenait que la France et ses alliés venaient de se battre « pour le droit et la liberté », que les démocraties l'avaient bien emporté sur les monarchies (nasarde à l'adresse de ses contradicteurs maurrassiens...), mais que le monde était peut-être en train de rechercher des formules de solidarité collective qui, sous la forme que prétendaient lui donner les Russes, faisaient prévoir de rudes épreuves pour le libéralisme.

On retrouve là l'une des anticipations les plus savoureuses de ses *Carnets* de guerre écrits à la fin de 1917 **. Mais il était périlleux de lancer de telles idées, de parler aussi sereinement du diable de Moscou. Jusqu'où le mènerait son « pacifisme » ?

Dans le même numéro, le nouveau directeur de la *NRF* ferraillait contre le Parti de l'intelligence — sur un terrain plus sûr. Il lui était facile de ridiculiser le manifeste d'un groupe qui donnait pour mission de mettre « l'intelligence nationale au service de l'intérêt national » — le projet inverse de celui qu'il avait lui-même proposé le 1er juin 1919.

Bien au-delà de ce chauvinisme de gentilhommières et de palmes académiques, il dénonçait une entreprise consistant à faire de l'intelligence le moyen de « classer », de « hiérarchiser », « pour imposer au réel une forme une fois pour toutes choisie et décrétée ». Une telle intelligence serait en somme destinée à faire taire les exceptions, à supprimer ce qui gêne et à faire admirer combien tout le reste marche bien ensemble, à imposer une forme de « monarchie ». Ayant mis le doigt sur le caractère réducteur de cette « intelligence »-là, Rivière concluait paisiblement : « Pour moi, l'intelligence est d'abord le moyen de distinguer ce qui est de ce qui n'est pas[8]. »

Qui a appris à aimer, au fil de ces pages ou ailleurs, le bienveillant, le judicieux Schlumberger, a la tristesse de découvrir, dans le numéro suivant de la *NRF,* la réponse qu'il crut devoir adresser à Jacques Rivière. Le texte, quoi qu'on en ait, il faut bien lui faire écho, ne serait-ce que pour mesurer le péril auquel la direction de Rivière permit à *La Nouvelle Revue française* d'échapper...

Proclamant d'entrée de jeu : « Si j'étais catholique, j'aurais signé le manifeste du Parti de l'intelligence », Schlumberger ajoute que, pour

* Idée qu'il avait violemment dénoncée dans les pages de ses *Carnets* qui deviendront cinq ans plus tard *A la trace de Dieu*, pages acclamées par Claudel dans la préface de ce livre.

** Voir chapitre XVI.

permettre à l'intelligence de « s'éployer sans aucune préoccupation utilitaire [...] il ne faut pas que le Boche puisse nous retomber sur le dos d'une minute à l'autre » (écrit en 1919)... « Le Parti de l'intelligence ne prétend pas, que je sache, saper les bases de la philosophie [...]. Il s'agit de ramener un peu d'ordre, de discipline, de discrétion dans la république bruyante et brouillonne des lettres. Nous poursuivons, dans *La Nouvelle Revue française*, un but assez semblable. Alors pourquoi ne pas saluer [...] la formation d'un groupe dont nous rapprochent tant de préoccupations communes[9] ? » Ce qui était pousser un peu loin la fausse naïveté : confondre l'« ordre » selon Gide avec l'« ordre » selon Maurras était prendre son interlocuteur pour un sot. Sur ce ton, le dialogue ne menait à rien. Rivière préféra dénoncer clairement les sophismes.

Le 1er novembre 1919 paraissait dans la *NRF* une note, intitulée « Catholicisme et nationalisme » qui, pour brève qu'elle fût, allait au fond des choses, à propos de la phrase de son ami protestant qui semblait créer un lien entre l'Église romaine et les messieurs de l'« intelligence ».

Rappelant que ce parti n'était qu'une des figures prises par l'« éternelle *Action française* », le directeur de la *NRF* jetait alors le défi le plus catégorique, le moins retenu, à la doctrine, au personnage, à l'entreprise de Charles Maurras :

> ... *L'Action française* poursuit la besogne la plus nettement anticatholique qui se puisse rêver. Il n'est même pas besoin de rappeler que Maurras est un incroyant, ni de relever une fois de plus ses multiples déclarations sinon d'athéisme, tout au moins de positivisme radical. Il suffit de regarder son œuvre, l'influence qu'il exerce sur les esprits : il faut être aveugle pour ne pas voir qu'il tend à y stériliser toute disposition, tout sentiment chrétiens.
>
> D'abord en substituant le culte de la Patrie au culte de Dieu, en confisquant tout ce qu'il peut y avoir dans les âmes d'instinct religieux et de capacité d'adoration au profit de la Patrie. Le nationalisme tel qu'il l'enseigne devient une véritable idolâtrie. Il consiste à aimer et à servir la France, non pas pour tous les biens qui sont en elle, mais comme l'unique Bien qui se puisse concevoir, comme le véritable Absolu. Si Maurras combat avec tant d'acharnement toute métaphysique, s'il a si tôt fait de ridiculiser toute croyance aux réalités invisibles, c'est bien moins par conviction positiviste profonde que pour empêcher que rien ne s'installe au-delà de la Patrie, que pour assurer ses derrières et pour la maintenir comme le Suprême Objet dont nous ayons à nous inquiéter. Rien de moins catholique, rien de plus païen, rien de plus sauvage qu'une telle doctrine [...] pendant exact de celle où les germanistes avaient voulu emprisonner [la réflexion]. Un chrétien ne peut pas admettre cette comédie et ne peut la ressentir que comme une moquerie de sa foi.
>
> Anticatholique, *L'Action française* l'est encore par son refus de tenir compte, en aucune circonstance, de ce que la grandeur du Pays peut impliquer comme souffrance pour les individus et de ce que la

> puissance en général représente comme douleur au monde. J'avoue que le mal des autres, fût-ce celui de mes ennemis, me « fait tout de même quelque chose » et que spontanément je le souhaite évité. C'est dans cette mesure que je me sens chrétien, que je me trouve catholique. Et je constate que c'est dans cette mesure également que *L'Action française* m'est insupportable. Son continuel appel à la violence, son souci de réveiller, de raviver, d'envenimer le plus possible tout ce que les hommes éprouvent entre eux d'oppositions et d'inimitiés naturelles, son dessein à satiété proclamé d'entretenir éternellement le désordre et la misère chez ceux qui nous ont une fois voulu du mal, ne sont-ils pas un effort direct contre l'enseignement du Christ ? [10]...

De combien de châteaux, de combien de presbytères, durent jaillir alors les cris d'indignation ! Nous ne disposons pas de la correspondance que valut à Jacques Rivière ce coup de cravache, mais on conçoit que sur ces bases la discussion avec les amis d'Henri Ghéon ne pouvait aller plus avant, et l'on admire que l'auteur de *L'Homme né de la guerre* se soit acharné à fournir en articles et notules la revue dont le directeur décochait un tel coup à son parti, donc à lui-même...

Jean Schlumberger put choisir, lui, de ne pas s'offenser d'un réquisitoire qui ne visait apparemment pas ses coreligionnaires — encore que Rivière eût été mieux inspiré en substituant « chrétien » à « catholique » dans son évocation des rapports entre le maurrassisme et la foi. Il prit le parti de Talleyrand qui, giflé par un mari trompé qu'il savait dangereux bretteur, s'en tirait en soupirant : « Quel coup de poing ! » — et renoua le dialogue avec son ami.

Mais si Maurras, Ghéon et Mme Charasson avaient échoué à rompre leurs liens, Tristan Tzara et ses amis de *Dada* allaient presque y réussir. Comme quoi, entre gens de lettres, ce sont encore les questions littéraires, pour peu que les épicent quelques problèmes politiques, qui font les plaies les plus profondes.

Dans son numéro de septembre 1919 (n° 72), *La Nouvelle Revue française* avait signalé l'existence d'un mouvement *Dada,* dirigé par Tristan Tzara, « domicilié à Zurich » — non sans agrémenter cette information d'un aigre commentaire anonyme incitant les abonnés de la *NRF* à ne prêter nulle attention à ces « sornettes » venues de Berlin — un ton qui semblait, pour une fois, faire écho aux idéologues du Parti de l'intelligence...

Six mois plus tard, les mêmes « sornettes », toujours de la même provenance, inspiraient à un collaborateur de la revue quelques pages de réflexions d'un tout autre ton — et d'autant plus saisissantes que l'auteur en était rien de moins qu'André Gide. Que l'article fût publié un 1er avril n'y changeait rien : il faisait suite au célèbre essai de Marcel Proust sur le style de Flaubert, et Gide n'y maniait point le fouet contre ces pirates du langage venus d'au-delà de nos frontières.

Le ton du « gourou » était d'ironie douce. Il exprimait la crainte que ces jeunes inventeurs ne fussent écrasés par leur machine ; le regret que, le mot de « Dada » si bien trouvé, il ne restât rien à faire en ce sens ; l'étonnement que les iconoclastes ne sussent pas passer de la parole au geste. Il justifiait enfin l'intérêt porté par lui à ce mouvement en observant que « ce qui m'intéresse, c'est le flot, non pas les bouchons ».

Ce salut indulgent et tombé de si haut ne pouvait satisfaire les pétulants idéologues qui déjà phosphoraient autour de Tzara et de Picabia. Voyant dans l'érection de cette barricade le prodrome de la révolution surréaliste, André Breton se prévalut d'un improbable « droit de réponse » pour adresser à Rivière un article d'ailleurs fort décent et de nature à donner au dadaïsme ses lettres d'accréditation à la *NRF* :

« " Faites des gestes " ! nous crie-t-on. Mais, André Gide en conviendra, " mesurée à l'échelle Éternité, toute action est vaine " et nous tenons l'effort demandé pour un sacrifice puéril [...]. Le gilet rouge, au lieu de la pensée profonde d'une époque, voilà ce que par malheur tout le monde comprend... » Et de citer Soupault, Tzara, Eluard, Picabia, Aragon et Ribemont-Dessaignes (une vraie revue des effectifs au moment de partir en campagne...) pour conclure par un « connais pas, connais pas... » qui pouvait être d'une sœur tourière aussi bien que d'un pyrrhonien ou d'un mystique.

Voilà des gens avec qui parler — plus paisiblement à coup sûr qu'avec Jean-Arthur Rimbaud débarquant de Charleville. Un peu véhéments ? Après tout, la *NRF* a déjà publié Eluard et Salmon, une note de Breton sur Maldoror, et bien plus tôt quelques bribes d'Apollinaire et de Lautréamont. Pourquoi s'effaroucher de ces contempteurs « de toutes les écoles » qui réclament sur un ton quelque peu péremptoire : « Quand fera-t-on à l'arbitraire la place qui lui revient dans la formation des œuvres et des idées [11] ? »

D'où ce « Reconnaissance à *Dada* » que publie Jacques Rivière le 1er août 1920 en réponse aux propos de Breton, et qui va secouer sa maison plus encore que les sommations des messieurs du Parti de l'intelligence. Comme à l'ordinaire, notre Rivière prend d'emblée ses risques et, tous freins lâchés, jette d'entrée de jeu : « ... *Dada* m'est sympathique et fait, si j'ose dire, mon affaire. » S'il parle de « litanies ahurissantes », il s'étonne que l'on trouve « des gens pour se fâcher de ces gentillesses ».

A en croire le directeur de la *NRF,* l'entreprise *Dada* a pour objet d'« échapper aux valeurs, de quelque ordre qu'elles soient » et de récuser toute hiérarchie entre les actes, les mots, les « moyens d'expression ». Car « le langage, pour les *dadas,* n'est plus un moyen, il est un être ». Et c'est là que Rivière se fait une fois de plus aiguilleur infaillible : « Les *dadas* continuent de tendre à ce *surréalisme* qui fut l'ambition d'Apollinaire. »

Ce qui fait le prix de cette attitude, aux yeux de Rivière, c'est « sa franchise [...] la netteté avec laquelle elle permet de caractériser la situation littéraire actuelle » imprégnée de l'idée, déjà infuse dans l'esprit de nombre d'écrivains depuis plus d'un siècle, « que la littérature se ramène à une extériorisation pure et simple d'eux-mêmes ». Des romantiques aux symbolistes, l'écrivain s'est efforcé « de ne plus faire de l'œuvre d'art qu'une sorte de substitut de la personnalité ». Tout son art — surtout à partir d'Apollinaire — conduit à « s'engendrer soi-même », à « émettre les parties de lui-même qui n'ont aucun rapport avec vous », à « s'extérioriser par des moyens choisis » (Max Jacob). Mais dès lors qu'il y a choix, il y a restriction, contention, manipulation de la personnalité. C'est là, soutient Rivière, ce que dévoile *Dada*. A force de s'être écouté, on a perdu repères et intelligence. Quand les mots ont commencé à se « débaucher », qui osera les rappeler à l'ordre ? « Du moment que nous avons accepté que l'écrivain s'adonne à son seul accomplissement », au nom de quel principe interdirait-on « le complet bouleversement du vocabulaire et les incohérentes processions de mots auxquelles il s'amuse » ?

Jacques Rivière « reconnaît » à *Dada* le mérite immense d'avoir tiré les conséquences des « principes régnants ». Ce n'est pas pour s'y rallier — mais au contraire pour lancer un appel contre « le subjectivisme, l'effusion, la création pure, la transmigration du moi [...] la prétérition permanente de l'objet qui nous a précipités dans le vide », un appel aussi à « l'esprit critique », à « l'effort pour comprendre ».

On ne voyage jamais sans se retrouver plus vrai. De cette expédition téméraire en pays dada, Jacques Rivière ramenait cette leçon de classicisme à l'usage de l'écrivain de 1920 : « Il faudra que le monde irréel qu'il a pour mission de susciter naisse seulement de son application à reproduire le réel et que le mensonge artistique ne soit plus engendré que par la passion de la vérité [12]. »

Pour si sage, ou raisonnable, qu'en fût la conclusion, l'article de Rivière souleva une tempête : Albert Thibaudet s'offusqua de l'honneur ainsi fait par Rivière, après Gide, à ces énergumènes. Mais une fois de plus, c'est du tandem Ghéon-Schlumberger que partirent les salves les plus meurtrières contre le directeur de la revue (que Gide se garda bien de « couvrir »).

Le premier écumait contre le « caractère anarchisant » que prenait la *NRF* et, peu soucieux de cohérence idéologique, écrivait à son compagnon : « la *NRF* coquettera avec le bolchevisme jusqu'au jour où la bande du *Journal du peuple* occupera militairement les bureaux de la rue Madame [13]... ». Bigre ! Qui n'avait vu que *Dada* avait un couteau entre les dents, la grenade à la main ?

Schlumberger plaça la barre un peu plus haut. Convenant plus tard dans *Éveils* qu'il « monta sur [ses] grands chevaux de façon un peu balourde », il signifia à Rivière qu'il ne donnerait plus de texte à la *NRF* que pour la dénoncer. Et, après trente ans de réflexion, il écrit encore ceci :

> Une si candide déclaration de partialité pour les iconoclastes aurait pu faire sourire, mais elle avait lieu dans cet angoissant mois d'août 1920, où les bolcheviks, envahissant la Pologne, marchaient sur Varsovie. Pilsudski et Weygand * ne sauvèrent la capitale que de justesse, et rien ne garantissait que leur coup d'arrêt eût définitivement fait reculer l'agresseur. Dans un moment pareil, la consécration littéraire accordée aux « entrepreneurs de démolition » me semblait d'une inopportunité provocante.

Ainsi accusé par l'un de ses meilleurs amis de poignarder dans le dos Weygand, Pilsudski et la chrétienté occidentale, Jacques Rivière en témoigna quelque étonnement à son correspondant. Mais qu'aller objecter à des gens qui militaient, sous le drapeau du Parti de l'intelligence, contre « le boche » et « le bolchevik » ? Tristan Tzara ne venait-il pas de ces steppes obscures (après Guillaume Apollinaire) ?

Schlumberger et Ghéon ne s'en tinrent pas à ces lamentations indignées. Ils se retournèrent vers le « gourou » silencieux, en tentant de l'entraîner dans une révolution d'antichambre contre l'anarchiste bolchevisant qui faisait régner rue Madame l'ordre rouge (ou noir). Oubliant que c'est lui qui, dix-huit mois plus tôt, avait arbitré en faveur de la « solution Rivière » et que c'est son correspondant qui avait introduit *Dada* à la *NRF,* Schlumberger écrit à Gide, le 11 août 1920 :

> Cher André, plus je réfléchis à l'incident, moins le scandale de cette manifestation de nihilisme me paraît encaissable [...]. Pourquoi ne songerait-on pas à la forme de revue que je suggérais à Ghéon et qui me semble assez le séduire : douze numéros rédigés chacun par un seul auteur [...]. Du coup, plus de directeur [...].
> La *NRF* n'a plus de programme. En vain Rivière, aidé de ce morpion de Lhote, a-t-il cherché à en imposer un [...]. Avec mon système [...] on enverrait au diable la demi-douzaine de petits culs ** qui sont venus faire les malins chez nous et tout le monde s'adorerait [14]...

Rien de tel qu'un bourgeois qui prend feu, qu'un homme bien élevé en proie à une grande peur. Réjouissant ? On imagine ce qui fût advenu de

* Pilsudski commande l'armée polonaise, Weygand la mission française à Varsovie.

** On peut jouer au jeu intéressant de savoir qui « Schlum » avait alors dans l'esprit, en dehors de Lhote : Paulhan, Allard, Max Jacob, Crémieux ?

Dans la virulence des réactions de l'honnête Schlumberger à l'égard de Rivière, il entre à coup sûr du dépit d'auteur. Jacques a assez sévèrement critiqué son dernier roman, *Un homme heureux*, et ne se presse guère de publier ses textes.

la *NRF* et de sa chère « discipline » si le « père fondateur » était entré dans le complot. Il se contenta de répondre, sur le ton le plus mélancoliquement neutre :

> ... le fâcheux, à mon avis, n'est pas tant l'article de Rivière en lui-même ; le fâcheux, c'est qu'il soit signé du *directeur* de la revue. Je déplore et redéplore que nous n'ayons pas osé nous cramponner à la première décision qui était la bonne : moi directeur, Jacques secrétaire, nous eussions fait d'excellente besogne. Dès avant qu'il ait pris la direction, je t'avais dit mes craintes au sujet de Jacques, et l'événement ne fait que les justifier[15]...

En attendant de revenir sur le comportement du « gourou » à l'égard de Rivière directeur de la *NRF**, on peut s'étonner de cette argumentation. En quoi cet article était-il plus « fâcheux », dans le sens anarchisant dénoncé par Schlumberger, que le sien propre ? Qu'entendait-il par cette « première décision » faisant de lui le directeur — laquelle ne fut jamais prise, seulement envisagée pendant quelques semaines du début de 1919, jusqu'à ce que Jean Schlumberger arbitrât en faveur de Rivière ? En quoi les « craintes » de Gide étaient-elles justifiées par le comportement du jeune directeur, sous l'égide duquel la revue ne cessait de croître en audience, en prestige, en pluralisme aussi — faisant écho, comme l'en pressait Gide, aux tendances et aux interrogations les plus diverses ?

*

Que ces dissensions internes les aient ou non provoquées, c'est de l'extérieur qu'allaient partir les attaques auxquelles devrait faire face désormais celui que Joseph Delteil (encore un surréaliste) allait appeler l'« homme de barre » de la *NRF*.

C'est en 1921 que débute, dans les *Cahiers d'aujourd'hui*, la campagne menée contre la revue de la rue Madame par Henri Béraud, romancier populaire, auteur assez réjouissant d'un autobiographique *Martyre de l'obèse*** et pamphlétaire patenté d'une droite moins maurrassienne que plébéienne et cocardière. L'offensive de ce gros homme aux phrases d'orphéon prit pour cible la *NRF* sous trois angles successifs : cette illisible revue bénéficie outrageusement — jusqu'à une sorte de détournement des fonds publics — de l'appui des services culturels du Quai d'Orsay, notamment de Jean Giraudoux, en vue d'imposer une certaine forme de littérature française à l'étranger ; il s'agit d'une chapelle distillant un ennui tout protestant ; et cette chapelle est peuplée d'homosexuels scandaleux... Ces griefs conjugués donnèrent matière à un

* Voir chapitre suivant.
** Prix Goncourt 1922.

pamphlet imité de ceux de Léon Daudet, mais de facture plus grossière, intitulé *La Croisade des longues figures*.

Henri Béraud, qui n'était pas encore le porte-voix de *Gringoire* *, dénonçait « ces écrivains qui n'écrivent ni pour leur plaisir ni pour celui des autres ». Sous sa plume (sa patte ?), Gide devenait « un Rousseau congelé », la *NRF* « les folies Calvin ». Il assurait que « la nature a horreur du Gide » et se vantait de pouvoir « fabriquer un roman ou un essai de Gide [...] qui trompera les gidards eux-mêmes ** ».

Lesdits « gidards » se contentèrent longtemps de hausser les épaules. Ils durent sortir de leur réserve quand, à la suite d'un éreintement de son *Lazare* par Jean Paulhan (« un roman pas bon, pas même médiocre »), Béraud menaça de « botter les fesses à Jacques Rivière » et alla jusqu'à lui envoyer ses témoins. Le directeur de la *NRF* eut la faiblesse d'entrer dans le jeu et de constituer les siens. Mais le sens du ridicule l'emporta et le bonhomme se contenta de déguster, envoyée par André Gide en vue de ramener les choses à de justes proportions, une boîte de chocolats.

Dans son petit bureau de la rue Madame, puis du 3, rue de Grenelle ***, Jacques Rivière voit défiler un monde. Qu'il ne quitte que pour gagner, le bras chargé d'une serviette de cuir jaune bourrée de manuscrits, l'appartement de la rue Froidevaux, puis, à partir de janvier 1921, celui du 38 *bis,* rue Boulard. Note du 19 juin 1920 à sa femme Isabelle : « Il ne faut pas croire que mes journées se passent à rien. Je vois beaucoup de gens. Rien que cette semaine, j'ai eu affaire à Giraudoux, Max Jacob, Delemer, Chadourne, Bertaux, Jean Schlumberger, Aragon, Breton, Du Bos... Avec tous j'ai conclu (ou décliné) des arrangements... »

Et à François Mauriac, trois ans plus tard :

> Je suis un véritable galérien, et quand je sors d'avoir dicté trente lettres pour demander des notes ou refuser des manuscrits, vous devinez dans quelles dispositions je me trouve pour écrire à mes amis [...]. Et puis encore, j'ai eu l'affaire Boissard ****-Romains, l'affaire Salmon-Claude-Roger-Marx, l'affaire Breton-Rivière *****, l'affaire Waldo Franck-Valery Larbaud [...] C'est effrayant ce que les écrivains sont petits et embêtants [...] (6 avril 1923).

Une revue, ce n'est pas seulement un carrousel d'écrivains plus ou moins susceptibles ou vaniteux. C'est aussi une entreprise commerciale, qui est censée assurer la subsistance de ceux qui en ont la charge (ce qui

* L'hebdomadaire d'extrême droite des années trente.

** Condamné à mort en 1945 pour « intelligence avec l'ennemi », Henri Béraud fut gracié par le général de Gaulle sur les instances de François Mauriac, « gidard » notoire .

*** La revue ne s'installera rue Sébastien-Bottin qu'en 1930.

**** Paul Léautaud, qui avait éreinté une pièce de Jules Romains.

***** A propos d'un article sur Aragon (voir chapitre XXIV).

est rarement le cas). Dès 1920, en tout cas, la *NRF* peut se prévaloir de sept mille abonnés.

Depuis le 19 juillet 1919, la revue a été dissociée, sur le plan financier, de ce qui n'est plus le « Comptoir d'éditions » de la *NRF* mais une société anonyme appelée « Librairie Gallimard-Éditions de *La Nouvelle Revue française* », dont les bailleurs de fonds sont, outre Gide et Schlumberger, Gaston Gallimard, son frère Raymond et son ami Emmanuel Couvreux.

Des parts bénéficiaires sont attribuées d'emblée à Jacques Rivière et à son vieil ami Gustave Tronche, devenu directeur commercial de la revue. Son salaire ? Il avait d'abord été fixé à 1 000 francs par mois, équivalant à celui d'un jeune enseignant de sa génération. Si peu enclin qu'il fût à mettre en avant ce type de problème, on le voit, dans une lettre à son ami Gaston Gallimard, formuler de timides revendications salariales : « Je crois n'avoir jamais fait preuve pour un littérateur, puisque j'en suis un, d'une trop grande avidité en matière d'argent. Mais tu comprendras qu'au moment où l'État cesse de me payer le peu qu'il me versait et qui ne m'aidait que dans une très faible mesure à faire face à mes dépenses, j'aie un urgent besoin de savoir par quelles ressources je vais remplacer cet appoint [...]. J'ai bien peur qu'en lisant ma lettre, tu ne t'écries " un de plus qui veut me dévorer ! " et que tu ne me confondes désormais avec la troupe des requins de la littérature[16]... »

Mais ce requin était si vorace qu'il patienta cinq ans avant que celui qui était devenu, depuis l'éloignement de Copeau, son ami le plus proche, lui permette de sortir de la pénurie où il se débattait avec sa femme et (à partir de 1920) ses deux enfants *.

Il faut lire la lettre du 30 mars 1924 dans laquelle, dix mois avant sa mort — et alors que le conseil d'administration vient de lui offrir de grossir son traitement de 1000 à 1200 francs par mois ** —, Jacques Rivière réclame à Gaston Gallimard de se voir consentir les moyens de subsister dignement, en tant que directeur de la plus grande revue française. On nous pardonnera la longueur des citations. Elles en valent la peine, en ce qu'elles révèlent un « autre » Rivière, par la fermeté des propos (en ce domaine) et un curieux réalisme :

> Colpach ***, le 30 mars [1924]
>
> Mon petit Gaston,
> Je te dirai d'abord brutalement : ce traitement de 1200 francs par mois, que vous me donnez maintenant, *ne m'intéresse pas*. J'emploie exprès une expression commerciale pour bien te faire sentir le point de vue auquel volontairement, et non sans refouler beaucoup de sentiments,

* Jacqueline (née en 1912) et Alain (né en 1920).

** 8000 francs actuels environ.

*** Est-ce parce qu'il résidait alors chez un grand industriel, Émile Mayrisch, et entendait parler des salaires consentis en ce domaine, que Rivière a su trouver ce ton, et ces arguments ?

je me place. Il n'est pas, il n'est plus *intéressant* pour moi de fournir l'effort que je donne pour 1200 francs par mois. Tout simplement parce que je suis sûr de retrouver au moins l'équivalent, et très probablement davantage ailleurs, dès que je le voudrai. Je sens que, même commercialement, mon jugement, mon activité valent mieux, peuvent me rapporter davantage.
[...] Sans doute suis-je lié avec vous par l'amitié et par tout un réseau dont je sens bien les mailles, d'ailleurs très douces, m'enserrer. Mais tu admettras bien de ton côté que je puisse faire passer, avant ces liens, les intérêts et le bien-être de ma femme et de mes enfants. Je t'avoue que si une certaine pudeur m'empêche de les mettre plus souvent en avant, ils sont pourtant d'une grande importance pour moi. Je ne puis me faire à l'idée qu'il sera interdit à ma femme, pour des années encore, de s'acheter une robe et qu'elle restera obligée de rhabiller Alain avec les restes de Jacqueline. Je ne parle pas de moi, qui aurais aussi un certain plaisir à pouvoir, comme les autres, avoir deux vestons et deux paires de bottines. Et je ne parle pas non plus de l'ironie qu'il y a à recevoir les collaborateurs de la *NRF* dans une salle à manger hollandaise, sur un plancher nu et à leur offrir pour s'asseoir de magnifiques chaises en bois.
J'ai beau réfléchir : je ne vois pas que mon devoir puisse m'obliger, si je trouve des possibilités meilleures, à dépenser des qualités que je sais maintenant à peu près irremplaçables, pour une somme qui représente à peine l'équivalent de ce que je recevais avant la guerre et qui ne permet pas de vivre. Je suis donc décidé, en principe, à abandonner la revue (sans brusquerie, sans lâchage) si l'assurance formelle ne peut pas m'être donnée que je recevrai, *dans un très bref délai,* 2000 francs par mois.
[...] Il n'y a dans tout cela rien d'aussi exorbitant et insensé que tu es en train de le penser en me lisant. [Permets-moi] quelques considérations générales sur votre façon, à Raymond Gallimard et à toi, de diriger l'affaire *NRF* [...] Ta conduite à mon endroit dépend d'une conception générale. C'est cette conception que je crois fausse et dangereuse.
Quand tu es revenu d'Amérique, je me souviens que tu me faisais peur par l'ampleur de tes projets et par l'esprit de risque dont tu semblais animé. Eh ! bien, aujourd'hui, nous avons exactement échangé nos positions, et sans vouloir m'occuper des influences que tu as pu subir successivement, je te vois aussi timoré que je pouvais l'être, tandis que je me suis rallié en esprit à une politique beaucoup plus large et aventureuse.
Vous vous trompez, Raymond [Gallimard] et toi, quand vous croyez que le régime qui a été indispensable pour réparer les erreurs de Gustave [Tronche] * peut être prolongé indéfiniment [...] il y a une erreur dans l'esprit d'économie qui régit toute notre affaire...

Après avoir précisé que si Gaston et son frère Raymond touchent 3000 francs par mois, lui-même et le nouveau directeur commercial, Hirsch, devraient en recevoir 2000 et le secrétaire, Jean Paulhan (mieux

* Son vieux camarade qui était devenu l'administrateur de la maison.

utilisé), 800 au minimum, Rivière joue, avec une autorité qui dut le surprendre lui-même, les stratèges financiers :

> ... Nous sommes en pleine croissance : il faut en profiter. Et on n'en profitera que si les *ouvriers d'abord* peuvent respirer, sont de bonne humeur. Comment veux-tu être de bonne humeur quand tu manques de tout ? Si le capital est insuffisant, l'augmenter encore. *Tout ce qui vit doit être alimenté.*
> Tu dois voir par tout ceci que mon état d'esprit n'est pas ce mécontentement personnel, sournois et vague que tu sembles parfois supposer [...]. Je te demande seulement de ne pas essayer de m'endormir par de vagues promesses. Je ne peux plus m'en contenter. Je le dis sans aucune espèce d'irritation, mais après mûre réflexion et examen approfondi de ma situation actuelle.
> Au revoir, mon petit Gaston. Ne sois pas trop furieux contre moi.
> Je suis ton ami
>
> Jacques.

Et il y a ce codicille, qui en dit long :

> Il y a des moments où la pensée m'effleure que tu n'approuves pas la direction que je donne à la revue, que tu la trouves trop littéraire, trop philosophique plutôt, ou trop critique, et que ce qui t'empêche de songer à m'augmenter, c'est que les mérites ne t'en apparaissent pas avec assez d'évidence. Si telle était ton impression secrète, en se combinant avec l'impression que j'ai de n'être pas rétribué à ma valeur, elle formerait une situation à peu près inextricable qu'il vaudrait la peine de voir s'il ne serait pas meilleur de la résoudre par une séparation à l'amiable, qui laisserait au moins notre amitié intacte [17]...

Le 24 juin 1924 *, Jacques Rivière remerciait Gaston Gallimard, André Gide et le conseil d'administration de la *NRF* : il venait de toucher les 2000 francs correspondant à son nouveau salaire.

* Trois mois plus tard, sept mois avant sa mort.

XIX

Angèle ou les flèches du Parthe

Prendre, à trente-deux ans, la direction de la *NRF*, cette revue qu'il a vue naître à son image et croître à sa mesure ; et pouvoir en faire la « rose des vents » de la littérature française, le point d'eau de tous les arts de son temps, le lieu de convocation où l'adolescence du siècle serait appelée à maturité, Jacques Rivière pouvait-il y parvenir mieux qu'aux côtés ou sous l'égide du grand écrivain dont le nom se confondait avec l'invention du titre ?

Les escarmouches préparatrices à sa « prise du pouvoir » avaient averti Rivière : le pilotage de la *NRF* serait lourd de risques, de problèmes d'orientation, d'incidents de navigation, de tensions avec l'équipage. Rien de ce qu'il dut affronter au cours de ces soixante-sept mois ne peut tout à fait le surprendre, sinon peut-être le comportement de celui sur lequel, hormis lui-même, tout reposait — cet André Gide qui avait patronné la naissance de la revue, qui depuis dix ans lui avait donné maintes preuves de l'amitié la plus active et qui passait aux yeux de l'opinion publique pour son inspirateur et son « gourou ».

L'opinion était, comme on la voit souvent, mal informée, et après elle vingt commentateurs naïfs ou malveillants. Ces relations entre l'auteur de *L'Immoraliste* et celui d'*Études,* déjà complexes avant la guerre, évoluèrent de telle façon, à partir de 1919 et la prise en charge de la *NRF* par le cadet, qu'André Gide pouvait les décrire ainsi, en toute honnêteté, au lendemain de la mort de Jacques :

> L'histoire de nos relations est celle même de nos débats. Et ce qui faisait, pour chacun de nous deux, l'importance vitale de ceux-ci, n'était-ce pas d'abord la profonde compréhension, souvent même l'adoption provisoire de la pensée de l'adversaire ? Car nous étions à la fois résolus et résignés à rester, de toute la force de notre amitié, des adversaires [1].

Sous la plume de cet oiseleur de mots, faut-il privilégier celui d'« amitié » ou celui d'« adversaire » ? Gide et Rivière, compte tenu des différences d'âge, de situation, de convictions, de goûts et d'environnement, vécurent en état d'amitié — cela ne saurait être mis en doute. Et l'on reviendra sur les chenaux et les fils conducteurs qui liaient leurs sensibilités esthétiques. Mais pour ce qui touche à la conduite et à la gestion de *La Nouvelle Revue française,* c'est au mot d'« adversaire » qu'il faut bien revenir.

La sourde querelle de légitimité, les évidents conflits esthétiques et politiques qui minèrent le quinquennat de Jacques Rivière, tels qu'on les a déjà décrits, c'est à André Gide, sourcier jaloux, sorcier retors, qu'il faut surtout les rapporter plutôt qu'aux outrances du cadet avide d'indépendance. Ce qui ne saurait appauvrir une relation que le grand écrivain et son intraitable témoin voulurent fonder sur la contradiction.

Laquelle reposait aussi sur ce qu'on pourrait appeler les données structurelles de leur amitié. Si « tendre » qu'elle fût souvent (c'est le mot qu'emploie Gide à propos de Jacques dans les *Cahiers de la petite dame*), elle s'enracinait surtout dans le terreau professionnel. Il lui manquait une dimension plus ou moins sociale, ou ludique. Rivière n'était pas tout à fait un personnage de la « Comédie gidienne » — si l'on peut dire. Il était très bien accueilli villa Montmorency, à Cuverville, ou chez les Schlumberger, « au Laugier » chez les Van Rysselberghe, et à Colpach puis à Dudelange chez les Mayrisch — devenant un grand ami de la châtelaine. Mais on ne le voyait pas chez cet autre intime de Gide qu'était Eugène Rouart. Et guère chez Roger Martin du Gard.

Il lui manquait quelque chose pour être tout à fait « du circuit » — et qui n'est pas nécessairement les amours différentes. A lire les *Cahiers* de Maria Van Rysselberghe et mieux encore le *Journal* de Gide, on le trouve bien absent, comme s'il n'avait été que la bonne conscience, ou la part « professionnelle » de la vie d'un homme qui ne trouvait sa raison d'être ailleurs que partout.

Quand Gide voudra convaincre (ou se convaincre) que, sous sa responsabilité directe, la *NRF* eût donné plus de fruits, il s'en prendra à un prétendu excès de gravité, à un refus du divertissement qu'est censé imposer Jacques Rivière. Mais nous savons, par les lettres aux tantes, comme par la correspondance avec Copeau, que Jacques n'était rien moins qu'ennuyeux ou guindé. Et s'il eut un véritable ami à la *NRF,* hormis le jovial Gaston Gallimard, ce fut Ramón Fernandez, qui n'était pas le plus morose de la bande ! Mais il convenait à Gide de voir ainsi Jacques Rivière.

*

La guérilla entre le prestigieux « père fondateur » et l'infant couronné, ou plutôt le harcèlement du second par le premier, débuta dès avant la prise en charge du 1er juin 1919. Les manœuvres de février-mars 1919, montrant un Gide soudain dépité de se sentir évincé de la direction de la revue (en même temps que marginalisé dans la maison d'éditions par Gaston Gallimard), ne furent pas effacées d'un coup par l'arbitrage de Jean Schlumberger en faveur de Jacques Rivière et la réconciliation intervenue entre Gide et Gaston. L'appui déclaré apporté par Jacques Copeau à cette solution ne suffit pas à en assurer, aux yeux du « gourou », la légitimité.

C'est pourquoi la querelle provoquée par le manifeste de « désengagement » du 1er juin 1919 empoisonna le climat dans lequel renaissait la revue. Pour de fausses raisons. Il était évident que le texte inaugural de Rivière exprimait au plus profond les intentions de Gide (telles qu'on les découvre dans sa correspondance et les notes des témoins) quant à la nature de la revue et à l'esprit du temps : place aux travaux de la paix !

Ses propres réflexions sur l'Allemagne, publiées dans le même numéro de la *NRF,* semblent paraphraser celles du nouveau directeur. Quelle formule pouvait mieux exprimer son point de vue que celle dont usait Rivière : « Il nous faut rejeter le harnais de l'utile ! », si voisine en esprit des jugements qu'il portait lui-même sur « ceux qui durant la guerre ont mis héroïquement leur cerveau dans leur giberne… ». Gide et Rivière, même combat !

Si le premier crut devoir s'en tenir alors à une sorte de neutralité (à peine nuancée d'un soutien discret à Rivière), c'est d'abord parce que, tactiquement, cette attitude lui semblait utile ; c'est aussi parce qu'il jugeait que, pour un si jeune homme, c'était trop s'avancer que de définir ainsi le passé et l'avenir de ses aînés. « Vous aurez de l'esprit quand vous serez évêque », s'entend dire le jeune abbé Fabrice del Dongo.

Cette réserve piquée (et piquante), cet effarouchement d'aîné bousculé, on les voit affleurer, et crever parfois à la surface, dans la correspondance Gide-Rivière, s'agissant des procédures d'ailleurs, plutôt que des choix décisifs. Si, à propos des poèmes de Cendrars (que l'aîné est plus impatient de publier que le cadet, pour une fois timoré et qui ne veut pas s'en laisser accroire par le Suisse du *Transsibérien*), Gide négocie avec le plus jovial libéralisme, la composition des sommaires l'incite à s'arroger un rôle de « copain-directeur ».

« Copain », peut-être ; mais « directeur », avec ou sans trait d'union, non. Au point que Jacques se croit constamment obligé de parler de « mes » prochains sommaires. Possessif un rien emphatique, adressé à un homme qui ne cesse pas d'être partie prenante — mais indispensable. Un pouvoir a été défini, une responsabilité attribuée. Si grand « consultant » qu'il se veuille, si haute la référence que voit en lui son ami, si peu « grise » que soit son éminence, Gide est lié par les décisions de mars 1919, confirmées à l'issue des vifs débats de juin et de juillet : Jacques

Rivière est le directeur responsable de la *NRF*, assisté d'un gérant nommé Gaston Gallimard.

Le premier accroc fait à cet arrangement apparemment amiable est une lettre adressée par André Gide à Jacques Rivière le 26 juin 1919, moins d'un mois après la publication du premier numéro de la *NRF*-Rivière. En vue de la préparation de la fameuse réunion du 2 juillet chez Théo Van Rysselberghe, où Ghéon et « Schlum » formuleront leurs griefs, Gide écrit à Rivière que Jacques Copeau déplore ce qu'il estime « un très faux départ », notamment la préface qu'il juge « inopportune et maladroite ».

Nous avons vu que, non sans soutenir à fond son ancien *alter ego,* Copeau n'est pas très enthousiaste sur le compte de l'éditorial. Mais a-t-il vraiment parlé d'« un très faux départ » à propos de l'admirable numéro du 1er juin 1919 – Gide, Claudel, Proust et Valéry conjugués ? Comme s'il s'agissait du « numéro Montfort » de 1908... Ici, on ne peut ajouter foi à Gide, qui cherche à brouiller les cartes...

« Très faux départ » ? Jacques Rivière laissa sans réponse cet outrage. Sa correspondance avec Gide ne fait état que des auteurs avec lesquels il est en négociation – Romain Rolland, Paul Claudel, Roger Allard, Henri Ghéon et « l'ineffable Henriette Charasson ». Comme si de rien n'était. Tout se passe comme si le nouveau directeur était sorti du « procès » du 2 juillet si bien acquitté, et si assuré de l'avenir qu'il préfère se montrer magnanime.

La première allusion que fait Jacques à la sourde rancœur manifestée par le « copain-directeur » date du 2 août 1919. En vacances chez les Fournier à La Chapelle-d'Angillon, hors du tourbillon parisien, il trouve le temps de réfléchir sur cette première phase du deuxième âge de la *NRF* et écrit au grand homme :

> Mon cher André
> Pas de nuages entre nous ?
> Tu sais comme je suis. J'ai depuis quelques jours, depuis un peu avant mon départ de Paris, l'impression que je t'ai fait de la peine, ou donné de l'ennui, sans d'ailleurs que je puisse arriver à déterminer par quoi. J'espère que c'est une impression sans consistance. Mais si par hasard elle correspondait à une réalité, je te supplie de ne pas hésiter à me dire tout de suite ce qu'il y a. Ne laissons rien se glisser entre nous qui à un moment ne puisse plus être dit.
> C'est d'autant plus important en ce moment que tu vas lire, si tu ne l'as déjà lu, dans la *Revue de Paris,* un long article de Blanche * (que je trouve grotesque, soit dit en passant), dont une des intentions évidentes est de nous désolidariser l'un de l'autre et de te faire croire que je vais mener la *NRF* à sa ruine. Après ce qui s'est passé entre lui et moi **, je n'ai aucun étonnement de le voir se vouer à cette œuvre charitable. Mais je ne voudrais pas que tu oublies, en le lisant, les

* Jacques-Émile Blanche, le portraitiste de Proust et de Gide, était aussi écrivain.
** Il lui a refusé un article.

raisons secrètes qui l'inspirent, et qui n'ont rien de commun avec la bienveillance. Dis-moi bien vite qu'il ne t'a pas impressionné[2]...

Il est clair que Jacques-Émile Blanche n'a poussé sa pointe que parce qu'il a senti ou appris que quelque fêlure s'était révélée. Ou qu'il a bénéficié de quelque confidence plus directe. Alors Gide peut bien se récrier : « Cher vieux Jacques, tu es fou, complètement fou avec tes craintes, elles n'ont pas l'ombre de fondement, et je ne vois pas pourquoi je ne m'accuserais pas [...] à mon tour d'avoir pu par mes propos ou mon attitude donner prétexte ou fourni motif à tes craintes » (Ô Ménalque, comme tu sais bien pardonner les injures — celles que tu fais à d'autres...)

Après Jacques-Émile Blanche va surgir un autre perturbateur, Maurice Denis, dont l'agression contre Jacques Rivière à propos de *L'Action française* n'a d'intérêt qu'en ce qu'elle révèle de la duplicité gidienne. Le peintre que Jacques avait si fort admiré (quand il était admirable) et si fort détesté (quand il fut devenu détestable) s'était fait le champion de Maurras. Aux textes du nouveau directeur de la *NRF* contre le Parti de l'intelligence, il répondit par une bordée d'injures — communiquée à André Gide. Lequel se contente de proclamer, comme lors de la querelle avec Ghéon et Schlumberger, une quasi-neutralité : mais, cette fois-ci, il ne s'agissait pas de vieux compagnons aux prises avec un ami de plus fraîche date *.

Ménageant le peintre maurrassien, Gide écrit à Jacques une lettre dont n'a été conservé que le brouillon (non envoyé), lui faisant prévoir que la position qu'il vient de prendre dans la *NRF* au sujet de l'incompatibilité entre catholicisme et nationalisme allait le conduire à une rupture pure et simple avec l'Église romaine. « Les raisons qui vont t'en faire sortir sont à peu près celles qui me retiennent d'y entrer » (retournant le raisonnement de Jacques, il proclame que ce n'est pas l'*AF* qui est, parce que antichrétienne, anticatholique; que c'est parce que catholicisme et nationalisme ont partie liée que le catholicisme est infidèle au christianisme).

Jacques resta stoïque. Était-il, au fond de lui-même, sensible à l'argumentation gidienne ? Il allégua discrètement l'approbation donnée à son article par des catholiques comme leur ami commun Frizeau, et, revenant à la marche générale de la revue, s'employa à minimiser le risque d'« entraîner la revue dans une voie dangereuse », précisant « maintenant que j'ai dessiné l'ensemble de ma position, je m'opposerai comme une borne à tous ceux qui tenteront de nous faire verser dans la politique ». Hum...

André Gide retint la promesse. Mais ne fit pas tout pour que Jacques Rivière puisse la tenir scrupuleusement. Car les tentations étaient

* M. Denis avait peint un portrait — d'ailleurs très beau — de Gide à l'époque de *Paludes*. Ils étaient restés liés, sans plus. Rien à voir avec Ghéon et « Schlum ».

nombreuses de « verser dans la politique ». On a vu comment un Schlumberger interprétait le dadaïsme : un complot de l'anarchie, du bolchevisme et des cosaques coalisés contre la société occidentale et ses valeurs. Le surréalisme posera le même type de problèmes. Et publier Montherlant ou Drieu, associer Groethuysen le marxiste ou le très laïque Thibaudet à la marche de la revue, tout cela crée autant de problèmes « politiques ».

Comment, dans un tel tourbillon de sentiments, d'opinions, de convictions, de vanités, ne se seraient pas glissé le soupçon, l'intrigue, la remise en question ? Partagé entre l'admiration pour le travail accompli par Jacques et l'agacement qu'il en ressent, le multiple Gide va se manifester de multiples façons — certaines fort blessantes. Ainsi, dépité par l'issue d'un combat, le cavalier parthe décochait-il, en se repliant, quelques volées de flèches.

*

Au mois de juin 1920, un an après la résurrection de la *NRF,* Lucien Corpechot, rédacteur en chef du *Gaulois,* journal fermement ancré à droite et en principe peu favorable aux messieurs de la rue Madame, demanda simultanément à Jacques Rivière et à André Gide de définir la *NRF* et d'en décrire la mission. « Tout sur votre revue en cinquante lignes » : ainsi dut s'exprimer ce journaliste pressé comme on l'est souvent dans ce métier, sans préciser s'il attendait deux articles, ou ne retiendrait que le premier qui lui parviendrait, ou le meilleur.

Tous deux se mirent au travail, mais Gide plus vite que son cadet. Si bien que, le 10 juillet 1920, *Le Gaulois* publia le texte de l'auteur des *Caves du Vatican,* au grand émoi, bien sûr, de la majorité des abonnés qui n'avaient pas fait choix de cette feuille pour y lire la prose du diable, de l'inventeur jubilant de Lafcadio, assassin du pauvre Amédée Fleurissoire en qui pouvait se reconnaître la majorité des lecteurs du *Gaulois*, de l'auteur de *Si le grain ne meurt* dont les extraits publiés dans la *NRF* effarouchaient les familles. Mais de tous ceux qui lurent ce jour-là *Le Gaulois,* le plus ému ne fut pas l'abonné moyen du journal, mais Rivière. Que disait donc Gide de cette *NRF* qu'il avait fondée et dont son ami Jacques était depuis un an le responsable ?

« *La Nouvelle Revue française* n'a jamais été très portée sur les manifestes. Si l'on m'objecte celui par quoi s'ouvrit sa reprise en juin 1919, je répondrais qu'il n'offusqua personne autant qu'il fit les fondateurs et plus anciens amis de la revue. Certaines protestations et explications s'ensuivirent [...]. Il s'agissait de savoir si l'esprit qui nous animait avant la guerre était bien le même et méritait de rester le même, après de tels événements [...]. Chaque problème se trouvait à nouveau reposé : l'esprit français pouvait-il encore, devait-il prétendre à une impartialité, une sérénité qui semblait à première vue se dérober au vrai service ? Ne devions-nous pas désormais considérer comme admises certaines vérités [...] dont la contestation compromettrait la bonne santé de la France [...]. Personnellement, je me garde, par crainte de l'envenimer, de prendre part à la querelle [...].

« Un groupement d'esprits libres également soucieux de leur métier, également préoccupés de maintenir l'art et la pensée à l'abri des préoccupations de succès et de rétrécissement ou gonflement de la mode, je crois que c'est là ce que fut, au début, notre revue [...]. Un petit groupe d'amis présidait au choix des manuscrits sans souci d'exclusion, que celle de la médiocrité [...]. Nous ne nous proposions pas, on l'a compris, d'amuser le lecteur mais de le renseigner, de l'éclairer plutôt et, j'allais dire, de l'instruire. L'encouragement du public, tant en France qu'à l'étranger, a bien prouvé qu'il attendait cela [...] [la *NRF*] accueille certains inclassés qui, tels Rimbaud, Verlaine ou Laforgue naguère, peuvent sembler indésirables à ceux qui n'admettent pas que le génie français sans cesse s'informe à neuf et se renouvelle, et que c'est à l'extrémité du rameau que se porte la sève. »

Si fidèle soit l'admiration que l'on porte au grand écrivain de *Si le grain ne meurt,* si conscient que l'on soit du rôle qu'il aura joué dans ce mouvement de recherche et d'exploration jusqu'« à l'extrémité du rameau », on osera écrire qu'il s'agit là — dans tous les sens du mot — d'un méchant article. La prodigieuse plasticité de Gide s'y manifeste en même temps que la perfidie. Est-ce parce qu'il s'agit d'un texte pour *Le Gaulois* que ses cinquante lignes sont si banalement écrites qu'il est difficile — sauf dans la dernière phrase — d'y reconnaître l'auteur de *Prétextes* ?

Le châtelain de Cuverville n'y semble soucieux que de dissimuler aux lecteurs de M. Corpechot qu'il est plus attaché à l'« impartialité » intellectuelle qu'au « vrai service ». On le voit préoccupé surtout de faire connaître au monde que la *NRF,* sous Rivière, n'est plus ce qu'elle était... Ah ! cet emploi constant de l'imparfait... Le tout livré tout cru (ou mal cuit) aux ennemis de ce que représente la revue en 1920, arrachée à la tentation nationaliste et ouverte sur le monde.

Sur le ton de la nostalgie désinvolte et distanciée, c'était une véritable agression de l'aîné contre le cadet, accusé aux yeux d'un grand public si prompt à mépriser ces « intellectuels » d'avoir affublé la renaissante revue d'un manifeste dont ses fondateurs avaient été plus que tous « offusqués » (si « offusqués » que, ne l'oublions pas, Jacques était sorti de son « procès » de juillet 1918 approuvé et consolidé dans sa mission par la majorité desdits fondateurs).

Cette dénonciation publique et fallacieuse du jeune directeur, dans un organe hostile qui n'attendait qu'une pareille aubaine pour faire rire ses lecteurs aux dépens de la prestigieuse revue, est l'un des épisodes les plus amers de la phosphorescente histoire de la *NRF*. Au temps où Freud enseignait que le meurtre du père était l'une des procédures de la libération de la personnalité, Gide pratiquait, lui, le meurtre du fils.

Comment pouvait réagir Rivière ? Par une lettre de démission ? La convocation d'un nouveau concile chez les Van Rysselberghe ? De Cenon où il passait des vacances, il écrivit à Gide, le 1er août 1920 :

> C'est une chance inestimable pour moi que l'article que j'avais préparé pour *Le Gaulois* n'ait pas paru : car il était idiot. C'en est une moins grande cependant [...], que le tien ait paru à sa place. Non qu'il me paraisse mauvais ; tu as bien dit ce qu'il fallait dire. Mais pourquoi, diable ! t'es-tu cru obligé de désavouer d'une manière aussi dure mon « manifeste » (puisque manifeste il y a) de 1919 ? Tu sais que je ne suis pas susceptible : j'ai pourtant eu du chagrin de ce coup de règle que tu m'as appliqué sur les doigts.
> Il m'a d'autant plus étonné que je t'avais cru entièrement d'accord avec les idées que j'avais pris l'initiative d'affirmer. Je me souviens d'une soirée chez Mme Van Rysselberghe où, devant Ghéon et Jean Schlumberger, tu avais sans hésitation volé à mon secours et formellement épousé mon parti. Jamais je n'aurais fait passer mon article si j'avais pu croire qu'il t'« offusquait », toi que je considérais comme le véritable « fondateur » de la revue.
> Et je sais bien que dans ton article du *Gaulois* tu te représentes comme ayant gardé la neutralité dans la querelle suscitée par mon manifeste [...]. Le lecteur remportera [l'impression] que ma déclaration de principes fut [...] un attentat contre les véritables traditions de la *NRF*. Cela, je ne puis, encore aujourd'hui, le croire ni l'admettre. Si j'ai parlé avec plus de fermeté, de décision et, si tu veux, d'exclusivisme qu'il n'était coutume de le faire dans la première *NRF* [...], c'est qu'une véritable conjuration se dessinait contre l'esprit que tu nous avais à tous insufflé et dont j'étais devenu le seul gardien véritablement fidèle — une conjuration contre cet esprit d'indépendance * et de libre invention, qu'aujourd'hui encore, dans ton même article du *Gaulois*, tu représentes comme la caractéristique essentielle de la *NRF*. C'est pour avoir défendu ce que tu as créé que j'encours aujourd'hui de toi un reproche public.

Quand on pense aux menues piques pour lesquelles tant de moindres maîtres se croient autorisés de prendre la mouche, on mesure la valeur de cette sérénité quasi franciscaine. Voilà un homme que son maître dénonce auprès de leurs ennemis communs pour excès de fidélité et qui, loin d'entrer en transes ou de polémiquer, s'occupe doucement à rétablir la vérité.

Gide n'a pas son pareil pour faire l'étonné. Il parle à cet ami de « la phrase de mon article de la *NRF* où tu t'égratignes... » (tu t'égratignes...). Pour un peu, c'est Rivière qui aurait, dans *Le Gaulois*, tenu la

* Mot biffé, remplacé par « de sympathie et d'accueil ».

plume pour en faire une arme contre lui-même... Et de revenir sur son vieux rêve (« Moi directeur, toi secrétaire, nous aurions fait du bon travail... »), ce qui laisse supposer que la revue dont Rivière est en train de faire l'éclatante *NRF* n'est pas « du bon travail »...

Jacques Rivière fera semblant de se satisfaire de cette absolution accordée à soi-même par le « gourou ». Il poussera même la débonnaireté jusqu'à suggérer d'« étudier un mode de collaboration qui permettrait [à Gide] d'intervenir davantage dans la composition des sommaires sans attirer [sur lui] les désagréments du métier de directeur », ne serait-ce que pour lui prouver qu'il n'est pas, lui Jacques, « jaloux de son autorité [et] soucieux d'entendre dire que la revue [le] représente seul ».

Désarmé, Gide, par l'extrême longanimité de son disciple et l'excellence de l'œuvre accomplie rue Madame depuis le printemps 1919 ? Que non pas. Il est, c'est vrai, peu avare de compliments (souvent agrémentés de pointes compensatoires, l'excellence d'un texte d'Aragon étant contrebattue selon lui par le « pédantisme » d'une note voisine due à Breton), et va jusqu'à écrire à propos du numéro de janvier 1921 : « Vive approbation de Drouin (qui en entraînera d'autres). Allons, ça va bien, ça va très bien. Bravo ! Tu es un brave petit père et je t'aime bien... »

Mais Jacques a eu l'imprudence suicidaire de lui écrire le 3 janvier 1921 qu'il devrait reprendre ses « Billets à Angèle » d'avant-guerre, pour éviter que l'on croie que le romancier de *La Symphonie pastorale* est en train de tuer en lui le critique. Tuer le critique ? Le « gourou » saute sur l'occasion de reprendre langue avec son héroïne de *Paludes,* idéale destinataire des acides propos qu'il adressera à son jeune ami. Quelle aubaine !

Au début de janvier 1921, le directeur de la *NRF* reçoit donc de son illustre collaborateur un « Billet à Angèle » destiné au numéro de février, où, en deux mots comme en cent, il est dit que la revue dirigée par Jacques Rivière distille le plus lourd ennui et qu'on n'en peut poursuivre la lecture sans réprimer de longs bâillements. Ce qui s'appelle donner à ses amis un cordial coup de main...

Jacques va-t-il, cette fois, sortir de ses gonds ? Au cœur même de la revue qu'il dirige, le « père fondateur » peut-il créer un système d'opposition, de négation, de dérision ? Certes, il est moins pénible d'entendre des ricanements venus d'entre les pages mêmes de la revue que de celles du *Gaulois,* et ces défis lancés à soi-même sont peut-être de nature à amuser la galerie. L'idée d'un contre-poison, d'un système interne de contradiction est celle qui inspire l'institution du « fou du roi ». Mais ici, le fou est aussi quelque peu le roi, et ses ricanements sont aussi des réquisitoires tombés de haut, et fort tranchants.

On a loué déjà la flegmatique sagesse de Jacques Rivière. Cette fois, il faut parler de grandeur d'âme. Il a d'abord rédigé sur le ton du pastiche, une réponse d'« Angèle » à son illustre correspondant :

« Cher ami, [...] Je n'essaierai pas de vous démontrer que l'on ne s'ennuie pas chez moi [...] Si je m'émeus aussi vivement de votre élégante, courtoise et, je l'espère, passagère défection à ma cause, c'est tant j'attache de prix à votre alliance [...] Cher ami, vous allez tout de même un peu dans le monde. Chez qui avez-vous noté un ton plus libre, une plus gaillarde absence de préjugés... que chez moi, que chez vous ? »

Puis il renonça à cette joute semi-fictive, et se contenta, dans une lettre privée à son aîné, de se dire « sans rancune » — non sans faire valoir que la *NRF* de 1921 est infiniment moins « rasante » que celle d'avant la guerre, du temps qu'ils publiaient de compagnie un numéro de mars 1914 orné des signatures assez peu hilarantes d'Henri Franck, d'Émile Verhaeren, d'Henri Ghéon (un éloge de Déroulède !), de Pierre de Lanux et de Jacques-Émile Blanche !... A comparer à n'importe lequel des sommaires établis par lui seul fin 1919, où Proust voisine avec Conrad, Giraudoux avec Morand et Mac Orlan avec Jouhandeau...

Ayant ainsi argumenté, Jacques Rivière s'apprêtait à envoyer le deuxième billet « angélique » à la composition, quand il vit entrer dans son bureau de la rue Madame son ami Gaston Gallimard, fort agité : il venait de recevoir une lettre de Marcel Proust qui le mettait en garde contre la prise de position d'André Gide :

> ... Rivière m'a parlé d'une lettre de Gide qu'il va publier *. Je n'ai pas lu cette lettre. Mais autant que j'en puis juger, je trouve son insertion déplorable. J'aime beaucoup Gide, j'ai une grande admiration pour lui. De vous tous, c'est lui que je connais le plus (trop peu hélas) et le plus anciennement. Mais véritablement, qu'au moment où Rivière se tue littéralement à sa *Revue,* au moment aussi où des revues nouvelles, comme *La Revue universelle,* etc. font à la *NRF* une concurrence d'ailleurs fort loyale, qu'à ce moment-là on publie en pleine *NRF,* une déclaration que la *NRF* est ennuyeuse à lire, l'est depuis que Rivière la dirige, et que cette déclaration s'aggrave du prestige même et de l'autorité du nom de Gide, cela me peine extrêmement. Pense-t-on rendre la *Revue* plus attrayante en proclamant qu'elle est ennuyeuse ? [...] Puisque Rivière me défend d'écrire à Gide et ne veut pas que j'aie l'air, vis-à-vis de Gide même, de rien savoir, il me semble que vous, directeur de toute l'affaire, avez le droit de demander à Gide la suppression de ce désaveu [3]...

D'où la démarche de Gaston, faisant valoir à Rivière, sur un ton très vif, que le « Billet à Angèle » était de nature à faire fuir les lecteurs — en tout cas à en faire plus d'effarouchés que d'égayés (« Si même Gide s'y ennuie, pourquoi irais-je m'astreindre à lire ce M. Valery Larbaud ? »). Ainsi sermonné, Rivière reprit la plume pour demander à l'ami d'Angèle

* Connaissant Rivière, on peut exclure qu'il ait ainsi manœuvré « par la bande » pour opposer Proust à Gide.

d'émousser ses pointes et espacer ses bâillements. Ce que fit le « bipède », de la meilleure grâce du monde, en galant homme qui voulut bien qualifier le numéro de « resplendissant »... Comme tous les grands stratèges, l'auteur de *Prétextes* était un maître dans l'art de la retraite *. Le « Billet à Angèle » ne laissera plus paraître qu'un discret ennui...

« Contré » aussi sèchement sur le terrain à vrai dire fangeux de l'« ennui » — croit-il vraiment que *La Symphonie pastorale,* alors publiée par fragments dans la *NRF,* pousse à l'hilarité ceux qui prennent cette publication pour un journal amusant? — André Gide va porter son offensive sur un autre terrain, celui, bien repéré et jalonné déjà, de ce qu'on pourrait appeler l'orientation « idéologique ».

Et voici le début du « Billet à Angèle » destiné au numéro d'avril que put lire, consterné, Jacques Rivière, avec mission d'en assurer soigneusement la publication — comme un chirurgien se verrait tenu d'enfoncer, en son flanc, le bistouri :

> Il me revient que *La Nouvelle Revue française* déçoit nombre de ses lecteurs, de ses amis et des meilleurs. On attendait d'elle autre chose. « Je ne me console pas, m'écrit Michel Arnauld, de voir la *NRF* renoncer à ce que son ancien effort avait si bien préparé : une révision des valeurs françaises — et des valeurs européennes — sans prévention d'école ni de parti... » Et de cela, je vous avoue que je ne me consolerais pas non plus, car j'estime que jamais ce travail n'a été plus utile. Mais d'abord, ce renoncement, si tant est qu'il soit réel, je ne crois pas qu'il soit volontaire; je ne crois pas surtout qu'il soit seulement imputable au nouveau directeur de la Revue. Il vient surtout de ce fait, que nombre des premiers et plus actifs collaborateurs ayant « évolué » durant la guerre, n'apportaient plus le même esprit à la critique de ces « valeurs » et qu'ils cotaient différemment. Pour ma part, ne les approuvant pas toujours, n'approuvant pas plus souvent Rivière, je me suis tu par grande crainte d'envenimer les débats auxquels la reprise de notre revue donnait lieu ; et soucieux, surtout, de ne point diminuer l'autorité de notre directeur, de la renforcer au contraire, je lui donnai du moins l'appui de mon silence [4].

Contre ce réquisitoire, appuyé sur l'avis de l'oracle qu'est le beau-frère du procureur, comment Rivière ne se serait-il pas rebiffé? Dans une lettre à Gide du 6 mars 1921, il met d'abord l'accent sur l'informe inanité du grief attribué à Michel Arnauld selon lequel la *NRF* manquerait à opérer la révision des valeurs françaises — et des valeurs européennes — sans préventions d'école ni de partis...

« Soyons francs : reprocher à la revue d'avoir manqué à une tâche aussi vague, c'est avouer qu'on est mécontent d'elle, mais ce n'est pas dire pourquoi [...]. Je ne demanderais pas mieux que d'être attaqué, parce

* Il ira même jusqu'à écrire à Jacques Rivière, le 13 février : « Bien mauvais, mon billet à Angèle. Si c'était d'un autre que de moi, j'espère que tu n'aurais pas accepté ça ! »

qu'alors je saurais comment faire front ; mais me sentir effleuré, caressé de malveillance (qui s'ignore d'ailleurs et n'a rien de perfide *), cela tout de même me donne un peu sur les nerfs. J'ai beaucoup d'estime pour M. Arnauld ; mais je réclame de lui des coups, en place de cette flottante mauvaise humeur, qu'aussi bien une digestion défectueuse pourrait lui avoir inspirée... »

Mais le « Billet à Angèle » distillait une autre perfidie à l'encontre de Jacques : « Plus je me retire de la *NRF,* plus on croit que c'est moi qui la dirige. Je sais bien que Rivière est un peu jeune ; il me fait cet honneur souvent de me demander conseil... » Là encore, le directeur trouve matière à regimber.

> Je te demanderai [...] de ne pas autant insister sur ma jeunesse. D'abord par respect de la vérité : je ne suis plus jeune, hélas ! (Ou du moins je deviens vieux bien jeune !). Ensuite parce que je ne crois pas que les erreurs que j'ai pu commettre dans la direction de la revue tiennent à ma jeunesse ; toutes sont l'effet de mon caractère, de ma forme d'intelligence dans ce qu'ils ont, je crois, de plus immodifiable par l'âge. Je ne tiens pas à les voir excusées par l'adolescence de mon esprit, qui n'est hélas ! plus qu'un mythe.
> Au lieu de : « Je sais bien que Rivière est un peu jeune ; il me fait cet honneur souvent de me demander conseil », ne crois-tu pas qu'on peut mettre : « Il est vrai que Rivière souvent me fait cet honneur... » ?

André Gide voulut bien se rallier à cette proposition (ce dont témoigne le texte publié en avril 1921), non sans avoir lu cette ferme mise au point de son « jeune » ami :

> La sensibilité que je montre à tes pointes est en fonction de l'importance que j'attribue à ton jugement et correspond au désir que j'ai de me présenter devant notre public le moins possible malmené par le considérable personnage que tu es [5].

Ceci à l'adresse personnelle du « gourou ». Reste le public, fermement averti par Gide qu'il n'a plus rien à voir dans la direction de la revue (« Plus je me retire de la *NRF*... »). N'était-il pas temps de mettre les choses au point, de préciser que Rivière aurait pu reprendre la formule de Joffre, assurant qu'il ne savait pas très bien qui avait gagné la bataille de la Marne mais n'ignorait pas qu'il en aurait été rendu responsable si elle avait été perdue...

Le succès prodigieux de la *NRF* (toute la littérature française, moins les cacochymes, les dadas et les maurrassiens – et dix mille abonnés) n'était pas dû au seul Rivière. On a vu que le permanent dialogue avec Gide lui

* Rien de perfide ? C'est pousser loin la bénignité !

apportait beaucoup. Mais si le mot de « responsable » s'était jamais appliqué à quelqu'un, c'était bien à lui.

Alors, il rédigera successivement, dans la journée du 9 avril 1921, ces deux brouillons de note à l'adresse des lecteurs de la *NRF* :

> Une légende fort répandue veut que M. André Gide dirige effectivement la *NRF*. L'on sait que M. Gide a tenu, par son dernier « Billet à Angèle », à la démentir lui-même. Nous ne pouvions que nous en réjouir. Il nous semble que l'émotion de ceux des lecteurs et des amis de la *NRF* qui ont tenu à nous écrire à cette occasion est à peu près injustifiée. J.R.

S'étant relu, il se trouva un peu sec — ou un peut court. Il rédigea cette seconde version :

> On a vu, dans notre dernier numéro, qu'André Gide tenait à me laisser l'entière responsabilité de la direction imprimée à la *NRF* depuis sa réapparition, et du choix des œuvres qui y ont été publiées. Je ne sais comment le remercier de cette extrême générosité ; je me sens à vrai dire un peu confus de lui voir abandonner si facilement le bénéfice de tant d'indications précieuses qu'il m'a données. J'accepte cependant d'être tenu pour seul responsable de toutes les initiatives prises par la *NRF* depuis deux ans et cela d'un cœur d'autant plus léger que les craintes qu'A. Gide semblait concevoir le mois dernier sur leur opportunité se sont apparemment dissipées dans son esprit, puisqu'il m'écrit au reçu du numéro d'avril : « Excellente impression. Vraiment il ne me paraît pas que la *NRF* le cède en rien à aucune autre. » Ceux de nos lecteurs que son passager désenchantement aurait pu inquiéter trouveront ici, nous n'en doutons pas, amplement de quoi se rassurer.

Où, en tout cela, était le cadet, et où l'aîné ? Où était l'homme responsable, et où l'adolescent aventureux ?

XX

L'impossible roman

« Aveu très franc : je n'aime pas le roman... »

A vingt ans, Jacques Rivière signifie ainsi à son ami Henri Fournier, qui vient de lui dévoiler son premier projet de livre, la méfiance qu'il éprouve pour toute transposition artificielle d'idées et de « sentiments personnels » qui ne peut aboutir qu'à du « fabriqué » et du « rapiécé ».

« Ne va pas m'objecter vingt à vingt-cinq romans que j'adore... » La belle affaire ! Parce qu'il se fonde sur la confusion entre le vrai, valeur sacrée, et les artifices de l'imaginaire, le roman, aux yeux de ce Rivière encore envoûté par le symbolisme, n'est qu'un genre « bâtard ».

Sept ans plus tard, nous verrons Jacques Rivière [1], sommé de le faire par ses meilleurs amis, par Alain-Fournier surtout, s'essayer à cette « bâtardise » – en vain. Juste revanche du roman sur son contempteur : l'auteur de la *Sincérité envers soi-même* échouera longtemps (échouera toujours ?) dans la pratique de cet exercice mensonger qui a donné au monde *La Chartreuse de Parme, Les Grandes Espérances* et *Les Possédés*.

Ligoté par la vérité ? Incapable de dénouer les liens par lui-même serrés pour se laisser emporter par l'imagination artificieuse ? Le pacte signé entre le jeune homme venu de Bordeaux et le monde réel qu'il s'est donné pour mission de comprendre et de dévoiler est peut-être trop fort pour ne pas s'interposer à jamais entre lui et la « transposition artificielle ». Mais si cet écran doit s'avérer infranchissable, ce ne sera pas faute de tentatives – jusqu'à l'œuvre ultime, *Florence,* qu'Isabelle Rivière se résignera à publier, inachevée et d'autant plus pathétique, dix ans après sa mort.

Le refus du roman exprimé par un Jacques Rivière qui se croit voué à la « philosophie musicale » [2], trop de sollicitations, trop de découvertes sont venues le combattre pour qu'il ne vienne à résipiscence. Ni Maeterlinck ni même le premier Barrès, alors maîtres de son esprit, ni les grands élans vers Gide et vers Claudel, ne sauraient mener à la conversion. Mais voici des découvertes, le plus souvent dues à Fournier : Jules Renard, Colette, Charles-Louis Philippe, Kipling... Si Balzac est jugé d'abord trop balourd, si Stendhal est lu un peu plus tard avec un suffocant mélange d'amour et de répulsion, voici les enchanteurs : Dickens et Daniel De Foe, et le merveilleux Stevenson... Allons, il est en route, Jacques Rivière, vers les grands émerveillements à venir, vers les ivresses de l'adolescence mûrie, vers les deux maîtres que révérera entre tous cet ennemi du roman décidément converti : Dostoïevski et Proust. Mais l'opération de la cataracte, c'est avant tout à Alain-Fournier qu'il la doit.

Tout prévenu qu'il fût contre l'exercice romanesque de transfiguration de la vérité, comment résister à cette alchimie qu'opère à ses côtés, à portée de voix ou de lettre, l'ami fraternel dont il perçoit chaque battement de cœur, dont il mesure, de confidence en confidence, la mue créatrice, l'épanouissement artistique ? De ces *Gens du domaine* d'abord regroupés par son ami autour d'Augustin et d'Anne des Champs, au *Grand Meaulnes* qui se dégage de l'ébauche, vers 1910, et à l'œuvre de 1913, ce long cheminement de la vie vécue à la vie rêvée et du rêve au livre lie intimement Jacques-le-véritable à l'opération romanesque. Comment ne serait-il pas envoûté, converti ? D'un brouillon l'autre, le voici associé au merveilleux mensonge.

Si distinct qu'il soit d'Henri, si antinomique, si réservé à l'endroit du credo de son ami qui prétend ne pas distinguer l'œuvre de la vie et avoir pour idéal esthétique le retour à l'état d'enfance, il ne saurait résister à cette réinvention du vrai, à la sublimation d'Épineuil en sainte Agathe et à la transmutation du fils de l'instituteur Fournier en un trio magique en quête d'aventure absolue. Comment refuser le roman quand il s'incarne, de jour en jour, plus joliment en ami fraternel ?

Ainsi Jacques Rivière chemine-t-il vers la tentative romanesque, guidé par cette étoile. Poussé aussi par ceux qui sont depuis la fin de 1908 devenus ses amis, ceux de la naissante *NRF* — André Gide et Jacques Copeau, le premier impatient lui-même de passer du récit ou de la « sotie » au roman proprement dit qu'annonce *La Porte étroite* ; le second envoûté par tout ce qu'il sent d'ardeur créatrice en son jeune ami.

Gide et Copeau, relayés par Fournier, n'ont de cesse que le secrétaire de la *NRF* n'ait tenté l'aventure. Celui qui a écrit *Introduction à la métaphysique du rêve,* jetant André Gide dans le « ravissement », ne saurait se cantonner à jouer les Thibaudet juvénile, ou les Du Bos émancipés.

Comme tous les jeunes gens qui tâtonnent vers le roman, Jacques projette de partir d'une autobiographie plus ou moins camouflée. Après tout, c'est bien de là que s'est envolé Alain-Fournier — d'une école, de vagabondages en Sologne et d'une heure de tête-à-tête avec une demoiselle aux cheveux blonds ; et ce n'est pas l'auteur d'*André Walter* et de *Paludes* qui fera grief à Rivière d'avoir choisi cette aire de départ.

Et le voilà lancé dans un récit intitulé d'abord *Le Bel Été,* puis *Les Beaux Jours,* qui, à partir de souvenirs d'enfance, déboucherait sur un ample développement. Romanesque ? Philosophique ? Peut-être ne le sait-il pas au juste — et ce n'est pas l'examen de sa correspondance, très allusive et contradictoire sur ce point, qui peut nous éclairer. Nous savons seulement qu'il y travaille en 1909 et que, au cours des vacances de 1910 à Cuverville, son texte avance, lu tour à tour par Isabelle et par le maître de maison, André Gide, qui le trouvent « très bien ». Et lui de commenter : « On me pousse au travail. On me nourrit comme un cheval favori[3]... »

C'est ce texte, réduit à sa portée autobiographique de remémoration juvénile et girondine, que publie la *NRF* en novembre 1910. On peut y voir de belles promesses, où la verve imaginative ne se laisse pas deviner. Mais combien de grands romanciers, français surtout, n'ont-ils pas commencé par de telles gammes ?

Bien, fort bien pour la mémoire, la conduite et l'agilité des mains. Mais le roman, en tout cela, l'imagination, le mouvement ? Jacques Rivière, son grand article sur Claudel achevé, son « tour de Gide » accompli, dévore les romanciers anglais — Fielding, De Foe, Stevenson, encore Dickens, bientôt Hardy — et commence à s'imprégner du grand récit inscrit dans les grands espaces, du mouvement émanant de la vie multiple et jaillissante.

Petit à petit se forme un sujet, ou mieux un personnage qu'il a fait surgir de lui-même, ou plutôt de ses rêves d'enfant, du temps où il tenait en haleine frères et sœurs, des heures durant, en leur contant de furieuses histoires de Peaux-Rouges. Ce personnage, il le nomme Noé Sarambuca. Pourquoi Noé ? Il n'est pas, que l'on sache, familier de la Bible... Et pourquoi Sarambuca ? Ce patronyme à consonance hispanique, on pourrait le rattacher peut-être à l'un des cycles de son enfance, celui des vacances au sud des Pyrénées, dans ce Pays basque d'où l'on émigrait alors beaucoup vers l'Amérique méridionale ; ou à cet autre cycle fabuleux dont l'inspirateur était l'oncle Léonidas Trochon, l'ancien baroudeur sans grade de la campagne du Mexique *...

Va pour Noé Sarambuca — et mieux encore pour le sous-titre — « qui avait le sens de l'orientation », formule où l'on pourrait trouver le titre et le sens d'une biographie de Jacques Rivière ! Le sens de l'orientation, l'aîné des fils du docteur Rivière l'a cultivé dans son enfance, du haut de la petite tour qui coiffe la vieille maison de Saint-Victor : on y voit les horizons des Landes et de la Gironde, on hume l'air du grand large. Noé, à coup sûr, est né dans cette tourelle à quatre fenêtres, prêt aux grands rêves, et puis aux grands départs.

On a cité quelques paragraphes autobiographiques de ce texte destiné à servir de soubassement au roman qui eût conduit Noé au-delà des mers, vers quelque Amazonie. Fût-il romancier, notre Bordelais eût fait de ces

* Voir chapitre Ier.

hauteurs de Cenon le Bristol de Robinson, l'école d'où s'évade Augustin Meaulnes. Mais il n'est ni Daniel De Foe ni Alain-Fournier, et le texte qu'il propose à ses amis Gide et Copeau, pour la *NRF,* les déçoit. Moins peut-être que lui-même.

Il est beau pourtant, le début de ce Noé, où, après les pages clairement autobiographiques dont on a cité quelques lignes, l'enfant se penche, du haut de sa tour, vers un Orient qui fait penser au premier Saint-John Perse :

> ... Plus loin encore dans une grande plaine arrosée par le Danube, des moissonneurs s'étaient arrêtés de travailler et avaient pensé confusément à des présages. Et enfin il y avait là-bas un ravin absolument désert [...] L'Asie énorme et étagée, l'Asie délaissée par les eaux, pareille aux montagnes de la nuit que l'on sent peser sur son sommeil, pareille à un aigle qui plane et à un orage qui se traîne sur les arbres et au silence intérieur qui précède les mauvaises pensées[4]...

L'apprenti-romancier n'adresse pas ce texte à Jacques Copeau sans le faire suivre de cette lettre penaude :

> En recopiant mon *Noé* pour vous l'envoyer, je vois très bien qu'il est impubliable tel quel. Vous savez que je l'avais conçu composé de deux parties très différentes. La seconde, toute de récit, aurait compensé, racheté le caractère poétique de la première. Dans cette seconde partie, on aurait vu le jeune Noé employant son sens de l'orientation à retrouver ses parents (qui auraient échappé au naufrage, mais, trop pauvres pour revenir, seraient restés au Canada). On aurait vu Noé se sauver par sa divination des directions d'un immense incendie de forêts où il se serait trouvé pris. On l'aurait vu sauvant par hasard son père, grâce toujours à sa merveilleuse faculté et se faisant d'ailleurs sauver par lui-même.
> Seulement voilà. Plusieurs fois, j'ai essayé de me prendre à cette seconde partie, d'écrire ce récit ; mais ce qui me venait était tellement gratuit, tellement n'importe quoi, tellement peu réel, qu'à chaque fois j'ai renoncé...

Jacques voudrait bien « faire quelque chose » de ce début, et écrit pourquoi il le soumet « quand même » à Copeau. Il se demande (et lui demande) s'il doit se « forcer » à écrire la suite (« comment espérer qu'une chose que je me forcerais à écrire pourrait être bonne ? ») ou s'il doit substituer au premier titre « le sens de l'orientation, poème », et à « Noé » un simple « je », ce qui serait reconnaître « la chose pour ce qu'elle est au fond, un poème[5]... ».

Cet aveu d'impuissance romanesque avait été précédé deux mois plus tôt de cette confession adressée à André Gide (qui, frappé par la force suggestive de l'écriture de l'auteur d'*Introduction à la métaphysique du rêve*, l'avait incité chaudement à se confronter au roman) :

> ... Vous, Copeau et Fournier (bizarre hein ?) * avez exercé sur moi une pression morale, une sorte d'intimidation déplorable, en affectant de me considérer comme un romancier, ou simplement comme un écrivain d'imagination. Je me suis débattu tant que j'ai pu. Toujours vous avez gardé un air sceptique, un air de confiance dans mes réserves qui me faisait supposer qu'elles existaient à mon insu. Je me disais : il ne faut pas que je sois plus bête qu'on me croit. Il doit y avoir quelque chose que je ne vois pas, puisqu'ils ont l'air si convaincus. Mais après la nouvelle expérience que je viens de faire, je sais qu'il n'y a rien.
> Voilà quatre mois que je suis sur cette malheureuse histoire ** et quand la première partie est finie elle se trouve être un poème, et quand j'attaque la seconde, qui forcément doit être un récit, je ne peux pas, je ne peux pas. Je manque complètement d'invention. Ou plutôt, au contraire, j'invente trop, j'invente n'importe quoi et je ne peux pas me persuader que ceci soit meilleur que cela, et tantôt je vois les choses d'une façon, et tantôt d'une autre et tantôt d'une troisième. Rien ne s'impose à moi. Je ne suis obligé à rien. Et cela parce que ce que j'invente n'a aucune particularité et qu'il n'y a que les choses très particulières qui s'imposent...

Rivière ne veut tout de même pas se présenter les mains vides devant son imposant ami : « Ah ! comme je me sens à l'aise quand il s'agit de " remarques " ! Comme je vois net et profond [ce que Gide sait parfaitement...]. C'est à cela qu'il faut que je m'acharne, et non pas à des œuvres dont je suis obligé de m'approcher comme un cambrioleur... » Le tout pour constater ou suggérer ceci : « Je suis fait pour tous les genres barbants[6]... »

Gide peut bien protester, parler du « ravissement » que lui procure son style : la source ne jaillit pas. Mais si son imagination le trahit, il sait qu'il peut, à coup de « remarques », éclairer le champ où s'ébattent les créateurs, déblayer devant eux le terrain, tracer des voies. Pour s'y engager ensuite ?

Depuis près de cinq ans, il a pénétré dans la forêt dostoïevskienne. Curieux d'abord de *Souvenirs de la maison des morts*, en 1907 ; effrayé, ensuite, par *L'Adolescent* ; éclairé par le grand article de Gide de 1908 ; subjugué par *L'Éternel Mari,* à tel point que son « gourou » (notamment en dostoïevskisme) lui déconseille d'aller plus loin : s'il lit *Les Possédés*, « le plus terrible et le plus grand », qu'en sera-t-il ?

Il le lit, ébloui, et désormais n'a de cesse qu'il ne se plonge dans *Les Frères Karamazov,* dans *L'Idiot*. A partir de 1910 et surtout de 1911 (date où il associe sa vie au sein de la *NRF* à celle de Jacques Copeau qui consacre la sienne à l'adaptation théâtrale des *Frères Karamazov*),

* Bizarre que Fournier s'accorde avec Gide sur un point...
** Celle de Noé déjà.

Rivière est entré dans la secte des fervents du maître de Saint-Pétersbourg. Dostoïevski ne lui apparaît pas seulement comme le romancier par excellence, sondeur d'âmes qui l'emporte même sur Stendhal, mais aussi comme un incomparable guide vers le christianisme. Si, en 1913, il finit par s'avouer chrétien (la « capitulation » selon Claudel), c'est par l'auteur de *L'Idiot* autant que par celui de *L'Arbre* qu'il y est conduit. Envoûté par le romancier russe, il écrit à Valery Larbaud, en juillet 1913 : « Ma vie est divisée en deux parties : avant Dostoïevski et après... »

Certes, le roman a bien cessé d'être pour lui ce genre « bâtard » qu'il dénonçait en 1905. Porté par le génie du Russe bien au-delà de ce qu'avaient inventé Balzac, Dickens et même Stendhal, il lui apparaît maintenant comme le grand livre du monde, où l'univers se reflète et s'invente, le mode de déchiffrement le plus radical du cœur humain. Mais les pistes ainsi ouvertes, aussi bien dans le domaine de la psychologie des profondeurs qu'aux plans métaphysique ou des rapports sociaux entre les hommes, ne sauraient conduire seules à un nouvel art du roman. Dostoïevski a multiplié les perspectives. Il importe, s'engouffrant à sa suite, de les éclairer à l'intention des romanciers à venir : c'est l'objet du grand essai que publie Rivière en 1912 sous le titre *Le Roman d'aventure* *.

Les Frères Karamazov et *Les Possédés* sont à la source des « remarques » de Rivière. Mais le génie du bagnard d'Omsk est trop singulier, trop fulgurant pour fournir l'essayiste en préceptes. Les références du secrétaire de la *NRF* (qui ne lira Proust qu'en janvier 1914, on le sait) sont plus proches et plus modestes en leur excellence : *Le Grand Meaulnes*, dont il vient de lire (après en avoir suivi, pendant cinq ans, la progression d'état en état) la version définitive ** et, tout récent aussi, le *Barnabooth* de Valery Larbaud ***.

Inutile de s'appesantir à nouveau sur l'influence exerçée par Alain-Fournier sur l'esthétique de Jacques Rivière, sur la parfaite adéquation entre le concept de « roman d'aventure » proposé par l'essayiste et l'œuvre magique, mouvante, rêveuse de son ami. Mais c'est plus précisément à l'étrange roman de Valery Larbaud, ami des fondateurs de la *NRF* (et de Charles-Louis Philippe), que pense, en écrivant, l'auteur du *Roman d'aventure*. Témoin cette lettre écrite à Larbaud :

> Tout ce que j'ai dit sur le roman psychologique d'aventure, sur la description de la formulation des sentiments, et de ce tâtonnement de la vie intérieure, c'est vous qui me l'avez étroitement dicté. Et aussi ce que j'ai dit sur le personnage distinct de l'auteur. Car n'écoutez pas

* Voir chapitre VII.
** Publié en 1913.
*** Publié en 1912.

ceux qui vous accuseront d'avoir fait de l'autobiographie. Non, vous avez créé un personnage, et même plusieurs, vous l'avez soulevé, vous l'avez mis hors[7]...

A la fin de 1912, Jacques Rivière s'est ainsi promu arbitre de l'art romanesque, salué par Gide comme celui qui a su montrer, mieux qu'il n'aurait su le faire lui-même, la voie du nouveau roman. Saisissant exemple de prise en charge de la création par l'esprit critique, de l'autorité conquise par une intelligence supérieure en un domaine où elle n'a encore manifesté qu'impotence. Demandait-on à Diderot de peindre mieux que Fragonard, à Baudelaire de composer mieux que Berlioz ?

*

Quand, au cours de l'été 1913, Jacques Rivière se reconnaît épris d'Yvonne Gallimard (il a écrit après un séjour chez elle, à Bénerville, une « lettre de château » où se manifeste beaucoup plus qu'une amitié respectueuse), il peut en remontrer à quiconque sur l'art du roman. Mais non sur l'art de vivre — et plus précisément de vivre un roman...

On a raconté les divers épisodes de cette liaison que l'on dira doublement suspendue, d'abord parce que restée chaste, ensuite parce qu'un terme y avait été mis par Jacques au début de juillet 1914 — résolution d'autant mieux respectée que la guerre et la captivité y avaient ajouté leurs contraintes.

Jacques Rivière sentit-il d'emblée le parti littéraire qu'il pourrait tirer de cette passion inaccomplie ? On a relevé dans ses *Carnets* les amères remarques faites sur la propension des hommes de lettres à « faire feu de tout bois », à tirer des livres de la souffrance des autres — ou de la leur propre — par là allégée... Mais ces réflexions acerbes, et qui le visent d'abord, ne vont pas sans que surgissent, de semaine en semaine plus nombreuses dans les *Carnets*, des notations qui tendent sans le moindre doute à la rédaction d'un récit qui prend forme sous les yeux du lecteur de ce journal.

Que, de notule en « remords » et d'explosion de nostalgie en bouffée de rancune ou aveu de tendresse, ce flux et reflux de la passion de Jacques pour « Y. » — devenue « Aimée » au moment où il semble se déprendre de son image, comme si le mot devait se substituer à la chose — soit plus précieux, plus poignant, et littérairement plus passionnant que le roman lui-même, il se trouve des admirateurs de Rivière pour le croire (et si on sollicitait quelque peu l'auteur de ce livre...).

Comme le *Journal des Faux-Monnayeurs* est ce qui reste de meilleur du plus ambitieux des romans de Gide, ainsi ce filon amoureux qui court à travers les *Carnets* de Koenigsbrück, cette chronique d'un amour et d'un provisoire désamour au fil des jours amers d'une captivité, est peut-être la plus savoureuse contribution de Jacques Rivière à la littérature amoureuse. Isabelle Rivière sut tirer du journal de guerre de son mari des fragments qui font la matière d'*A la trace de Dieu.* Elle n'était pas la mieux placée pour en rassembler les notations amoureuses en vue d'un « A la trace d'Aimée * ».

Il se trouve que l'auteur du « roman d'aventure » jugea bon d'en faire un livre, et de ce livre sa première contribution significative à l'histoire du roman. Sitôt formulée, cette observation en appelle une autre, quelque peu dissonante : qui reconnaîtrait, en ce livre apparemment inspiré des plus traditionnels « romans français » — *La Princesse de Clèves, Adolphe* ou *Dominique* —, la mise en œuvre des principes du théoricien du « roman d'aventure » ?

*

Mais ici, il faut ouvrir une parenthèse — immense puisqu'elle se nomme Proust.

Le lien entre l'effervescence affective où vit Jacques en 1914 et son retour à la tentative romanesque est évident. Se fût-il cantonné dans son rôle critique s'il n'avait traversé cet orage amoureux ? Peut-être. Mais s'il fut en quelque sorte ramené par le collet à la littérature de fiction vers sa trentième année, ce ne fut pas seulement du fait de son histoire personnelle : aussi par la rencontre d'une grande œuvre.

André Malraux soutenait volontiers que le dialogue que poursuivent les œuvres d'art entre elles est plus fort, plus contraignant et plus créatif que celui qu'elles entretiennent avec la vie. *Aimée* doit-il plus à Odette de Crécy qu'à Yvonne Gallimard ? Il serait vain d'objecter qu'au moment où l'ouvrage fait sa germination, d'un *Carnet* de guerre à l'autre, Marcel Proust semble s'être absenté de la mémoire de Jacques Rivière : on ne trouve guère de référence à la *Recherche* dans ces pages bruissantes d'un très proche passé.

Mais la « recherche » du prisonnier est alors celle, quasi charnelle, des êtres dont il vient d'être séparé, avant celle des œuvres. Sa lecture de *Swann* ne remonte qu'à janvier 1914. Il n'a pas encore eu le temps d'en peupler, d'en orner sa mémoire — et les œuvres qu'il cite sont celles que met à disposition la minuscule bibliothèque du camp — où de telles nouveautés n'ont pas encore place.

Nous savons que, chez Rivière, les envoûtements ne se détruisent pas, mais s'accumulent et se jumellent, ou s'interpénètrent. Pas plus que Gide n'a exclu Claudel, Proust ne saurait chasser Dostoïevski. Et s'il est un de ses maîtres qui triomphe de l'épreuve « révisionniste » de la captivité,

* Elle a bien tenté de le faire dans *La Guérison.* Il est peu de dire qu'elle n'y a pas réussi.

c'est bien l'auteur des *Possédés* : on a marqué à quel point il surplombe le cheminement du prisonnier « à la trace de Dieu ». Mais ce n'est pas au prix d'un effacement de celui de *Swann*.

Ressaisi par le monde en 1917, Rivière est ressaisi par Proust — sans pour autant se détacher de Dostoïevski, bien qu'il lui consacre une étude plus critique et réservée en février 1921 *. Le maître français propose un modèle plus déchiffrable. Si loin qu'ils aillent au fond du cœur humain en général, les portraits de Grouchenka et de Rogojine sont aussi des morceaux d'ethnographie russe, slave, orthodoxe. Pour singulier qu'il soit, M. de Charlus saisi par l'analyse proustienne est moins exotique qu'Aliocha happé par le génie de l'auteur des *Karamazov,* et la soirée chez Mme de Sainte-Euverte plus déchiffrable que la scène du vase brisé chez le général Epantchine.

Au moment de proposer une traduction fictive de sa passion pour Aimée, c'est plutôt à Swann que se réfère l'auteur du *Roman d'aventure* — et c'est à « Marcel Proust, grand peintre de l'amour » que sera dédié par son ami « cette indigne esquisse » — *Aimée.*

Ainsi, par le biais de la *Recherche,* peut être retrouvé le lien entre *Aimée* et le roman d'aventure décrit ou théorisé par Jacques Rivière en 1912. On a bien vu que ce n'est pas la masse d'événements, ni l'ampleur des espaces parcourus, ni la gravité des risques physiques encourus, ni le picaresque ou l'effroyable, les tempêtes et les coups d'épée, qui manifestent ici l'« aventure », mais le mouvement — qui peut être tout intérieur —, l'imprévu ou mieux l'imprévisible, l'inattendu, le discontinu. Rien de plus « aventureux » que la vie recluse de Blaise Pascal, sinon les relations entre Mme Du Deffand et Julie de Lespinasse — qui ne se meuvent que d'un salon à l'autre...

Pour écrire un « roman d'aventure », point n'est besoin d'imprimer aux personnages le mouvement forcené que leur imposent Stevenson ou le père Dumas. Aussi « aventureux » est cet Augustin Meaulnes aux rênes de la charrette qui ne le porte pas à plus de dix lieues. Et le voyage à Combray ne fait guère penser à ceux des héros de Conrad. Ainsi les personnages d'*Aimée* ne vont-ils pas plus loin que Fontainebleau. Mais autant les exemples précédents confortaient la thèse de Rivière, autant son propre roman résiste à sa belle invitation.

L'« aventure », en son incertitude et ses écarts, ses rebondissements et sa discontinuité, elle est bien dans ce qu'a vécu le jeune écrivain, de Bénerville, où l'émeut la femme de son meilleur ami, au camp de Koenigsbrück, où s'avive puis décroît sa passion, et au retour à Paris qui provoque les retrouvailles. Mais le roman du praticien de 1922, resserrant, concentrant, élaguant, épurant, semble s'ingénier à contredire les préceptes du théoricien de 1912 et revient à marginaliser le concept

* *De Dostoïevski et de l'insondable.*

d'« aventure », à s'aligner sur la plus stricte tradition du roman d'analyse dont la littérature française à donné maints exemples.

*

On a retracé déjà quelques étapes de la longue rédaction d'*Aimée*, des notations amoureuses rangées dans la « chemise blanche » que découvre Isabelle à la fin d'août 1914, moins de deux mois après la « rupture » de Chaville, aux innombrables esquisses et retouches amorcées et opérées en Saxe, l'élaboration contrariée du chapitre x écrit en hommage réparateur à Isabelle. Mais il faut tenir compte aussi des révisions postérieures à la rédaction de l'*Allemand* et surtout à la renaissance de la passion pour Yvonne, alors que Jacques, voué à la direction de la *NRF*, ne peut réserver que quelques heures par semaine à la mise au point de son livre.

Sur cette période de travail et d'approfondissement, on dispose d'un très intéressant document : une lettre de Jacques Rivière à André Gide, datée du 21 octobre 1918, alors qu'après un bref séjour à Paris où il a revu Yvonne (l'avouant à sa femme, sous la forme étrange que l'on a dite...), il est revenu pour quelques mois à Toulouse. Le « gourou » ayant demandé à Isabelle de lui communiquer le manuscrit d'*Aimée,* Jacques lui répond ainsi :

> ... j'ai souvent repensé à ce que tu m'avais dit à Engelberg, en montant la Pfaffenwand, au sujet de ce roman [...]. Tu m'as dit : « Je suis content de savoir que c'est une œuvre pure de toute théorie, une œuvre uniquement passionnelle. *Tu n'en écriras peut-être qu'une de ce genre dans ta vie.* Mais il faut que tu l'écrives. »
>
> D'abord, cette limitation que tu imposais ainsi à ma faculté pathétique m'avait un peu étonné : « Pourquoi veut-il, pensais-je, que je n'aie qu'une fois dans ma vie le don d'émouvoir ? » Et puis j'ai réfléchi, et j'ai vu que tu avais parfaitement raison. Il est vraisemblable en effet que je n'écrirai jamais, si même je l'écris, que ce roman. Le meilleur indice en est que ça fait déjà plusieurs fois que je l'écris. C'est de toute évidence un sujet qui m'est comme inné ; et il n'y aura point pour moi jamais d'adventices.
>
> Mais justement pour cette raison, justement parce qu'il sera le seul qui me sera jamais « donné » (c'est clair pour moi maintenant), il importe au plus haut point que je le conduise à sa perfection, que je ne lâche pas avant de lui avoir incorporé tout ce qu'il pourra absorber de moi-même [8]...

« Tout ce qu'il pourra absorber de moi-même... » Cet objectif de totalité, Jacques Rivière peut bien se l'assigner à cette époque et en faire part à son ami. Il ne s'y tiendra pas.

De quelle nature furent, à l'automne de 1918, les retrouvailles entre

Yvonne Gallimard et Jacques Rivière ? Les lettres à Isabelle déjà citées ne laissent pas de doute sur leur caractère passionnel, s'agissant du jeune homme. S'en tinrent-ils alors aux chastes échanges de 1914 — compte tenu de l'émancipation que la guerre a apportée aux relations entre les individus, de la « libération » personnelle que Jacques y a trouvée (en donnant peu après des témoignages évidents) et aussi de l'altération des rapports entre Yvonne et Gaston Gallimard * qui affiche désormais une liaison très publique avec la grande comédienne Valentine Tessier ?

La réponse semble claire : les six lettres adressées entre juillet 1917 et juillet 1920 par Yvonne Gallimard à Jacques Rivière ne permettent d'inférer aucune modification de la nature de leurs rapports depuis la séparation du 1er juillet 1914. Rien qui aille au-delà d'une tendre admiration — et plutôt en retrait sur le ton de la carte au prisonnier de décembre 1915. Ainsi, le 24 juillet 1917, la dame de Bénerville déclare à son ami « une égale tendresse [...] plus d'aplomb », précisant que « ses amis » désormais « savent mieux le bonheur de [l']aimer et d'être aimés de [lui] ». Yvonne tient même à ajouter : « Dès que j'en aurai les moyens, j'accourrai... »

Mais bientôt viendront d'elle les deux mises au point décisives :

— 3 avril 1918, à propos de Gaston, malade et déprimé : « C'est lui ma force, c'est lui ma confiance, c'est lui tout mon amour... »

— 19 août 1920 : « Vous aurez beau dire, je ne serai pas ébranlée. Touchée simplement et heureuse de votre mouvement vers moi... »

Ce qui est encore plus clair, c'est que ce rebondissement amoureux ne donna lieu à aucune retouche, aucune extension, aucun contrepoint. Le récit est clos à la date du 1er juillet 1914. Faute de pouvoir inscrire son roman dans le cadre de l'unité de temps racinienne, Rivière a tenu à le clore, sobrement, à la veille du grand cataclysme.

Ce qui frappe, ici, c'est que cet explorateur hardi des profondeurs, des siennes en particulier, ait privé son premier roman du brûlant matériau qui ne cessait d'exploser en lui. De ce qu'était alors son personnage, de ce qu'il offrait de richesses à l'avocat du « roman d'aventure psychologique », nous pouvons nous faire une idée en lisant cette lettre extraordinaire écrite le 23 février 1921 à Gaston Gallimard, autre « personnage du drame » — ce qui rend la situation et ce texte plus romanesques encore :

> ...C'est du manque de femmes que je me meurs. Je suis probablement la victime de deux hérédités contradictoires qui s'équilibrent à peu près [...]. Il y a en moi une ardente, une dévorante sensualité, tout au moins curiosité sensuelle. Mais il y a en même temps une pudeur qui dépasse en violence, j'allais dire en atrocité, tout ce qu'on a jamais

* Ils divorceront en 1929.

connu […]. C'est elle qui me paralyse quand il faudrait entreprendre, attaquer*[…]. Je ne fais pas intervenir dans les causes de mon inhibition les facteurs sentimentaux qui sont tellement puissants en moi.
[…] Je suis arrivé à un état où je ne peux plus persister sans danger […] Plusieurs fois, ces derniers temps, j'ai contemplé la folie face à face […]. Une seule idée me ronge sans cesse […] me suit dans le peu de sommeil que je peux prendre […]. Sa constance devient monstrueuse […].
L'atroce, dans mon cas, est que je dois tout faire sans amour, ou même contre ce qui me reste de mes amours. Car dans l'état où je suis, je le sens bien maintenant, je suis invulnérable à l'amour. Toutes mes possibilités expansives sont taries. Les sens ont dévoré toute l'étoffe sentimentale dont je disposais. Je suis affreusement racorni.
Les sens sont seuls à me conduire, à me presser et, chez moi, ils ne savent rien inventer ; ils sont moroses et stupides. Ah ! comme je les hais par moments d'être à la fois si exigeants et si mal ingénieux ! Toutes les tentatives que j'ai faites ont été d'une maladresse inouïe ! Je ne peux tout de même pas te raconter ça ! C'est trop bête ! Mais la crainte aussi de retomber dans d'aussi misérables aventures contribue à m'arrêter, renforce ma timidité. Que je suis malheureux !
[…] Voilà une lettre pas ordinaire et que peut-être tu vas être bien gêné de recevoir. Pourtant ne me repousse pas, car je suis dans une vraiment grande détresse. J'aurai besoin de parler avec toi ; je sais si peu de choses ; je suis tellement peu de ce monde ! Mon imagination m'entoure de tant de chimères ! […]
Comme excuse au ridicule (que je sens bien) qu'il y a à parler à un autre de choses aussi intimes et qu'on devrait régler tout seul, il y a ceci que ma volonté est complètement délabrée par l'insistance même de la préoccupation qui la ronge. J'ai besoin, pour lui procurer des points d'appui, de me compromettre pour ainsi dire au-dehors. Sinon je ne sortirai jamais de moi-même, de mes projets, de mes objections, de mes renoncements.
Je t'en supplie, déchire cette lettre !

Gaston Gallimard a su être, infidèle ami, le fidèle conservateur de ce prodigieux gémissement d'obsédé solitaire, digne d'un personnage de Dostoïevski, contraint de voir « la folie en face », devenu « invulnérable à l'amour » et « racorni » — si avide de sortir de lui-même qu'il s'acharne à limer, à polir l'histoire de cet amour ruiné de ses propres mains qu'il a une fois pour toutes intitulée *Aimée*…

La rédaction d'*Aimée* n'eut pas pour seul guide, ou tuteur, l'André Gide alpiniste de 1917. Plus prestigieux encore, Marcel Proust fut invité à opiner. Si respectueux qu'il fût du temps et des forces de son ami, Rivière lui avait communiqué son manuscrit le 2 février 1921, « comme on se jette à la mer », précisant qu'il l'avait « écrit en 1915 en captivité d'un

* Écrit au mari…

seul jet » (affirmation que nous pourrions nuancer...). Depuis lors, il cherche, écrit-il, à le « recommencer pour l'enrichir de tout ce que j'ai appris dans l'intervalle » (ambition dont le livre ne porte pas témoignage). Rivière ajoute qu'il envisage de « lâcher [c'est-à-dire de publier] tel quel ce roman » dont il ne sait plus que penser, seulement si son ami lui conseille de le faire : « Votre arrêt pour moi sera décisif[9]... »

Réponse de Proust, du 7 ou 8 février 1921 :

> Mon cher Jacques
> Hélas je vais vous donner le conseil que vous me dites que vous ne désirez pas : je vais vous conseiller de publier votre livre. J'ai une crise d'une telle violence qu'il m'est difficile de vous écrire ce que j'y trouve d'admirable. (Vous êtes d'ailleurs exempt de ces défauts dont vous vous croyez atteint. Votre illusion vient de diverses causes, certaines physiques. Une autre de ce que votre merveilleuse grâce est d'un genre « simple » et que votre amour-propre extrême vous fait craindre qu'elle ne soit pas suffisante...

Cette réponse semble si insuffisante à l'auteur de *Swann* qu'il tient, dès le lendemain, à la compléter. Il exprime alors l'« enthousiaste émerveillement » où l'a jeté le livre de Jacques, ajoutant que sa publication oblige à « beaucoup réfléchir », esquissant un parallèle doublement vertigineux :

> Je n'avais pas de réputation littéraire à perdre quand j'ai publié *Swann* chez Grasset. Vous en avez une très grande. On ne s'attend pas à un roman. On trouve l'*Allemand, Rimbaud,* le *Sacre du printemps,* le *Rossignol,* la Revue elle-même, une grande richesse d'œuvre. Il ne peut frapper qu'à coup sûr, car les yeux seront ouverts. Or justement le propos de ce livre est au début de ne pas « frapper » au mauvais sens du mot. Il ne faut pas qu'on se trompe. C'est pour cela que je vous conseille des coupures à rétablir, une fois qu'on aura compris *Bérénice*[10]...

Bigre ! Mise en parallèle avec *Swann,* référence majeure à Racine... Dans quel état dut se retrouver notre Jacques Rivière, situé de la sorte par le maître qu'il plaçait au-dessus de tous ses contemporains ? Il ne pouvait que considérer avec respect les propositions de retouches et de corrections proposées par son ami.

La note critique de l'auteur de *Swann* est enrobée dans un bruissement d'éloges :

« Arrivé à la page 5, j'ai trouvé des beautés si frappantes qu'il me semble qu'il faudrait un peu élaguer ce qui est moins caractéristique. Mais peut-être pas. Quelle douceur sinueuse et liquide, quelle pure robe en effet d'innocence, mais robe de feu [...] l'admirable page 9, pages 10, 11 superbes, page 12 également magnifique, page 13 le magicien est merveilleux[11]... » Il n'en propose pas moins quinze corrections ou suppressions d'adverbes et d'adjectifs : l'auteur ne consentit qu'à quatre retouches, s'agissant de trois répétitions et d'une « expression faible ».

L'ensemble de l'épisode resserrait évidemment les liens entre l'auteur de la *Recherche* et celui d'*Aimée*. Le moment venu, Proust ne se dérobera pas au soutien de l'ouvrage qu'il avait ainsi contribué à « peaufiner ». Mais on observe que c'est surtout aux premières pages du livre que s'est attachée la vigilance critique et louangeuse de Proust. Mena-t-il la lecture à son terme ? Se contenta-t-il de sondages liminaires ? La référence si explicite à *Bérénice* donne à penser qu'il poussa jusqu'au renoncement du 1er juillet 1914...

*

Le premier roman de Jacques Rivière, dédié on l'a vu à Marcel Proust et publié quelques semaines seulement avant la mort du dédicataire, parut sous la blanche couverture des éditions Gallimard le 1er novembre 1922 — le directeur de la *NRF* s'étant refusé à la pré-publication dans sa revue accordée naguère à Fournier, à Gide et à beaucoup d'autres.

Observons d'abord que ne se produisit pas le « scandale » — ou, si ce mot excède par trop l'effet attendu d'un texte si pudique, l'émoi — qu'aurait pu susciter l'évocation transparente aux yeux des gens informés des amours entre le directeur d'une revue et l'épouse de son administrateur, et du comportement de celui-ci, dont le portrait, sous les espèces de « Georges », était fort transparent. Gaston eut l'élégance de faire semblant de ne pas se reconnaître — et Yvonne de ne pas se voir mise en scène. Et pour ce qui est d'Isabelle-« Marthe », tout avait été dit...

« François » est un autoportrait de Jacques si cruel, si insidieux, si dépréciatif, accentué par le « je » sous le masque duquel il agit — ou n'agit pas — que tous les autres personnages en prennent une sorte de vitalité, de libre santé, qui retint, sur toutes les lèvres, les reproches ou les protestations. On n'en imagine pas moins ce que purent être les conciliabules entre la rue Madame, au siège de la revue, la villa Montmorency chez les Gide, la rue Saint-Lazare chez les Gallimard, et le Vieux-Colombier, où régnait Copeau... De ces conciliabules, on peut tenter de se faire une idée à travers les correspondances et les « journaux » des amis de l'auteur. Et d'abord de celui qui avait été le plus lié à la genèse de l'ouvrage, André Gide.

Du *Journal,* en date du 10 octobre 1922, cette notation féroce : « Le roman de Rivière (*Aimée*) que je lis en épreuves m'exténue, me consterne. Je comprends à présent ce qui lui fait aimer tant Marivaux *. En sortant de cette lecture peu s'en faut que je ne prenne la décision de

* Gide ne détestait pas tant Marivaux que la propension de certains de ses amis, comme Léon Blum, à l'égaler à Molière, à le juger digne émule de Racine.

ne plus jamais écrire à l'imparfait... » (Et dans les *Cahiers de la petite dame,* on l'entendra parler, à propos du livre, de « tératologie * ».

Lettre à Jacques Rivière du lendemain, 11 octobre :

> Mon cher Jacques,
> Quel livre extraordinaire ! Je viens de le boire en trois lampées – et n'ai pas cessé de sentir combien notre amitié, ou plus exactement : mon amitié pour toi, m'est précieuse – ou plus exactement encore : de quel profit, de quel enseignement elle est pour moi ! Car je cherche s'il est dans toute littérature – et je ne parle pas de la française seulement – un livre qui me soit plus étranger (chez moi le geste a suivi toujours de si près le désir !). Or qu'ai-je à faire de ce qui me ressemble ? Mais quelle instruction tu m'apportes là ! et combien je m'estime heureux d'être à l'abri de ces souffrances, de cet enfer [...]. Ce livre m'apparaît comme l'exposé prodigieusement subtil d'un cas d'auto-intoxication imaginaire. T'a-t-il guéri, du moins ?
> Je crois que tu n'empêches pas assez ton lecteur de se dire, de page en page (ainsi que je l'ai fait) « mais pourquoi ne ... mais vas-y donc ! Mais qu'il y aille ! Mais qu'est-ce donc qui le retient ? ». Et je sais bien que tout ce qui te retient ** tu l'indiques – mais pas assez peut-être – car on ne se retient pas de penser que les obstacles ne sont qu'en toi, qu'imaginaires – qu'Aimée attend et qu'à ses yeux tu ne sais être qu'un amoureux « transi » et je reste avec l'impression de quelque « manque à gagner » ; car enfin, quelle richesse ta prodigieuse faculté d'analyse n'aurait-elle pas su extraire de la peinture des sentiments dans et après la possession. C'eût été là le vrai fond de l'enfer [12]...

Stupéfiante crudité, brutalité, on dirait presque vulgarité d'expression (et de sentiments...). Est-on à la popote du 12e chasseurs d'Afrique ou dans un banquet radical après une lecture à haute voix de *La Pucelle* ? Le même Gide qui dans *Prétextes* a écrit qu'il n'y a pas d'art sans contrainte et qu'il faut « suivre sa pente, en remontant », le voilà qui daube sur la contention comme s'il n'avait jamais fréquenté les mystiques — comme s'il n'avait pas écrit *La Porte étroite* ! Y aurait-il si loin de l'art de vivre à l'art d'écrire – ou de peindre – que la retenue, ici (loi d'or de la *NRF*) ne serait, là, que pusillanimité ou impotence ? Lâcheté que la clôture ? Ridicule Antoine en ses tentations ? Voici qui jette une ombre sur *La Princesse de Clèves,* et mieux encore sur *Phèdre,* qui souffrit elle aussi de quelque « manque à gagner » !

De cette agression de chambrée, Jacques Rivière fera son miel, ou croira le faire en « passant à l'acte » afin de mener son prochain roman *** « au vrai fond de l'enfer », « plus loin que tous les immoralistes », écrira-t-il à Mauriac comme pour riposter par la bande à la lettre de Gide...

* Ou science du monstrueux.

** Saisissant usage ici du « te » qui souligne à quel point, pour les amis de Jacques, l'identification avec « François » allait de soi...

*** *Florence.*

Schlumberger, d'un ton plus *NRF,* reproche à Rivière la faiblesse « dramatique » de son intrigue et son manque de « mouvement », ce qui est bien le pire reproche à faire à l'auteur du « Roman d'aventure »... Mais il salue la richesse de l'analyse, la beauté des portraits d'Aimée et de Georges, l'« honnêteté documentaire à propos de l'impuissance d'aimer[13] ».

La louange de Claudel, datée du 2 janvier 1913, se situe en un domaine que Rivière n'aurait peut-être pas choisi :

« ... Aucune des raisons que vous donnez pour n'avoir pas pris cette femme* n'est la vraie, ce sont des excuses secondes, mais simplement parce que vous sentiez que c'était *mal* et contre Dieu. Vous n'avez pas pu dissimuler cet aveu qui éclate aux dernières pages. Contrairement à ce que j'ai vu parfois, le cœur chez vous est encore bien plus important que l'intelligence. Vous n'êtes pas raffiné ni compliqué, vous êtes délicat, ce qui est tout autre chose, et en quoi vous différez par exemple de ce malheureux Proust[14]... »

On dirait qu'à propos du roman de Rivière chacun des grands hommes de la *NRF* (mais on n'a pas la réaction de Copeau) tient à se dévoiler, se manifester en sa vérité. Quoi qu'on pense de l'œuvre, elle aura en tout cas joué un rôle de révélateur...

Le lecteur le plus enthousiaste d'*Aimée* fut peut-être Max Jacob qui n'était ni dans la mouvance de la *NRF,* ni dans l'intimité de Rivière. L'homme du *Cornet à dés* écrivit à celui d'*Aimée* qu'il n'avait « jamais lu une description aussi exacte de l'amour, même dans les plus grands classiques », et qu'on ne pourrait « plus parler de “ renaissance littéraire ” sans citer ce livre[15] ».

Le texte critique de référence est bien sûr l'article par lequel la *NRF* rendit compte d'*Aimée*. Rivière ayant demandé à Gide de choisir son juge, le « gourou » se tourna vers son cher « Charlie » Du Bos, admirateur déclaré du directeur de la revue :

« Les grands romans d'Amour — et je suis persuadé que l'avenir tiendra *Aimée* pour l'un d'eux — manifestent presque toujours une reconnaissance accrue de soi, mais une connaissance qui émerge lentement et comme les cendres de l'amour même, qui se dépose goutte à goutte, filtrée par tout le temps qui s'écoula entre le moment où l'on fut amoureux et celui où l'on confesse un amour qui appartient au passé. Rien de tel dans *Aimée* : l'accent de François n'est nulle part l'accent de ce qui fut, mais bien toujours de qui est amoureux** [...]. Simultanéité

* Ici encore, l'identification est marquée entre Jacques et François.

** Lorsqu'il écrit cela, cet intime le fait en connaissance de cause.

stricte, constante, de l'amour et de la connaissance de soi — voilà, du point de vue historique pourrait-on dire, la suprême originalité de ce livre [...]. Conduite jusqu'où il la mène [...] cette science de soi aurait pu devenir bien dangereuse pour l'amour même [...]. Si François esquive toujours ce danger [il le doit] à ce sentiment d'incessante responsabilité vis-à-vis de la totalité de son être intime [...] à son don d'auto-accusation, à la distinction de son humilité... » Encore un jugement qui ressemble mieux à un billet de confession qu'à une critique littéraire...

Mais bien qu'il ne soit pas consacré au livre de Rivière, c'est dans un autre article que nous croyons pouvoir trouver l'évocation la plus pénétrante d'*Aimée,* le jugement esthétique le plus finement mesuré qu'un ouvrage de ce type ait inspiré, en tant qu'« hommage à la tradition psychologique française en général [...], précisément à Mme de La Fayette » :

> Je n'admire rien de plus dans ce livre que la parfaite justesse d'une analyse prévue. Mais pour comprendre le prix d'une telle qualité, pensons un peu au fatras énorme que le goût de l'extraordinaire, hérité du romantisme, nous a fait accumuler en psychologie, à côté des descriptions vraiment puissantes et enseignantes d'un Proust ou d'un Gide [...].
> Je ne vais pas exagérer ma pensée : si hideux soit son objet, je donnerai toujours l'avantage, en psychologie, à la découverte – pourvu qu'elle en soit une et ne nous saisisse pas seulement de stupéfaction, mais de conviction aussi. [Ce livre] réintroduit peut-être, dans la peinture des passions, une mesure, des proportions qu'il y aurait péril à laisser perdre ; il nous rappelle l'importance, la grandeur des sentiments normaux. Ce livre, tout bref, tout fait de chastes étincelles, peut désintimider ceux qui pensent qu'une certaine pente humaine doit être épousée si l'on veut que l'investigation intérieure reste touchante et conduise encore au sublime [16]...

Cet article n'a pas pour sujet *Aimée,* qu'il éclaire si bien, mais *Le Bal du comte d'Orgel* de Radiguet. Et l'auteur en est Jacques Rivière. C'est même la dernière critique proprement littéraire qu'il ait publiée dans sa revue, sept mois seulement avant sa mort. Un texte testamentaire ? Retenons qu'il attend de l'« investigation intérieure » qu'elle conduise au « sublime » et semble, ce faisant, déclasser l'article de 1912, ou lui tourner le dos...

*

Si divers qu'aient pu être les mouvements qui accueillirent *Aimée* au sein de la *NRF* (la réaction de Gaston Gallimard qui est, sous les traits de Georges Bourguignon, le troisième personnage du drame et, selon Paul Morand, « le plus intéressant », nous reste inconnue...), le premier roman de Jacques Rivière fut assez bien reçu par le public et la critique. Assez pour être un candidat très sérieux au prix Balzac qui venait d'être créé à l'initiative de Bernard Grasset, et avec le soutien financier de Sir Basil Zaharoff, le célèbre marchand d'armes, afin de faire pièce au prix Goncourt. Le jury, présidé par Paul Bourget, groupait entre autres Maurice Barrès, Léon Daudet, Georges Duhamel, Henri Duvernois et Daniel Halévy.

Pour le coup, la maison de la rue Madame fit bloc, et Marcel Proust écrivit à son ami Daniel Halévy, grand électeur du « Balzac », pour le convaincre de voter en faveur du « joli livre de mon ami Jacques Rivière [17] »*. Peine perdue. C'est le très oublié Émile Baumann, auteur de *Job le prédestiné* (et candidat de Paul Bourget), qui l'emporta, partageant les lauriers avec Jean Giraudoux (*Siegfried et le Limousin*). Il était spécifié que « des suffrages » étaient allés à Jacques Rivière pour *Aimée* **. Aux approches de la mort (intervenue le 18 novembre), Marcel Proust tint à faire part à son ami malchanceux de son « chagrin » [18]...

La discrète gloire d'*Aimée* n'a pas subi sans dommage l'épreuve du temps. Du vivant même de Jacques Rivière, la triple question posée par l'ouvrage — à propos du retour au roman d'analyse, de la distance à prendre par l'auteur et ses personnages, et de l'« interdit amoureux » — était largement débattue entre le nouveau romancier, ses amis et la critique. Dans un entretien avec Ramón Fernandez, très proche compagnon de ses dernières années, qui comparait *Aimée* à l'*Adolphe* de Constant et l'incitait à « supprimer [sa] présence » de son prochain roman, Jacques convint qu'il lui faudrait en effet « faire voir [ses] personnage à l'état singulier [19] ».

S'agissant du retour de Rivière au « roman d'analyse », Albert Thibaudet écrivait dans le numéro d'hommage de la *NRF* que l'auteur d'*Aimée,* « liseur et demi-disciple de Proust », se caractérisait par « une restauration de l'analyse », substituée à son ambition du « roman d'aventure ». Définitivement ? Thibaudet le pensait, arguant de très récentes conférences prononcées à Genève qui avaient montré Rivière « déclassant le romanesque, l'oratoire et même l'héroïque », ne cherchant plus que « le vrai, le vrai intérieur ».

Quant au thème de l'« interdit » qui confère à *Aimée,* n'en déplaise à Gide (et autrement à Schlumberger), sa tension dramatique, Auguste Anglès a soutenu naguère que « pour qu'une œuvre de l'interdit s'impose, elle doit avoir une puissance qui fait singulièrement défaut à *Aimée* ». Pour le faire sentir, l'historien majeur de la *NRF* ne craint pas de lui opposer *Tristan* et *Le Soulier de satin*.

* Proust crut bon d'ajouter à l'adresse d'Halévy ces mots qui eussent fait bondir Rivière : « Condamné à mort par les Allemands, il n'a jamais pu rétablir sa santé et vit de la façon la plus misérable avec sa femme et ses enfants. »

** Le dernier concurrent, Montherlant, fut distingué par le seul Halévy.

Mais n'y a-t-il pas là un contresens, au moins un faux sens ? Ce n'est pas d'« interdit » qu'il faut parler ici, mais de contention. Moins tragique, plus psychologique. Il ne s'agit pas de destin, mais de psychologie. Tristan, comme Œdipe ou Phèdre, est pris dans un étau inéluctable.

François choisit son comportement. Ce n'est ni sa fidélité à Marthe ni le refus de tromper son ami qui le détournent de faire d'Aimée sa maîtresse, mais un rapport de sensibilités et de comportements qui s'est instauré entre cette femme et lui, figeant certains gestes, les rendant non « interdits », mais impossibles. Qui n'a connu ce type de relations où la sexualité n'est présente que par un désir contenu ?

Le thème clé, ici, c'est le désir. D'autant plus durable, et délicieux, et raffiné, que suspendu. Lors du colloque organisé en 1974 à Cerisy-la-Salle sur « Jacques Rivière romancier », avec la participation, entre autres, d'Auguste Anglès, Jacques Bersani et Alain Rivière, l'un des participants évoquait à ce propos l'amour courtois, tout fondé sur une longue (sinon définitive) rétention, conservatrice du désir.

La réserve tremblante, et fascinée, de l'amoureux d'*Aimée* n'est pas parente de celle, corsetée d'interdits fulminants, monstrueux ou sacrés, qui ligotait Tristan, Hippolyte ou Mme de Clèves — mais de la stratégie mi-lucide, mi-spontanée, qui tenait en lent, et long, et éloquent désir les troubadours Bertrand de Born ou Jofroi Rudel.

Timidité ? C'est l'interprétation gidienne, bien réductrice. Scrupule religieux ? C'est l'explication claudélienne, apparemment impropre. Loyauté par rapport à l'ami ? Il s'agit plutôt du privilège accordé à un inaccomplissement qui idéalise à coup sûr, qui aiguise peut-être.

Le fait est que, Anglès le dit durement, « Rivière ne s'est pas donné les moyens de rendre son intention sensible au lecteur ». D'où cette impression d'échec relatif — que les amoureux * mêmes de ce livre lisse, palpitant et navré, ressentent mieux que ne le fit, en 1922, Marcel Proust...

L'histoire de ce petit livre écrit et réécrit huit années durant ne devait pas se clore par la mort de l'auteur. Isabelle, son épouse, jugea bon en effet, quatorze ans plus tard, de lui donner sinon une suite, en tout cas d'en proposer une version édifiante (ou mieux « corrective ») intitulée *La Guérison* **, où était contée l'histoire de Jacques — rebaptisé le sergent Beaulieu — mort en captivité après avoir fait retour à Dieu.

On n'aurait pas retenu cet effort malheureux si la veuve de Jacques Rivière, utilisant la correspondance de guerre de son mari et le chapitre x d'*Aimée* qui lui rendait hommage, mais avait été en fin de compte retiré par l'auteur, n'avait signé l'ouvrage de leurs deux noms accolés. Fait juge de cette opération, François Mauriac se prononça sur un ton si sévère que ses relations avec Isabelle Rivière en furent à jamais altérées.

* Comme l'auteur de cette biographie...

** Publié en 1936 chez Corréa.

*

L'enthousiasme manifesté par Marcel Proust, Max Jacob et Charles Du Bos, ne suffit pas à persuader le directeur de la *NRF* qu'il avait, avec *Aimée,* apporté à la littérature romanesque une contribution digne de son œuvre critique. A travers cette pluie de louanges, il perçut, majoritaire, un courant de scepticisme affectueux chez les uns, ironique chez les autres.

Le grand critique peut-il se muer en inventeur (ou conteur) d'histoires ? Bien sûr, il y a Sainte-Beuve et *Volupté* – et Proust s'était d'abord manifesté comme essayiste et pasticheur. Devient-on, peut-on devenir, ou naît-on romancier ? Y a-t-il quelque loi ou fibre secrète qui fait que, des songes d'enfant, l'un fait surgir *Le Grand Meaulnes* et l'autre *Noé Sarambuca,* l'un Gilberte Swann qui vit de sa vie propre et l'autre Alissa, qui n'existe que par la grâce d'un style ?

Jacques Rivière connaissait mieux que personne ces questions. Telle lettre à Gide, déjà citée, témoignait des doutes qu'il éprouvait en 1912 pour son compte. Mais de la tentative qui avait abouti à *Aimée,* il avait gardé un souvenir à la fois amer et grisant. S'efforcer à ce vrai plus vrai que le vrai parce qu'il est transfiguré par l'imagination esthétique et la beauté formelle, construire sur un socle de vérité une forme fidèle et libre à la fois — voilà un projet qui l'avait empoigné sans encore le combler.

Ambition artistique ? Certes. Mais dans la préface qu'elle a écrite pour le roman inachevé de son mari, *Florence,* Isabelle Rivière soutient que si Jacques tenta de nouveau l'expérience, bien qu'il fût peu dans sa nature d'« affabuler », « c'est par cette méfiance exagérée du facile qui jette de temps en temps dans l'erreur les trop consciencieux [du fait de] la conviction puritaine que seul est valable le travail qui leur est le plus pénible [...] l'entreprise qui sera la plus opposée à leurs dons... ». Ne craignant pas de grossir le trait, Isabelle poursuit : « L'honnêteté de Jacques, tombant ici dans le scrupule, lui a fait croire qu'il ne donnerait au lecteur le Rivière artiste à juger, qu'en le jetant en plein milieu de quelque chose qui ne serait pas Rivière *. »

Scrupule ? Il prit des formes inattendues. Rivière n'avait pas oublié l'admonestation de Gide, lui faisant grief de n'avoir pas osé conduire son héros, sinon lui-même, jusqu'à un accomplissement qui, sa « prodigieuse faculté d'analyse » aidant, eût été le « vrai fond de l'enfer ». Le directeur de la *NRF* professait que son métier était de « dire comment les choses

* Cette dernière formule est de Rivière lui-même, extraite par Jean Paulhan (pour son article du numéro de la *NRF* d'avril 1925) d'une lettre dont il ne cite pas la destinataire – qui est l'une des femmes qu'aima Jacques Rivière à la fin de sa vie (voir plus loin, p. 445).

sont ». Cette histoire qu'il voulait conter, qu'on le sommait de faire totale, il voulut la vivre.

On ne dira pas que les liaisons par quoi furent agitées les dernières années de la vie de Jacques furent purement expérimentales, qu'il s'inocula consciencieusement ce qu'on appelle « la débauche » par pur souci scientifique, par abnégation, comme un biologiste peut faire de tel virus : il y avait aussi en lui un hédonisme d'autant plus ardent que longtemps maîtrisé. Mais il est de fait que les aventures affectives qu'il vécut de 1922 à 1925 coïncidèrent avec la gestation de *Florence,* en fournissant la trame, sinon le matériau.

« Quelque chose qui ne serait pas Rivière... » Les expériences qu'il voulait faire pour manifester dans et par la différence son pouvoir créateur, il lui fallait les chercher « ailleurs ». Non pas en des escapades gaillardes que s'autorisaient autrefois Fournier, plus récemment Copeau, ou encore Gaston. L'auteur d'*Aimée* n'avait pas pour objectif de rivaliser avec *Bubu-de-Montparnasse* — seulement d'appliquer son pouvoir d'analyse à un objet « différent ».

*

L'aventure avec celle que l'on prit longtemps pour le modèle unique de *Florence* avait commencé pourtant « sur son terrain », pourrait-on dire, et non du fait de quelque détour mondain. A l'issue d'une des conférences qu'il prononça au Vieux-Colombier en janvier 1923 sur « Proust et Freud », une auditrice lui avait écrit pour exprimer son enthousiasme. Elle s'appelait Antoinette Cerutti, avait épousé dix ans plus tôt Paul Morin-Pons, homme d'affaires de la région de Lyon, et vivait à Auteuil, rue Michel-Ange.

Peu d'hommes de lettres résistent très longtemps à une admiration proclamée, pour peu qu'elle le soit en termes choisis. Résister ? Jacques n'y songe guère. Il est alors vulnérable, sinon à l'affût : l'admiratrice vient à point. Nous sommes moins de quatre mois après la publication du trop pudique *Aimée* et des incitations gaillardes de Gide, quelques ricanements discrets se font entendre à la cantonade... Rivière songe à un roman dont la matière serait plus charnelle que celle dont il avait modelé son premier récit. Et voici que s'offre l'objet de son étude.

S'il s'agit d'abord de curiosité, de jeu, d'expérience, nous verrons que tout ceci fera bientôt place à des sentiments dont l'expression paraît trop forte pour être feinte. Nous savons Jacques aussi impropre à la simulation que peut l'être un homme normal mêlé aux tribulations du siècle. Les lettres* qu'il écrit à Mme Morin-Pons, puis à Antoinette, puis à

* 142, conservées au Fonds Doucet de la Bibliothèque Sainte-Geneviève, où nous avons pu les consulter grâce à l'obligeance d'Alain Rivière et de François Chapon.

« Belone », puis à « mon petit Belone », se recommandent par la vigueur du sentiment plutôt que par l'élégance ou sa saveur de l'expression. Lettres d'amoureux puis d'amant assez traditionnelles, n'étaient quelques percées sur le roman qu'il entreprend, parallèlement à son aventure.

Nous sommes loin ici des grandes correspondances amoureuses — loin même des échanges entre Alain-Fournier et Pauline Benda, ou, sur un tout autre registre, du dialogue entre le prisonnier de Koenigsbrück et Isabelle, sa femme. Si sincère qu'en paraisse l'expression épistolaire, l'adultère n'exalte pas le génie de Jacques Rivière.

Les premières lettres (de janvier 1923) sont celles, très classiques, de l'écrivain flatté de l'admiration que lui porte une auditrice, et curieux de la connaître. Dès le troisième message, il avoue qu'il « meurt d'envie de [la] voir ». Elle se fait désirer, puis exige que la correspondance passe par la poste restante, ce qui ajoute à l'échange le piment du secret. On se rencontre, pour le thé au Lutetia, puis à la station Champs-Élysées...

Quinze jours ne sont pas passés que Jacques parle d'« impatience » et de « tremblement ». Éloquent... Il assure, le 14 avril, qu'il n'a « jamais connu une intimité comme celle qui tend à s'établir entre nous ». Le 10 juin, on en est à la « tendresse ». Et Jacques parle d'une présence qui sera « très bonne, si ce n'est pas le tout de ce que je désire ».

Le diminutif amoureux de « Belone » apparaît en juillet, précédant « baisers infinis », « je vous serre contre moi », et l'expression d'un « long et tendre désir ». C'est du début d'août que date ce curieux propos : « Ce n'est pas seulement du plaisir, c'est une véritable rénovation spirituelle que je m'attends à trouver dans vos bras », complété par celui-ci, plus simple : « C'est un gros charbon en ce moment que mon désir » — image qui en signale l'accomplissement : ils sont amants au moment de se quitter pour l'été — à la différence d'Aimée et François, naguère.

Le « tu », ce n'est pourtant qu'à la fin de septembre 1923 que Jacques s'autorise à en user. Sa lettre du 4 octobre est toute bruissante de caresses, les « désirs » de plus en plus constamment évoqués sont, de toute évidence, assouvis. Et le 14, il écrit ceci : « Maintenant je vis [...]. C'est toi qui m'as guéri... »

Si l'auteur d'*Aimée* s'est jeté, au printemps 1923, dans une aventure « expérimentale », pour se libérer et s'instruire à la fois, six mois plus tard il ne s'agit plus d'une « passade » : il est engagé dans une liaison assez ardente pour durer jusqu'à sa mort : aux premiers jours de février 1925, en proie déjà au mal qui va l'emporter, il adressera à la jeune femme quelques lignes griffonnées sur une carte de visite « ...je crois impossible d'écrire autre chose que ce mot... ».

Amant comblé (sinon heureux ?), Jacques peut passer du halètement de la chasse amoureuse à ses préoccupations d'intellectuel qui sont d'ailleurs, on l'a vu, à l'origine de sa liaison. Proust, Montherlant, Cocteau, Meredith, le *Journal d'égotisme* de Stendhal, surgissent entre deux soupirs. Il va jusqu'à des confidences fortes : « J'ai fait le serment terrible de ne plus céder à la souffrance, de la considérer en ennemie... »

Et lui, si secret sur son art et l'évolution de son travail, s'autorise cette confidence sur le roman qu'il écrit, d'autant plus savoureuse qu'elle vise l'objet supposé de cette analyse : « J'essaie de développer mon talent dans le sens où il ne va pas naturellement, où du moins je n'ai pas osé jusqu'ici croire qu'il pût aller. Je fais de plus en plus de scènes, de dialogues, et même entre des personnages qui me sont complètement étrangers [...]. L'imagination n'est pas mon fort. Il m'en vient cependant un peu, que je dirige au mieux des intérêts de mes personnages... »

De quelques banalités relevées dans cette correspondance, il ne faudrait pas inférer qu'elle n'est pas digne du partenaire de Proust. Témoin ce bel aveu adressé à « Belone », d'Alsace où il prononçait des conférences, le 19 février 1924 :

« ... Je souffre [...] d'une sorte de différence d'avec moi-même qui est la chose la plus atroce qui puisse torturer un être humain. J'existe en deçà de moi-même, sans avoir besoin de me manifester, comme une sorte de dieu Terme : mes bras me sont inutiles. Je ne réussis plus à entrer dans rien de ce que j'ai fait, à l'alimenter, à le nourrir. Mes actions flottent autour de moi comme des méduses.

« Quand je peux t'entourer de mon bras, cette place si douce, si flexible au-dessus de la taille où il repose, c'est plus que de la chaleur qui m'en vient, c'est de la force, de l'espoir, du ravissement. C'est comme si j'avais saisi l'arbre même de ma vie, comme si je grandissais avec lui. »

Antoinette Morin-Pons fait de son mieux pour relancer la balle mais — ce qui prouve qu'elle n'était point sotte —, déplore le « déséquilibre intellectuel » entre elle et Jacques Rivière. Lequel se récrie, et parle au contraire de « totale égalité * ». Courtoisie, aveuglement ? Après tout, ce sont des conférences sur Proust et Freud qui les avaient réunis : Odette Swann y aurait-elle su trouver le prétexte, ou l'amorce, d'une aventure ?

La correspondance d'Antoinette **, dite « Belone », ne révèle pas une épistolière de grande lignée. On a marqué en son temps la déception infligée à Jacques — notamment pendant sa captivité — par les lettres « arides » d'Yvonne, qui ne pouvaient soutenir la comparaison avec celles que lui adressait sa femme. Est-ce parce qu'elles étaient d'abord la promesse, puis l'écho d'un accomplissement amoureux que celles de « Belone » semblent l'avoir charmé ?

La note qui domine dans ces lettres qu'anime un sentiment très fort, un amour irrécusable, c'est une modestie, on dirait même une humilité exempte d'amertume :

* Nous avons cité un passage des *Carnets* (chapitre XI) où il s'indigne de jugements méprisants portés sur les femmes qu'ont aimées de grands écrivains.

** Révélée d'abord par Alain Rivière dans son livre sur sa mère, *op. cit.*, p. 185-188.

> Je sais que tu es parti faire ma conquête sans m'aimer, tu me l'as avoué, que tu as cru ensuite que l'amour venait, mais qu'il n'est pas venu [...]. Je n'ai jamais eu la certitude d'être aimée, l'aurai-je jamais ? Cette tendresse, ce désir, beaucoup appelleraient cet ensemble amour. J'ai toujours la sensation qu'il manque quelque chose. Je te plais mais tu ne m'aimes pas [...]. La plus grande preuve, c'est ce début d'idylle avec N.J. *[...] Jacques chéri, il faut que tu sois heureux. Je maudis mon impuissance, je voudrais tant être pour quelque chose dans ton bonheur.
> Je t'aime et t'embrasse passionnément
>
> Belone.
>
> Je me suis mal expliquée sur ton livre. Je suis sûre, d'après ce que tu m'en as lu, qu'il sera très beau, que je l'admirerai beaucoup, que ce sera un très grand livre. Mais pour l'aimer je me place à un point de vue égoïste, je l'aimerai selon ce qu'il m'apprendra de *nous*. Et là j'ai bien peur !

Encore ceci :

> On ne peut jamais posséder entièrement un être, et toi surtout, tu es trop grand pour moi [...]. Je n'ai pas su te montrer combien je t'aimais [...]. Je t'ai aimé lorsque je croyais fermement que tu ne m'aimerais jamais [...]. Tu es trop intelligent pour aimer un être médiocre [...]. Ta véritable nature est là, tu ne seras heureux que possédé par un grand sentiment car tu es un être extraordinaire, l'intellectuel en pleine maturité avec la plus profonde intelligence qui soit, et tu as gardé la fraîcheur de l'adolescence, c'est là qu'est ton génie, ne lui résiste pas [...]. Tu as tant de jeunesse, il faut que tu vives un grand amour. Puisque je n'ai pas su te le faire connaître, il faudra chercher ailleurs...

Sait-elle quelque chose de précis, quand elle écrit cela à propos de « N.J. » ou d'une autre ? Belone s'inquiète tout à coup, parle de rupture, fait des allusions à un certain Albuquerque qui vit à Lisbonne et la harcèle. Mais elle avoue à Jacques que ce n'est guère que pour exciter sa jalousie ! « Plus je t'aime, plus je m'isole de tous [...]. Maintenant je sais que ni lui ni personne ne me consoleront de ta perte... »

Dès avant que cette « perte » n'intervienne sous la forme la plus horrible qu'elle ait pu imaginer, Jacques avait été insensiblement détaché de sa maîtresse par une autre liaison, peut-être non charnelle celle-là, mais plus intense encore, et qui incite à ne pas voir dans Mme Morin-Pons l'inspiratrice principale de *Florence*.

On l'appelait Maggie. Épouse d'un notable genevois, Conrad Horneffer, elle était la belle-sœur de cette Mimi Cramer, épouse d'un médecin,

* Nous n'avons pu découvrir la personne ainsi désignée.

également de Genève, qui avait examiné Jacques lors de sa libération en 1917 et était devenue, lors du séjour du ménage Rivière en Suisse, la meilleure amie d'Isabelle. La correspondance entre Isabelle et Jacques est pleine de références à ces amis merveilleux qui les accueillaient souvent l'été dans leur maison de Haute-Savoie, à Treize-Arbres-sous-Monetier, dont Conrad Horneffer et sa femme Maggie étaient des habitués.

Quand la tendre admiration que vouait Jacques Rivière à cette belle femme blonde, « cette grande chose d'or et de lait », devint-elle de l'amour ? C'est en 1923 que se nouera leur correspondance : Maggie vit le plus souvent à Genève, où il accepte volontiers de prononcer des conférences, on l'a vu ! A la fin de l'année, l'échange prit un ton franchement amoureux, manifesté par le recours au tutoiement.

Citer ces dates, c'est marquer une rigoureuse simultanéité entre les deux aventures de Jacques, avec « Belone » et avec « Maggie ». Ainsi cet homme resté longtemps si chaste, au point de s'attirer les « vas-y ! » d'André Gide, explosait soudain dans une sorte de folie amoureuse — car ce chassé-croisé ne se limite vraisemblablement pas à ces deux égéries...

Ainsi, tandis qu'il répondait avec une tendre sollicitude aux appels de « Belone » inquiète de l'« idylle avec N. J. », Jacques écrivait à Maggie des lettres d'autant plus ardentes qu'il les voyait de moins en moins payées de retour — et que, dans l'une d'elles, il se plaint de la « chasteté » que lui impose la déesse de Genève. Autant la correspondance avec la dame du Vieux-Colombier exprime une sorte d'hégémonie masculine, de bénévolence majestueuse de l'écrivain pour l'admiratrice qui s'est donnée à lui, autant celle qu'il entretient avec Maggie reflète une sorte de supplication permanente d'amoureux éconduit, en tout cas ramené à la « raison »...

Les lettres de Jacques vers la Suisse sont scandées par deux leitmotive : l'hommage à la beauté de Maggie (« que tu es belle » revient si souvent qu'on peut penser que la dame s'inquiétait des injures du temps) et la déploration que fait Jacques de son manque de séduction, d'où découle « cette chose à quoi il m'est très dur de me résigner, à quoi je ne me résigne pas encore » — la chasteté (totale ou non) de leurs relations.

> ...J'ai la sensation quand je suis près de toi d'exercer la même attraction qu'une bûche sur une pierre. Est-ce que c'est normal ? Suis-je vraiment si peu attirant ? J'ai pourtant la sensation d'avoir gagné en bien des choses. Ma timidité auprès de toi, si elle subsiste, ce n'est plus la même. Ce n'est plus la crainte d'être maladroit. Elle vient seulement de ton attitude.

En décembre 1924, six semaines avant sa mort, et alors que s'espace — sans s'attiédir — sa correspondance avec Mme Morin-Pons, Jacques

Rivière écrit à Maggie celle de ses lettres où l'expression de la passion charnelle est, semble-t-il, la moins contrôlée :

> Il faudrait que je m'arrache de toi. Je ne peux plus me permettre cette dépendance de ton bon plaisir, qui te paraît si naturelle. Ce n'est plus de mon âge. Ce n'est pas compatible avec ce que je vaux.
> Et pourtant quelque chose m'enchaîne à toi. Je te le dis avec rage et rancune, presque, mais parce que c'est vrai et parce que le plaisir que tu en ressentiras m'est encore cher, même s'il implique mon humiliation.
> Je te trouve si belle ! Ces doutes que des imbéciles ont pu t'inspirer sur ta beauté, ces derniers temps, ils sont absurdes, entends-tu ?
> Hier soir, je te regardais verser le thé ; j'étais malade d'admiration et de désir pour ce corps que je devinais, que je voyais presque dans son étroite gaine, que j'aurais voulu en faire jaillir comme on cherche la belle tige blanche d'un arbrisseau en fendant l'écorce.
> Maggie, j'étais accablé vraiment ; je te sentais en travers de mon bonheur, en travers de ma vie. Trop douce à avoir dans les bras, comprends-tu ?
> Toutes mes pensées ont à l'avance la forme de ton corps et s'il vient parmi elles, c'est comme un hôte bien-aimé pour lequel on veillait, pour lequel on était en espoir et en sollicitude.
> Mais qu'il vienne vraiment, réellement, et ce sera un anéantissement de bonheur. Je me dépouillerai de tout pour toi ; je me ferai pauvre de tout ce qui te gênera. Oui, je te prendrai, je te recevrai en moi, je me fondrai en toi ; je toucherai un instant ce grand pays où la joie est pareille à la mort.
> La double rivière de tes épaules, Maggie, si juste, si parfaite, si inspirée, y boire ! Tenir tes épaules, descendre suivant toutes ces courbes infaillibles, dans ce jardin de lignes pures, et qui vivent, qui pensent, qui chantent.
> Je suis jaloux, Maggie !...

Et c'est le 1er février 1925, treize jours avant sa mort, déjà alité, que Jacques adresse à la Genevoise cette dernière supplique, déchirante :

> Ma petite Maggie chérie,
> Il faut absolument que nous nous voyions seuls un moment avant ton départ.
> Tâche de m'attendre à ton hôtel demain lundi, après le déjeuner, vers 2 h 30. Je vais beaucoup mieux [...].
> Maggie, c'est affreux la peine que j'ai eue de ne pouvoir sortir et parler avec toi ces jours-ci. Cela m'a fait beaucoup plus souffrir que ma maladie. Je t'ai trouvée si belle pendant les visites que tu m'as faites ! J'étais torturé par l'admiration, par le besoin de te toucher, par la tendresse.
> [...] Au revoir, Maggie chérie ! A demain ! A demain, n'est-ce pas ? Je t'embrasse tendrement.
>
> Jacques[20].

Mais le plus cruel, en tout ceci, ce sont les cinq mots griffonnés au verso de sa lettre, d'une grande écriture anguleuse, de la main de la destinataire (?) : « Mort samedi 14 février 1925. »

*

Si l'on a cru devoir s'attarder à ces échanges, ce n'est pas seulement parce que la figure de Rivière s'y révèle par un autre biais, à la fin de sa vie. C'est aussi parce que ces aventures furent par instant pensées (sinon toujours vécues, on l'a dit) comme matière première du roman par lequel Jacques méditait de répondre aux contempteurs d'*Aimée*.

Mais on ne saurait chercher, en ces diverses aventures, les véritables clés de *Florence* si l'on ne disait, en quelques mots, ce qu'il en est du roman écrit par Jacques Rivière au cœur de ces orages, de 1922 à sa mort, et dont il disait alors à sa femme qu'il lui faudrait « encore quinze jours pour le terminer » — ce qui paraît bien peu quand on connaît (c'est maintenant notre cas...) la minutie presque maladive, l'acharnement qui donnait son prix au travail de Rivière.

Observons d'abord ceci : le manuscrit de *Florence* que se résigne à publier Isabelle Rivière dix ans après la mort de Jacques — ce qui correspond à peu près aux dernières volontés de l'auteur — comporte des versions diverses et des retouches entre lesquelles fut opéré un choix arbitraire, mais pas plus que tout autre. Dans le manuscrit que j'ai eu entre les mains, il y a des pages où toutes les corrections ne se retrouvent pas dans le texte final, et des indications que l'on ne retrouve pas dans le livre : par exemple que le héros, Pierre, est « fils d'un député de Paris »...

Quant au dernier chapitre, ou à ses diverses versions, il mériterait d'autant plus d'inspirer les chercheurs que Jacques y projette par instant des lueurs, des hypothèses chrétiennes, qui donneraient à cette assez cynique aventure un sens rédempteur. Qu'Isabelle Rivière ait marqué sa préférence pour les fragments de texte qui font de Pierre le sauveur de Florence ne saurait étonner. Mais n'oublions pas que, dans la version dont elle a patronné l'édition, d'autres issues sont suggérées, et notamment cette chute que n'éclaire aucune lueur d'espérance :

« Tu l'aimes ?

— Oui.

— Non. »

Il s'agit d'un jeune homme qui rencontre au bord de la mer une très belle jeune femme, Florence, mariée à un homme quasi invisible et qui a des amants, ce dont il ne s'aperçoit que peu à peu : elle en distille la révélation avec une sorte de ravissement. Il tente de la faire renoncer à ces liaisons, ne parvient qu'à provoquer de nouveaux aveux, et la quitte.

Version « dure » d'*Aimée* ? Libre interprétation des deux liaisons que vivait alors Jacques avec Antoinette et Maggie ? Il est d'abord très clair que le second roman de Rivière relève beaucoup moins de l'autobiographie que le premier. Dans *Aimée,* l'auteur ne se distancie pas de « François », et nul de ses amis, on l'a vu, ne voyait en cette histoire autre chose que la sienne propre.

Le cas de *Florence* est plus complexe. Ne serait-ce que parce qu'il y a deux modèles, peut-être davantage. Nous avons cité la lettre où « Belone » parle de « N. J. », mais on ne saurait négliger ce passage bien significatif d'une lettre de Jacques Rivière à François Mauriac à propos du *Fleuve de feu*, en 1922. Le directeur de la *NRF,* ayant loué le livre de son compatriote bordelais, lui écrit :

> ... Le livre que j'ai en tête en ce moment, où il n'y aura pas une ligne indécente ou blasphématoire, est plus terrible que tous les *Immoralistes* du monde [...]. Si j'arrive à ne pas l'écrire, ce que je souhaite à certains égards profondément, c'est à vous que je le devrai, à votre exemple [...] d'une conception chrétienne du monde et de la vie...

Et en post-scriptum :

> Je connais une Gisèle de Plailly * – sans la Grâce – mais bien émouvante aussi [...]. Tout de même, ce que les femmes sont intéressantes !

Ce qui frappe, en cette lettre, c'est qu'elle est écrite plusieurs mois avant la rencontre de Jacques et d'Antoinette et ce qu'on pourrait appeler l'« érotisation » des rapports entre Rivière et Maggie. Alors ?

Bien sûr, le personnage de Florence, comme la plupart des créations romanesques, est dessiné d'après plusieurs modèles. Charlus ne saurait être réduit à Montesquiou, ni Oriane à Mme Strauss, ou à la comtesse Greffulhes. Mais s'il faut à tout prix désigner un modèle principal, c'est Maggie Horneffer qui semble s'imposer.

On a quelque mal à superposer l'image de cette « Belone » harcelée de doutes et de complexes d'infériorité à celle d'une Florence qui fait penser à un personnage de Morand plutôt qu'à une héroïne de Mauriac, et que Rivière décrit comme « incurablement superficielle », incapable de s'imbiber « de rien qui puisse devenir source », de « prendre jamais l'empreinte irrémédiable ni même durable d'aucun homme » et dénoncée par cette formule rageuse : « Florence, cette nombreuse esclave, cherche encore qui servir... »

Compte tenu de quelques ruses et coquetteries de maîtresse jalouse,

* L'héroïne du *Fleuve de feu*.

l'amoureuse appliquée qu'est « Belone » n'a guère à voir avec la séductrice avide de domination peinte dans *Florence* — et c'est la dame de Genève qui fait penser à cette conquérante à la beauté insatiable : on retrouve dans le roman des fragments de lettres de Jacques sur l'éclat floral de son héroïne — d'où le prénom qui lui vint...

L'entremêlement de la vie de Jacques et de l'écriture de son roman était devenu un thème familier de conversations entre ses amis — sinon ses ennemis — et ils attendaient, de cette publication, moins la manifestation de son génie romanesque que des révélations sur l'homme, comme leur en avait apporté *Aimée*.

Dès le lendemain de la mort de l'écrivain, ses amis de la *NRF* se préoccupèrent du sort de l'ouvrage dont il parlait volontiers. Et sachant Isabelle peu encline à porter sur la place publique ce qui allait être considéré comme une révélation de l'« inconduite » de son mari, ils ne mirent que plus de vigueur à la harceler. C'est Maria Van Rysselberghe, la « petite dame » amie de Gide, qui rendit visite à Isabelle Rivière : les condoléances formulées, elle s'enquit du sort de « ce roman [...] en somme terminé et à quoi il attachait une grande importance ». Faisant valoir que le roman n'était pas achevé, Isabelle précisa que son mari, quelques jours avant sa mort, lui avait interdit de le publier, sauf si elle avait des besoins d'argent (ce qui était toujours le cas...). Si elle devait se résigner à le publier, précisa Isabelle Rivière, ce ne serait pas avant de longues années...

Gide, émoustillé par ce délai (il y voyait une volonté de camouflage), alla voir à son tour Isabelle. Elle lui confia qu'elle regrettait d'autant plus de ne pas pouvoir de longtemps publier *Florence* que ce livre était de nature à modifier l'opinion d'une critique qui jugeait Rivière incapable de « sortir de lui-même ». A ses derniers moments, il aurait confié à sa femme : « Ce livre paraîtra tellement vrai qu'on croira encore à de l'autobiographie ! ! »

« Gide, raconte " la petite dame ", était bouleversé [...] du pathétique de cette déclaration de Rivière à sa femme, essayant au suprême moment un rétablissement subtil et compliqué pour la tranquilliser, pour lui faire croire [...] qu'il ne s'agissait pas de lui [21]... » Ici, Maria Van Rysselberghe croit pouvoir ajouter qu'« il est avéré que *Florence*, comme *Aimée*, est le récit transposé d'une expérience sentimentale de Rivière », ce qui reflète au moins ce qui se disait à la *NRF*.

Antoinette Morin-Pons était restée (ou avait été tenue par Jacques) hors du cercle de la *NRF* et du « Laugier * ». Mais peu de temps après la mort de Rivière, elle était allée confier son désespoir à la grande amie et confidente du disparu, Aline Mayrisch, dite « Loup », chez qui elle avait connu Mme Van Rysselberghe. Quelques années plus tard, la « petite

* L'atelier des Van Rysselberghe, épicentre du « circuit » gidien.

dame » reçut la visite de celle qu'elle présente comme « la Florence de Rivière », en présence d'un André Gide débordant de sollicitude et d'égards. Il se dit « indigné » (dans le sens chrétien, bien sûr — pointe qui vise Isabelle). L'argumentation de Gide séduit visiblement la visiteuse, selon laquelle, dans les derniers temps, Jacques se détachait de plus en plus de Claudel.

Gide : « Je suis assez sceptique [...] au sujet de la vérité ; je ne crois pas qu'elle finisse toujours par triompher, le mensonge arrange bien des gens... » Et se tournant vers Antoinette : « Auriez-vous quelque répugnance à publier les lettres que vous avez de Rivière ? — Oh oui, dit Mme Morin-Pons, je ne consentirai jamais à faire cela du vivant d'Isabelle *. — Oui, dit Gide, et après elle ce sont les enfants qu'on croit devoir protéger ! Il y a toujours des raisons... » Et de dauber un peu plus sur le compte d'Isabelle..., non sans confier à son amie qu'il avait trouvé la visiteuse « parfaite, sans une fausse note [22] ».

Quelle qu'en fut l'inspiratrice ou les modèles, *Florence* est un livre manqué — mais utile à qui veut se faire une idée du personnage que fut Jacques Rivière, de son évolution personnelle au cours des années vingt et aussi de la conception du roman qui se formait à la *NRF* après la mort de Proust. Ce qui compte dans l'aventure de (ou des) *Florence,* c'est l'aventure, plutôt que le personnage. Dans cette affaire, ce n'est pas le portrait d'une femme (ou de plusieurs) qui est brossé, mais le désarroi d'un homme. Ou plutôt son « état des lieux ». Un « état de Rivière », écrivain de trente-six ans, détenteur d'un immense pouvoir intellectuel (mieux vaudrait parler d'autorité) et qui, arbitre entre Proust et Gide, entre Claudel et Valéry, est, dans le siècle, comme un enfant.

L'écrivain qui, en proie aux intenses démêlés qui agitent la *NRF,* mène de front la double intrigue avec Maggie et Antoinette, se jetant dans ces aventures comme Rubempré dans le salon Nucingen, c'est bien d'autre chose que d'une maîtresse qu'il est en quête. Ce qu'il cherche, c'est à assumer une condition nouvelle, une liberté de risques, une plénitude à la fois sociale, psychique, charnelle qui sera la levée de l'« interdit ».

On reviendra sur la frénésie de transgression qui va le posséder. Mais le timide « François » de 1914 est encore encoconné dans un rituel vertueux ; « Pierre », un être « en quête », en chasse, dont on ne dira pas qu'il est « cherchant qui dévorer » mais plutôt « cherchant à dévorer ». Cet adolescent qui régente les lettres européennes n'est plus le Chérubin du premier acte qui fait face à *Aimée,* mais celui de la scène des marronniers, en chasse et déjà en route pour les rapines militaires. *Florence* n'est qu'une escale sur ce sentier de la guerre. N'eût-il pas, ce

* Mme Morin-Pons confia les 142 lettres reçues de Rivière au « fonds Doucet » avec interdiction de les communiquer avant 1986, centenaire de la naissance de Jacques. C'est le fils du disparu, Alain, qui les a fait d'abord connaître au public. Comme quoi, protection des enfants ou pas, Gide était trop pessimiste à propos de la vérité...

feu craché, sa gourme jetée, retrouvé la sérénité ? Le fait est que la mort vint auparavant.

De cette exubérance de désirs et d'algarades amoureuses, Isabelle ne pouvait manquer de souffrir, tentée de jeter un voile sur ce qui l'humiliait en tant que femme, et la désolait en tant que catholique. Gide, le littérateur absolu *, avait aussitôt flairé que la première conséquence de ces rejets risquait fort d'être l'enfouissement définitif ou la destruction des témoignages du péché, à commencer par *Florence*.

L'honneur de la veuve de Jacques Rivière fut de surmonter cette ardente tentation, et de ne surseoir à la publication de ce livre manqué (parce qu'inachevé ? ou parce qu'écrit à des fins moins esthétiques que prophylactiques ?) que de dix ans. Délai conforme à ce qui paraît avoir été la volonté du mourant, et au respect des vies privées mises en cause.

Dans une lettre à Henri Pourrat écrite six mois après la mort de Jacques Rivière [23] et alors que se développe autour d'elle une sorte de campagne de sommations (« publiez ! publiez ! »), Isabelle Rivière explique fort bien pourquoi elle a pris ces décisions, les jugeant conformes aux intentions exprimées par son mari à la veille de sa mort.

Elle croit bon d'ajouter ceci : « Cet être de cristal [...] n'a jamais menti, jamais manqué à sa parole, n'a jamais péché... » Ce qui est de son point de vue, sachant ce qu'elle savait, surprenant; aussi absurde qu'émouvant. Aux gens de la *NRF* qui, agacés par ces proclamations d'angélisme, mettaient l'accent sur les frasques de son mari, Isabelle rétorquait que, si Jacques avait péché, c'est qu'il était un homme, le chrétien n'étant pas « infaillible ». Argument qu'il est aisé de retourner : pour le proclamer chrétien, fallait-il, contre l'évidence, le dire sans péché ?

Abusive pour ce qui concerne l'image morale qu'elle prétendait imposer de son mari, Isabelle Rivière retrouve, sur le plan esthétique, une véritable lucidité critique dans l'introduction écrite pour *Florence* :

> ...Ce n'est pas sans un poignant regret que je livre au public ces dernières pages de Jacques [...] premier jet d'une œuvre par surcroît inachevée [qui] a représenté pour lui un exercice strictement littéraire, sur lequel il a compté pour donner la mesure de sa qualité d'artiste [...] Nous n'avons ici [...] que le premier état du roman, le premier brouillon, assez peu raturé [...].
> [...] Ce n'est pas diminuer un écrivain que de reconnaître ses limites [...] quand lui-même, surtout, les a si bien su déterminer. Jacques n'était pas romancier [...]. Malgré tout son effort d'imagination, il est curieux de voir combien cette œuvre qu'il a annoncée comme un roman, qu'il a donc espérée riche en péripéties, tout agitée d'action, demeure une pure étude psychologique, un vivant mais immobile

* On sait que la pire épreuve de sa vie fut la destruction, par Madeleine, sa femme, de leur correspondance.

> portrait [...]. Il est vraisemblable qu'arrivé au bout de l'expérience, avec cette lucide et intrépide sérénité qui était sa vertu et son art, il eût reconnu qu'il l'avait manquée [24]...

Qu'ajouter à ce diagnostic qu'il serait médiocre de croire assombri par le ressentiment ? Dès 1912 et la tentative de *Noé Sarambuca*, Jacques Rivière avait su que le domaine du roman lui était interdit. Parce qu'il avait formulé avec éclat la théorie ou les préceptes du « roman d'aventure », il crut s'être inoculé quelque chose du venin romanesque. Et pour avoir brisé, en quelques amours vécues, l'armure puritaine où étouffait l'adolescent bordelais, il se crut emporté par le démon de l'aventure.

Ni la maîtrise de la théorie du roman ni les emportements du cœur ou du corps ne font d'un écrivain, fût-il le plus lucide de son temps, un romancier.

XXI

Le pentagone étoilé *

Cet homme si éperdument livré aux turbulences du désir ne vit et n'agit pas moins au centre d'une incomparable configuration esthétique, comme une sorte d'aiguilleur du ciel. Pour si exigeantes que soient ses amours, Jacques Rivière reste imperturbablement voué à l'animation et à la régulation d'un commerce intellectuel dont la direction de la *NRF*, devenue la « rose des vents » de la littérature européenne, n'est que l'une des composantes.

Non content d'avoir à opérer chaque jour un choix, pour son prochain numéro, entre tel conte de Giraudoux et tel essai de Thibaudet, à relever les attaques déclenchées contre sa revue par les croisés du nationalisme intégral ou les effrénés du surréalisme, à relire et recomposer les épreuves du dernier poème de Valéry ou d'une nouvelle de Morand, à corriger les frasques de Léautaud ou calmer les humeurs de Suarès, à faire fonctionner la plus fantasque des boutiques (une revue !), Jacques Rivière est, au début des années vingt, le correspondant simultané, le confident, le critique et l'ami de cinq des plus grands écrivains de son temps, qui n'écrivent, n'inventent et ne publient guère sans passer par le filtre de son regard exigeant : Marcel Proust, Paul Claudel, André Gide, Alexis Léger qui sera Saint-John Perse, et François Mauriac.

Si l'on met l'accent sur ces cinq dialogues concentriques, plutôt que sur ceux qu'entretiennent avec le directeur de la *NRF* Paul Valéry ou Charles Du Bos, Valery Larbaud ou Marcel Jouhandeau, c'est parce qu'en ces rapports privilégiés se manifeste de façon très singulière cette flamme d'amitié vigilante qui est la marque de l'exigence esthétique de Jacques Rivière.

Est-il permis de dire de ces entretiens qui tissent autour du personnage de Rivière comme une étincelante toile d'araignée, que, sans eux, ni *La Prisonnière,* ni *Anabase,* ni peut-être *Le Fleuve de feu* ne se seraient aussi heureusement épanouis ? On verra que l'esprit ou la « main » du pilote de la *NRF* ne se manifestent pas de la même façon ici et là.

* Le titre de ce chapitre est inspiré de celui d'une pièce de mon ami algérien disparu Kateb Yacine, *Le Polygone étoilé.*

Proust salua Rivière du titre de « premier lecteur », Claudel de « lecteur idéal ». Peut-être pourrait-on dire « lecteur gardien »... Familier du vocabulaire religieux, l'auteur de *Swann* parla à son propos de « directeur de conscience » — sous l'œil duquel s'élabore, de « brouillon » en « becquets », l'œuvre qui s'appellera *Sodome et Gomorrhe, La Porte étroite* ou *Le Désert de l'amour.*

*

Si étrange que cela puisse paraître, Jacques Rivière ne croisa le regard de Marcel Proust, ce lac aux profondeurs nocturnes où palpitait une société tout entière, que plus de cinq ans après la lettre célèbre (et inconnue !) qui lui avait valu d'emblée de retenir l'attention admirative de l'auteur de *Swann* — lequel se proclama aussitôt le très fidèle lecteur des essais du secrétaire de la revue.

On a conté * ces premiers échanges, l'entrée impétueuse de Rivière dans la bataille pour la publication de la *Recherche* à la *NRF,* l'« affectueuse reconnaissance » qui lui est aussitôt manifestée par l'auteur, les très vagues — et vaines — tentatives du jeune homme pour rencontrer, à l'Opéra ou ailleurs, celui qui n'est encore que le semi-reclus du boulevard Haussmann.

Marcel Proust resta si frappé par ces premiers échanges qu'en 1916, apprenant la captivité de ce jeune homme qu'il n'a pas même rencontré et dont il n'a reçu encore que quatre lettres, il écrit à André Gide — dont il n'est pas non plus des intimes : « ...Je m'étonne de ne pouvoir imaginer le visage de celui que, de ma part du moins, je pourrais appeler un ami, car, si je ne l'ai jamais vu, je ressens pour lui tout ce qui peut entrer de meilleur dans l'amitié [1]... »

Amitié ? Proust se présentait volontiers comme « un athée de l'amitié » — et, dans une lettre à Jacques Rivière des premiers jours de décembre 1919, écrivait ces lignes bien curieuses :

« Je me souviens d'avoir trouvé jadis inexacte une phrase de vous (dans la *NRF* d'il y a au moins six ans) où vous placiez trop haut à mon avis l'amitié. Du reste *Jeunes Filles en fleurs* et les suivants sont imprégnés du même esprit anti-amical. Or l'intérêt que je ressens pour vous me porterait maintenant à modifier ma manière de voir. (Notez du reste que si théoriquement je suis un athée de l'amitié, je la pratique avec beaucoup plus de ferveur que tant d'apôtres de l'amitié [2].) » Nous verrons à quel point Jacques Rivière saura bénéficier de cette « ferveur » très militante : qu'aurait-ce été si Marcel Proust avait été un fanatique de l'amitié...

* Voir première partie, chapitre IX.

Presque aussi savoureuse, et beaucoup plus surprenante, la réponse de Jacques :

« ...Au fond, je pense tout à fait comme vous sur l'amitié. Comme vous, je la crois en général infiniment moins fécondante que l'amour. Mais comme vous je sens de plus en plus grande celle qui m'unit à vous[3]. » (Ainsi parle le protagoniste d'une liaison amicale légendaire, et dont il est permis de juger qu'elle a été plus « fécondante » * que les amours de 1914... Mais il a écrit « en général » — et n'a pas encore entamé *Florence* !)

Faute d'« amour », Marcel Proust portera à Jacques Rivière ce qu'il appelle dans ses lettres de la « tendresse », qualifiée tantôt d'« affectueuse », tantôt d'« admirative », et qu'il devait situer, dans la hiérarchie des sentiments, beaucoup plus haut que l'amitié. Sans que rien de trouble ne vînt s'y mêler, on entend bruire au fond de ces échanges une très intense « sympathie » qui va bien au-delà du commerce littéraire : le malade cloîtré dans la chambre tapissée de liège du boulevard Haussmann ne manque pas de préférer un « souffrant » comme lui, revenu abîmé de la guerre (que de références réciproques aux problèmes de santé dans ces lettres, l'aîné grossissant comme à plaisir les épreuves qu'affronte plus discrètement que lui son ami, et surtout — on l'a vu — la modestie de ses ressources).

L'une des énigmes que pose, comme toutes les relations humaines, la « tendre amitié » entre Proust et Rivière est celle de la date de leur premier tête-à-tête. On a mis l'accent sur la longueur du délai entre la lettre de février 1914 et la première rencontre. Plus de cinq ans ! Mais encore ? La seule certitude que nous ayons est la date du 10 décembre 1919 : c'est celle de l'attribution du prix Goncourt à l'auteur des *Jeunes Filles en fleurs* — nouvelle qui lui fut communiquée dans la soirée, au 44, rue Hamelin où il réside depuis peu, par une délégation de sa maison d'éditions et de la revue qui le publiait, composée de Gaston Gallimard, Gustave Tronche et Jacques Rivière.

Avant cette date, comment, entre tant d'occasions manquées, de regrets exprimés, de projets faits, situer, soit à la revue, soit chez Gide, chez Gallimard ou au Vieux-Colombier, ou encore dans une salle de concert, le face-à-face Proust-Rivière ? Deux ou trois dîners projetés par Gaston avaient été décommandés. On jouait de malheur : les Goncourt mirent un terme à l'invraisemblable.

A partir de cette date, même, il est aussi difficile d'écrire l'histoire de leurs tête-à-tête qu'aisé — et délicieux — de déchiffrer à travers leur correspondance les tribulations d'une amitié. Les allusions aux rencontres sont rares, et ces deux hommes qui aimaient la même musique — Debussy, Wagner, Stravinski — et la même peinture — Cézanne, Poussin,

* Voir chapitre II, « Du côté de chez Meaulnes ».

Vermeer — ne semblent guère s'être retrouvés chez Colonne ni au Salon.

Un trait d'union fut cependant trouvé. Dans la préface écrite pour l'édition de 1955 de la correspondance entre Proust et Rivière, Philip Kolb rapporte des confidences révélatrices d'Isabelle Rivière : au cœur de la nuit, son mari et elle assoupis étaient réveillés par un coup de sonnette. « C'est Odilon... », soupirait Jacques, qui descendait ouvrir. Odilon, chauffeur de taxi de son état et mari de Céleste Albaret, la gouvernante de Proust, travaillait la nuit, et de préférence pour l'écrivain : pour peu que la solitude lui parût moins pesante vers minuit, l'auteur de *Swann* dépêchait Odilon chez Reynaldo Hahn, ou Morand, ou Berl, ou Rivière, ou chez plusieurs d'entre eux — et chacun se précipitait, embrumé (pour ce qui est de Jacques en tout cas, peu noctambule) mais tout heureux d'être l'un des élus de ce « Banquet ».

Proust avait-il, ce soir-là, invité quelques musiciens, le quatuor Poulet ? Ou simplement commandé au Ritz, son traiteur préféré, un souper raffiné servi par Céleste « en robe de satin noir et en pantoufles » ? Autour du lit de Marcel Proust alternaient musique et entretiens, où Jacques Rivière devait briller d'un feu plus doux que Paul Morand ou Emmanuel Berl. Mais être l'un des desservants de cet étrange rituel ne laissait pas de l'enchanter — et contribuait à tisser entre le maître de *La Prisonnière* et lui des liens plus rares encore, plus subtils que ceux qu'avait noué, depuis 1914, leur commune dévotion à la *Recherche*.

Tout « athée » de l'amitié qu'il se prétendît, le vacancier de Balbec n'avait de cesse qu'il démontrât à son cadet son obligeance et sa sollicitude. Qu'un homme qui s'était voué de façon presque inhumaine à l'élaboration et à la mise en lumière de son œuvre immense et se savait condamné à la mener à bien en quelques années, qui ne pouvait travailler que trois ou quatre heures par jour et en devenait follement avare de son temps eût accepté de relire, crayon en main, le manuscrit d'*Aimée* * est l'une des preuves de « tendre amitié » les plus fortes qu'il ait pu donner.

Mais que dire de l'énergie déployée et du temps passé pour faire obtenir par Jacques Rivière le prix Blumenthal, créé par une riche Américaine pour soutenir l'Art et la Pensée française, et dont le jury réunissait Mme de Noailles, Barrès, Boutroux, Bergson, Gide, Valéry et — novice en un tel aréopage — Marcel Proust ? Le dernier lauréat du prix Goncourt consacra une bonne partie du mois d'août et de septembre 1920 à « décrocher » pour son jeune ami cette bourse de plusieurs milliers de francs, particulièrement bienvenue chez les Rivière étant donné la précarité de sa situation financière. Proust — qui, en dépit d'une otite, tint à participer à l'ultime délibération — poussa même la sollicitude plus loin en avançant le montant de la bourse au jeune écrivain, alors aux abois :

* Voir ci-dessus, p. 435.

Lettre de Jacques :

> ... Je comprends bien que c'est à vous, et uniquement à vous, que je dois mon prix (qui me fait un plaisir immense !). C'est vous qui avez eu l'idée de ma candidature [...] C'est vous qui avez rallié tout le monde et cette fameuse unanimité de ce soir [...] c'est vous seul qui l'avez formée [...]. Mon cher Marcel, il me semble, à m'ausculter du moins, que notre amitié ne va pas trop mal[4]...

Voilà bien des « athées » qui vont à la messe... Laquelle se poursuivra jusqu'à la fin, avec la bataille que livrera deux ans plus tard un Proust quasi agonisant en vue de faire attribuer au directeur de la *NRF,* pour *Aimée,* le prix Balzac*. On a dit le « chagrin » infligé à un Proust à l'agonie par l'échec de son ami. Mais peut-être ce chagrin fut-il nuancé d'un surcroît d'estime pour ce jeune candidat qui, heureux des démarches faites par son aîné, avait refusé qu'il sollicitât la voix de Léon Daudet, pourtant grand admirateur de la *Recherche*, en raison, précisait Jacques, de sa « passion politique »...

Quelques mois plus tôt, le directeur de la *NRF* avait donné à son prestigieux ami une preuve de lucidité et, d'une certaine façon, une leçon de fermeté morale. Marcel Proust s'était laissé dire que l'Académie française l'accueillerait volontiers, qu'il y avait en tout cas des partisans aussi considérables que Barrès, Bergson et Henri de Régnier ; et pour grand qu'il fût, il ne dissimulait pas à ses amis de la *NRF* que, s'ils n'y voyaient pas d'inconvénient, il siégerait volontiers en une compagnie où l'on n'avait su recevoir ni Balzac, ni Stendhal, ni Flaubert. Réaction de Rivière, admirable de « pointe » :

> ... Croyez-vous vraiment que vous ayez des chances ? Avez-vous lu le discours d'Henri Bordeaux ? Imaginez-vous que des gens à qui ce ronron a fait plaisir puissent, d'une même âme, goûter, pénétrer, embrasser une chose comme *Swann* ? N'oubliez pas la force dont votre œuvre est pleine [...]. Vous avez beau faire, vous êtes trop dru, trop positif, trop vrai pour ces gens-là [...] leur sommeil est trop profond[5].

Marcel Proust ne tiendra pas rigueur à Jacques Rivière de cette mise en garde — compte tenu des attendus... Mais peut-être le léger dépit qu'il dut en concevoir, ne serait-ce qu'en raison du prodigieux sujet qui lui était ainsi confisqué, du « manque à gagner » qu'il voyait à ne pouvoir frôler et écouter les Norpois et les Verdurin du quai Conti (une séance de réception sous la Coupole relatée par un Proust en habit vert !), se ressent-il au fil des lettres suivantes, où la *NRF* est parfois étrillée en la

* Voir ci-dessus, chapitre XX, p. 440.

personne de tel de ses critiques qui a osé comparer Jean de Pierrefeu à Velásquez *...

Entre ces deux écrivains — dont l'aîné écrivait à son ami qu'« il n'y a personne au monde que j'aime, que j'estime, que j'admire autant que vous », quand le cadet renchérissait en situant son ami entre Racine, Saint-Simon et Stendhal —, les rapports n'en vinrent pas moins à se tendre par périodes, comme il en va toujours dans un monde où le génie ne se voit pas de rival et le talent ne connaît que trop ses limites, où la grandeur n'exclut pas la vanité, et la lucidité ne peut toujours faire l'économie de l'aigreur.

Jacques Rivière était le directeur d'une revue « inventée » par André Gide et Jean Schlumberger, à jamais marquée au fer rouge par le rejet de *Du côté de chez Swann* en novembre 1912, une revue rageusement parrainée par Paul Claudel que l'homosexualité mettait en transes : et voilà que cette revue, en grande partie du fait de son activisme proustien, prenait de plus en plus figure d'antichambre de Combray ou d'annexe de Balbec. Et chaque jour davantage la rumeur s'en répandait dans Paris, et chaque mois la gloire des Guermantes prenait mieux pour emblème le beau sigle de la *NRF* dessiné par Schlumberger.

D'où un très étrange rapport de forces professionnel, qui n'altéra jamais la « tendre amitié » entre Marcel et Jacques, mais fit souvent de leurs relations une manière de duel. Comment un écrivain à ce point adulé — fût-ce par des adversaires politiques comme Léon Daudet — aurait-il pu maîtriser la conscience d'infaillibilité esthétique que lui donnait une acclamation perpétuelle dont Jacques était en quelque sorte l'instigateur, et mieux encore peut-être l'animosité des imbéciles et des sectaires.

De tous les textes consacrés par le directeur de la *NRF* à celui qu'il tenait pour le plus grand écrivain vivant et publiait avec orgueil, l'un des plus significatifs est celui, très bref et d'une acidité crépitante, écrit en réponse à Pierre Lasserre (critique maurrassien de *La Revue universelle*) qui soutenait que Proust, dépourvu d'imagination et de sensibilité, « fait de l'ersatz ». Le romancier ayant proposé à Rivière de lui adresser une riposte, le directeur de la *NRF* préféra s'en charger, écrivant que « sous les dehors de l'aisance et de la vivacité, le plus naïf pédantisme et la plus extérieure inintelligence s'étalent inconsidérément [chez M. Lasserre]. Par moment on croit entendre Bloch ** lui-même, par miracle sorti de l'*Ombre des jeunes filles en fleurs* et en entreprenant la critique, ou plutôt l'éreintement [...]. »

« Après tout, c'est peut-être de la reconnaissance que nous devons à M. Pierre Lasserre. Je me trompais au début en l'accusant d'inintelligence. Il a, au contraire, le sens de l'erreur profitable [...] tout au moins

* « Vous êtes d'une injustice épouvantable ! », se récrie Rivière.

** On imagine que l'antisémite qu'était M. Lasserre dut goûter le rapprochement...

pour les autres. Voici que sans le vouloir il nous a mis sur la voie de plusieurs des caractéristiques essentielles du talent de Marcel Proust. Continuerons-nous de lui faire mauvais visage ? Ce serait cruel, puisque, dans cette affaire, il est le seul en somme qui soit victime, le seul qui soit resté privé de récompense et de plaisir[6]. »

N'empêche. Les relations entre le directeur et le plus glorieux de ses auteurs traversent quelques orages, au point que Jacques se croira en droit, certain jour du 27 juin 1922, d'exprimer le « découragement » où le jette son ami en soupçonnant dans toute « [sa] conduite avec [lui] je ne sais quelle duplicité[7] ». Duplicité ? Ce n'est pas cela bien sûr que reprochait Proust à son jeune ami, mais une sorte d'incurie, d'inorganisation, ce qu'il exprime fort cruellement dans une lettre à son ami Charles Bugnet :

> J'adore Rivière, c'est l'être le plus noble, la plus lucide intelligence qu'on puisse imaginer. Mais très fatigué depuis la guerre (qu'il a faite de façon atroce) il m'a, par sa fatigue, sa distraction, l'oubli de recommandations notées sur de petits bouts de papier qu'il perd, causé plus d'ennuis que n'auraient pu le faire cinquante ennemis coalisés[8]...

« Effroyable injustice » du génie. Étrange imputation que celle de ces « petits papiers perdus » — alors que l'on peut reconstituer (comme l'a fait notamment Jacques Bersani) par l'examen de la seule correspondance entre les deux écrivains la rude négociation qui ne cessera de conditionner la publication des œuvres de Proust dans la revue, d'avril 1919 à sa mort.

Trois « raisons » à ces heurts et accrochages entre les deux amis : l'objet même de leur entreprise, visant à découper en tranches (de vingt à trente pages) publiables dans une revue une œuvre dont on a dit et répété qu'elle est un chef-d'œuvre d'horloger suisse, une minutieuse construction dont chaque pièce s'emboîte dans l'autre et l'équilibre ; le caractère, fort « audacieux » pour l'époque, de nombre de personnages de la *Recherche* ; et la méfiance grincheuse ou jalouse de plusieurs des « pères fondateurs » et de leurs proches — à commencer par Gide « remonté » par Schlumberger et surtout par Martin du Gard, carrément hostile à la littérature de Proust — et, à la cantonade, le bourdon de la colère claudélienne...

Le troisième facteur de discorde fut minimisé avec le temps — Gide, Schlumberger et même sur la fin Claudel s'étant inclinés devant le génie du romancier. Mais le second resta vivace, l'était en tout cas en septembre 1921 quand éclata ce qu'on pourrait presque appeler le « conflit », en tout cas la crise.

Marcel Proust pouvait bien être ce romancier qui, proposant son œuvre à Gaston Gallimard en 1913, le mettait en garde contre le caractère

« licencieux » de son ouvrage et la peinture qu'il y faisait de l'homosexualité, des amours de Charlus notamment : il n'en réagissait pas moins avec une incroyable vivacité à toute imputation de ce genre, fût-elle présentée sous la forme la plus précautionneuse par le directeur de la *NRF*.

C'est la lettre de Jacques du 6 septembre 1921 qui, piquant la susceptibilité de Proust, met le feu aux poudres :

> Dans votre découpage je vous demande seulement d'éviter les anecdotes dont M. de Charlus est le héros. On me reproche beaucoup la licence croissante de la revue et bien que je sois très peu troublé par ce reproche, pour des raisons matérielles je ne voudrais pas y donner prise à nouveau en ce moment[9]...

Riposte de Proust — en deux salves, l'une du 13, l'autre du 14 septembre :

« ...Tout dans votre lettre m'a choqué. Votre recommandation d'éviter l'indécence était tellement superflue. Ne vous souvenez-vous pas que c'est moi qui pour ne pas nuire à la Revue vous ai dit que je ne donnerais pas les Hommes-Femmes... » (Moyennant quoi l'auteur de la *Recherche* conclut ainsi sa lettre : « Cher Jacques, tout cela ce sont des plaisanteries d'ami à ami. Le sérieux c'est que vous alliez bien, c'est que votre livre s'achève merveilleusement sans vous fatiguer. Le reste n'est pas même littérature. Tendrement à vous[10]... »)

Mais le lendemain, nouvelle poussée d'adrénaline :

> Cher Jacques,
> Votre lettre m'a rendu absolument fou. Je vous ai donné tout ce que vous vouliez [...]. J'ai ôté une page sur les jeunes chasseurs de Balbec qui m'a paru licencieuse [...]. Qu'est-ce qui vous manque (Paulhan l'a peut-être égaré) ? Je vous demande en grâce de ne pas paraître en deux numéros, vous dites que j'aime les fins brusques, c'est vrai, mais j'aime choisir ma brusquerie et ma fin. Si vous voulez pour le numéro suivant le dîner chez les Verdurin avec M. de Charlus il est à vous d'avance. Mais justement cela me paraît très « licencieux ». Qu'en pensez-vous[11] ?

Raillerie, appât ? Jacques Bersani parle, lui, de « provocation », de « chantage » : le grand homme sait qu'il est le plus fort, et obtiendra (ne serait-ce que par la menace de publier ailleurs *) la capitulation en rase campagne de son ami.

De fait, le 13 octobre, après une longue conversation avec Gallimard, plus insensible que lui aux imprécations de Claudel, Jacques vient à résipiscence : « Réflexion faite, je n'ai pas de raison pour reculer devant

* Aux *Œuvres libres*, par exemple.

un passage un peu scabreux. Nous ne sommes pas une revue de jeunes filles[12]. »

Cette capitulation, Jacques ne s'y est pas résigné sans la couvrir de l'un des plus beaux éloges qu'il ait adressés à l'auteur de *A la recherche du temps perdu* : tant qu'à s'incliner, que ce soit devant le plus grand. Molière et Racine sont passés par là. On ne peut résister au plaisir de citer cette pavane pour un prince exigeant :

> ... Aucune œuvre humaine n'est parfaite, à Balzac on peut reprocher ses divagations politico-sociales, son style vulgaire et mal peigné, à Stendhal trop d'affectation de désinvolture, son manque de poids et de continuité, son cynisme naïf, à Saint-Simon toutes les négligences imaginables. Pourtant qu'avons-nous de plus grand (avec Racine) ? Eh bien, je vous mets avec ces quatre-là [...]. Vous faites voir [...] avec autant de force que Saint-Simon, et vous entrez dans les sentiments avec autant de pointe que Racine ou Stendhal. Je ne vois pas chez qui ces deux qualités se sont jamais trouvées au même point alliées[13]...

*

Prévenu parmi les tout premiers de la mort de son ami, dans l'après-midi du samedi 18 novembre, par un mot de Reynaldo Hahn, « parce que Marcel avait pour vous une amitié et une estime particulières, et nous savons que sa mort vous affligera profondément », Jacques Rivière courut à son bureau et rédigea en hâte pour la revue (qui était en cours de « bouclage ») ces lignes parues le 1er décembre 1922 :

> ... sur cette tombe, il faut éviter toute emphase. Il faut que notre douleur se maintienne intérieure et sage, comme lui-même fut appliqué et profond [...]. Et pourtant c'est la lumière la plus éclatante que la France ait projetée sur le monde, dans le moment même où on pouvait la croire épuisée par la guerre, qui s'éteint [...]. On verra peu à peu combien Proust est grand [...]. Il a droit encore pendant longtemps à l'indifférence de ceux qui parlent au lieu de penser. Mais il faut que l'entourent et l'assiègent avec insistance et fidélité, dès maintenant, la curiosité, la tendresse, la reconnaissance de tous ceux pour qui se comprendre et comprendre l'homme sont les seules occupations qui aient un sens dans cette vie...

L'hommage de Jacques Rivière à son maître s'achevait par l'annonce d'un numéro spécial de la *NRF* consacré au disparu. Qui aurait pu penser que, si intense que fût la ferveur du directeur de la revue, et déjà assurés sa maîtrise et son entregent international, l'hommage auquel seraient conviés amis et confrères français et étrangers pourrait être rassemblé et publié, immense et déjà inscrit dans l'histoire, un mois plus tard ? C'est pourtant le 1er janvier 1923 que parut le monumental hommage à Marcel

Proust * de la revue qui resterait son très vivant mausolée. Tour de force ? Rivière n'aurait pas aimé la formule. Ce n'est là qu'un aspect mineur du tribut déposé par Jacques — vigoureusement épaulé par Jean Paulhan, Crémieux, Du Bos et Gaston Gallimard — sur la tombe de Marcel Proust.

Anna de Noailles, Maurice Barrès, Léon Daudet (qui a la muflerie d'écrire que le débat budgétaire à l'Assemblée ** ne lui a pas laissé le temps d'écrire l'article qu'eût mérité Proust...), Gide, Valéry, Fargue, Larbaud, Cocteau, Morand, Maurois, Ramón Fernandez, Drieu La Rochelle et de grands écrivains étrangers comme Stephen Hudson, E. R. Curtius et Ortega y Gasset, à l'appel de Rivière tout le monde *** a tenu à manifester son admiration, même Ghéon qui se refuse néanmoins à réviser son article myope du 1er janvier 1914, tout le monde sauf les irréductibles, Claudel, Schlumberger ****, Martin du Gard...

Quelle contribution pourrait valoir celle du « premier lecteur » ? Dans le tourbillon où l'a jeté l'élaboration de cet énorme numéro spécial, il a trouvé le temps d'écrire « Marcel Proust et l'esprit positif », décrivant le maître de la *Recherche,* le passage du bergsonisme qui fonde ses conceptions du temps et de la mémoire au freudisme qui inspire l'idée si féconde que « nos sentiments ont pour fonction principale de nous mentir ». La défiance mère de la pénétration ? Montaigne, La Rochefoucauld, La Bruyère, Racine, Marivaux et Laclos ont bien su opposer « la force de leur esprit aux insinuations de leur cœur » mais personne avant Proust n'a su adopter une attitude aussi « résolument critique en face du sentiment [...] non par une décision de son esprit, mais par un immense et tranquille scepticisme naturel ».

Jacques Rivière peut parler, ici surtout, en connaissance de cause. Il le fait avec intrépidité, compte tenu des circonstances :

> Les amis de Proust savent qu'ils avaient beau avoir conquis son affection : rien ne pouvait les défendre contre l'immensité de son soupçon [...]. Rien ne terminait sa clairvoyance [...]. Au contact de Proust, on se rendait compte combien l'homme est artiste à se tromper sur lui-même et chacun voyait apparaître peu à peu, décollée de sa propre âme, cette image toute fantaisiste qu'il s'en faisait instinctivement [...]. Pour ce qui me concerne tout au moins, Proust aura été le révélateur le plus effrayant que je pouvais rencontrer de moi-même...

Au-delà de cet aveu sans exemple en une telle occurrence, Jacques Rivière élargit hardiment le propos :

* 340 pages.

** Ce parangon du monarchisme intégral est membre de l'Assemblée de la République, la « gueuse ».

*** Curieusement, Mauriac n'est représenté que par un article de *La Revue hebdomadaire.*

**** Qui se raviseront plus tard.

... L'œuvre d'art doit son pouvoir de séduction à un certain essor illusoire de la pensée, à un déchaînement de ses forces instinctives et menteresses. Subsiste-t-elle si l'écrivain se donne pour tâche essentielle de contrarier ses forces et de les démasquer ? Tout tendrait à me faire répondre négativement si l'œuvre de Proust n'était là, devant nous, magnifique exemple d'une impossibilité réalisée, et d'une fiction organique et vivante obtenue par le seul effort pour atteindre la vérité.

Le Jacques Rivière des adieux était-il, comme l'affirme François Mauriac (alors dans son intimité), en train de se détacher de Proust ? Ses textes, pour douloureux qu'ils fussent, n'incitent pas à le croire vraiment — à moins que l'on ne voie dans son attirance alors croissante pour le freudisme une manifestation de son éloignement du maître de la *Recherche*. Les conférences qu'il prépare alors sur *Proust et Freud** veulent manifester une convergence, plus qu'un passage de relais : rien de plus typique de la « méthode Rivière »...

*

Ce Claudel lointain et formidable qui avait surplombé et harcelé sans merci les dernières années de son avant-guerre et clos ce premier cycle de leurs échanges en lui exprimant son admiration pour le *Rimbaud* publié en juillet 1914 dans la *NRF,* Jacques Rivière s'en était-il, à l'issue de son épuisante chevauchée « à la trace de Dieu », éloigné ?

Lui qui avait vénéré l'auteur de *L'Arbre* comme « le plus grand esprit qui ait jamais été », qui s'était enfin rendu à ses sommations en renouant avec le catholicisme à la fin de 1913, on le voit au lendemain de la guerre confondre dans un semblable éloignement le prêcheur et son Église, sinon le Dieu par lequel il s'est senti « délaissé » — si l'on en croit telle confidence faite alors à François Mauriac**.

Le malentendu, qui avait failli en 1907 conduire à la rupture entre le convertisseur abusif et le jeune homme en quête d'absolu mais non de disciplines rituelles, semble se reproduire après l'épreuve de la guerre et la « conversion » du prisonnier. Là encore, il y a dissonance, ou disparité de vues entre l'homme des certitudes et celui des interrogations.

Cette fois pourtant, ce n'est pas le cadet qui s'élance, exigeant, vers son maître, c'est Claudel qui, à peine averti de la libération du prisonnier de Koenigsbrück***, lui adresse un message qu'on dirait d'Élohim à Moïse, si exaltant qu'il aurait pu faire vaciller le plus flegmatique, dessinant pour

* Voir plus haut, chapitre XX, et plus loin, chapitre XXV.

** Voir plus loin, p. 494.

*** Et lui rappelant, avec la discrétion qui le caractérise, que ses efforts ont pu contribuer à cette heureuse issue...

lui une mission immense, tant à titre personnel qu'en tant que refondateur de la *NRF* — dont, souffle-t-il au passage, il faudrait exclure « quelques noms », ce qui est ouvertement désigner Gide...

C'est à la vocation d'un Thomas d'Aquin du XXe siècle que Paul Claudel semble bien désigner Jacques Rivière. Qu'on en juge :

> ... Vous avez été mis à part pour la reconstruction de notre futur, qui doit commencer par un reclassement et par un éclaircissement de nos idées, dans l'ordre de Dieu et de la Nature. Ce que vous me dites * de vos projets pour l'avenir me remplit de joie. Vos hautes qualités, aussi scientifiques que littéraires, spécialement cette faculté de désintéressement personnel et de soumission complète à l'objet que l'on poursuit, auraient trouvé un champ bien étroit dans la critique littéraire.
>
> Vous avez maintenant tout le dogme, toute l'apologétique, toute l'histoire, à repenser et à rendre assimilables à notre esprit, je ne dis pas moderne, car moi-même ne suis plus déjà de ce temps, mais à l'esprit de cette humanité inconnue qui va sortir de la guerre et de tous les cercles de cet Enfer de quatre ans. Combien il est plus satisfaisant pour un esprit critique, dans le grand sens du mot, d'avoir devant soi des vérités immuables, et de les étudier avec la curiosité passionnée et parfois scandalisée du naturaliste devant quelqu'un des faits inouïs de l'histoire naturelle, – car l'Ange aussi appartient à l'Histoire naturelle, et la Grâce à sa jonction avec la Physique. Il faut y ajouter un profond sentiment d'amour et de charité envers les frères obscurcis ** dont Dieu désormais vous a remis la charge. [...]
>
> A mon opinion le moment n'est pas venu d'une revue strictement catholique. Il faut un endroit où toutes les idées du temps soient acceptées et essayées, une espèce d'établissement intellectuel, comme ce qui existe par exemple pour les métaux précieux ou pour le conditionnement des soies ***, avec une ferme direction supérieure catholique. Il faudrait aussi une Revue qui ne fût pas strictement littéraire, mais scientifique, historique, philosophique ; un vrai examen de tout ce que la pensée produit de neuf dans tous les pays et dans tous les domaines du jour. [...] Avant tout il faut se garder de l'esprit de secte et de chapelle, se maintenir en contact vivant et humain avec tous les esprits nouveaux qui surgissent [14]...

Ce que ressentit Jacques Rivière en lisant un tel texte, définissant une telle mission, nous ne le savons pas — ne pouvant consulter sa réponse. Compte tenu de la légitimation qu'il y trouvait en tant que futur directeur, gageons qu'il dut y trouver, venant d'une telle source, d'un personnage peu enclin par nature à la tolérance, au pluralisme et à la flexibilité, un encouragement à défendre contre Schlumberger et Ghéon,

* Dans une lettre perdue, comme la presque totalité des lettres de Rivière à Claudel, dans le tremblement de terre de Tokyo en 1923.

** Encore Gide – et les protestants de la *NRF*...

*** Il a été longtemps diplomate en Asie.

avocats d'une revue vouée au nationalisme militant, sa conception faite d'ouverture, d'accueil « à tous les esprits nouveaux qui surgissent ».

Être adoubé par Claudel était magnifique. L'être par un Claudel étrangement (et provisoirement ?) libéré du dogmatisme était plus beau encore. Nous nous sommes parfois étonné de l'assurance, proche de l'outrecuidance, dont Jacques fit preuve en ces années-là face à des hommes comme Schlumberger ou Drouin. Il était l'homme qui avait en poche cette formidable lettre d'accréditation.

Devoir tant à Claudel ne pouvait inciter un homme aussi fier que Rivière à se faire, au sein de la revue, son homme de main, ni même son correspondant privilégié. Ingratitude ? Non. Le poète des *Cinq Grandes Odes* recevra son dû et — sauf entre 1921 et 1923, où se lèveront des orages par lui-même provoqués — il sera bel et bien, entre Proust, Gide et Valéry (que ces promiscuités lui plaisent ou non...), l'un des quatre évangélistes de la *NRF*.

Mais on ne peut dire que l'auteur d'*Aimée* ait mis autant d'acharnement que l'eût fait celui d'*Études* à arborer Claudel en frontispice de sa revue. Il n'est pas un des textes envoyés par le poète qu'il n'ait ponctuellement publié — de *La Messe là-bas* à *Saint Louis,* et du *Père humilié* à *Saint Martin*. Fidèle réceptacle, Rivière ne se fit pas, à son endroit, l'impétueux quémandeur qu'il avait su être au temps de *L'Otage* ou de *Protée*.

Avaient-ils trop conscience l'un et l'autre de la fameuse lettre de janvier 1918 — de cet « ordre de mission » démesuré que l'aîné se reprochait peut-être d'avoir rédigé, l'autre d'avoir interprété de façon très personnelle ? Le fait est que c'est d'un autre âge de leur « liaison » qu'il faut alors parler — qui n'est plus celle établie entre le père de l'Église doublement armé de sa foi et de son génie et le catéchiste balbutiant et désireux, mais le rapport normal entre un grand écrivain et le directeur, admiratif, respectueux, mais très libre, de la plus fière revue du temps.

On observe d'ailleurs que si Jacques fait bon et grand accueil à Claudel dans sa revue, il n'y publie rien sur lui. C'est à la *Revue rhénane* qu'il donne en 1921 son seul article claudélien de ces années-là, article que le poète juge d'ailleurs « un superbe morceau de critique [...] qui m'a appris sur moi-même des choses auxquelles je n'avais pas réfléchi[15]... ». Claudel est à ce point séduit par ce texte qu'il demande à Rivière s'il peut en faire la préface du volume de ses *Pages choisies* alors préparées par un éditeur : « Je ne pourrais faire moi-même meilleure introduction... » Si le projet n'aboutit pas, ces mots furent bien écrits. Mais d'autres, bien différents, allaient suivre.

L'orage éclata pendant l'été de 1922. Dans le numéro de juillet 1922 de la *NRF* avait paru un article de Louis Aragon, *L'Extra*, qui, sous couleur de saluer Lautréamont, faisait déferler sous la blanche couverture de la revue dont l'ambassadeur à Tokyo était l'une des cariatides, des vagues d'un érotisme onirique, hétéro ou homosexuel, quelque peu provocant pour l'époque. Claudel avait accueilli sans trop broncher les audaces esthétiques de Rivière, la « Reconnaissance à *Dada* », telle foucade de Soupault, de Cendrars ou de Breton. Mais, cette fois, il réagit en grand notable catholique :

> Tokyo le 7 août 1922
>
> Mon cher Rivière,
> Je ne puis comprendre comment un honnête homme, un père de famille et un chrétien (du moins vous vous disiez tel à un moment donné) laisse publier sous son nom et sous sa responsabilité les saletés abominables que je lis dans le numéro de juillet de la *NRF*.
> Je me demande ce qui a pu vous déterminer à publier cette froide et stupide cochonnerie qui n'est d'ailleurs qu'un mauvais pastiche de Lautréamont. Est-ce le talent de l'auteur ? tout de même j'ai confiance en votre goût. Est-ce l'influence de Gide ? Ne vous rendez-vous pas compte que de pareilles choses déshonorent et votre Revue et la France et vous-même ? – Après Boissard *, Aragon !
> Votre ami profondément attristé
>
> P. Claudel.

De la réponse de Rivière, on ne possède qu'un brouillon très raturé, daté du 1er octobre 1922, dont ne devait guère différer la version reçue par l'ambassadeur.

Réplique en trois points : c'est le très exceptionnel talent de l'auteur qui a entraîné la décision de publier ce texte « risqué » ; les arguments « moraux » ont de moins en moins de part dans les déterminations du directeur de la *NRF* ; et que l'incident ne détourne pas Paul Claudel de publier dans la revue ! Mais mieux vaut en revenir à la formulation de Rivière :

> J'ai fini par me laisser convaincre, dites : corrompre, si vous voulez, par l'extraordinaire grâce de l'expression, qui fait, à mon avis, d'Aragon le plus délicieux des jeunes écrivains, celui dont il me paraît qu'on peut le plus attendre.
> [...] J'éprouve une difficulté croissante à prendre en considération le point de vue moral. [...]. J'ai dû constater que c'était une position absolument stérilisante pour ma sorte d'esprit ** [...] Je ne confonds pas mon attitude personnelle avec celle que je dois prendre en tant que directeur de revue. Tout de même il y a une influence de l'une sur l'autre, dont peut-être la publication de l'*Extra* est un signe.
> [...] La *NRF* a beau vous donner de temps en temps des déceptions : songez qu'elle n'a pas vraiment démérité du privilège qu'elle a eu jusqu'ici de présenter la première de vos œuvres au public. Ne l'abandonnez pas tout à fait. Vous y serez toujours en compagnie, au

* Le pseudonyme de Paul Léautaud, auquel Paul Claudel n'était pas le seul à reprocher de transformer la critique dramatique en chattière.

** Sur moralisme et littérature, voir le chapitre XXV.

moins du point de vue littéraire, plus honorable que partout ailleurs. Et en tant que c'est moi qui la dirige, vous y serez toujours édité par un ami[16].

Dure riposte de Claudel, le 15 novembre 1922 :

> Vous me dites que la morale est stérilisante pour votre esprit. Il me semble entendre un financier disant qu'il a essayé de tenir compte du Code pénal et qu'il en a trouvé les injonctions stérilisantes pour ses combinaisons techniques.

Suit un long réquisitoire, d'ailleurs éloquent, contre la pédérastie, où est fouaillé au passage le texte d'un autre « fouille-merde », l'*Iphigénie* de Delteil, et dénoncé longuement le Proust de *Sodome et Gomorrhe* – qui va donner lieu plus loin à un remarquable dialogue. Conclusion apparemment sans appel :

> ... Je ne ressens nullement le désir de figurer dans votre exposition de dégénérés entre un Juif sodomite et l'immonde Léautaud [...]. Je vous avoue même que si de temps en temps je ne trouvais dans vos pages un poème de Valéry, un article de vous (c'est rare maintenant), un roman comme ceux de Schlumberger ou de Lacretelle (protestants), je vous demanderais de ne plus m'envoyer la *NRF* qui me donne des idées noires sur l'avenir de mon pays.
> Je vous serre mélancoliquement la main...

Mélancolie ? Au-delà des fulminations indistinctes, le prophète ne s'interdit pas ce sentiment humain – ne guettant qu'une occasion de renouer : quelques semaines plus tard, il reçoit un exemplaire d'*Aimée,* et voici fondue sa rage. Dans la tendresse retrouvée, il ne manque pas de glisser une question de vieil oncle à principes, qui a « besoin d'explications » à propos de ce « drame douloureux » dont, précise-t-il, Jacques s'est « sorti bien ». Mais la lettre *, qui donne l'occasion à Claudel de saluer (non sans ironie à l'adresse de celui qui prétendait en faire l'économie en matière littéraire) l'« âme profondément morale » de son correspondant, rend un son très bienveillant – et se conclut par un « je vous serre affectueusement la main » qui rappelle l'âge d'or de leur amitié.

Voici qui ouvre les voies à l'un des plus beaux échanges qui se soient développés entre Paul Claudel et Jacques Rivière, l'un de ceux qui rappellent le mieux qu'au-delà de son dogmatisme archi-épiscopal et de ses réactions de grand notable décoré, et s'agissant de littérature, le poète de *Violaine* était capable de coups de sonde pénétrants et d'aperçus judicieux sur les techniques du langage et de la composition.

* Dont on a lu des extraits au chapitre précédent, p. 438.

Recevant à Tokyo le numéro spécial de la *NRF* consacré à Proust en janvier 1923, il commente ainsi l'œuvre la plus étrangère qui fût à ses conceptions du monde et de l'écriture :

> ... c'est l'état de rêve ou de mémoire, où les idées se commandent non plus pour des raisons logiques, mais par une espèce de convenance externe, de contagion matérielle, et dont le sujet n'est plus que le spectateur impuissant. Il verra d'autant plus de choses qu'il aura davantage anesthésié les réactions qui troubleraient le spectacle.
>
> Tout s'explique dans l'œuvre de Proust. Tout d'abord sa *continuité*. Ce n'est pas pour rien que l'on parle de *l'étoffe* des rêves. Dans les rêves il n'y a plus ni passé ni présent. Tout vient sur le même plan [...] Ainsi s'explique en outre le style de Proust, si différent quoi qu'on ait dit du style étranglé, apoplectique, de Saint-Simon, qui vomit à gros bouillons. C'est un style qui s'illumine par plaques, en quelque sorte phosphorescent et dont nous voyons fourmiller et grésiller toutes les lettres. L'illumination gagne de proche en proche, mais nous sentons que toute l'œuvre est là d'avance, ce n'est pas elle qui se fait, c'est nous devant qui elle s'éclaire au fur et à mesure de notre pénétration [...].
>
> L'œuvre de Proust vue dans son ensemble présente un caractère commun avec les visions des fumeurs d'opium. Les visions d'abord fantaisistes et riantes deviennent de plus en plus sombres et monstrueuses. La couleur sinistre finit par gagner tout le tableau [...]. On part des aubépines en fleur et on arrive à Sodome et Gomorrhe, comme à cette mer Morte, que devient tout esprit volontairement stagnant et dédié au seul reflet, au seul devoir de regarder, ou plutôt de mirer, d'être un miroir, un bain photographique.
>
> J'espère que ces remarques ne choqueront pas votre admiration, que je partage d'ailleurs, pour un homme que font aimer tous les témoignages si touchants que vous avez réunis en sa faveur.
>
> Quoi qu'il en soit votre numéro constitue sur sa tombe un monument qui restera.
>
> Je vous serre affectueusement la main.

Quelques réserves que l'on puisse faire sur cette évocation réductrice de la *Recherche*, nous voilà loin des imprécations de naguère contre le « Juif sodomite ». L'admiration qui grommelle sous le refus sonore, Jacques Rivière n'a pas de mal à la déceler. Mais il lui faut plaider encore pour le maître disparu, notamment à propos de « l'absence de dynamisme » que révélerait cette œuvre qu'il admire tant :

> ... Je suis arrivé à cette conclusion qu'[elle] est la condition même des découvertes extraordinaires qu'a faites Proust dans la conscience humaine. La volonté, même dirigée vers le bien, est une source de trouble pour la vision intérieure. Ce qu'elle cherche à obtenir, n'étant pas encore, devant être supposé à la place de ce qui est, il en résulte forcément une idéalisation psychologique.
>
> Il fallait donc, si l'on voulait pénétrer à fond dans l'être même spirituel,

déposer pour un certain temps toute velléité constructive, tout souci du « devoir-être ». C'est ce qu'a fait Proust, par tempérament sans doute d'abord, mais ensuite par résolution et parti pris. Je trouve qu'il y a là un exemple d'abnégation, de sacrifice de soi prodigieux.
[...]
Et quand on sait comme moi combien, dans cette entière libération de toute contrainte volontaire, il avait cependant gardé de désir de « bien faire », de dévouement spontané, de véritable bonté, on éprouve une grande difficulté à le considérer comme un maudit et comme un damné *.
Il a d'ailleurs eu, dans ses derniers mois, une préoccupation très nette de l'au-delà. Vous en trouverez trace dans la fin du passage : *La Mort de Bergotte,* que nous avons publié dans notre n° spécial, et qui semble bien être une des dernières choses qu'il ait écrites **.

Il est douteux que Paul Claudel ait reconnu dans l'interrogation suspendue qui accompagne la mort de Bergotte (en qui, comme beaucoup d'autres, il crut reconnaître Anatole France qu'il haïssait autant que l'aimait Proust) le signe d'une irruption de la conscience d'éternité dans les dernières pages écrites par Marcel Proust. Mais ce débat ne manquera pas de laisser des traces, et contribuera à rétablir entre Rivière et lui une suffisante harmonie pour lui faire souhaiter une « rentrée » dans la revue dirigée par son ami.

D'où la demande qu'il présente, en juillet 1924, d'une publication par la *NRF* du *Soulier de satin* qu'il est en train de terminer. Il le fait sur un ton fort modeste, ajoutant que « dégoûté de la publicité » et n'en souhaitant pas pour la publication en volume, il voudrait simplement mettre ce texte « à la disposition des gens que mes œuvres peuvent intéresser », le signant d'un simple P. C., et sans demander de droit d'auteur...

Il est particulièrement fâcheux que la réponse de Jacques Rivière ait disparu. Comment une offre aussi amicale – et grisante pour le directeur qu'il est – peut-elle être suivie d'une lettre d'un ton quasiment résigné, datée du 9 novembre 1924 – la dernière que Claudel ait écrite à Jacques, mort trois mois plus tard ? Le poète fait bien allusion à un plan de publication « accepté » par son correspondant, mais se dit « effrayé » d'une telle « montagne de papier » et préfère surseoir à toute publication jusqu'à sa prochaine visite en France. Et cette ultime lettre se termine sur cette note d'une étrange mélancolie, d'une ironie très douce, bien peu claudelienne : « ... J'ai pris l'habitude de penser que la sympathie de votre Revue à mon égard, pour être résolument silencieuse, n'en est que plus sincère et fervente. »

* Le terme avait été utilisé par Claudel dans une correspondance antérieure.
** « Il était mort. Mort à jamais ? Qui peut le dire... ? », *La Prisonnière,* Pléiade, III, p. 188.

Jacques Rivière manifesta-t-il si peu d'empressement à publier le chef-d'œuvre de Claudel ? On hésite à le croire. Mais il est vrai que dans les confidences qu'elle livra quelque temps plus tard à Gide sur l'évolution de la pensée de Jacques au cours des derniers mois *, Antoinette Morin-Pons assurait que Claudel, désormais, « l'irritait jusqu'à l'injustice[17] ».

L'auteur du *Soulier de satin* connut-il sa disgrâce, à lire les lettres de Jacques que nous ne pouvons consulter ? Le fait est qu'apprenant la soudaine disparition de son ami au cours de son voyage vers l'Europe, le 22 mars, en Méditerranée, il écrit simplement dans son *Journal* : « Mort du pauvre Jacques Rivière que j'espérais autrefois avoir converti et qui m'a été pris par Gide. »

Notation dont il n'est pas un mot qui ne soit injuste et ne sonne faux, du « pauvre » au « converti » et du « pris » à la dénonciation de Gide, fort innocent — si l'on peut, à son propos, user de cet adjectif... — d'un détournement d'adolescent que l'on imputerait aussi bien à telle dame et au dieu de la guerre, à telle autre dame et au dieu de l'amour, à Marcel Proust et à Sigmund Freud — pour ne pas parler des balourdises du missionnaire...

Paul Claudel devait, aux yeux de la postérité, surmonter ces défaillances. Ce qu'elle retiendra, en effet, ce n'est pas la rage convertisseuse du poète-confesseur, ni les agacements du disciple mué en partenaire. Ce sera d'abord leur face-à-face, de Rodrigue à Polyeucte, superbe de part et d'autre de folie conquérante ; ensuite les beaux textes du « lecteur idéal » qui, de 1907 à 1921, aura fait plus que nul autre pour l'intelligence des oracles venus de Tien Tsin, de Rio de Janeiro ou de Tokyo ; enfin les beaux adieux du poète à celui qui l'avait vénéré sans retenue.

Qui parcourt le splendide numéro d'hommage à Jacques Rivière que, grâce à la diligence de Jean Paulhan, la *NRF* publia en avril 1925 **, s'étonne de n'y pas voir figurer la signature de Claudel, entre celles de Gide, de Valéry et de tant d'autres moins désignés pour cet office. Le fait est que du temps où les maîtres d'œuvre s'acharnaient à l'ouvrage, le diplomate venu de Tokyo voguait entre mer de Chine et golfe du Lion.

Sitôt parvenu en France, Paul Claudel choisit de prendre sa revanche sur ce contretemps. Il adressa au successeur de Rivière à la tête de la *NRF,* Jean Paulhan, un poème publié dans le numéro de mai qu'il devait joindre à ses *Feuillets de saints,* assurant ainsi à l'auteur d'*Aimée* une canonisation d'autant plus surprenante que le texte situe Rivière bien loin du climat des sacristies, là même où ce cartésien avide de connaissance souhaitait se manifester :

* Voir plus haut, chapitre XX, p. 451.

** Performance aussi stupéfiante que celle accomplie deux ans plus tôt par Rivière en l'honneur de Proust.

> Mais toute cette pensée en train de naître comme de l'eau, la comprendre, comment faire sans y participer ?
> Tout ce bruit en train de devenir une parole, c'est peut-être intéressant après tout. Qui est-ce qui sera là pour comprendre si je tourne court * ?

Et deux mois plus tard, écrivant la préface d'*A la trace de Dieu* que lui avait demandée Isabelle Rivière, l'auteur du *Soulier de satin* parlera du disparu comme d'un « savant » et de sa courte vie comme d'un « pèlerinage de l'intelligence ».

Belles approches du Rivière parvenu à l'âge de la liberté. Au convertisseur tonitruant, puis dépité, se substitue enfin, face à son jeune ami en quête perpétuelle, l'homme qui vient non sans surprise de ramener en ses filets un Rodrigue partagé, un Camille endolori, un jésuite naufragé **... Le même homme qui n'a jamais fini tout à fait d'être le Mesa du *Partage de midi,* et qui ne pourra séparer tout à fait celle qui fut Ysé *** de l'évasive héroïne d'*Aimée*. De toute évidence, cette relation que la vie s'appliquait à déliter, la mort lui a rendu tout son souffle.

Rivière pour Claudel ? Au-delà de tous les malentendus, retraits, esquives et exigences, le poète sut en fin de compte retenir de son ami, écrit très bien Auguste Anglès, « la qualité humaine fine et fière, accueillante et intransigeante, offerte et ombrageuse qui fit de lui, aux yeux de leurs contemporains — Gide comme Du Bos, Paulhan comme Ponge —, le discret génie de l'aventure littéraire. Que les malentendus ne nous induisent pas en erreur : Claudel a aimé en lui le contraire de ce qu'il était lui-même ; il a gardé, indépendamment de toute visée religieuse, une tendresse particulière et un peu déroutée pour celui qui lui avait fait découvrir ce que la transparence peut avoir de réfractaire [18] ».

*

Parce qu'elle n'avait jamais pris l'allure exaltée, forcenée de sa liaison avec Claudel, parce qu'elle s'était toujours tempérée du sourire de *Paludes,* l'amitié de Jacques Rivière pour André Gide pouvait traverser tous les orages. Intacte ? Qui peut le dire ?

Ce que l'épreuve de la guerre et la disparité des conditions et des comportements avaient su consolider — c'est de là que date un tutoiement où s'exprime une affectueuse camaraderie —, les conflits de pouvoir de 1919 autour de la direction de la *NRF* et la guérilla d'arrière-garde menée en 1920 et 1921 par le grand homme contre son substitut ne pouvaient manquer de l'érailler, de la ternir un peu. Nous avons vu **** que la

* Hommage rétrospectif aux scandaleux poètes publiés par Rivière ? « Tout ce bruit... »
** Personnages du *Soulier de satin.*
*** Personnages du *Partage de midi.*
**** Chapitre XIX.

sereine longanimité de Rivière lui avait permis de surmonter un ressentiment naturel et que, son venin craché comme par mégarde, André Gide avait fait prévaloir, sur le dépit, l'invincible tendresse que lui inspirait le jeune homme au regard intrépide.

Ainsi, aux yeux du monde — et d'observateurs prévenus comme Henri Massis —, le binôme Gide-Rivière apparaissait-il sans faille, ni contradiction, celui-ci reflétant celui-là comme le disciple le maître, comme une manière de chef d'état-major empressé à « mettre en musique » les directives du grand capitaine ou du prophète.

La fausseté de cette vision, ce ne sont pas les conflits mineurs ou disputes professionnelles de 1919 à 1925 qui l'attestent — mais une profonde « différence », que Gide devait décrire dans diverses lettres à son jeune ami et redéfinir avec une force magnifique dans son hommage posthume de 1925. On peut la résumer ainsi : quand l'aîné ne s'attache qu'à ce qui diffère de lui, s'oppose à lui, le défie, le cadet aime se retrouver, se complaire, se reconnaître (Gide ose dire « se caresser ») en l'autre. Ce qui est ingénieux, mais n'explique ni l'amitié, précisément, qui lie en eux l'amoureux des contraires à l'ami (supposé) des ressemblances, ni l'extraordinaire intimité qui avait soudé naguère Jacques Rivière à Alain-Fournier-le-dissemblable...

Pour apprécier la souplesse et la force de cette amitié différentielle, de cette harmonie de dissonances, il convient d'en observer la pratique et l'expression à propos des questions qui se posaient, dans la première partie des années vingt, à des écrivains tels que Gide et Rivière : l'évaluation de Proust, les problèmes posés à son entourage par le plaidoyer en faveur de l'homosexualité tel qu'il est formulé par Gide dans *Corydon* et *Si le grain ne meurt,* le débat autour du roman (et de Dostoïevski) qu'ouvraient *Les Faux-Monnayeurs,* et la question des rapports entre la morale et la littérature *.

Il est peu de dire que Gide et Rivière ne s'étaient pas d'emblée accordés sur Marcel Proust et son œuvre. On a conté les légendaires balbutiements de la jeune *NRF* à propos de *Swann,* le rôle joué par l'auteur des *Nourritures* dans le rejet précipité de ce chef-d'œuvre en novembre 1912, le « repêchage » opéré par Jacques Rivière et Gaston Gallimard quinze mois plus tard, la reconnaissance enfin par le « bipède » inventeur de la *NRF* de la grandeur de la *Recherche*. Mais non sans hésitations ni arrière-pensées. Attitude qu'exprime admirablement, et de la façon la plus « gidienne » du monde, la collaboration du maître de *Paludes* au numéro d'hommage à Proust publié en janvier 1923 sous la direction de Jacques Rivière.

Sollicité le premier par son ami, André Gide avait d'abord proposé un article intitulé « Les limites de Marcel Proust » (« pour mieux en dessiner

* Leur dialogue à propos de l'Allemagne est traité au chapitre XXIV.

la figure... »). On convint que c'était adopter là une attitude apparemment trop restrictive. Comme pour ne pas sembler adorer trop tôt ce qu'il avait brûlé, Gide choisit alors de rendre hommage au Proust d'avant la *Recherche,* celui des *Plaisirs et des Jours,* dont, écrit-il, il m'apparaît que « toutes les promesses * [...] n'ont pas été tenues [19] ». Ce qui est donner un coup de griffe à la coterie des dévots.

Mais c'est dans un fragment d'une lettre à Mauriac communiqué à Rivière que Gide formule mieux peut-être ses réserves : « Mon admiration pour Marcel Proust est certainement des plus vives — mon émerveillement même, souvent — mais il faut bien reconnaître que tous les ressorts qui font agir ses personnages, et toutes les ficelles à quoi leurs gestes sont liés, on peut bien remonter à fond ou tirer à l'intérieur de ma marionnette, sans obtenir de mon cœur ou de mon corps le moindre mouvement — ou tout au plus un tic... » Et ceci, à l'adresse de Jacques Rivière : « Ce qui me fait marcher, avancer dans la vie, c'est autre chose... » On peut questionner la force du dernier argument. N'est-il pas permis d'admirer Dostoïevski sans très bien saisir les mobiles qui font agir ses personnages ? Mais, fallacieux ou non, un écran est bien dressé entre le monde de la *Recherche* et l'homme des *Nourritures* — que « remontait » contre Proust son ami Martin du Gard.

Sa correspondance avec Rivière est émaillée d'hommages évidemment sincères à Proust, dont l'écriture l'éblouit, et plus encore le fourmillement, le grouillement de vie — de vies — qu'il peint. Dans une lettre à Jacques du 10 janvier 1924, il oppose, aux passages des *Faux-Monnayeurs* qu'il est en train de rédiger, telles pages de Proust « tellement plus foisonnantes [...] plus savoureuses... ». Mais entre eux, Proust restera comme un objet de litige. Est-il mesquin de suggérer que Gide est agacé par la ferveur de son « disciple » pour l'« autre » ? Il n'écrirait pas, fût-ce dans son journal intime, que « Rivière lui a été pris par Proust » comme Claudel lui a imputé à lui-même le rapt spirituel du jeune homme. Mais peut-être y a-t-il quelque chose comme cela qui lui brûle le cœur, sourdement.

Il n'est pas facile à un « gourou » de supporter que celui qui vous a si longtemps reconnu pour son maître à écrire (sinon à penser, et moins encore à vivre...) proclame soudain *urbi et orbi* qu'un grand écrivain est né en France, qui n'est pas lui, et que l'art du roman en est transformé. Ce que Gide pense probablement *in petto,* mais non sans douleur...

Il n'est pas jusqu'à l'angle sous lequel l'un et l'autre considèrent la *Recherche* qui ne diffère : pour l'aîné, il s'agit d'une merveille esthétique ; pour le cadet, d'une conquête en quelque sorte scientifique : ce qu'il appelle « les progrès dans la connaissance du cœur humain » lui paraît le don par excellence de Proust (et de son allié Freud). L'agacement de

* Qu'il n'avait d'ailleurs pas su déceler.

Gide se mesure à sa réaction : « Si tu avais pratiqué (comme moi) Havelock Ellis, je crois que tu t'éboustoufflerais * un peu moins... » (lettre à Rivière, 21 juin 1924).

La référence au sexologue anglais Havelock Ellis n'est pas indifférente. Gide, tout à sa grande affaire qui est, en 1923, l'imminente publication des deux textes par lesquels seront affichées non seulement sa pédophilie, mais la fierté qu'il en tire, tout au moins les justifications qu'il en donne, sait bien que dans son désaccord avec Jacques à propos d'*A la recherche du temps perdu*, la question sexuelle joue son rôle. Pour l'auteur d'*Aimée,* catholique de formation et de sensibilité, il ne s'agit pas de culpabiliser, pourchasser ou faire taire les homosexuels, mais de considérer leur condition comme tragique : ce que fait, sous un mode plus souvent sarcastique que pathétique, l'auteur de *Sodome et Gomorrhe*.

André Gide part d'un tout autre point de vue — qui est celui des Grecs, d'une homosexualité heureuse, non seulement du fait de la volupté qu'elle peut procurer, mais de la justification qu'elle se donne. Damnation ? Proscription ? Allons donc ! Ce que l'auteur de *Corydon* déteste, dans la *Recherche,* c'est le soufre qui émane du « côté de Charlus ». Et peut-être, ayant écrit et conservé par-devers lui un manuscrit longtemps signalé par les quatre lettres « *C.R.D.N.* ** », n'en aurait-il jamais fait le manifeste de 1924 si l'œuvre de Proust n'avait pas montré Sodome là où lui voit Cythère.

La correspondance de Jacques Rivière ne porte pas trace d'une condamnation des mœurs de son ami, ni de rappel de son point de vue sur la pédérastie. Mais l'éloge qu'en prétend faire Gide — après le rappel de ses pratiques dans *Si le grain ne meurt* — lui est une épreuve et, s'y prenant à deux fois, il prévient l'aîné prestigieux que, sur ce point, il n'entrera pas en lice à ses côtés dans les combats qui vont se déchaîner.

Le 1er janvier 1924, André Gide a « tout dit » à Jacques Rivière, tant en ce qui concerne son comportement passé que ses intentions en matière d'édition : version non expurgée de *Si le grain ne meurt* et publication de *Corydon.*

Lettre de Rivière du 8 janvier :

> Plus de huit jours déjà que je t'ai quitté [...]. J'espère que mon silence ne t'aura pas fait supposer que j'appréciais mal, ou insuffisamment, la confiance que tu m'as faite. A vrai dire, j'en ai été profondément touché. Et dans la mesure même où je sentais que j'avais pu te paraître d'abord mal désigné pour supporter certains secrets. En fait je les supporte très bien et tu n'as nul regret à avoir de me les avoir livrés. Je ne veux pas dire que je regarde sans aucune angoisse le moment où tu publieras tes livres. Tu dois comprendre dans quelle situation

* Vocable normand ?
** *Co-ry-don.*

> délicate je pourrai me trouver à ce moment. J'ai horreur de toute trahison et certainement je ne te lâcherai pas. Mais d'autre part je ne puis me rendre le martyr d'une cause à laquelle je ne crois pas. J'avoue que je suis dans la plus grande incertitude sur la conduite que je tiendrai. J'espère que le silence en pourra former une suffisante. Il ne dépendra malheureusement pas tout à fait de moi que je puisse m'y tenir.

Quatre mois plus tard, la position de Jacques se précise :

> Il n'a jamais été dans mon intention de te demander une solidarité positive avec moi dans les affaires où je peux me trouver engagé [...] suivant une ligne parfois qui risque de te déplaire. C'est une solidarité négative, seulement, ou mieux une neutralité que je me crois en droit d'attendre de toi [...].
> Quand aura *[sic]* paru *Corydon* et *Si le grain ne meurt,* la liberté que je t'ai demandée et que je te remercie d'avoir considérée comme compatible avec notre amitié, tu peux être sûr que je n'en ferai aucun usage offensif. Je n'ai tenu à m'en munir que pour le cas où je serais mis en question plus ou moins directement[20]...

Jacques aurait-il vécu de longues années encore, nous ne savons pas jusqu'où serait allée sa solidarité. Nous le connaissons assez maintenant pour le croire quand il dit à Gide « son horreur de toute trahison ». Et rien n'aurait pu conforter mieux sa loyauté naturelle que celle de ses amis de la *NRF,* tous unanimement solidaires de leur inventeur face aux attaques et aux campagnes des Béraud de tous calibres.

Ce qu'on pourrait appeler sa bataille « grecque » n'occupait pas seule André Gide : parallèlement à Jacques Rivière, il était en proie aux affres de la création romanesque, qui ne lui infligeaient pas moins de douleurs qu'à son ami. Pour celui-ci, il importait de s'arracher à l'analyse autobiographique d'*Aimée* pour produire « quelque chose qui ne fût pas Rivière ». Pour le premier, il s'agissait de dépasser les sarcasmes confortables de la « sotie » — telle que *Paludes* ou *Les Caves du Vatican* — pour s'élancer dans la grande mer inconnue de ce roman d'aventure si bien projeté par le Jacques Rivière de 1912.

Les Faux-Monnayeurs qui allaient paraître en 1925 furent l'affaire de toute une génération. André Malraux nous confiait que, pour ses camarades et lui, en ces années 1922 ou 1923 où ils faisaient leurs débuts à la *NRF,* Gide était le grand écrivain toujours en quête de son chef-d'œuvre, le roman mystérieux auquel il travaillait depuis le mois de juin

1919 — et dont il entretenait la légende à coups de confidences faites à son entourage : « Enfin, le grand Gide ! * »

Jacques Rivière fut bien sûr associé — mais pour une fois moins étroitement que Roger Martin du Gard, qui rédige en parallèle ses *Thibault* — à ces efforts, à ces remords et à ces recherches qui n'aboutirent qu'en juin 1925, quatre mois après sa mort. Le point culminant de cette complicité créatrice se situe en 1923 : c'est non seulement l'année où le roman de Gide prend vraiment corps, mais aussi celle où se forme, avec la double intrigue amoureuse vécue par Rivière, la matière de *Florence*. Et c'est surtout l'année de la publication du *Dostoïevski* d'André Gide, manifeste de la plus haute ambition à laquelle puisse tendre un romancier, et que l'auteur fait à Jacques Rivière l'honneur de lui dédier, comme à celui qui aura exploré le plus hardiment le vertigineux continent des *Possédés*.

Note du *Journal des Faux-Monnayeurs* en date du 27 décembre 1923 : « Jacques Rivière me quitte à l'instant. Il vient de passer ici ** trois jours. Je lui ai lu les dix-sept premiers chapitres *** des *Faux-Monnayeurs* (les chapitres I et II sont à refaire complètement ****. »

Jacques Rivière laisse passer quelques jours, et écrit, le 8 janvier, à son ami :

> ... Je ne veux plus te parler de *Faux-Monnayeurs,* qui me paraissent vraiment quelque chose de tout à fait extraordinaire. Ce fourmillement de personnages précis et insaisissables, ces conversations, ces rencontres, cette atmosphère quasi mentale, comme celle de *Paludes* et pourtant extériorisée, devenue un règne, un climat, où d'autres peuvent vivre, et se dissiper [...]. Le cynisme profond de tout ça. (Si différent du mien, mais je suis aussi un cynique.) Enfin c'est très étonnant. Et il faut achever ça au plus tôt.
> C'est la première fois que Dostoïevski (mais méconnaissable) renaît en France[21]...

Le dernier trait, si abusif qu'il nous paraisse — au point de nous inciter à poser la question de savoir si Gide n'avait pas raison de parler d'une certaine « complaisance », parfois, de son ami —, est l'éloge suprême, venant de l'un, reçu par l'autre. Autant faire écrire à Courteline, par Copeau, qu'en lui se réincarne Molière...

Le plus curieux de l'affaire est que, s'ils différaient à propos de la valeur et de l'apport de Proust, les deux hommes s'opposaient carrément sur Dostoïevski. Non à propos de sa grandeur, ni de sa nouveauté, mais au sujet de la nature de son génie. Aux yeux de Rivière, c'était, dans l'éclairage d'une certaine culture, l'apogée de l'analyse de l'âme

* Concluant à l'échec des *Faux-Monnayeurs,* Malraux et ses amis ne cessèrent pas de tenir Gide pour un grand écrivain. Dans un autre ordre...

** Cuverville.

*** Plus de la moitié de l'œuvre, bien qu'elle compte quarante-trois chapitres.

**** Il n'est pas précisé si c'est le jugement de Rivière ou leur commun avis.

humaine ; au regard de Gide, ce qu'avait inventé le romancier russe, c'était le « globalisme », l'enchevêtrement prodigieux des sentiments, des idées et des pulsions. Lumière pour l'un, ombre pour l'autre.

Que l'on voie là une querelle abstraite entre le retrait de la nuit et l'avènement du jour, ou un débat essentiel sur la mission de l'artiste, le fait est que Gide et Rivière s'affrontèrent plus longtemps sur le sens de cette commune ferveur que sur leur inégale admiration pour Proust. Dans une des lettres où il lui décrit ses débats avec ses *Faux-Monnayeurs* incommodes qui lui résistent ou lui échappent, Gide devait écrire à son ami qu'il n'était même pas assuré de son approbation, car « c'est globaliste en diable ! ». Ce qui était, malignement, se ranger sous la bannière du Russe, au détriment de son interlocuteur, lequel ne lui en voudra pas. Recevant le *Dostoïevski*, il notera qu'« il y a bien des points sur lesquels [il a] tendance à résister » mais que « rien d'aussi pénétrant [...] n'avait encore été écrit sur Dostoïevski[22] ». (Salut d'autant plus remarquable que Jacques a publié sur le même sujet, l'année précédente et dans la *NRF,* l'une de ses études les plus ambitieuses.)

De son aîné, dont les « moyens » et, sinon le souffle, au moins l'art et les artifices l'emportaient sur les siens, Rivière avait probablement espéré qu'il réaliserait le rêve du « roman d'aventure » si bien décrit par lui en 1912. Il y a, dans *Les Faux-Monnayeurs*, du départ de Bernard aux débats amoureux de Laura, des amours de Sarah et Olivier à l'assassinat de Lady Lilian Griffith par Vincent au large de la Casamance, les éléments d'un tel ouvrage (« Quel beau mot, l'aventure ! Ce qui doit advenir. Tout le surprenant qui m'attend... » : ainsi pense Bernard au début de sa fugue).

Est-ce la brièveté dans l'imagination ou la suprématie de l'ironie et de l'esprit sur la part de naïveté, presque d'imbécillité qui doit habiter le faiseur de roman ? Le fait est que d'amours en fusées et de pétards en cabrioles, ce roman si long tourne court et que l'accumulation de beautés ne fait pas un grand livre. Dans son *Journal* du 16 octobre 1926, André Gide cite une conversation avec Adrienne Monnier qui attribue son échec à « la méchanceté foncière que ce livre laisse paraître ». S'il fallait faire étinceler sa bonté pour écrire un chef-d'œuvre, Laclos aurait risqué de tomber dans l'oubli...

Jacques Rivière est mort avant d'avoir pu lire, en son entier, l'unique roman de son ami *. Ne prétendons pas deviner le jugement qu'il eût formulé. Eût-il attribué l'échec relatif de son ami à l'envahissante prolifération des idées et des thèses, étouffant le récit et l'« aventure » comme font les « gourmands » de la plante ? Rien ne permet de dire qu'il eût été plus lucide à l'endroit des *Faux-Monnayeurs* achevés que de *Florence* en chantier...

* Dans sa dernière lettre à Rivière (novembre 1924), Gide lui annonce l'envoi imminent de la dactylographie des *Faux-Monnayeurs*.

Quelques mois auparavant, l'auteur de *Si le grain ne meurt* avait écrit à son cadet pour mieux marquer la profondeur de leur affection : « Ce n'est que sur les points essentiels que nous différons... » C'est-à-dire sur le rôle du Christ dans le christianisme, sur la morale en littérature, sur la contention dans le comportement sexuel, sur la primauté des idées dans le roman, sur la saveur du désaccord en tant que fondement de l'amitié ?

Sur tous ces points, en effet, le maître de Cuverville et le jeune homme venu de Bordeaux trouvèrent matière à s'affronter jusqu'à la fin. Jusqu'à ces deux dernières lettres qui résument si bien quinze années d'amitié spirituelle mouvementée et d'échanges professionnels parfois acrimonieux.

Au début de novembre 1924, Gide a demandé à son ami s'il avait lu « la vie du Christ [qu'il lui a] remise » et l'a averti que Valéry vient d'écrire un petit texte sur Descartes qui siérait à la *NRF*. Déjà étendu sur ce qui sera son lit de mort, le 25 janvier 1925, Jacques se dit « extrêmement touché » que son ami soit venu prendre de ses nouvelles avant de partir en voyage et avoue : « Je suis épuisé et ne trouve la force que de te serrer la main... ». Il trouva pourtant celle d'ajouter ce post-scriptum, à propos de la publication du début des *Faux-Monnayeurs* dans la *NRF* dont il achevait la mise au point : « Je te fais passer en tête, naturellement... » Voilà ce qui s'appelle placer la littérature au-dessus de tout. Au-dessus de l'amitié même, et de la vérité ? Convenons qu'entre eux le problème ne se posa jamais en ces termes.

Deux ans plus tôt, le 9 décembre 1922, en conclusion de l'un des innombrables constats de dissonance où les conduisait leur lecture de Proust, André Gide écrivait à Jacques Rivière ce joli (trop joli ?) hommage : « Je ne désespère pas de voir venir un jour où tu te découvriras beaucoup plus proche de moi que tu ne crois être aujourd'hui [...]. Tu as déjà crevé en les traversant un certain nombre de cerceaux de papier ; cela me rassure ; ils étaient entre nous[23]. »

*

Autant l'abord des grands aînés déjà reconnus pour ses maîtres avait été pour Jacques Rivière d'une aisance et d'une fertilité confondantes, autant les premiers contacts avec ses contemporains appelés à devenir ses amis furent d'abord abrupts, ou stériles. Ce jeune homme, qui d'emblée amorce avec Proust-le-reclus et Claudel-le-volcanique un commerce de fervente amitié bientôt muée en affection, parfois même en tendresse, le voici avec ses pairs — à commencer par Henri Fournier — tout hérissé de pointes, de défiance ou de refus.

De son fait ? Serait-il en quête de père, de « gourou » ou de héros plutôt que de frère ou de partenaire ? Se confiant à Fournier, il s'est avoué impatient de susciter l'« étonnement ». On l'a vu fort ouvert à l'échange égalitaire — mais non sans avoir relevé le plus souvent un défi, rompu quelques lances d'essai, ou dissipé des malentendus, d'abord savourés comme des exercices de lucidité.

Cette « guerre » qu'il a d'abord livrée à son camarade de « khagne » Henri Fournier, il ne la déclarera pas à Alexis Léger, ni à François Mauriac. Dans l'enclos bordelais où — chacun à sa manière — tous trois se sentent en 1906 piégés, exilés ou captifs, il s'agit plutôt entre eux d'approches et de dérobades qui font penser à celles de poulains ou de faons lâchés impromptu dans un pré.

Nous verrons qu'entre les deux « naturels du Bordelais » (pour reprendre le titre d'une pièce d'Audiberti) l'accostage se réduit d'abord à une esquive — qui durera cinq ans. Entre Rivière et Léger, créole de la Guadeloupe échoué en toute mélancolie sur ces rivages incolores, il s'agit plutôt du court-circuit classique entre deux orgueils adolescents, tels qu'ils sont vécus à cet âge où le monde n'est pas même assez vaste pour en contenir un seul. Deux petits claudéliens du temps de *Tête d'or*...

La scène se passe chez le mécène bordelais Gabriel Frizeau, le 21 ou 22 décembre 1906. Lettre de Rivière à Fournier : « Il y avait Alexis Léger [...] un jeune homme, peut-être rien [...]. D'un mutisme presque insolent [...]. Il a vu Claudel chez Jammes [...]. Les quelques mots qu'il a prononcés, distillés, ne m'ont pas paru transcendants [...]. Il m'irrite[24]. » Et quelques jours plus tard, Jacques revient aigrement sur « l'attitude fermée » et « l'air transcendant et sûr de lui » du « jeune homme qui, tout de même, a l'air intelligent ».

Décrivant deux ans plus tard le même épisode à un ami, Alexis Léger écrira pour sa part qu'étant alors « hérissé comme on l'est toujours à vingt ans », Rivière lui avait paru étaler « beaucoup trop de culture au goût du jour [...] du “ dernier cri ” parisien » ; mais il ajoutera que, depuis qu'il a lu son article sur Claudel, il a compris que chez Rivière « cela n'était que de la timidité ». Quant à Jacques, il avouera plus tard à son interlocuteur que ce qui l'avait si fort irrité en ce jeune Léger, c'était la supériorité d'un « détachement » dont il se sentait, lui, incapable.

Détachement ? Peut-être : mais dans une autre lettre, Jacques a relaté à Henri la scène étonnante de la tentative de conversion du petit créole par Paul Claudel, l'adjurant, l'injuriant, le sommant de se soumettre à l'Église au point que l'adolescent s'enfuit en larmes non sans crier à leur hôte commun, Francis Jammes, que son ami est « trop méchant ». Serait-il moins « détaché » qu'il n'y paraît, ce jeune homme ?

Le rapprochement entre celui qui vient de subir les foudres de Claudel et celui qui les attend et les appelle avec effroi, c'est tout bonnement la littérature qui va l'opérer. Nouvelle lettre de Jacques à Henri, en date du 7 août 1909 : « Dans *La Nouvelle Revue [française]* d'août, il y a du

Léger * qui est vraiment remarquable et qui permet d'attendre beaucoup de lui. » Rivière ne se contente pas de cet éloge mêlé à beaucoup d'autres : il écrit à l'auteur, au nom d'un groupe d'amis « dont André Gide », pour inciter Léger, qui se pique de dilettantisme, à se vouer décidément à la littérature. Le dilettante en question riposte en remerciant son correspondant d'encourager ainsi « un inconnu » et en faisant l'éloge du premier essai publié par Rivière dans la *NRF,* « Introduction à une métaphysique du rêve », que signale « la stricte beauté de la langue » et sa remarquable « propriété ».

Cet échange littéraire classique (« Votre article, mon cher ! – Et le vôtre, mon bon ! ») va prendre soudain un ton quasi pathétique, transposant sur le plan esthétique l'algarade de 1906 entre Claudel et Léger. Coupant court à ces congratulations épistolaires, en effet, le jeune poète, qui signe alors Saint-Léger Léger, fait cette réponse à Rivière qui le presse à nouveau d'écrire et surtout de ne pas détruire ses premiers écrits :

« A vous je veux répondre sans colère, avec honnêteté parce que vous m'êtes devenu sympathique [...]. Il n'y a rien à attendre de moi littérairement... » Tentant d'expliquer cette dérobade, l'auteur de *Crusoë* déploie une argumentation assez confuse qu'il résume en exprimant son « dégoût insurmontable et physiologique de toute œuvre [25] ».

Pour Jacques Rivière, irrémédiablement « entré en littérature », c'est comme un blasphème, un pur délire d'orgueil. Du message passionné qu'il rédige alors à l'adresse de l'impie, sur un ton qu'inspire peut-être l'exhortation de Claudel à Léger trois ans plus tôt, il écrira à André Gide, le 3 janvier 1911, qu'il s'y « écharpait littéralement de sincérité ».

Cette adjuration faite à Léger de devenir Saint-John Perse, c'est un des textes de Rivière qui conduisent le plus hardiment à la découverte, au dévoilement de l'être qu'il fut – planté qu'il est au carrefour magique de son orgueil et de sa ferveur littéraire, manifestant que, du fait d'une vocation quasi mystique et qui ne saurait être renoncée, l'écrivain est appelé à faire litière du mutisme auquel l'incite son orgueil. Si longue soit la citation, elle ne saurait paraître abusive à qui veut connaître Jacques Rivière :

> ... Sachez d'abord ceci que je ne vous laisserai pas en paix. Je veux que vous écriviez et rien ne m'empêchera de vous sermonner jusqu'à l'importunité. Je suis absolument invincible, car j'ai du moins cette force de ne pas craindre le ridicule dont je pourrais me couvrir à vos yeux [...]. Parfois il faut préférer à l'opinion qu'ils ont de nous le bien qu'on doit faire à ses amis [...]. Vous pensez qu'écrire est un abaissement. Mais êtes-vous sûr qu'un abaissement soit ce qu'il faille avant tout éviter ?

* « Images à Crusoë ».

[...] J'ai passé toute mon enfance en tête à tête avec mon orgueil : ce fut ma poupée. Je ne la quittais pas. Je l'habillais sans cesse de nouvelles robes ; je ne me lassais pas de contempler son regard fixe. Dans des notes, vers dix-huit ans, j'écrivais : « Orgueil : consubstantiel au moi ». Et mon orgueil a accompagné toute ma jeunesse, m'isolant de beaucoup de contacts, me comblant de joies solitaires et impeccables, des joies si fines, si polies que j'avais envie, les prenant entre deux doigts, de les faire scintiller au soleil. Je me suis amusé à des mutismes de plusieurs mois, destinés à fortifier ma vie intérieure. Je me cultivais avec délice. J'étais tout à fait charmant à regarder. Je me plaisais beaucoup. Il y avait des petits coins de complexité délicate, des combinaisons que je savais impossibles à retrouver chez d'autres. J'avais même logé dans les vides quelques sentiments altruistes, aussi raffinés que possible.
Mais peu à peu j'ai connu une chose épouvantable, une monstruosité que j'hésite à dire. Me retournant, j'ai vu qu'il y avait des gens autour de moi. Puis, affolé de cette découverte, j'ai voulu voir en moi : j'ai aperçu que je n'étais ni grand, ni important, ni intéressant, et que j'allais périr. Alors, comprenez-moi, une simplicité terrifiante s'est faite en moi comme un silence. L'amour que j'avais eu de moi tournoyait, hagard, ayant perdu tout ce dont il était amoureux. Mais dans ce désarroi mortel, la pensée m'est venue qu'un meilleur amour m'était révélé. En effet lentement, avec des douleurs infinies, je me suis remis à aimer ce que j'avais trouvé en moi : et puisque ce n'était que faiblesse, humiliation et mort, j'ai pris contre mon cœur ma faiblesse, mon humiliation, ma mort. Autour de moi j'ai aimé tout ce qui était faible et disparaissant et blessé et condamné, je me suis mis à aimer autant que possible toute vie et à aimer en elle son amoindrissement, sa misère, la menace perpétuelle de sa cessation. Et pour me punir de m'être si longtemps isolé et gardé, j'ai fait vœu d'embrasser toutes les humiliations qui se trouveraient sur mon chemin. C'est pourquoi, à vous que je connais bien peu, trop peu, j'écris ceci [...]. C'est pour quoi je prendrai toute misère et toute bassesse et l'appuierai sur mon front comme une cendre.
Pardonnez-moi de mettre encore la raideur de l'orgueil dans cette confession qui se prétend d'humilité. Vous cherchez déjà comment je vais oser vous appliquer les choses que j'ai dites. J'oserai. Quand je vous ai vu pour la première fois, chez monsieur Frizeau, j'ai emporté une sensation de malaise ; mon orgueil était froissé de vous sentir quelque peu méprisant, car vous l'étiez, je le sais. Mon orgueil était froissé de vous deviner beaucoup plus enfermé, isolé, secret que moi-même. Je me disais obscurément : il m'est supérieur par tout ce qu'il a de détachements que je n'ai pas. Vous m'étiez assez *insupportable*, bien que mon souvenir s'attachât à vous avec insistance. Mais maintenant je vous dis : « Je ne suis d'aucune chose, d'aucun être détaché. Il n'y a que de moi que je veuille me détacher. »
Et vous, parce que vous valez beaucoup, je veux que vous vous détachiez de vous, je veux que vous méprisiez non plus vos œuvres, mais votre personne. Je veux que vous vous livriez à tout le monde, même si c'est pour qu'on rie de vous sans comprendre. Il ne faut pas,

vous n'avez pas le droit de nous mépriser au point de ne nous donner de vous que ce que vous méprisez. Donnez-nous d'abord ces œuvres reniées parce qu'elles sont certainement bonnes. Mais donnez-nous ensuite le reste, ce qui vous exprime actuellement dans votre secret. Donnez-le-nous, non pas simplement pour faire œuvre d'art, mais pour qu'ensuite vous ne soyez plus en possession de tout vous-même, *pour que vous soyez moins fort,* pour que vous vous sentiez moins préservé par la solitude [...].

P.-S. Je vous demande de méditer ceci : Il n'est d'aucune importance qu'on se moque de moi *.

Claudel n'avait pu résister à la brutale adjuration du jeune homme de Bordeaux brûlant d'être écouté, et violenté. Léger ne peut négliger davantage une injonction aussi bouleversante en son emphase. A cet « écharpé de sincérité », le poète de *Crusoë* ne va pas, d'emblée, rendre les armes. Mais il va prêter attention à de tels arguments, et le faire avec grâce. Il laisse s'écouler six semaines et, sans abdiquer tout à fait le « détachement » précieux qui a si fort irrité son interlocuteur, répond : « Mon ami, [...] je doute encore de bien comprendre votre attitude dans l'éblouissante nuit qu'est vivre [...]. En tout amitié, pourquoi me souhaitez-vous, quand c'est déjà trop facile ! de céder à cet épouvantable goût d'écrire, plus " luxueux " que tous les vices [...] ? Ne comprenez-vous pas que j'ai peur d'un lien, encore plus que de moi ? » Moyennant quoi, un début d'acquiescement, de reconsidération tout au moins, se conclut par une déclaration de « profonde amitié [qui] n'est pas petite chose à partager[26] ».

Cinq mois plus tard, en avril 1910, paraissait dans la *NRF,* sous la signature, toujours, de Saint-Léger Léger, *Éloges*. Ce qui ne signifie pas que la flamboyante adjuration de Jacques Rivière ait suffi à enflammer la verve poétique du jeune homme venu des Antilles. Nul doute que ce poète n'avait jamais cessé d'écrire et que les poèmes d'*Éloges* ruisselaient de lui au temps même de sa plus grande rétention. Mais à l'origine de l'acte même de publier, de passer de l'écriture à sa divulgation, tel que l'accomplit ce noctambule ébloui qu'est Alexis Léger à la veille d'entrer dans la carrière diplomatique, il y a bien sûr l'intercession de Rivière.

L'histoire des lettres est émaillée de traits où se manifeste la transfusion de l'énergie d'un écrivain sur un autre, la greffe d'une inspiration, la contamination de ce génie-ci par celui-là. Rare est tout de même cette

* A l'exception d'un bref message adressé à son ami peu de semaines avant sa mort, c'est la seule lettre de Jacques Rivière à Alexis Léger qui ait été préservée, l'auteur en ayant gardé, par-devers lui, ce brouillon. Les autres, qui durent être moins nombreuses que celles à lui écrites par le poète d'*Éloges,* disparurent lors du pillage par les occupants de la demeure d'Alexis Léger, en juin 1940.

forme extrême de suscitation, on dirait presque d'accouchement. S'il est vrai que sans Rivière, Saint-Léger Léger eût tôt ou tard donné *Éloges* et *Anabase,* l'impulsion donnée en 1909 fut si forte que les relations entre les deux écrivains en restèrent à jamais imprégnées. L'auteur d'*Images à Crusoë* n'était pas un frénétique de l'exhibitionnisme sentimental : mais il n'est pas de lettre (ou de textes) de lui à propos de Rivière qui ne témoigne, à l'endroit du jeune homme connu jadis chez Gabriel Frizeau, une reconnaissance toute baignée du souvenir des mots lus à la fin de 1909.

Ce n'est pas que la publication d'*Éloges* ait pris l'allure d'une idylle : c'est d'avanie, ou d'avarie, qu'il faudrait parler plutôt. Que se passa-t-il au sein des mécanismes (fort artisanaux) de la *NRF* d'avril 1911, moins de deux ans après sa création, et avant que soit vraiment mis en place le tandem Copeau-Rivière ? Le fait est que le numéro de juin 1911, pour lequel Jacques Rivière, soutenu sans réserve par Gide, avait littéralement arraché cinq poèmes à Léger, les fit paraître entachés de six coquilles grossières, de celles qu'un écrivain normal subit comme des coups de griffe, et où un tel puriste, et aussi méfiant de toute démarche publique, ne pouvait voir que des attentats criminels, et la justification de son mutisme.

La correspondance Gide-Rivière est, pendant un mois, secouée par ce lamentable épisode qui ne peut qu'exacerber la méfiance du poète si péniblement convaincu de publier — et qui écrit à Jacques pour dénoncer cette « revue de cuistres » qui, non contente de « ridiculiser un collaborateur », a, vis-à-vis de ses lecteurs, « l'impertinence de servir des pages de détraqué ». Mais si vive soit sa fureur, le poète s'efforce de disculper son ami.

Et comme pour se faire pardonner cet excès de rage — à vrai dire justifié... —, il multiplie ses témoignages d'admiration à l'endroit des textes de Rivière. S'il n'avait pas craint un an plus tôt, à propos du « Cézanne », d'écrire qu'un tel essai s'élevait « au-dessus du peintre », et, s'agissant du « Baudelaire », d'y voir le modèle d'une critique « intégrale », d'une « effusion secrète qui montre ici et là, un bout d'hostie », il salue, consacrées à Ingres, « la beauté de ces six pages [...] menées comme un travail d'Ingres lui-même » et suggère que « peut-être l'intuition n'a jamais donné, en critique, des raccourcis de portée telle, et si générale » (juin 1911). L'admiration de Saint-John Perse pour l'œuvre critique de son ami — qui s'étendra, avec plus de mesure, mais avec éclat, à *Aimée* — culmine avec cette évocation lumineuse du « poème critique » tel que le pratique, selon lui, Jacques Rivière, clairement désigné sans être nommé :

> ... Le critique auquel je songe, celui qui assume de restituer, de recréer (et c'est, plus simplement, de situer et relier) — secret, replié sur lui-même, et « trouvant » à son tour comme le poète trouve, et à son tour relié à l'inconscient et au mystère, « voyant » enfin, avec le droit de dire

> plus, puisque, moins elliptique, il évente et il comble tous les rapports sacrifiés – ce critique est poète lui-même, sous peine de n'être pas. Il ne laisse point d'« imaginer », ayant à restituer lui-même à l'œuvre tout son carénage, c'est-à-dire le monde tout entier auquel elle s'adosse ; pas plus, « instruisant » lui aussi par le dedans, qu'il ne peut éluder l'effusion intime. C'est ainsi, me semble-t-il, par l'usage du rapport et par un jeu d'analogies, que la critique peut accomplir un acte propre, cesser d'être un parasitisme pour devenir un compagnonnage ; une « anabase », si vous voulez, pour retour à la Mer, à la commune Mer d'où l'œuvre fut tirée (dans sa définitive, et peut-être cruelle, singularité)[27].

Dans cette description du « critique-poète » Jacques Rivière, dont l'œuvre, estime-t-il, doit être tenue pour une création à part entière, « l'admiration de Léger rejoint celle de Claudel, de Proust et de bien d'autres », pour qui « les textes de Rivière au début du siècle sont parmi les premiers à montrer la voie à cette " critique de création " qui sera peut-être la marque la plus originale de notre temps[28] », ici, entre parenthèses, le nom de l'auteur cité.

C'est néanmoins à propos de Rimbaud que la complicité (pour éviter le vocable de « communion ») entre Léger et Rivière se manifeste avec l'éclat le plus significatif — car s'il leur était relativement facile de s'accorder sur Rameau ou sur Gauguin, il n'est guère de domaine où la contradiction, tant sur le plan spirituel qu'en manière d'écriture, pouvait mieux se faire jour. Dès 1910 pourtant, en réponse à une lettre où Rivière vante le dépouillement du style des *Illuminations*, Léger renchérit :

« Rimbaud est le plus amusical, sinon antimusical, de nos vrais poètes. J'en connais peu d'aussi précis. Il y a, dans la divine maigreur de sa langue cursive, tout le sens insonore et fulgurant de l'abstrait. »

Et trois ans plus tard, à l'issue d'entretiens au cours desquels ils ont confronté leurs points de vue — Rivière prépare l'essai que publiera la *NRF* —, le poète d'*Éloges* met l'accent sur le rejet par Rimbaud de « tout ce qui séduit sous l'embûche formelle, les complaisances littéraires avec celles de l'âme, le contentement d'artiste et le contentement d'homme, le vu et approuvé, le terme et le répit des provisoires perfections : bonheurs, cadences haïssables de la bouche et de l'âme – fausses grâces, fausses graisses[29] ! ».

Plus remarquable encore est leur accord à propos de la signification de l'œuvre : pour l'agnostique Léger aussi bien que pour le Rivière qui se réclame alors du christianisme, il s'agit bien d'une démarche spirituelle – de quelque nom que l'on veuille la décorer.

« L'homme lui-même, écrit Léger, malgré lui se hâtait moins sous l'imagination que sous la herse de l'âme [...]. Rimbaud n'appartient pas d'instinct et principalement à la race (plus lourde infiniment et plus épaisse, plus passive, plus neutre surtout) des purs imaginatifs et des simples visionnaires[30]. »

Un accord si profond sur l'essentiel entre Léger et Rivière n'impliquait pas que le poète devenu diplomate, et à son tour envoyé en Chine, fût à son aise dans le cercle amical et professionnel de la *NRF.* Difficilement impliqué dans cette constellation, il ne cessa jamais de s'y trouver contraint, on de s'y sentir marginal. Il ne pouvait ignorer le dédain où le tenait Jean Schlumberger qui, au moment de la résurrection de la revue, en 1919, demandera à Jacques Rivière de ne plus publier des choses aussi vaines que les œuvres de « Léger-Léger » ? En tout cas, il portait à André Gide des sentiments fort mêlés, dont témoigne cet éblouissant croquis-diagnostic, dessiné alors qu'il n'avait jamais rencontré encore l'auteur de *La Porte étroite*. Impatient de connaître son opinion sur Gide, Jacques lui avait communiqué quelques photographies du maître de Cuverville, attendant son verdict :

> ... Je pense qu'il y a derrière cette forme assidue du visage (nez, tempes, bouche et menton) plus d'attentif appel au mensonge, plus de tentatives et de ruses, de sollicitations enfin, qu'on en prêta jamais à l'impatient Ulysse [...]. Il se peut d'ailleurs que cette race d'homme commence d'abord par mentir, comme on implore, pour s'enrichir et se tenter soi-même, en tous les sens, et puis finisse aussi par là : pour se libérer, j'entends se garder libre. Mais je pense qu'il y a encore chez André Gide, si ces photographies ne le trahissaient pas, un goût de séduire très organisé, à la façon d'une véritable « coquetterie » : asservissement peut-être et politesse, pour se garder plus sauf (j'aimerais mieux que ce fût seulement cela !).
> Il y a d'ordinaire, dans ces figures de préleveurs de fruits, toute une culture de l'instable, de l'insatisfaction, et de l'irréductible solitude. Et dans le Gide que vous m'avez montré, il y avait quelque chose de plus, côté mâchoires et côté mains, et qui demeure à mes yeux, sans nul paradoxe, la qualité la plus haute et la plus rare, la qualité de race chez un artiste comme chez tout homme : un énorme « bon sens » — obstination aussi, la plus inattendue sous tant de souplesse. — Et tristesse aussi, la moins inattendue sous cet art de céder. Enfin, cet homme vivant connaîtra d'être lâché en route par tous ceux qui se fixent, et peut-être mènera-t-il à leur fin deux générations d'hommes. Mais si c'est ceci que vous vouliez savoir de moi, j'apporterais toute confiance et peu de goût à l'amitié d'un Gide : parce que je tiens très nettement qu'un homme de cette espèce se grise de l'amitié plus qu'il ne s'attache à un ami.
> Je suis affectueusement votre ami[31]. *

Décidément, les amitiés de Jacques n'avaient guère tendance à converger... Mais nous savons à quel point il était apte à faire converger ou voisiner les contraires, et à ne pas se faire confisquer Proust par

* De Léger, sur Gide, tout n'est pas dit là : il faut tenir compte aussi d'un bel article où, quarante ans plus tard, faisant le bilan du rôle fondateur de la *NRF* en 1909, et plus tard, il en attribue le mérite incomparable à André Gide.

Claudel, ni Claudel par Gide, ni Gide par Saint-John Perse... (pour ce qui est de Mauriac, ils communieront en chacun de ces maîtres).

Il n'est pas jusqu'à la politique qui ne les unisse. Quand, en juillet 1922, Jacques Rivière, partisan déclaré d'un rapprochement entre la France et l'Allemagne pour fonder la paix européenne, s'en prend à la « politique conséquente » de Poincaré fondée sur les représailles, le diplomate Alexis Léger * applaudit, se gaussant de la « piètre lucidité du talent rigoureux et stérile, l'esprit grammatical d'un Poincaré, mauvais " poète "... ».

Curieusement, Rivière, qui a consacré de longs essais à Claudel, à Gide et à Proust, et un autre, beaucoup plus bref, à Valéry, n'a rien écrit sur l'auteur d'*Anabase*. Était-ce affaire de générations ? Devait-il laisser incuber longtemps son sujet et ses thèmes ? Après tout, il ne lui avait fallu qu'un an pour passer de la découverte de *L'Arbre* à son premier essai sur Claudel... En fait, à la différence de la plupart de ses contemporains, le directeur de la *NRF* avait plus de goût pour l'homme Alexis Léger que pour le poète Saint-John Perse. Non qu'il sous-estimât la grandeur d'une œuvre qu'il avait contribué à faire éclore et dont la noblesse lyrique ne pouvait manquer de le toucher plus que toute autre depuis Claudel.

Le fait est que la perte de la correspondance de Rivière — hormis la fulminante exhortation de 1909 et un message où, six mois avant de mourir, il demande à Léger de contribuer à un numéro d'hommage à Conrad et le remercie de lui avoir fait parvenir un exemplaire dédicacé d'*Anabase* — nous prive de ces fulgurantes mises au clair sur la nature et le sens de l'œuvre de son interlocuteur auxquelles il excellait.

Son ami eût-il disparu avant lui, on peut être assuré que Jacques l'eût salué d'un hommage comparable à celui que Saint-John Perse écrivit pour le numéro d'avril 1926 de la *NRF,* moulé dans cette écriture de doge de Venise qu'il s'était patiemment attaché à construire, comme fait un lettré chinois, poème dans le poème :

> ... Je l'ai rencontré il y a longtemps. Je ne l'ai revu que très rarement. Il était de ceux dont l'être moral fixe à jamais une entière présence. Et l'adhésion de son esprit, comme celle de son cœur, avait quelque chose d'absolu.
>
> [...] On pouvait ne partager rien de ses idées, de ses sentiments ni de ses goûts, sans que sa confiance en fût en rien altérée. Quel était donc le secret de cette présence humaine, sinon je ne sais quoi d'instant, qui lui fût propre, comme l'identité même de la flamme : une substance à l'état pur et d'innocence [...]. Il était tout d'une seule essence et comme incorruptible.

* Qui sera, dix ans plus tard, secrétaire général du Quai d'Orsay, l'architecte, fort discuté, de la diplomatie française.

[...] Distrait aux choses de l'esprit, ravi d'un pur tourment, Jacques Rivière a vécu parmi nous en poète de l'intelligence [...]. Il y avait, sous cette maturité croissante de l'œil, un point sensible et pur et comme inaltéré par le regard, qui vous faisait songer parfois à la source même de l'être humain. Il y avait, au fond de cette corolle vivante et vulnérable, toute la grandeur pensive d'un regard d'enfant.
[...] Sa parole était gauche et timide, et on l'aimait infiniment d'être telle, chez un écrivain dont l'art fut avant tout soucieux de propriété.
[...] Son allure était gauche et timide, et on l'aimait infiniment d'être telle, chez un homme qui assurait la charge d'une direction littéraire. Avec son regard pur et tout mêlé encore au songe de sa naissance, avec sa grande réserve, son honnêteté et ses scrupules, il ressemblait, sur la place publique, à ces étrangers démunis dont tout le bien fut converti en une seule monnaie d'or, et qui n'a cours [...].
[...] Un soir de brume peuplé d'hommes, dans un grand port fluvial de France, il y a longtemps, je l'ai vu s'avancer pour la première fois :
« Jacques Rivière, c'est votre nom, qu'allez-vous faire de votre vie d'homme ? [...] Vous n'allez point vous consacrer à la vie littéraire ?
[...]
— Il le faut bien. Vous le voyez. Et ce n'est point la peine de me regarder aussi fixement [...]. »
Un soir de brume peuplé d'hommes, dans une autre ville, ce Paris qu'il aimait et où il allait mourir, je l'ai revu, il y a un an :
« Jacques Rivière [...] maintenant qu'allez-vous faire de cette seconde partie de votre vie ? [...]. »
[...] Déjà j'avais peine à retenir, sous mon regard, ce regard d'homme vivant. Je vis cette chose qui pesait au bout de son bras droit : une serviette de cuir jaune, à courroie, lourde de manuscrits. Et puis il me laissa, et sous la brume de Paris je l'ai vu s'éloigner, chargé de ce papier d'autrui.
[...]
Il y a maintenu, auprès de lui, par son abnégation, la survivance d'une sorte d'état de grâce. Il ne fallait pas moins que la mort pour révéler cette présence. Il suffisait de la vie pour mesurer ce sacrifice. « Je n'étais pas fait, m'a dit Jacques Rivière, pour diriger une revue littéraire » *.

*

Comme, un siècle plus tôt, dans l'étroit Grenoble du temps de l'Empire, Stendhal et Champollion parviennent étrangement à s'ignorer, ainsi, dans le modeste Bordeaux de 1906, deux enfants, deux écoliers,

* Quarante ans plus tard, prié par Gaston Gallimard de réunir ses œuvres complètes pour la collection de la Pléiade, Alexis Léger demandait à Isabelle Rivière de lui communiquer les lettres écrites jadis à son mari, élément majeur de la correspondance « la plus confiante, la plus sincère et la plus libre que j'aie pu avoir à cette époque de ma vie [...]. Mes lettres à Rivière étaient certainement ouvertes au plus humain de nous-mêmes, au-delà de toute vie littéraire, du fait de notre simple et profonde affection » (Papiers Alain Rivière).

deux étudiants nommés François Mauriac et Jacques Rivière se frôlent des années durant sans s'accointer.

Tour de force. Si par aventure vous passez par Bordeaux et si, mû par l'admiration pour les grands hommes, vous arpentez les rues de la vieille cité où, de la Rousselle au Parlement, déambulèrent tour à tour Montaigne-le-maire et Montesquieu-le-président, vous constaterez que la très proche maison natale de François Mauriac, rue du Pas-Saint-Georges, n'est distante que de quelques centaines de mètres de la rue de la Devise où Jacques Rivière naquit neuf mois après le dernier fils de Claire Mauriac *.

Avant que leurs familles ne mettent entre eux quelque espace en envoyant l'un au lycée tout voisin du quartier d'origine, l'autre au collège de Grand-Lebrun dans la proche périphérie de la ville, les deux petits garçons n'ont cessé de se croiser, d'école maternelle en pâtisserie, de messe du dimanche en promenade du jeudi après-midi sur les quais, vers Saint-Michel et ses momies...

Tous deux sont d'ascendance bourgeoise, de complexion délicate, d'éducation catholique et puritaine. Plus d'aisance matérielle chez les Mauriac, du fait des propriétés landaises. Plus de prestige social du côté des Rivière, du fait de la chaire de professeur à la faculté de médecine qu'occupe le père de Jacques. Ce n'est pas sur des bases sociales ou économiques que se marque la différence (comme avec André Lhote, fils d'ouvrier), mais en fonction de ces courants mystérieux qui subdivisent toutes les communautés en réseaux ou chapelles, en bandes et en compagnonnages.

Deux noms, que nous connaissons déjà, résument cette étonnante dissociation : ceux de Gabriel Frizeau et d'André Lacaze, deux noms que tout vouait à être entre eux des facteurs de convergence, et qui symbolisèrent leur divergence.

Quelle peut être la responsabilité du mécène de la rue Régis dans le fait que le jeune Mauriac, exaspéré par le conformisme douillet de sa ville natale, ne vint pas s'abreuver chez lui de libre modernité ? Pourquoi ce jeune homme entravé ne chercha-t-il pas refuge chez « le seul juste de Sodome » ? On n'ose imaginer quelque querelle familiale recuite, d'origine viticole ou terrienne, entre les Frizeau et les Mauriac. Mieux vaut attribuer la réserve du jeune homme à quelque inguérissable blessure de vanité, la sensation d'être tenu à l'écart d'une secte mystérieuse, la crainte de n'y être reçu qu'en intrus et surtout de n'y pas briller suffisamment – de n'y pas soutenir alors la comparaison avec ce Rivière dont lui parle, avec un mélange d'admiration et d'effroi, leur ami commun André Lacaze, qui est, lui, un initié de la secte Frizeau.

* Les deux logis sont signalés par de simples plaques, la ville de Bordeaux n'ayant pas jugé digne d'elle de donner les noms de ces deux citoyens à des voies dignes d'eux (la rue François-Mauriac est une sorte de chemin, à la périphérie de la ville).

On a évoqué déjà *, à propos de l'enfance de Jacques, ce personnage scintillant qui devait finir en chanoine une vie d'iconoclaste mélodieux. Pourquoi choisit-il, non d'être le trait d'union naturel entre François, son camarade de collège, et Jacques, son compagnon d'université, mais plutôt de dresser entre eux comme un écran ?

Mauriac devait écrire plus tard que Lacaze s'était ingénié à « brouiller les cartes » entre eux. Est-ce bien sûr ? Sagace comme il l'était, Lacaze avait peut-être mesuré d'emblée ce qu'il y avait alors d'incompatible entre l'intraitable Rivière et le nonchalant Mauriac — puritain (alors) agnostique contre dilettante pieux. Tout chez l'un n'est encore qu'héritage (en attendant l'inventaire !), tout chez l'autre est remise en question — du catholicisme, des premiers maîtres de jeunesse (Maeterlinck, bientôt Barrès) et de la férule paternelle.

André Lacaze aurait pu jouer de ces antithèses *in vivo* en psychologue gourmand d'interférences. Préférant tenir chacun en son enclos, au temps où les fureurs juvéniles de Rivière ne pouvaient qu'humilier ou effrayer le tendre poète qui marmonnait déjà (ou encore ?) *Les Mains jointes,* peut-être préserva-t-il entre eux les chances de l'amitié future.

Mais on peut imaginer quelle idée Jacques-le-cannibale, toujours assoiffé de découvertes et d'exigences, put se faire de ce jeune Mauriac vaguement entrevu ici ou là dans quelque pas-perdus du Grand Théâtre ou de l'Athénée municipal, qu'on disait plus ou moins voué à une carrière littéraire et qui dédaignait apparemment de venir chez les Frizeau recevoir la bonne parole claudélienne ou gidienne. Aux yeux de celui qui devient à Paris, en 1908, « l'étudiant pauvre et accablé de besogne » qu'a précisément décrit l'auteur de *Préséances,* le jeune Mauriac ne saurait être qu'un petit bourgeois snob et conservateur.

Entre les deux jeunes gens, les contradictions se fondaient sur bien d'autres données que le folklore ou la stratégie d'un ingénieux séminariste. On a vu qu'à partir de 1906, date de l'entrée de Barrès à l'Académie française, Jacques Rivière le rejette en tant que « maître », sans retirer encore son admiration à l'artiste. Rien de tel chez Mauriac, qui verrait plutôt, en cette élection, une raison de plus de s'extasier — avant d'être adoubé par le grand écrivain en 1910. En ce temps-là, Mauriac s'est installé « du côté de Barrès », quand Rivière s'est porté, dès avant la création de la *NRF,* « du côté de Gide ». C'est alors un clivage décisif — entre académisme et modernité, entre mondains et reclus, entre nationalisme catholique et dreyfusisme plus ou moins baigné de protestantisme.

Les divergences deviennent manifestes en 1912, les deux Bordelais

* Chapitre II.

ayant pris, sur la scène parisienne, un début de stature. Mauriac assure dans *La Revue hebdomadaire* que la jeunesse française est « férue d'ordre et de discipline » ; il s'attire une réplique cinglante d'Alain-Fournier dans *Paris-Journal,* applaudi par son beau-frère qui lui écrit que Mauriac « nous embête avec son ordre et sa discipline [32] ».

Rupture avant alliance ? Le jeune romancier qui, sans cesser d'être barrésien, est envoûté par la *NRF,* tente un rapprochement. A l'issue d'une représentation de *L'Annonce faite à Marie* où ils se sont croisés, il écrit à Rivière pour lui dire « l'admiration extrême » que lui inspirent ses articles de la *NRF.* Mais il ne peut se retenir de faire suivre cet hommage, à coup sûr sincère, d'un prône qu'on dirait venu d'un vicaire de campagne ou d'un confesseur de collège :

« Devant ce miraculeux dernier acte de *L'Annonce faite à Marie*, il me semble que vous avez dû comprendre ce qu'est la foi et que sans doute rien n'est plus éloigné que cette complaisance en soi-même où vous vous attardez [...]. Comme on sent que deux hommes vous ont pris et se disputent en vous : l'un est le Gide des *Nourritures terrestres* et l'autre, Claudel. Vous avez écouté ces deux voix, mais vous savez que Violaine a raison [33]. »

Comme quoi certains renards gascons peuvent se comporter parfois comme les oies du Capitole... Comment s'étonner que le secrétaire de la *NRF* ait rayé de ses papiers ce sermonneur importun ?

Passe la guerre. Renaît la *NRF*, précédée du manifeste si controversé où Jacques Rivière appelle à une démobilisation des esprits qui ne saurait, selon lui, se confondre avec un désintérêt de la chose publique. Mauriac n'a pas, comme nombre de ses amis catholiques, adhéré au Parti de l'intelligence inspiré par Maurras. Mais les journaux où il publie, les cercles dans lesquels il baigne en sont proches, et fort prévenus contre la *NRF* et son héraut. D'où cet article persifleur publié le 22 juin 1919 dans *Le Gaulois* :

« ... La *NRF* reparaît ce mois-ci. Son directeur nous avertit [...], non sans quelque superbe, qu'elle devait se rendre sensible comme un microphone aux moindres bruissements de la beauté. Le microphone de ces artistes se perfectionne. Jacques Rivière nous annonce une critique et une interprétation de l'histoire contemporaine à travers laquelle s'entreverra une couleur politique ; ils auront seulement le sage souci de n'y point mêler la littérature. »

Vu d'un certain bord, en effet, celui où campe encore Mauriac, la « politique » telle que l'a évoquée alors le directeur de la *NRF,* opposée au nationalisme « bleu horizon » alors hégémonique, ne saurait qu'appeler ces sarcasmes inquiets. Il faudra longtemps à l'auteur des *Mains jointes* pour reconnaître qu'en tentant d'arracher le catholicisme (et la littérature) à la férule du nationalisme, Rivière préfigure tout ce qui sera pendant un demi-siècle la politique-de-Mauriac.

On ne sait comment le jeune directeur de la *NRF* réagit à ce coup d'épingle de celui dont presque tout alors le sépare, mais dont il commence à lire avec un croissant intérêt les romans — surtout *Le Baiser au lépreux,* où s'affirme enfin une maîtrise dont rend compte avec intérêt, dans la *NRF,* l'excellent Benjamin Crémieux.

Et soudain, parce que la littérature est tout de même entre eux comme un ciment, la rencontre manquée, différée, suspendue, la rencontre qui languit d'advenir depuis les déambulations dans le quartier Saint-Pierre des deux petits garçons à pèlerine se frôlant sous la pluie, la rencontre heureuse se produit. Le 17 octobre 1922, sans qu'on sache très bien comment le manuscrit du *Fleuve de feu* parvint à la *NRF,* François Mauriac reçoit de Jacques Rivière une lettre dont la lecture fut comme une libération :

« Mon cher Mauriac, j'ai lu votre roman avec un profond intérêt et je le prends naturellement, et avec reconnaissance, pour la revue [...]. Je trouve votre sujet très beau et vraiment poignante la façon dont vous l'abordez. Il y a dans tout ce début une misère et une angoisse presque enivrantes [...] mais je suis déçu par le dénouement à mon avis beaucoup trop brusque et facile [...]. Ces regrets, mon cher ami, je ne vous les exprime si franchement que parce que votre livre me trouble et m'émeut [...]. Son atmosphère, qui va révolter bien des gens, m'est, à moi, extrêmement sympathique... »

Sympathique au Rivière en émoi qui s'approche, pas à pas, mot à mot, des aventures, liaisons et ruptures des années 1923-1924... Mauriac en conçut-il un éblouissement comparable à celui que lui avait procuré en 1910 l'éloge de Barrès ? Aux approches de la quarantaine, certains gardent leur aptitude à s'émouvoir... Le fait est qu'il ne put contenir sa joie, exprimée (le 11 novembre 1922) dans une lettre à Gide dont il savait que l'avis n'avait pas été sans influencer la décision prise par Rivière à propos du *Fleuve de feu* :

« Je suis heureux d'écrire à la *NRF.* Après quinze ans, je retrouve un Rivière pareil à l'adolescent entrevu. C'est un diamant que la vie n'a pas rayé. » (Un diamant, pourtant, dont l'éclat ne l'avait alors pas aveuglé — ou trop ?)

Alors commence, entre les deux « naturels du Bordelais » assurés désormais de leur maîtrise, chacun en son domaine propre, un dialogue si riche et si pressant qu'il semble destiné à combler une trop longue abstinence d'amitié. Pendant ces deux années qui leur restent, l'œuvre de Mauriac semble enlacée et transportée par l'intelligence critique de Rivière — lequel paraît impatient de faire du romancier catholique le témoin et le guide, on dirait presque le confesseur, de ses amours et de leur traduction spirituelle.

Tout a donc commencé par *Le Fleuve de feu,* publié en 1923 dans la *NRF.* La mise au point de l'œuvre, notamment de ce dénouement contre lequel renâclait d'abord l'auteur d'*Aimée* *, est l'occasion d'échanges très savoureux, tant à propos de la technique romanesque que de la sexualité et de la Grâce. Témoin cette lettre de Jacques, où beaucoup de choses sont dites :

> ... A la première lecture, je n'ai pas voulu *comprendre* votre roman, comprendre son sujet. Les forces que vous mettez en scène, la Grâce, pour la nommer franchement par son nom, j'y ai cru spontanément longtemps, puis (c'est la guerre qui a produit cela en moi, je me suis senti trop délaissé) j'ai décidé de les considérer comme non avenues, de ne plus les reconnaître [...] Mes premières résistances à votre dénouement avaient évidemment leur origine dans cette volonté de ne pas croire à la Grâce. Elles tombent, maintenant que l'évidence me force à voir ce que vous avez voulu faire, ce que vous avez fait[34].

De ce *Fleuve de feu* si chargé de choses de la chair, Jacques Rivière aurait-il émergé en postulant à une manière de christianisme **, accessible en tout cas à ces mouvements et ces forces que Paul Claudel a si ardemment tenté de susciter ou de ressusciter en lui ? On a cité ***, à propos de *Florence*, les phrases où, faisant allusion à une « Gisèle de Plailly sans la Grâce » qu'il a rencontrée (et où un lecteur averti peut reconnaître soit Maggie Horneffer, soit Antoinette Morin-Pons qu'il vient de rencontrer), il institue soudain Mauriac son « bon conseiller », grâce auquel il arrivera peut-être « à ne pas écrire [...] ce livre [...] qu'[il a] en tête [...] plus terrible que tous les *Immoralistes* du monde », l'assurant que si tel est le cas, il le devra à « son exemple [...] d'une conception chrétienne du monde et de la vie ».

Ce que Claudel, à grand ahan d'objurgations et de menaces, n'a pu lui imposer que pour un temps, les sulfureux héros de Mauriac l'auraient-ils obtenu par la mystérieuse intercession de leurs fautes ? Mauriac s'en effraie, et d'être pris pour garant de cette « conversion ». Mais Rivière bat très vite en retraite et, le 6 avril 1923, remet les choses en place : « ...J'ai eu quelques regrets de la façon dramatique dont je vous ai parlé de mon prochain livre. Au fond, c'était un peu ridicule. » Déçu, Mauriac, ou soulagé ? Le fait est que, désormais, le dialogue entre eux sera moins pathétique, concentré sur les thèmes proprement littéraires. De *Genitrix* au *Désert de l'amour*, Jacques Rivière, dont l'admiration ne faiblit pas face à ce qu'il considère comme le « développement romanesque le plus dramatique » de la génération d'écrivains à laquelle ils appartiennent tous les deux, ne traite qu'en termes d'art et de technique du récit. Et le vigoureux article sur *Le Fleuve de feu* qu'il publie le 1er juillet 1923 en

* Voir chapitre XXI.
** Voir, plus loin, chapitre XXV.
*** Voir chapitre XXII.

rabat beaucoup sur l'intervention de la Grâce dans l'évolution du personnage de Gisèle de Plailly.

En François Mauriac, enfin trouvé et accueilli avec enthousiasme en ce cercle dont il se croyait à jamais exclu comme jadis de la maison Frizeau, Jacques Rivière ne voit pas seulement un magistral conteur d'histoires à débiter par tranches dans la *NRF.* Il lui demande une collaboration régulière, l'institue d'abord critique littéraire, puis dramatique après que Léautaud (qui signe, on le sait, Maurice Boissard) aura fini d'exaspérer les uns et les autres avec ses histoires de pipi de chat en guise de chronique de la vie théâtrale. Ses collaborations à la *NRF* n'auraient pas suffi à faire la gloire de Mauriac. Il n'y a découvert ou mis en lumière aucun Proust, ni Aragon, ni Giraudoux. Il aura au moins l'occasion de situer à leur vraie place des écrivains comme Abel Hermant — dont il égratigne le prestige alors considérable.

Entre les deux Bordelais, l'amitié a pris le ton d'une intimité si fraternelle que Mauriac ose pratiquer à l'adresse de son ami le démasquement de soi-même que Rivière s'était appliqué en « s'écharpant de sincérité » face à Alexis Léger. Le directeur de la *NRF* lui ayant demandé, au début d'avril 1923, d'écrire sur l'auteur Paul Bourget le grand article d'évaluation que chacun attendait depuis deux décennies et qu'il était déjà, mieux qu'aucun autre, en mesure d'écrire, François répondit tranquillement ceci — sachant que s'il n'était adressé à un ami très assuré, un aveu aussi cynique le « coulerait » à jamais :

« ... Je vais tout vous dire. Il me semble que je serais capable d'écrire sur lui une bonne étude dans le genre féroce. Mais mon devoir et mon intérêt * s'accordent pour une fois à m'en détourner. Je retiens d'avance, si vous le voulez bien, son article nécrologique... »

A ce défi qui a valeur de test, Jacques Rivière ne répondra que par un sourire. N'a-t-il pas soutenu que le catholicisme tire sa grandeur de son élasticité au mal ? Et ne sait-il pas ce que cette provocation recèle de confiance en son amitié ? Et lui, mis en appétit par ce cynisme, va riposter par un manifeste d'hédonisme :

> ... J'ai presque honte de tant de temps que j'ai passé à me dire que le bonheur était impossible. C'était une lâcheté. Voilà, mon cher ami, dans quel sens je deviens impie ; et voilà la seule pente dans laquelle je pensais à vous pour me retenir. Mais sur quelle pente intérieure un homme s'est-il jamais retenu, même avec le secours des amis les plus chers ?

S'il est vrai que l'amitié peut se mesurer à la sincérité dont usent, entre eux, deux compagnons, alors celle-ci n'est pas banale — si l'on tient compte des orages que traversent alors l'un et l'autre, et de la réserve à laquelle les avait contraints leur éducation provinciale et religieuse. De

* Bourget est l'un des grands électeurs de l'Académie, entre autres.

vive voix, Jacques s'exprimera plus crûment avec André Gide *, sinon avec Ramón Fernandez, son camarade le plus familier de ce temps-là. Mais les confidences faites à Mauriac révèlent une intimité dont l'incubation s'opère depuis près de trente ans. Tant d'histoires d'amitié suivent le cours inverse...

Peut-on dire, avec le bon mauriacien qu'est Jacques Monférier, que l'auteur de *Genitrix* a dès lors « reconnu la supériorité intellectuelle du directeur de la *NRF*[35] » ? C'est vraisemblable, dès lors qu'il se situait moins lui-même dans l'ordre de l'« intelligence » que dans celui de la « finesse » intuitive et sensible. Mais le jugeait-il alors, comme il l'écrit dans *Du côté de chez Proust*, si entièrement « livré aux découvertes de tous ordres » (ou de tous désordres ?) que la vie de Jacques en devenait « indifférente aux choses du ciel » ?

Nous verrons qu'à propos des derniers déchirements de la vie de celui qui était devenu son ami, François Mauriac reviendra sur cette « indifférence » — la réduisant aux formes, à un certain style de vie. Beaucoup de pièces de leur correspondance d'alors se sont perdues, nous interdisant un déchiffrement minutieux de ce dialogue murmuré au plus profond. Mais il est impossible de ne pas citer la plus poignante de ces lettres, écrite à propos du manuscrit du *Désert de l'amour*, laissée inachevée par une main déjà mourante :

> Cette fois-ci vous y êtes tout à fait [...]. C'est un roman, un vrai [...]. Moi dont le métier, et peut-être le don, est de voir directement dans l'esprit des créateurs, je vois très bien tout ce qu'il y a de vous là-dedans, toutes les parcelles d'âme que vous avez abandonnées [...]. L'œuvre, en réalité, se détache complètement de vous, et vit d'une vie personnelle **[...]. Les vies des personnages évoluent d'une façon à la fois parfaitement distincte et parfaitement combinée [...]. On voit chacune se développer dans son désert propre. Je ne sais pas comment vous êtes arrivé à cela, mais c'est une réussite remarquable...

La lettre s'arrête là. Épuisé, Jacques ne put aller plus loin et la remit en mains propres au destinataire accouru à son chevet. Elle reste le témoignage le plus intense d'une rencontre plus forte en définitive que les misérables embûches de la vie.

A vrai dire, la littérature ne fit pas tout, entre eux, parce qu'elle n'était pas tout. On a vu que la correspondance entre les deux Bordelais, de 1922 à 1925, débordait bien au-delà des questions relatives à un art du roman auquel Mauriac se vouait avec un bonheur croissant et dont Rivière tentait désespérément de mettre en application les préceptes.

De part et d'autre d'une indicible frontière se poursuit entre eux un

* Voir chapitre XXV.

** C'est l'objectif que poursuit, vainement, l'auteur de *Florence*...

débat spirituel. Entre la nature et la Grâce ? Il ne faudrait pas angéliser l'un, diaboliser l'autre. Mauriac ne s'y tient pas au rôle de porteur de torche, et la « nature » ne parle pas en lui par la seule voix de ses héroïnes pécheresses. Rivière ne se contente pas de proférer les maximes d'un hédonisme conquis contre « la lâcheté », comme une sagesse pétrie d'hellénisme. De l'un à l'autre, une pressante requête, qui donne à leur convergence, si tard venue, un caractère haletant et fraternel.

C'est dans *Du côté de chez Proust*, vingt ans après la mort de Jacques Rivière, que Mauriac a évoqué avec le plus de précision cette relation exigeante.

> Jacques était ce témoin sur lequel nous agissions [...] et qui consentait d'autant mieux à « être agi » qu'il connaissait son pouvoir de se défendre [...]. Je suis effroyablement autonome, m'écrivait-il un jour [...]. Il ne subissait aucune autre loi que la sienne, mais qu'il se l'imposait durement ! En ces dernières années [...] il s'acharnait à détruire cette surnature jusqu'où le christianisme nous oblige d'atteindre [...]. Ainsi prenait-il parti contre son âme [...].
> Parmi nous, comme un signe de contradiction, demeure son âme pleine d'énigmes [...]. L'unité d'un Rimbaud, d'un Rivière, ne réside pas dans un système immobile, mais dans une adhésion constamment fidèle à leur mouvante pensée [...]. La Grâce, dans Jacques, a jeté d'admirables clartés. Dans combien de vies n'y aura-t-il eu que des moments de Grâce ! Et toute notre histoire intérieure se ramène à un effort pour diminuer les intervalles entre les temps de lumière, pour que la fin de notre vie ressemble à ces longs crépuscules de juin où toute la nuit le jour demeure au bas du ciel[36].

Les « intervalles entre les temps de lumière », chez Jacques Rivière, d'autres les auront crus plus longs que ne les a vus Mauriac. Il nous faudra revenir sur ce débat fameux *. On ne saurait être, comme le directeur de la *NRF*, le « témoin absolu » de Proust aussi bien que de Claudel, de Gide aussi bien que de Mauriac — et du jeune Artaud comme de Jouhandeau apprenti —, sans être à la fois pôle de convocation et, comme l'écrit Mauriac, « signe de contradiction » — ceci parce que cela.

Jacques Rivière n'était pas né pour la conciliation, mais pour les dures épreuves de la connaissance.

* Chapitre XXV.

XXII

Un art sans frontière

« La peinture entre dans une phase musicale. »

Paul Gauguin.

Quand Jacques Rivière assure dans son « manifeste » de juin 1919 que *La Nouvelle Revue française* saura se faire « sensible comme un microphone aux moindres bruissements de la beauté », il n'est peut-être pas au sommet de son art d'écrivain ; mais il définit bien sa posture de guetteur universel auquel rien de ce qui s'écrit, se peint ou se compose ne saurait être étranger, comme le Diderot de 1750, le Baudelaire de 1850 — à ceci près que son champ d'action à lui est plus vaste et plus complexe, du fait de la mondialisation provoquée notamment par la guerre.

Les « moindres bruissements » ? On peut contester la formule. Une telle prétention eût d'ailleurs conduit la *NRF* à n'être plus qu'un vacarme, ou un foirail. Et lui à la folie. On peut aussi objecter que cette avidité, cette attention polymorphe se laisse surprendre en quelques occurrences, que le cubisme en bénéficie mieux que l'abstraction et que Samuel Butler fut chez lui mieux accueilli que James Joyce.

Ce qui ne saurait être contesté pourtant, c'est l'universalité de son écoute, l'ampleur périscopique de son regard. Tel était le jeune « cannibale » de Lakanal, inlassable rôdeur des Salons, infatigable auditeur de Franck et de Rameau, imperturbable fouilleur de bibliothèques, tel est le directeur de la *NRF* courant du Théâtre des Champs-Élysées au Vieux-Colombier et du Grand Palais au Châtelet, en chasse perpétuelle, universelle, et toujours assuré que, sans référence à Ravel, Giraudoux perd de son miroitement, et qu'aux volutes de Valéry, Matisse confère un surcroît de lumière.

Le rôle d'Arlequin amoureux de toutes les formes d'expression de Colombine, il est vrai que Jacques Rivière ne peut plus le jouer pleinement, à partir du moment où il prend en main la direction de la revue. De 1919 à 1925, à peine deux articles sur la musique ou la danse, plus guère de textes sur les arts plastiques *. Aurait-il rétréci son horizon, serait-il récupéré totalement par la littérature ?

Le directeur de la *NRF* a tout simplement constaté que son emploi du temps ne lui laissait pas le loisir d'accompagner le mouvement musical ou la vie des arts autrement que de façon marginale. On le voit presque aussi souvent au concert et dans les galeries. Mais il n'a plus le temps de prolonger ses visites en entretiens avec les peintres et les chefs d'orchestre, et d'étudier les partitions. D'où le quasi-silence où il se voit réduit.

Au surplus, en l'un et l'autre domaine, il a trouvé, pour le suppléer, de très bons spécialistes : en musique, Boris de Schloezer, l'un des meilleurs critiques du temps, particulièrement attentif aux travaux de l'école de Vienne et à la technique sérielle ; et en peinture, son vieil ami André Lhote, qui est en passe de devenir un augure du monde des formes, en tout cas le théoricien par excellence du cubisme, le mouvement pictural le plus prestigieux de l'époque. De tels substituts incitent Rivière à considérer que sa revue peut se passer de ses compétences en ces domaines.

La « beauté » qu'il prétend capter par toutes les antennes, qu'elles fussent ou non exérieures à lui-même, ne saurait souffrir ni limite, ni cloison, ni exclusive. Le surréalisme, la peinture chinoise, une flûte des Andes auront autant de titres à la manifester. Nous verrons Rivière intimidé ou déconcerté par l'immense déchirement interne contre lequel se bat Antonin Artaud, par la force brute que dégage Fernand Léger, par la violence qui rayonne de James Joyce. Ainsi aura-t-il été sourd à quelques appels, négligé des inventions provocantes.

On aura beau jeu d'opposer à sa « prudence » l'audace de son successeur Jean Paulhan ; ce qui est négliger l'action bénéfique du temps et oublier que la provocation de 1919 est la création de 1939, que la rupture d'hier est l'acquis de demain. Jacques Rivière n'était pas un défricheur de pointe comme Félix Fénéon, jadis, à *La Revue blanche*. Il n'était pas un révolutionnaire. Il était un contemporain de son temps, le « témoin » absolu. Il ne creusait pas la brèche. Il la constatait et la franchissait.

On portera encore ceci au crédit de Rivière : dirigeant une revue reconnue, d'emblée, comme l'arbitre de la vie culturelle de son temps et publiée à Paris, ville qui se prenait pour la capitale intellectuelle du monde (et l'était encore, à certains points de vue), vivant en un milieu considéré (au moins par ses membres) comme l'assemblée des Justes dispensatrice du sel de la terre, en un temps où la langue française restait une référence et où ruisselait le chauvinisme exacerbé aussi bien par la victoire que par les frustrations qu'elle provoquait, Jacques Rivière fit en

* Sinon quelques développements dans « L'Institut contre les indépendants » (juillet 1919) et « La crise du concept de littérature » (juillet 1924).

sorte que, « française », *La Nouvelle Revue* ne le fût pas au point d'occulter le reste du monde et que, « revue de littérature », elle ne se fermât ni à la peinture, ni à la musique, ni à aucun art — hormis le cinéma.

Ni Chaplin, ni Gance, ni Griffith, ni Murnau, ni Méliès en effet n'auront droit de cité rue de Grenelle *. A la différence de Gide, grand admirateur de Douglas Fairbanks et de Lilian Gish, Jacques Rivière (mort en 1925) resta fermé au cinéma. Il fit quelques tentatives, marquées par autant de déceptions. Pas de rubrique de cinéma dans la *NRF*-de-Rivière.

Malraux, qui commence à collaborer à la revue en 1922, eût fait merveille en cet emploi — bien qu'il en soit venu à proclamer que le cinéma était une industrie... Mais rien ne lui fut proposé en ce domaine ; peut-être Gide y pensa-t-il, mais ce mirobolant jeune homme agaçait trop Rivière pour être en fin de compte agréé.

Le sport ? On le verra réduit à une portion modeste, en dépit de l'extrême intérêt qu'y prenait, nous l'avons vu, le jeune directeur de la *NRF*, en dépit aussi de la collaboration à la revue de plusieurs écrivains contemporains les plus ouverts à ces exercices — Jean Giraudoux, Paul Morand, Jean Prévost **, Pierre Mac Orlan... Quant à Montherlant, il proposa de tenir une rubrique de la boxe, suggestion qui retint d'abord l'attention de Gide ; puis une tribune des sports en général, que n'agréèrent ni le directeur ni son « gourou ». Mais la *NRF* publiera *Les Olympiques*.

A propos d'un roman de Jean Bernier, *Tête de mêlée*, c'est Ramón Fernandez, alors l'ami le plus proche de Jacques Rivière, qui formula en novembre 1924 ce qu'on pourrait appeler l'idéologie de la *NRF* en la matière :

« ... Nous serons bientôt à même d'estimer la valeur spirituelle du sport [...]. Il a élargi le champ de notre expérience et nous a redonné nos véritables dimensions ; avant lui notre esprit ne logeait que dans une toute petite partie de nous-mêmes et croyait le reste peuplé de fantômes. Et puis il contraint l'analyse à suivre un rythme qui n'est pas le sien, ce qui en fait un des meilleurs remèdes contre l'intellectualisme [1]. »

Fermé au cinéma, prudent en son ouverture au sport, Jacques Rivière, l'homme qui, en 1919, avait su préserver la *NRF* de l'assujettissement aux impératifs d'une politique nationaliste « bleu horizon » osa y introduire les grands débats politiques du temps, dès lors qu'ils avaient trait aux enjeux essentiels, qu'il s'agisse des relations franco-allemandes, de la paix européenne ou des rapports entre l'art et le pouvoir. Avec lui, la *NRF* cessait d'être ce club d'intellectuels assez bien élevés pour ne pas aborder

* Où, quittant la rue Madame, la *NRF* s'est installée en 1921 (au n° 3).
** Qui publia en 1924 l'excellente *Journée du pugiliste*.

les questions trop graves telle que la dénonçait aigrement Claudel dans une lettre adressée à son jeune ami, en 1912.

Quelle que put être l'évolution de Jacques Rivière, le mûrissement de son rapport aux œuvres, et de quelque façon que l'on appréciât la retenue que désormais il imposait à sa ferveur (l'éminent « riviériste » qu'était Auguste Anglès préférait le fougueux thuriféraire d'avant-guerre au plus sage essayiste des années vingt...), il est clair que le directeur de la *NRF* ne reniait en rien le garçon de vingt ans écrivant à son ami Fournier : « J'ai voulu que mes premiers mots imprimés fussent un hymne à Debussy *. »

Objecter que, dix-huit ans plus tard, le nom de Stravinski eût peut-être été substitué à celui de l'auteur d'*Iberia* ne modifie pas l'argumentation. Non plus de rappeler que si, au temps de sa ferveur debussyste, Jacques rêvait d'inventer la « philosophie musicale ** », un tel rêve s'était depuis longtemps dissipé.

Le Rivière des approches de la maturité reste l'homme capable de soutenir avec Gauguin que les meilleurs des jeunes peintres de son temps, Bonnard ou Vuillard, sont des musiciens — comme Marcel Proust ou André Gide. Il reste le critique auquel Antoine Bourdelle écrivait en 1910, sur un ton qui annonce Céline :

« Vous écrivez comme on frissonne. Des peintres aux écrivains et d'eux aux musiciens vous pouvez dire que vous en bouchez une circonférence [...]. Ça c'est du bon. Ça c'est de l'attention. Ça c'est de la besogne haute bien foutue... »

*

L'univers musical de Jacques Rivière bascula un certain jour de novembre 1913, lors de la première représentation du *Sacre du printemps*. Dix ans plus tôt, sa culture en ce domaine, formée de façon très traditionnelle en un milieu imbibé de mélodies et d'harmonies convenues, d'ailleurs aimées sans réserve ni impatience, avait intégré d'emblée la révolution debussyste.

On ne reviendra pas sur le culte voué par l'adolescent à *Pelléas,* sur cette royauté de dix ans exercée sur sa sensibilité musicale, soudain enchantée, envoûtée plutôt, par les inventions du *Faune* et de *La Mer*. Sans partage ? Certes, non. Sa fidélité à Moussorgski et la découverte qu'il fait de la grandeur de Wagner vers 1910 ne souffrent en rien de sa dévotion à Claude Debussy — qui en lui ne porte ombrage qu'à son plus proche compagnon, Maurice Ravel.

On ne peut même pas soutenir que l'irruption de Stravinski l'ait

* Dans *Le Mercure musical* d'avril 1906 (voir chapitre II).
** *Ibid.*

« pris » à Debussy, comme Claudel prétendait qu'avait fait de lui le charme de Gide. On l'a dit : les adhésions de Jacques Rivière purent être effervescentes, quasi délirantes en ses jeunes années. Elles ne furent pas exclusives, en tout cas n'entraînèrent d'exclusion (pour Barrès, à un bien moindre titre pour Claudel, bien moindre encore pour Gide) qu'après érosion et révision lente. La célèbre définition qu'il a donnée de la musique de *Pelléas,* qui cesse d'être linéaire pour devenir « tout entière en chaque moment » dès lors que les accords se juxtaposent, on pourrait l'appliquer à sa pratique de l'amitié, faite de « dominantes », tour à tour apparues, sans exclusion. Qui pourrait prétendre que sa ferveur proustienne fut sans effet sur celles que lui avaient inspirées Gide ou Claudel ? Mais comme les accords de Debussy, ceux qui émanent de la *Recherche* se posent, sur le mode majeur, à côté de ceux qu'il a perçus en lisant *Connaissance de l'Est* et *Paludes.*

Ainsi en fut-il pour le passage de l'ère Debussy à l'hégémonie Stravinski. On ne peut manquer de revenir sur son décisif engagement de 1913 en faveur du *Sacre du printemps* — d'autant plus frappant que Rivière s'y reprit à deux fois pour signifier son admiration. Ayant en août 1913, à propos de la bataille * que provoqua la première représentation du ballet, écrit qu'elle marquait « une date, non pas seulement dans l'histoire de la danse et de la musique, mais dans celle de tous les arts », il prévenait ses lecteurs qu'il lui fallait « reprendre haleine » pour traiter congrûment ce chef-d'œuvre, dont « la beauté [...] déborde de partout ».

C'est trois mois plus tard ** qu'il fit paraître, non pas « à propos » du *Sacre,* plutôt « sur » et « pour » le *Sacre,* l'un de ses essais les plus puissants et novateurs, aussi « engagé » que les grands textes de naguère sur Claudel, Debussy ou Cézanne, mais conformément à l'intention proclamée dans la préface d'*Études* de 1924, mieux maîtrisé, moins prosterné. Et même franchement debout...

« La grande nouveauté du *Sacre du printemps*, c'est le renoncement à la " sauce ". Voici une œuvre absolument pure. Aigre et dure, si vous voulez ; mais dont aucun jus ne ternit l'éclat, dont aucune cuisine n'arrange ni ne salit les contours ***. Ce n'est pas une " œuvre d'art ", avec tous les petits tripotages habituels. Rien d'estompé, rien de diminué par les ombres ; point de voiles ni d'adoucissements poétiques ; aucune trace d'atmosphère. L'œuvre est entière et brute, les morceaux en restent tout crus ; ils nous sont livrés sans rien qui en prépare la digestion ; tout ici est franc, intact, limpide et grossier[2]... »

* Voir première partie, chapitre VIII.

** Novembre 1913.

*** Tout au long de l'article, le travail chorégraphique de Nijinski est associé à l'invention du musicien, comme aussi neuf, hardi et « privé de sauce ». Mais la musique est première.

L'ivresse où est plongé Rivière ne va pas sans provoquer quelques cauchemars :

« Le soir de la première du *Sacre du printemps*, il y avait comme de la lie au fond de mon immense admiration, je ne sais quelle tristesse et quel accablement [...]. La lourdeur des choses physiques, une inertie minérale [...]. J'étais repris par l'étroitesse originelle ; il me semblait être né un jour de cette *angoisse* dont je venais d'avoir le prodigieux spectacle[3]... »

Six mois plus tard, le nouvel ouvrage de Stravinski, *Le Rossignol,* trouvera Rivière déconcerté d'abord par la pauvreté des moyens mis en œuvre, puis dompté par la force de l'argumentation, convaincu enfin par la thèse dont cet opéra n'est que la démonstration provocante : « L'art nouveau doit être sec, net, étroit et mécanique » (principes qui me sont tout particulièrement sympathiques, écrit le secrétaire de la *NRF,* qui fera souvent en sorte de les mettre en œuvre...).

Ce n'est pas un hasard si, la guerre passée, Jacques Rivière, directeur de la *NRF,* ne revient guère à la chronique musicale que pour saluer à nouveau Igor Stravinski. Refondu sous forme de ballet en 1920, son *Rossignol,* décoré par Matisse, y trouve une sveltesse qui, sous forme d'opéra, semblait maigreur. Joie de Jacques Rivière, contrôlée, mais jubilante :

« ... Une aigre et rase mélodie chemine un instant toute seule, s'aidant d'on ne sait quelles petites pattes sous le ventre. Et, de nouveau, plus rien : la musique reprend la forme du silence ; l'orchestre montre ses intestins ; les sons s'évasent, nous absorbant au fond d'une cuve monstrueuse, où nous serons soumis à tout un système de supplices espacés[4]. »

Rivière ne saurait s'en tenir à ces notations fulgurantes. Comme il le faisait naguère pour Debussy, il lui faut situer l'auteur du *Sacre* dans l'histoire de la musique :

« La liberté formidable dont profitent aujourd'hui [...] nos jeunes musiciens, il ne faut pas oublier que c'est à Stravinski qu'ils la doivent, à ce frêle Samson qui, d'un geste facile et comme plein de sommeil, a reculé de toutes parts les murailles du temple de la musique[5]. »

Mais au-delà du maître de *Petrouchka,* quel rapport entretient-il avec la musique de son temps ? On a vu que le directeur de la *NRF* a choisi de se décharger de cet arbitrage sur un spécialiste, Boris de Schloezer, avec lequel il poursuit un débat passionné. Rivière marchande à Ravel l'admiration accordée à Debussy, pour n'avoir pas su, lui, s'évader de l'impressionnisme comme l'auteur de *Pelléas* *, reste fidèle à sa vénération ancienne pour Franck (mais l'aurait-il préservée de la même façon après la guerre ?), estime Paul Dukas et André Caplet ; moins Florent Schmitt, et moins Darius Milhaud, et moins Auric.

* Opinion que l'on n'est pas contraint de partager.

Quant aux compositeurs étrangers, nous le trouvons étrangement rétif à Manuel de Falla, qu'il juge trop « asservi » à son folklore national, et franchement rebelle à Richard Strauss : le fervent wagnérien qu'il est ne voit que « platitude » et « vulgarité » dans le compositeur de *La Légende de Joseph* – jugement qu'aurait à coup sûr modifié l'audition du *Rosenkavalier*... Comment aurait-il goûté les maîtres de l'école de Vienne, Schönberg ou Berg, dont son ami Boris de Schloezer allait devenir l'un des meilleurs exégètes ? Mahler en tout cas ne retint pas son attention – pas plus que celle d'aucun autre Français de ce temps-là...

Il est vrai que l'espace dévolu à la musique dans la *NRF* a diminué, du fait de la création de *La Revue musicale* dirigée par Henry Prunières, également patronnée par Gaston Gallimard, qui a le souci de donner sa chance à la nouvelle venue*. On verra donc Boris de Schloezer se partager entre les deux publications et même, en février 1924, polémiquer (non, dialoguer) avec Jacques Rivière à propos des apports de Proust et de Stravinski en leurs domaines respectifs.

Mais la musique reste au cœur de la vie esthétique de Jacques. Et lui au cœur du mouvement musical, attentif à tout ce qui se crée, courant le dimanche de la petite salle du Conservatoire aux concerts Straram et d'un récital de Thalberg à une soirée consacrée à Bach par Blanche Selva. Quant à son rôle critique, nul ne l'a mieux défini que son collaborateur, et parfois contradicteur, Boris de Schloezer :

« Aucune de ses études ne contient un seul terme technique [...]. Jamais la moindre velléité d'analyse harmonique ou contrapunctique [...] Rivière n'essaie même pas de donner le change, comme font tant d'autres [...]. Si nous nous plaçons aujourd'hui au point de vue des principes généralement admis en matière de critique (et pour ma part je me suis toujours efforcé de leur demeurer fidèle), il faudait ne considérer les articles musicaux de Rivière que comme des œuvres littéraires, des exemples de cette critique impressionniste et lyrique qui consiste à prendre l'œuvre d'art comme prétexte de littérature [...].

« Eh bien non ! La critique musicale de Rivière existe ; elle recèle de précieux enseignements [...]. Ce n'est pas une critique subjective à la Wilde. Elle possède une valeur objective, je dirais presque " scientifique ", et nous éclaire non seulement sur son auteur, mais aussi sur l'œuvre dont il parle, en faisant ressortir les particularités les plus significatives de sa structure et son sens le plus intime[6]. »

*

* Dont la rédaction est située dans l'ancien local de la *NRF,* rue Madame, et qui partage son service de ventes, au 3, rue de Grenelle, avec la revue de Jacques Rivière.

Jacques Rivière n'avait, dans le domaine musical, aucun ami assez intime pour lui signifier — non sans abus, comme le suggère Boris de Schloezer — que son incompétence technique limitait la portée de son jugement. En matière picturale, cet ami existait : André Lhote qui, en 1908, le mettait sèchement en garde, non contre le commentaire des œuvres, mais contre le recours à tel ou tel argument visant la texture interne de l'œuvre, en l'occurrence la matité des toiles de Cézanne. Ce qui ne retint pas Jacques de publier, en mars 1912, une étude très approfondie sur le cubisme et la lumière, dans la *Revue d'Europe et d'Amérique*.

Six ans plus tard, en septembre 1918, ayant subi les épreuves de la guerre, Jacques écrit à Lhote ces mots qui vont, dans l'effacement, au-delà de ce que réclamait de lui son compatriote :

« Je suis devenu, en captivité, beaucoup plus réservé dans mes jugements et j'ai très bien compris en particulier que, sans une forte instruction technique préalable, il était impossible de rien dire de sensé sur les arts plastiques. A plus forte raison serait-il fou de vouloir corriger ce qu'en peut dire un praticien[7]. »

Le praticien supposé « incorrigible », ce sera bien sûr, à la *NRF,* André Lhote. Mais non de façon exclusive. Jacques Rivière souhaitait lui confier le magistère pictural — comme à Schloezer celui de la musique (fugitivement partagé avec Cocteau). Mais Lhote n'avait pas que des amis et connaissait l'art de se faire des ennemis. Lors des vifs débats que provoqua en 1919 la « prise de pouvoir » par Rivière, certains, comme Schlumberger, dénoncèrent quelque chose comme une invasion bordelaise, et nommément celui que l'auteur d'*Un homme heureux* appelait, dans une lettre à Gide, « ce morpion de Lhote »... Au peintre de *Suite de gestes*, on fait grief de la sécheresse de ses « éreintements », de l'insolence de ses « paradoxes ».

Ainsi interpellé, le nouveau directeur de la *NRF* dut transiger et faire alterner avec André Lhote, « son » critique, des commentateurs moins assurés de leur compétence — Roger Allard, Georges Gabory, ingénieux polygraphe ami de Malraux, Drieu La Rochelle à l'occasion, ou le poète André Salmon et, seul « critique » professionnel, Claude Roger-Marx, auquel le peintre bordelais vouait une « haine » que son ami Jacques jugeait « excessive ».

Si vives que puissent être les attaques portées contre Lhote de l'intérieur même du groupe, Rivière les estimait largement contrebalancées par une réaction qui lui importait bien davantage, celle de Marcel Proust. Dans une lettre d'avril 1920 au directeur de la *NRF*, l'auteur de *Swann* se gaussait de « ces notules à la fois inconsistantes et péremptoires » publiées sous la plume de Roger Allard ou de « M. Durieu de la Carelle * » et leur opposait les textes de « M. Lhote

* Il s'agit de Drieu La Rochelle...

[qui] peut avoir des idées étroites (ce que je ne trouve pas) mais sait de quoi il parle ».

Ce n'est pourtant qu'en 1923, un an et demi avant la mort de son ami, qu'André Lhote devint le « rubriquard » en titre de la *NRF* (pour le rester jusqu'en 1940), comme si, disparu, Jacques lui offrait une protection plus sûre que de son vivant. A vrai dire, l'autorité du peintre bordelais s'était affermie, ses humeurs équilibrées...

Quoi qu'il en soit, le regard porté sur l'univers de la peinture par la revue de la rue de Grenelle, de 1919 à 1925, c'est bien, pour l'essentiel, celui d'André Lhote, nuancé par Jacques Rivière. Celui-ci, est-il précisé dans une note de *La Peinture, le cœur et l'esprit*, « assumera vis-à-vis de Lhote [...] le rôle de réviseur ». En témoigne une correspondance entre les deux hommes où le directeur de la revue assume une fonction d'inspirateur et de critique souvent jugée excessive par le peintre, dont la tolérance n'est pas le fort.

A l'origine de cette aventure commune, situons un tout petit texte écrit par Jacques Rivière dès le mois de juillet 1919, dans le deuxième numéro de la nouvelle série de la *NRF,* sous le titre « L'Institut contre les indépendants ». Dans la ligne de ses articles antinationalistes de l'époque, c'est une dénonciation de l'attitude des messieurs de l'Institut qui prétendent, au nom de la « tradition nationale », proscrire les « internationalistes » de l'art. Conclusion de ce minuscule pamphlet : « Qu'est-ce que l'Institut, sinon l'“ ensemble des forces ” qui, à chaque époque, ont voulu contraindre l'art français “ à la mort ” ? Et que sont les indépendants, sinon “ l'ensemble des forces ” qui y ont résisté[8] ? »

Sur ce qu'on pourrait appeler l'intronisation de Lhote par Rivière, nous disposons d'une très suggestive confidence du peintre, qui en dit long sur la force de suggestion et d'incitation qu'exerçait sur son entourage l'auteur d'*Études* :

« Lorsque sur son conseil, j'écrivis des articles sur les travaux de mes camarades, ce fut certes beaucoup pour défendre mes idées, mais beaucoup aussi pour entretenir en moi, et mettre à l'épreuve cette sympathie pour le contradicteur qu'il m'avait communiquée et cette confiance intime qui permet d'oublier un moment ses préférences, de se dédoubler, d'adopter le point de vue du voisin *. C'est à de semblables vertus, portées à leur plus haut degré de perfection, autant qu'à la subtilité de son intelligence que Jacques Rivière dut de devenir un des meilleurs critiques d'art de son époque, un de ceux qu'on consultera plus tard lorsqu'on voudra connaître l'esprit de notre temps[9]. »

« Notre temps » : Rivière n'était pas homme à se jeter à la queue du cheval emballé pour être sûr de ne pas rester sur le bord de la route. Nul plus que lui, Lhote ou pas, n'a su garder son sang-froid face à l'ébullition

* Ici, l'élève n'égala pas le maître.

jubilatoire des novateurs. Comme on l'a vu devant *Dada* et devant les surréalistes, on le verra considérant les formes nouvelles, intrépide mais attentif à ne pas se laisser « esbrouffer ».

« ... Récemment, dans les *Bandeaux d'or*, M. Gleizes constatait avec une satisfaction visible et une sorte de triomphe que ses compagnons n'avaient encore trouvé personne pour les prendre au sérieux.

« Tous les grands maîtres, me diront les cubistes, ont commencé par choquer. Sans doute. Mais d'abord ils ne le cherchaient pas. Ils en étaient même désolés ; ils s'en indignaient ; ils souffraient des plaisanteries. Loin de s'appliquer à être étonnants, ils n'arrivaient pas à comprendre par quoi ils étonnaient. Ce n'était pas eux, mais à leur insu leur génie qui blessait le public. Leur tableau leur semblait tout simple, tout évident. [Et il l'était. Mais rien n'est plus aveuglant que l'évidence.]

« De plus, il ne suffit pas de choquer pour être un grand maître [10]... »

S'il ne se laissa jamais subjuguer ou « épater » par les cubistes, Rivière leur porta une attention si constante et avisée que le grand critique anglais Edward Fry l'a désigné comme celui qui, de tous les contemporains, « avait le mieux défini en ce mouvement les rapports de la lumière et de l'espace [11] ».

Son évolution en ce domaine, de 1919 à 1925, c'est surtout à travers la correspondance avec celui dont il est en quelque sorte le « manager », André Lhote, qu'on peut la mesurer. Critique au second degré, critique du critique.

C'est à la demande de Rivière que Lhote écrit pour le quatrième numéro de la *NRF* (nouvelle série) en 1919, plutôt que l'article sur Picasso déjà ébauché, une note sur la réouverture du musée du Louvre — afin de procéder à une espèce d'« inventaire idéal » et de remettre en question la culture et le goût officiels. Le peintre y trouva l'occasion de décocher quelques coups de patte, d'abord aux conservateurs dont il déplore qu'ils fassent un usage téméraire du vernis, ensuite à quelques maîtres comme Degas et Fantin-Latour, qu'il propose tout bonnement de renvoyer à la cave, pour faire place à de nouveaux Renoir, à de nouveaux Cézanne...

Dans une lettre accompagnant l'envoi de son article, Lhote avait autorisé Rivière à en « édulcorer » le début. Réaction offensée du directeur de la *NRF* : « Que vous imaginez-vous de mes sentiments et de mon courage pour croire que votre article pourrait m'effrayer... ? Votre article est tout à fait remarquable et je le fais passer tel quel... » Il le fait d'autant plus volontiers, Jacques Rivière, que la fin de l'article d'André Lhote est un vibrant hommage à David « prototype du peintre moderne » parce qu'au-delà de la sacro-sainte « soumission à l'objet », il a su aller jusqu'à l'« immixtion parmi les objets ».

C'est encore à propos d'un autre peintre éminemment « riviérien » que va se resserrer leur complicité. Dans la *NRF* de juillet 1921, Roger Allard s'était gaussé, non tout à fait de « Monsieur Ingres », mais de ses admirateurs récents, assez naïfs pour voir un nouveau Poussin en ce peintre « érotique et bourgeois », émanation de son siècle et de sa classe. Joli badinage, mais qui ne pouvait manquer d'irriter Rivière — il s'était fait violence pour le publier — et Lhote, par ce qu'il y avait là d'amateurisme ironique.

D'où la riposte, intitulée « Ingres vu par un peintre », où l'homme de l'art met l'accent, avec une force étonnante, sur le jeu prodigieux, chez le maître de Montauban, entre la sensualité et l'intellectualisme, sur « le compromis entre la sincérité et le subterfuge », sur l'apparition « à travers ces merveilleuses architectures [du] visage de la nature immortelle ». Pour Lhote, la filiation (fondée sur le respect du réel et de l'objet) est évidente entre Ingres, Cézanne et les cubistes. Et si l'avenir, il en convient, est dans le « dépassement du cubisme », cette opération conduira, pense-t-il, à un ciel illuminé par le « grand monsieur Ingres »[12].

N'en doutons pas : Lhote est ici l'évangéliste de Rivière — comme il le sera pour *L'Utilisation plastique du coup de foudre* où, saluant les « conquêtes de l'esprit poétique sur l'esprit critique », les « victoires de l'esprit créateur sur l'esprit d'information », « ces rapports déraisonnables qui constituent l'essentiel de la beauté plastique » chez un Cézanne, un Seurat ou un Rousseau, il n'en conclut pas moins, fidèle à l'esprit classique, qu'« un cheval emballé n'atteindra jamais à la beauté, autant qu'un cheval frémissant que maîtrise et retient une main souveraine ».

Si fidèlement que Lhote exprimât ses propres goûts et convictions, Jacques Rivière fut tenté en 1924 de reprendre la plume pour une note sur l'exposition Cézanne. Puis y renonça. Et c'est encore de son ami qu'il publie en 1924 telle note sur Bonnard (« ce beau peintre modeste »), sur José Maria Sert ou Chagall — et une cruelle mise en cause de Picasso, auquel est conseillé de porter sur sa carte de visite « peintre en tous genres » qui eût fait merveille comme décorateur dans une principauté italienne du XVIe siècle... Dernier mot des deux Bordelais sur le maître de Malaga ? Certes non : l'un et l'autre lui reconnaîtront bientôt une place dans l'histoire de la peinture comparable à celle de Stravinski dans l'ordre musical.

Ce n'est plus que par allusions, ou fusées brèves, que Jacques Rivière fait incursion dans l'univers des formes. En février 1924, dans un article consacré à « La crise du concept de littérature », il décèle chez les plasticiens surréalistes, comme Chirico ou Man Ray, l'intention de suggérer bien autre chose que la délectation esthétique, la recherche d'une sorte de « pentecôte poétique », d'« astronomie créatrice », une « catalyse ». Adieu mélancolique à l'« art », à sa spécificité ? Non. L'homme des *Études* en tient fermement pour la création consciente, réduisant sans timidité la part de l'improbable.

*

Pas de frontière, donc, entre l'écrit, le sonore et le coloré, entre l'inspiration de Bergotte et celles d'Elstir et de Vinteuil. Mais cette continuité entre les formes d'expression esthétiques, Rivière voulut aussi qu'elle fût de règle à la *NRF* dans l'ordre des nationalités. « Française », la revue le resta à coup sûr, au temps de Georges Carpentier et des « gueules cassées ». Mais avant même d'avoir fait de l'esprit « européen » l'un des thèmes majeurs de son inspiration, le directeur de la *NRF* fit en sorte que les plus diverses cultures y fussent exprimées. Il est vrai que cette « diversité » n'avait guère trait alors aux domaines non européens. Mais, grâce à Gide, la *NRF* fit bientôt un accueil enthousiaste à Rabindranath Tagore *.

Nous savons à quel point le génie russe avait envoûté Jacques Rivière — non seulement par la grâce de Dostoïevski, de Moussorgski et de Stravinski, mais aussi du fait de ses camarades de captivité du camp de Koenigsbrück, auxquels il avait demandé de lui apprendre leur langue (il la lisait sans la parler vraiment). Il devait se lier avec Léon Chestov et publier plusieurs autres romanciers et essayistes comme Ivan Bounine, choisis avec l'aide de Boris de Schloezer qui traduisit certains d'entre eux. Depuis Melchior de Vogüé **, nul en France n'avait tant fait pour l'accueil et la compréhension du génie russe, sous ses formes les plus diverses.

La littérature anglaise, surtout romanesque, lui était familière, par goût personnel d'abord — on n'a pas oublié ses échanges sur Dickens, Stevenson ou Kipling avec Alain-Fournier, du fait ensuite de la compétence acquise en ce domaine par sa femme Isabelle, en raison enfin de l'attachement d'André Gide au « domaine anglais ». Leur correspondance est émaillée de références à Fielding ou Hardy, quand ce n'est pas à John Donne, à William Blake ou à Robert Browning — quelquefois aussi à Shakespeare quand Gide, après celle d'*Antoine et Cléopâtre,* s'attaqua à la traduction d'*Hamlet,* achevée sans joie et même avec une sorte de déception irritée, probablement due à son propre échec...

Le milieu *NRF* est tout imprégné de références à la culture anglaise, dont André Ruyters, Valery Larbaud et Charles Du Bos (« Charlie ») sont des avocats enthousiastes et éclairés. C'est par leur truchement que sont révélés aux Français le Samuel Butler d'*Erewhon,* David Garnett, T. S. Eliot qui leur en saura un gré infini. L'un des maîtres de Rivière et de ses amis est George Meredith, si peu connu et pratiqué par ailleurs en France et dont ils sont des fervents : *L'Égoïste,* notamment, est pour Jacques un livre de référence.

* Publié auparavant en France dans *Le Mercure.*
** Référence alors honnie par les messiers de la *NRF.*

Quant à Joseph Conrad, il est l'un des héros de la *NRF*, non seulement du fait de son amitié pour André Gide, mais de la ferveur de Jacques et Isabelle Rivière, acharnée à le traduire : *Au cœur des ténèbres* * est tenu, rue de Grenelle, pour un des grands romans contemporains. Au lendemain de la mort du marin-romancier, que d'efforts déployés par Gide et Rivière pour que lui soit rendu un hommage à sa taille !

Cet âge n'est pas encore tout à fait celui du roman américain. Certes, Walt Whitman est révéré par les « pères fondateurs » de la maison, où l'on se réfère volontiers à Henry Thoreau, à Edgar Poe. Mais ni Dos Passos, ni Faulkner, ni Hemingway n'ont encore pris leur véritable envol — auquel, chez Gallimard, Maurice-Edgar Coindreau donnera la chance d'une traduction quasi idéale. Déjà ami de Rivière, le New-Yorkais Waldo Franck jette des passerelles à travers l'Atlantique, et, à Paris, André Malraux s'apprête à se faire l'annoncier prophétique de Faulkner et de Dashiell Hammett.

Jacques Rivière était-il moins ouvert aux littératures latines, bien qu'entouré d'hommes faits pour lui en ouvrir les portes : Benjamin Crémieux l'italianisant, Jean Cassou et surtout Ramón Fernandez les hispanisants ? Surmontant bien des obstacles, il s'était lié d'amitié avec Giuseppe Ungaretti, qui l'avait convaincu d'entreprendre à travers l'Italie, de Milan à Florence et de Rome à Naples, une tournée de conférences dont il se faisait une fête et que la mort l'empêcha de réaliser au printemps 1925.

Il admirait vivement Luigi Pirandello, où sa passion psychologiste et son intérêt pour l'inconscient trouvaient leur miel. Dans le numéro d'hommage d'avril 1925, la contribution italienne — Cecchi, Ungaretti — est l'une des plus ferventes et fouillées : c'est sous l'égide de Rivière que dans la *NRF* Benjamin Crémieux avait fini par convaincre les Français que Leopardi (si admiré par Gide) n'était pas le dernier grand écrivain italien, et que, pour bruyante qu'elle fût, la voix de D'Annunzio n'était pas seule à s'élever au-delà des Alpes.

On a plus de mal à discerner ses liens avec la culture hispanique, en dépit de ses souvenirs d'enfance (au temps où il appelait sa sœur Juanita) et de l'influence de son cher Ramón Fernandez. On ne s'intéresse guère, rue de Grenelle, à la remarquable « génération de 95 », rénovatrice de la littérature espagnole, et seul eût émergé le grand nom de Miguel de Unamuno qui ne pouvait prétendre à un tel empire — si n'était apparu, au sommaire de la revue, à propos de Marcel Proust, celui d'Ortega y Gasset.

*

* Traduit par Ruyters.

Les rapports avec la littérature allemande posaient alors des problèmes spécifiques, fût-ce à la conscience d'un admirateur de Wagner et de Nietzsche. Nous allons revenir * sur les combats obstinés menés par Jacques Rivière, dès la fin de la guerre, en faveur de la réconciliation ou mieux de la convergence franco-allemande, en opposition avec une stratégie officielle française du repentir obligé (et rançonné) qu'incarnaient Poincaré et Barrès.

Mais les intellectuels germaniques mirent très longtemps à reconnaître ses mérites en ce domaine, blessés qu'ils avaient été par l'*Allemand*. Dans une lettre de 1921 à Rivière, Gide écrit que son correspondant Robert-Ernst Curtius, bien qu'admirant fort le directeur de la *NRF*, préfère ne pas le rencontrer, car « l'*Allemand* lui est allé trop avant… ». Mais ces réserves iront en s'amenuisant et les textes pacifiants publiés par Jacques Rivière dans sa revue lui vaudront l'estime croissante de ses collègues d'outre-Rhin. Il correspondit avec Heinrich Mann, publia une lettre de l'auteur de *L'Ange bleu*, et accueillit le texte qui devait révéler Fritz von Unruh hors de son pays.

Dans la *NRF,* les lettres allemandes étaient traitées de la façon la plus positive par l'excellent germaniste Félix Bertaux, quand ce n'était pas par Bernard Groethuysen qui avait enseigné à l'université de Berlin — ou encore, sous le pseudonyme d'Alain Desportes, par l'amie de Gide et de Rivière qu'était Aline (« Loup ») Mayrisch. Et quand, en 1923, Jacques Rivière tenta dans une note de lecture de faire la synthèse de la pensée européenne à partir de textes de grands écrivains, Merejkowski, Unamuno, Gide entre autres, c'est à Thomas Mann qu'il donne le dernier mot, citant une conférence de l'auteur de *La Montagne magique* où étaient dénoncés le nationalisme, le « vieux dieu des batailles », et où était lancé un appel en vue de « proclamer la République en Europe [13] ».

D'où l'étonnement où l'on est de ne trouver aucune signature d'écrivain allemand dans le numéro d'hommage à Jacques Rivière d'avril 1925. Réserve de Paulhan, le maître d'œuvre ? Prudence de Gide, l'inspirateur ? Refus de tel ou tel des sollicités ? La littérature germanophone n'y était pas moins représentée avec éclat, non par Sigmund Freud qu'admirait tant Rivière, mais par un autre Autrichien, Hugo von Hofmannsthal, dont l'article est si beau qu'il faut en citer quelques phrases :

« Lorsque, il y a douze ou treize ans, son essai sur Ingres me tomba sous les yeux, je sus que désormais je retiendrais son nom et que je lirais tout ce qui serait signé de ce nom […]. Par ce seul essai, il m'avait tout acquis à lui […]. Je savais que je me trouvais en présence d'un chef, d'un ami inconnu, d'un compagnon avec lequel je pouvais dialoguer en esprit sur les arts ; mais je ne savais pas que l'homme dont je m'étais formé ce

* Voir chapitre suivant.

jugement était si jeune, beaucoup plus jeune que moi, et qu'une aussi grande sûreté, une flexibilité si humaine n'étaient pas l'effet de l'âge mûr, mais bien celui de dons exceptionnels. J'avais affaire à une méthode critique en art qui se distinguait nettement de celle des époques précédentes. Et j'étais frappé de voir combien, depuis le temps où Diderot écrivait sur Greuze, et Baudelaire sur Delacroix, en ce domaine de l'expression littéraire ce qui n'était que senti et perçu s'était, si j'ose dire, spiritualisé — à quel point s'interpénétraient l'intellectuel et le sensible. Il ne juge pas, il n'enseigne pas, il ne décompose pas ; il assiste à la naissance spirituelle d'un poème, d'une œuvre d'art, d'un tableau, cette naissance spirituelle qui se refait toujours devant les yeux de celui qui sait voir ; il suit la ligne qui naît, il séjourne volontiers à l'intérieur du labyrinthe, et il le quitte serein : pendant tout le temps il avait tenu en main le fil d'Ariane[14]. »

Ce que fut Jacques Rivière pour ceux qui, venus de tant d'horizons, découvraient en ce Paris du début des années vingt une manière d'universel carrefour par miracle préservé du cataclysme, on l'entrevoit dans ce témoignage de l'un d'eux * :

« Souvent, à ces mercredis de la rue Boulard ** où se réunissaient les amis et collaborateurs de la revue, on voyait quelque étranger, souvent malhabile à s'exprimer en français, mais qui toujours laissait voir sa joie. La dernière fois que j'y fus — heureux les hommes de ne pouvoir deviner l'approche du malheur — je lui amenais un jeune critique américain à qui je ne pouvais faire un plus grand plaisir que de le présenter à Rivière. Je sais que cette visite a constitué pour lui une étape marquante dans sa vie et que toute sa carrière s'en trouva éclairée.

« [...] Si *La Nouvelle Revue française* jouit à l'étranger d'une telle influence, c'est en majeure partie à Jacques Rivière qu'on le doit. Le nom de ce directeur incomparable irradiait par-delà les frontières un pénétrant rayonnement.

« Nous sommes ainsi quelques-uns de par le monde qui, d'avoir connu Jacques Rivière, avons plus de flamme dans l'esprit et le cœur[15]. »

* Victor Llona.

** La réunion hebdomadaire, chez les Rivière, des amis de la *NRF* (voir plus loin, chapitre XXV).

XXIII

Un désir d'Europe

Issu d'un milieu et né en un temps où la politique (la « démocrassouille », les « politichiens ») était méprisée, tenue pour pervertie ou colonisée par les instituteurs socialistes, les pharmaciens radicaux et l'intrigue franc-maçonne, Jacques Rivière n'avait porté sur cet horizon qu'un regard dédaigneux jusqu'aux approches de la guerre — dût la fréquentation de la famille Fournier lui apprendre que tous les enseignants de l'école publique n'étaient pas anticléricaux.

On a vu l'étudiant bordelais esquisser en 1906 une embardée (toute verbale) vers le socialisme et, quatre ans plus tard, une glissade vers l'Action française (en dépit de sa « stupidité »), hasarder à propos de l'affaire Dreyfus des propos d'un cynisme médiocre, brocarder quelques ministres : le tout sur le ton d'un adolescent d'autant plus assuré de son génie en ce domaine qu'il fait moins de cas de celui des autres. Sans intérêt...

L'approche de Péguy — qu'il goûte peu, vivant — n'est pas de nature à l'éclairer sur les vertus du débat politique, et moins encore la participation de son ami Alain-Fournier aux campagnes électorales de Claude Casimir-Perier, le mari de Simone, sa maîtresse : dans l'idée sinistre qu'il se faisait de cette espèce de dégradation qui aurait affecté son ami, amenuisant sa force vitale, les jeux politiciens en Languedoc étaient incriminés en son esprit au même titre que les coulisses des théâtres et les réceptions chez les Rostand.

C'est la guerre, ou plutôt son approche, qui éveille chez lui un civisme élémentaire : si, pour la première fois, il consent à voter en 1913, c'est en faveur d'un candidat favorable à la loi dite de « trois ans » (de service militaire) qui témoigne du caractère inéluctable de la guerre. La percée est faite, le citoyen Rivière est né, qui est d'abord soldat.

Nous l'avons connu, prisonnier, lancé sur les traces de Dieu — et soudain, au début de 1917, saisi par ce qu'on appelle aujourd'hui la géopolitique, fasciné par la révolution russe (d'autant plus prégnante qu'il vit alors dans un camp peuplé en majorité de sujets du tsar) et bientôt par l'intervention américaine que couronnent les projets du président Wilson.

Ces nouvelles perspectives ne sont pas plus tôt ouvertes qu'elles stimulent, nous l'avons vu, sa magnifique fertilité intellectuelle : il entrevoit dès 1917 les données essentielles du basculement du monde, le caractère profondément social de la guerre, non pas substituée, mais plutôt surajoutée au national, et l'entrée en jeu de masses bientôt libérées de la discipline militaire. Dans ses *Carnets,* nous avons relevé déjà * des coups de sonde et de projecteur qui le conduisent à une profonde révision des valeurs, celles du libéralisme entre autres, et à un imprévisible hommage — si nuancé fût-il — au socialisme qui semble s'inventer à partir de Moscou.

Le 2 août 1920, Jacques Rivière écrivait à André Breton, au fil d'une correspondance d'un ton très vif : « ...Vous vous rappelez peut-être m'avoir entendu dire à Aragon que j'étais socialiste. Tout se tient [...] Je ne puis aller ailleurs que par une sorte de communisme de la pensée [1]. » Mais avec lui, se garder surtout de se fixer sur une formule ! « L'homme de barre » qu'il est devenu manie un gouvernail très mobile, sur une mer très agitée...

Le déploiement de cette grande intelligence s'opère en tout cas dans un champ de réflexion nouveau pour elle. Mais si fort qu'on l'admire, il faut bien observer aussi que cette pensée apte à distinguer les choses et leurs sens, à en démêler les diverses composantes et prévoir les effets de leurs contradictions, manque ici de deux atouts : la culture historique et le sens du mouvant. Esprit puissamment analytique, essentialiste, psychologiste, il chemine empêtré par des typologies trop étroites, par l'abus de ce qu'on appellera l'ethnopsychologie. « Le » Russe, « le » Français, « l' »Allemand, « l' »Anglais, sont-ils bien les sujets de l'histoire, à jamais formés, programmés, « distribués » comme on dit des comédiens ?

On a pu parler à son propos de pensée « anhistorique » **, prise qu'elle était dans les filets de catégories, de « caractères », de séries qui l'amènent à peupler la vie publique et les relations internationales de personnages de « types » sortis de Molière, de La Bruyère ou de *La Comédie humaine,* le triste logicien Purgon (Poincaré), le souple Scaramouche (Lloyd George), le généreux Agathon (Woodrow Wilson)...

Mais s'il a tendance à installer devant son objectif des archétypes individuels ou collectifs, Rivière est assez honnête pour réviser son point de vue, ou pour accommoder sa vision. On a trop longuement évoqué l'*Allemand* (et ses homologues français ou russe) pour y revenir, sinon comme composante de sa prise de conscience et de son évolution politiques. Au moment même où s'éveille en lui le type de réflexion qui

* Voir chapitre XIV.

** Daniel Durosay, « Jacques Rivière et la politique », in *Bulletin des amis de Jacques Rivière et d'Alain-Fournier,* n° 20-21, p. 21-70.

va le conduire aux pénétrantes anticipations des années vingt, il laisse paraître, comme par mégarde, ces pages sur le voisin d'outre-Rhin qui semblent faites pour lui interdire les voies réflexives dans lesquelles il va s'engager.

Quoi de moins annonciateur du Jacques Rivière des grands articles en faveur de la réconciliation avec l'Allemagne de Rathenau puis de Stresemann, que l'auteur des caricatures rétrospectives de 1918 ? Cet automate infantile, *stark und fromm*, qu'il décrit empêtré dans sa médiocrité besogneuse, galopant follement en quête de l'espoir de se prouver qu'il existe, il lui faut maintenant le faire reconnaître pour un partenaire non seulement crédible, mais indispensable.

C'est contre son propre *Allemand,* en tant qu'image et leçon, que Rivière va dessiner sa politique allemande et européenne. C'est en découvrant la vertu de cette inlassable plasticité dont il faisait un vice, la fertilité du « devenir allemand », la sagacité de ce réalisme de l'immédiat qu'est la *sachlichkeit* — cible de ses sarcasmes de naguère, que le directeur de la *NRF* va prendre une part active à l'ébauche de la construction européenne fondée sur la convergence entre les deux ennemis d'hier.

S'il est peu porté à reconnaître la force créatrice du flux, du devenir historique, le transformisme qu'il implique, Rivière est homme, nous le savons, à se reconvertir, lui, à se rénover constamment. Ce n'est pas l'objet historique qui bouge et fleurit dans son regard, c'est lui qui déplace son chevalet et contourne la Forêt-Noire, comme il a fait jadis du mont Claudel. Il ne reviendra jamais de façon définitive sur sa « détestation » de 1918, sur son « vomissement » du geôlier, sur sa caricature de fin de guerre *. Mais si pervers que puisse avoir été, ou même être, l'oppresseur de naguère, ce qui est plus pervers encore, c'est l'oppression. S'il parvient à proposer une réinvention des rapports, c'est par une recréation, non de l'autre, mais de soi-même.

*

D'abord, déblayer, dégager les perspectives. Avant de plaider pour la paix de réconciliation et de coopération, il lui a fallu purger sa propre maison de ce que Gide, comme Gallimard, appellent dans leur correspondance les « herbes folles » du nationalisme.

Nous n'en sommes plus à découvrir l'âpreté des combats qu'il dut mener contre ce parti, l'audace du défi que portait en lui le plaidoyer de juin 1919 pour la démobilisation, le désembrigadement des esprits, l'indignation exprimée plus ou moins clairement pour quatre sur six des « pères fondateurs », la mollesse du soutien apporté par Gide, le

* Qu'il a lui-même, nous l'avons vu (chapitre XVI), cruellement critiquée.

caractère tardif de l'appui de Copeau, l'ironie dont s'assortit l'adhésion de Gaston Gallimard...

Déjà les cartels sont lancés, les oriflammes arborées : Jacques Rivière, à peine investi d'un pouvoir contesté en sourdine par le faiseur de légitimité, est parti au combat pour briser l'étau que prétendait lui imposer le tenant de la mobilisation permanente de la *NRF* au service de la nation, de l'ordre, du trône et de l'autel.

Ce qu'il réussit, en ces quelques mois de 1918 au cours desquels la *NRF* prit le visage qui devait rester le sien jusqu'en juin 1940, ce n'est pas seulement (seulement !) à préserver l'autonomie de l'esprit par rapport à « l'intérêt national » tel que l'entendaient certains, c'est aussi à éviter la prise en main de la revue par le mouvement d'extrême droite dont l'hégémonie sur l'intelligentsia française de l'après-guerre s'affirmait, qui contrôlait les trois quarts des publications et intimidait les autres, effrayés de s'entendre traiter de bolcheviks ou d'agents de l'étranger.

*

Si la politique n'était pas son champ de réflexion naturel, on peut dire que les immenses orages de la guerre et les plus modestes débats de l'après-guerre étaient de nature à lui faire rattraper le temps perdu. En quelques mois lui fut donnée l'occasion de se frotter à l'extrémisme et à l'opportunisme, de goûter à la dureté des sommations, au poids des pressions, à la flexibilité des alliances, sinon à la fermeté des promesses.

Le Jacques Rivière qui, au printemps 1919, émerge de la guerre, de la captivité, de l'exil et de la caserne, reçoit en quelques mois autant de leçons de politique appliquée que le fils d'un hobereau limousin jeté soudain, en quête d'une grande mission, au cœur du Versailles de l'un ou l'autre des rois Louis... Sitôt en place, le voici aux prises avec les jésuites du dedans, avec les jansénistes du dehors : miné, dénoncé, contesté. Assez avisé cependant pour se défendre en attaquant. Traité de pacifiste par les siens, il a le front d'attaquer les militaristes au cœur de leur citadelle, en la personne de Maurras, expressément visé dans les grands articles de 1918 contre le Parti de l'intelligence et la collusion entre catholicisme et nationalisme.

Ce qui fait alors la force de Jacques Rivière, c'est que son énergie est moins dressée *contre* le nationalisme intégral, son étroitesse obstinée, la stérilité revancharde de ses campagnes, que *pour* une autre vision du monde à venir, plus positive et dynamique ; pour des idées, des projets, des espérances qu'il a conçus très personnellement, très intimement, de la fin de son temps de captivité à son séjour en Suisse et à son retour en France, et qu'il met toute son ardeur à promouvoir. Pour la première fois peut-être, ce néophyte n'est pas un disciple, le meilleur des disciples. Il innove, à ses risques et périls.

Que ce à quoi il croit et pour quoi il se bat, la Société des nations, la reconstruction par convergence des anciens ennemis, l'unité européenne, la paix enfin, n'ait pas prévalu ne change rien à la nature, à la signification, à la noblesse (et disons même à la validité) de son combat, à son caractère précurseur. Les beaux textes demeurent, qui n'ont pas fini, à la fin du siècle, de manifester leur fertilité.

*

En préservant la citadelle *NRF* de la prise en main par le nationalisme « bleu horizon » avide de « revanche dans la revanche », de piétinement des vaincus et de la mobilisation permanente qui est la forme moderne de la monarchie absolue, Jacques Rivière s'est donné le moyen d'ouvrir sa maison à tous les courants et écoles de pensée. Mais il s'est aussi imposé le devoir de désarmer, ailleurs, les autres nationalismes, les absolutismes, les forces belliqueuses. Par quelles voies, sur quels thèmes ?

Deux alliés prestigieux, au sein même de la revue, vont l'aider à définir « sa politique », « son Europe » : le Gide des « Réflexions sur l'Allemagne » de juin 1919, le Valéry de « La crise de l'esprit » publié au mois de septembre de la même année.

On a vu le « gourou » de la villa Montmorency bien évasif lors de la crise du printemps qu'on pourrait appeler « les douleurs de l'enfantement » de la revue. Jacques le connaît trop bien, frotte trop constamment ses idées aux siennes pour ne pas être assuré de leur communauté de vue « stratégique », en dépit de ses préoccupations tactiques. En s'opposant au Parti de l'intelligence (fût-il celui auquel rêve, un temps, d'adhérer le cher Jean Schlumberger), Rivière sait qu'il parle pour Gide, comme pour Copeau et Gallimard, pour Martin du Gard, pour Valéry, pour Romains, Fargue et Giraudoux. Il le sait aussi quand il plaide pour la réconciliation avec l'Allemagne.

Car dès le premier jour, pour le premier numéro de la nouvelle série, le maître de Cuverville lui a donné sur ce thème, sous couleur de commenter son *Allemand*, un texte assez éloquent pour avoir valeur d'éditorial, tout autant que le manifeste liminaire du jeune directeur. Prônant une « culture nouvelle », André Gide assure qu'elle sera « non tant française qu'européenne » et qu'elle ne pourra « se passer longtemps de la collaboration de l'Allemagne », ce que « cette guerre tend à prouver. Nos plus beaux dons, peut-être avions-nous besoin de l'Allemagne pour les mettre en œuvre, comme elle avait besoin de notre levain pour faire lever sa pâte épaisse ».

Et le subtil auteur de *Prétextes* se fait pour une fois tribun pour marteler : « C'est une absurdité que de rejeter quoi que ce soit du concert européen. C'est une absurdité que de se figurer qu'on peut supprimer quoi que ce soit de ce concert. Je parle sans aucun mysticisme :

l'Allemagne a suffisamment prouvé en quoi elle pouvait être utile et nous avons suffisamment démontré ce qui nous manquait. L'important c'est d'empêcher qu'elle domine ; on ne peut laisser cet instrument de cuivre dominer. Mais il est mystique de prétendre que, supprimée, sa voix ne ferait pas défaut dans l'orchestre ; mystique de croire que l'on ferait mieux de s'en passer — et, par mystique, j'entends : pas pratique du tout[2]... »

André Gide avait toujours été enclin à s'intéresser aux affaires publiques (sous une forme plus allusive...). Paul Valéry, il fallait la contrainte de la conjoncture ou quelque sommation pour qu'il daignât la prendre en considération. Rivière n'eut pourtant pas à attendre plus de trois mois pour inscrire au sommaire de la *NRF*, sous le titre « La crise de l'esprit », le texte fameux (d'abord rédigé sous forme de lettres à l'adresse de la revue anglaise *Atheneum*) où Valéry proclamait que « nous autres civilisations, nous savons maintenant que nous sommes mortelles ».

Considérant le devenir de « ce petit cap de l'Asie » qu'est l'Europe, où « Hamlet regarde des millions de spectres », il annonçait que cette Europe si longtemps maîtresse de l'univers par l'effet de sa science, par l'effet surtout de l'invention de la géométrie, allait devoir faire face aux conséquences d'un partage mondial du savoir et des techniques — dès lors, soulignait-il sur le mode sardonique, que « nous avons étourdiment rendu les forces proportionnelles aux masses ».

L'auteur de « La crise de l'esprit » n'en concluait pas expressément que, pour pallier les effets de cette *deminutio capitis*, l'Europe devait se hâter de se réconcilier et de se rassembler. Le rôle qu'il s'assignait n'était pas celui de conseiller du prince — ou des princes. Mais l'évidence qui jaillissait de ce texte étincelant, c'est que rien ne pouvait être fait, n'avait même de « sens » que du point de vue européen. Les mots « Allemagne » ou « France » paraissaient-ils seulement dans son essai ? Comme son ami Gide, et pour la gouverne des hommes de la *NRF*, il fléchait une voie qui était bien celle de l'Europe *.

Avant d'en venir aux thèmes majeurs de la « politique » selon Rivière, il paraît juste de la considérer en action sur ce terrain. Comment le lecteur de Proust, l'auditeur de Stravinski, le visiteur du Salon des indépendants, le humeur de manuscrits du petit bureau de la rue Madame affrontait-il cet univers nouveau, en marginal, étranger qu'il était aux séances de la Chambre, aux couloirs des ministères et même aux rédactions des journaux, aux « salons » politiques du régime ?

Apprenons-le d'Alfred Fabre-Luce qui, sous le pseudonyme de Jacques Sindral, fut alors son compagnon à la *NRF* et comme lui un adversaire judicieux de la politique de contrainte sur le Rhin :

* Paul Valéry avait fait prévoir une suite à ce texte — qu'il ne donna pas, mais que l'on croit pouvoir trouver dans ses *Regards sur le monde actuel* de 1945.

« C'était un beau spectacle que de voir cet écrivain, ce créateur de formules, se retourner enfin contre les formules, et opposer aux demi-cultivés, aux " experts " mêmes dont la paresse se défendait contre les innovations par la maxime facile " politique d'abord ", un souci judicieux des réalités économiques, perçues par intuition*. Et ce contraste montrait bien qu'on ne put se délivrer des pièges tendus par l'intelligence qu'en accomplissant un nouvel effort d'intelligence. Par ce pur travail spirituel, Rivière arrivait à suppléer les connaissances techniques qu'il n'avait pas eu le temps d'acquérir, et je m'émerveillais toujours de constater, en causant avec lui, qu'il avait déjà deviné ce que je venais de trouver dans des documents ou d'apprendre par des voyageurs. Il lui suffisait de laisser parler en lui l'homme de lettres pour découvrir, en lisant les discours ou les notes des hommes d'État, les défauts qui, en même temps qu'ils appauvrissaient le style, devaient paralyser la politique[3]... »

Sous un autre angle de vue, Albert Thibaudet, qui voyait en Rivière l'homme entre tous capable de débarrasser le vocable d'« Européen » de sa connotation « molle et terne » n'affectant que des « valeurs de consommation », et de recréer à son usage une « tension » susceptible d'équilibrer « le poids abandonné sur la pente »**, a ainsi décrit sa démarche : « Le sentiment européen se formait chez lui avec difficulté, perçait péniblement, héroïquement, comme un cours d'eau dans les granits[4]. »

*

Si tenté que l'on soit de résumer en le seul mot d'Europe cette dure coulée à travers les granits du nationalisme et du conservatisme que fut, en quelque sept années, l'intervention en politique du jeune directeur de la *NRF* arraché comme malgré lui à son alchimie esthétique par les urgences du temps, il faut tenter de marquer les étapes de cette démarche.

Du point de vue formel, elle se manifeste d'abord par les pages très denses des *Carnets* de guerre (publiés presque trente ans plus tard) ; par des lettres fort explicites à sa femme et à quelques amis, Gide, Copeau, Schlumberger ; par le texte de l'*Allemand* (octobre 1918), que nuancèrent et corrigèrent puis contredirent de nombreux commentaires plus ou moins publics ; par une série de quatre grands articles écrits pour la *NRF,* de septembre 1919 (« Décadence de la liberté ») à mai 1921 (« Notes sur un événement politique »), juillet 1922 (« Les dangers d'une politique

* Et par la grâce de son ami, le grand sidérurgiste luxembourgeois Émile Mayrisch.
** Un homme plus que jamais nécessaire, soixante-dix ans plus tard...

conséquente ») et mai 1923 (« Pour une entente économique avec l'Allemagne ») ; par vingt-trois éditoriaux rédigés de 1922 à 1924 pour la *Luxemburger Zeitung* de son ami Émile Mayrisch, et, plus explicite que tout peut-être, une conférence prononcée à Zurich le 17 mars 1922.

Ainsi manifestée sous ces espèces très diverses, la « politique-de-Rivière » s'articule et se développe en quatre séquences, de mars 1917 à février 1925 : l'accueil favorable fait à la Révolution russe, plus critique mais pas négatif quand elle devient soviétique ; l'éloge enthousiaste des projets du président Wilson, fussent-ils voués à l'échec par ses compatriotes — et la méfiance européenne ; la dénonciation de la stratégie de revanche exprimée par le traité de Versailles et caricaturée par Poincaré ; l'appel à une réconciliation franco-allemande, fondement de l'unité européenne telle que la prônent le Premier ministre britannique, le socialiste MacDonald et les fondateurs du Cartel des gauches de 1924, Édouard Herriot et Léon Blum.

On a cité déjà quelques textes où le prisonnier Rivière exprime le préjugé favorable qu'il accorde à la révolution russe, et d'autres où, transféré en Suisse, il continue à faire aux bolcheviks un crédit fondé à la fois sur le dégoût que lui inspire le capitalisme libéral, sur son vigoureux sentiment de solidarité en faveur des exploités et sur l'adéquation entre le collectivisme instauré par les Soviets et la pente naturelle du génie et de la société russes. Il cite alors volontiers le livre d'Émile Antonelli, l'un des premiers écrits sur le sujet, qui met lui aussi l'accent sur l'utilisation, par Lénine et Trotski, des tendances naturelles de la culture russe.

C'est l'un des thèmes fondamentaux de l'article publié par Jacques Rivière en septembre 1919, « Décadence de la liberté », où il ne craint pas de suggérer, non pas le prochain triomphe du bolchevisme, mais l'hypothèse d'un glissement de la société occidentale vers des formes d'organisation solidaires où la liberté, telle que la prônaient les philosophes du XVIIIe siècle et les sociologues du XIXe, risquait de subir quelques restrictions. Observant qu'« il n'est pas bien sûr que le monde ait besoin de cette liberté que nous pensons lui avoir acquise au prix de si monstrueux sacrifices », Rivière concluait ainsi son essai : « Peut-être entrons-nous aujourd'hui dans l'âge collectiviste. »

On imagine le choc produit par ce texte dans une société tout entière drapée de « bleu horizon », émanant d'un groupe lié, par ses origines et ses comportements, à la très libérale pensée bourgeoise *. D'autant que le nouveau « patron » de la *NRF* faisait savoir que cet article n'était que le premier d'une série de trois, et que dans les suivants serait approfondie sa réflexion — confortée par l'acclamation de Marcel Proust qui jugeait ce

* Dans une lettre à Rivière, Gide lui signale que son cousin Desmarest lui a écrit que « l'article de Rivière a déchaîné des orages » et que son beau-frère Drouin lui reproche d'« aller de controverse en controverse » (14 novembre 1919).

texte « admirable », et d'Alexis Léger, qui le trouvait « très remarquable ».

Il est difficile de savoir pourquoi la suite projetée et partiellement rédigée ne fut jamais publiée. D'autant que ce texte resté à l'état d'ébauche * enrichit considérablement, corrige et réoriente l'article si controversé de septembre 1919. Publié en octobre 1919, il eût fait figure de prophétie, dès lors qu'il annonce l'extension et la consolidation en Allemagne d'un « socialisme de gouvernement » au détriment des « spartakistes » **, promis à la défaite parce que « trop purs et trop conceptuels ».

« ...Je ne crois pas du tout à l'avenir du bolchevisme proprement dit. Les raisons mêmes qui font son importance me paraissent devoir empêcher sa propagation, au moins sous sa forme littérale, au-delà des frontières du monde slave. La relation profonde avec l'âme russe, si elle lui donne la spontanéité, le paralyse...

« Il y a dans toute la conduite des chefs bolchevistes, à côté d'une souplesse politique certaine que M. Antonelli *** met très bien en lumière, une rigidité, une tension, une monotonie dans la visée, une manière quasi fanatique d'appréhender directement l'absolu qui en restent tout de même le caractère principal. Ces gens-là sont possédés par un mysticisme au moins aussi fort que le mysticisme rationaliste de nos ancêtres révolutionnaires. Ils tiennent aussi peu de compte qu'eux des obstacles, tant moraux que matériels, qui les séparent de leur rêve. Ils n'esquissent pas le moindre geste pour les surmonter : simplement ils les nient, ils les suppriment par la pensée[5]. »

Mais s'il voit le bolchevisme « à la russe » borné par ces infirmités, son avatar allemand, au moins sous la forme très pragmatique que lui impriment Scheidemann et ses camarades, lui paraît promis au plus grand avenir :

« Les Russes ont donné des exemples concrets d'existence socialiste. Mais c'est une innovation qui restera purement statique. Le prodigieux dynamisme des Allemands [...] leur colossale faculté d'engrenage [...] est peut-être capable de transformer cette existence en action socialiste... » Et l'article (son brouillon en tout cas) s'achève par ces réflexions :

« On voit la menace que dessine cet avenir pour la liberté [...] plus sérieusement jugulée que sous aucun régime. C'est même le signe le plus grave qu'il y ait de sa décadence : les partis extrémistes s'annoncent [...] comme délibérément despotiques[6]. »

Deux ans plus tard, cependant, lors de sa conférence de Zurich,

* Conservé dans les archives d'Alain Rivière, il a été divulgué dans le n° 63 du *Bulletin des amis de Jacques Rivière et d'Alain-Fournier.*

** Le mouvement révolutionnaire de Karl Liebknecht et Rosa Luxemburg, assassinés en décembre 1919.

*** Voir ci-dessus, p. 522.

Jacques Rivière devait encore retoucher son jugement sur la révolution de 1917 :

« ...le bolchevisme peut descendre momentanément plus bas qu'il est descendu, il peut se voir contraint à des compromissions encore plus accentuées que celles auxquelles il a consenti jusqu'ici. On peut même le supposer raflé par une réaction libérale et monarchiste comme la Révolution française a été raflée par Napoléon [...]. Il est entré dans le monde comme un ferment qui ne cessera plus de le travailler[7]. »

Dans le même temps qu'il révisait ainsi les espérances suscitées en lui par ce que son ami Jules Romains appelait la « grande lueur à l'Est » — sans rejoindre du tout la coalition prête à la croisade contre les Rouges —, Jacques Rivière suivait avec passion l'évolution de la stratégie de paix amorcée par le président Woodrow Wilson, dont les « 14 points » de janvier 1918 lui avaient semblé poser les meilleurs fondements d'une paix qui ne fut fondée ni sur la revanche ni sur l'annexion.

On a déjà cité quelques-unes des formules par quoi se manifeste l'enthousiasme wilsonien du jeune homme de Bordeaux, cet espoir qu'il mit dans l'invention de la SDN, l'admiration qu'il vouait à celui en qui il verra « un des grands héros de l'humanité » (ceci en un temps où le nationalisme français vouait aux gémonies ce « puritain à binocle » qui refusait l'annexion de la Rhénanie à la France...). Dans la même conférence de Zurich, Rivière, près de trois ans après le cruel démenti infligé à leur président par les parlementaires (et l'opinion) américains, manifestait ainsi sa fidélité à son esprit pacifique et internationaliste.

« Le wilsonisme [...], si chancelante qu'ait été sa destinée jusqu'ici, représentait un des plus généreux efforts d'organisation systématique de la paix qui aient jamais été tentés[8]. » Et au lendemain de la mort de Woodrow Wilson, Rivière devait écrire, en mars 1924, que « son œuvre est comme une graine que les intempéries ont assaillie aussitôt que plantée, mais qui a persisté humblement le temps nécessaire pour qu'il lui soit permis de germer... ».

Au « wilsonisme » qu'il aime avec ses naïvetés et sa grandeur, Jacques Rivière oppose son antithèse, le « poincarisme », idéologie tatillonne et revêche — et revancharde — de ce « peuple de créanciers » que forment les Français. Dès le mois de mai 1921, dans « Notes sur un événement politique » (il s'agit de l'échec de la conférence de Londres sur les réparations réclamées à l'Allemagne), puis en juillet 1922, dans « Les dangers d'une politique conséquente » le directeur de la *NRF* fustige allégrement l'ancien président de la République devenu chef du gouvernement et inspirateur d'une diplomatie française apparemment conduite par Louis Barthou.

Dans le premier de ces articles, Rivière dénonce le caractère déductif de la politique de M. Poincaré qui semble s'être donné pour unique objectif de faire du traité de Versailles le perpétuel châtiment de l'Allemagne, à jamais réduite à sa condition de vaincu sans appel, l'impuissance d'un cerveau purement logique « à rêver du nouveau et à l'édifier », son morne acharnement à « pousser devant [lui] les articles de notre droit comme un troupeau à qui [il voudrait] faire franchir un mur ». A quoi le directeur de la *NRF* oppose le « sautillement » de la diplomatie de Lloyd George qui « en dansant, atteint à une autre unité que celle, toute statique, où M. Poincaré s'obstine » et qui nous éloigne de cette « communion européenne sans laquelle nous ne pouvons pas vivre ».

Enchanté, Alexis Léger (qui n'était pas encore secrétaire général du Quai d'Orsay, mais déjà un sagace analyste et praticien diplomatique) écrivait drôlement à son ami Jacques Rivière, à propos du comportement « grammatical » de Raymond Poincaré, que « la mastication la plus parfaite d'un dentier diffère toujours de la mastication naturelle... ».

Le directeur de la *NRF* allait pousser plus loin sa pointe antipoincariste. C'est en avril 1923 qu'il achève ainsi le portrait de cet homme d'État qui « continue à concevoir la politique comme la construction d'une voie de chemin de fer, mais avec cette particularité qu'il entreprend de percer un tunnel chaque fois qu'un monticule lui barre la ligne droite. Un tunnel où il soit bien seul, bien assuré que personne ne pourra passer avec lui : ni remblais ni courbes qui lui permettent de profiter, ne fût-ce qu'un instant, du travail des autres et d'un tracé dû à d'autres desseins[9] ».

Cette image fulgurante qui fit les délices d'André Gide, ce n'est pas dans l'un des grands articles politiques de la *NRF* que Rivière l'inséra, mais dans un de ceux qu'il rédigea, à partir de la fin de 1922, dans la *Luxemburger Zeitung*. Mais pourquoi ce journal étranger ?

On a déjà évoqué à diverses reprises la personnalité d'Aline Mayrisch de Saint-Hubert, dite « Loup », l'amie de cœur de Maria Van Rysselberghe, la « petite dame » intime d'André Gide *, et dont les *Cahiers* publiés en 1970 ** constituent la meilleure source d'information sur le « cercle » gidien et la vie quotidienne du milieu de la *NRF*.

« Loup » s'était bientôt prise d'affection pour Jacques Rivière, souvent invité à se reposer ou à travailler dans le calme et le confort à Dudelange ou à Colpach, résidences d'Aline et Émile Mayrisch — le puissant maître de forges qui ne cessa, jusqu'à sa mort en 1928, de travailler au regroupement des sidérurgies luxembourgeoise, belge, française et allemande et fut le pionnier par excellence du « pool » créé en 1950 par Robert Schuman, Konrad Adenauer et Jean Monnet

Ayant en 1922 racheté le journal *Luxemburger Zeitung*, Émile Mayrisch, tout autant par amitié pour Jacques Rivière que les « piges »

* Avant d'être la grand-mère de Catherine, fille de l'écrivain.

** Destinés à l'origine au seul usage de « Loup ».

de ce journal aidaient à boucler ses fins de mois, que par admiration pour les positions qu'avait prises depuis 1920 le directeur de la *NRF*, lui offrit là une tribune. Le jeune homme ne se fit pas prier, les pages de la *NRF* ne suffisant plus à accueillir les propos que lui inspirait l'évolution de l'Europe.

On peut naturellement ironiser sur la convergence établie entre les intérêts du maître de forges de Colpach et les articles publiés par son hôte. De façon plus ou moins allusive, une certaine presse n'y manqua pas, dénonçant en Jacques Rivière un « porte-plume de l'anti-France » et en trouvant la preuve dans sa collaboration à une publication étrangère, une *Zeitung*... Il se trouvera un journaliste, le nommé Camille Mauclair, pour écrire que Jacques Rivière était « vendu à l'Allemagne ».

Le moins que l'on puisse dire est que la « ligne » politique définie par Jacques Rivière dès son retour de captivité, en tout cas dès le lendemain de la publication de l'*Allemand*, ne fut nullement infléchie dans les textes destinés à la feuille luxembourgeoise. On peut même dire que publiant en France, Rivière aurait condamné avec plus de vigueur l'occupation de la Ruhr en 1923 : à son amie Aline Mayrisch, il avouait se trouver « dans un embarras atroce » au moment de désavouer, dans un journal étranger, son pays engagé « dans cet effort insensé ».

Une question se pose néanmoins, à propos de la *NRF* et de son directeur en ces débuts des années vingt : existait-il ce qu'on pourrait appeler, en un anachronisme apparent, un « lobby allemand » niché au cœur de cette micro-société en équilibre entre Paris, la Belgique et le Luxembourg, et dont l'épicentre aurait été la résidence des Mayrisch à Colpach ?

« Loup » — qui publia dans la *NRF* quelques articles intelligents et nuancés sur l'Allemagne sous le pseudonyme d'Alain Desportes — y présidait une sorte de cénacle, de salon, où se retrouvaient autour de Gide aussi bien un homme d'État allemand comme Walter Rathenau, ministre des Affaires étrangères, partisan déterminé du rapprochement avec la France (et qui, pour cela, et parce qu'il avait signé le traité de Versailles, fut assassiné en 1922 par un groupe de « pré-nazis »), que des écrivains comme Ernst-Robert Curtius et Bernard Groethuysen. Les échanges pouvaient être vifs : dans une lettre à Rivière, Gide fait état d'une polémique entre Curtius et lui à propos des responsabilités de l'Allemagne dans la guerre, radicalement niées par son interlocuteur.

Ces relations ne semblent pas être allées au-delà de la courtoisie. Nul doute que Gide n'y portât le plus grand intérêt, ses amis Mayrisch aidant, et son goût pour la culture allemande. Quand on veut être pris pour Goethe... Mais si Jacques Rivière fut un familier de Colpach, c'est beaucoup plus en tant que travailleur solitaire que comme amateur de colloques.

On ne le verra jamais d'ailleurs envoûté par l'Allemagne et chantant la louange des hommes publics d'outre-Rhin les plus enclins à l'entente. De Rathenau à Stresemann, il peut les prendre en considération et s'irriter de la méfiance massive, aveugle, dont font preuve à leur égard Poincaré et ses fidèles — et d'ailleurs la grande majorité de l'opinion française. Mais on ne le verra pas faire d'eux les parangons d'une « bonne Allemagne » avec laquelle il serait facile de s'entendre.

Que l'on compare ce traitement avec le ton qu'il adopte pour parler d'hommes d'État britanniques que la presse française traite alors presque aussi acidement que leurs confrères allemands. Quand déjà se murmure dans maints secteurs de la presse bien-pensante le « faut-il détruire l'Angleterre ? » lancé par Henri Béraud en 1936, il faut lire les pages que Rivière consacre alors à Lloyd George, puis à Ramsay MacDonald.

Traitant de la chute, en octobre 1922, du libéral gallois qui a dirigé le Royaume-Uni en guerre, Rivière le dépeint, en dépit de ses « incartades », comme « profond et inimitable », car « seul parmi les hommes d'État, il eut l'intuition que le problème de l'après-guerre n'était pas une série de problèmes nationaux [...] mais un seul [...] qui devait recevoir une solution d'ensemble [...]. Il osa poser la question européenne comme première et principale [...]. Seul il osa, malgré la guerre, continuer à concevoir une Europe, à vouloir une Europe [10] ».

Quant à Ramsay MacDonald, travailliste écossais en qui la plupart des journalistes français voyaient le fumeux colporteur d'un pacifisme chimérique et par là dangereux, Jacques Rivière retrouve en lui, qui déploie tous ses efforts pour rapprocher la France de l'Allemagne, « un certain esprit wilsonien », et lui décerne un charmant compliment : « Je respire en ses propos une générosité que je ne peux pas croire feinte puisqu'elle produit la bonne humeur, le seul sentiment peut-être qui ne puisse jamais être imité [11]. »

Pourquoi, lancé dans une campagne en vue de la réconciliation entre les deux ennemis de Verdun et décidé à engager de nouveau la *NRF* dans ce combat avec l'encouragement de Gide — puis de Jean Schlumberger, guéri de ses fièvres nationalistes —, Jacques Rivière choisit-il de « cibler » sur l'économie son grand article du 1er mai 1923, symboliquement placé en tête du sommaire, « Pour une entente économique avec l'Allemagne » ?

C'est de bien autres choses que d'économie, en effet, que traite d'abord Rivière — dressant un véritable réquisitoire contre le traité de Versailles « qui prétend fonder les obligations de l'Allemagne [...] sur la contrition » au lieu de « créer pour l'Allemagne un attrait à nous faire revivre : celui de revivre elle-même ». Si bien qu'aujourd'hui, poursuit-il, ce moralisme et ce juridisme se retournent contre la France qui brandit vainement, de ce traité, « les clauses menaçantes et inertes ». Pourquoi, parti sur ces bases fortes et globales, Rivière ramène-t-il son propos au seul terrain de l'économie, à « l'exigence précise et avouée d'un " traité industriel " avec l'Allemagne, sur quoi seul pourrait être enfin fondé un pacte sincère de non-agression » ?

On peut voir bien sûr en cette orientation la marque de l'influence d'Émile Mayrisch — mais surtout considérer que c'était là se situer sur une voie empruntée par des hommes d'État les moins enclins à s'enfermer dans l'économisme : du *Zollverein* allemand tel qu'il fut utilisé par Bismarck aux diverses phases de l'unité européenne comme ce traité de Rome repris à son compte par le général de Gaulle en 1958, le passage par l'économique n'est-il pas une constante chez les unificateurs ?

Écoutons l'intellectuel, le critique d'art, le lecteur de Proust et de T. S. Eliot qu'est Rivière, parler de l'étape sur la voie de la construction européenne qu'est la réconciliation franco-allemande, à l'heure où Hitler hasarde son premier « coup » à Munich, où Von Seeckt réarme méthodiquement son pays :

« Quatre ans ont passé depuis la guerre. Les coupables en sont les coupables : libre à chacun de les nommer et de les détester dans son cœur. Il s'agit aujourd'hui de paix. La paix a été manquée. Il faut la recommencer. Il faut la concevoir comme un organisme, et non pas la décréter, mais lui donner la vie. La première cellule ne peut en être que la coopération économique de la France et de l'Allemagne. Les deux pays doivent tâcher de travailler à quelque chose ensemble : les humeurs se dissipent quand le travail va bien, ou l'on est en commun intéressé. — Travaillons donc, voyons ce que chacun détient dont l'autre a besoin, ce que nous pouvons échanger. Faisons de la richesse, au lieu de chercher à nous prendre à l'un à l'autre ce qui nous en peut rester. Nous détenons à nous deux des sources prodigieuses d'industrie : laissons-les mélanger leurs eaux et produire le fleuve naturel qui drainera nos discordes.

« Il faut faire la paix, c'est-à-dire la créer, en produire les conditions normales, et la première c'est le silence sur les griefs. Il faut créer de l'oubli. L'oubli naîtra en Allemagne et chez nous, si nous savons organiser l'unité industrielle du bassin rhénan, si nous savons y régler harmonieusement les échanges...

« [...] Il nous faut maintenant savoir remettre prudemment en liberté le gros monstre qu'est l'industrie allemande, et par prudemment, je veux dire : en lui montant sur le dos [12]. »

On n'eût certainement pas fait plaisir à Jacques Rivière en le qualifiant de « grand journaliste ». C'est pourtant ce qu'on est tenté de faire à la lecture de ce texte crépitant de formules et de raccourcis. Nous avons appris depuis lors qu'il n'était pas interdit d'être un grand écrivain pour être admirable dans la littérature de circonstances, d'immédiateté et d'efficacité sociale : témoins Albert Camus et François Mauriac...

Ce n'est pas sur un ton aussi magistral que s'achève ce florilège de l'« Européen » Jacques Rivière, mais par un éditorial de ton plus modeste de la *Luxemburger Zeitung* : d'abord parce que, écrit peu de mois avant la mort de l'écrivain, il fait en quelque sorte figure de testament politique ; ensuite parce qu'il paraît sous un titre qu'on se gardera de qualifier de « prophétique », de peur de manier un peu lourdement les évidences, mais qui est au moins significatif : « Une communauté européenne ».

C'est le 8 septembre 1924, au lendemain du débat parlementaire au cours duquel Édouard Herriot, président du Conseil, venait de rendre compte de la conférence de Londres où il avait notamment annoncé à ses interlocuteurs Stresemann et MacDonald l'évacuation prochaine de la Ruhr en échange d'une harmonisation des échanges économiques, que Jacques Rivière écrivait cet article :

> « Je remercie M. le président du Conseil, a dit [à la Chambre] M. Léon Blum, d'avoir rétabli un commencement de communauté européenne. » [...] Nous sommes de ceux que l'Europe aussi intéresse, et qui croient à son unité, et qui font des vœux pour que cet organisme, le plus complexe, le plus délicat, le plus intelligent qu'il y ait au monde retrouve enfin la santé. « Une communauté européenne. » Oui, c'est ce que nous voulons [13]...

Écrit en 1924...

XXIV

« Dans ma lutte pour vivre... »

« ...Dans ma lutte pour vivre, je ne m'avouerai vaincu qu'en perdant mon souffle même. »

Jacques Rivière, lettre à Antonin Artaud, 8 juin 1924.

Paul Valéry, l'homme au monde le moins enclin à s'attarder aux notations pittoresques, a mis l'accent, pour évoquer le Jacques Rivière des derniers temps, sur « la minceur du corps, la douce inquiétude des yeux, la timidité, la vivacité unies[1]... ». Les visiteurs de la rue de Grenelle et de la rue Boulard lui voyaient une taille élevée, la sveltesse de Fabrice, des gestes gauches, une étonnante force d'attention, l'air réservé, une politesse d'ancien style (ou de province) qui semblait l'inciter, pour ne point encombrer, à réduire son espace corporel. Un prince émergeant de l'adolescence sous le regard de Fénelon.

Ce qui retenait surtout ses interlocuteurs, c'était l'intensité du regard — l'un des plus intelligents qu'ait croisés celui de Paul Morand, des plus purs qu'ait soutenus celui de Joseph Delteil — dans un visage pâle, allongé, tiré vers le bas par quelque chose de bourbonien dans la bouche et le menton, comme d'un infant de Velásquez. Dents très blanches, fortes, luisantes comme le regard.

La voix ? Un peu voilée, comme s'il la contenait pour ne pas claironner trop fort ses enthousiasmes ou ses refus. Tant de feu dans le regard ne commandait-il pas un surcroît de retenue dans les sonorités ? Certains ont mis l'accent sur la légère hésitation qui suspendait l'énoncé. Mais c'était peut-être pour mieux signifier : une fois démuselée, la phrase venait ferme et claire. Pas d'accent bordelais : il le détestait assez pour en avoir effacé toute trace chez lui.

La plupart de ceux qui vinrent s'asseoir dans le petit bureau de la rue de Grenelle ont loué sa faculté d'attention, l'extrême vertu d'écoute qui faisait de lui un incomparable « preneur de son », par qui chaque visiteur ou interpellateur se savait entendu, et retenu. En attendant la réponse, dense, scrupuleuse, souvent en forme d'interrogation.

Regard gris ? bleu ? clair en tout cas, et dardé, ce qui n'est pas courant chez les gens de lettres à l'œil volontiers détourné, ou incliné, ou pointé vers le dedans. Signe d'attente, chez lui, plus que de jugement, manifestation de ce qu'un de ses jeunes compagnons appelait sa « maladie de la soif », et aussi d'une ingénuité qui jamais, jusqu'au cœur de ce qu'il faut bien appeler la maturité, ne l'abandonna.

Entre vingt croquis tracés par les contemporains du directeur de la *NRF,* retenons celui-ci, dû à Marcel Arland, qui devint à la tête de la revue le troisième de ses successeurs sans avoir été jamais de ses dévots — ayant rudement débattu avec lui du « concept de littérature » en 1924 :

> Rivière entra, serra des mains, dit quelques mots [...]. Quelque chose était changé. Celui-là du moins se montrait tel qu'il était. Il allait de l'un à l'autre, avec ce beau sourire, un peu sensuel à son insu, et ce regard, l'un des plus clairs et des plus intelligents qui m'aient frappé. On n'aurait pu parler d'aisance ; j'ai connu peu d'hommes qui fussent moins souples que Rivière ; il y avait en lui quelque chose de brusque, de gauche, d'insuffisamment formé ; il le sentait à coup sûr et subissait l'attrait des dons extérieurs qui lui manquaient.
> Mais il s'offrait en toute simplicité, écoutait, et ses traits se tendaient un instant ; puis, l'œil vif, la voix nerveuse, il parlait à son tour, avec un mélange de scrupule et d'ardeur, une bonne volonté, une conviction qui désarmaient les plus rétifs. L'atmosphère s'était transformée ; un courant rapprochait ces hommes. Ils semblaient prendre conscience de ce qui les unissait, de ce qui les dépassait aussi. Par-delà certains antagonismes et certains appétits particuliers, ils paraissaient enfin travailler à une œuvre commune[2].

Une gravité excessive, de diacre ou de lévite ? Mais non. Benjamin Crémieux, qui voyait pourtant flotter dans son regard une « incurable tristesse », le décrit saisi par le comique d'une situation ou d'un propos, et alors « le corps posé par le travers, les épaules et le ventre secoués par le rire, lançant de côté ses grands bras et se ployant brusquement jusqu'à toucher la table du nez[3]... ».

*

Depuis 1920, la vie de Jacques Rivière s'ordonnait autour d'un axe tracé entre deux pôles parisiens — on évoquera plus loin ses foyers provinciaux ou étrangers —, le 38, rue Boulard où il logeait avec sa femme, sa belle-mère et ses (bientôt) deux enfants*, et le 3, rue de Grenelle où Gaston Gallimard avait installé la *NRF* après les longs séjours rue Jacob et rue Madame.

Les Rivière n'avaient jamais vécu que sur la rive gauche. Lui, étudiant,

* Alain Rivière est né en 1920, neuf ans après sa sœur Jacqueline.

de l'hôtel de Cluny à la rue de Tournon. Eux, chez les parents Fournier, 24, rue Dauphine *, puis rue Cassini, à côté de l'Observatoire, ensuite chez eux, 15, rue Froidevaux, la voie qui longe au sud le cimetière Montparnasse **. C'est non loin de là, toujours dans le XIVe arrondissement, que leurs amis Lhote leur proposèrent en 1920 de venir habiter, rue Boulard, un atelier symétrique du leur. Curieux logis où tout s'ordonnait autour de l'ample pièce vitrée que surplombaient les chambres, sauf, au même niveau, le bureau du directeur de la *NRF*.

Un jour d'octobre 1922, André Gide et son amie la « petite dame » viennent les y surprendre. Après avoir « grimpé les étages », ils trouvent Jacques « à sa table de travail, confortablement installé auprès d'un petit feu... ». Isabelle les rejoint tout de suite. « On plonge aussitôt dans la littérature, le dernier numéro de la *NRF*, Proust[4]... » Montra-t-on aux visiteurs le volumineux fragment décoratif *** qu'Antoine Bourdelle avait offert à Jacques Rivière en témoignage d'admiration et que l'on avait péniblement casé à l'étage ?

Un mercredi sur deux, vers 17 heures, les Rivière recevaient les collaborateurs et les amis de la *NRF*. Bien des témoins ont évoqué ces réceptions, notant par exemple que l'apparition d'André Gide imposait d'abord un respectueux silence. On donnera la parole ici à Alain Rivière dont la mémoire enfantine ne saurait être prise en défaut :

« Cela se passait dans notre grand atelier qui servait de salon et de salle à manger. Les " thés " du mercredi restent dans ma mémoire comme le jour où la maison s'illuminait d'une mystérieuse clarté [...]. De la galerie où se trouvaient nos chambres [...] je pouvais, encore tout petit, surveiller ce qui se passait en dessous de moi [...] le ventre entre deux barreaux de la balustrade [...] Gide trônait discrètement dans un fauteuil avec une pose très élégante. Du Bos promenait avec douceur et finesse ses aphorismes sentencieux ponctués de son rire lent et pénétré ; Ghéon explosait et, jubilant, polarisait tout un groupe pendant que, complètement silencieux dans son coin, Saint-John Perse fabriquait d'admirables oiseaux des îles en papier ! Lorsque mon père avait à parler personnellement à quelqu'un, il l'entraînait dans le petit bureau bleu qui communiquait avec l'atelier par une porte située sous l'escalier de bois qui montait aux étages... »

Dans une lettre d'avril 1923 à son ami Albert Béguin resté en Suisse, Marcel Raymond, qui deviendra l'un des meilleurs exégètes de Rivière, raconte ainsi un mercredi de la rue Boulard :

« J'ai passé l'autre jour deux heures bien intéressantes chez Rivière. Madame servait le thé et des gâteaux dans un ancien atelier de sculpteur

* Où est installée aujourd'hui la librairie « Couleur du temps ».
** Où logèrent longtemps Simone de Beauvoir et Jean-Paul Sartre.
*** Destiné à la façade du Théâtre des Champs-Élysées.

tout orné de tableaux de Lhote. Arrivent Mauriac, Du Bos et sa femme, Martin du Gard et sa femme, quelques autres, dont un prêtre ami de Rivière, Bordelais spirituel, sceptique, musicien, philosophe * [...] Mauriac est très grand, élégant, souple et assez gamin ; un parler saccadé et un peu précieux [...]. Du Bos, assez britannique, grand front en avant, quarante ans, scande avec sa grosse pipe des phrases lentes, où chaque mot a un sens et parfois plusieurs ; sa femme, blonde comme les blés (" la zézette adorée "), point si jeune pourtant que ne le promet d'abord sa robe verte et son chapeau Clara d'Ellébeuse à grandes brides. Martin du Gard, grisonnant, nez ouvert en plein ciel, énorme, presque obèse, parlant peu, mais plaçant à propos des mots drôles[5]... »

Un soir — était-ce le même ? —, au moment où chacun prenait d'ordinaire congé, Rivière, ayant entamé avec Mauriac une conversation très animée et riche de prolongements, prie son ami — qu'accompagne l'abbé Lacaze — de rester pour le dîner, sans prévenir Isabelle... Il se trouve que les Rivière ont accoutumé, après ces réceptions, de se contenter pour souper des restes de gâteaux — qui sont, ce soir-là, dérisoires. La « fortune du pot » est si maigre que les visiteurs font mine d'en rire aimablement. Mais, deux heures plus tard, la porte de l'appartement n'est pas plus tôt refermée sur eux que l'on entend sur le palier la voix de Mauriac (alors bien sonore...) confier à son ami l'abbé : « Quel drame ! »

Le train de vie des Rivière, il est vrai, n'est pas brillant. La *NRF* ne consent toujours pas à Jacques les 1 500 francs par mois qu'il réclame timidement : quelques mois plus tard, il en sera toujours à se battre, cette fois pour 2 000 francs, qu'il finira par obtenir (il est vrai que Jean Paulhan, son secrétaire, doit se contenter de 400 francs...). Mais élever deux enfants est déjà une lourde charge, dût-on faire porter au petit garçon tel ou tel vêtement acheté pour sa sœur.

Isabelle est trop accaparée par l'éducation de Jacqueline et Alain pour mener la carrière d'écrivain (au moins de traductrice) dont elle a toujours rêvé. Une lettre écrite à son amie d'enfance Yvonne Bec, en décembre 1921, en dit long sur ce qu'était alors sa mélancolie sinon son amertume de femme de trente-cinq ans plus ou moins avertie des liaisons ou aventures qui occupent une partie de la vie de son mari :

« Chaque jour j'abandonne quelque chose, tout mon effort est vers la résignation ; il est convenu maintenant avec moi-même que je ne suis plus ni jeune, ni agréable à regarder et qu'on ne m'aimera plus, que je n'ai aucun don quel qu'il soit et que je n'écrirai jamais rien comme je l'ai rêvé toute ma jeunesse ; que je ne serai pas la collaboratrice de Jacques pour la Revue comme je me suis efforcée de le devenir depuis dix ans jusqu'à la naissance du petit, parce que je n'ai plus le temps et que d'ailleurs tout

* Lacaze.

l'effort inconscient de Jacques a été pendant tout ce temps de repousser peu à peu mon influence qu'il craignait ; que je ne serai point l'unique amour de mon mari, puisque bientôt paraîtra *Aimée* qui n'est pas moi[6]... »

Deux mois plus tard, la plainte se fait auto-accusatrice :

« Je me suis montrée si ingrate envers mon bonheur qui est pourtant réel, envers un mari unique au monde, des enfants exquis, une vie après tout agréable. La vérité c'est que c'est de moi que je suis dégoûtée, moi qui suis insuffisante et vide et qui laisse se perdre par paresse, par lassitude ou peut-être par trop grande ambition toutes les richesses qui m'ont été données en partage[7]. »

Ce désarroi divaguant, c'est moins peut-être le sensible éloignement de son mari qui le provoque que l'amour qu'elle éprouve pour Copeau, amour non partagé, amour dont on ne sait s'il est de revanche, ou s'il ne se nourrit pas précisément d'être inaccessible — et à propos duquel il faut bien se demander s'il ne fut pas une des causes de la corrosion de l'amitié entre les deux hommes qui avaient fait la *NRF* entre 1911 et 1914 et ne surent pas se retrouver vraiment après la guerre, quand fut avérée la passion d'Isabelle dont, semble-t-il, ils ne s'entretinrent jamais *...

Passion... Le mot est-il trop fort ? Compte tenu du tempérament littéraire de l'épouse de Jacques Rivière, de ses frustrations diverses et de la nature même de son interlocuteur, il ne semble pas abusif de l'utiliser. Qu'on en juge sur ces mots adressés à Copeau :

« Jacques, je n'ai pas le courage de supporter tout cela. Je n'ai plus d'espoir, de recours et de confiance qu'en vous, écrit-elle en 1923 [...] Quand je me suis rapprochée de vous cette année, je m'étais fait croire que je le pouvais sans danger, que je savais désormais gouverner mon amour, le tenir au fond de moi paisible et silencieux comme un enfant sage. Mais cela même n'était pas sincère, je ne suis revenue à vous que parce que je ne pouvais pas faire autrement.

« Laissez-moi vous dire que je vous aime ; cela ne fait de tort à personne puisque personne au monde ne s'en soucie — pas même vous, hélas ! — et cela me fait tant de bien !

« [...] Si vous pouviez sentir, un instant seulement, combien je vous aime, il me semble que vous ne pourriez pas ne pas avoir un peu de joie [...].

« [...]

« Mon ami, mon amour, je ne peux plus vivre, je ne peux plus supporter de vivre, je ne peux plus me supporter, ni vous, ni rien [...]. Il y a quelque chose — je ne sais pas quoi — que je cherche depuis que je suis au monde, que j'ai espéré trouver en vous, que j'attends de vous depuis

* Pas plus d'ailleurs que ne le firent, à propos d'Yvonne, Jacques Rivière et Gaston Gallimard.

treize ans — depuis le jour où je vous ai vu pour la première fois * —, que vous ne pourrez peut-être pas plus me donner qu'un autre, même si vous le vouliez, une chose qui n'est sans doute pas de ce monde, et faute de quoi je ne puis plus continuer à vivre[8]... »

Jacques Copeau, tout séducteur qu'il fût, et peu enclin à s'effaroucher des passions qu'il éveille, ne peut cacher son embarras. S'il n'est pas encore, il s'en faut, le dévot qu'il choisira de devenir, il cherche sa voie vers le catholicisme ; et ces élans, venant de la pieuse épouse de celui qui était naguère son meilleur ami et reste très proche de lui, le déconcertent : il prie Isabelle de ne pas lui demander ce qu'il ne peut pas lui donner, de ne pas attendre de lui « les marques de cet amour humain qui ne sait que faire souffrir ». Elle ne peut l'aimer, écrit-il encore, qu'en s'élevant avec lui au-dessus de « cet amour-là ». Il se déclare « presque vieux » et incapable de changer ce qu'il a « suscité d'un cœur aveugle et désordonné », mais veut « conserver et parfaire d'un cœur clairvoyant et apaisé ».

« Nous nous occupons toujours trop de nous-mêmes et c'est ainsi que nous ne voyons plus rien de la vie ni de Dieu. » Et de conclure : « Voilà bien du sermon, ma chérie. Il serait plus simple de vous dire que je suis intimidé et presque stupéfait par tant d'amour... »

Il n'en faut pas plus pour qu'Isabelle laisse éclater sa joie : « Vous seul pouviez me libérer du mal qui me venait de vous. Vous l'avez fait, mon bien-aimé, conduit par cette charité divine qui est en vous. Nul autre à votre place n'eût trouvé en lui la force et l'amour qu'il fallait. Tout autre m'eût perdue, tout autre fût tombé avec moi[9]... »

Les « égarements » d'Isabelle en proie à l'amour inaccompli que lui inspire le mage du Vieux-Colombier — qui va, lui, d'un accomplissement à l'autre ** — ont peut-être contribué à dissocier le couple très intensément uni qu'elle a formé avec Jacques Rivière. Dans ce venin qui s'y glisse au cours des trois dernières années de la vie du directeur de la *NRF,* on ne peut savoir quel est l'élément dominant, chez elle, d'un certain remords et d'une très certaine rancune. Elle ne connaît pas tout de la vie de son mari.

Peut-être Isabelle ne put-elle que soupçonner la liaison de Jacques avec Antoinette, dite « Belone ». Mais elle ne put rien ignorer de l'amour qu'il portait à Maggie — laquelle était la belle-sœur de sa meilleure amie, Mimi Cramer, et partageait, l'été, une vie très communautaire en Savoie, aux Treize-Arbres notamment. L'auteur d'*Aimée* n'était pas doué pour la dissimulation et, en présence de la belle Mme Horneffer, son comportement ne devait pas être très ambigu.

* Lors d'une réception de la *NRF,* en 1909, on l'a vu.

** Voir à ce sujet — et pour bien d'autres délices — le savoureux *Dieu et la NRF* de José Cabanis, Paris, Gallimard, 1994.

Alain Rivière n'avait alors que trois ou quatre ans. Il ne pouvait être un observateur implacable de ces choses ; mais si un éclat l'avait frappé, il ne l'aurait pas dissimulé *. Convenons donc que ces amours ne provoquèrent que des tensions retenues, comme le donne à croire la confidence faite à la même époque par Isabelle à Copeau :

« Jacques rajeunit tous les jours ; il a dix-huit ans. Il apprend à danser avec ses belles amies. Je me sens auprès de lui comme une mère pleine d'amour indulgent et triste auprès de son grand fils tumultueux qui sait bien qu'il la fera souffrir, mais aussi qu'il n'est rien qu'elle ne saura lui pardonner. Et je sais aussi qu'il m'aime, avant et après ce bouillonnement de jeunesse qui me cache à ses yeux. Je serai patiente. Un jour peut-être nous nous retrouverons sur la même route. Appuyée à votre cher cœur, j'aurai toute la force et toute la sagesse qu'il faudra [10]. »

Sérénité retrouvée ? La vie de couple d'Isabelle et Jacques Rivière suscitait bien des commentaires ; ceux, notamment, du « circuit » gidien tel que le reflètent les *Cahiers* de la « petite dame ».

Certain jour de janvier 1923, Maria Van Rysselberghe, André Gide et Roger Martin du Gard, attablés au restaurant du Grand Hôtel, parlent de Jacques Rivière à propos d'*Aimée* **, où se manifeste une « dissociation » entre le désir et l'amour que Gide juge « monstrueuse ». D'ailleurs, ajoute-t-il, « Rivière est très malheureux ». Il raconte que son jeune ami étant venu le voir, il l'avait interrogé à ce sujet et l'avait vu soudain « éclater en sanglots ».

La « petite dame » n'est pas d'accord, pour une fois, avec Gide : elle pense que Rivière, naturellement inquiet, tourmenté, est surtout accablé de travail, de soucis matériels, et encombré par sa famille. Gide et Martin du Gard se récrient : sa femme et ses enfants sont ce qui lui donne le plus de paix, et Rivière serait « plus traqué encore » s'il avait plus de loisirs. Conclusion du « bipède » : « J'aime tendrement Jacques [11]... »

A vrai dire, « dissociation » ou pas, passions, liaisons et ruptures étaient assez courantes, dans le milieu de la *NRF* des années vingt. Sous toutes ses formes, l'amour y était une divinité inspirante : nul n'a mieux évoqué ces chassés-croisés que José Cabanis dont l'excellent *Dieu et la NRF* aurait pu être intitulé sans abus « Dieu, le sexe et la *NRF* » [12]. Comment, à ces embarquements pour Cythère, le jeune directeur n'aurait-il pas pris part ?

Entre Gaston, Copeau, Valery Larbaud, Paulhan d'une part, Gide, Schlumberger, Martin du Gard de l'autre (nul principe de ségrégation sexuelle n'inspire cette énumération nonchalante...), les incitations ne manquaient pas, indépendamment des goûts, pratiques et églises.

L'une des « affaires » qui agitent alors la petite maison de la rue de

* Dans son très loyal *Isabelle Rivière,* souvent cité ici.
** Qui vient de paraître.

Grenelle — après les chassés-croisés entre Gaston, Copeau et la charmante Berthe Lemarié qui a, pendant la guerre, veillé sur la *NRF* —, c'est celle du divorce de Jean Paulhan. Quand son adjoint lui fait part de sa décision de dissocier sa vie de celle de « Sala », notre Jacques en est tout retourné. Tromper sa femme, il sait qu'on peut le faire en lui restant « fidèle »... mais la quitter, lui substituer, globalement, une autre dame ? La plume de l'auteur d'*Aimée* en tremble, et il ne trouve, à son désarroi, qu'une excuse : « Je réagis d'abord en chrétien... » Ce qui n'est pas, avouons-le, un argument sans réplique...

Les nouveaux catéchistes de Grenelle ne sont pas particulièrement timides, ou bégueules : de Paul Morand et Pierre Drieu La Rochelle à Jean Prévost, et dans un autre registre, de Marcel Jouhandeau à Jean Cocteau, on n'avait pas froid aux yeux dans cette paroisse-là. Les confidences du temps crépitent d'exploits amoureux, comme au temps de la Fronde et de l'hôtel de Rambouillet, et les plus illustres même, un Paul Valéry, un Roger Martin du Gard, rendaient à la gueuse, au moins en parole (leur empire...), les hommages que d'autres réservaient aux éphèbes. Bref, Athènes ou Thélème, le sexe trônait.

Gaston Gallimard, parlant de la Revue à un jeune écrivain * venu lui rendre une visite d'intronisation à la fin de sa vie, soupirait : « Mon pauvre ami, j'espère que vous y trouverez plus de plaisir que moi. Ce qu'on s'y ennuyait ! On n'y parlait que de Dieu et des garçons, deux sujets qui m'indiffèrent... » D'autres s'ennuyaient moins que le maître de maison !

Jacques Rivière, longtemps partagé entre une vie de famille emmaillotée de règles confessionnelles (c'est-à-dire conditionnées en vue du confessionnal) et la fréquentation de maîtres vénérés dont la vie privée se désordonnait en aventures interdites (sinon tues), était ainsi voué à une sorte de schizophrénie sociale. Mais une synthèse s'était opérée en lui du fait de la rencontre avec de nouveaux amis. Le plus stimulant fut Ramón Fernandez qui, selon Antoinette Morin-Pons, bien informée, était devenu, vers 1923, l'ami intime de Jacques.

Amitié tout à fait virile, et intellectuelle, entre le bouillant Ramón et le sage raisonneur de Gironde enchanté de trouver, chez cet autre lui-même, la verve de gestes et de mots qui n'auront jamais été de son fait : aussi ébloui par l'ingénieux flambeur venu des Amériques que naguère André Gide par le capitaine au long cours qui écrivait *Lord Jim*.

Nous les verrons ** affrontés lors d'un des derniers débats qui aient agité — pour le meilleur — la vie de Jacques Rivière. En attendant, ils se lancent dans de longues randonnées à bord de la Bugatti de Fernandez, aussi fou de voitures et de vitesse que notre Rivière — et qui a, lui, les

* Pierre Nora.
** Voir chapitre XXV.

moyens d'assouvir sans réserve sa passion compétitive et les diverses griseries qu'elle induit. Ainsi, le Jacques Rivière de ce temps-là, celui qui fut le bouillant catéchumène de Claudel, puis le minutieux exégète de Proust, est-il devenu ce très jeune homme (« dix-huit ans » selon Isabelle) qui délaisse vers quatre heures son bureau de la *NRF* pour filer, pleins gaz, vers Rambouillet aux côtés de Ramon-aux-yeux-noirs avant de retrouver, saoul de vitesse et de vent, au bar du Lutetia, une Antoinette éperdue d'inquiétude...

On l'a vu pudique, timide, cuirassé de vertu — « coincé » comme on dira un demi-siècle plus tard. En cette fin de 1924, il est l'homme qui fait à André Gide cette confidence que l'on retrouvera dans la dernière édition des *Conversations avec André Gide*[13] de Claude Mauriac : « Désormais, il n'y a plus que deux choses qui m'intéressent dans la vie : bien mentir et bien baiser... » Mentir ? En ce domaine seulement : car on ne voit pas que les collaborateurs et les lecteurs de la *NRF* aient pris, à propos d'esthétique, sa rigueur en défaut. Quant à l'autre chapitre, nous ne pouvons consulter qu'une part du dossier.

Pour ce qui est de Dieu, Claudel était loin, Gide de nouveau en quête d'autres ferveurs, Ghéon avait installé ailleurs son oratoire, Valery Larbaud faisait l'école buissonnière et Charlie Du Bos s'occupait, avec Mauriac, et sous la férule de l'abbé Altermann, de donner quelque crédibilité à la pieuse revue *Vigile*. Quant aux éphèbes, il semblait qu'ils fussent, dans les années vingt, un peu passés de mode, au profit des minettes. Prévost, Drieu, Fernandez, Giraudoux, bientôt Malraux et Berl : on était plus proche du Vert-Galant que des Bains-Rochechouart.

*

Mais la vie de Jacques Rivière, en ces dernières années, ne saurait se réduire à une bacchanale de bonne compagnie sous le signe de l'hellénisme viril. L'occupaient davantage tout de même quelques grands débats, les uns dans le cadre de l'abbaye de Pontigny, où Paul Desjardins réunissait chaque année plusieurs dizaines d'écrivains recrutés en majorité dans la mouvance de la *NRF* et conviés à débattre de quelque grand sujet — l'héroïsme, la sociabilité — sous l'arbitrage plus ou moins apparent d'André Gide. Bon nombre d'écrivains étrangers, surtout anglais, y étaient conviés.

De ces rencontres restent quelques images, notamment l'une des photographies les plus connues de Jacques Rivière, entouré de Gide, Martin du Gard et Schlumberger ; et quelques souvenirs, dont ceux qu'évoque ainsi Dorothy Bussy, grande amie anglaise de Gide, femme du peintre Simon Bussy dont la villa, sur la Côte d'Azur, fut un lieu de rencontre privilégié du « circuit » gidien* — et où Jacques Rivière découvrit la Méditerranée.

« ... A Pontigny — c'est la première fois que je l'ai vu — il m'a semblé si jeune et si grave et si soucieux, et le plus intelligent peut-être de tous ceux qui étaient là ; je me souviens d'avoir noté à ce moment-là qu' " il a l'air d'avoir dix-huit ans, mais ses cheveux commencent déjà à s'éclaircir, par l'action non pas des années mais de la pensée ". Aux entretiens de l'après-midi il a parlé très peu — une fois seulement, je crois — mais combien il m'a plu ! Il ne cherchait pas ses mots, mais ses pensées ; les deux venaient difficilement. Il rejetait tout ce qui brillait, tout ce qui faisait effet. Non, il ne le rejetait pas ; il n'avait pas à le rejeter. Paraître ne le tentait pas.

« Sa parole était lente, hésitante, émue, tirée du plus profond de lui-même. Il parlait, je me rappelle, de quelque chose qui lui tenait à cœur : de l'influence des grands hommes sur chacun de nous ; de l'accueil que chacun de nous doit faire aux grands hommes. Il a parlé longtemps et avec une grande intelligence, mais sa dernière phrase ne venait pas bien ; il s'y était un peu empêtré — et je me rappelle la façon charmante dont il s'est arrêté tout d'un coup en riant, et le ton avec lequel il a dit, comme un enfant passionné : " ... enfin il faudrait qu'on ne les embête pas ! "[14]. »

*

Toutes ces démarches, et manifestations périphériques, et aussi les travaux personnels — *Florence*... — auxquels il consacre quelques « heures volées », et les projets qu'il élabore en semi-secret — d'un *Racine,* notamment, sur lequel on reviendra — ne peuvent faire qu'il ne soit avant tout le directeur de la *NRF* : ses correspondances avec André Gide et Gaston Gallimard en font foi, où il est constamment question des sommaires passés et à venir, des collaborations possibles, des célébrations à organiser, des ripostes à préparer.

Jean Paulhan, qui est depuis le printemps 1920 son secrétaire, partage presque aussi étroitement les responsabilités qu'il le faisait jadis lui-même avec Copeau : Jacques traite en égal le jeune professeur de Nîmes, son contemporain, et l'associe étroitement aux diverses phases de prises de décision.

Témoin la lettre du 15 mai 1920 qui marque en quelque sorte la reconnaissance de Jean Paulhan en tant que « lieutenant » de Jacques Rivière : on ne saurait mieux à la fois saluer un personnage et définir ses responsabilités :

* C'est là que se réfugia Malraux en 1940, après son évasion, avant de gagner la Corrèze, puis le maquis.

Mon cher Paulhan,
Je ne peux pas vous dire de quelle reconnaissance m'emplit chacune de vos lettres [...]. Pour bien évaluer le service que vous me rendez, comprenez ceci : je ne suis pas homme de détails ; les détails m'oppriment à la lettre ; le moindre vient se placer dans mon esprit sur le même plan que les choses les plus importantes ; je distingue bien son insignifiance ; mais elle ne devient pas pour moi une raison de m'en désintéresser. Vous, au contraire, vous avez la faculté à la fois de ne rien négliger et de maintenir les petits soucis à distance des grands.
[...]
1) Voudriez-vous demander à Paul Valéry s'il pense que l'article de Lucien Fabre sur Einstein sera bientôt prêt [...].
[...]
3) Gide me propose un acte de sa traduction d'*Antoine et Cléopâtre* pour juillet. J'ai accepté sous réserve * [...].
[...]
6) *Les Bijoux indiscrets,* de Diderot (Bibl. des Curieux). On pourrait faire une nouvelle tentative auprès de Léautaud, en s'autorisant de son amour pour Stendhal et en soulignant qu'on ne lui demande qu'une collaboration exceptionnelle ** [...].
[...]
7) *La Négresse blonde* (G. Fourest)... (peut-être pas très important).
8) [...] Max Jacob a-t-il décliné votre offre de collaboration ? Ou vous a-t-il promis des poèmes ?
9) Voulez-vous me rappeler quelle est la note que vous avez demandée à Aragon ?
10) Voulez-vous demander à Gallimard s'il croit qu'Alain (Chartier) collaborerait à la revue.
11) Avez-vous écrit à Toulet pour lui demander des poèmes ?
[...]
13) N'êtes-vous pas excédé par tant de préoccupations [15] ?

A dater de cette lettre, la correspondance entre Rivière et Paulhan prend la forme de notes rapides, échangées comme des balles de tennis — en un jeu où il n'y a pas de perdant – sinon quelques auteurs rejetés, pour médiocrité ou, comme Léautaud, pour incompatibilité d'humeur...

Diriger une revue, fût-elle pour l'essentiel littéraire, n'est pas une activité de tout repos. L'univers des lettres est peuplé d'individus au verbe haut, à la main leste, à l'*ego* sonore. Au niveau le plus médiocre, on a vu le directeur de la *NRF* agressé par un Béraud ***. Au plan le plus élevé, on va le voir aux prises avec Antonin Artaud, dont il ne sait pas reconnaître d'emblée le génie disloqué, mais qu'il accueille à la *NRF* avec son inquiète générosité. Entre les éructations du premier et la douleur de l'autre, voici l'incident Aragon.

* « Sous réserve », le « gourou » ? Eh bien...
** Elle le sera moins que ne le souhaitait Rivière – se multipliant jusqu'à la rupture, amère...
*** Voir chapitre XIX.

On a vu qu'épaulé par Gide et dénoncé par Schlumberger, le directeur de la *NRF* avait pris le risque de formuler une « Reconnaissance à *Dada* » qui ouvrait les portes de la maison aux grands prédateurs. Les surréalistes bondirent sur l'occasion d'y pousser leur cri. D'abord avec une manière d'ironique retenue. Les premiers textes de Breton, d'Eluard ou de Soupault, dans la *NRF,* sont lisses comme la griffe d'un tigre. On a vu néanmoins que, publié en 1922 dans la *NRF*, *L'Extra* d'Aragon avait fait s'étrangler d'indignation un Paul Claudel oublieux de ses textes de jeunesse. Les éditions Gallimard n'en publièrent pas moins, l'année suivante, *Les Aventures de Télémaque* dont l'auteur d'*Études* choisit de rendre compte dans la revue.

Jacques Rivière avait d'emblée reconnu en ce dandy botté de rouge et noir l'un des maîtres de sa génération, saluant ses « dons prodigieux » (« Aragon n'écrit pas, il vole ») et osant, à propos de la féerie qui émane de ses textes, évoquer Rimbaud. A cet hommage suprême, Rivière n'avait pas manqué de mêler quelques sarcasmes, parlant d'une odeur de prêtrise, évoquant Voltaire, daubant sur les littérateurs de café et — lucide sacrilège ! — devinant, sur cet Erostrate, l'influence exercée par le premier Barrès...

Réaction d'Aragon : une « Lettre ouverte à M. Jacques Rivière » publiée par *Paris-Journal* le 6 avril 1923 :

« [...] L'imprudence que j'ai eue de publier un livre vous donne barre sur moi le temps d'évoquer Voltaire que je tiens pour la dernière des saloperies. Vous me donnez des conseils qui révèlent le fond de votre belle âme [...]. Je trouve avant tout curieux que vous veniez ici parler des *littérateurs de café* et du *clan des ratés*. Raté vous-même, vous devez à une santé de petite fille de ne pouvoir aller dans ces cafés qui sont au moins des lieux ouverts, où les Jacques Rivière seront toujours déplacés comme des chouettes le jour. Il est temps de faire bon marché de votre idéal de pion. [...] je n'ai rien à répondre, n'ayant pas le rayon cérébral où élaborer de petites gifles à votre taille, à un article qui, comme toute votre personne, du reste, relève du pied quelque part. »

Quant à Breton, sa lettre à Rivière se terminait par l'assurance qu'il tenait le directeur de la NRF « à l'avenir pour une fripouille ». Ce qui était, à tout prendre, un hommage au passé.

Frivolités. Avec Artaud, Rivière allait affronter une vraie tragédie, et une invention si bouleversante en sa nudité malhabile qu'il en fut désemparé. Lui qui avait su déceler le mobile de la rage de Rimbaud, de cette violence de rupture vers un ailleurs insaisissable, lui qui avait capté ce qui, dans les hoquets de *Dada*, signifiait l'adieu à tout ce qui, dans la littérature, n'est pas l'émetteur lui-même, le voilà hésitant devant l'homme désintégré qui lui adresse une manière d'appel au secours.

Au début de 1923, le directeur de la *NRF* avait reçu d'Antonin Artaud, dont se dessinait surtout alors le talent de comédien, des poèmes (dont certains furent un peu plus tard publiés sous le titre *Tric-trac du ciel*) dont il jugea trop insuffisante l'« unité d'expression » et trop « déconcertantes » les « étrangetés » pour qu'ils soient publiés dans cette revue — qui avait pourtant proposé à ses lecteurs des textes de Soupault ou d'Eluard de nature à étonner bon nombre de ses abonnés.

Quand, sous le titre « Cri », Artaud écrivait :

> ... Le petit poète perdu
> Quitte sa position céleste
> Avec une idée d'outre-terre
> Serrée sur son cœur chevelu,

il ne pouvait guère déconcerter des lecteurs déjà soumis aux sommations des paroissiens d'André Breton.

Rivière refusa pourtant de publier les « informes » poèmes du comédien hanté, mais non de le recevoir. Suivirent des entretiens dont un homme comme Jacques Rivière, tel que nous le connaissons, nc pouvait sortir indemne — ne cherchant pas à se préserver. Si brûlant lui parut le désir d'Artaud, si intense son besoin d'expression et pathétique l'écart entre une incomparable lucidité « clinique » et les bégaiements de sa plume, qu'il demanda à son interlocuteur la permission de faire écho, dans la revue, à ces échanges.

C'est en septembre 1924 [16] que la *NRF* publia sous le titre vraiment minimal d'« Une correspondance » ces lettres dont seules sont signées celles qui viennent d'Artaud, les autres n'étant suivies que dc « J. R. ». Elles suscitèrent l'admiration de Gide, écrivant à Rivière qu'il s'agissait de l'« invention d'un genre », d'un intérêt « exceptionnel » (c'est-à-dire, dans son esprit, à ne pas vulgariser dans le cadre de la revue...). Deux ans après la mort de Rivière, le poète obtint de Gaston Gallimard qu'il éditât, sous le titre *Antonin Artaud, correspondance avec Jacques Rivière* [17], les dix lettres échangées entre le 1er mai 1923 et le 8 juin 1924, dialogue qu'il tenait pour capital *.

On ne reprendra ici que quelques fragments de l'ultime échange : la lettre d'Artaud date du 6 juin 1924, la réponse de Rivière du surlendemain :

« Ma vie mentale est toute traversée de doutes mesquins et de certitudes péremptoires qui s'expriment en mots lucides et cohérents. Et mes faiblesses sont d'une contexture plus tremblante, elles sont elles-mêmes larvaires et mal formulées. Elles ont des racines vivantes, des racines d'angoisse qui touchent au cœur de la vie ; mais elles ne possèdent pas le désarroi de la vie, on n'y sent pas ce souffle cosmique d'une âme ébranlée dans ses bases. Elles sont d'un esprit qui n'aurait pas pensé sa

* La dédicace du poète à Isabelle Rivière dans l'exemplaire qu'il lui adresse, « en souvenir ému, en hommage, en remerciement » n'est pas banale chez l'auteur du *Pèse-nerfs*.

faiblesse, sinon il la traduirait en mots denses et agissants. Et voilà, Monsieur, tout le problème : avoir en soi la réalité inséparable, et la clarté matérielle d'un sentiment, l'avoir au point qu'il ne se peut pas qu'il ne s'exprime, avoir une richesse de mots, de tournures apprises et qui pourraient entrer en danse, servir au jeu ; et qu'au moment où l'âme s'apprête à organiser sa richesse, ses découvertes, cette révélation, à cette inconsciente minute où la chose est sur le point d'émaner, une volonté supérieure et méchante attaque l'âme comme un vitriol, attaque la masse mot-et-image, attaque la masse du sentiment, et me laisse, moi, pantelant comme à la porte même de la vie.

« Et cette volonté, maintenant, supposez que j'en ressente physiquement le passage, qu'elle me secoue d'une électricité imprévue et soudaine, d'une électricité répétée. Supposez que chacun de mes instants pensés soit à de certains jours secoué de ces tornades profondes et que rien au-dehors ne trahit. Et dites-moi si une œuvre littéraire quelconque est compatible avec de semblables états ? Quel cerveau y résisterait ? Quelle personnalité ne s'y dissoudrait ? Si j'en avais seulement la force, je me paierais parfois le luxe de soumettre en pensée à la macération d'une douleur si pressante n'importe quel esprit en renom, n'importe quel vieux ou jeune écrivain qui produit, et dont la pensée naissante fait autorité, pour voir ce qu'il en resterait. Il ne faut pas trop se hâter de juger les hommes, il faut leur faire crédit jusqu'à l'absurde, jusqu'à la lie... »

Ce « crédit jusqu'à la lie », Rivière va le faire à Artaud, non comme éditeur, mais en tant qu'homme :

> ... Je reste en suspens devant des maux que je ne puis qu'entrevoir. Mais peut-être cette attitude interdite vous apportera-t-elle plus de secours et d'encouragement que mes précédentes ratiocinations.
>
> Et pourtant ! Suis-je sans aucun moyen de comprendre vos tourments ? Vous dites « qu'un homme ne se possède que par éclaircies, et même quand il se possède, il ne s'atteint pas tout à fait ». Cet homme, c'est vous ; mais je peux vous dire que c'est moi aussi. Je ne connais rien qui ressemble à vos « tornades », ni à cette « volonté méchante » qui « du dehors attaque l'âme » et ses pouvoirs d'expression. Mais pour être plus générale, moins douloureuse, la sensation que j'ai parfois de mon infériorité à moi-même n'est pas moins nette.
>
> Le fait même de mon existence, comme vous le notez pour vous-même, ne fait à aucun moment pour moi l'objet d'un doute sérieux ; il me reste toujours quelque chose de moi, mais c'est bien souvent quelque chose de pauvre, de malhabile, d'infirme et presque de suspect. Je ne perds pas à ces moments toute idée de ma réalité complète ; mais quelquefois tout espoir de la reconquérir jamais. Elle est comme un toit au-dessus de moi qui resterait en l'air par miracle [...]. Proust a décrit les « intermittences du cœur » ; il faudrait maintenant décrire les intermittences de l'être.
>
> « Une âme physiologiquement atteinte ». C'est un terrible héritage.

> Pourtant je crois que sous un certain rapport, sous le rapport de la clairvoyance, ce peut être aussi un privilège. Elle est le seul moyen que nous ayons de nous comprendre un peu, de nous voir, tout au moins *. Qui ne connaît pas la dépression, qui ne se sent jamais l'âme entamée par le corps, envahie par sa faiblesse, et incapable d'apercevoir sur l'homme aucune vérité ; il faut venir en dessous, il faut regarder l'envers ; il faut ne plus pouvoir bouger, ni espérer, ni croire, pour constater. Comment distinguerons-nous nos mécanismes intellectuels ou moraux, si nous n'en sommes pas temporairement privés ?
> [...] Vous m'écriviez : « J'ai pour me guérir du jugement des autres toute la distance qui me sépare de moi. » Telle est l'utilité de cette « distance » ; elle « nous guérit du jugement des autres » ; elle nous empêche de rien faire pour le séduire, pour nous y accommoder ; elle nous conserve purs et malgré les variations de notre réalité, elle nous assure un degré supérieur d'identité à nous-mêmes...

La « profonde sympathie » qu'exprime Jacques Rivière en conclusion de sa lettre s'exprima-t-elle jamais avec plus d'évidence qu'en ce dialogue où, avide de comprendre l'Autre, l'auteur d'*Aimée* se divulgua en ses profondeurs, « l'âme entamée par le corps » et en proie tout entier aux « intermittences de l'être » ?

Est-ce pour se « creuser », se livrer plus encore, pour intensifier cette furieuse chasse à soi-même entreprise dès les premiers temps de la correspondance avec Alain-Fournier, vingt ans plus tôt, pour atteindre ce « degré d'identité à soi-même » auquel l'incite le dialogue avec Artaud et auquel ne peut le conduire la rédaction de *Florence,* que Jacques Rivière revient alors à l'étude du projet qui devait porter à son meilleur son génie critique — c'est-à-dire autocritique : le *Racine* dont il parlait parfois à ses amis ?

Racine, il l'avait revendiqué comme maître entre ses autres maîtres — Descartes, Ingres, Cézanne — pour l'implacable rigueur avec laquelle il fait, en toute âme et toute occurrence, la lumière. Avec lui, ni ombre propice ni morale complice. La nue vérité. Il est par excellence celui qui refuse et chasse l'ombre. Il a voulu connaître et, ayant connu, ne rien cacher. « ...Tels qu'ils sont. » Eh oui. De cela, Jacques Rivière s'était assuré en un temps où les circonstances étaient propices aux vérifications : la captivité. Nul auteur n'est plus longuement cité en ses *Carnets,* pas même Dostoïevski, l'autre sondeur d'abîmes — mais lui trop chrétien pour pousser à bout la « dissolution » de toute morale telle que la pratique Racine.

Que ce fût là « son » sujet, et qu'il y puisse manifester mieux qu'en tout autre sa boulimie de la nature humaine, nul n'a jamais douté. Bien

* Entendant louer l'intelligence d'un jeune écrivain de la *NRF* (Giraudoux ?), Marcel Proust interrompait son interlocuteur : « Intelligent ? Mais, voyons, il n'a jamais été malade ! »

qu'aucune preuve n'en existe que quelques références raciniennes dans leur correspondance, et dans le « Proust et la tradition classique » de Rivière, on peut croire que l'auteur de la *Recherche* incita son jeune ami à se lancer dans cette périlleuse entreprise. Que ce soit par allusions, parallèles ou citations, Racine est « en tiers » entre eux deux.

« Le Racine de Rivière » — ce n'était certes pas un sujet tabou. Si peu porté au « battage » préalable sur son œuvre que fût le directeur de la *NRF,* on recueille ici et là les échos de son grand projet, et pas seulement chez des intimes comme Ramón Fernandez, ou des proches collaborateurs tel Benjamin Crémieux (pour ne pas parler de Copeau qui, tel son disciple Jean Vilar, resta toujours en défense à propos de Racine).

Parmi eux, c'est Charles Du Bos qui s'est exprimé avec le plus de clarté : « ... Nul mieux que Rivière ne comprenait Racine, le grand maître des sentiments abstraits * ; c'est pourquoi est irréparable la perte de cette *Vie de Racine* dont un soir, chez lui-même, l'an dernier, nos instances lui avaient arraché la promesse [18]... »

Mais la plus curieuse référence à ce Racine à venir, on la trouve peut-être chez l'écrivain américain Waldo Franck, qui devait en faire état ainsi dans le numéro même de la *NRF* d'avril 1925 :

« ... La biographie de Racine, l'a-t-il achevée ? Les dernières paroles que j'échangeai avec Rivière furent sur Racine. Je suis peut-être le seul homme qui, " dans le domaine de l'anglais " **, pour m'exprimer comme Valery Larbaud, donne à Racine la place qu'il mérite parmi les plus grands artistes de tous les temps. Rivière me devait ce livre [19] !... »

« Vie de Racine », selon l'un. « Biographie », selon l'autre ? Déconcertantes formulations. On ne voit guère Jacques Rivière en biographe, pas plus à propos de l'auteur de *Phèdre* qu'au sujet de Rimbaud ou de Proust. C'est à un autre niveau que se situait le regard de l'auteur d'*Aimée.* Il est vrai que, sur ce sujet précisément, François Mauriac a écrit un livre *** qui ne s'en tient pas aux péripéties ****...

*

Vers la fin d'octobre 1924, Maria Van Rysselberghe accompagne André Gide au siège de *La Nouvelle Revue française,* 3, rue de Grenelle, où les accueille un Jacques Rivière « tout dispos », qui, observe la visiteuse, « n'a pas cet air épuisé qu'on lui voit si souvent ». Les visiteurs

* « Abstraits » ? Voici un mot que n'aurait pas choisi Rivière, si féru de « concret ».

** Larbaud écrit plutôt « domaine anglais ». Le seul ? J'ai entendu pour ma part Orson Welles, revêtu du costume d'*Othello,* formuler le même jugement sur Racine.

*** *La Vie de Racine,* Paris, Plon, 1928.

**** Dans l'adieu à Jacques Rivière dont on lira plus loin (p. 555) des extraits, Gaston Gallimard faisait état d'un projet de « Racine » de Rivière dans une série de « Vie des hommes illustres ».

s'informent de son roman. « Encore un mois de cette fraîcheur d'esprit que j'ai retrouvée pendant mes vacances, et il sera entièrement fini. » Gide et la « petite dame » le jugent « en forme »...

Ainsi tout harcelé, tiraillé qu'il fût entre la revue et *Florence,* entre « Belone » et Maggie, Jacques Rivière aborde d'un cœur allègre et d'un air serein l'hiver 1924-1925. Les polémiques auxquelles il est encore mêlé contre ses éternels adversaires de *L'Action française* * ne sauraient altérer son humeur. Gaston Gallimard vient d'équilibrer sa situation financière, Gide s'est décidé enfin à autoriser la pré-publication des *Faux-Monnayeurs* dans la revue, un voyage en Suisse avec son joyeux ami Ramon Fernandez lui a permis de revoir chez elle Maggie Horneffer, et le climat de son logis, rue Boulard, ne se ressent pas trop des inquiétudes qu'infligent à Isabelle ses incartades sentimentales. A la *NRF* enfin, la collaboration avec Jean Paulhan lui rappelle de mieux en mieux celle qu'il avait naguère mise au point avec Copeau. Un homme heureux ?

Il y a l'autre face d'une incertaine vérité, telle que la présente Isabelle Rivière (car c'est évidemment elle que vise Jacques Copeau quand il cite, dans le numéro d'avril 1925 de la *NRF,* « quelqu'un qui le connaît mieux que nous tous ») :

> Il fallait qu'il se détachât, et c'est à quoi il travaillait depuis plusieurs années, malgré lui, c'est à quoi plutôt une force invincible, impitoyable, travaillait en lui, bien qu'il se débattît si tragiquement [...]. Je l'ai vu couper un à un, dans le désespoir et dans l'acceptation, tous les liens qui l'attachaient à la vie[20].

Que cette interprétation ne soit pas celle d'autres familiers des dernières années de la vie de Jacques ni celle qui se dégage de sa correspondance ne peut faire oublier que ces mots furent dits par la personne qui, toute prévenue et militante qu'elle fût, pouvait sonder Jacques mieux que personne au monde.

*

Au début de janvier 1925, la maladie s'acharne soudain avec une minutie implacable sur ceux de la rue Boulard. La bonne est la première emmenée à l'hôpital**, puis Jacqueline qui a alors treize ans, puis Isabelle qui se relève rapidement, puis Jacques et son petit garçon : le mal n'est pas encore défini.

Le 25 janvier, Rivière écrit à Gide, venu prendre des nouvelles de sa famille, qu'il est très sensible à cette « marque d'affection [...] dans l'état

* Voir, au chapitre suivant, le débat avec Massis.

** Où l'on diagnostique une fièvre typhoïde – dont le médecin des Rivière ne tiendra pas compte pour la suite de son diagnostic.

de dépression où [il se] trouve ». Il précise : « Jacqueline est hors d'affaire, mais Alain et moi nous traînons (fièvre tous les soirs) et le docteur nous pousse à changer d'air à tout prix * [...]. Je suis épuisé et ne trouve la force que de te serrer la main[21]... »

Dès le lendemain, Alain, quatre ans et demi, est hospitalisé : on précise cette fois qu'il s'agit d'une fièvre typhoïde :

« J'étais gravement atteint, raconte-t-il, et l'on craignit longtemps pour moi. Je me souviens de mon père à mon chevet. Il m'apportait chaque soir un petit objet pour me faire sourire. Je revois son image aujourd'hui encore comme si c'était hier [...]. Puis il fut atteint à son tour. On le soigna pour une grippe dont il sembla vite guéri[22]... »

Au cours de la première semaine de février, en effet, on le croit tiré d'affaire. La fièvre est tombée. Il écrit à Maggie pour lui proposer un rendez-vous l'un des jours à venir, reçoit des visites et recommence à travailler dans sa chambre.

Le dimanche 8, son frère Pierre lui propose une promenade en auto dans sa voiture décapotable. On n'a pas oublié la passion pour les sports mécaniques qui possède Jacques et son frère, ingénieur qui a dirigé les usines Voisin ** et pilote une « torpedo ». Le médecin, qui se refuse toujours à croire Jacques en proie à la fièvre typhoïde, l'autorise à commettre cette imprudence. Jacques ne résiste pas au plaisir d'une telle course : on décide d'aller à Fontainebleau et Pierre conduit assez vite pour que la griserie soit forte. Mais en rentrant chez lui au soir de ce dimanche 8 février, Jacques Rivière doit constater que sa « grippe » a empiré et qu'il doit regagner son lit. Trois jours plus tard, il faut bien convenir que l'état du malade s'aggrave : Isabelle écarte les enfants de son appartement pour les confier aux Lhote qui habitent en face.

A partir du milieu de la semaine, la vérité paraît, même au médecin : la « grippe » de Jacques est une fièvre typhoïde contractée en soignant les siens, et qui, laissée sans soins appropriés, ne lui laisse que peu de chances de vivre. On prévient son père, le professeur Rivière, à Bordeaux, son ami le docteur Cramer, à Genève, et Isabelle a le courage d'autoriser la visite de quelques amis : il y a tant de risques, désormais, de ne plus le revoir vivant... C'est pourquoi l'agonie de Jacques Rivière, si peuplée de témoins, fait penser à celle des Anciens assistés par leurs *gens,* ou à celle de nos rois face à la cour.

Sur ces derniers jours, le meilleur témoin est Jacques Copeau, qu'Isabelle associa plus volontiers que tout autre à cette épreuve : l'affection sait être ici d'une poignante lucidité. Ce dont il ne fut pas témoin lui-même, avant le jeudi 12 et au cours de la dernière nuit, lui fut confié par la femme de son ami, ou par Jean Paulhan, ou par André

* Ce pour quoi il demandera de pouvoir séjourner chez les Bussy à Roquebrune.
** Voir deuxième partie, chapitre XII.

Lhote, ou Gaston Gallimard. L'ensemble, emprunté d'abord à l'article qu'il écrivit quelques jours plus tard pour le numéro d'hommage au disparu (« Souvenirs d'un ami »), puis à son *Journal,* recopié et cité par Alain Rivière, constitue un mémorial incomparable — dût-on, ici ou là, relever les touches d'une interprétation apologétique inspirée par Isabelle, où se marquent les prodromes de la conversion du maître du Vieux-Colombier au catholicisme :

> Le jeudi 12, vers onze heures du matin, Jean Paulhan est venu me dire que Jacques était au plus mal [...].
> Je l'avais vu, vers la fin du mois [de janvier], convalescent semblait-il, déjà sans fièvre, assis sur son lit et corrigeant des épreuves. Les yeux un peu agrandis, le front très lumineux. Je lui avais dit : tu es beau [...].
> Il est là, étendu à plat, la tête un peu renversée, sur cet étroit divan, sur cette couchette de cabine, basse, adossée au mur, prise entre les montants d'une bibliothèque dont les livres l'encadrent. Sa table de travail où sont encore des papiers, des dossiers, sa montre et son stylo, est envahie par les fioles, les ampoules, les linges souillés [...].
> Les doigts de sa main droite, continuellement agités, font un mouvement sans arrêt, du drap au visage, vers la bouche et le menton noirci par une barbe de quelques jours. Il ne parle presque pas. Il obéit à ceux qui le soignent. Il me semble que Jacques est, comme d'habitude, tout entier à sa tâche, qui est de lutter contre la mort.
> Sa femme et ses proches le harcelaient de soins, sans une minute de relâche, comme afin de ne pas laisser au mal le temps de faire un pas de plus *. Et tantôt ils semblaient gagner un peu de terrain, et tantôt reculer, perdre prise. Et la vie se rétrécissait jusqu'à ne plus soutenir que sur un point déjà fléchissant ce corps chéri au-dessus de l'abîme. Et ses amis, d'un peu plus loin, le regardaient de toutes leurs forces, et se regardaient entre eux, s'unissaient entre eux, je ne sais si c'est dans la prière, l'espoir, ou simplement dans la terreur, mais le sentiment qui entourait Jacques, et l'assistait dans la souffrance de ses dernières journées, fut des plus forts que j'aie vu s'échanger entre des hommes.
> Le même jour, un prêtre fut appelé. Et une grande réaction s'étant produite après sa visite, Jacques dit, dans un demi-délire : « Maintenant, je suis sauvé miraculeusement. » Une autre fois, au sortir d'une de ces crises où la respiration lui manquait, où il semblait véritablement revenir des confins de la mort, il dit : « Maintenant, je suis comme Dostoïevski »...

Vers sept heures, le soir, paraît le médecin traitant — auquel ne peuvent malheureusement se substituer le docteur Rivière et le praticien suisse accouru de Genève. Après l'examen, on l'interroge avidement. Il ne sait que faire « avec sa bouche, une espèce de moue ». Ayant donné

* Lettre de Schlumberger à Gide : « On l'a terriblement tourmenté — comme on le devait, puisqu'on peut toujours revenir d'une typhoïde... » (15 février 1925, *Correspondance,* p. 790).

quelques instructions à Isabelle, il remet son pardessus et, précise Copeau, cherche longuement son chapeau. (On veut espérer qu'en cette affaire ce praticien calamiteux réussit au moins à sauver son couvre-chef...)

> Vers onze heures, Jacques se mit à parler. D'abord sourdement, il dit une phrase que je n'ai pas bien comprise. Elle exprimait une sensation d'écrasement, d'aplatissement sur le sol. Je perçus les mots *poussière* et *salacité* qu'il prononça avec une particulière vigueur. Puis soudain, plus haut, comme s'il ressaisissait ses dernières forces, d'une voix dure, impérieuse, saccadée : « Vous ne vous rendez pas compte ... il n'y a pas un de vous qui se rende compte de l'épouvantable situation dans laquelle je suis... il faut procéder avec méthode... systématiquement... promettez-moi, vous, ma famille, jurez-moi de faire ce que je vous dirai... Vous me le jurez ?... Asseyez-vous tous, chacun avec un papier... C'est cet horrible liquide qui m'empoisonne »...
> « D'abord, il me faudrait un bon médecin... tout de suite, entendez-vous ?... qu'on m'emmène ! si je peux supporter les cahots et qu'il ne soit pas trop tard... Mais si je rentre dans ce petit trou, je suis perdu... Pourtant, si j'ai la chance de tomber sur un médecin de nuit... oui, alors, peut-être entendez-vous ? si j'ai cette chance, je puis être sauvé... Mais non ! Toutes les issues sont bouchées... C'est tout de même trop terrible ce qui m'arrive, comprenez-vous ? La fin de ma vie... oh ! la fin de ma vie... ma vie... ma vie... ma vie !... » Il répétait ce mot, chaque fois, avec plus de force et de désespoir : ma vie !
> Le lendemain matin, vendredi 13, on nous laissait encore un peu d'espoir. Je l'ai regardé de loin, n'osant pas m'approcher de peur de l'agiter. Je l'ai regardé pour la dernière fois.
> Je ne l'ai pas vu mourir. Sa dernière nuit fut atroce. Trois fois, il a perdu le souffle. Trois fois, des soins désespérés le ramenèrent à la vie. Son visage, dans la mort, portait la marque de ce combat. M.G. * qui l'a vu me disait : « Il avait l'air d'un assassiné. »

Ce n'est là qu'un des traits de la description que fit l'auteur des *Thibault* de Jacques Rivière sur son lit de mort, morceau d'une cruauté à la Goya, toute clinique, celle dont il fait étalage dans *La Mort du père*. Il faut citer ici ce texte implacable, en contrepoint de ceux qui ont fait, de cette agonie, une ascension :

> Il était là comme poignardé, méconnaissable, à demi versé sur le côté gauche, la bouche saillante et entrouverte, les yeux mal clos, le visage encore contracté de souffrance, une barbe de huit jours, un teint verdâtre, et quelque chose de sanglant aux lèvres, aux gencives, aux paupières et aux narines. Isabelle écroulée à ses pieds, sans une larme, sans un regard de reconnaissance. Je suis hanté par cette vision d'horreur. Jamais je n'ai vu face de mort moins sereine, moins apaisée[23].

* Roger Martin du Gard.

Et pour ce qui est des dernières paroles du directeur de la *NRF,* il faut aussi opposer, à la version spiritualisante de Copeau, celle, bien laïque, de Jean Paulhan, rédigée peu après l'événement, en un temps où ne s'était pas déchaînée entre catholiques et « humanistes » la querelle quasi théologique sur le sens à donner à la mort de Jacques Rivière qui allait les enfiévrer :

> Jacques, pendant son délire de six jours *, disait à plusieurs reprises, en se dressant à moitié : « Je possède enfin cette découverte, que je recherchais... » Ou : « Je suis sauvé ; je tiens la découverte... » Et encore : « Asseyez-vous, écoutez-moi attentivement. Je ne parlerai qu'une fois... Vous qui avez eu confiance en moi... [...] Il ne faut pas me prendre pour quelqu'un qui n'aurait pas de responsabilités... Je vous exposerai d'abord le rythme de l'œuvre future. » Et il comptait à haute voix : « Vingt, vingt-cinq, trente !... »
> Mais, le plus souvent, il disait ce qu'il eût pu dire, éveillé : « Ce monde obscur qu'il s'agit de rendre par les moyens les plus ordinaires... Non pas la vie extérieure, mais le principe, le souffle... Toutes les cellules dans leur travail »...

Récit par trop positiviste ? Non. Paulhan a l'honnêteté d'ajouter ceci, qui permet toutes les hypothèses, qui laisse ouvertes toutes les portes :

> J'ai dit ce que j'ai entendu, ce que je sais. Mais je sais aussi que Jacques par quelques côtés m'échappait. Je ne redoute rien tant que de le limiter[24]...

On ne négligera pas pour autant les versions « spiritualistes » d'autres témoins (moins assidus peut-être, mais vigilants aussi) comme Jouhandeau et Mauriac. Du premier :

> ... La chaleur de son souffle errait dans la chambre toute surprise de ne plus l'entendre respirer. Des groupes d'amis pleuraient çà et là, muets. André Lhote, à travers ses larmes qui scandaient son chagrin, essayait de fixer sur le papier l'expression indéfinissable. [...] Une multitude de mains et de visages [se penchaient] aussi attentives les unes et solennelles les autres que dans « l'enterrement du comte d'Orgaz ».
> [...] La tête projetée en arrière contre l'épaule dans un geste d'extase, tout le corps réduit aux proportions d'une ombre qui, dressée, eût marché sur la pointe des pieds, l'expansion irréelle des doigts translucides plus blancs que la blancheur et soulevés par l'enthousiasme à la hauteur des lèvres, trahissaient je ne sais quel élan du regard résorbé dont on suivait, sans le voir, par-delà l'espace et le temps la courbe infinie.

* Légère exagération. C'est semble-t-il du mercredi 11 au samedi 14 que divagua le mourant.

Jamais vivant mit-il plus de vigueur dans son expression de vivre que dans l'expression de mourir ce cadavre harmonieux dont l'arrangement des membres suggérait le rythme de la Danse immobile qui est celle des astres et des bienheureux autour du Soleil de Vérité ? [...]
Je n'ai pu lire sur le visage de Rivière qu'une joie insolente d'être mort[25].

Soleil de Vérité ? En dépit des majuscules que met ici l'auteur de *M. Godeau,* on se sent incité, par ce flot ruisselant d'une grande âme arrachée à un corps supplicié, à plus de réserve que n'en met Mauriac, dont la finesse contrôla mieux parfois la ferveur :

> ... Nous savons ce que lui a coûté son arrachement au monde. Peut-être fallait-il que Jacques Rivière connût un tel martyre pour pouvoir jeter ce grand cri de délivrance, comme s'éloignait le prêtre qui l'avait absous : « Et maintenant, je sais que je suis miraculeusement sauvé. »

« Martyre », « délivrance », et ces deux derniers mots, que d'autres ont différemment interprétés... Vingt ans plus tard, dans *Du côté de chez Proust,* François Mauriac fera preuve, à propos de la mort de son ami, de plus de prudence — qui est aussi une vertu chrétienne *.

Hors de ce climat où le pathétique l'emporte insidieusement sur des données réelles, et conduit chacun, de part et d'autre, à « forcer la note », on essaiera plus loin ** de situer Jacques Rivière par rapport à cette religion qui l'habitait plus qu'elle ne l'inspirait. Devant le corps du jeune disparu soudain transformé en enjeu, en attendant d'être promu champ de bataille, on voudrait s'en tenir au regard très humain que fixe sur les clichés qui furent alors pris le tendre Copeau :

> Les quelques photographies de Jacques qui ont été prises après sa mort, quand je les ai regardées pour la première fois, je n'en ai senti que la cruauté. Je n'y voyais que la souffrance de la défaite, qu'une image de la mort violente. Mais, depuis que je vis avec elles, les regardant chaque jour, elles ne me font plus peur. Je les trouve de plus en plus belles. Je comprends et j'admire à quel point, dans la mort, Jacques exprime son caractère [...]. Sur l'un de ces portraits, ce qui frappe le plus c'est, dans son ensemble, la construction du visage, son harmonie sérieuse et fine. Sur l'autre, c'est la puissance du maxillaire inférieur et l'attache de l'oreille. Sur une troisième, c'est l'extraordinaire pureté de la coupole du front et des yeux parfaitement clos, un air de jeunesse éternelle...

*

* Voir chapitre XXI, p. 497.
** Voir chapitre XXV.

Dans une lettre à sa seconde femme où se manifeste ce qu'il faut peut-être appeler un repentir, le professeur Rivière, père de Jacques, manifeste sa stupéfaction de découvrir que la mort de son fils provoque un si ample et profond chagrin, manifesté par des académiciens, des princesses... Ainsi ce fils insoumis, si longtemps tenu à l'écart, était l'âme d'un monde culturel dont le professeur bordelais ne mesurait ni l'étendue ni l'éclat, et qui inspirait l'Europe entière ?

En attendant les obsèques prévues à Cenon, un office se déroula le lendemain de la mort de Jacques, le lundi 16 février, à Saint-Pierre de Montrouge, église proche de la rue Boulard. Agnostiques et croyants, protestants et catholiques, deux générations d'écrivains sont là : Gide, Valery Larbaud, Paulhan, Schlumberger, Mauriac, Duhamel, Du Bos, Crevel, Jouhandeau... Et Gaston Gallimard soudain vieilli. (Yvonne vint-elle ? Et « Belone », et Maggie ?)

Opéré deux mois plus tôt d'une appendicite et parti se reposer chez les Bussy à Roquebrune, André Gide est accouru. Son crâne « luit au soleil », signale un témoin. Un autre (Aline Mayrisch) a vu « sur ses joues couler de grosses larmes qui tombent sur la pierre comme des gouttes de pluie... ». Il ne cesse de murmurer ce qu'il répétera à Dorothy Bussy : « Je ne peux ni ne veux me consoler. »

Le lendemain partent pour Bordeaux Gaston Gallimard, Jacques Copeau et Jean Paulhan, qui y sont attendus par Mauriac. Jacques sera inhumé au côté de sa mère au cimetière de Cenon qui domine de haut le fleuve et la ville — le paysage sur lequel errait le regard de Noé Sarambuca, blotti dans la tourelle de la vieille maison Saint-Victor...

Jacques Copeau a relaté cette froide matinée aux côtés d'un Mauriac frissonnant, l'égarement d'Isabelle qu'il guette constamment du regard pour être à son côté au moment le plus terrible, quand le fossoyeur remonte de l'excavation où il vient de faire choir le cercueil et où l'on commence à jeter les pelletées de terre...

> Isabelle était en face de moi, les pieds dans la glaise, toute droite entre ses deux belles-sœurs, et toujours les yeux clos. Elle fit deux pas. Le fossoyeur lui présenta la pelletée de terre. Je l'ai vue chanceler. Alors je l'ai prise et je l'ai emmenée, tournant le dos à Jacques, l'abandonnant sans lui dire adieu, je l'ai emmenée jusqu'à la voiture et l'ai fait rentrer [26]...

*

L'avenir de la *NRF* ? Dans la foule qui se pressait dans l'église de Montrouge, on se glissait des noms de successeurs, comme on fait aux funérailles présidentielles. « Du Bos ? Paulhan ? Crémieux ? On dit qu'Isabelle Rivière se tient pour investie d'une légitimité... » Mais la préoccupation première de Gide, de Gallimard, de Paulhan — et d'Isabelle, bien sûr —, c'est l'hommage que « sa » revue ne peut manquer de rendre à Rivière, et qui doit prendre la forme d'un numéro inspiré de celui, magnifique, bâti par lui deux ans plus tôt pour saluer Proust.

C'est sur ce modèle à coup sûr, et avec les mêmes méthodes, que travailla Jean Paulhan, avec l'appui diligent de Gallimard, de Gide, de Schlumberger et de Du Bos. Ils n'ont garde d'oublier les amis de jeunesse — Waltz, Lacaze, Lauriol — ni surtout les étrangers dont le jeune directeur avait si judicieusement obtenu le concours. Ni la musique, ni la peinture, ni même la politique. On a déjà cité abondamment, à propos des amitiés de Rivière, la contribution de tel ou tel — de Gide ou de Saint-John Perse, de Mauriac ou de Valéry.

On se contentera donc de faire écho ici à trois textes, dont deux proviennent d'écrivains qui n'étaient pas à coup sûr de ses intimes et guère ses obligés, mais dont s'expriment avec une force particulière l'admiration et la fidélité. Le premier est la conclusion que donne Jacques de Lacretelle (dont il avait accueilli avec intérêt *Silbermann*) à son « portrait » de Rivière :

> Le jour où l'on me prouvera que Jacques Rivière a agi une fois par ruse, qu'il a commis un acte qui puisse se rattacher, si légèrement soit-il, à la perfidie, à la malveillance ou même à la rancune, ce jour-là je désespérerai de connaître jamais une âme vraiment belle [27].

Le deuxième, intitulé « L'Homme de barre », on le doit au poète surréaliste Joseph Delteil dont la piaffante *Jeanne d'Arc* fut l'un des derniers textes choisis par Rivière pour la *NRF** :

> Ce jour-là, nous avons tous senti qu'il disparaissait quelqu'un d'*indispensable*. Ce fut vraiment une défaite. Nous ne nous en rendions sans doute pas assez compte auparavant. Mais *il* était là, veillant sur nos jeux, surveillant l'ennemi. Et à chaque cahot, à chaque tournant de la Littérature, le bon coup de barre était donné au bon moment.
> [...]
> C'était l'esprit le plus ouvert, le plus large, le plus sensible. Il permettait tout, il aimait tout, en tous sens. Toute licence — sous la sauvegarde du réel. Par là, par ce goût, ce besoin du réel, il nous sauva de l'abstraction, de l'Intelligence en soi, belle mer où sombrent tant de cervelles sans quille. Aux plus absolues fleurs de l'air, il affirmait la nécessité de racines.
> C'est en songeant en notre for intérieur à Jacques Rivière que nous nous appropriions à beaux cris le droit d'user jusqu'à l'absurde et jusqu'à l'épouvante de toute la grande liberté [...].
> C'est un fait que *La Nouvelle Revue française* de Jacques Rivière a orienté la Littérature française dans un sens, dans le sens moderne.

* N° 126, du 1er janvier 1925, le dernier qu'ait pu relire Jacques Rivière.

> Cette révision des valeurs qu'il s'était dès le début proposée, il l'a à peu près accomplie. A ce point de vue, sa tâche, sa tâche organisatrice est faite. Il faut affirmer bien haut que, sans Jacques Rivière, la Littérature française en serait toujours aujourd'hui à France, à Bourget et à Richepin. C'est grâce à Jacques Rivière qu'elle en est tout de même à Claudel, à Gide, à Proust, à Valéry. [...]
> Et c'est un fait aussi que si l'on supprime de la Littérature actuelle les noms de tous les écrivains publiés à *La Nouvelle Revue française,* eh bien, il ne reste pas grand-chose[29]...

Mais l'adieu incomparable, c'est celui que ne purent lire les fidèles de la *NRF.* L'ayant rédigé le cœur déchiré, Gaston Gallimard ne le jugea pas digne de l'ensemble rassemblé par Paulhan, et le retira. En voici la conclusion :

> Toute émotion était à l'état pur en lui. C'est ainsi qu'il me détestait pour certaines raisons, mais ces raisons n'ont jamais altéré notre amitié. Elles l'ont peut-être même fortifiée. Tout cela s'articulait en lui sans rien compromettre et sans confusion aussi. C'était là sa dureté. Ses actions et ses réactions se juxtaposaient. [...] Il n'avait aucune habitude.
> C'est à lui assurément que nous devons le développement continu, sincère, réel de la *NRF* mais il ne fut jamais à proprement parler un directeur. (Il n'était d'ailleurs pas fait pour diriger une revue) * et c'est pourquoi il la dirigeait si bien. Sa vocation était autre. Je n'ai pas le souvenir de l'avoir jamais vu dans l'exercice de son métier : il notait ce qu'il avait à dire à Paulhan ou à moi, mais c'était pour le plaisir d'écrire sur son carnet de cuir, avec son stylo, c'est certain.
> Il recevait la vieille demoiselle ou le monsieur à barbe qui apportent leur production comme il recevait Paul Valéry, avec autant d'égards et de précautions. Il n'expédiait personne. Il n'avait aucune importance. Il n'était jamais entré dans son personnage. Il était neuf devant tout visiteur. Il refusait le manuscrit, évidemment détestable, du pauvre inconnu avec toute sa sincérité et en justifiant consciencieusement sa décision. Chaque cas se présentait à lui dans toute sa gravité. Pour un peu il aurait aidé l'auteur ainsi déçu à trouver une autre voie. D'où sa fatigue. Il ne s'était jamais accoutumé à cette sorte de chirurgie. Il n'acceptait non plus rien les yeux fermés. Il n'y avait en somme en lui aucune déformation professionnelle, ni humaine.
> C'est là que je voulais en venir. On le reconnaît bien à son style où Proust trouvait que chacun des mots avait individuellement trop de poids. Moi, je veux dire seulement qu'il était tel aussi dans ses sentiments. Il ne s'était jamais installé dans cette allure d'homme que nous nous donnons si facilement. C'est pourquoi il fut parfois si méconnu et maltraité. Rien de tout fait, de tout donné en lui, aucune paresse. Il adorait s'être trompé : l'amitié avec lui se créait et renaissait chaque jour. Aussi quelque chose est-il arrêté en nous maintenant.

* Voir le texte de Saint-John Perse, chapitre XXI.

XXV

Un classicisme de la liberté

« Rivière, dites-vous, Jacques Rivière ? Ah ! oui, la NRF, avec Gide... »

Un passant.

De combien d'écrivains pourrait-on dire, comme de celui-là, qu'il s'abîma dans l'entreprise collective dont il était l'animateur, par elle submergé – ou mieux consumé, tel Empédocle dans le cratère, n'ayant laissé au bord du brasier qu'une mince œuvre personnelle, comme l'autre ses sandales ?

En marge, ou au large de l'*Encyclopédie,* Diderot fait croître une œuvre étincclante. Et faut-il évoquer le Sartre des *Temps modernes,* le Mounier d'*Esprit* ? L'œuvre de Jacques Rivière est incorporée à cette revue dévorante, lui insufflant son ardeur, son principe vital. Sa vie, sa pensée y sont enfermées toutes vives, écrit Henri Massis, l'adversaire ébloui. C'est là, affirme-t-il, qu'il faut le découvrir.

S'interroger sur le fait de savoir si, n'était la *NRF,* Jacques Rivière eût donné une œuvre d'un éclat comparable à celui de cette publication plurielle qui dévore, sinon son inspiration, au moins son temps et son énergie, n'a pas beaucoup plus de sens que de tenter d'imaginer ce dont nous a privé la disparition, à trente-huit ans, d'un tel écrivain.

Ce que nous savons, c'est que son œuvre purement créative, romanesque, ne s'égale pas, et de loin, à celle qu'il a consacrée, notamment dans le corps de la revue, aux maîtres qu'il chérissait. Génie essentiellement critique, d'exégète, de glossateur ou d'essayiste, génie de chef de travaux, d'officier d'état-major, de maître de chapelle ? En tout cas voué au dialogue avec l'Autre, ami, partenaire, contradicteur, collectivité, avec l'œuvre élue pour sa force ou sa nouveauté.

On s'est parfois gaussé de ce que cette « critique » peut avoir d'effervescent, d'éperdument laudateur, vouée en apparence à ne s'épanouir que dans l'exaltation et la ferveur. Nul mieux que Rivière lui-même n'en a fait le procès, dans la brève préface qu'il écrivit en 1924, à quelques mois de la mort, pour une réédition d'*Études* :

> ... J'ai parlé dans ce livre des écrivains, des artistes, avec l'enthousiasme de l'amour ; et donc avec une certaine naïveté [...]. Ces *Études* [...] trahissent une exaltation, une ferveur un peu anormales et un « transfert » sur les artistes et les œuvres d'art de sentiments que j'aurais mieux fait de dépenser ailleurs.
> Mais voici que je me demande tout à coup si le déplaisir que me donne aujourd'hui ce gaspillage ne peut pas se changer, pour le lecteur, en un certain agrément. Peut-être même s'il les ressent comme une insuffisance critique, le lecteur trouvera-t-il quelque charme à la façon entière et fanatique dont je me dévoue ici successivement à chacun de mes héros, et au culte absolu que je leur rends. Peut-être aimera-t-il à m'entendre parler avec flamme de personnages de la littérature ou de l'art qu'on a coutume de révérer moins passionnément.
> Si par un accident que pour ma part je déplore, j'ai introduit les mœurs de l'amour dans la critique, peut-être aura-t-il la gentillesse de m'en faire tout de même un mérite[1]...

Les mœurs de l'amour dans la critique ? Oui, mais il s'agit moins de celui que François-le-chaste porte à Aimée que des ardeurs possessives qui agitent Hermione ou Julien Sorel. Il s'est trouvé un essayiste, Georges Poulet, pour taxer de faiblesse la critique de l'auteur de *Quelques progrès dans l'étude du cœur humain*. Faible ? Comme l'amant aveuglé, manœuvré, stupide comme Alceste — dont la folie ne va pas sans nous instruire un peu...

Rappelant que le *krinein* grec se rapporte moins à un jugement qu'à l'ouverture d'un débat, Saint-John Perse, qui voit dans les essais de Rivière des « poèmes », soutient que la critique ainsi comprise « cesse d'être un parasitisme pour devenir un compagnonnage ». Auguste Anglès met lui aussi l'accent sur le lyrisme de ces textes et, par référence à Ronsard plutôt qu'à Claudel, y voit les *Odes* de la critique du XXe siècle.

L'affectif et même le possessif y surabondent. Aventure personnelle, aventures passionnelles. Au moment même où il s'engage corps et âme dans l'entreprise de la *NRF,* en avril 1910, Jacques Rivière écrit à Alain-Fournier :

> Cet effort — ridicule, je le sais — pour assimiler les autres à moi-même, pour les rendre comme moi, je ne le tente jamais qu'à l'égard de ceux que j'aime. C'est même à cela que je reconnais si j'aime quelqu'un. Tant que ses différences me sont indifférentes, tant que je les constate sans les juger, je ne sais point l'aimer[2].

Quelqu'un ? Isabelle, ou Aliocha Karamazov, ou Claude Debussy, c'est tout un. L'aimer... Et en être aimé : Rivière, critique amoureux, est avide de faire partager son amour. D'être aussi objet d'un autre amour. Désirant en attente de désir. Marcel Raymond soutient que le lecteur selon Rivière « se mue en complice, pénètre dans tous les blancs que l'auteur lui a ménagés, jusqu'à s'identifier au texte[3] ». Mais que dire du lecteur de Rivière lui-même ?

L'admirable — le surprenant, si l'on préfère — chez Rivière, c'est que ce comble de passion ait conduit à tant de lucidité. Mais on n'écrit pas cela sans être obligé aussitôt de nuancer ou de compléter. Rivière lui-même nous incite dans sa préface de 1924 à distinguer entre les deux âges de son œuvre, d'avant et après la guerre, à tenir les bouillonnantes *Études* de 1911, écrites avant ses vingt-cinq ans, pour les ébats d'un page amoureux que mûriront les épreuves de la captivité et l'exercice des responsabilités — sans pour autant « distancier » jusqu'au flegme et à on ne sait quelle objectivité le regard et les propos de cet inlassable chérubin.

Plus décisif encore dans cette évolution fut peut-être son changement de statut. Dès lors qu'il n'est plus Jacques Rivière ou « J. R. », mais le directeur de la *NRF,* il se découvre et on lui reconnaît un poids, une autorité qui atténue les effervescences, réfrène les exaltations. Le « nous » muselle ou tempère le « je », sans jamais d'ailleurs le soumettre ou le guinder. Le Rivière de « Reconnaissance à *Dada* » ou de « La crise du concept de littérature » ne porte ni armure, ni décorations, ni gibus : mais les excès de la subjectivité affective le cèdent à une passion du réel, de l'objet, du positif qui lui font retrouver la distance classique.

Joseph Delteil l'a sacré « homme de barre », non seulement de la *NRF,* mais de l'ensemble des mouvements culturels dans le début des années vingt. Un autre voit plutôt en lui, là-haut, l'« homme de guet », un autre le « pilote » ou le « pisteur » détaché en avant de la troupe. Et pour en finir avec les images, on suggérera celle de l'orpailleur du Klondyke qui s'avance, tamis en main, à travers les flots du torrent, insoucieux de tout ce qui n'est pas la qualité des pépites.

Plutôt arbitre que sourcier ? Plus apte à rejeter les fausses valeurs qu'à repérer les très neuves ? On l'a vu quelque peu effarouché par Cendrars, mais perméable au surréalisme, déconcerté par Artaud mais accueillant Crevel, détectant d'emblée la saveur de Jouhandeau mais sachant, chez Aragon comme chez Montherlant, distinguer la part d'esbroufe de celle du génie. Des grands créateurs de son époque, il n'aura guère « manqué » que Joyce. Qu'eût-il fait de Kafka, de Céline, de Michaux, de Borgès ? Paulhan, qui leur a rendu justice en temps utile, était, en dépit des apparences, très proche de lui *...

*

Aussi bien n'est-ce pas la sûreté du goût de Jacques Rivière qui est ici en question, ni son ouverture aux arts de son temps, ni la part personnelle

* Et c'est André Gide, au goût jumeau du sien, qui a écrit en 1940 *Découvrons Henri Michaux*.

qu'il prit à leur éclosion, mais le ou les systèmes d'interprétation sur lesquels le directeur de la *NRF* et ses compagnons (les aînés et les autres) fondèrent leur magistère et firent de la maison située au 3 de la rue de Grenelle, la rose des vents* de la culture européenne entre les deux guerres mondiales.

Quelques références majeures, quelques lignes de force et thèmes dominants dans la riche cacophonie ambiante : le christianisme qui, en ces lendemains de guerre où se sont multipliées les « traces de Dieu », connaît dans l'intelligentsia française une renaissance à sonorités parfois revanchardes ; le communisme qui est encore pour quelque temps cette « grande lueur à l'Est » saluée par Jules Romains, avant de faire son entrée à la *NRF* dans les bras de Gide, et d'en être chassé sur injonction du même ; le freudisme, si longtemps refoulé de ce côté du Rhin qu'il ne peut manquer d'y exploser avec éclat ; le bergsonisme, un peu défraîchi ailleurs, mais pas à la *NRF* qui l'a longtemps négligé et va le reconnaître ; la grosse nébuleuse nationaliste à dominante maurrassienne, qui ne craint pas d'allier le plus rigoureux cynisme politique à un moralisme intellectuel auquel Jacques Rivière livrera le dernier combat de sa vie ; un socialisme internationaliste et pacifiste dont Rivière se sent parfois proche ; le rationalisme dont Julien Benda va se faire, au sein de la Revue, le doctrinaire ; le cubisme qui n'a pas fini de mener ses luttes, au sein de la Revue, par le truchement d'André Lhote...

A tant d'injonctions contradictoires, le directeur de *La Nouvelle Revue française* n'est pas soumis, s'il leur prête attention. Cette publication, qui ne traversera pas sans dommage ni offense les orages du milieu du siècle, se voit alors assigner un rôle d'arbitre dont on attend non seulement qu'il applique mais qu'il invente les règles, qu'il définisse une esthétique. Celle qu'implique dès les origines l'histoire de la *NRF,* mais qu'il faut sans cesse réinventer : un classicisme ouvert à toutes les formes de la modernité.

Pour libre qu'il se veuille, le directeur de la *NRF* est sensible à des tentations, des charmes, des influences individuelles et collectives. On tiendra peu compte des courants proprement politiques, et guère des philosophiques. Mais de la part prise, dans la définition de l'esthétique de la *NRF*-selon-Rivière, d'un environnement qui, sans le contraindre, n'a pas manqué de le fasciner, de l'orienter.

Peu de mois avant sa mort, Jacques Rivière écrivait à son amie Aline Mayrisch : « Pour l'instant [...] les deux seules choses qui m'intéressent, ce sont l'amour et le freudisme... » Des amours de Jacques, et de l'attention qu'il portait aux choses de l'amour, il a été amplement traité déjà. Mais non de son intérêt pour les leçons du docteur de Vienne, dans leur relation surtout avec l'œuvre de Proust, sinon avec la sienne.

* L'expression, on l'a dit, est de Mauriac.

Nous savons l'importance qu'il attachait à ses conférences du Vieux-Colombier sur Proust et Freud *, et qui ne se limitait évidemment pas à la séduction qu'elles exercèrent sur Antoinette Morin-Pons, dite « Belone », et par là sur sa vie intime. L'un de ses derniers projets consistait à donner à ces textes la forme d'une série d'articles pour la *NRF*. En attendant le livre.

De l'attention passionnée qu'il portait aux choses de la psychiatrie témoigne son ami le docteur Robin, l'un des pionniers du freudisme en France. Dès avant les conférences du Vieux-Colombier au cours desquelles, se contentant de « suggérer modestement », déployant sa « force de divination », ses « antennes », Rivière ouvrait les voies du freudisme à un public non averti, la *NRF* fut, d'abord par le truchement de Jules Romains, en 1921, l'une des premières revues françaises à consacrer des articles sérieux à la psychanalyse :

« Jacques Rivière [...] aimait Freud, écrit Gil Robin. Il le faisait comprendre et le faisait accepter [...]. Je sais que notre ami s'intéressait à la technique même de Freud, qu'il se renseignait auprès de nos meilleurs psycho-analystes **[...]. On devinait qu'il avait tressailli devant Freud, que sa pudeur douloureuse s'était entrouverte [...]. Nous devisions souvent ensemble sur les problèmes les plus neufs de la psychiatrie. Il aimait lire les observations de nos malades [...]. Les idées de Bleuler sur la schizophrénie le séduisaient. Je me rappelle avec quel enthousiasme il accueillit mon idée d'écrire un ouvrage de vulgarisation sur les Rêveurs des mondes imaginaires[4] »

[Il est curieux que le docteur Robin ne rappelle pas ici que l'un des premiers textes publiés par son ami s'intitule « La Métaphysique du rêve » : Jacques Rivière ne lui en avait-il jamais parlé, le jugeant trop « dépassé » ?]

C'est dans une interview accordée en 1923 à Frédéric Lefèvre dans la série alors fameuse intitulée « Une heure avec... » *** que Rivière traite de la façon la plus claire de l'influence exercée par Freud sur la littérature française de son temps. Le directeur de la *NRF* ne la juge d'ailleurs pas considérable – bien que « Freud nous enseigne ceci qui est extraordinairement nouveau et fécond, c'est [...] à ne pas croire ce que nous disent les gens [mais plutôt] à ne chercher la vérité de ce qu'ils ressentent ou pensent [...] que dans les accidents de geste ou de parole... ».

Son interlocuteur l'ayant tout naturellement orienté vers Proust et ses rapports avec Freud, l'auteur d'*Aimée* commence par rappeler que le premier ne connaissait le second que de nom, et n'avait « jamais lu une ligne de ses ouvrages », mais que les points de contact entre les deux

* Avec sa courte muflerie habituelle, Léautaud (mais que vint-il faire, celui-là, à la *NRF*?) écrivait dans ses carnets : « Proust et Freud ? Des amoureux pas drôles... »

** C'est ainsi que l'on écrivait alors.

*** Publiée en volume aux *Cahiers bleus de la NRF*, p. 95-109.

œuvres sont « très nombreux et très importants », Marcel Proust ayant « instinctivement » appliqué la « méthode » définie par Freud :

« Pour reprendre un mot de Stendhal [...] Proust a eu " le génie du soupçon " [...] qui lui a permis la description la plus nue, la plus nette, la plus dépouillée d'illusions [...] qu'on ait jamais donnée du cœur humain [...]. D'autre part, Proust est le premier romancier qui ait osé tenir compte, dans l'explication des caractères, du facteur sexuel... »

Jacques Rivière observe, à l'adresse de son interlocuteur, que la question sexuelle ne l'intéresse pas en tant que telle, mais qu'« il y a quelque chose de vertigineux à penser qu'on a cru jusqu'ici pouvoir faire de la psychologie tant soit peu pertinente en omettant de s'interroger sur les dispositions et sur l'orientation amoureuse des personnages qu'on voulait peindre ».

Frédéric Lefèvre en vient alors aux rapports entre Proust et Bergson, qui, selon le directeur de la *NRF,* sont « en apparence » nombreux, mais minces en réalité, bien que l'auteur de la *Recherche* ait eu une « grande estime » pour celui de *Matière et Mémoire*. Jacques Rivière, qui, lors d'une réunion chez lui, à la même époque, s'est vivement opposé à son ami l'abbé Lacaze, assuré du « bergsonisme » de Proust — discussion faussée, comme il arrive souvent, parce que l'un connaît mieux un auteur et l'autre le second ! — met de nouveau l'accent sur les contradictions entre l'un et l'autre, la psychologie de Proust étant fondée sur la « défiance » et celle de Bergson sur la « confiance envers le moi ». Ce qui est éclairer un aspect du débat, mais non le point de convergence : le rôle central reconnu à la mémoire par les deux écrivains.

Pour essentiels que paraissent à Jacques Rivière les problèmes de la psychologie, ils ne sauraient absorber toute la littérature, moins encore se substituer à elle. C'est sur l'originalité même de la création littéraire, sur sa centralité, son irréductibilité à tant d'autres projets, projection de l'individu ou du groupe, que le directeur de la *NRF,* le plus multipolaire des hommes, le plus ardemment attaché à ne pas couper les ponts entre Bach et Racine, entre Descartes et Cézanne, aura livré l'un de ses derniers combats.

L'adversaire, en cette occurrence, n'est certes pas de ceux qu'il pourrait haïr ou négliger. Marcel Arland, vingt-cinq ans, est même, à sa manière frémissante et contenue, un petit frère du Rivière de 1910 — avant de devenir, quarante ans plus tard, son troisième et très fidèle successeur *. Son interpellation n'a pas la vibration géniale de celle, simultanée, d'Antonin Artaud. Mais, exprimant de toute évidence des sentiments et des idées qui ne sont pas seulement les siens mais de

* Après Jean Paulhan et Drieu La Rochelle.

quelques autres avec lui *, elle est de celles que le directeur de la *NRF* ne saurait laisser sans réponse.

Le 1er février 1924, la revue de Jacques Rivière publiait donc « Sur un nouveau mal du siècle » qui, sous la signature de Marcel Arland, dénonçait « la fantaisie, les gestes et les attitudes » qui selon lui défiguraient la littérature contemporaine, et, déplorant la « perte de Dieu », affirmait qu'il ne saurait y avoir de « littérature sans éthique » et que la morale devait donc être « notre premier souci ». Ce jeune écrivain proclamait que « avant toute littérature, il est un objet qui m'intéresse : moi », que la littérature n'est que « le meilleur des moyens possibles pour le trouver », et qu'« entre le miracle et le suicide, il n'y a place pour une littérature très individuelle, dangereuse à coup sûr… ». Ce qu'il réclamait surtout de la *NRF,* arbitre des exigences et des inventions, c'était le retour à une « simplicité nouvelle » et « dans le désordre et le tumulte des esprits, une nouvelle harmonie »[5].

Jacques Rivière fut si frappé par cette « confession » (c'est le mot qu'il emploie) qu'il ne voulut pas que le lecteur attendît, ne fût-ce qu'un instant, sa réponse — publiée à la suite du texte d'Arland dans le même numéro de février 1924 sous le titre « La crise du concept de littérature ».

Ce qui émeut (effraie ?) Rivière, dans le texte de ce jeune homme en qui il ne peut manquer de distinguer quelques-uns de ses propres traits, « c'est que la littérature y est conçue comme une activité subordonnée » — et qu'il y voit l'indice d'une grave menace pour la littérature. Citant une interview qu'il avait donnée quelques mois plus tôt à Roger Vitrac (membre du groupe surréaliste), le directeur de la *NRF* soutient que, si l'on avait demandé à Molière et à Racine pourquoi ils écrivaient, ils n'eussent probablement trouvé d'autre réponse que « pour distraire les honnêtes gens », alors qu'avec le romantisme « l'écrivain est devenu prêtre » et la littérature « une vaste incantation, dirigée vers le miracle », et qu'avec *Dada* le poète prétend créer une sorte de « corps glorieux » qui « le conduit hors de la littérature », à une manière de spiritisme (dont Breton et ses amis étaient férus).

Contre l'invasion du magique et le recours au sacré, contre l'aspiration du littérateur à une fonction sacramentelle, Jacques Rivière plaide pour l'autonomie de la littérature. Pour lui, l'écrivain « n'a pas plus de raison de se demander pourquoi il écrit que l'homme n'en a de se demander pourquoi il vit » **. Contre la prétention des manieurs de mots à jouer les « fils du soleil », le directeur de la *NRF* met l'accent sur le principe de relativité qui inspire de plus en plus les sociétés modernes : « La littérature apparaîtra comme une activité relative à notre esprit et ne

* L'un des amis les plus proches d'Arland est André Malraux. Il dirige lui-même une revue d'étudiants.

** Certes. Mais c'est précisément à cette question que Vaché et Crevel vont répondre en se supprimant…

pouvant porter que sur notre expérience. » Et de se référer à la « modestie du dessein » de Marcel Proust « fait pour scandaliser notre âge [...] peuplé de prophètes », dessein d'une modestie telle qu'on n'en a pas connu « d'aussi fécond depuis l'époque classique ».

« L'époque classique ». Rarement Rivière aura exprimé aussi clairement, face à l'insurrection du magique, sa nostalgie du magistère de l'intelligence et de la mesure. Rarement il aura dénoncé aussi brutalement les méfaits du romantisme. S'il ne peut cacher la fascination qu'exerce sur lui ce « petit groupe de gens chargés d'assurer nos communications avec l'absolu », il leur refuse le droit d'« imposer par la terreur [...] la fonction qu'ils ont choisie ».

La conclusion ne rejette rien que le cléricalisme des magiciens : « L'essentiel [...], pour retrouver un équilibre*, me paraît être de concevoir dans de fortes limites les possibilités de l'écriture, de ne pas confondre les suggestions de l'inconscient avec une révélation extérieure, et de ne pas subordonner l'opération littéraire à des fins transcendantes. Il y a beaucoup de grandeur dans un peu de vérité. »

« Équilibre », « fortes limites », refus de la « révélation » et des « fins transcendantes » (dans l'ordre esthétique), sublimation du « peu de vérité » qui ne se prend pas pour « la Vérité » — voilà un projet qui s'avoue rigoureux, laïque, séculier, positif, pour tout dire classique. Longtemps dominée par les mages, de Hugo à Breton, la littérature doit se relativiser, retrouver son autonomie, sa modestie, le réel (qui n'a guère à voir avec le réalisme).

On reviendra sur l'ensemble du projet, qui est bien celui d'un retour aux sources pures et dures de la *NRF,* non un rejet des avancées qui lui ont permis de « reconnaître », sous des formes diverses, *Dada* et Reverdy, Stravinski et Picasso, Aragon et Artaud, le music-hall et l'esprit « européen ». Mais il faut auparavant mettre au clair l'un des messages essentiels de Jacques Rivière, celui par où il se distingue le plus clairement de l'une des composantes de ce qu'on pourrait appeler l'« idéologie des origines » des pères fondateurs : l'indépendance de la littérature par rapport à la morale.

*

Depuis que Jacques Rivière avait détourné la *NRF* des tentations du maurrassisme et du Parti de l'intelligence, en 1919 et 1920, Henri Massis s'était fait le censeur infatigable de la revue de la rue de Grenelle et surtout de son directeur — d'autant plus visé qu'il apparaissait, à la frange catholique de *L'Action française,* comme un renégat, un « insoumis ». « Récupérable » ? Relaps ?

* On a noté qu'Arland visait, lui, à l'« harmonie ». Inconciliable ?

Dans *La Revue universelle*, ce doctrinaire aux façons moins outrancières que celles de Maurras, souvent flanqué d'ailleurs de l'aimable Maritain, informé et soutenu par le « transfuge » Ghéon, instruisait contre Rivière un procès fondé sur deux chefs d'accusation : servile disciple de Gide, et envoûté par Proust, il menait la littérature vers sa perdition par les voies de l'immoralisme ; oublieux des grandes leçons de la tradition française, il répandait les miasmes du « subjectivisme », d'un culte du moi oublieux du monde.

On vient précisément de voir que, choisissant Marcel Arland pour interlocuteur (après avoir mis les choses au clair avec Frédéric Lefèvre), l'auteur d'*Études* avait fait justice de la seconde imputation. En quête de l'« objet perdu », qui avait fait plus d'efforts que la *NRF,* depuis une dizaine d'années, pour revenir au réel ? Qui avait, comme Rivière, prôné chez Proust l'« esprit positif » ? Qui avait, comme les messieurs de la rue dc Grenelle, recherché à travers l'étude primordiale du moi, objet privilégié de la recherche, une connaissance globale du monde ?

S'agissant des rapports entre morale et littérature, les accusations de Massis étaient mieux fondées. Mais elles prenaient un tour trop brutal, et trop personnel, pour que Rivière se retînt de riposter. Il le fit sur un ton plus vif, plus polémique que celui qu'il s'autorisait d'ordinaire, attentif à contenir sa violence spontanée et sachant préserver un certain « ton *NRF* », fait de condescendance aristocratique plutôt que de véhémence plébéienne.

La « Lettre ouverte à Henri Massis sur les bons et les mauvais sentiments » est le dernier texte que Jacques Rivière ait signé dans la *NRF,* en octobre 1924, quatre mois avant sa mort. On ne saurait lui donner pour autant une valeur testamentaire. Mais il est vrai qu'il exprime des convictions essentielles chez lui, avec un mélange d'autorité et de liberté qui en font un grand texte autobiographique.

« Morale et littérature » ? C'était là l'un des points sur lesquels, n'en déplaise à Massis, l'auteur d'*Aimée* s'opposait le plus fermement à Gide, et dans le sens inverse de ce que croyait — ou feignait de croire — l'écrivain monarchiste, qui n'était pas si bête. Dans l'entretien de décembre 1923 avec Frédéric Lefèvre, le directeur de la *NRF* rappelait que « d'éducation et de tempérament catholique » il ne partageait « nullement les préoccupations morales de Gide ». Prémisses et conclusion valaient à coup sûr quelques explications. Une nouvelle attaque de Massis lui en donna l'occasion.

C'est à propos de la note consacrée par Rivière au *Bal du comte d'Orgel,* dans la *NRF* de janvier 1924 *, que l'homme de *La Revue universelle* ranima sa querelle contre lui, l'accusant de professer qu'« un psychologue qui s'intéresse à autre chose qu'au monstrueux ne saurait

* Voir plus haut, chapitre XIX.

avancer qu'entre d'étroites limites », conformément au précepte gidien qu'avec de beaux sentiments on ne saurait faire que de mauvaise littérature *. Agacé tout autant par les citations tendancieuses que Massis fait de ses propos et de ceux de son ami que par sa propension à distinguer, comme font les collégiens, entre « les bons et les mauvais livres », Jacques Rivière tranche, sur un ton plus péremptoire qu'il n'a accoutumé : « Je prétends qu'il est impossible à un romancier qui est arrivé au bout de sa croissance, à un romancier formé, d'éprouver une préférence de principe pour le Bien ou pour le Mal[6]. »

Le directeur de la *NRF* prend soin de préciser que, combattant le moralisme, « c'est à l'immoralisme aussi [qu'il en a] et point du tout [...] pour aboutir à l'amoralisme ». Pour lui, ce type de catégories n'a pas de sens pour le romancier qui sait ne se laisser conduire que par une étoile, la « vie », étudiée en suivant l'exemple de Dieu « qui a créé l'homme antérieur au péché... ».

Enjeu ou cible de ce débat, Gide ne pouvait manquer de réagir auprès de son ami. Dans une lettre datée du 19 septembre (Jacques lui avait communiqué son texte avant qu'il fût imprimé), l'auteur de *La Porte étroite* précise :

« Ta lettre à Massis m'enchante. Elle est de la meilleure plume et d'une encre parfaite. J'applaudis et contresigne [mais] je ne souscris peut-être pas entièrement à ta non-distinction du bien et du mal. En dépit de ce qu'en pense Massis, la question morale reste pour moi des plus importantes... » Et de conclure : « Combien me touche ta manière de parler de nos relations et de mon " influence " — et que tout cela me paraît juste et mérité ! Décidément je me sens bien fort ton ami... »

Mais la profession de foi de Rivière était trop raide, trop catégorique, pour ne pas appeler, de la part d'un esprit aussi scrupuleux et attentif aux nuances, un éclaircissement. L'occasion s'en trouva bientôt. Ses amis suisses l'invitaient à prononcer à Lausanne et à Genève (cité où les questions morales sont volontiers mises en exergue) une conférence-débat avec son ami Ramón Fernandez sur Marcel Proust. La proposition que fit Jacques Rivière de substituer à ce thème celui des rapports entre morale et littérature fut d'emblée agréée, et la double joute se déroula **.

De cet échange fut tiré sept ans plus tard un petit livre *** préfacé par l'interlocuteur de Jacques Rivière, qui voit, dans ces propos tenus peu de semaines avant la disparition de son ami, un véritable testament. Il est vrai qu'à propos des « méfaits du moralisme », à propos de Racine, de Rousseau, de Montaigne, de Rimbaud ou de Proust, le directeur de la

* Y voir plus qu'une boutade, c'est faire peu de cas de *La Porte étroite*.

** On ne sait si, à Genève, Maggie Horneffer vint écouter l'homme qui l'aimait.

*** *Moralisme et Littérature,* Paris, Corréa, 1932.

NRF propose ici, comme par mégarde et en se jouant, son « art poétique ».

Dans son avant-propos, Ramón Fernandez soutient que « Jacques tâchait de remonter la pente du bien [...]. Il allait au bien d'un mouvement naturel [...] qu'il jugeait suspect. Pourquoi ? Parce que tout sentiment moral lui paraissait factice, opaque, étant postérieur à notre réalité initiale [...] ni un immoralisme ni un amoralisme, mais un *pré-moralisme* [...]. Il s'efforçait de retrouver le jaillissement de la vie avant l'emprise et la déformation du concept, tout à fait comme Bergson ».

Le témoin principal cité par Rivière en vue d'opposer morale et littérature est Racine. De fait, l'usage qu'il fait en l'occurrence d'*Andromaque* est d'un effet foudroyant : la nudité du cynisme de tous ces personnages, leur caractère profondément « dissolu » servent à coup sûr sa thèse. Mais Rivière est-il en droit de prétendre que « l'indifférence de Racine à la morale [...] pouvait seule lui permettre de saisir l'âme dans sa plus obscure [...] sa plus réelle spontanéité » ?

Moins provocant, mais peut-être plus convaincant, est le témoin cité ensuite, Montaigne, dont notre plaideur marque admirablement à quel point il distingue (sans l'« exclure ») le jugement moral, l'ajournant au prix de ruses délicieusement naïves. Ainsi en cet aveu décisif, dont s'empare goulûment Rivière : « Le jugement tient chez moi un siège magistral ; au moins il s'en efforce soigneusement. Il laisse mes appétits aller leur train [...]. Il fait son jeu à part... »

Comment le directeur de la *NRF* ne se sentirait-il pas justifié par cette profession de foi ? Convenant qu'« il n'est pas question de renoncer au jugement », Rivière relève ce que la formule de Montaigne a d'« essentiellement opposé au moralisme » dès lors que le jugement « fait son jeu à part » et que « les appétits vont leur train... ». L'essentiel, conclut-il, est que « le jugement n'en soit point corrompu... ».

Ne prenons pas Jacques Rivière pour un fanatique. Il sait nuancer, concéder, battre en retraite, reconnaître que l'écrivain doit faire apparaître aussi « la dimension morale des êtres humains », et convient que « la grande insuffisance de Proust, c'est d'avoir ignoré ou nié tout ce qu'un vivant, du fait qu'il vit, fait sans cesse pour se construire, ou pour se rejoindre... ».

Et sur Racine : « ... Peut-être, en parlant de Racine, ai-je trop insisté sur l'aspect botanique des sentiments, sur leur caractère de plantes qui poussent dans l'âme et qu'il n'y a qu'à bien décrire et bien cataloguer [...]. En réalité [...] l'être moral est contractile comme l'être physique [...] et pour le rendre dans sa vérité, il faut épouser tous les degrés de tension par lesquels il passe[7]... »

De tels correctifs ne peuvent qu'atténuer ce que la chasse au moralisme que mène Jacques Rivière au nom de la vérité littéraire, de la connaissance positive du cœur humain et de la tradition classique française, a de rigoureux, de systématique*. De dogmatique ? Ce n'est pas tout à fait par hasard qu'au cœur même de cette campagne antimoraliste le directeur de la *NRF* redécouvre soudain ses liens avec le catholicisme — au détour d'un entretien avec l'agnostique tranquille qu'est Ramón Fernandez. Revenons à la préface qu'a donnée celui-ci à *Moralisme et Littérature* :

> Un soir que nous revenions en auto de Lausanne [...] je lui dis que j'aimais tant la discipline protestante parce qu'elle permet de se passer progressivement de Dieu. C'est cette absence de Dieu, ajoutai-je, qui explique au fond mon moralisme. Je n'ai ni temps ni espace à perdre. C'est pourquoi je veux le moins de jeu possible entre mes sentiments et mes actes. – Ah ! me répondit-il immédiatement, c'est que moi, je n'ai pas renoncé à Dieu[8].

Ainsi nous trouvons-nous ramenés, non seulement au catholicisme de Rivière, dont on ne saurait sous-estimer la part qu'il prit à la coagulation de sa doctrine esthétique, mais aux grands débats internes de la *NRF* entre moralistes souvent protestants et catholiques plus ou moins immoralistes, selon une échelle de valeurs et de tempéraments qui va du très pudibond Claudel de l'âge mûr aux hédonistes Valery Larbaud, Jacques Copeau, Marcel Jouhandeau et, à sa manière, Jacques Rivière.

Le problématique catholicisme du directeur de la *NRF* fut-il ou non une composante de sa pensée esthétique et, par là, pour quelque temps, de l'esprit de la revue ? Poser la question, c'est d'abord s'imposer d'aller un peu plus avant dans cette zone d'ombres et de lumières mêlées qu'est la « religion de Rivière ».

Un peu plus avant... On ne prétendra pas donner une réponse que n'a pu formuler clairement aucun de ses familiers des dernières années — à l'exception de ceux qui étaient engagés dans un combat apologétique (dont il était un enjeu essentiel) comme son épouse Isabelle ou Paul Claudel. Ou, inversement, ceux de ses amis qui prétendaient tirer argument de l'existence quelque peu dissolue menée en ces temps-là par

* Comment ne pas être tenté de rapprocher l'attitude de Jacques Rivière face à la morale de celle d'Albert Camus qui – lui aussi à la veille de sa mort –, dans ses *Carnets* de juin 1959, dénonce « la morale qui coupe en deux, sépare, décharne. Il faut la fuir, accepter d'être jugé et de ne plus juger... » ?

Certes, l'approche de Rivière est celle de l'esthéticien et celle de Camus du citoyen. Mais le parallèle pourrait être prolongé entre l'auteur de la *Sincérité envers soi-même* et celui du *Mythe de Sisyphe*. Que celui-ci fut plus grand écrivain, en tout cas dans le domaine de l'imagination, ne retire rien aux similitudes : commune rectitude, jeune rigueur, intrépidité du regard et netteté de plume.

Quand Albert Camus fit son entrée à la *NRF* (*L'Étranger* y ayant été publié en 1942), Jean Schlumberger interpella André Gide : « Ce jeune homme ne vous en rappelle-t-il pas un autre ? »

Jacques Rivière, ou de propos cyniques tenus alors par lui, pour le dire en rupture radicale avec la religion de sa jeunesse.

A Jean Paulhan, qui s'élevait contre l'interprétation donnée à la mort de Jacques par son épouse et la plupart de ses amis catholiques, leur opposant ses comportements et ses confidences des dernières mois, Isabelle Rivière était en droit de répliquer comme elle le fit dans une « Lettre ouverte à la *NRF* » de juillet 1926 :

> Quand vous prouveriez qu'il a péché – comme on s'efforce de le faire avec un si extraordinaire, et d'ailleurs si vain acharnement, comme s'il y avait là chez lui une lacune qu'il faille à tout prix combler – que prouveriez-vous, sinon qu'il était un homme, et que la dernière épreuve : la mort, n'avait pas encore achevé sa purification ? Prouveriez-vous par là qu'il ne croyait plus en Dieu ? Parce qu'on transgresse le commandement du Père, nie-t-on son existence ? Et le mot : chrétien a-t-il jamais voulu dire : infaillible ?

Il est vrai. Comme il est vain d'opposer les « preuves » des uns aux objections des autres. Faut-il donner plus de crédit aux premières certitudes qu'aux interrogations ultérieures de Mauriac ? A la conviction exprimée par le très lucide et indépendant abbé Lacaze, compagnon de jeunesse de Jacques retrouvé dans les années vingt, qui soutenait que, pour si éloigné de l'Église catholique et de ses rites que fût l'auteur d'*Aimée,* il le croyait alors plus intimement chrétien que ne l'était le bouillant catéchumène claudélien de 1913 ? Ou plutôt à telle confidence faite à un ami chrétien qu'il s'était senti « trop délaissé » après ses ardentes démarches « à la trace de Dieu » ?

Nous avons vu que les derniers instants de Rivière furent assez ambigus, susceptibles d'interprétations assez diverses pour que, dans son commentaire le plus longuement médité, en tout cas le plus tardif, Mauriac ait préféré donner le dernier mot à l'arbitraire mystérieux de la Grâce. Alors, pour ce qui est du « for intérieur », peut-être faut-il tenir, non pour définitif, mais pour éclairant, le « je n'ai pas renoncé à Dieu » lancé quelques semaines plus tôt, sans préméditation, à Ramón Fernandez.

Ce qui est mieux déchiffrable, c'est le « for extérieur » de cet homme qui se disait volontiers « de tempérament catholique ». C'est la tonalité générale de ses jugements et de ses comportements parmi ses compagnons. C'est ce qu'on pourrait appeler le catholicisme de son style ou de ses structures mentales, tout ce qui avait survécu à la profonde laïcisation de sa vie, à cet hédonisme choisi, prémédité, et salué comme un acquis.

Que cet homme jeune et tout de même vigoureux ait laissé échapper, dans sa correspondance à tel ou telle, dans ses entretiens ou ses regards, une telle impression de découverte de la terre promise, montre à quel point l'emprise, ou l'empreinte, était forte ou reconnue pour telle. Des cris ou des soupirs, parfois, d'heureux évadé de la Règle...

Dans un très pénétrant article du numéro de la *NRF* d'avril 1925, Benjamin Crémieux, qui fut l'un des plus proches et constants collaborateurs de Rivière (et dont le nom fut prononcé comme d'un successeur possible), met l'accent sur un aspect capital des rapports entre l'auteur d'*Études*, le christianisme et la Revue — cette minuscule et orgueilleuse Église. D'après le grand italianisant, dont aucune foi ne courbe le jugement, le christianisme de Rivière « était aussi anti-protestant que possible. Le perpétuel examen de conscience, la crainte du péché irritaient l'intrépide " aventurier " psychologique qu'était Rivière [9] ».

Autre témoignage, d'un grand prix, émanant lui aussi de la civilisation latine, celui du grand poète italien Giuseppe Ungaretti :

« Sa méthode était de pure tradition catholique. En le lisant, ce qui refermentait en moi, c'étaient de vieilles souches de ma première éducation, fort religieuse. Ainsi, de réveil en réveil, il me menait loin, au-delà de la naissance, à la suite d'une longue montée de générations fidèles aux mêmes normes. Son analyse vibrait aux trois cordes de la harpe catholique : le scrupule, la nostalgie, l'espérance [...]. Il possédait le don de mettre de l'ordre dans l'esprit [10]... »

Plus catholique que chrétien ? Avant de répondre à cette inéluctable « question de cours », il convient de signaler ici le caractère illusoire d'une légende qui fait de la *NRF* la citadelle d'un protestantisme qui aurait, consciemment ou non, préparé les voies à un agnosticisme définitif.

Il est bien vrai que par le truchement de deux des « pères fondateurs » — qui furent aussi les premiers pères nourriciers de la *NRF,* André Gide et Jean Schlumberger — la Réforme eut sa place (manifeste au moins dans l'œuvre du premier) aux origines de la Revue, et que certaine austérité, raideur et pudeur calviniste donnèrent quelque temps le ton, et ses harmoniques, à cette symphonie pastorale.

Mais bientôt le pouvoir change de mains, non du fait d'un assaut des papistes, mais comme si les gentilshommes huguenots avaient dédaigné de tenir la place. Surgissent (de l'intérieur) Copeau et Rivière, naviguant entre ancien et futur catholicisme, le bouillonnant Ghéon qui va tenter de faire de la maison l'oratoire de la maison du Roi, et puis Du Bos, Valery Larbaud, et Jouhandeau, et Mauriac en attendant Delteil : tous surplombés par le mont Claudel d'où tombe parfois la foudre.

Commentant cette Saint-Barthélemy indolore, sinon consentie, Auguste Anglès a fait très bien observer qu'en toutes les occasions — elles ne manquèrent pas ! — où la *NRF* « donne la parole au sentiment religieux, celui-ci revêt toujours la forme catholique : le choix réformé n'est jamais envisagé, comme s'il ne méritait pas d'être pris en considération ».

Faut-il donc voir dans la *NRF* une paroisse exhalant l'angoisse spirituelle et le scrupule pieux — une manière de Port-Royal-des-Prés où s'affrontent prédicateurs et confesseurs, où s'agitent prieurs, moinillons et nonnettes sous les yeux indulgents et curieux de l'oncle Gide, le « bipède » évadé du temple originel, sous la férule d'un Rivière balançant entre péché jubilant et angoisse métaphysique ?

Vers 1925, un Roger Martin du Gard agacé par la moindre soutane et la plus discrète génuflexion en eût fait une pochade dans le ton du *Testament du père Leleu*. Savoureuse, mais vite démodée : car bientôt les « talas », les catholiques de la maison, Charles Du Bos, François Mauriac et — de plus loin — Paul Claudel allaient fonder, à l'appel de l'impérieux abbé Altermann, la revue *Vigile,* qui se voudra, confite en dévotion, une pieuse anti-*NRF*. Éphémère...

Alors, Jacques Rivière est mort depuis cinq ans. Sous l'égide de Jean Paulhan, la revue de la rue de Grenelle a subi un *aggiornamento* d'abord subtil, puis manifeste — mais sans rupture ni infidélité. Ce sont ces novations précisément qui permettent de découvrir, de différence en retouche et en déplâtrages, d'un palimpseste à l'autre, ce qui fut la part personnelle de Rivière dans ce qu'on peut essayer d'appeler l'« idéologie » ou plus sagement l'esprit, le ton, le style *NRF*. C'est en considérant ce que, sur cette façade splendide, le souffle de Paulhan a fait tomber, a fait apparaître d'écaillé, ou de défraîchi, qu'on y voit resurgir le « style Rivière » — comme, dans le *Roma* de Fellini, réapparaissent au brusque contact de l'air les fresques antiques des catacombes.

Si l'on prétend qu'au ton donné et aux perspectives tracées par son prédécesseur, Jean Paulhan a très subtilement substitué un certain baroquisme, une très savoureuse préciosité, un profond goût du jeu, sinon de la farce, on n'en voit que mieux se dessiner le grave classicisme dont Jacques Rivière fut l'architecte avéré, aussi bien du fait de son tempérament que de sa formation, et surtout peut-être de ses maîtres de référence — Descartes, Racine, Poussin, Rameau, Ingres, Cézanne et autrement Proust, qu'il ne se lassa pas de situer dans la pure tradition classique.

« Il possédait le don de mettre de l'ordre dans l'esprit... » Est-ce là le fin mot de ce catholicisme des phrases, des formes et des harmonies que humait en lui Ungaretti ? De cette culture en cinq actes et en vers si savamment ritualisée, chapitrée, dessinée comme Versailles ?

Il s'est trouvé des malveillants pour tenter de dissocier les deux « ordres », et attribuer d'autres sources que religieuses à l'esthétique des messieurs de la rue de Grenelle. Ainsi l'inévitable Henri Massis, en 1923 : « Les écrivains de la *NRF* ont réalisé une sorte de classicisme qui séduit, jusqu'à ce qu'on découvre que l'école du dépouillé, de l'autoclave, n'est qu'une feinte de l'impuissance créatrice, une sorte d'hypocrisie formelle... » Peut-être en effet Racine s'en tint-il à ses maigres tragédies en cinq actes par impuissance à écrire *Le Roi Lear*, et Proust à sa menue *Recherche*, incapable de créer *Guerre et Paix*...

Rien ne démontre mieux l'attachement de Rivière à cette religion du dessin net, des lignes strictes découpées par la lumière en vue d'un équilibre peu à peu et durement conquis, que son aptitude à « admirer ailleurs », ses ferveurs dostoïevskienne et claudélienne : il fallait d'aussi fermes structures pour accueillir sans broncher, dans un élan d'évidence, ces bouillonnements, ces effervescences et ces modes aussi bien que les nuées debussystes, la crudité de Stravinski. Que ne peut engranger un classicisme dédaigneux de l'académisme ?

Observons néanmoins que l'exacerbation de son classicisme amena le Rivière des dernières années à procéder à des révisions. Son dernier article sur Dostoïevski * nuance son admiration en marquant qu'un explorateur d'abîmes est d'autant plus admirable qu'il ne les juge point insondables. Et l'on sait que, s'agissant de Claudel, sa ferveur tendait à se tempérer.

Ces retouches durent être douloureuses. Elles attestent en tout cas de la fermeté (rigoriste ?) d'une vision qui s'inscrit dans la tradition classique française — quelle que soit la part que l'on y fasse au catholicisme : de *Port-Royal* à *Tartuffe,* libre-pensée ou pas, et librement ou pas, ne va-t-on pas peu ou prou à la messe ?

On parlerait bien d'un catholicisme jésuite, opératoire, flexible, tirant sa vertu de sa tempérance, de « la place qu'il fait au mal », comme écrit le Rivière de l'essai sur la foi. En fait, la pensée de l'auteur d'*Études,* et pour des raisons qui n'ont peut-être guère à voir avec la géographie des climats, trouve son origine en des écrivains de son terroir, Fénelon auquel il a consacré son unique travail universitaire, et le cher Montaigne. Lesquels lui assignent sa mission dans l'échange et le dialogue, la mesure et la tempérance passionnée — et par lui à la Revue dont il fut, six années durant, le pilote.

Le classicisme de l'objet attentivement considéré, de la mesure choisie, de la règle à soi-même imposée, d'une contention propre à entretenir la combustion de l'enthousiasme, conduit à un art de la rencontre : dès lors que sont énoncées les règles du jeu et qu'est tracée l'aire, où sont les barbares, et où les ennemis ? L'art poétique, l'art de vivre de Jacques Rivière sont là :

« En tant qu'écrivain, je n'ai d'autre ambition que de réintroduire dans la littérature l'étude des relations humaines. » A quoi il lui était permis d'ajouter que, en tant que critique et directeur de revue, il avait poussé jusqu'à l'abnégation le souci de mettre en relation le livre et son lecteur, l'image et le spectateur ou l'auditeur potentiel, ce que l'art de son temps avait donné ou allait offrir au monde.

Passer de l'exaltation de la connaissance à la fertile saveur des reconnaissances, n'est-ce pas opérer le vrai passage de l'adolescence

* Février 1921, *Dostoïevski et l'Insondable.*

(qu'Alain définit comme l'âge « qui s'indigne, qui blâme, qui méprise ») à la maturité où Rivière entrait à peine, avec peine ?

Écoutons-le, cet âge venu, se confesser à un public de citoyens de Genève, peu de semaines avant sa mort :

> ... Je suis né à Bordeaux, en Gironde. Et comme il arrive toujours, à mon âge, ma terre commence à me reprendre. Je suis un compatriote de Montaigne et d'un certain nombre de révolutionnaires assez éminents, qui ont d'ailleurs été guillotinés pour modérantisme [...]. Modérantisme, oui, mais farouche. Ma terre me reprend, je vous dis ; je finirai par avoir l'esprit aussi en ordre qu'un champ de vigne.
> Croyez-vous que ce soit sans combat ? Non, j'ai senti, je sens encore d'immenses sollicitations. Mais il faut choisir. J'ai choisi. Je choisis d'être sûr.
> Je me range ainsi délibérément dans une catégorie de gens que j'ai détestés ; qui est insupportable et gênante. Mais qui contribue aussi au progrès de l'humanité, je crois.
> Des gens pour qui le rêve est le rêve, et la réalité la réalité ; des gens qui disent : non, pardon, je crois que vous vous trompez, quand on se trompe ; des gens qui sont prêts à se faire couper le cou plutôt que d'admettre l'invérifiable ; des gens à cause desquels, malgré tout l'effort romantique, il n'y a encore rien de fait, parce qu'il suffit qu'ils disent : « Je ne crois pas » ; ou même : « Il ne me semble pas », et tout s'écroule.
> Des gens, en tout cas, qu'il faudra supprimer avant que s'établisse le signe, déjà si largement répandu sur la terre, du mensonge [11].

Notes

PREMIÈRE PARTIE

Des enfants cannibales

I. Adieu à la colline

1. Éditions Encre, 1979, p. 30.
2. Lettre de Pierre Rivière à son neveu Claude, communiquée par celui-ci.
3. Archives Alain Rivière.
4. *Correspondance Jacques Rivière-Alain-Fournier*, Paris, Gallimard, édition 1991 (2 vol.) II, p. 108-109.
5. Lettres aux tantes, archives Alain Rivière.
6. *Correspondance Jacques Rivière-Alain-Fournier*, II, p. 301.
7. *NRF*, octobre 1931, p. 513-529.
8. *Correspondance Jacques Rivière-Alain-Fournier*, II, p. 91-93.
9. « Histoire de Noé Sarambuca », *Mesures*, 11, 1935, p. 13-28.
10. *Le Bouquet de roses rouges*, Paris, Corréa, 1935, p. 15-16.
11. *NRF*, n° 139, avril 1925, p. 6-22.
12. *Ibid.*, p. 6.
13. *Ibid.*, p. 18.
14. *Ibid.*, p. 19.
15. *Ibid.*, p. 22.
16. *Ibid.*, p. 25.
17. *Ibid.*, p. 26.

II. Du côté de chez Meaulnes

1. Préface à Alain-Fournier, *Le Grand Meaulnes* et *Miracles*, Paris, Garnier, 1986, p. 6.
2. *NRF*, n° 139, avril 1925, p. 7.
3. *Le Grand Meaulnes* suivi de *Miracles*, p. 5.
4. *Correspondance Jacques Rivière-Alain-Fournier*, II, p. 358.
5. *Ibid.*, I, p. 241.
6. *Ibid.*, p. 28.
7. *Ibid.*, p. 250.
8. *Ibid.*, p. 240-242.
9. *Ibid.*, p. 242-243.
10. *Ibid.*, p. 62.
11. *Ibid.*, II, p. 14.

12. *Ibid.*, I, p. 303.
13. *Miracles*, réédition, p. 70-71.
14. *Lettres au petit B.*, 6 septembre 1908, p. 138.
15. Préface à *Miracles*, p. 17.
16. J.-F. Moueix, *Bulletin des amis de Jacques Rivière et d'Alain-Fournier*, n° 11, p. 17.
17. *Correspondance,* I, p. 219.
18. *Bulletin des amis JR-AF, op. cit.*, p. 9.
19. *NRF*, n° 139, avril 1925, p. 34.
20. *Correspondance Jacques Rivière-Alain-Fournier*, I, p. 607.
21. *Bulletin des amis JR-AF, op. cit.*, p. 10.
22. *NRF*, n° 139, p. 217.
23. *La Peinture, le cœur et l'esprit,* Bordeaux, William Blake et Cie, 1986, t. I, p. 50-51.
24. *Ibid.*, p. 58.
25. *Ibid.*, p. 84-101.
26. *Correspondance Jacques Rivière-Alain-Fournier*, I, p. 96.
27. *Ibid.*, II, p. 138.
28. *Ibid.*, p. 162.
29. *Ibid.*, p. 172.
30. Alain Rivière, *Isabelle Rivière ou la Passion d'aimer*, Paris, Fayard, 1989, p. 36.
31. *Correspondance Jacques Rivière-Alain-Fournier*, II, p. 197.
32. *Ibid.*, p. 199.
33. *Le Bouquet de roses rouges, op. cit.*, p. 67.
34. Lettres aux tantes. Archives Alain Rivière.
35. Archives Alain Rivière.
36. *Correspondance Jacques Rivière-Alain-Fournier*, II, p. 324-325.
37. *Ibid.*, p. 353.
38. *Ibid.*, p. 111.
39. *Ibid.*, p. 168.

III. Mélisande, Violaine et la Sainte-Victoire

1. *Correspondance Jacques Rivière-Alain-Fournier*, I, p. 104.
2. *Ibid.*, II, p. 353.
3. *Ibid.*, p. 357.
4. *NRF*, n° 169, 1er janvier 1927, p. 117.
5. Préface de *Miracles, op. cit.*, p. 8.
6. *Correspondance Jacques Rivière-Alain-Fournier*, I, p. 164.
7. *Ibid.*, p. 176.
8. *Ibid.*, p. 271.
9. *Ibid.*, II, p. 180.
10. *Ibid.*, p. 447.
11. Lettres aux tantes, 21 janvier 1904.
12. *Correspondance Jacques Rivière-Alain-Fournier*, I, p. 423.
13. *Ibid.*, p. 113.
14. *Ibid.*, p. 339.
15. Isabelle Rivière, *Vie et Passion d'Alain Fournier*, Monaco, Jaspart, Polus et Cie, 1963, p. 18.
16. *Correspondance Jacques Rivière-Alain-Fournier*, II, p. 209.
17. Jacques Rivière, *Études*, Paris, Éd. NRF, 1911, p. 155.
18. *NRF*, n° 14, 1910, p. 131.
19. *Études*, Paris, Gallimard, 1911, p. 156.
20. *Correspondance Jacques Rivière-Alain-Fournier*, II, p. 192.
21. *Études*, *op. cit.*, p. 167-168.
22. *Nouvelles Études*, Paris, Gallimard, 1947, p. 73.
23. *Études*, *op. cit.*, p. 41.

24. *Correspondance Jacques Rivière-Alain-Fournier*, II, p. 269.
25. *Nouvelles Études*, 1947, p. 32-33.
26. *Correspondance Jacques Rivière-Alain-Fournier*, I, p. 248.
27. *Ibid.*, p. 296-299.
28. *Ibid.*, p. 300.
29. *Ibid.*, p. 318-319.
30. *Ibid.*, p. 323.
31. *Ibid.*, p. 296.
32. *Ibid.*, p. 568.
33. *Ibid.*, p. 81.
34. *Ibid.*, p. 468-469.
35. *Ibid.*, p. 516.
36. *Bulletin des amis JR-AF*, n° 11, p. 92.
37. *Correspondance Jacques Rivière-Alain-Fournier*, II, p. 122.
38. Dans *La Grande Revue*.
39. *Ibid.*, p. 203.
40. *Ibid.*, p. 207.
41. *La Peinture, le cœur et l'esprit*, II, p. 54.
42. *Correspondance Jacques Rivière-Alain-Fournier*, II, p. 382.
43. *Ibid.*, p. 392.
44. *Ibid.*, p. 423.
45. *Ibid.*, p. 424.
46. *Ibid.*, p. 425.
47. *Ibid.*, I, p. 395-396.
48. *Ibid.*, p. 441.
49. *Ibid.*, p. 658.
50. *Ibid.*, II, p. 184-185.

IV. Face à Claudel : sommation pour sommation

1. *Journal*, Paris, Gallimard, Pléiade, p. 186.
2. *Ibid.*, p. 190.
3. *Études sur Jacques Rivière*, Paris, José Corti, 1971, p. 34.
4. *Ibid.*, p. 35.
5. *Œuvres complètes*, I, p. 1388.
6. *Correspondance Jacques Rivière-Alain-Fournier,* I, p. 578.
7. *Correspondance Claudel-Jammes-Frizeau*, 1er février 1908.
8. *Études*, p. 115.
9. *L'Arbre*, p. 534.
10. *Correspondance Jacques Rivière-Alain-Fournier,* I, p. 630.
11. *Ibid.*, p. 638.
12. *Correspondance Paul Claudel-Jacques Rivière*, Paris, Gallimard, *Cahiers Paul Claudel*, n° 12, p. 40-41.
13. *Ibid.*, p. 45.
14. *Ibid.,* p. 51.
15. *Correspondance Jacques Rivière-Alain-Fournier*, I, p. 690.
16. *Ibid.*, p. 704.
17. *Correspondance Paul Claudel-Jacques Rivière*, p. 53-54.
18. *Correspondance Jacques Rivière-Alain-Fournier*, I, p. 708.
19. *Correspondance Paul Claudel-Jacques Rivière,* p. 56-57.
20. *Ibid.*, p. 71.
21. *Ibid.,* p. 72.
22. *Correspondance Jacques Rivière-Alain-Fournier*, II, p. 29-32.
23. *Correspondance Paul Claudel-Jacques Rivière*, p. 86.
24. *Ibid.*, p. 104.

25. *Ibid.*, p. 112.
26. *Ibid.*, p. 124-125.
27. *Ibid.*, p. 131.
28. *Ibid.*, p. 134.
29. *Ibid.*, p. 136.
30. *La Peinture, le cœur et l'esprit, op. cit.*, I, p. 183-185.
31. *Ibid.*, p. 192-193.
32. *Correspondance Paul Claudel-Jacques Rivière*, p. 150.
33. *Ibid.*, p. 152-153.
34. *Ibid.*, p. 156.
35. *Ibid.*, p. 160.
36. *Ibid.*, p. 160.
37. *Ibid.*, p. 166.
38. *Ibid.*, p. 200.
39. *Jacques Rivière*, Paris, Wesmaël-Charlier, 1967, p. 71.
40. *Correspondance Paul Claudel-Jacques Rivière*, p. 206.

V. Avec Gide, le dialogue innombrable

1. *NRF*, n° 139, avril 1925, p. 71.
2. In *Jacques Rivière et la Vie intellectuelle de son temps, op. cit.*, p. 111.
3. *La Peinture, le cœur et l'esprit*, I, p. 102.
4. *Journal*, p. 746.
5. *Correspondance Jacques Rivière-Alain-Fournier*, II, p. 258-259.
6. *Ibid.*, p. 294-295.
7. *NRF*, n° 139, avril 1925, p. 368-372.
8. *Ibid.*, p. 368.
9. *Ibid.*, p. 37.
10. *Correspondance Jacques Rivière-Alain-Fournier*, II, p. 370.
11. *Études*, p. 215.
12. *Ibid.*, p. 253-254.
13. *NRF*, n° 139, avril 1925, p. 382-386.
14. *Journal*, p. 367.
15. *Ibid.*, p. 367.
16. *Le Bouquet de roses rouges, op. cit.*, p. 183-184.

VI. NRF : du « circuit » à la revue

1. Auguste Anglès, *André Gide et le premier groupe de* La Nouvelle Revue française, Paris, Gallimard, 1986 (3 vol.), I, p. 21.
2. *Ibid.*, p. 105.
3. *Correspondance Jacques Rivière-Alain-Fournier*, II, p. 248.
4. Anglès, *op. cit.*, I, p. 113.
5. Auquel Pierre Hebey a consacré en 1990 un ouvrage volumineux, éd. Gallimard.
6. Anglès, *op. cit.*, I, p. 120.
7. *Ibid.*, p. 129.
8. *Ibid.*, p. 128.
9. *Prétextes*, p. 45-46.
10. Gallimard, 1939, p. 27 et 39.

VII. Une recrue de rêve...

1. Anglès, *op. cit.*, I, p. 258.
2. *Éveils*, Paris, Gallimard, 1949, p. 220.

3. *Op. cit.*, p. 65-66.
4. *Correspondance Jacques Rivière-Alain-Fournier*, II, p. 249.
5. *Études sur Jacques Rivière, op. cit.*, p. 196.
6. N° 67-68, 3e trimestre 1992.
7. *NRF*, n° 10, novembre 1909, p. 250-257.
8. *NRF*, n° 11, p. 354-361.
9. *Correspondance Gide-Schlumberger*, Paris, Gallimard, 1993, p. 449.
10. *Correspondance Rivière-Copeau, Bulletin des amis JR-AF*, I, p. 74.
11. *Ibid.*, p. 56-57.
12. *Op. cit.*, p. 233-234.
13. *Op. cit.*, p. 167.
14. *Correspondance Rivière-Copeau*, II, p. 46.
15. *Ibid.*, I, p. 75.

VIII. De l'amour

1. *Carnets de guerre*, 20 octobre 1914, p. 73.
2. Lettre de Paul Claudel à Jacques Rivière, 2 janvier 1923 (*Bulletin des amis JR-AF*, n° 59, p. 58).
3. Préface de *Miracles, op. cit.*, p. 17.
4. *Correspondance Jacques Rivière-Alain-Fournier*, I, p. 461-462.
5. *Op. cit.*, p. 54-48.
6. *Ibid.*, p. 54-48.
7. *Op. cit.*, p. 135-151.
8. *Aimée*, p. 21-24.
9. *Carnets*, p. 194.
10. *Ibid.*, p. 236.
11. *Ibid.*, p. 187-188 (18 février 1915).
12. *Aimée*, p. 221.
13. Isabelle et Jacques Rivière, « Correspondance 1914-1917 », *Bulletin des amis JR-AF*, n° 51, p. 30.
14. *Ibid.*, p. 31.
15. *Isabelle Rivière ou La Passion d'aimer, op. cit.*, p. 48.
16. *Ibid.*, p. 48.

IX. Proust ? Le fils du docteur ?

1. *Correspondance, op. cit.*, p. 18.
2. *Ibid.*, p. 19.
3. *NRF*, 1er janvier 1923, p. 62-63.
4. A. Anglès, *op. cit.*, II, p. 392-393.
5. *Op. cit.*, p. 216.
6. *Correspondance Gide-Schlumberger*, Paris, Gallimard, 1993, p. 1080.
7. *NRF*, janvier 1912, p. 139-142.
8. *Correspondance Marcel Proust-André Gide.*
9. *Ibid.*, 18 janvier 1914.
10. *Correspondance Marcel Proust-Jacques Rivière*, p. 28.
11. A. Anglès, *op. cit.*, p. 290.
12. *Correspondance Marcel Proust-Jacques Rivière*, p. 31.

X. Griserie du sport : des machines et des hommes

1. *Correspondance Jacques Rivière-Alain-Fournier*, I, p. 654-655.
2. *Ibid.*, II, p. 59.

3. *NRF*, 1910, p. 136.
4. *Correspondance Jacques Rivière-Alain-Fournier*, II, p. 494.
5. *Correspondance Alain-Fournier-Madame Simone*, Paris, Fayard, 1992, p. 153.
6. *Ibid.*, p. 156.
7. *Correspondance Jacques Rivière-Alain-Fournier*, II, p. 520.

DEUXIÈME PARTIE

Le rite de passage

XI. L'humiliation

1. Jacques Rivière, « Une conscience européenne (1916-1924) », *Les Cahiers de la NRF*, Gallimard, 1993, p. 67.
2. « Correspondance Jacques Rivière-Jacques Copeau », *Bulletin des amis de Jacques Rivière et d'Alain-Fournier*, n° 29, t. II, p. 4.
3. *Isabelle Rivière, op. cit.*, p. 65.
4. « Correspondance Jacques-Isabelle Rivière, 1914-1917 », *Bulletin des amis JR-AF*, n° 51, p. 4.
5. *NRF*, n° 139, avril 1925, p. 39.
6. *Ibid.*, p. 40.
7. *Ibid.*, p. 39.
8. *Carnets, 1914-1917*, p. 53.
9. *Ibid.*, p. 461-462.
10. *Ibid.*, p. 53.
11. Cité dans les *Lettres aux tantes* en date du 20 février 1915.
12. *Carnets, op. cit.*, p. 238.
13. *Ibid.*
14. *Ibid.*, p. 253.
15. *Ibid.*, p. 253.
16. *Ibid.*, p. 257.
17. *Ibid.*, p. 258.
18. *Ibid.*, p. 465.
19. *Ibid.*, p. 320.
20. *Correspondance Jacques-Isabelle Rivière, op. cit.*, p. 38.
21. *Ibid.*, p. 46.
22. *Ibid.*, p. 47.

XII. La réminiscence amoureuse

1. *Carnets*, p. 49.
2. *Ibid.*, p. 92.
3. *Ibid.*, p. 104.
4. *Ibid.*, p. 462, note 8.
5. *Ibid.*, p. 56.
6. *Ibid.*, p. 94-95.
7. *Ibid.*, p. 103-104.
8. *Ibid.*, p. 133.
9. *Ibid.*, p. 175.
10. *Ibid.*, p. 221-222.
11. *Correspondance Rivière-Copeau*, III, p. 23.
12. *Carnets*, p. 286-287.

13. *Ibid.*, p. 280.
14. *Ibid.*, p. 340-41.
15. *Ibid.*, p. 407.
16. *Ibid.*, p. 439.
17. Isabelle Rivière, *op. cit.*, p. 85.
18. *Ibid.*, p. 87.
19. *Ibid.*, p. 94-95.
20. *Ibid.*, p. 98.
21. *Op. cit.*, p. 55-56.

XIII. A la trace de Dieu

1. *Carnets,* p. 52-53.
2. *Ibid.*, p. 125.
3. *Ibid.*, p. 184.
4. *Ibid.*, p. 92.
5. *De la sincérité avec soi-même*, p. 89-91.
6. *Carnets,* p. 149.
7. *Ibid.*, p. 53.
8. Préface d'*A la trace de Dieu*, p. 12.
9. *Ibid.*, p. 15.
10. *Carnets,* p. 320.
11. *Ibid.*, p. 63.
12. *Ibid.*, p. 17.
13. *Ibid.*, p. 92-93.
14. Préface d'*A la trace de Dieu,* p. 22-23.
15. *Carnets,* p. 372-373.
16. *Ibid.*, p. 385.
17. *Ibid.*, p. 355.
18. *Ibid.*, p. 429.

XIV. Face à l'autre

1. Jacques Rivière, *Une conscience européenne,* Préface, p. 9.
2. Préface à l'*Allemand,* p. 10-11.
3. *Ibid.*, p. 15-17.
4. *Ibid.*, p. 19.
5. *L'Allemand,* p. 44.
6. *Ibid.*, p. 43.
7. *Ibid.*, p. 45.
8. *Ibid.*, p. 50.
9. *Ibid.*, p. 102.
10. *Ibid.*, p. 140.
11. *Ibid.*, p. 154.
12. *Ibid.*, p. 162.
13. *Ibid.*, p. 177.
14. *Ibid.*, p. 178.
15. *Ibid.*, p. 228.
16. *Ibid.*, p. 230.
17. *Ibid.*, p. 233.
18. *Ibid.*, p. 245.
19. *Ibid.*, p. 248.
20. *Correspondance Rivière-Copeau,* III, p. 69.

21. *Le Français,* Paris, Editions Claude Aveline, 1928, p. 116-117.
22. *Ibid.*, p. 131-132.

XV. « Ce décarcassement de soi-même... »

1. *Le Français, op. cit.*, p. 163.
2. *Carnets,* p. 348-349.
3. *Ibid.*, p. 156.
4. *Ibid.*, p. 157.
5. *Ibid.*, p. 427-428.
6. *Ibid.*, p. 422-423.
7. *Ibid.*, p. 425.
8. *Ibid.*, p. 426.
9. *Ibid.*, p. 437
10. *Ibid.*, p. 446.
11. *Le Français,* p. 118-119.
12. *Carnets,* p. 427.
13. *Ibid.*, p. 438.
14. *Ibid.*, p. 441-442.

XVI. Le vent de la liberté

1. *Correspondance Rivière-Copeau,* III, p. 33-34.
2. *Carnets,* p. 455.
3. *Correspondance André Gide-Jacques Rivière,* 31 octobre 1917.
4. *Ibid.*
5. *Carnets,* p. 458.
6. *Une conscience européenne,* (1916-1924), p. 87.
7. Lettre à Isabelle, 14 novembre 1918.
8. *Ibid.*
9. Jacques Rivière, *Une conscience européenne,* Paris, Gallimard, 1992.
10. *Correspondance Jacques-Isabelle Rivière,* p. 9.
11. *Ibid.*, p. 24.
12. *Ibid.*, p. 33.

XVII. Une revue à refaire

1. *NRF,* n° 266, p. 15.
2. *Correspondance Jacques Rivière-Jean Schlumberger,* p. 130-131.
3. *Ibid.*, p. 132.
4. *Ibid.*, p. 137-138.
5. *NRF,* n° 266, p. 21.
6. *Carnets,* p. 410.
7. *Ibid.*
8. *Correspondance Rivière-Copeau,* III, p. 27.
9. *Ibid.*, p. 30.
10. *Correspondance Jacques Rivière-Jean Schlumberger,* p. 145.
11. *Ibid.*, p. 147.
12. *Ibid.*, p. 151-152.
13. *Ibid.*, p. 156-157.
14. *Ibid.*, p. 182.
15. *Ibid.*, p. 183.
16. *Correspondance Gide-Schlumberger,* p. 664-665.

17. *Correspondance Rivière-Copeau,* p. 63.
18. « Correspondance Jacques-Isabelle Rivière », Toulouse, 1918, *Bulletin des amis JR-AF,* n° 52-53, p. 124-125.
19. *Correspondance Jacques Rivière-Jean Schlumberger,* p. 189.
20. *Correspondance A. Gide-J. Schlumberger,* p. 706-707.
21. *Ibid.*, p. 706, note.
22. Lettre à André Gide du 11 décembre 1918, citée plus haut.
23. *Correspondance Jacques Rivière-Jean Schlumberger,* p. 285, note.
24. *Œuvres,* II, p. 189.

TROISIÈME PARTIE

A la recherche du temps qui vient

XVIII. L'homme de barre

1. *Correspondance Rivière-Copeau,* III, p. 82.
2. *Cahiers de la petite dame,* Paris, Gallimard, 1973, *Cahiers André Gide,* n° 4, p. 27.
3. *Correspondance Copeau-Martin du Gard*, p. 828.
4. *NRF*, n° 70, juillet 1919, p. 211 (éd. Klaus reprint, 1968).
5. *Correspondance Rivière-Copeau,* III, p. 82.
6. *Correspondance Jacques Rivière-Jean Schlumberger, op. cit.,* p. 313.
7. *NRF,* n° 139, p. 43.
8. *NRF,* n° 72, p. 615-618 (éd. Klaus).
9. *NRF,* n° 73, p. 788-190.
10. *NRF,* n° 75, p. 965 (éd. Klaus).
11. *NRF,* avril 1920.
12. *NRF,* n° 83, août 1920, p. 216-237 (éd. Klaus).
13. *Correspondance Jacques Rivière-Jean Schlumberger,* p. 315.
14. *Correspondance André Gide-Jean Schlumberger,* p. 724.
15. *Ibid.*, p. 725.
16. *Correspondance Jacques Rivière-Gaston Gallimard,* 22 mars 1919.
17. *Ibid.*, 30 mars 1924.

XIX. Angèle ou les flèches du Parthe

1. *NRF,* avril 1926, p. 105.
2. *Correspondance André Gide-Jacques Rivière,* 2 août 1919.
3. *Correspondance Marcel Proust-Gaston Gallimard,* Paris, 1989, p. 314-315.
4. *NRF*, avril 1921.
5. Lettre à André Gide du 6 mars 1921.

XX. L'impossible roman

1. *Correspondance Jacques Rivière-Alain-Fournier,* I, p. 104.
2. *Ibid.*, p. 78.
3. *Ibid.*, II, p. 370.
4. *Histoire de Noé Sarambuca, op. cit.*, revue *Mesure,* 11, 1935, p. 28.
5. *Correspondance Rivière-Copeau,* I, p. 44-45.

6. *Correspondance André Gide-Jacques Rivière*, 7 juin 1912.
7. « Correspondance Jacques Rivière-Valery Larbaud », *Bulletin des amis de Jacques Rivière et d'Alain Fournier, op. cit.*, n° 6, p. 24-25.
8. *Ibid.*, p. 28.
9. *Correspondance Marcel Proust-Jacques Rivière, op. cit.*, p. 163.
10. *Ibid.*, p. 164.
11. *Ibid.*, appendice C, p. 333-334.
12. *Bulletin des amis de Jacques Rivière et d'Alain Fournier,* n° 59, p. 48-49.
13. *Ibid.*, p. 51.
14. *Ibid.*, p. 58.
15. *Ibid.*, p. 60.
16. *NRF,* juillet 1924, p. 693.
17. *Correspondance Proust-Halévy,* Paris, Éditions de Fallois, 1992, p. 153.
18. Lettre non datée du début de novembre 1922.
19. *NRF,* n° 139, p. 185.
20. Lettres publiées dans *La Nouvelle Revue de Paris,* n° 8, décembre 1986.
21. *Cahiers de la petite dame, op. cit.*, p. 228-229.
22. *Ibid.*, p. 376.
23. Le 4 novembre 1925.
24. *Florence,* Corréa, 1935, préface, p. 8.

XXI. Le pentagone étoilé

1. *Correspondance Marcel Proust-Jacques Rivière*, p. 74-75.
2. *Ibid.*, p. 74-75.
3. *Ibid.*, p. 76.
4. *Ibid.*, p. 132.
5. *Ibid.*, p. 109.
6. *NRF,* 1er septembre 1920.
7. *Correspondance Marcel Proust-Jacques Rivière*, p. 229.
8. *Bulletin de la Société des amis de Marcel Proust,* n° 3.
9. *Correspondance Marcel Proust-Jacques Rivière*, p. 184.
10. *Ibid.*, p. 189-190.
11. *Ibid.*, p. 189-190.
12. *Ibid.*, p. 198.
13. *Ibid.*, p. 197.
14. « Correspondance Paul Claudel-Jacques Rivière », *Cahiers Paul Claudel*, n° 12, Paris, Gallimard, 1984, p. 250-251.
15. *Ibid.*, p. 264.
16. *Ibid.*, p. 266.
17. *Cahiers de la petite dame, op. cit.*, p. 376.
18. *Cahiers Paul Claudel*, n° 12, p. 31.
19. Lettre à Jacques Rivière, 9-13 décembre 1922.
20. Lettre à André Gide, 8 janvier 1924.
21. Lettre à André Gide, 8 janvier 1924.
22. Lettre à André Gide, 4 juillet 1923.
23. Lettre à Jacques Rivière, 9-13 décembre 1922.
24. *Correspondance Jacques Rivière-Alain-Fournier*, I, p. 607-611.
25. *Œuvres complètes,* Pléiade.
26. Lettre du 19 décembre 1909.
27. *Œuvres complètes,* Pléiade, p. 677.
28. Michel Autrand, *Bulletin des amis de Jacques Rivière et d'Alain Fournier,* n° 11, p. 60.
29. *Œuvres complètes,* p. 707.
30. *Ibid.*, p. 708.

31. *Ibid.*, p. 699.
32. *Correspondance Jacques Rivière-Alain-Fournier,* II, p. 472.
33. *Bulletin des amis JR-AF*, n° 47-48, p. 16.
34. Lettre du 16 février 1923.
35. *Bulletin des amis JR-AF*, n° 11 : « Jacques Rivière et la vie intellectuelle de son temps », p. 85.
36. *Du côté de chez Proust,* Paris, La Table ronde, 1947, in *Œuvres complètes,* p. 298-314, *passim.*

XXII. Un art sans frontière

1. *NRF,* n° 134, p. 635.
2. *Nouvelles Études,* 1947, p. 67.
3. *Ibid.*, p. 97.
4. *Ibid.*, p. 162.
5. *Ibid.*, p. 168.
6. *NRF,* n° 139, p. 226.
7. *La Peinture, le cœur et l'esprit,* tome III, p. 185-186.
8. *Nouvelles Études*, p. 135.
9. *NRF,* n° 139, p. 218.
10. *Nouvelles Études,* p. 19.
11. *Le Cubisme,* p. 80.
12. *NRF*, septembre 1921, p. 274.
13. *Une conscience européenne,* p. 266-267.
14. *NRF,* n° 139, p. 278.
15. *Ibid.*, p. 262.

XXIII. Un désir d'Europe

1. *NRF,* n° 266, p. 37.
2. *NRF,* 1er juin 1919, p. 000.
3. *NRF,* n° 139, p. 250.
4. *Ibid.*, p. 240-241.
5. *Bulletin des amis de Jacques Rivière et d'Alain Fournier,* n° 63, p. 38.
6. *Ibid.*, p. 58.
7. *Une conscience européenne,* p. 147-148.
8. *Ibid.*, p. 147.
9. *Ibid.*, p. 201.
10. *Ibid.*, p. 186.
11. *Ibid.*, p. 238.
12. *NRF*, n° 116, 1er mai 1923, p. 725-735.
13. *Une conscience européenne*, p. 250-251.

XXIV. « Dans ma lutte pour vivre... »

1. *NRF,* n° 139, p. 59.
2. *NRF,* n° 266, p. 10.
3. *NRF,* n° 139, p. 95.
4. *Cahiers de la petite dame*, p. 158.
5. Lettres 1920-1927, Bibliothèque des Arts, Paris, 1976.
6. *Isabelle Rivière, op. cit.*, p. 151.
7. *Ibid.*, p. 153.
8. *Ibid.*, p. 157.

9. *Ibid.*, p. 163-164.
10. *Ibid.*, p. 163.
11. *Cahiers de la petite dame*, p. 162-163.
12. Gallimard, 1994.
13. *Conversations avec André Gide,* Paris, Albin Michel, 1992.
14. *NRF,* n° 139.
15. *NRF,* n° 266, p. 33-35.
16. *NRF,* n° 132, p. 291-312.
17. Publié en 1927, avec un portrait d'Artaud par Jean de Bosschère.
18. *NRF,* n° 139, p. 191.
19. *Ibid.*, p. 275.
20. *Ibid.*, p. 44.
21. *Correspondance André Gide-Jacques Rivière*, 25 janvier 1925 (lettre d'abord datée du 25 février, date corrigée de la main de Gide).
22. *Isabelle Rivière, op. cit.*, p. 200.
23. Cité par José Cabanis, *Dieu et la NRF, op. cit.*, p. 106-107.
24. *NRF,* n° 139, p. 145-146.
25. *Ibid.*, p. 58.
26. *Isabelle Rivière, op. cit.*
27. *NRF,* n° 139, p. 79.
28. *Ibid.*, p. 115.
29. *Ibid.*, p. 147-148.

XXV. Un classicisme de la liberté

1. Gallimard, 1924, p. 6-7.
2. *Correspondance Jacques Rivière-Alain-Fournier*, II, p. 344-345.
3. *Études sur Jacques Rivière, op. cit.*, p. 141.
4. *NRF,* n° 139, avril 1925, p. 171-172.
5. *NRF,* octobre 1924, p. 149-158.
6. *Ibid.*
7. *Ibid.*
8. *NRF,* n° 139, avril 1925, p. 101.
9. *Ibid.*, p. 290.
10. *Moralisme et Littérature, op. cit.*, p. 199-201.

Bibliographie

Œuvres de Jacques Rivière

Études, Paris, Gallimard, 1911.
De la sincérité envers soi-même, Paris, Gallimard, 1912.
Rimbaud, Paris, KRA, 1930.
Rimbaud, Dossier 1905-1925, présenté par Roger Lefèvre, Paris, Gallimard, 1977.
A la trace de Dieu, Paris, Gallimard, 1925, préface de Paul Claudel.
André Gide, Paris, Éditions de la chronique des Lettres françaises (tirage limité), 1926.
Carnets (1914-1917), Paris, Fayard, 1974, préface de Pierre Emmanuel.
Aimée, Paris, Gallimard, 1922, réédition 1993, préface d'Alain Rivière.
L'Allemand. Souvenirs et réflexions d'un prisonnier de guerre, Paris, Gallimard, 1918.
Le Français, Paris, Éditions Claude Aveline,1928, préface d'Isabelle Rivière.
Quelques progrès dans l'étude du cœur humain, Cahiers Marcel Proust, n° 13, 1985.
Moralisme et Littérature (dialogue avec Ramón Fernandez), Paris, Corréa, 1932.
Florence (inachevé), Paris, Corréa, 1935, préface d'Isabelle Rivière.
Nouvelles Études, Paris, Gallimard, 1947.
« Une conscience européenne », *Cahiers de la NRF,* Paris, Gallimard, 1992, préface de Jean Grosjean.

Correspondances

Jacques Rivière-Alain Fournier, Paris, Gallimard, 1991, 2 vol., édition revue et complétée par Alain Rivière, préface et notes de Pierre de Gaulmyn et A. Rivière.
Jacques Rivière-Paul Claudel, *Cahiers Paul Claudel,* n° 12, 1984, préface d'A. Anglès, notes de Pierre de Gaulmyn et A. Anglès.

Jacques Rivière-Marcel Proust, Paris, Gallimard, 1976, présentée par Philippe Kolb, préface de Jean Mouton.
Jacques Rivière-André Gide, inédite, à paraître, archives Alain Rivière.
Jacques Rivière-Henri Ghéon, Lyon, Centre d'études gidiennes, 1988, présenté par J.-P. Cap.
Jacques Rivière-Gaston Gallimard, Paris, Gallimard, 1994, présenté par Pierre-Edmond Robert et Alain Rivière.
Jacques Rivière-Antonin Artaud, Paris, Gallimard, 1925.
Jacques Rivière-Jean Schlumberger, Lyon, Centre d'études gidiennes, 1980, présenté par J.-P. Cap.
Jacques Rivière-Jacques Copeau, *Bulletin des amis de Jacques Rivière et Alain-Fournier,* 3 vol., 1983.
Jacques Rivière-Alain-Fournier, André Lhote, ou La Peinture, le cœur et l'esprit, Bordeaux, Éd. William Blake et Cie, 1986, préface d'Alain Rivière.
Jacques Rivière, Lettres aux tantes, archives Alain Rivière (inédites).
Jacques Rivière et François Mauriac (1911-1925), éditée par John Flower, « Textes littéraires », université d'Exeter, 1989.
Jacques et Isabelle Rivière, 1914-1917, *Bulletin des amis de Jacques Rivière et d'Alain-Fournier,* n° 50, 1989.
Jacques et Isabelle Rivière, Toulouse, 1918, *Bulletin des amis de Jacques Rivière et d'Alain-Fournier,* n°s 52-59, 1959.
Jacques, Isabelle et François Mauriac, *Bulletin des amis de Jacques Rivière et d'Alain-Fournier,* n°s 47-48, 1988.

Des échanges de lettres avec Alexis Léger (Saint-John Perse), Henri Massis, Marcel Jouhandeau, Jean Paulhan, Ramón Fernandez, qui n'ont pas encore fait l'objet d'une publication systématique sont cités à diverses reprises. Comme les correspondances très incomplètes échangées avec les femmes aimées : Yvonne Gallimard, Antoinette Morin-Pons (dite « Belone ») et Maguy Horneffer, dont j'ai pu prendre connaissance grâce à l'obligeance d'Alain Rivière – et, pour les secondes, de M. François Chapon, conservateur de la Bibliothèque Doucet.

Autres correspondances consultées

André Gide-Jean-Schlumberger (1901-1950), Paris, Gallimard, 1993, présenté par Pascal Mercier et Peter Fawcett.
André Gide-Marcel Proust, Paris, Gallimard.
André Gide-François Mauriac, Paris, Gallimard (*Cahiers André Gide)*.
Marcel Proust-Gaston Gallimard, Paris, Gallimard, 1989, présenté par Pascal Fouché.

***Sur Jacques Rivière et la* NRF**

Alain-Fournier, *Miracles,* suivi du *Grand Meaulnes,* préface de Jacques Rivière, Paris, Garnier, 1990.
Anglès, Auguste, *André Gide et le premier groupe de* La Nouvelle Revue française, Paris, Gallimard, 3 tomes, 1986.
Assouline, Pierre, *Gaston Gallimard,* Paris, Balland, 1984.
Beaulieu, Paul, *Jacques Rivière,* Paris, La Colombe, 1956.
Cabanis, José, *Dieu et la* NRF, *1909-1949,* Paris, Gallimard, 1994.
Chaix, J., *De Renan à Jacques Rivière,* Paris, Bloud et Gay, 1930.
Charlot, Pierre, *Jacques Rivière,* Paris, Bloud et Gay, s.d.
Chauvet, Alice, *Essai sur Jacques Rivière et Alain Fournier,* Mont-de-Marsan, Charas, 1929.
Delay, Jean, *La Jeunesse d'André Gide,* Paris, Gallimard, 1956, 2 vol.
Gide, André, *Journal 1889-1939,* Paris, Gallimard, « La Pléiade », 1939.
Hebey, Pierre, *L'Esprit NRF (1908-1940)*, Paris, Gallimard, 1990.
Ghéon, Henri, *Nos directions,* Paris, 1911.
Ghéon, Henri, *L'Homme né de la guerre,* témoignage d'un converti, Gallimard, 1919.
Lesort, Paul-André, *Paul Claudel,* Paris, Éd. du Seuil, coll.« Écrivains de toujours », 1963.
Lefèvre, Frédéric, *Une heure avec...* (entretien avec J. Rivière), Paris, Gallimard, 1924.
Léger, Alexis (Saint-John Perse), *Œuvres,* Paris, Gallimard, « La Pléiade ».
Martin, Claude, *André Gide,* Paris, Éd. du Seuil, coll.« Écrivains de toujours », 1963..
Massis, Henri, *Jacques Rivière,* Paris, La Cité des livres, 1925.
Mauriac, Claude, *Conversations avec André Gide,* Paris, Albin Michel, 1990.
Mauriac, François, *Du côté de chez Proust,* Paris, La Table ronde, 1947.
Morino, Lina, *La Nouvelle Revue française dans l'histoire des lettres,* Paris, Gallimard, 1939.
Raymond, Marcel, *Études sur Jacques Rivière,* Paris, José Corti, 1972.
Rivière, Alain, *Isabelle Rivière, ou la passion d'aimer,* Paris, Fayard, 1989.
Rivière, Isabelle, *Le Bouquet de roses rouges,* Paris, Corréa, 1935.
Rivière, Isabelle, *Vie et Passion d'Alain-Fournier,* Monaco, Jaspart, Polus et Cie, 1963.
Simone, Pauline Benda, dite, *Sous de nouveaux soleils,* Paris, Gallimard, 1957.
Schlumberger, Jean, *Éveils,* Paris, Gallimard, 1949.
Suffran, Michel, *Jacques Rivière,* Paris, Wesmael-Charlier, 1967.
Van Rysselberghe, Maria, « Les cahiers de la Petite Dame », *Cahiers André Gide,* n° 4, 1973, préface d'André Malraux, 4 vol.

Colloques

« Cinq rencontres de Jacques Rivière », *Cahiers du xxe siècle*, n° 3, Paris, Klincksieck, 1975.
« Jacques Rivière et la vie intellectuelle de son temps », Bordeaux, novembre 1977, publié par le *Bulletin des amis de Jacques Rivière et d'Alain-Fournier,* n° 11, 1978.

Publications régulières

Cahiers André Gide, Paris, Gallimard.
Cahiers Paul Claudel, Paris, Gallimard.
Bulletin des amis de Jacques Rivière et d'Alain-Fournier, édité par A. Rivière, 31, rue Arthur-Petit, Viroflay.

Collection de la *NRF, 1909-1925*, Paris, Gallimard.

Index des noms propres

Table

PREMIÈRE PARTIE

Des enfants cannibales

DEUXIÈME PARTIE

Le rite de passage

TROISIÈME PARTIE

A la recherche du temps qui vient

CRÉDITS PHOTOS

Archives Seuil : 10a, 11a.
Archives Pontigny-Cerisy : 15.
Bibliothèque municipale de Cenon et Claude Rivière : 1, 2, 3, 4, 5, 9.
Coll. A. Rivière : 7, 10b.
Éditions Gallimard : 12b, 14.
Lauros-Giraudon (Rouen, Musée des Beaux-Arts) : 11b.
Harlingue-Viollet : 13, 16b.
Martinie-Viollet : 16a.
Roger-Viollet : 6, 8, 12a.

IMPRIMERIE S.E.P.C. À SAINT-AMAND (CHER)
DÉPÔT LÉGAL : OCTOBRE 1994. N° 20575 (1892-1734)

Ouvrages de Jean Lacouture

L'Égypte en mouvement
en collaboration avec Simonne Lacouture
Le Seuil, 1956

Le Maroc à l'épreuve
en collaboration avec Simonne Lacouture
Le Seuil, 1958

La Fin d'une guerre
en collaboration avec Philippe Devillers
Le Seuil, 1960, nouvelle édition 1969

Cinq Hommes et la France
Le Seuil, 1961

Le Poids du tiers monde
en collaboration avec Jean Baumier
Arthaud, 1962

De Gaulle
Le Seuil, 1965, nouvelle édition 1971

Le Vietnam entre deux paix
Le Seuil, 1965

Hô Chi Minh
Le Seuil, 1967, nouvelle édition 1976

Quatre Hommes et leur peuple
Sur-pouvoir et sous-développement
Le Seuil, 1969

Nasser
Le Seuil, 1971

L'Indochine vue de Pékin
(entretiens avec le prince Sihanouk)
Le Seuil, 1972

André Malraux, une vie dans le siècle
Le Seuil, Prix Aujourd'hui, 1973
coll. « Points Histoire », 1976

Un sang d'encre
Stock-Seuil, 1974

Les Émirats mirages
en collaboration avec Gabriel Dardaud et Simonne Lacouture
Le Seuil, 1975

Vietnam, voyage à travers une victoire
en collaboration avec Simonne Lacouture
Le Seuil, 1976

Léon Blum
Le Seuil, 1977
coll. « Points Histoire », 1979

Survive le peuple cambodgien !
Le Seuil, 1978

Le rugby, c'est un monde
Le Seuil, coll. « Points Actuels », 1979

Signes du Taureau
Julliard, 1979

François Mauriac
Le Seuil, Bourse Goncourt de la biographie, 1980
coll. « Points Essais », 2 vol., 1990
1. Le sondeur d'abîmes (1885-1933)
2. Un citoyen du siècle (1933-1970)

Julie de Lespinasse
en collaboration avec Marie-Christine d'Aragon
Ramsay, 1980

Pierre Mendès France
Le Seuil, 1981

Le Piéton de Bordeaux
ACE, 1981

En passant par la France
Journal de voyage
en collaboration avec Simonne Lacouture
Le Seuil, 1982

Profils perdus
53 portraits contemporains
A. M. Métailié, 1983

De Gaulle
1. Le Rebelle (1890-1944)
2. Le Politique (1944-1959)
3. Le Souverain (1959-1970)
Le Seuil, 1984, 1985 et 1986
coll. « Points Histoire », 3 vol., 1990
préface de René Rémond

Algérie : la guerre est finie
Éd. Complexe, Bruxelles, 1985

De Gaulle ou l'éternel défi
en collaboration avec Roland Mehl
Le Seuil, 1988

Champollion
Une vie de lumières
Grasset, 1989

Enquête sur l'auteur
Arléa, 1989
Le Seuil, coll. « Points Actuels », 1991

Jésuites
1. Les conquérants
Le Seuil, 1991
2. Les revenants
Le Seuil, 1992

Le Citoyen Mendès France
en collaboration avec Jean Daniel
Le Seuil, coll. « L'histoire immédiate », 1992

Voyous et gentlemen : l'histoire du rugby
Gallimard, coll. « Découvertes », 1993

Le Désempire - figures et thèmes de l'anticolonialisme
en collaboration avec Dominique Chagnollaud
Denoël, coll. « Destins croisés », 1993